陈沆 白

刑法

常用
百罪精解

XINGFA CHANGYONG BAIZUI JINGJIE

中国人民大学出版社
·北京·

前　言

刑法分则是对具体犯罪及其法律后果的系统性规定，是我国刑法的重要组成部分。研究刑法分则对于刑事立法、刑事司法都具有十分重要的意义。在刑法理论上，刑法学的重心就在于刑法解释学，而无论是从刑法中分则内容的比重还是从我国目前司法实践的需要来看，对刑法分则的解释、适用都应属于重中之重。

然而，一直以来，刑法学界偏重研究刑法总则，而轻视甚至不屑于研究刑法分则。现有的研究刑法分则的书籍，虽然看起来颇具规模，但多为局限于对犯罪主体、主观方面、客体、客观方面以及此罪与彼罪之间的区别或者界限进行抽象讨论的教科书式的书籍。这类书籍没有问题意识，缺乏实例分析，或者主要是对司法解释规定的简单堆砌，既难以促进刑法分则理论的进步，亦无法为实务操作提供支持。

应当承认，目前市面上其实少有值得阅读、方便学习的研究刑法，尤其是研究刑法分则的书籍。很多研究成果限于抽象的、文献的、脱离司法实践的纯理论性研究，对司法实践助益不足。可以说，实务人士比较难找到能够真正为他们答疑解惑、值得他们阅读的刑法书籍。

自 2009 年从清华大学刑法学专业博士研究生毕业以来，我始终致力于对刑法分则的研究，先后撰写并发表了一百多篇研究刑法分则的论文，出版了《公共危险犯解释论与判例研究》《人身犯罪解释论与判例研究》《财产犯罪之间的界限与竞合研究》《贪污贿赂渎职罪解释论与判例研究》《职务犯罪罪名精释与案例百选》，并且经常在校内外讲授刑法分则课程和做以刑法分则为主题的讲座。应该说，我对刑法分则有着相当的思考。在一定意义上说，本书是我近十几年来有关刑法分则的思考、研究心得的集大成之作。

有关本书的内容，首先要作说明的是，为使本书更具针对性、实用性，同时也是出于篇幅的考量，我精选了实践中常用的重点罪名作为精解对象。为了更准确地厘定罪名的范围，我广泛征求了在公、检、法、司、监等实务界的数十位朋友的意见，最终确定了现在的这一百个常用罪名。

　　本书写作的宗旨是满足高校学生与实务人士研习刑法分则、领悟刑法分则解释原理，以便更为准确地理解、适用刑法分则的需要。为了达成这一目标，本书在写作形式上具有系统性、层次性、实用性三大特色：一则，以法条为切入，条分缕析。本书综合运用刑法解释方法，系统地梳理了刑法分则中常用重点罪名的构成要件及其界限关系。二则，以问题为导向，突出重点。本书采取"问答法"，在各罪条文之后直接列出相应罪名在适用中可能出现的问题，总计一千三百余问，并予以解答，以求重点问题重点解决，尽可能激发读者的问题意识。三则，以案例为线索，贯通理论与实践。在对各罪疑难问题的解答中，本书结合逾三百则实践中的典型、疑难案例，用以举例论证，并对部分重要判决进行评析，以使读者充分了解本国实践中的问题，争取为读者解决问题提供参考。

　　本书的具体内容主要包括对各罪名的构成要件、保护法益、犯罪类型、犯罪特殊形态、罪数、追诉时效等在适用上的疑难、复杂问题的精解，以及对相关司法解释的解读与反思。

　　对罪名构成要件的准确解释是适用刑法分则条文的基础，是司法工作人员正确认定犯罪的前提。本书主要是对常用百罪构成要件的全面精解。例如，对于危害公共安全罪中的"公共"，本书认为，《刑法》第114条、第115条中的含义是不特定且多数的人，除此之外，"公共"一般是指不特定人或者多数人。再如，关于职务侵占罪中的职务侵占行为是否包括利用职务上的便利实施的窃取、骗取行为，本书认为，职务侵占行为只能包括侵吞一种情形，即将自己基于职务或者业务而占有的本单位所有的财物占为己有或者使第三者所有，不包括利用职务上的便利窃取、骗取本单位财物的行为，除非《刑法》有特别规定（如《刑法》第183条第1款）。又如，关于拐卖妇女、儿童罪的实行行为，我国刑法理论通说根据《刑法》第240条第2款之规定，认为本罪的实行行为是拐骗、绑架、收买、贩卖、接送、中转这六种行为之一，但本书认为，对实行行为只能根据犯罪构成要件和法益进行具体确定，与其他出售类犯罪一样，拐卖妇女、儿童罪的实行行为只有拐卖一种，其他的只是预备或者帮助行为。

　　犯罪的本质是侵害法益，要对具体犯罪作出实质合理的解释，必须对法益有准确的理解。本书对各罪的解读亦建立在对其保护法益的深刻理解之上。例如，关于高空抛物罪的保护法益，本书认为，《刑法修正案（十一）》将该罪置于《刑法》分则第六章"妨害社会管理秩序罪"第一节"扰乱公共秩序罪"中，说明高空抛物行为主要侵害的不是公共安全，而是有关公民头顶上的安全的公共场所秩序，所以不需要所抛掷的物品具有致人死伤的可能性，只要扰乱公共场所秩序、破坏公众生活的安宁，就可能构成本罪。再如，关于毒品犯罪的保护法益，我国刑法理论通说认为是国家对毒品的管理制度，但这种抽象性的表述并不能说明毒品犯罪的处罚范围，亦不能在对毒品犯罪构成要件的解释方面起到指导作用，甚至导致对某些毒品犯罪既遂的认定过于提前，故应当认为，毒品犯罪的保护法益是公众健康。又如，关于贪污罪与受贿罪的保护法益，应当认为，贪污罪侵犯的主要法益还是财产，其次才是所谓职务行为的廉洁性，而受贿罪是侵害职务行为的不可收买性的犯罪，是亵渎职务的犯罪，是典型的侵害国家法益的犯罪，可见，二者的罪质存在本质的不同，不能将贿赂犯罪作为财产犯罪进行理解和认定。

犯罪类型对于认识犯罪、适用法条、考察犯罪之间的关系无疑具有重要的价值。对犯罪进行分类一定是服务于某种目的的，否则就纯属学者的游戏。本书在探讨具体罪名时，特别注意研究犯罪类型及其对罪名解释、适用的影响。例如，本书认为，在抽象危险犯与具体危险犯之间，还存在一种独立的危险犯类型——准抽象危险犯，刑法分则条文中的"危及""足以"表述，不是具体危险犯的标志，而是准抽象危险犯的标志。对于准抽象危险犯，在认定具备一定行为的基础上，还需要进行有无危险的具体判断，但又不需要达到存在具体、现实、紧迫的危险的程度。违规运输危险化学品型危险驾驶罪，妨害药品管理罪，生产、销售不符合安全标准的食品罪，污染环境罪等皆在此列。再如，本书认为，结果犯是与行为犯相对应的一个概念，行为与结果同时发生并且对因果关系不需要作特别判断的是行为犯，而行为与结果的发生之间具有一定的时空间隔，因而需要对因果关系作特别判断的是结果犯。而实害犯是与危险犯相对应的一个概念：实害犯是以实际的法益侵害结果的发生为成立条件的犯罪，所以只有过失犯和滥用职权罪等部分故意犯罪才是实害犯。又如，继续犯与状态犯的区分关系到追诉时效期间的起算时点，无论理论上还是实践中，都不当扩大了继续犯的范围。本书认为，区分继续犯与状态犯，应从实质上进行判断。只有能够肯定法益每时每刻都受到同等程度的侵害，能够持续性地肯定构成要件符合性的，才能认为是继续犯（持续犯），否则只能认为是状态犯。此外，通常只有侵害或者威胁人身权益的犯罪，如非法拘禁罪、非法侵入住宅罪、危险驾驶罪、非法持有枪支罪，才可能被认定为继续犯。

众所周知，由于刑法分则并未规定对于哪些犯罪应当处罚其犯罪预备、犯罪未遂、犯罪中止，所以，必须对具体故意犯罪的可罚性进行实质判断。本书除了对基本犯的特殊形态进行讲解，还特别重视探讨加重犯的特殊形态问题。例如，对于"二人以上轮奸"，本书认为，其相当于量刑规则，并非加重的犯罪构成，只有成立不成立的问题，没有未遂、预备与中止的问题。实际上有两人以上完成强奸的，成立轮奸，适用轮奸的法定刑；实际上没有两人以上完成强奸的，不成立轮奸，按照强奸罪的基本犯处理。再如，关于"抢劫数额巨大"的未遂问题，本书认为，行为人以数额巨大的财物为抢劫目标，客观上也已经接近数额巨大的财物，因为意志以外的原因未得逞的，无论是未抢得财物，还是仅抢劫了数额较大的财物，均成立抢劫数额巨大的未遂，适用抢劫罪的加重法定刑，同时适用刑法总则关于未遂犯的处罚规定。又如，本书认为，多次盗窃不以每次盗窃既遂为前提。成立多次盗窃，也不要求行为人实施的每一次盗窃行为均已构成盗窃罪。反过来说，如果盗窃数额较大既遂，不应评价为多"次"盗窃，而应单独评价。我国刑法规定多次盗窃，是出于两方面考虑：一是在我国司法实践中一般不处罚数额较大的未遂，但行为人多次盗窃未遂的，无论违法性还是有责性，都较重，值得科处刑罚；二是一般只有数额较大的财物才是盗窃罪的对象，但行为人多次以一定价值的财物（不是价值低廉的财物）为目标进行盗窃，事实上也盗得一定价值的财物的，由于是多次实施，所以无论从违法性、有责性，还是从预防犯罪的必要性看，都应科处刑罚。所以，多次盗窃应限于两种情形：一是以数额较大的财物为盗窃目标而未遂的，二是以一定价值的财物为目标盗窃既遂的。也就是说，若既不是数额较大的未遂，也不是以一定价值的财物为盗窃目标的既遂，就不能被认定为多次盗窃中的"次"。既然把多"次"盗窃限定为以数额较大的财物为盗窃目标的未遂和以一定价值的财物为盗窃目标的既遂，就应认为"多次盗窃"相当于量刑规则，只有成不成立的问题，而没有未遂与中止的问题。

正确认定罪数，是准确定罪、合理量刑、实现罪刑均衡的前提条件。我国刑法理论与实践一直以来都固守"互斥论"，认为犯罪构成要件普遍是一种对立排斥关系，因而总是孜孜不倦地探寻此罪与彼罪之间的所谓区别或者界限。本书认为，犯罪构成要件之间普遍不是对立排斥关系，而是一种包容竞合关系。例如，刑法理论通说认为，故意杀人罪与放火罪等危害公共安全罪的区别在于行为是否危害了公共安全，即：危害公共安全的，只能成立放火罪等危害公共安全罪；不危害公共安全的，才成立故意杀人罪。本书对这种"互斥论"存在疑问。假如甲向一公寓楼放火，警察在现场发现有一个人死亡，但不能证明这个人的死亡是放火行为造成的，则因为危害了公共安全，只能认定成立放火罪，由于没有造成严重后果，只能适用《刑法》第114条判处3年以上10年以下有期徒刑。但如果乙向独门独户的独居老人的房子放火，警察在现场发现独居老人死亡，但也不能证明独居老人的死亡是放火行为造成的，则因为没有危害公共安全，成立故意杀人未遂，适用《刑法》第232条规定的基本犯法定刑并适用《刑法》总则关于未遂犯从轻或者减轻处罚的规定，完全可能判处10年以上有期徒刑或者无期徒刑。很显然，甲的行为的危害性重于乙的行为，处罚结果是前轻后重，明显失衡。因此，应当认为放火罪等危害公共安全罪与故意杀人罪之间是竞合关系，实施放火等行为，危害公共安全时，既成立放火罪等危害公共安全罪，也成立故意杀人罪，从一重处罚，也应以故意杀人罪定罪处罚。强迫交易罪与抢劫罪、敲诈勒索罪之间的关系也是如此：不能认为有所谓交易关系存在的就成立强迫交易罪，没有交易关系存在的就成立抢劫罪或者敲诈勒索罪。其实，即便存在所谓交易关系，也可能同时成立强迫交易罪与抢劫罪或者敲诈勒索罪。虐待罪与故意伤害罪、故意杀人罪之间也并非对立关系，而是竞合关系，如果虐待行为可以被评价为伤害、杀人行为，行为人又具有伤害、杀人故意，是完全可能认定成立故意伤害罪、故意杀人罪的。凡此种种，不胜枚举。

除了上述对刑法分则条文内容的解析，本书还注重对相关司法解释的审视与反思。无论是做理论研究还是从事实务，都绕不开最高司法机关就如何应用刑法分则条文所作出的解释，而司法解释也存在解释不当的现象。例如，2021年12月30日最高人民法院、最高人民检察院《关于办理危害食品安全刑事案件适用法律若干问题的解释》第3条，将"生产、销售金额二十万元以上"解释为《刑法》第143条规定的"其他严重情节"，但是，生产、销售不符合安全标准的食品罪第二档法定刑适用的条件是"对人体健康造成严重危害或者有其他严重情节"，根据同类解释规则，"其他严重情节"应是与"对人体健康造成严重危害"相当的实际的法益侵害结果。也就是说，该罪加重犯可谓自然犯、实害犯。生产、销售不符合安全标准的食品的金额大，只是说明抽象危险性程度高，而不能说明对公众健康实际造成的危害严重，所以上述司法解释的规定难言妥当。再如，2013年4月2日最高人民法院、最高人民检察院《关于办理盗窃刑事案件适用法律若干问题的解释》第2条规定，曾因盗窃受过刑事处罚以及1年内曾因盗窃受过行政处罚的，其"数额较大"的标准可以按照通常标准的50%确定。本书认为，曾经受过刑事处罚和行政处罚，只是表明行为人再犯罪可能性较大即特殊预防必要性较大的预防要素，不是反映不法程度的责任要素，将预防要素作为责任要素，混淆了预防刑情节和责任刑情节，明显不当。又如，2010年3月15日最高人民法院、最高人民检察院、公安部、司法部《关于依法惩治拐卖妇女儿童犯罪的意见》第25条规定，拐卖妇女、儿童，又对被拐卖的妇女、儿童实施故意杀害、伤害、猥亵、侮辱等行为，构成其他犯罪的，依照数罪并罚的规定处罚。本书认为，上述规定可能存在问题，因为作为拐卖妇女、儿童罪加重犯的"造成被拐卖的妇女、儿童或者其亲属重伤、死亡或者其他严重后果"中的"重伤"肯定包括过失致人重伤。也就是说，过失造成被拐卖的妇女、儿童重伤的，以拐卖妇女、儿童罪的加重犯论处，可以判处 10 年以上有期徒刑、无期徒刑甚至死刑，而故意重伤被拐卖的妇女、儿童的，以拐卖妇女、儿童罪的基本犯与故意（重）伤害罪数罪并罚，最重只能判处 20 年有期徒刑以下刑罚，明显罪刑不相适应。所以，对于故意重伤被拐卖的妇女、儿童的，也应当评价为"造成被拐卖的妇女、儿童重伤"，适用拐卖妇女、儿童罪的加重法定刑。

诚如西原春夫先生所言，"在刑法的这张脸上，包含着被害人的父母、兄弟的悲伤与愤怒，包含着对犯人的怜悯与体恤，也包含着对犯人将来的期望与祈盼；此外还一定包含着法官在充分理解犯人的犯罪动机的同时又不得不对犯人科处刑罚的泪水"。刑法及其效应是复杂的，牵涉方方面面。正因为如此，我们必须重视刑法中的每一个罪名，使尽浑身解数，合理地解释、适用刑法分则条文。本书只谈具体的问题，不过多关注抽象的理论，应该更能契合实务人士的学习要求。希望本书有助于其提升业务能力，推动我国刑事司法实践的进步；也希望读者在理论知识与实践问题的不断碰撞中深刻领略刑法分则解释的奥妙。当然，由于我的水平有限，错漏之处在所难免，真诚希望各位同仁不吝赐教，亦恳请读者批评指正。

陈洪兵

2023 年 7 月 8 日

目　录

第一章　危害公共安全罪

第一节　以危险方法危害公共安全罪

第一百一十四条　**【放火罪】【决水罪】【爆炸罪】【投放危险物质罪】【以危险方法危害公共安全罪】**放火、决水、爆炸以及投放毒害性、放射性、传染病病原体等物质或者以其他危险方法危害公共安全，尚未造成严重后果的，处三年以上十年以下有期徒刑。

第一百一十五条　**【放火罪】【决水罪】【爆炸罪】【投放危险物质罪】【以危险方法危害公共安全罪】**放火、决水、爆炸以及投放毒害性、放射性、传染病病原体等物质或者以其他危险方法致人重伤、死亡或者使公私财产遭受重大损失的，处十年以上有期徒刑、无期徒刑或者死刑。

【失火罪】【过失决水罪】【过失爆炸罪】【过失投放危险物质罪】【过失以危险方法危害公共安全罪】过失犯前款罪的，处三年以上七年以下有期徒刑；情节较轻的，处三年以下有期徒刑或者拘役。

疑难问题

1. 危害公共安全罪中的"公共"，是什么含义？

危害公共安全罪所保护的法益是公共安全，行为具有公共危险时才可能危害公共安全，因此，危害公共安全罪可谓公共危险犯。关于"公共"的含义，理论上存在四种观点：（1）公共危险是指对不特定人的生命、身体或者财产的危险；（2）不问是否特定，只要是对多数人的生命、身体或者财产的危险，就是公共危险；（3）公共危险是指对不特定并且多数人的生命、身体或者财产的危险；（4）公共危险是指不特定或者多数人的生命、身体或者财产的危险。我国刑法理论通说一般采取第三种观点。

应该说，除《刑法》第 114、115 条外，"公共"一般是指不特定或者多数人；危害公共安全罪保护的法益，是不特定或者多数人的生命、身体的安全以及公众生活的平稳与安宁；《刑法》第 114、115 条所规定之罪保护的法益，是不特定且多数人的生命、身体的安全以及公众生活的平稳与安宁。

2. "不特定"，意味着"对象不确定性"吗？

我国司法实践中大多将"不特定"理解为"对象不确定性"，或者说将"不特定"理解为"不确定是哪一个对象"，就是"谁碰到谁倒霉"。最高人民法院（以下简称"最高法"）于 2019 年 10 月 21 日发布的《关于依法妥善审理高空抛物、坠物案件的意见》规定，对于高空抛物依照以危险方法危害公共安全罪定罪处罚。很显然，该司法解释采用了"对象不确定性说"。司法实践中有不少判决也是这样理解"不特定"的含义的。但是，将"不特定"单纯理解为被害对象的事先不确定性，存在明显的缺陷。在高空抛物的场合，即使地面有很多人，从高空扔下一块砖头或者一部手机，也不可能砸死很多人。在楼下只有一两个人时，行为人抛出多个物品，也只能导致确定的少数人伤亡。也就是说，高空抛物行为一般不会像放火、爆炸那样，一旦实施就会造成无法控制的后果，也不会随时扩大被害范围。高空抛物只能表明侵害的对象和可能造成的结果事先无法确定，但不可能导致具体危险或侵害结果随时扩大或增加。正因为此，《刑法修正案（十一）》在"妨害社会管理秩序罪"一章中增设了高空抛物罪，而没有将高空抛物罪规定在"危害公共安全罪"一章中。

"对象不确定性说"存在明显缺陷，应采取"危险不特定扩大说"。所谓"不特定"，是指犯罪行为可能侵犯的对象数量和可能造成的结果范围事先无法确定，行为人对此既无法具体预料也难以实际控制，而且行为造成的危险或者侵害结果可能随时扩大或增加。只有这样理解"不特定"，才能符合"公共"的含义。

3. 单纯的财产安全，是否属于"公共安全"？

甲、乙两名被告人相约去另外一个县的河道游泳。在去河道的路上，甲提议购买农药"鱼藤酮"，便于二人捞鱼时用。二人在镇里购买了 40 瓶鱼藤酮（每瓶 280 毫升）以及白酒、洗衣粉等工具。到了某路段后，二人将其中 20 瓶鱼藤酮与白酒、洗衣粉混合后投入公共河道中，河水流经下游冷水鱼养殖基地，毒死基地内用河水喂养的三文鱼、虹鳟鱼等各类鱼近 4 万斤，造成直接经济损失 136 万元。

本案中，鱼藤酮系一种低毒性的杀虫剂，其是通过破坏鱼的呼吸系统造成鱼的死亡，但不会对人体造成严重危害，所以不能认定为（过失）以危险方法危害公共安全罪。

虽然公共安全也包括财物安全，但只能单纯造成财物毁损而不可能造成人员伤亡的，不可能危害公共安全。《刑法》第 115 条所规定的"使公私财产遭受重大损失"，是以具有造成不特定多数人伤亡的危险为前提的。如果说"使公私财产遭受重大损失"就是危害公共安全，那么一个流窜作案、窃取了上百户人家价值几千万元财物的盗窃犯，也能构成危害公共安全犯罪了。行为人向确认空无一人的一栋楼放火，即便造成价值上亿元的财产损失，也不能认定为放火罪，而只能认定为故意毁坏财物罪。如果行为人向一个养鱼池投毒，导致池塘里价值上百万元的鱼类全部死亡，但这些鱼本不是提供给人食用的，其行为就不能被认定为投放危险物质罪，而只能被认定为故意毁坏财物罪。同样，在野外采用爆炸方法炸毁了数额特别巨大的财物，但当时没有任何人在场，不可能导致任何人伤亡的，也不可能被认定为爆炸罪，而只能被认定为故意毁坏财物罪。

4. 以危险方法危害公共安全罪属于何种犯罪类型？

犯罪存在多种分类。例如，根据行为与结果是否同时发生、因果关系是否需要特别认定，可以分为行为犯与结果犯。根据是以危险的形成还是实际的法益侵害结果的发生作为犯罪的成立条件或者处罚根据，可以分为危险犯与实害犯。而危险犯，根据危险是由人们依据一般的生活经验得出的由立法拟制的危险，还是由司法工作人员在个案中进行具体认定的危险，可以分为抽象危险犯与具体危险犯。由于以危险方法危害公共安全罪与放火罪、爆炸罪、决水罪、投放危险物质罪并列规定，一般认为其属于具体危险犯，即是否存在公共危险，需要司法工作人员在个案中进行具体判断。

5. 对于具体危险犯而言，是否要求行为人认识到具体的公共危险？

具体的公共危险犯以发生具体的公共危险为构成要件要素。构成要件规制故意的认识内容，这是责任主义的要求。既然具体的公共危险是构成要件要素，就要求行为人必须认识到这种具体的公共危险。成立以危险方法危害公共安全罪，要求行为人必须认识到自己行为的具体公共危险，即认识到自己的行为对不特定多数人的生命、身体的安全以及公众生活的平稳与安宁会造成具体、现实、紧迫的危险，否则只可能成立单纯的人身财产犯罪。可以说，客观上的具体公共危险和主观上对之的认识，正是区分包括以危险方法危害公共安全罪在内的危害公共安全罪与普通的人身财产犯罪的标志。

6. 《刑法》第 114 条中的"尚未造成严重后果",是必须证明的客观构成要件要素吗?

如果认为"尚未造成严重后果"是必须证明的客观构成要件要素,当不能证明"尚未造成严重后果"时,则可能既不能适用《刑法》第 115 条第 1 款,因为不能证明"造成严重后果",也不能适用《刑法》第 114 条,因为"尚未造成严重后果"没有得到证明。例如,行为人实施了放火行为,客观上也存在一人死亡的事实,但当不能证明这个人的死亡是否是由放火行为造成时,则既不能适用第 115 条第 1 款,因为不能证明"放火致人死亡",也不能适用第 114 条,因为不能证明这个人不是被烧死的即"尚未造成严重后果"。可见,如果将第 114 条中的"尚未造成严重后果"看作必须得到证明的客观构成要件要素,反而可能形成处罚漏洞。而不能处罚的原因,居然是可能造成了严重后果。

其实,"尚未造成后果"并不为违法性和有责性提供根据,其不过是区分轻罪与重罪的分界要素,是表面的构成要素。《刑法》第 23 条所规定的作为犯罪未遂的成立条件的"未得逞",也是一种表面的构成要素。如果认为"未得逞"是必须得到证明的客观构成要件要素,当行为人开了一枪,也有一人死亡,但不能证明这个人是被行为人打死的,还是被其他人打死时,既不能认定成立故意杀人既遂,因为不能证明这个人是被行为人打死的,也不能认定为故意杀人未遂,因为不能证明"未得逞"。其实,只要行为人着手实施了杀人行为,就至少成立故意杀人未遂,当能证明因果关系即"得逞"时,进而成立故意杀人既遂。

7. 《刑法》第 114 条与第 115 条第 1 款之间是什么关系?

关于《刑法》第 114 条与第 115 条第 1 款之间的关系,张明楷教授认为同时存在两种关系:第一,当把第 115 条第 1 款规定的犯罪作为普通的结果犯,即行为人对造成不特定多数人的伤亡实害结果具有认识并持希望或者放任态度时,第 114 条规定的犯罪就是未遂犯。例如,行为人实施放火行为,倘若造成了重伤、死亡或者使公私财产遭受重大损失,应当适用第 115 条第 1 款。如果没有造成这种严重实害结果,就只能适用第 114 条的规定,并且不再适用《刑法》总则关于未遂犯从轻或者减轻处罚的规定,而不是同时适用第 115 条第 1 款和《刑法》总则关于未遂犯的处罚规定。第二,当把第 114 条规定的犯罪作为基本犯,即既遂的具体危险犯,则第 115 条第 1 款规定的犯罪就是结果加重犯。例如,行为人实施爆炸行为时只是对发生具体的公共危险具有故意,而对发生的伤亡实害结果只具有过失,那就属于典型的结果加重犯。即,发生了"致人重伤、死亡或者使公私财产遭受重大损失"的结果时，适用第 115 条第 1 款的规定，没有发生这种实害结果时，也只适用基本犯即第 114 条的规定。此外，第 115 条第 1 款也是一个量刑规则，即只有发生了"致人重伤、死亡或者使公私财产遭受重大损失"的结果时，才能适用该法条。①

上述观点的核心有三点：一是只有实际发生"致人重伤、死亡或者使公私财产遭受重大损失"的严重实害结果时，才能适用第 115 条第 1 款；二是只要没有发生"致人重伤、死亡或者使公私财产遭受重大损失"的严重实害结果，就只能适用第 114 条，并且不再适用《刑法》总则关于未遂犯从轻或者减轻处罚的规定；三是行为人只需对发生具体的公共危险具有故意，而对发生的伤亡实害结果可以只有过失，也就是行为人可以只有危险的故意，而不追求或放任严重实害结果的发生。

应该说，前两点是正确的，即第 115 条第 1 款的规定相当于量刑规则，只有实际发生严重的伤亡实害结果时才有适用第 115 条第 1 款的余地，没有发生这种严重实害结果时，只能适用第 114 条，且不再适用未遂犯的处罚规定。但第三点存在问题。很难想象，一个实施放火、爆炸行为的人，只具有追求所谓危险的故意（如看焰火），而不追求或者放任伤亡实害结果的发生。应该认为，认识到具体公共危险的行为人对伤亡实害结果至少持放任态度。正如认识到自己的杀人行为具有致人死亡危险的行为人，不可能对死亡结果持过失态度。所以，《刑法》第 114 条与第 115 条第 1 款之间就是一种结果犯的关系。

8. 放火未得逞的，是适用《刑法》第 114 条，还是适用《刑法》第 115 条第 1 款同时适用未遂犯从轻或者减轻处罚的规定？

虽然从理论上讲，放火、爆炸等罪具有未遂形态，犯罪未遂时应当比照《刑法》第 115 条第 1 款既遂犯的规定从轻或者减轻处罚，但是，由于第 114 条相当于未遂犯的既遂犯化，也就是刑法已经就放火、爆炸等罪的未遂形态专门规定了法定刑，所以，实施放火、爆炸等行为未得逞的，无须适用《刑法》第 115 条第 1 款并同时适用未遂犯从轻减轻处罚的规定，而是直接适用第 114 条的规定定罪处罚。

应该说，只要行为人认识到自己实施的放火、爆炸等行为具有侵害不特定多数人的生命、身体安全以及公众生活的平稳与安宁的具体危险，并且实际上产生了具体的公共危险，就已经成立第 114 条规定的犯罪。如果行为致人重伤、死亡

---

① 张明楷. 张明楷刑法学讲义. 北京：新星出版社，2021：463.

或者使公私财产遭受重大损失，则进而成立第115条第1款规定的犯罪。也就是说，只要行为人着手实行了具有具体公共危险的放火等行为，没有造成任何人的死伤或者财产损失的，以及造成了人的轻伤或者一定的财产损失的，只要没有致人重伤、死亡或者使公私财产遭受重大损失，就只需适用第114条的规定定罪处罚，无须同时适用未遂犯的处罚规定。只有当行为人不仅实施了具有具体公共危险的放火等行为，而且致人重伤、死亡或者使公私财产遭受重大损失时，才能适用第115条第1款的规定。

9. 公共危险犯有无预备、未遂、中止与既遂？

从理论上讲，公共危险犯存在预备、未遂、中止、既遂形态。以放火为例，行为人为实施放火准备汽油、火把、打火机的行为，可谓预备；准备过程中主动放弃着手实施的，成立预备阶段的中止；在去放火现场的路上被查获的，成立犯罪预备。点火后被人发现及时灭火的，可谓放火未遂。点火后自己主动灭火的，可谓放火实行阶段的中止。关于放火既遂，张明楷教授认为，当放火行为导致对象物在离开媒介物的情况下已经开始独立燃烧时，就是放火既遂（修正的独立燃烧说）。[①]

应该说，对于公共危险犯预备、未遂、中止的形态问题，关键在于如何选择适用法条。以放火、爆炸为例：预备阶段的中止由于没有造成损害应当免除处罚；实行阶段的中止，若造成损害的，如轻伤或者数额较大的财产损失，则比照《刑法》第114条减轻处罚；犯罪未遂的，直接适用第114条定罪处罚。虽然从理论上讲公共危险犯有既遂形态，但讨论既遂标准没有意义。以放火为例，只要行为人着手实施了放火行为，产生了具体的公共危险，就当然可以适用第114条。如果查明放火行为致人重伤、死亡或者使公私财产遭受重大损失，则进而适用《刑法》第115条第1款定罪处罚。也就是说，与其讨论公共危险犯的既遂标准，还不如将精力放在具体公共危险和严重实害结果的判断上。例如，行为人搬一块石头放在正在运营的铁轨上，就成立《刑法》第117条规定的破坏交通设施罪；若行为造成严重后果的，适用《刑法》第119条第1款的规定定罪处罚。

10. 行为危害公共安全的就只能成立放火罪、爆炸罪等危害公共安全罪吗？

我国刑法理论通说认为，放火罪等危害公共安全罪与故意杀人罪、故意伤害罪的区别在于行为是否危害公共安全，危害公共安全的成立放火罪等危害公共安

---

① 张明楷. 刑法学. 6版. 北京：法律出版社，2021：887.

全罪，不危害公共安全的，才成立故意杀人罪、故意伤害罪。按照这种观点，行为人向一栋居民楼放火，因为抢救灭火及时，未能造成人员重伤、死亡和重大财产损失，若认为因为危害了公共安全而只能成立放火罪，则适用《刑法》第114条只能判处3年以上10年以下有期徒刑。但是，向有人的居民楼放火，完全可能成立故意杀人罪，即便成立故意杀人未遂，按照《刑法》第232条和《刑法》总则关于未遂犯的规定，也可能判处10年以上有期徒刑、无期徒刑甚至死刑。很显然，通说的立场导致放火烧死一个人未遂的以故意杀人未遂论处，可能判处10年以上有期徒刑、无期徒刑或者死刑，而意图放火烧死一栋楼里的众多居民，因为意志以外的原因未得逞的，由于危害了公共安全而只能以放火罪基本犯定罪处罚，反而只能判处3年以上10年以下有期徒刑，这明显有失罪刑均衡。

应该认为，放火罪等危害公共安全罪与故意杀人罪、故意伤害罪之间是一种竞合关系：当行为危害公共安全时，成立放火罪等危害公共安全罪与故意杀人罪、故意伤害罪的想象竞合，从一重处罚的结果也应以故意杀人罪论处。只有当行为不危害公共安全时，才仅成立故意杀人罪、故意伤害罪。

11. 15 周岁的人以决水、危险方法杀人，能否追究刑事责任？

根据《刑法》第17条第2款的规定，决水罪和以危险方法危害公共安全罪的刑事责任年龄是16周岁，15周岁的人以决水、危险方法杀人的，不能成立决水罪与以危险方法危害公共安全罪。但是，以决水、危险方法杀人的行为无疑符合故意杀人罪的构成要件，因此，15周岁的人以决水、危险方法杀人危害公共安全的，虽不能以决水罪、以危险方法危害公共安全罪追究刑事责任，但完全可以也必须以故意杀人罪追究刑事责任。

12.《刑法》第17条第2款相对负刑事责任年龄的规定，是指八种行为，还是相应八个条文所规定的八种具体罪名？

几乎所有人都认为，《刑法》第17条第2款所规定的是八种行为而非八种具体罪名。理由可能是，若认为是八种具体罪名就可能形成处罚漏洞，如不能处罚15周岁的人在武装叛乱暴乱中杀人，劫持航空器杀人，以决水、危险方法杀人，抢劫枪支等行为。其实，这种担心纯属多余。因为这些行为完全可以被评价为故意杀人罪、抢劫罪而以故意杀人罪、抢劫罪追究其刑事责任。再者，对于《刑法》第17条第2款中规定的"投放危险物质罪"，不论通说再怎么"狡辩"，也不能否认就是指《刑法》第114、115条所规定的投放危险物质罪。可能有人认为，我国刑法中没有"故意伤害致人重伤或者死亡罪"，所以只能是八种行为而不能是八种具体罪名。其实这种理由也不能成立。因为我国刑法中除"贪污罪""挪用公款罪""受贿罪""行贿罪"等少量所谓立法罪名外,其他均为立法通过后最高人民法院、最高人民检察院(以下简称"两高")确定的所谓司法罪名。也就是说,我们完全可以将《刑法》第234条关于故意伤害的规定确定为"故意轻伤罪""故意重伤罪""故意伤害致死罪""残忍伤害罪"四个罪名。所以说,无论从汉语言的表述习惯,还是从法理逻辑,都可以得出《刑法》第17条第2款关于相对负刑事责任年龄的规定,所指的是八个刑法条文中的具体罪名,而非所谓八种行为。

13. 以危险方法危害公共安全罪,是《刑法》第114、115条的兜底性规定,还是危害公共安全罪一章的兜底性条款,抑或是整个《刑法》分则的兜底性罪名?

应该说,以危险方法危害公共安全罪只是《刑法》第114、115条的兜底性规定,而非危害公共安全罪一章的兜底性条款,更不是整个《刑法》分则的兜底性罪名,但在司法实践中,人们却把该罪看作整个《刑法》分则的兜底性罪名。

(1)醉驾案。

2009年9月8日,四川成都"孙某铭醉酒驾车案"、广东佛山"黎某全醉酒驾车案"分别由四川省高级人民法院与广东省高级人民法院作出二审终审判决,对孙某铭与黎某全均以"以危险方法危害公共安全罪"判处无期徒刑,剥夺政治权利终身。最高法当天召开新闻发布会,发布了《关于醉酒驾车犯罪法律适用问题的意见》(法发〔2009〕47号文件)(以下简称《醉驾意见》)。

《醉驾意见》强调:行为人明知酒后驾车违法、醉酒驾车会危害公共安全,却无视法律醉酒驾车,特别是在肇事后继续驾车冲撞,造成重大伤亡,说明行为人主观上对持续发生的危害结果持放任态度,具有危害公共安全的故意。对此类醉酒驾车造成重大伤亡的,应依法以以危险方法危害公共安全罪定罪。该意见同时指出,一般情况下,醉酒驾车构成以危险方法危害公共安全罪的,行为人主观上并不希望,也不追求危害结果的发生,属于间接故意犯罪,行为人的主观恶性与以制造事端为目的而恶意驾车撞人并造成重大伤亡后果的直接故意犯罪有所不同,因此,在决定刑罚时,也应当有所区别。此外,醉酒状态下驾车,行为人的辨认和控制能力实际有所减弱,量刑时也应酌情考虑。至此,之后的醉酒驾车肇事案多以该罪定罪,最高判处无期徒刑。[①]

---

① 江西省抚州市中级人民法院(2014)抚刑一初字第9号刑事判决书.

我国《刑法》第 18 条第 4 款明文规定："醉酒的人犯罪，应当负刑事责任"。我国刑法理论通说将该款规定理解为法律拟制。然而，国外原因自由行为理论普遍认为，只有行为人出于醉酒后实施特定犯罪的故意而有意使自己陷入无责任能力或者限制责任能力状态，并在醉酒状态下如其所愿地实施了相应犯罪行为，才能肯定故意犯罪的成立。各种学说的分歧仅在于如何解释原因自由行为，才能既维护罪刑法定主义所要求的构成要件明确性，又不违背"实行行为与责任能力"同时存在的责任主义原则。

应该说，我国《刑法》第 18 条第 4 款的规定只能是注意规定，旨在提醒司法工作人员不要让为实施特定犯罪而有意通过饮酒使自己陷入无责任能力或者限制责任能力状态，进而实施犯罪的行为人，逃避刑事打击。就醉酒驾驶而言，除非有证据表明行为人在饮酒时就具有酒后进行驾驶的故意，否则不能追究其（故意）以危险方法危害公共安全罪的刑事责任；行为人饮酒前虽没有醉酒驾驶的故意，但对于陷入醉酒状态及醉酒驾驶存在过失的，可以交通肇事罪追究其刑事责任。也就是说，为了在法益保护与人权保障之间寻求平衡，如果确有证据证明行为人在饮酒前并不打算酒后驾驶机动车，例如有私家车者有意不开车而乘坐出租车前往赴宴，只因醉酒后对自己的行动失去控制，争抢同事手中的方向盘进行驾驶进而肇事的，由于行为人在实施原因自由行为（饮酒行为）时缺乏危险驾驶的故意，故只能根据醉酒后驾驶机动车时实际处于无责任能力还是限制责任能力状态，而宣告无罪或以交通肇事罪、以危险方法危害公共安全罪从轻或减轻处罚。

总之，对于醉酒驾驶案，不考量行为人饮酒时有无酒后驾驶的故意，就简单地以《刑法》第 18 条第 4 款规定为据，推定其具有完全的刑事责任能力，进而以以危险方法危害公共安全罪追究醉驾者完全的刑事责任，是将复杂问题简单化，有过于强调法益保护而轻视人权保障之嫌。这在今后的司法中应予纠正。正确的做法是，根据行为人有无酒后驾驶的故意、对陷入醉酒状态有无过失，而相应地以以危险方法危害公共安全罪、交通肇事罪或者无罪论处，并根据具体情形判处醉驾者承担完全的刑事责任或者从轻、减轻处罚。

（2）毒驾案。

在司法实践中，对于吸毒后产生幻觉而驾驶机动车肇事的案件，也基本上没有顾及行为人吸毒后辨认或控制能力下降的事实，而以以危险方法危害公共安全罪追究毒驾者完全的刑事责任。

例如，被告人曾某在家中吸毒后产生幻觉，欲殴打妻子梁某，梁某打电话求救，曾某与民警对峙，之后曾某突然冲到大街上用刀逼迫出租车司机和乘客下车后自己驾驶，民警设卡拦截，曾某驾车强行冲卡，致使其驾驶的出租车的挡风玻璃破碎。法院认为，被告人曾某吸毒后劫取出租车在路上高速行驶，强行冲破民警设置的障碍，对路面上的车辆、人员及执勤民警人身和财产安全造成危害，已构成以危险方法危害公共安全罪，判处有期徒刑3年3个月。[①]

该案中，没有证据表明被告人曾某在家中吸毒时就有驾驶机动车的故意，因而只能根据其驾驶机动车时实际的责任能力状态，认定是成立以危险方法危害公共安全罪、交通肇事罪还是无罪，是承担完全的刑事责任还是应从轻或者减轻处罚。若完全无视其吸毒后辨认与控制能力可能减弱的事实，而作为神智完全正常的人论罪科刑，显然有失妥当。

对于毒驾案，应具体查明行为人吸毒时有无驾驶的故意，根据原因自由行为理论，分别处理。

（3）"碰瓷"案。

对于"碰瓷"案，理论上与实务中曾经存在诈骗罪、敲诈勒索罪、故意毁坏财物罪与以危险方法危害公共安全罪的定性分歧。但自从2007年北京李某犯罪团伙特大"碰瓷"案以以危险方法危害公共安全罪宣判以来[②]，此类案件多以危险方法危害公共安全罪定罪科刑。[③]

所谓"碰瓷"案，其实就是利用交通规则故意制造交通事故而向对方勒索财物，其中包括故意撞击他人车辆与向对方勒索财物两种行为。前者属于足以使汽车发生倾覆、毁坏危险的破坏交通工具的行为，应成立破坏交通工具罪；后者属于以某种事实相要挟勒索财物的行为，应评价为敲诈勒索罪（被害人没有认识到行为人是在"碰瓷"，相反误以为自己违章了而老老实实赔钱的，应评价为诈骗罪）。既然存在两个行为，侵害两种不同的法益，符合了两个不同的犯罪构成，没有理由不以破坏交通工具罪与敲诈勒索罪（或诈骗罪）数罪并罚。

（4）故意驾车撞人案。

自20世纪发生在北京天安门广场的汽车司机姚某云驾车冲撞人群，被北京市中级人民法院认定为"用驾驶汽车的危险方法致人重伤、死亡罪"以来，法院对于故意驾驶汽车冲撞人群案，频频认定为以危险方法危害公共安全罪。

例如，被告人李某因随意停车与小区保安王某发生争执并拳殴王某，被闻讯而至的群众围住，被告人李某急于逃离，不顾车辆前方围有十余名群众的状况及

---

① 广东省佛山市中级人民法院（2012）佛中法刑一终字第157号刑事裁定书.

② 北京市朝阳区人民法院（2007）朝刑初字第1669号刑事判决书.

③ 广东省湛江市中级人民法院（2012）湛中法刑三终字第13号刑事裁定书.

其安全，强行驾车撞向小区铁门旁留有的空隙，车前站立的人群避让不及，被害人蒋某、杨某被当场撞倒，蒋某受轻伤。法院认为："李某置公共安全于不顾，驾车撞向人群，致一人轻伤，足以危害公共安全，尚未造成严重后果，其行为已构成以危险方法危害公共安全罪。"①

应该说，行为人明知驾车冲撞人群可能导致多人死亡，而故意为之，完全符合故意杀人罪的构成要件。由于以危险方法危害公共安全罪构成要件不够明确，其仅仅扮演着"替补队员"的角色，因而当符合故意杀人罪等犯罪构成要件，且以相应犯罪定罪能够做到罪刑相适应时，没有理由不让"主力队员"上场。而且，即便认为同时成立以危险方法危害公共安全罪与故意杀人罪，从一重处罚的结果，也应论以故意杀人罪。司法机关（包括部分民众）误认为，（过失）以危险方法危害公共安全罪重于其他法定刑相同的犯罪。这便是所谓的罪名评价功能与罪名威慑功能的观点在作祟。应当认为，在两个罪名的法定刑相同的情况下，两个罪名的威慑功能是完全相同的。更何况，故意杀人罪的法定刑重于以危险方法危害公共安全罪的。因此，对于故意驾车撞人的，应当论以故意杀人罪（包括未遂），否则，会得出故意驾车撞向某一特定人的成立故意杀人罪，故意驾车撞向多个人的反而不成立故意杀人罪的荒谬结论。

（5）故意拖拽案。

在司法实践中，对于明知他人被撞趴在车上而故意拖拽的案件，也论以危险方法危害公共安全罪。

例如，被告人任某驾车将被害人张某撞击在轿车引擎盖上，之后被告人任某不顾被害人张某要求其停车的呼喊，倒车撞击道路的隔离栏后，又逆向、高速、呈"S"形行进。当行驶至延安西路某号附近时，被告人任某突然紧急刹车，将被害人张某从引擎盖上甩至机动车道上后逃逸，造成被害人张某轻伤。法院以以危险方法危害公共安全罪，判处被告人任某有期徒刑5年。②

该案中，行为人任某明知被害人扒在车上，还置被害人生死于不顾而继续驾驶，甚至故意逆向、高速、呈"S"形驾驶并急加速、急减速、急刹车，其行为在客观上已经对被害人的生命形成具体、现实、紧迫的危险，主观上至少具有杀人的间接故意，故符合故意杀人罪的构成要件，通常应考虑以故意杀人罪（包括未遂）定罪处罚。

对于故意拖拽案，应当考虑以故意杀人罪（未遂）定罪处罚。

---

① 上海市第一中级人民法院（2012）沪一中刑终字第233号刑事裁定书.
② 上海市第二中级人民法院（2011）沪二中刑终字第108号刑事裁定书.

（6）其他危险驾驶案。

除上述危险驾驶行为外，司法实践中还有以下几类常见的被论以以危险方法危害公共安全罪的危险驾驶案件。例如：1）无证驾驶并连续冲撞致人死伤[①]；2）高速行驶致人死伤[②]；3）追逐竞驶致人死伤[③]；4）追赶、别、挤、逼停他人车辆致人死伤[④]；5）快速倒车、加速逆向行驶、"S"形路线行驶致人死伤[⑤]；6）故意撞击他人车辆致人死伤。[⑥]

以上危险驾驶案中，除故意撞击他人车辆外，根据个案，认定危险驾驶行为已经对不特定多数人的生命、身体、财产安全形成现实、紧迫、具体性危险时，论以以危险方法危害公共安全罪，基本上是正确的。故意撞击他人正在行驶中的车辆，通常来说足以使汽车发生倾覆、毁坏危险，因而以破坏交通工具罪定性可能更为准确。根据现行《刑法》的规定，高速行驶、追逐竞驶致死伤的，可以认定为危险驾驶罪或交通肇事罪。

（7）妨碍安全驾驶案。

在司法实践中，对正在驾驶机动车的司机采取殴打、拉拽、投掷硬物、开枪射击、抢夺方向盘等方式，干扰司机正常驾驶以致车辆失控的案件，论以以危险方法危害公共安全罪。

例如，被告人朱某某与满载乘客的公交车的驾驶员殷某发生争执，朱某某从车辆中部冲至驾驶席位置，拉拽被害人殷某的颈部，导致车辆失控撞到桥护栏、被害人殷某颈部受轻微伤。被害人殷某紧急刹车将车辆停稳后报警。法院认为，被告人朱某某的行为构成以危险方法危害公共安全罪。[⑦]

应该说，干扰司机正常驾驶机动车的行为，其实质是妨碍交通工具正常功能的发挥，足以使汽车发生倾覆、毁坏危险，《刑法修正案（十一）》施行以前宜认定为破坏交通工具罪，以避免"口袋罪"的适用，现在，这种行为完全可以认定为妨害安全驾驶罪。

（8）利用油气放火、爆炸案。

在司法实践中，将点燃煤气、天然气、汽油引起火灾、爆炸，或者以点燃相

---

① 河南省新乡市中级人民法院（2011）新刑二终字第 119 号刑事裁定书．
② 湖南省湘潭市中级人民法院（2012）潭中刑终字第 255 号刑事裁定书．
③ 河北省唐山市中级人民法院（2014）唐刑终字第 60 号刑事裁定书．
④ 吉林省松原市中级人民法院（2009）松刑初字第 34 号刑事判决书．
⑤ 上海市浦东新区人民法院（2015）浦刑初字第 732 号刑事判决书．
⑥ 河南省许昌市中级人民法院（2013）许中刑二终字第 83 号刑事裁定书．
⑦ 上海市第二中级人民法院（2013）沪二中刑终字第 1008 号刑事裁定书．

威胁的案件，认定为以危险方法危害公共安全罪。

例如，被告人杜某在游戏厅输钱后为发泄心中不满，携带装有兑水汽油的塑料壶，要求见游戏厅老板，扬言老板不来就点燃汽油，后被制伏。法院认定被告人杜某的行为构成以危险方法危害公共安全罪的既遂。[①]

法院之所以将这类案件认定为以危险方法危害公共安全罪，可能是因为有关案件定性在放火罪与爆炸罪之间举棋不定。其实，如果是因火灾致人死亡的，成立放火罪；如果是因爆炸本身导致死伤的，成立爆炸罪；如果既因火灾又因爆炸导致死伤的，则成立放火罪与爆炸罪的想象竞合犯，因二罪法定刑完全一样，论以任何一罪，都无碍于罪刑相适应。点燃煤气、天然气、汽油引起火灾或者爆炸，或者以点燃相威胁，应以放火罪或爆炸罪定罪处罚，而不是以"替补"罪名——以危险方法危害公共安全罪定罪处罚。考虑到煤气、天然气、汽油扩散到空气中遇火星极易燃烧、爆炸，如果打开煤气、天然气或泼洒汽油后，空气中弥漫的气体达到一定浓度，即便没有实际点火，也应认为已经"着手"实施放火、爆炸。如果尚未打开煤气、天然气或者未泼洒汽油，则不能认定已经着手，只能认定为放火、爆炸罪的预备。上述案件中因未实际打开装有汽油的塑料壶，难以认为已经形成具体危险，故认定成立既遂明显有误，应当认定成立放火罪的预备。

总之，利用煤气、天然气、汽油等企图引起火灾、爆炸的，应根据具体情形认定成立放火罪或者爆炸罪，并考量是否对公共安全形成具体性危险，而认定成立犯罪预备、未遂、中止或者既遂，并适用《刑法》第114条、第115条第1款以及《刑法》总则关于犯罪预备、中止的规定进行具体处罚。

（9）私设电网案。

在司法实践中，对于私设电网致人死亡或者引起火灾的案件，论以以危险方法危害公共安全罪。

例如，为捕野兔，被告人李某、张某在村里小路边私设电网，每天晚上9时左右开始通电。某日凌晨3时许将顺着小路找猪的李某1电死。二被告人发现后及时拨打急救电话并向公安局报案。法院认定二被告人的行为构成以危险方法危害公共安全罪。[②]

在实践中，行为人通常都将电网架设在偏僻之处，而且有意晚上通电以避免

---

① 河北省邢台市中级人民法院（2014）邢刑终字第28号刑事裁定书.
② 河南省南阳市中级人民法院（2008）南刑二终字第141号刑事附带民事判决书.

人员伤亡，该行为本身并不具有一次导致多人死伤的可能性，不足以危害公共安全，故应根据实际后果认定成立过失致人死亡罪，失火罪，危害珍贵、濒危野生动物罪，非法狩猎罪等，而不应以以危险方法危害公共安全罪论处。

（10）破坏公共设施案。

在司法实践中，对于盗窃、毁坏交通、电力等公共设施的案件，不是认定为破坏交通设施罪、破坏电力设备罪等具体的危害公共安全罪，而是以"口袋罪"——以危险方法危害公共安全罪进行评价。

例如，被告人陈某多次从中间绿化带搬出水泥石块或从路边捡来水泥石块放置在高速公路车道上，导致多辆车因碰撞上述石块而发生车辆爆胎等不同程度损坏的交通事故。法院认定其构成以危险方法危害公共安全罪。[①]

该案的定性存在问题。行为人陈某将石块置于高速公路上，无疑妨碍了道路交通设施功能的正常发挥，与在公路上挖坑没有本质不同，即足以使汽车发生倾覆、毁坏危险，因而应认定为破坏交通设施罪。

总之，对于破坏道路等公用设施的，应优先考虑成立破坏交通设施罪、破坏电力设备罪等构成要件相对明确的危害公共安全罪。如果破坏行为只可能危及个别少数人的安全，不危害公共安全的，应成立过失致人死亡罪等非危害公共安全罪。

（11）制售有毒、有害非食品原料案。

刘某等人生产、销售"瘦肉精"案[②]与张某军等人生产、销售"蛋白粉"案[③]，均被认定为以危险方法危害公共安全罪。由于"瘦肉精"本身是一种平喘药物，而"蛋白粉"的主要成分"三聚氰胺"是一种化工原料，均不是食品原料，只是被食品生产者用作食品原料添加，而且，从提供这类原料到最终危害消费者身体健康，还须经过多个环节，因而难以认为生产、销售这种原料的行为本身具有与放火、爆炸等行为相当的危险性，难以认为生产、销售行为已经对消费者的生命、身体安全形成现实、紧迫的具体性危险，故而无论如何不宜将生产、销售这类原料的行为直接论以属于具体危险犯的以危险方法危害公共安全罪。同时，生产、销售这类原料本身，难以评价为生产、销售有毒、有害食品，故而也不符合生产、销售有毒、有害食品罪的构成要件。

对于生产、销售"瘦肉精""蛋白粉"这种非食品原料的行为，目前只能认

---

① 广东省广州市中级人民法院（2012）穗中法刑一终字第86号刑事裁定书．
② 河南省焦作市中级人民法院（2011）焦刑二初字第9号刑事判决书．
③ 河北省石家庄市中级人民法院（2008）石刑初字第353号刑事判决书．

定为生产、销售有毒、有害食品罪的共犯。从长远来看，应当通过立法将这种行为单独规定为犯罪。

（12）其他危害公共安全案。

司法实践中除上述列举的案件外，还存在其他只要危害公共安全就论以以危险方法危害公共安全罪的案件。

例如，被告人刘某、王某在煤矿井下 11010 采面采煤期间，将两台瓦斯传感器的进气孔堵塞，致使瓦斯传感器不能准确测到井下瓦斯浓度，上传数据失真，井下旷工的生命安全及矿井受到超标燃烧的威胁。法院认定构成以危险方法危害公共安全罪。①

应该说，由于井下瓦斯达到一定浓度，遇到明火容易燃烧、爆炸，故应根据危险是否达到现实、紧迫的程度，分别认定为放火罪或者爆炸罪的预备（适用《刑法》第 114 条同时适用《刑法》总则预备犯的规定）与未遂（直接适用《刑法》第 114 条）进行处罚。

（13）高空抛物案。

司法实践中往往将"不特定"看作"公共安全"的本质性要素，只要侵害的对象不特定或者结果具有不确定性，不管是否可能危及多数人的人身安全，均论以以危险方法危害公共安全罪。

例如，被告人张某将石块从窗户向楼下倾倒，砸中在楼下散步的被害人解某的头部致其重伤。法院认为张某"以向楼下任意抛撒石块的方法危害公共安全"，构成以危险方法危害公共安全罪。②

在上述案件中，虽然行为对象和结果具有不确定性，但并不具有放火、爆炸等行为结果的扩展性、蔓延性、不可控制性，因而不具有与放火等罪的危险相当性。以前这类案件可以故意杀人罪、故意伤害罪论处，《刑法修正案（十一）》施行以后可以认定为高空抛物罪与故意杀人罪、故意伤害罪的想象竞合犯。

（14）随意伤人案。

司法实践中忽视了成立放火、爆炸、决水、投放危险物质罪均系一个行为这一事实，而将连续实施多个行为导致多人死伤的，也认定为以危险方法危害公共安全罪。

例如，被告人徐某超持刀连续刺伤游客及路人多人。法院认为，"被告人徐

---

① 河南省许昌市中级人民法院（2010）许中刑二终字第 013 号刑事判决书.
② 北京市第一中级人民法院（2015）一中刑终字第 467 号刑事裁定书.

某超在游人众多的旅游景点，持刀连续刺伤来自国内 15 个省市区及国外的无辜游客 16 人、本地行人 4 人的行为，已触犯刑律，构成以危险方法危害公共安全罪"①。

又如，被告人雷某生在三年多时间内，为寻求刺激在多个乡镇趁学生放学、上学之机，多次使用废弃的注射器、锥子、自制铁锐器（有倒钩）等凶器刺伤中小学女生胸部，造成被害人唐某等 24 名女生不同程度受伤。其中被害人肖某被刺后当场死亡，被害人唐某、谢某构成轻伤。法院认为，"被告人雷某生为了寻求变态的心理刺激，针对不特定的中小学女学生，四处寻找侵害的目标，故意用废弃的注射器、锥子、自制带钩的铁锐器等物刺伤女学生的胸部，作案时间长、地域广，给当地居民造成严重恐慌，危害公共安全，并造成 1 人死亡、2 人轻伤的严重后果，其行为已构成以危险方法危害公共安全罪"，判处其死刑。②

两案中，行为人均实施了多个行为。由于单个行为并无导致多数人死伤的危险性，结果也不具有蔓延性、不可控制性，因而不具有与放火、爆炸等行为相当的危险性，应根据同种数罪原则上应当并罚的原理，以数个故意伤害罪数罪并罚（如"徐某超案"），或者以故意伤害罪与故意杀人罪数罪并罚（如"雷某生案"）。

（15）生产、运输、燃放烟花爆竹案。

烟花爆竹本身通常不属于爆炸物，因而非法生产、运输、储存烟花爆竹的行为，难以认定为非法制造、运输、储存爆炸物罪。但司法实践将在居民聚居区非法生产烟花爆竹的行为，以及非法运输烟花爆竹的行为认定为以危险方法危害公共安全罪。③ 此外，被告人孙某为阻止中铁十九局施工，从山坡上对准施工工地燃放礼花弹，造成施工现场混乱、施工中断，并对邻近的鹤大高速公路上车辆正常行驶造成影响，法院认为，孙某"以燃放礼花弹的方式危害公共安全，其行为已构成以危险方法危害公共罪"④。

应当认为，非法生产、运输烟花爆竹的行为不具有与放火、爆炸等行为相当的危险性，也不会对公共安全产生具体性危险，行为并不符合任何犯罪的构成要件，应当宣告无罪。至于以燃放礼花弹的方式阻止施工，情节严重的，可以评价为破坏生产经营罪或者寻衅滋事罪。

综上，成立（过失）以危险方法危害公共安全罪必须满足以下条件：第一，

---

① 云南省丽江市中级人民法院（2007）丽中刑初字第 36 号刑事判决书.
② 湖南省郴州市中级人民法院（2010）郴刑一初字第 15 号刑事附带民事判决书.
③ 河南省洛阳市中级人民法院（2013）洛刑二终字第 91 号刑事裁定书.
④ 辽宁省大连市中级人民法院（2014）大刑二终字第 339 号刑事判决书.

必须危害公共安全；第二，"其他危险方法"必须具有与放火、爆炸、决水、投放危险物质行为相当的危险性；第三，必须已经对不特定多数人的生命、身体安全形成现实、紧迫的具体性危险；第四，行为必须不符合放火罪、爆炸罪、决水罪、投放危害物质罪、破坏交通工具罪、破坏交通设施罪、交通肇事罪、重大责任事故罪等具体危害公共安全罪以及故意杀人罪、故意伤害罪、过失致人死亡罪、过失致人重伤罪等具体人身犯罪构成要件。

根据原因自由行为理论，醉驾案与毒驾案成立以危险方法危害公共安全的前提是，行为人在饮酒、吸毒时就具有之后进行危险驾驶的故意，否则可能仅成立交通肇事罪甚至无罪。对于"碰瓷"案，通常应以破坏交通工具罪与敲诈勒索罪（或诈骗罪）数罪并罚。其他故意撞车案，应以破坏交通工具罪定罪处罚。故意驾车冲撞人群以及明知被害人被撞趴在车上而故意拖拽的，宜以故意杀人罪（包括未遂）论罪科刑。对于无证驾驶、高速、逆向、追逐竞驶、别、挤、"S"路线行驶等危险驾驶行为，如果对不特定多数人的生命、身体安全形成了具体性公共危险，可论以危险方法危害公共安全罪。以殴打、拉拽、投掷硬物、开枪射击、抢夺方向盘等方式干扰司机正常驾驶机动车以致车辆失控，以前宜认定为破坏交通工具罪，以避免"口袋罪"的适用，《刑法修正案（十一）》施行后对这种行为完全可以认定为妨害安全驾驶罪。利用煤气、天然气、汽油等企图引起火灾、爆炸的，应根据具体情形认定成立放火罪或者爆炸罪。对私设电网致人死伤的，宜以过失致人死亡罪、过失致人重伤罪论处。对于盗窃窨井盖等破坏公共设施的案件，应根据公共设施所处的位置，分别认定为破坏交通设施罪、破坏电力设备罪、过失致人死亡罪、过失致人重伤罪等，排除（过失）以危险方法危害公共安全罪的适用。制售"瘦肉精""蛋白粉"等非食品原料案，目前只能论以生产、销售有毒、有害食品罪的共犯，长远看应设立单独的罪名进行规制。针对不特定对象实施杀害、伤害行为的，应根据行为数量论以故意杀人罪、故意伤害罪一罪，或者（同种）数罪并罚。非法生产、运输、燃放烟花爆竹，不成立以危险方法危害公共安全罪，发生事故致人死伤的，可以责任事故犯罪处理。

14. 有关盗窃、破坏非机动车道、人行道等场所的窨井盖的以以危险方法危害公共安全罪定罪处罚的司法解释规定，有无问题？

最高法、最高人民检察院（以下简称"最高检"）、公安部于 2020 年 3 月 16 日发布的《关于办理涉窨井盖相关刑事案件的指导意见》指出，盗窃、破坏人员密集往来的非机动车道、人行道以及车站、码头等生产生活、人员聚集场所的窨井盖，足以危害公共安全，尚未造成严重后果的，依照《刑法》第114条的规定，以以危险方法危害公共安全罪定罪处罚；致人重伤、死亡或者使公私财产遭受重大损失的，依照《刑法》第115条第1款的规定处罚。

上述司法解释规定明显存在问题：一是盗窃、破坏非机动车道、人行道以及车站、码头等生产生活、人员聚集场所的窨井盖的行为，显然不具有与放火、爆炸等行为相当的危险性，不可能产生后果不能控制的公共危险；二是"足以危害公共安全"，可谓危险的危险——抽象危险，故而明显有偷换概念之嫌；三是如果窨井盖是道路设施的一部分，则盗窃、破坏窨井盖的行为，可以评价为破坏交通设施罪，如果不是道路设施的一部分，则完全可以评价为盗窃罪、故意毁坏财物罪（道路也是财物）、故意杀人罪、故意伤害罪或者过失致人死亡罪、过失致人重伤罪。

15. 以危险方法危害公共安全罪何以成为"口袋罪"？

第一，"危险方法"相对于"放火""决水""爆炸""投放危险物质"而言，行为结构和方式不明，导致该罪内涵不清、外延不明。

第二，有的司法机关在适用该罪时未能遵循同类解释规则，误认为只要危害了公共安全就能以本罪论处，以为该罪不仅是《刑法》第114、115条的兜底性规定，还是《刑法》分则第二章的"兜底条款"，甚至是整个《刑法》分则的"兜底罪名"。

第三，有的司法机关由于没有认识到以危险方法危害公共安全罪是具体危险犯，或者由于没有正确判断具体危险的有无，因而将原本不构成犯罪的行为认定为本罪。

第四，有的司法机关对以危险方法危害公共安全罪造成的结果理解不够准确，把一些只能造成非物质性结果的行为，如造成特定人员精神高度紧张，同时引起周围人恐慌的行为，也认定成立本罪。

第五，刑法理论把危害公共安全罪的行为对象表述为"不特定人"，有的司法机关将"不特定"理解为"对象不确定性"，把一些原本构成其他犯罪的也认定为本罪。

第六，极个别司法机关错误地以为社会法益优于个人法益，把故意杀伤多人的行为都认定为本罪。

第七，有的司法机关由于误以为罪名具有威慑功能，或者误以为以危险方法危害公共安全罪重于其他法定刑相同的犯罪，因而将原本应当认定为其他犯罪的案件也认定为本罪。

第八，有的司法机关由于难以区分具体案件符合何种犯罪的构成要件，因而将原本应当认定为其他犯罪的案件认定为本罪。

第九，有的司法机关习惯于将其他法院先前的判决当作认定为本罪的理由，导致错误适用本罪的判决不当增加。

16. 如何避免本罪沦为"口袋罪"？

要避免本罪沦为"口袋罪"，应确立以下适用规则。

第一，把握"其他危险方法"时应当遵循同类解释规则，只有与放火、决水、爆炸、投放危险物质这些行为的危险程度、可能造成的侵害结果具有相当性的行为，才能被归入"其他危险方法"；如果某个行为不像放火、决水、爆炸那样，一旦发生就无法立即控制结果，就不能成立本罪。

第二，采用放火、爆炸、决水、投放危险物质的行为方式，却又不能构成放火罪、爆炸罪、决水罪、投放危险物质罪的行为，不可能成立本罪。

第三，单纯造成多数人心里恐慌或者其他轻微后果，没有造成《刑法》第114条规定的具体公共危险的行为，不得认定为本罪。

第四，如果行为只能导致少数人伤亡，而不可能随时扩大或者增加被害范围，即使事前不能确定伤亡者是谁，也不能认定为本罪。

第五，对于以危险方法杀害他人（包括多人）的行为，应当认定为故意杀人罪与危害公共安全罪的想象竞合，按故意杀人罪的法定刑处罚；对于并非以危险方法杀害或者伤害多人的行为（如持刀刺人），只能认定为故意杀人罪、故意伤害罪。

第六，在行为完全符合《刑法》分则第二章规定的其他犯罪的构成要件、法定刑也相同的情形下，不能以本罪罪名更重为由，认定为本罪。

第七，只要行为符合《刑法》分则规定的其他犯罪的构成要件，即使就其他犯罪而言存在区分此罪与彼罪的困难，也应当在其他犯罪中选择，而不能认定为本罪。

第八，既要正确处理此罪与彼罪的关系，又要善于运用想象竞合、牵连犯、包括的一罪的原理，妥当处理行为同时触犯两个以上罪名的案件。

第九，任何判决结论本身都不是判决理由，司法机关需要正确判断先前的判决结论是否妥当，判决理由是否充分；如果已有的判决结论不妥当，判决理由不充分，就绝不可盲从。

17. 从立法论的角度讲，是否应废除以危险方法危害公共安全罪?

从解释论来说，难以明确本罪的内涵和外延，难以界分本罪与其他相关犯罪。从立法论的角度来说，应当废除本罪。因为本罪不仅行为结构和行为方式的规定缺乏明确性，而且法定刑过重，不符合罪刑法定原则实质侧面的明确性要求。在司法实践中，缺乏明确性的法条容易被类推适用。事实上，该罪已经沦为名副其实的"口袋罪"。如果不废除这一罪名，就不可能确保罪刑法定原则的贯彻。

第二节　非法制造、买卖、运输、邮寄、储存枪支、弹药、爆炸物罪

第一百二十五条　**【非法制造、买卖、运输、邮寄、储存枪支、弹药、爆炸物罪】**非法制造、买卖、运输、邮寄、储存枪支、弹药、爆炸物的，处三年以上十年以下有期徒刑；情节严重的，处十年以上有期徒刑、无期徒刑或者死刑。

疑难问题

1. 枪支、弹药、爆炸物犯罪，是否均为抽象危险犯?

枪支、弹药、爆炸物犯罪中，除以"造成严重后果"为犯罪成立条件的丢失枪支不报罪与非法出租、出借（依法配置的）枪支罪为实害犯，以及要求"危及公共安全"的非法携带枪支、弹药危及公共安全罪可谓准抽象危险犯外，其他的都是抽象危险犯。

2. 既非法制造枪支，又非法买卖手榴弹的，能否数罪并罚?

虽然通说认为选择性罪名不能数罪并罚，但针对不同对象实施的犯罪，出于罪刑相适应的考虑，原则上应当并罚。例如，既收买被拐卖的妇女，又收买被拐卖的儿童的，就应以收买被拐卖的妇女罪与收买被拐卖的儿童罪数罪并罚。另外，因为有关枪支、弹药、爆炸物犯罪的司法解释并未像毒品犯罪那样规定不同种类毒品之间的折算方法，所以对于既非法制造枪支，又非法买卖手榴弹的，应该考虑以非法制造枪支罪与非法买卖爆炸物罪数罪并罚。尤其是一个既遂一个未遂时，与其认定为非法制造、买卖枪支、爆炸物罪，还不如准确地评价为非法制造枪支罪既遂与非法买卖爆炸物罪未遂数罪并罚。

3. 在行驶中的车上查获枪支、弹药的，均构成非法运输枪支、弹药罪吗？

不能认为只要是在行驶的交通工具上查获枪支、弹药的，就成立非法运输枪支、弹药罪。"运输"是与"制造""买卖"并列规定的行为，并且适用同样的最高刑为死刑的法定刑，所以，运输行为必须是与非法制造、买卖相关联的行为，否则只能评价为法定最高刑仅7年有期徒刑的非法持有、私藏枪支、弹药罪。

4. 应否在定罪量刑上区别对待为实施恐怖犯罪而非法制造、买卖、运输、储存爆炸物的行为（自然犯），与为合法生产、经营而未经许可制造、买卖、运输、储存爆炸物的行为（法定犯）？

为合法生产、经营而未经许可制造、买卖、运输、储存爆炸物的行为的危害性，显然轻于为实施恐怖犯罪而非法制造、买卖、运输、储存爆炸物的行为。所以，对于因筑路、建房、打井、整修宅基地和土地等正常生产、生活需要，以及因从事合法的生产经营活动而非法制造、买卖、运输、邮寄、储存爆炸物，没有造成严重社会危害，情节轻微的，不宜以犯罪论处。

5. 刑法规定了走私武器、弹药罪，但没有规定走私爆炸物罪，对于走私爆炸物的，如何处理？

如果爆炸物能被评价为"武器"，则走私爆炸物的行为可以被认定为走私武器罪，若不能被评价为"武器"，则可以认定为非法运输爆炸物罪。

6. 河北赵县法院将为在作为非物质文化遗产的"五道古火会"上燃放而制作烟火药的行为认定为非法制造爆炸物罪的判决，有无问题？

河北赵县法院的判决[1]存在问题。我国《宪法》第22条规定："国家保护名胜古迹、珍贵文物和其他重要历史文化遗产。""五道古火会"属于非物质文化遗产。即使认为被告人杨某申的行为符合非法制造爆炸物罪的构成要件，也可以根据《宪法》进行法益衡量，认为其具有实质的违法阻却事由，而不应以犯罪论处。

7. 如何评价用枪支交换毒品的行为性质？

非法买卖枪支罪的本质是有偿转让枪支导致枪支的泛滥，增加公共危险。用枪支交换毒品，无疑属于有偿转让枪支导致枪支的泛滥，因而成立非法买卖枪支罪，对方构成贩卖毒品罪。

---

[1] 河北省赵县人民法院（2017）冀0133刑初4号刑事判决书.

8. 以枪支换枪支、以弹药换弹药、以枪支换弹药的，构成非法买卖枪支、弹药罪吗？

甲有三支枪。甲用其中的一支枪与乙交换了一支不同型号的枪，用第二支枪向丙换取了子弹，还用第三支冲锋枪向丁换取了两只手枪。

应该说，《刑法》规定非法买卖枪支、弹药罪，是为了防止枪支、弹药的泛滥，而防止枪支、弹药的泛滥，是为了保护不特定或者多数人的生命、身体的安全，这便是公共安全。所以，要通过对甲的行为是否导致增加了枪支、弹药的泛滥来判断行为的性质。很明显，甲将第二支枪交付给丙，将第三支冲锋枪交付给丁，因而增加了枪支的泛滥。至于"买卖"当然不限于以钱换物，"买卖"刚出现时的形式就是物物交换。所以，甲、乙、丙、丁四人的行为均构成非法买卖枪支、弹药罪。

9. 如何评价用枪支还债的行为性质？

用枪支还债，也是一种有偿转让枪支并导致枪支泛滥的行为，所以双方的行为均构成非法买卖枪支罪。

10. 如何评价用枪支支付嫖资的行为性质？

由于一般认为性不能用于交换，所以用枪支支付嫖资，不能被评价为有偿转让枪支，不构成非法买卖枪支罪。

11. 如何评价用枪支贿赂官员买官的行为性质？

由于官职不能被用来进行交易买卖，所以用枪支买官不能被评价为非法买卖枪支罪，只能被评价为行贿罪。对方构成受贿罪和非法持有枪支罪，由于侵害了不同的法益，在规范性意义上存在收受和保存两个行为，因而可以以受贿罪与非法持有枪支罪数罪并罚。

12. 认为非法储存是指明知是他人非法制造、买卖、运输、邮寄的枪支、弹药而为其存放的行为的司法解释规定有无问题？

2009年11月16日修正后的最高法《关于审理非法制造、买卖、运输枪支、弹药、爆炸物等刑事案件具体应用法律若干问题的解释》指出，"非法储存"是指明知是他人非法制造、买卖、运输、邮寄的枪支、弹药而为其存放的行为，或者非法存放爆炸物的行为。这一司法解释虽然对区分储存行为与持有行为具有意义，但使储存行为的范围过于窄小，导致非法储存大量枪支、弹药的行为仅成立法定最高刑仅为7年有期徒刑的非法持有、私藏枪支、弹药罪，或者被地方司法机关认定为以危险方法危害公共安全罪，而与非法储存大量爆炸物的行为的处理不协调。应该认为，除司法解释所规定的情形之外，对于非法保存、控制大量枪支、弹药的行为，即使与非法制造、买卖、运输、邮寄没有关联，也应认定为储存。

第三节　非法持有、私藏枪支、弹药罪

第一百二十八条　【非法持有、私藏枪支、弹药罪】违反枪支管理规定，非法持有、私藏枪支、弹药的，处三年以下有期徒刑、拘役或者管制；情节严重的，处三年以上七年以下有期徒刑。

疑难问题

1. 公园射击气球用的"枪"，是刑法意义上的枪支吗？

被告人赵某华摆设了一个气球射击摊位进行营利活动，公安机关在巡查过程中发现该情况，将她抓捕归案，并当场查获了涉案枪形物 9 支以及相关配件、塑料弹等物品。后经天津市公安局物证鉴定中心鉴定，其中 6 支是能正常发射、以压缩气体为动力的枪支。一审法院以非法持有枪支罪判处赵某华有期徒刑 3 年 6 个月。二审法院认为，赵某华非法持有的枪支均刚刚达到枪支认定标准，社会危害性较小，主观恶性和人身危险性较低，改判为有期徒刑 3 年，缓期 3 年执行。

该案的争议焦点在于，能否将行政法法规意义上被评价为枪支的涉案枪形物，直接认定为刑法意义上的枪支。公安部的相关规定表明，对于不能发射制式弹药的非制式枪支，当所发射弹丸的枪口比动能大于等于 1.8 焦耳/平方厘米时，就要认定为枪支。对于此标准，有军事专家形容，羽毛球和乒乓球扣杀的力度可能都比这高。也就是说，发射 1.8 焦耳/平方厘米比动能的弹药，是不可能伤害到人的生命、身体安全的。应该说，在刑事案件中，司法机关判断某枪形物是否属于枪支时，必须以涉枪犯罪所保护的法益为指导，而不能直接把行政法规作为依据。《刑法》之所以将涉枪犯罪规定在危害公共安全罪一章，是因为枪支具有显著的杀伤力，具有导致不特定人或者多数人伤亡的危险。也就是说，《刑法》规定涉枪犯罪，不是为了保护所谓枪支管理秩序，而是为了保护公众的生命、身体的安全。既如此，就不能直接将行政机关颁布的枪支认定标准当作刑法上的枪支判断标准，因为那些认定标准都是为了管理枪支而制定的。在刑事司法中，我们必须实质性地判断某枪形物是否具有侵害公众生命、身体安全的危险。具体而言，某枪形物要被评价为刑法意义上的枪支，必须满足三个条件：第一，具有导致不特定人或者多数人伤亡的危险；第二，以火药或者压缩气体等为动力；第三，是利用管状器具发射金属弹丸或者其他物质的枪形物。

赵某华涉嫌的是非法持有枪支罪。非法持有枪支罪系抽象危险犯，虽然对于抽象危险犯中的危险不需要司法工作人员在个案中进行具体判断，但抽象危险犯中的危险也是允许在个案中进行反证的。如果个案中的特别情况导致行为根本不存在任何危险，就不能将其认定为犯罪。非法持有枪支罪的处罚根据就是行为造成了抽象危险，所以说，如果行为不存在任何危险，行为就不具有构成要件符合性和违法性。行政法规中认定枪支的标准，是弹丸的枪口比动能大于等于1.8焦耳/平方厘米，而这个标准下的"枪支"完全没有侵害公众生命、身体安全的危险，因而不能被直接认定为刑法意义上的枪支。

总之，公安机关制定的枪支鉴定标准，只是涉枪犯罪中有关枪支认定的参考资料，而不能直接作为枪支认定的标准。如果涉案的枪形物不具有致人伤亡的危险，就无论如何不能被评价为刑法意义上的枪支。赵某华所持有的气枪，杀伤力有限，不能被评价为刑法意义上的枪支，其行为不构成犯罪。

2. 非法持有、私藏枪支、弹药罪是所谓选择性罪名吗？选择性罪名是否可能数罪并罚？

刑法理论通说认为非法持有、私藏枪支、弹药罪是所谓选择性罪名。其实，不管是否为选择性罪名，都不能排除数罪并罚的可能性。例如，行为人既非法持有一定数量的枪支，可能顶格判处7年有期徒刑，又非法私藏一定数量的弹药，也能顶格判处7年有期徒刑，完全可以而且应该以非法持有枪支罪与非法私藏弹药罪数罪并罚。当然，若非法持有私藏的枪支弹药数量特别大，也能以非法储存枪支、弹药罪定罪处罚。

3. 非法持有、私藏爆炸物，无罪吗？

《刑法》仅规定了非法持有、私藏枪支、弹药罪，未规定非法持有、私藏爆炸物罪，但这并不意味着非法持有、私藏爆炸物的就无罪，而是可以认定为非法储存爆炸物罪。

4. 非法持有大炮，是否构成犯罪？

《刑法》规定了非法持有枪支、弹药罪，却没有规定非法持有大炮罪。虽然大炮比枪支、弹药、爆炸物的威慑力更大，但如果不能将大炮评价为枪支、弹药、爆炸物，则不能规制非法持有、储存大炮的行为。大炮无论如何不能被评价为弹药和爆炸物。应该说，大炮的发射原理其实跟枪支的差不多，只是"枪管"粗一些而已。所以从理论上讲，将大炮评价为枪支是有可能的，因而非法保存、控制、支配大炮的构成非法持有枪支罪。当然，这可能超出了一般人的预测可能性范围，故被认为系不当的扩大解释。

5. 非法持有、私藏枪支、弹药罪，是继续犯吗？追诉时效如何计算？

刑法理论通说认为，持有型犯罪都是所谓继续犯。笔者赞成将非法持有、私藏枪支、弹药罪看作继续犯，因为非法持有枪支、弹药的过程会对公共安全存在持续性的抽象危险，可以认为法益每时每刻都受到同等程度的侵害，故可以持续性地肯定构成要件的符合性。所以，非法持有、私藏枪支、弹药罪的追诉时效，不是从开始持有之日起计算，而是应从结束持有、不再持有之日起计算。

6. 如何评价用枪支作为质押物借债的行为？

依法配备、配置枪支的人员将枪支作为借债质押物质押给对方的，成立非法出借枪支罪，而对方成立非法持有枪支罪。

7. 司法解释严格界分"持有"、"私藏"与"储存"，是否具有合理性？

2008 年 6 月 25 日最高检、公安部《关于公安机关管辖的刑事案件立案追诉标准的规定（一）》指出："非法持有"，是指不符合配备、配置枪支、弹药条件的人员，擅自持有枪支、弹药的行为；"私藏"，是指依法配备、配置枪支、弹药的人员，在配备、配置枪支、弹药的条件消除后，私自藏匿所配备、配置的枪支、弹药且拒不交出的行为。2009 年 11 月 16 日修正后的最高法《关于审理非法制造、买卖、运输枪支、弹药、爆炸物等刑事案件具体应用法律若干问题的解释》规定，"非法储存"，是指明知是他人非法制造、买卖、运输、邮寄的枪支、弹药而为其存放的行为，或者非法存放爆炸物的行为。

应该说，上述严格界分"持有"、"私藏"与"储存"的司法解释规定存在问题：第一，若认为"私藏"不是持有，就会得出私藏假币，毒品，伪造的发票，国家绝密、机密文件、资料、物品，宣扬恐怖主义、极端主义物品等违禁品无罪的结论。事实上，所谓私藏这类违禁品，也只能评价为持有假币罪，非法持有毒品罪，持有伪造的发票罪，非法持有国家绝密、机密文件、资料、物品罪，非法持有宣扬恐怖主义、极端主义物品罪。第二，依法配备、配置枪支、弹药的人员，在配备、配置枪支、弹药的条件消除后将枪支、弹药丢弃的，不再事实上支配枪支、弹药的，难以评价为"私藏"，但如果只有行为人知道枪支、弹药藏于何处，则仍然属于非法持有枪支、弹药，而应评价为非法持有枪支、弹药罪。第三，既然上述解释认为，不要求明知是他人非法制造、买卖、运输的爆炸物而单纯存放爆炸物的行为，就成立非法储存爆炸物罪，那么就没有理由认为，对于单纯非法存放大量枪支、弹药的行为，不被评价为非法储存枪支、弹药罪。第四，《刑法》没有规定非法持有、私藏危险物质罪，对于大量保存、控制、支配危险物质的，不可能不作为犯罪处理，还是只能，也应该认定为非法储存危险物质罪。

所以说，"持有""私藏""储存"三个概念之间不是对立关系，私藏和储存都可谓持有，一定量的持有，就可谓储存。

第四节 交通肇事罪

第一百三十三条 **【交通肇事罪】**违反交通运输管理法规，因而发生重大事故，致人重伤、死亡或者使公私财产遭受重大损失的，处三年以下有期徒刑或者拘役；交通运输肇事后逃逸或者有其他特别恶劣情节的，处三年以上七年以下有期徒刑；因逃逸致人死亡的，处七年以上有期徒刑。

疑难问题

1. 何谓"违反交通运输管理法规，因而发生重大事故"？

所谓"违反交通运输管理法规，因而发生重大事故"，是指交通违章行为是交通事故发生的原因。交通违规种类繁多，交通违规行为未必就是交通事故发生的原因。

首先，根据交通法规是单纯指向交通行政管理的目的还是直接关系到交通运输安全，可以将交通法律规范分为交通行政管理规范与交通运输安全规范。

《中华人民共和国道路交通安全法》（以下简称《道交法》）中属于交通行政管理规范的，主要是第 8、11、15、16、17、18、98 条所规定的，关于机动车、非机动车登记，机动车相关标志、图案、报警器或标志灯具等的合法合规使用，以及第三者责任强制保险等方面的内容。对于仅存在违反交通行政管理规范的交通违章行为的，由于违章行为与交通事故之间通常缺乏刑法意义上的因果关系，不符合交通肇事罪中"因而"的要求，故不应成立交通肇事罪。然而司法实践中普遍存在一种现象：公安机关的交通管理部门（以下简称"交警部门"）将违反交通行政管理规范的违法行为，直接作为认定交通事故责任的根据，而检察院和法院经常将交警部门的认定作为依据。

例如，法院认为，"被告人郑某违反交通安全管理规范，驾驶未经登记、无牌号和行驶证的车辆在路况良好的路段行驶时，未能确保安全通行，将被害人廖某撞倒，造成廖死亡的重大交通事故，其行为已构成交通肇事罪，且在肇事后逃逸"①。很显然，"驾驶未经登记、无牌号和行驶证的车辆"不可能是事故发生的原因。法院之所以将其写进判决书中，是因为交警部门作出的交通事故责任认定书中记载了上述违反交通行政管理规范的所谓违章事实。法院在审理交通肇事案件时，应当从行为人违反交通运输安全规范的违章行为中，找出发生交通事故的具体原因，认定存在交通肇事罪的具体实行行为，进而肯定交通肇事罪的成立。

《道交法》中属于交通运输安全规范的，主要是第13、14、19、21、22、38、42、43、44、47、48、49、51、56、61、62、70条所规定的，关于机动车行驶规则，载物、载人规则，机动车停放规则，行人通行规则以及交通事故发生后的处理要求等方面的内容。需要指出的是，即使行为人存在违反交通运输安全规范的行为，也应具体分析该违章行为是否为本起事故发生的原因，是否属于交通肇事罪的实行行为，否则，也会因为不符合"因而"的要求而不成立交通肇事罪。如驾驶未经年检或者超过报废期限但实际车况良好的车辆，就不能认定为交通事故发生的原因。

例如，被告人张某驾驶未定期进行安全技术检验的轿车撞死横过道路的77岁被害人。法院认为，"被告人张某驾驶未定期进行安全技术检验的轿车行驶过程中疏于观察前方路面车辆动态，遇有情况未采取必要的处置措施且案发后逃逸"，其行为构成交通肇事罪。②判决在未查明被告人驾驶的未定期年检的车辆是否存在技术质量隐患的情况下，就将驾驶未定期年检的车辆作为事故的原因，显然有失妥当。

其次，交通法律规范可分为保障自身安全的规范与保证他人安全的规范。

《道交法》第51条规定，机动车行驶时，驾驶人、乘坐人员应当按规定使用安全带，摩托车驾驶人及乘坐人员应当按规定戴安全头盔。要求使用安全带、戴安全头盔，显然旨在保障行为人自身的安全，而不在于保证其他交通参与人的安全。同样的道理，在前车未开车灯，后车也未开其车灯，致使前车发生事故的案件中，要求后车行驶时应当打开车灯，显然是为了保证自身行车的安全，而不是要求其车灯在行驶中起着公共照明灯的作用，故未开车灯的后车驾驶员不应对事

---

① 重庆市江北区人民法院（2004）江刑初字第497号刑事判决书．
② 江苏省泰州市中级人民法院（2006）泰刑一终字第69号刑事判决书．

故的结果负责。

最后，交通法律规范可分为原则性规范与规则性规范。

当存在具体的规则性规范时，不应适用原则性规范进行责任认定。《道交法》第 22 条关于"机动车驾驶人应当遵守道路交通安全法律、法规的规定，按照操作规范安全驾驶、文明驾驶"的规定，即属于原则性规范。在具体案件中，法院应当查明，是否存在违反具体规则性规范且与事故结果之间存在因果关系的违章行为，而不能直接适用原则性规范认定交通事故的责任。

例如，交警部门认定，"黄某驾驶机件不符合技术标准的小型普通客车未保持安全车速且未按照操作规范安全驾驶、文明驾驶是造成事故的原因，承担事故主要责任"[①]。其中所谓"未按照操作规范安全驾驶、文明驾驶是造成事故的原因"，即为直接适用原则性规范认定责任，故而不妥。

2. 如何把握交通运输管理法规的规范保护目的及认定交通肇事罪中的"因而"?

交通运输管理法规都有自己的规范保护目的或者说立法目的。交通肇事的结果必须由违反规范保护目的的交通违章行为所引起。换言之，行为虽然违反了交通运输管理法规，也发生了交通事故，但倘若交通事故的发生超出了交通法规的规范保护目的，就不能认定"违反交通运输管理法规，因而发生重大事故"而构成交通肇事罪。例如，禁止驾驶未经年检的车辆的规范保护目的，是防止因车辆故障导致交通事故。如果行为人驾驶未经年检的车辆，但该车并无故障，而是由于被害人横穿高速公路造成了交通事故，就不能对行为人以交通肇事罪论处。下面举例说明。

（1）无证驾驶。禁止无证驾驶的交通法规的规范保护目的，是防止没有驾驶车辆技能的人上路行驶而发生交通事故。虽然未取得机动车驾驶证的人通常不具有驾驶和控制车辆的能力，但不能认为未取得机动车驾驶证的人就一定不具有驾驶车辆的能力，也不能认为具有机动车驾驶证的人就一定具有驾驶能力（如取得驾驶证以后多年未驾驶机动车的）。易言之，是否具有驾驶技术与是否取得机动车驾驶证并无直接关系。况且，即便行为人缺乏驾驶技术，在具体个案中，缺乏驾驶技术也未必就是事故发生的原因，比如行人跨越护栏突然闯入封闭的高速公路，驾驶者刹车不及撞死行人。所以，即使存在无证驾驶的违章行为，在具体个案中也应具体分析无证驾驶是否为交通事故发生的原因，否则也会导致"因而"

[①] 广西壮族自治区玉林市中级人民法院（2014）玉中刑一终字第 226 号刑事裁定书.

的认定错误。

例如，被告人刘某无证驾驶面包车，与骑电动自行车横穿道路的被害人薛某相撞，致薛某颅脑损伤当场死亡。被告人刘某事后找陈某"顶包"。法院认为，"被告人刘某无证驾驶机动车辆，发生重大交通事故，肇事后逃逸，致一人死亡，承担事故的全部责任，其行为构成交通肇事罪"①。

很显然，本起事故发生的主要原因应是骑电动自行车的被害人薛某突然横穿道路，而不是被告人的无证驾驶行为。或许，无证驾驶以及为逃避法律追究找人"顶包"的事实，可以作为交警部门认定交通事故责任的重要根据，但不应成为法院认定成立交通肇事罪的主要依据。法院应当查明事故发生的具体原因，分析违章行为是否满足"因而"的要求，进而认定交通肇事罪成立与否。

总之，除非能够证明事故是因行为人缺乏驾驶技能所致，否则难以肯定无证驾驶的违章行为符合交通肇事罪构成要件中"因而"的要求。

（2）超速驾驶。禁止超速驾驶的规范保护目的，就是防止在出现险情时来不及采取制动措施。如果行为人即使不超速，也几乎不可能避免结果的发生，则难以认为超速驾驶是事故发生的原因。对于夜间以时速 58 公里行驶在限速 50 公里的市区道路上，撞伤突然穿越马路的行人致其死亡的案件，德国判例认为，由于即使行为人不超速，也难以避免交通事故的发生，则事故的原因不能归咎于超速驾驶。也就是说，即使超速驾驶，仍有适用信赖原则的余地。② 总之，不能简单地认为，只要存在超速驾驶的违章行为，就满足了交通肇事罪中"因而"的要求，而应具体查明超速驾驶是否为具体案件中导致交通事故发生的原因。

例如，被告人杨某驾驶出租车在辽宁省丹东市振八街工会会馆楼前路段，以每小时 73.9 公里的速度撞倒推自行车横过街道的被害人顾某，顾某后经抢救无效死亡。法院认为，被告人杨某超速行驶，发生重大事故，构成交通肇事罪。③

应该说，上述判决是正确的。虽然判决书没有交代事发路段的限速是多少，但从案情描述来看，在人来人往的街道上以每小时 73.9 公里的速度行驶，应明显属于超速行驶。如果不超速行驶，当发现推自行车横过街道的被害人时，行为人应该来得及采取制动措施以避免事故的发生。

又如，被告人赵某以每小时 77 公里的速度驾车行驶在限速每小时 60 公里的城市快速路段，其所驾车辆轧在散放于路面的一个雨水井盖后失控，冲过隔离带

① 江苏省徐州市中级人民法院（2014）徐刑二终字第 88 号刑事裁定书.
② 1963 年 12 月 20 日德国联邦最高法院判决（BGH VRS 26, 203）.
③ 辽宁省丹东市振兴区人民法院（1999）兴刑初字第 53 号刑事判决书.

进入辅路后,与正常行驶的杨某驾驶的轿车和骑自行车正常行驶的刘某、相某、张某、薛某相撞,造成刘某、相某当场死亡,张某经抢救无效死亡,杨某、薛某受伤。法院认为,"海淀区圆明园路主路北向南方向设有明显的限速60公里/小时交通标志牌,被告人赵某事发时行驶速度高于77公里/小时,由于赵某违章超速驾驶车辆,且未尽到注意义务,在其发现散落在路中的雨水井盖时,采取措施不及,是导致事故发生的原因",故赵某的行为构成交通肇事罪。[①]

应该说,本案中除非能够通过侦查实验证明,如果不超速就能避免事故的发生,否则只能将该起事故归为意外事件,即超速驾驶行为不能满足"因而"的要求,不构成交通肇事罪。法院显然未能查明该事实,故判决存在问题。

(3)酒后驾驶。禁止酒后驾驶的规范保护目的,显然在于防止驾驶者因为饮酒而导致驾驶能力减退或者丧失进而造成交通事故。不过,一名醉酒的驾驶员,在别人不尊重他的先行权和这个事故对于清醒的驾驶员来说本来也是不可避免的时候,尽管他处于无驾驶能力状态,但仍然必须以信赖原理为根据宣告其无罪。而在我国司法实践中,普遍存在不加分析地将酒后违章驾驶的行为作为责任事故原因的现象。

例如,被告人杨某夜晚醉酒驾驶(血液中乙醇浓度为193.6mg/100ml)轿车,搭载严重醉酒的被害人罗某(血液中乙醇浓度为353.37mg/100ml),在行驶过程中被害人罗某突然拉开车后门跳下车,跌出车外与路面搓擦后撞到人行道边沿当场死亡。法院认为,"被告人杨某违反交通运输管理法规,醉酒后驾驶机动车并发生交通事故致人死亡的行为,构成交通肇事罪。杨某醉酒后驾驶机动车,搭载严重醉酒后可能失去行为控制能力的被害人罗某,未尽到应当预见危险性并采取必要防范措施的责任,行驶中车速过快,且在转弯时未减速,杨某的上述行为系此次事故的主要原因,对事故的发生起主要作用,应当承担主要责任",故构成交通肇事罪。[②]

应该说,本案中即便被告人不是醉酒驾驶,其对于作为成年人的被害人在车辆快速行驶过程中突然拉开车后门跳下车的举动,也难以预见和避免,故醉酒驾驶不是该起事故的原因,法院以醉酒驾驶为由认定成立交通肇事罪,明显存在问题。

又如,被告人张甲酒后驾驶三轮摩托车载其子张乙在行驶过程中,摩托车上

① 北京市第一中级人民法院(2005)一中刑终字第3679号刑事裁定书.
② 四川省宜宾市中级人民法院(2014)宜中刑一终字第172号刑事判决书.

装载的超出摩托车前方纵向装置的矩形方钢前端面与行人赵某相撞、摩托车装载的垂直于摩托车行进方向（即横向装置）超出摩托车货斗右端宽度的移动脚手架圆柱钢管工作位置下端与行人裴某相撞，致赵某当场死亡，裴某送医院后死亡。[①]

很显然，本案中酒后驾驶不是事故的原因，违章装载才是事故的真正原因，故法院认定醉酒驾驶也系事故发生的原因，明显存在问题。

（4）超载驾驶。禁止超载驾驶的规范保护目的在于保障汽车的安全行驶。具体而言，汽车超载会导致稳定性较差，转弯时离心力增加，如果车速较快则极易翻车，而且汽车超载时其制动效果会明显降低，尤其是在遇到下坡时加速度会增快而致机动车重心前移，容易失去控制而引发交通事故。在具体个案中，虽然存在超载事实，但若即使不超载，事故也难以避免时，就不能简单地认为超载是引发事故的原因进而认定成立交通肇事罪。

例如，被告人超载驾驶（核载 31 400kg，实载 36 980kg）重型半挂货车行驶过程中，货车上的六根树桩滚落到对向车道，并与对向车道上被害人余某驾驶的小型普通客车及被害人肖某驾驶的普通二轮摩托车发生碰撞，造成被害人余某当场死亡、被害人肖某经抢救无效死亡、小型客车上被害人赵某受伤的重大交通事故。交通事故认定书确认超载也是事故发生的原因之一，法院予以认可。[②]

很显然，本起事故的原因应是被告人驾驶前未固定好所载货物，导致行驶中货物滚落到对向车道而引发事故。也就是说，即使不超载，事故也难以避免。故法院不应将超载驾驶认定为交通事故发生的原因。

3. 如何把握认定交通肇事罪的实行行为？

一般认为，过失犯跟故意犯一样也有实行行为，交通肇事罪作为过失犯也不例外。所谓交通肇事罪的实行行为，是指具有类型性地导致交通事故发生危险的交通违章行为。如果行为人虽然存在所谓交通违章行为，但这种违章行为不可能是交通事故发生的原因，就不能认为行为人实施了交通肇事罪的实行行为。例如，行为人驾驶未上车牌的车辆上路行驶，不可能是具体交通事故发生的原因，因而不能评价为交通肇事行为。又如，行为人虽然驾驶了未经年检但车况良好的车辆上路行驶，即使发生了交通事故，也不能将驾驶未经年检车辆的行为评价为交通肇事的实行行为。还如，行为人醉酒驾驶车辆上路行驶，在等红灯时被开车接打电话的后车司机追尾发生交通事故，行为人的醉酒驾驶车辆上路行驶的行为

---

① 安徽省蚌埠市中级人民法院（2014）蚌刑终字第 00261 号刑事判决书.
② 浙江省温州市中级人民法院（2014）浙温刑终字第 1227 号刑事裁定书.

不可能是本起交通事故发生的原因，不能认为行为人存在交通肇事罪的实行行为。所以，在交通肇事案中，一定要具体判断行为人有没有实施具有类型性地导致交通事故发生危险的实行行为，行为人的交通违章行为是否为本起交通事故发生的原因，若没有或者不是，就应否定存在交通肇事罪的实行行为和否定交通肇事罪的成立。

4. 行人、非机动车驾驶者能否构成交通肇事罪？其肇事后逃逸的，能否成立"交通运输肇事后逃逸"和"因逃逸致人死亡"？

行人和非机动车驾驶者也是公共交通的参与者，所以也是交通肇事罪的犯罪主体。行人闯红灯、横穿高速公路、在高速公路上拉车乞讨引起交通事故的，可能构成交通肇事罪。交通肇事罪规定了"交通运输肇事后逃逸"和"因逃逸致人死亡"两个加重处罚情节。既然行人、骑自行车的人、骑电动车的人可以成为交通肇事罪的主体，在发生交通事故后，其同样存在保护现场、及时报警、抢救伤者的义务，若其逃逸，同样应评价为"交通运输肇事后逃逸"和"因逃逸致人死亡"。

5. 因信赖高度自动驾驶系统的无过错的"驾驶员"发生交通事故后逃逸的，能否成立"交通运输肇事后逃逸"与"因逃逸致人死亡"？

在使用高度自动驾驶系统的车辆中，车主也是乘客，发生交通事故后，车主不承担交通肇事罪的刑事责任，只能追究车辆制造者和高度自动驾驶系统的设计者的产品质量责任。问题在于，恰好坐在车上的车主有无保护现场、报警和抢救伤者的义务，若其逃逸的，应否追究其"交通运输肇事后逃逸"和"因逃逸致人死亡"的刑事责任。按照通说的观点，成立"交通运输肇事后逃逸"和"因逃逸致人死亡"以行为构成交通肇事罪为前提。若如此，因为车主不构成交通肇事罪，自然也就不成立"交通运输肇事后逃逸"和"因逃逸致人死亡"。但是，车主在使用高度自动驾驶系统的车辆中虽然可谓"乘客"，但并非真正意义上的乘客，而是一种危险源的监督者，在发生交通事故后应负有"危险源监督义务"，不履行义务的，应成立不作为的故意杀人、伤害罪或者遗弃罪的刑事责任。

6. 交通肇事致人重伤、死亡，不符合交通肇事罪成立条件，能否以过失致人重伤、死亡罪定罪处罚？

2000年11月15日公布的最高法《关于审理交通肇事刑事案件具体应用法律若干问题的解释》（以下简称《交通肇事解释》）均规定，交通肇事致人重伤、死亡成立交通肇事罪的条件是负全部、主要或者同等责任。问题在于，不符合负责任条件的，如"死亡一人或者重伤三人"仅负事故同等责任，或者"死亡三人以上"仅负事故次要责任，不符合交通肇事罪成立条件的，能否以过失重伤、死亡罪追究刑事责任。应该说，之所以在交通肇事罪的成立条件上有负责任大小的要求，是因为发生在公共交通领域的交通运输的参与各方，均负有的一定交通安全注意义务，所以才有所谓"过失相抵原则"，这明显不同于发生在日常生活领域的普通过失致人死伤的案件。因而，对于发生在公共交通领域的交通肇事致人死伤的案件，若不符合责任分配的要求，就可以认为没有达到值得科处刑罚的程度，不应作为犯罪处理，当然也就不能反过来成立法定刑更重的过失致人死亡罪与过失致人重伤罪。

不过，张明楷教授认为，在造成特别严重交通事故的情况下，对违反交通运输法规但负次要责任的行为人，也应以交通肇事罪定罪处罚。[①] 笔者认为，该观点与笔者的主张并不冲突。因为司法解释对于应当承担交通肇事罪刑事责任的情形只能是一种不完全的列举。也就是说，不能说成立交通肇事罪仅限于司法解释所明文列举的情形。《交通肇事解释》只是规定"死亡三人以上，负事故同等责任"的，应以交通肇事罪处3年以下有期徒刑或者拘役，并没有排除负事故的次要责任但造成特别严重交通事故的成立交通肇事罪的可能。这与"死亡1人或者重伤3人以上，负事故全部或者主要责任"，以及"交通肇事致1人以上重伤，负事故全部或者主要责任，并具有六种情形之一的"构成交通肇事罪，因而"死亡1人或者重伤3人，负事故同等责任"，以及"交通肇事致1人重伤，不负事故全部或者主要责任，或者负事故全部或者主要责任，但不具有六种情形之一"的，就不构成交通肇事罪，也不能构成过失致人死亡罪与过失致人重伤罪，并不矛盾。

7. 司法解释关于无能力赔偿达到一定数额可认定构成交通肇事罪基本犯与加重犯的规定，是否合理？

《交通肇事解释》规定，造成公共财产或者他人财产直接损失，负事故全部或者主要责任，无能力赔偿数额在30万元以上的，应以交通肇事罪处3年以下有期徒刑或者拘役；无能力赔偿数额在60万元以上的，属于"有其他特别恶劣情节"，处3年以上7年以下有期徒刑。

上述司法解释的规定容易给人不公平的感觉。例如，甲交通肇事造成他人31万元的财产损失，倾其所有仅赔偿几千元，由于其无能力使赔偿数额在30万元以上，因而应以交通肇事罪处3年以下有期徒刑或者拘役。而乙交通肇事造成他

---

① 张明楷. 刑法学. 6版. 北京：法律出版社，2021：924.

人 310 万元的财产损失，由于其赔偿了他人 280 多万元的财产损失，无能力赔偿数额不到 30 万元，因而不构成交通肇事罪。又如，丙交通肇事造成他人 61 万元的财产损失，倾其所有仅赔偿了几千元，由于其无能力使赔偿数额在 60 万元以上，因而属于"有其他特别恶劣情节"，应处 3 年以上 7 年以下有期徒刑。而丁交通肇事造成他人 600 万元的财产损失，其赔偿了他人 540 多万元的财产损失，无能力赔偿数额不到 60 万元，因而不属于"有其他特别恶劣情节"，只能处 3 年以下有期徒刑或者拘役，如果丁赔偿了他人 570 多万元的财产损失，无能力赔偿数额不足 30 万元，便不成立交通肇事罪。

8. 加重处罚"逃逸"的根据或者说禁止逃逸的规范保护目的是什么？

关于交通肇事罪，《刑法》规定了"交通运输肇事后逃逸"（以下简称"肇事逃逸"）和"因逃逸致人死亡"（以下简称"逃逸致死"），《交通肇事解释》确定了"定罪逃逸"、"指使逃逸"和"移置逃逸"三个逃逸。《交通肇事解释》规定：(1) 交通肇事致 1 人以上重伤，负事故全部或者主要责任，"为逃避法律追究逃离事故现场的"，以交通肇事罪定罪处罚，这可谓"定罪逃逸"；(2)"交通运输肇事后逃逸"，是指行为人在发生交通事故构成交通肇事罪后，"为逃避法律追究而逃跑的行为"，这可谓"肇事逃逸"；(3)"因逃逸致人死亡"，是指行为人在交通肇事后"为逃避法律追究而逃跑"，致使被害人因得不到救助而死亡的情形，这可谓"逃逸致死"；(4) 交通肇事后，单位主管人员、机动车辆所有人、承包人或者乘车人指使肇事人逃跑，致使被害人因得不到救助而死亡的，以交通肇事罪的共犯论处，这可谓"指使逃逸"；(5) 行为人在交通肇事后"为逃避法律追究"，将被害人带离事故现场后隐藏或者遗弃，致使被害人无法得到救助而死亡或者严重残疾的，应当分别依照故意杀人罪、故意伤害罪定罪处罚，这可谓"移置逃逸"。

可见，关于禁止交通肇事逃逸的规范保护目的，司法解释始终坚持"逃避法律追究说"立场。实务中也是一如既往地以司法解释为准绳。

关于"定罪逃逸"，例如被告人陈某驾驶小客车，行经人行横道时为减速慢行，刹车不及，碰撞骑自行车的被害人钟某致其重伤（后经鉴定损伤达到一级伤残）后，驾车逃离现场。一审法院认定成立"肇事逃逸"。二审法院则认为，"陈某的交通肇事行为只造成一人重伤的后果，其逃逸行为已作为交通肇事罪的定罪要件，故不能再作为交通肇事罪的法定加重情节在量刑时重复评价，因此，对上诉人的量刑应在三年以下有期徒刑或者拘役这一量刑幅度内进行。"[1]

---

① 广东省广州市白云区人民法院（2011）穗花刑初字第 816 号刑事判决书.

关于"肇事逃逸",司法实务的主流做法一直是,即便被害人当场死亡(没有需要救助的被害人),肇事者也因所谓为逃避法律追究而逃跑,所以被认定为"肇事逃逸"[①]。甚至肇事者在将被害人及时送医后逃离(履行了抢救伤者的义务)的,也因所谓为逃避法律追究而逃跑,所以被认定为"肇事逃逸"[②]。

关于禁止"逃逸"的规范保护目的,刑法教科书通说似乎支持司法解释所持的"逃避法律追究说"立场,但理论界一直有学者旗帜鲜明地反对"逃避法律追究说",而主张"逃避救助义务说"。例如张明楷教授明确指出,将"逃逸"解释为"为逃避法律追究而逃跑"不具有合理性。犯罪后为逃避法律追究而逃跑,因不具有期待可能性而可谓"人之常情";正因为此,自首才成为法定从宽处罚情节;"逃避法律追究说"难以说明刑法为何不将逃逸规定为其他犯罪的加重情节;刑法之所以将逃逸规定为交通肇事罪加重情节,是因为交通事故中往往存在需要救助的被害人,加重处罚逃逸行为是为了促使肇事者积极救助被害人,故而应以不救助被害人(不作为)为核心来理解和认定逃逸;发生交通事故后,肇事者留在现场不逃也不救的,也成立逃逸;如果肇事者让自己的家属、朋友救助伤者的,即使自己徒步离开现场,也不应认定为逃逸;交通事故现场没有需要救助的被害人,行为人逃走的,不应认定为逃逸;将"因逃逸致人死亡"的逃逸动机限定于为逃避法律追究,也明显不当;如果行为人在骑摩托车追杀仇人过程中发生交通事故致人重伤后,为继续追杀仇人而不救助事故被害人致其死亡的,按照《交通肇事解释》,由于行为人不是"为逃避法律追究而逃跑",而不成立"因逃逸致人死亡",这显然不合理。[③]"逃避救助义务说"立场在理论界得到了不少学者的响应与支持。

本书认为,只要因交通违规致人重伤,就达到了值得以交通肇事罪科处刑罚的程度(刑法条文如此规定),没有必要承认所谓的"定罪逃逸";致人重伤后逃逸的,成立作为交通肇事罪加重情节的"肇事逃逸"。关于禁止交通肇事逃逸的规范保护目的,虽然总体上说,"逃避救助义务说"具有合理性,但对于"肇事逃逸"与"逃逸致死"的规范保护目的应进行相对性解读。"肇事逃逸"的规范保护目的即加重处罚的根据在于,促使交通肇事者及时抢救伤者、保护现场(包括设置警示标志以避免后续事故的发生)并报警,以便分清责任、迅速处理交通事故、保障道路的畅通、避免损失的进一步扩大。"逃逸致死"的规范保护目的

---

① 安徽省阜阳市中级人民法院(2015)阜刑终字第 00110 号刑事裁定书.
② 山东省济宁市中级人民法院(2014)济刑终字第 269 号刑事裁定书.
③ 张明楷.张明楷刑法学讲义.北京:新星出版社,2021:475-476.

在于，促使交通肇事者及时抢救伤者（包括躺在道路中间的昏迷者），避免被害人因得不到及时救助而死亡，以及根据需要设置警示标志、清除路障，避免发生后续事故致人死亡。

首先，在刑法中，不仅不同条款中的相同用语的含义具有相对性，而且根据需要对同一条款中同一个概念的含义作出不同的解释，也并不鲜见，如贪污罪中"利用职务上的便利"。

其次，由于交通事故发生在正在通行的道路上，车辆来往频繁，发生交通事故后，必须迅速分清责任、疏通道路，以保障交通的顺畅，这明显有别于发生在非公共交通领域的、日常生活中发案率相对较低的过失致人重伤、死亡案件，正因为此，其他国家和地区通常都在刑法典或者附属刑法中，将擅自离开事故现场，不履行救助义务和报告义务的逃逸行为，单独规定为犯罪。

最后，"逃逸"条款的表述以及两个"逃逸"规定的法定刑差异表明，可以而且应当对两个"逃逸"的规范保护目的进行相对性解读。

总之，根据法益保护的要求、交通事故的特殊性以及一般预防的需要，可以而且应当对交通肇事罪中两个"逃逸"的规范保护目的进行相对性解读。

9. 如何认定"交通运输肇事后逃逸"（"肇事逃逸"）？

关于"肇事逃逸"，理论与实务的主要分歧在于：（1）交通事故致被害人当场死亡，没有需要救助的被害人，或者导致被害人形成不可逆转的致命伤，没有抢救的可能性时，行为人逃离事故现场的，能否认定为"肇事逃逸"？（2）肇事者本人或其委托亲属、朋友将被害人及时送医后逃离的，是否成立"肇事逃逸"？（3）肇事者留在事故现场不逃跑，也不救助被害人的，是否成立肇事逃逸？

在"逃逸"的规范保护目的问题上，主张"逃避法律追究说"或者折中说的学者通常认为，"逃逸"是一种作为，或者包括了作为与不作为，因而，肇事者本人或其委托亲属、朋友及时将被害人送医后逃离的，仍然成立"肇事逃逸"；现场没有需要救助的被害人而逃离现场的，也能成立"肇事逃逸"；留在现场不逃也不救的，不是"肇事逃逸"；离开现场第一时间去公安机关报案，哪怕没有及时救助被害人，也不应认定成立"肇事逃逸"。持"逃避救助义务说"的学者通常会认为，"逃逸"属于不履行救助义务的不作为，因而只要没有需要救助的被害人，就不成立"肇事逃逸"；肇事者本人或其委托亲属、朋友及时将被害人送医后逃离的，不成立"肇事逃逸"，因为已经履行了救助义务；即便留在现场不逃跑，甚至及时报警，但只要没有及时救助被害人，仍能成立肇事逃逸。

实务中基本上按照司法解释所持的"逃避法律追究说"立场处理案件。

案1：被告人李某驾驶机动三轮车将同向骑自行车的王某撞倒后，将王某送到医院，垫付400元医疗费后因怕承担法律责任而逃跑。被害人王某经抢救无效死亡。法院认定被告人李某的行为属于"肇事逃逸"①。

案2：被告人马某驾驶轻型货车与他人驾驶的重型货车发生碰撞，导致本车乘客马某宾被烧伤。事故发生后，被告人马某跟随救护车将被害人送医后逃离，第二天又主动投案。法院认为，"被告人马某交通肇事并在随车将被害人送到医院后，以筹集治疗费用为名从医院逃离，属于肇事后逃逸"②。

案3：被告人陈某违章驾驶重型自卸货车将骑摩托车的被害人许某撞伤后，主动报警并在现场等候交警的调查处理，被害人许某经送医抢救无效死亡。被告人陈某虽然能如实供述犯罪事实并提供担保人，但在随后的事故处理阶段逃离厦门，直到3年后投案。法院认定其为"肇事逃逸"③。

案4：被告人苦某违章驾驶农用车碾压被害人吉某头部，致其头部颅骨粉碎性骨折，脑组织外流休克死亡。事故发生后被告人逃离现场。法院认定其属于肇事逃逸。④

案5：被告人李某违章驾驶轿车与路边大树相撞，致乘车人赵某颈椎骨折脱位伴四肢瘫痪，后经抢救无效死亡。被告人李某让黎某赶至现场为其"顶包"承担责任。法院认为，"被告人李某在发生事故后虽未逃离现场，但其找人冒充肇事者接受处罚，意在使自己逃避承担法律责任；且其在得知被害人死亡后继续指使他人冒充肇事者，进一步说明其具有逃避法律追究之意图，其行为已经符合法律规定的交通肇事后逃逸的情节"⑤。

案6：被告人卢某酒后驾驶小型普通客车撞上骑乘电动车的徐某致其颅脑损伤而死亡。肇事后被告人拨打110报警，告知本人姓名、面包车车牌号、手机号码及发生交通事故致人受伤的情况，实施一定救助行为后逃离现场。法院认为，"上诉人卢某在交通肇事后，虽能主动报警，但在其没有受到人身伤害紧迫危险的情况下，为逃避法律追究主动离开事故现场，成立交通运输肇事后逃逸"⑥。

实务中也存在否定成立"肇事逃逸"的判例。

---

① 河南省桐柏县人民法院（2005）桐刑初字第69号刑事判决书.
② 山东省济宁市中级人民法院（2014）济刑终字第269号刑事裁定书.
③ 福建省厦门市海沧区人民法院2009海刑初字第122号刑事判决书.
④ 四川省金阳县人民法院（2001）金刑初字第19号刑事判决书.
⑤ 北京市海淀区人民法院（2009）海刑初字第3号刑事判决书.
⑥ 江苏省盐城市中级人民法院（2015）盐刑终字第00006号刑事判决书.

案 7：被告人杨某驾驶小型轿车撞伤吴某，得知万某某报警后，离开现场筹措救治被害人的资金。检察院指控"肇事逃逸"。法院认为，"被告人杨某离开现场的目的是向他人借款用于弥补被害人经济损失，其主观上不具有逃避法律责任的目的"，故公诉机关指控肇事逃逸不当。[①]

案 8：被徐某雇佣的司机孟某违章驾驶发生事故后步行离开现场。当时乘坐该车的系徐某之子，其在被告人孟某离开现场后，电话拨打 120，并和该车留在现场等待处理。案发后由徐某支付被害人现金 4 万元。被告人孟某第二天投案。法院认定孟某为自首，未认定"肇事逃逸"[②]。

案 9：被告人张某酒后无证驾驶小客车，将行人安某撞伤后，未停车而离开现场，后于当日晚上到派出所投案。事故发生后，与被害人安某同行的师某用手机报警，安某经抢救无效死亡。法院认为，"公诉机关提供的证据不足以证明被告人张某未停车抢救伤者及保护现场是为逃避法律追究实施的逃跑行为，故对被告人张某认为自己的行为不构成交通肇事逃逸的辩解意见，予以采纳"[③]。

案 10：被告人陶某骑自行车因未让直行车优先通行，与骑自行车的被害人唐某相撞，造成被害人严重颅脑损伤经医院抢救无效死亡。肇事后，被告人陶某带着自行车向其单位方向逃跑。二审法院认为，"上诉人陶某肇事后离开现场属实，但因其本人同时受伤并伴有脑震荡，其在向单位行走途中被发现而送医院救治，原判就此认定其肇事后为逃避法律追究而逃离现场证据不足，该上诉理由及辩护意见成立"，故而，被告人陶某的行为不成立肇事逃逸。[④]

案 11：被告人李某交通肇事致 1 死 1 伤后，主动报警并抢救伤者，但在接受公安机关询问后一直未归案，直至被公安机关抓获。法院未认定其肇事逃逸。[⑤]

案 12：被告人石某肇事致 1 死 1 伤后，叫其亲属张某赶来，及时叫救护车并报警，死者家属赶到后，被告人石某害怕被殴打而逃离现场。法院认为，被告人石某的行为不是为了逃避法律追究而逃跑，故不构成"肇事逃逸"[⑥]。

案 13：被告人陶某违章驾驶农用车与他人车辆发生碰撞后造成本车中乘车人受伤。事故发生后，被告人陶某及时将被害人送至医院治疗，在支付部分医疗费用后，见被害人伤势严重遂逃跑。法院认为，"被告人陶某犯罪后及时报案，又

① 四川省乐山市市中区人民法院（2014）乐中刑初字第 225 号刑事判决书.
② 山东省济宁市中级人民法院（2015）济刑终字第 7 号刑事附带民事裁定书.
③ 北京市大兴区人民法院（2005）大刑初字第 165 号刑事判决书.
④ 江苏省南通市中级人民法院（2005）通中刑一终字第 0060 号刑事判决书.
⑤ 河南省安阳市中级人民法院（2014）安中刑一终字第 214 号刑事裁定书.
⑥ 北京市第一中级人民法院（2009）一中刑终字第 1907 号刑事裁定书.

为被害人交了治疗费并在医院进行了照顾，接受公安机关的讯问，公安机关当时没有采取任何强制措施，被告人陶某因无钱给被害人治病，逃回原籍，故被告人陶某的行为不属于肇事逃逸"[①]。

如前所述，"肇事逃逸"的规范保护目的在于，促使肇事者及时抢救伤者、保护现场并报警，而不是促使肇事者主动将自己交给司法机关处理以保证国家刑事追诉权的实现；要求肇事者保护现场并报警，旨在迅速处理交通事故、分清责任、恢复道路的畅通。因此：（1）及时将受伤的被害人送医后逃离，或者离开事故现场是为给事故受伤者筹措医疗费的，由于行为人在义务冲突的情况下已经履行了主要义务，故不应认定为"肇事逃逸"。（2）事故发生后找人"顶包"的行为，增加了事故责任认定以及被害人民事赔偿权实现的难度，应认定为"肇事逃逸"。（3）不及时抢救伤者、保护现场和报警，而擅自离开事故现场，除非已被他人及时报警并将被害人送医，行为人离开现场是为了避免被被害人家属殴打，且事后及时投案的，原则上应当认定为"肇事逃逸"。（4）交通事故造成被害人当场死亡，没有需要救助的被害人的，行为人虽然不负有抢救伤者的义务，但仍然负有保护现场（包括设置警示标志）及报警的义务，擅自离开事故现场的，应当认定为"肇事逃逸"。（5）只要事故被害人不是当场死亡，即便已经造成了颅脑严重损伤等不可逆转的致命伤，但不及时将被害人送医的行为，也升高了被害人死亡的抽象性危险，故在此情形下，事故发生后逃离的，亦成立"肇事逃逸"。（6）如果肇事者本人也因事故身负重伤或处于昏迷状态，不具有及时抢救伤者和报警的作为可能性，即便事后逃离的，也不宜认定为"肇事逃逸"。

综上，本书认为，案 4、案 5、案 6、案 7、案 11、案 12 以及案 13 的判决结论是正确的，而案 1、案 2、案 3、案 8、案 9 以及案 10 的判决结论存在疑问。

10. 通说关于成立"逃逸致死"以行为构成交通肇事罪为前提的观点，合理吗？

一直以来，刑法理论上的多数说认为，成立"因逃逸致人死亡"的前提，是逃逸前的交通肇事行为本身已经构成交通肇事罪（基本犯）。这可谓"构罪前提肯定说"。与之相反，当然是认为成立"逃逸致死"无须以肇事行为构成交通肇事罪为前提的所谓"构罪前提否定说"。如果认为成立"逃逸致死"以肇事行为构成交通肇事罪为前提，根据《交通肇事解释》第 2 条关于交通肇事罪立案标准的规定，则意味着在通常情况下，交通肇事仅造成 1 人重伤，逃逸导致重伤者死

[①] 河南省中牟县人民法院（2012）牟刑初字第 308 号刑事判决书.

亡的，仅成立交通肇事罪的基本犯；只有肇事至少造成1人当场死亡同时造成他人受伤，并且负事故全部或者主要责任，进而逃逸导致伤者死亡的，或者肇事造成3人以上重伤，负事故全部或者主要责任，进而逃逸导致伤者死亡的，方可能成立"逃逸致死"。如此理解，将直接导致交通肇事造成1人重伤后逃逸致人死亡的常态案件，无法适用"逃逸致死"进行处罚。事实上，持"构罪前提肯定说"的张明楷教授就明确指出："行为人超速驾驶致一人重伤后逃逸，进而导致其死亡的，不能适用'因逃逸致人死亡'的规定，只能认定为一般的交通肇事罪（处3年以下有期徒刑或者拘役）。"[①]

持"构罪前提肯定说"论者，要么只有结论而没有论证，要么将"逃逸致死"看作交通肇事罪的结果加重犯或者情节加重犯，因为理论上通常认为，成立结果加重犯和情节加重犯，均以行为成立基本犯为前提。

本书认为，"构罪前提肯定说"存在问题。

首先，司法解释关于交通肇事致1人重伤成立交通肇事罪条件的规定，过于限制了交通肇事罪的成立范围，导致与过失致人重伤罪的处罚不相协调。

其次，"逃逸致死"的规定既不是交通肇事罪的结果加重犯，也不是交通肇事罪的情节加重犯，而是一种独立性条款；只要交通违规行为使他人处于需要救助的状态（包括重伤、轻伤以及虽未受伤但被撞昏在道路中央），肇事者不予救助进而导致死亡的，均应成立"逃逸致死"。

最后，将"逃逸致死"理解为因交通肇事致他人受伤或者昏迷后逃逸致其死亡，符合一般人的常识、常理与常情。

综上，成立"逃逸致死"，不以交通肇事行为本身构成交通肇事罪为前提；只要交通肇事行为导致他人受伤或者处于昏迷状态而不能自救，肇事者不予及时救助致被害人死亡，以及交通肇事后不设置警示标志、清除路障，导致发生后续事故致人死亡，均应认定为"因逃逸致人死亡"。

11. "因逃逸致人死亡"条款何以虚置化？

1997年全面修订《刑法》时在交通肇事罪中增设了"因逃逸致人死亡的，处七年以上有期徒刑"条款，将交通肇事罪的法定刑由7年提高到15年有期徒刑，学者们对此修订予以充分肯定和高度期待，但几十年的司法实践表明，该款事实上处于虚置状态而很少得到适用。"因逃逸致人死亡"条款何以虚置化？

首先，司法解释不当缩小了"逃逸致死"的适用范围。《交通肇事解释》第5

[①] 张明楷. 刑法学. 6版. 北京：法律出版社，2021：928.

条规定，"因逃逸致人死亡"，是指行为人在交通肇事后为逃避法律追究而逃跑，致使被害人因得不到救助而死亡的情形。该解释至少存在两点不当：一是强调逃逸的动机必须是"为逃避法律追究"。这导致在驾车追杀仇人过程中交通肇事致他人重伤，为继续追杀仇人而不救助致他人死亡的，因不是"为逃避法律追究"而逃跑，而不能成立"逃逸致死"。这显然不合理。二是强调"逃跑"。这意味着，只有离开事故现场的作为的形式才能构成"逃逸致死"，而虽留在事故现场但不救助被害人的不作为方式不能成立"逃逸致死"。这显然有违立法本意，也不利于保护法益。因为等待而不救助的行为比救助后逃跑的行为更应受价值上的非议。

其次，理论上多数说认为，成立"逃逸致死"，以逃逸前的肇事行为构成交通肇事罪为前提，意味着交通肇事致人重伤、轻伤、昏迷在马路中央，肇事者逃逸致伤者死亡、昏迷者被随后车辆碾压致死的，仅成立交通肇事罪的基本犯，而不能成立"逃逸致死"。这可能不当缩小了"逃逸致死"的适用范围，也有悖一般人关于"因逃逸致人死亡"条款理解上的常识、常理与常情。

再次，理论上多数说认为，肇事者对于逃逸致人死亡的结果只能持过失态度，若明知不及时救助会导致被害人死亡而持希望或放任态度的，则成立不作为的故意杀人罪。如此理解，恐会不当限制"逃逸致死"的成立范围，也不符合客观事实和司法实践的要求。

最后，成立因逃逸"致"人死亡，显然要求逃逸而不救助的行为与被害人的死亡结果之间存在因果关系。然而，司法实践中极少有医院愿意证明，如果及时送医就能避免死亡，致使在绝大多数逃逸并发生死亡结果的案件中，都是无法采证或即使采证也不可能达到排除合理怀疑的证明标准，只剩被害人受伤后因长时间得不到救助而致失血性休克死亡的一种情形能够证明。即便在被害人因失血性休克而死亡的案件中，实务部门也极易简单地认定为"交通运输肇事后逃逸"，适用交通肇事罪第二档次法定刑幅度量刑。

12. 如何认定"因逃逸致人死亡"（"逃逸致死"）？

"逃逸致死"条款一直处于虚置化状态。我们应该以禁止逃逸的规范保护目的激活"逃逸致死"条款的适用。"逃逸致死"的规范保护目的在于，当交通肇事产生不能自救的被害人（如受伤或虽未受伤但昏迷在道路中间）时，要求肇事者对被害人及时予以救助以避免其死亡，以及设置警示标志或者清除路障，以避免后续事故发生致人死亡。立法者之所以特意加重逃逸致死的法定刑，是因为立

41

法者深知"驾驶者撞伤路人，即因该行为而承担救助义务"，正如房顶施工者不小心砸伤路人而产生救助义务，不救助而导致路人死亡的可能成立不作为的故意杀人罪。同时，考虑到肇事者对被害人的死亡通常持放任的心理态度而非积极追求，而且行为本身属于相对于作为犯而言期待可能性较低的不作为，为了避开肇事逃逸是否成立不真正不作为犯的理论争议，而笼统地规定了"因逃逸致人死亡的，处七年以上有期徒刑"。应该说，这是一种明智的做法，而且能够做到罪刑相适应。由此，我们可以得出如下结论。

第一，"逃逸致死"的本质是不履行救助义务的不作为，只要不及时救助需要救助的被害人，即便被告人报警后在现场等候警察的到来，或者第一时间跑到离现场遥远的交警大队投案，仍有可能成立"逃逸致死"。应当否定所谓"二次肇事说"，即认为"逃逸致死"包括以作为方式进行二次肇事致人死亡的情形。对于肇事后明知被害人被卡在车上或者躺在车轮下而继续拖拽、碾压致被害人死亡的，应成立作为的故意杀人罪；肇事后逃跑过程中又肇事的，应根据情形成立交通肇事罪或以危险方法危害公共安全罪，与已经成立的交通肇事罪数罪并罚。

第二，不应将逃逸的动机限定于"为逃避法律追究"，只要肇事者认识到存在需要救助的被害人而不救助致其死亡的，即成立"逃逸致死"。

第三，成立"逃逸致死"不以肇事行为已经构成交通肇事罪为前提，即便肇事只是导致被害人轻伤，只要死亡结果与肇事者的不救助行为之间存在相当的因果关系，都应成立"逃逸致死"。

第四，对于不救助与被害人死亡结果之间因果关系的证明，无须达到绝对确信的程度，只要达到如果救助就十有八九能够避免死亡结果的程度即可。具体言之，根据肇事行为发生的时间、地点、环境（如距离医院的远近、医疗的条件、水平等）以及伤害的程度等，认真分析如果行为人不逃逸而是立即予以救助，是否可能避免死亡。就逃逸导致被害人因失血性休克死亡而言，若能大致推断出从受伤到流血致死需要多少时间，再根据事故现场距离最近医院的距离，算出及时送医抢救可能需要多长时间，应当不难证明若及时送医是否可能避免被害人死亡。应该说，只要肇事没有导致被害人形成颅脑粉碎性骨折等不可逆转的致命伤，从受伤到死亡间隔时间并不短，而且医院距离事故现场并不远，肇事者完全可能亲自驾车，或者拦车，或者及时拨打120、110电话求救，因不救助导致被害人死亡的，通常应能认定为"逃逸致死"。然而，虽然肇事逃逸案件频发，实务部门却往往不积极证明"逃逸致死"的因果关系，以致极少适用"因逃逸致人死亡"条款，使立法的初衷基本落空。

实践中认定成立"逃逸致死"的判例极为罕见。

案14：1998年5月2日4时50分左右，被告人任某驾驶自卸车违章驶入逆行车道，与对面正常行驶的载有16人的农用汽车相撞，造成农用汽车司机及乘客4人当场死亡，4人重伤，5人轻伤，1人轻微伤。被告人任某肇事后逃逸。公安局接到报案后于当天5时35分赶到现场抢救。后重伤员中有2人经抢救无效死亡。法院认为，因被告人任某肇事后逃逸致2人因延误抢救时间而死亡，属于肇事后因逃逸致人死亡的情形，故以交通肇事罪判处被告人任某有期徒刑12年。[①]

本案发生的时间是天亮前，他人报警后，警察45分钟之后才赶到现场。很显然，在事故当时，被告人更有条件驾驶自卸车及时将受伤的被害人送医，但因其逃逸而延误了抢救时间致使两名重伤员死亡。或许，本案认定为逃逸致死的深层次的原因在于，任某一次交通肇事导致了4人当场死亡、2人经抢救无效死亡的特大交通事故，若仅论以交通肇事罪中"其他特别恶劣情节"，最重判处7年有期徒刑，这样的处理结果难以为民众所接受。

案15：2014年3月1日23时50分许，被告人邹某驾驶小客车将骑自行车的被害人叶某撞倒后，即驾车逃逸。逃逸途中，被告人邹某电话报警但未述详情，致使被害人叶某被随后李某驾驶的小客车再次碾压当场死亡。一审法院认定，被告人邹某的行为属于逃逸致死，故以交通肇事罪判处有期徒刑7年6个月。二审法院认为，"上诉人邹某深夜在道路上发生事故后置被害人的安危不顾驾车逃离现场，致被害人因未得到恰当保护而被其他车辆二次碾压死亡，其逃逸行为与被害人的死亡后果间具有直接的因果关系，且其在逃逸途中电话报案的行为并未避免被害人死亡后果的发生，也不影响对其逃逸事实的认定"。故二审法院维持原判。[②]

应该说，法院认定为逃逸致死是正确的。只要肇事者不对被害人进行恰当的处置（比如移到路边），即使报警后等候警察的到来，或者第一时间赶到交警大队投案，也应对被害人被二次碾压致死承担责任。

司法实务中不乏否定"逃逸致死"的判例。

案16：检察院指控被告人冯某逃逸致死，但法院认为，"事故发生后，路旁行人及巡警及时拨打了120，将被害人訾某、林某送往医院救治，后林某因伤势过重抢救无效死亡。因此，被告人林某的死亡系被告人冯某驾车肇事所致，而非

---

① 北京市密云县"任某交通肇事案"刑事判决书．［2015-12-02］．http：//www.lawyee.net/Case/Case_Display.asp? ChannelID＝2010100&keyword＝&RID＝26353#．

② 四川省宜宾市中级人民法院（2014）宜中刑一终字第168号刑事裁定书．

逃逸延误其治疗所致。被告人虽然存在逃逸的情形，但不符合逃逸致人死亡的特征"①。

应该说，上述判决是正确的。

案 17：被告人钱某于凌晨 6 时许将一精神病男子撞倒在车轮下，急忙下车扶起被害人，问其"要紧否"，该男子嘴里嘟囔着走向路边。被告人钱某见状开车离开并继续来回拖运石头，上午 8 时许返回时发现该男子仍坐在路边。后来，该男子倒在路边被人发现后送医因失血性休克死亡。一审法院认定此为逃逸致死。二审法院则认为，上诉人钱某"主观上无逃避法律追究而逃跑的故意，其行为不构成交通肇事逃逸致人死亡"②。

应该说，本案不成立"逃逸致死"，并非因为被告人钱某"主观上无逃避法律追究而逃跑的故意"，而是因为其不明知存在需要救助的被害人，即缺乏不作为的故意。

案 18：2013 年 11 月 29 日凌晨 2 时许，被告人酒后无证驾驶撞倒行人后弃车逃离现场。被害人因创伤失血性休克经抢救无效死亡。法院仅认定其构成肇事逃逸，而未认定其构成逃逸致死。③

应该说，这是一起典型的肇事逃逸案。法院没有查明从被害人受伤到死亡经过多长时间，从而判断如果及时送医，是否可能避免被害人因失血过多而死亡。从本案案发时间和地点，以及被害人死于创伤失血性休克来看，应该不难证明，如果肇事者及时将被害人送医，是有可能避免被害人死亡的。故而，法院的判决存在疑问。

13. 司法解释规定"移置逃逸"一律构成故意伤害、杀人罪，有无问题？

如果行为人只是单纯的逃逸，致使被害人因得不到救助而死亡的，仅成立"逃逸致死"。从我国司法实践中，对于因没有及时将不能自救的被害人从道路中间移开而被后续车辆碾压致死，只是认定为"逃逸致死"（案 15）来看，交通肇事后如果只是消极地不救助受伤的被害人，虽然属于不作为的故意杀人，也只需以"因逃逸致人死亡的，处七年以上有期徒刑"进行评价。司法解释及刑法理论之所以认为"移置逃逸"成立作为的故意杀人罪，可能是因为误以为将伤者留在

---

① 安徽省阜阳市颍东区人民法院（2005）东刑初字第 95 号刑事判决书．

② 江苏省常州市中级人民法院"钱某交通肇事案"．［2015－12－02］．http：//www.lawyee.net/Case/Case＿Display.asp？ChannelID＝2010100＆keyword＝％C7％AE％D6％F1％C6％BD％BB％CD％A8％D5％D8％CA％C2％B0％B8＆RID＝49249＃．

③ 广东省中山市中级人民法院（2014）中中法刑一终字第 140 号刑事判决书．

现场就一定有人救助。然而，如果事故是发生在深夜偏僻的路段，有充分的证据表明（如有现场监控证明），在被害人死亡之前并无其他人或车经过（不考虑就算有人或车经过也未必会施救），则肇事者将伤者搬至自己车上而延误抢救时机，与将被害人留在现场（让被害人继续躺在道路中间可能死得更快）相比，并没有增加其死亡风险，何以成立作为的故意杀人罪？况且，将"移置逃逸"一概认定为作为的故意杀人罪，与留在事故现场被后续车辆碾压致死仅论以"因逃逸致人死亡"的处罚也不协调。所以，只要没有证据证明（事实存疑时根据有利于被告人原则处理）如果将被害人留在事故现场就有被救助而避免死亡的可能性，就应将"移置逃逸"的情形作为单纯逃逸（不作为）处理，根据具体情形认定为"肇事逃逸"或者"逃逸致死"。

在司法实践中，由于难以证明移置被害人的行为增加了其死亡危险，因而极少作为故意杀人罪处理。

案19：被告人倪某酒后驾驶三轮摩托车撞伤行人严某后，当即将被害人严某送到附近的村卫生室救治，被医务人员告知必须速送县人民医院急救。被告人驾驶摩托车送被害人到达县城后，因害怕承担责任，最终将被害人抛弃在河滩上，两小时后被人发现时，被害人已因外伤性脾破裂失血性休克死亡。被告人辩称，其曾三次叫被害人均无应答，故认为被害人已经死亡、没有救治必要才产生抛"尸"的想法。医学专业人员证实：脾破裂如果脾脏前面损伤程度较深，累及脾门，并大血管损伤或者伤者有心脏疾病，则伤者可能在短时间内死亡，但没有严格的时间界限；如果损伤程度较浅未累及脾门及脾门血管，则较短时间（1小时）内死亡的可能性较小。经现场测试，以肇事车辆的时速从事故地行驶至县人民医院约需10分钟。检察院指控被告人倪某的行为构成故意杀人罪。法院认为，被告人"后来遗弃被害人是在认为被害人已死亡的主观状态下作出。本案现有证据无法证明被害人在被遗弃前确没有死亡，也无法证明被害人的死亡是因为被遗弃无法得到救助而造成，故其行为不符合《解释》（指前述《交通肇事解释》——引者注）第六条关于交通肇事转化为故意杀人的条件。本着疑情从轻的原则，对倪某只能以交通肇事罪定罪处罚"。被告人的行为符合交通肇事逃逸的特征，以交通肇事罪判处被告人倪某有期徒刑4年。[①]

本书认为，上述判决是正确的。

案20：1998年11月23日晚8时许，被告人陈某等人携带自制铁轨车在赣犹

---

① 最高人民法院第一庭、第二庭. 刑事审判参考：2003年第1辑. 北京：法律出版社，2003：5-10.

专用森林铁路上运输石料，当满载石料的铁轨车正向前运行时，突然发现前方铁轨上坐着一个人，因车辆无法紧急制动而撞倒被害人严某，车轮从被害人小腿上压过。被告人陈某等人将还在呻吟的被害人放到一条无水水沟中。之后被告人三人以为被害人已经死亡，遂用自行车将被害人丢弃在某敬老院旁的田角上。检察院指控被告人犯过失致人死亡罪。法院认为，被告人的行为构成交通肇事罪；被告人在撞伤被害人后，不积极采取抢救措施，延误了抢救时间，致被害人死亡，具有特别恶劣情节。①

本案中，从受伤部位（小腿受伤）来看，如果及时送医，应该不至于死亡。不过，从案发的时间及地点来看，即使将被害人留在现场，也几乎不可能得到其他人救助，故被告人虽有移置行为，但实质上还是相当于单纯逃逸致人死亡，故应认定为"逃逸致死"。法院一方面认为被告人的行为延误了抢救时间，另一方面却未认定为"逃逸致死"，前后矛盾。

14. "指使逃逸"构成交通肇事罪共犯的司法解释规定，有无问题？

《交通肇事解释》第5条规定，交通肇事后，单位主管人员、机动车辆所有人、承包人或者乘车人指使肇事人逃逸，致使被害人因得不到救助而死亡的，以交通肇事罪的共犯论处。此解释一出，立即遭到了理论界的炮轰——认为其违反了共犯的基本原理及"共同犯罪是指二人以上共同故意犯罪"的刑法规定。如果认为交通肇事罪的主观罪过只能是过失，肯定指使逃逸的行为成立交通肇事罪的共犯，的确违反了《刑法》第25条关于共同犯罪的规定。

《交通肇事解释》中所称的"交通肇事罪"，其实是指《刑法》第133条中的"因逃逸致人死亡"，而非作为过失的交通肇事罪的基本犯。肇事"逃逸"与"逃逸"致死，不可能是过失。况且，我们最终适用的是刑法条文，而非"罪名"。我国交通肇事罪属于典型的司法罪名。我们完全可以将《刑法》第133条确定为交通肇事罪、交通肇事逃逸罪及交通肇事逃逸致死罪三个罪名。易言之，司法解释所称指使逃逸的成立交通肇事罪的共犯，是指成立交通肇事逃逸致死的共犯，而非指成立交通肇事罪基本犯的共犯。正如指使绑架者杀人的，成立故意杀人罪的共犯，而非绑架罪的共犯；指使拐卖妇女者奸淫被拐卖的妇女的，成立强奸罪的共犯，而非拐卖妇女罪的共犯。

因此，对于司法解释中共犯的规定，根本不必大惊小怪。问题仅在于两点：

---

① 江西省赣州市中级人民法院"陈某、陈某元、赖某灿交通肇事案"．［2015－12－04］．http：//www.lawyee.net/Case/Case_Display.asp？ChannelID＝2010100＆keyword＝＆RID＝46316＃．

一是其仅规定了指使逃逸致死的成立交通肇事罪的共犯，而未规定指使肇事逃逸的亦应成立交通肇事罪的共犯；二是其未将《刑法》第 133 条确定为交通肇事罪、交通肇事逃逸罪与交通肇事逃逸致死罪三个罪名。但即便这样，在具体判决书中，我们只需要指明，被指使者的行为成立《刑法》第 133 条中的逃逸致死，指使者是其共犯即可。

在司法实践中，对于指使醉驾者逃逸又连续肇事的，多认定成立以危险方法危害公共安全罪的共犯。[①] 对于车主指使交通肇事致人当场死亡者逃逸的案件，检察官指控构成交通肇事罪，法院认定单独成立包庇罪。[②] 我国司法实务中也发生过指使逃逸致死的案件。

案 21：1996 年 1 月 15 日晚 18 时许，被告人时某驾驶客货两用车送本单位工会主席许某回家，在行驶途中违章将骑自行车的被害人吴某撞伤后，准备下车抢救，坐在车上的许某讲，抢救人粮库（指本单位）有多少钱花，并唆使时某逃走。时某上车后，因车子不能启动，时某叫车上的许某、张某、刘某、高某下车推车。后时某与上述几人连夜将车子喷漆并更换被撞坏的灯罩。被害人于 1996 年 1 月 16 日凌晨被送至医院抢救，因交通事故造成其严重颅脑外伤经抢救无效于同月 23 日死亡。检察院指控许某、张某、刘某的行为构成包庇罪。法院认为："三被告人在主观上与时某有着共同的逃离现场躲避单位和个人赔偿责任的故意，在客观上亦正是由于三人指使、帮助行为的介入，才使直接肇事者时某与他们一起逃逸，从而也使时某的肇事行为发展成交通肇事罪，三人的行为对本案交通肇事罪的形成不可或缺，故三名被告人与时某一起同时构成交通肇事罪。针对检察机关所提的许某、张某、刘某三人行为应定包庇罪的抗诉意见，由于许某、张某、刘某在实施教唆、帮助时某逃逸的行为时，被害人吴某尚未死亡，作为交通肇事罪成立必要条件——一人死亡的结果尚未发生，且在逃逸之前时某应否负交通事故的全部责任不能确定，故在当时的情况下时某尚未构成交通肇事罪，许某等三人由于实施教唆、帮助的对象尚不属于包庇罪所要求的'犯罪的人'，因此不具有包庇罪的构成要件，不应认定三被告人的行为构成包庇罪。"[③]

由于本案发生在 1979 年《刑法》施行期间，而 1979 年《刑法》中交通肇事罪条文并未规定"逃逸致死"。如果该案发生在现行刑法施行期间，许某等人则完全可能成立交通肇事逃逸或者交通肇事逃逸致死的共犯。

---

① 河南省高级人民法院（2012）豫法刑一终字第 10 号刑事附带民事裁定书.
② 河北省孟村回族自治县人民法院（1999）孟刑初字第 57 号刑事判决书.
③ 江苏省淮阴市中级人民法院（2000）淮刑一抗字第 3 号刑事裁定书.

15. 如何看待"交通事故认定书"的性质?

《道交法》第 73 条规定:"公安机关交通管理部门应当根据交通事故现场勘验、检查、调查情况和有关的检验、鉴定结论,及时制作交通事故认定书,作为处理交通事故的证据。交通事故认定书应当载明交通事故的基本事实、成因和当事人的责任,并送达当事人。"《中华人民共和国道路交通安全法实施条例》(以下简称《实施条例》)第 91 条规定:"公安机关交通管理部门应当根据交通事故当事人的行为对发生交通事故所起的作用以及过错的严重程度,确定当事人的责任。"值得注意的是,无论是《道交法》还是《实施条例》,均未规定当事人对交通事故认定书不服的救济程序。这说明,交通事故认定书只是一种缺乏救济程序的行政确认行为。

可是,就是这种救济途径阙如的行政确认行为,不仅关系到当事人民事赔偿权实现的程度,而且直接关系到交通肇事罪成立与否及其量刑轻重。《交通肇事解释》第 2 条及第 4 条,直接根据行为人在交通事故中是负全部、主要责任,还是同等责任,确定交通肇事行为是否成立交通肇事罪的基本犯和加重犯。虽然《道交法》第 73 条肯定交通事故认定书只是"作为处理交通事故的证据",但在有关交通肇事罪的刑事审判实践中,交通事故认定书事实上成了法院认定交通肇事罪成立与否及其量刑轻重的重要依据,甚至是唯一依据。[1]

对此,刑法理论上毫无争议地认为,刑事司法机关在审理行为是否构成交通肇事罪时,不能直接采纳交通管理部门的责任认定,而应根据《刑法》所规定的交通肇事罪的构成要件进行实质的分析判断,避免直接将《道交法》上的责任转为刑事责任。

之所以不能将交通事故认定书直接作为认定当事人刑事责任的根据,是因为:(1)道路交通行政管理的目的与刑法的目的存在明显区别,《道交法》上的责任明显不同于刑事责任;交管部门在认定当事人的责任时,并没有考虑刑事责任的根据与条件,常常只是简单地综合行为人违章的多少与情节作出责任认定。(2)众所周知,行政责任的基本原则是效率优先;交通事故认定书系公安机关依据其职权作出的关于事故当事人责任划分的一种行政责任认定,即使责任认定存在错误,既不能申请行政复议,也不能提起行政诉讼,因而其只是作为处理交通事故的一种证据。(3)从刑事诉讼法角度讲,交通事故认定书并不符合证据要求,不属于刑事司法机关必须采纳的证据材料。(4)交通事故认定系行政行为,

---

[1] 广西壮族自治区玉林市中级人民法院(2014)玉中刑一终字第 202 号刑事裁定书.

着重于事先预防，一般只考虑事故双方各自有无违章行为，不重视违章行为与危害结果之间的因果关系；而刑事责任的认定，在客观方面强调行为人的违法行为与危害结果之间必须存在因果关系，即行为人的交通违章行为，必须是造成交通事故的原因。概言之，由于行政责任与刑事责任的认定，在事实证据、构成要件等方面的认定原则、方法、要求不同，因而如果将行政责任认定结论直接作为认定当事人构成犯罪的依据，则意味着刑事案件的审理实质上演变为由公安机关主导，这会使司法审查流于形式，而有损司法公正。

综上，由于刑法目的明显不同于行政管理的目的，法院在审理交通肇事刑事案件时，只能将由公安机关的交通管理部门单方作出的、缺乏必要制约和救济程序的交通事故认定书，视为一种参考性的勘验证据材料，而不能直接作为认定交通肇事罪成立与否及其轻重的根据。

16. 如何看待"逃逸者负全责"的规定？

《实施条例》第 92 条第 1 款规定："发生交通事故后当事人逃逸的，逃逸的当事人承担全部责任。但是，有证据证明对方当事人也有过错的，可以减轻责任。"这就是所谓"逃逸者负全责"的规定。我国司法实务部门一如既往地遵循该规定，只要肇事后逃逸的，基本上就直接认定逃逸者负全部责任。[1]

"逃逸者负全责"的规定与做法遭到了理论界的一致批评：因逃逸行为发生在事故结果产生之后，所以该规定明显有违"原因不可能发生在结果之后"的基本常识，即事后逃逸行为不可能成为交通事故发生的原因。本书认为，"逃逸者负全责"的规定与做法具有一定的合理性，只是应对其适用进行一定的限制。

首先，众所周知，立法者之所以在 1997 年全面修订《刑法》时，增加作为交通肇事罪加重处罚情节的"交通运输肇事后逃逸"以及"因逃逸致人死亡"的规定，是因为当时交通肇事逃逸的现象非常普遍。据称，当时司法实践中几近50％的司机在发生交通事故后选择逃逸。交通肇事逃逸行为的危害性毋庸赘言。国务院在 2004 年颁布《实施条例》时，明确增设"逃逸者，负全责"的规定，也是为了遏制日趋严重的交通肇事逃逸的势头。

其次，虽然逃逸不会成为其他犯罪进行过错推定的根据，但交通肇事逃逸具有特殊性。众所周知，在车流来往频繁的道路上发生的交通事故，不仅发案率高，而且发生后需要迅速抢救伤者、分清责任、恢复道路畅通。一旦当事人选择

---

[1]　江苏省苏州市虎丘区人民法院（2008）虎刑初字第 0365 号刑事判决书.

逃逸，不仅伤者得不到及时救治，而且事故的责任难以分清，发生事故路段的交通也无法迅速恢复。正因为此，域外国家和地区通常将肇事后逃离事故现场、不履行报告义务和救助义务的行为单独规定为犯罪。目前，我国规定的不足在于，关于"逃逸者负全责"，不应由立法位阶较低的行政法规进行规定，而应由全国人大常委会在《道交法》中直接予以规定，而且应表述为："发生交通事故后当事人逃逸的，逃逸的当事人承担全部责任，但有证据证明对方当事人有过错的除外。"

最后，我国交通肇事罪的处罚轻于普通过失犯罪，规定"逃逸者负全责"并承担基本犯的责任，不至于使逃逸者承受过重的刑罚。从国外刑事立法例看，交通肇事罪作为典型的业务过失犯罪，其法定刑应当重于普通过失犯罪，但我国交通肇事罪的法定刑（结合司法解释规定的立案及法定刑升格的条件）明显轻于过失致人死亡罪与过失致人重伤罪。既然交通肇事罪的法定刑及入罪门槛不及普通过失犯罪，那么，推定"逃逸者负全责"，既能满足一般预防的需要，又能最大限度地震慑犯罪分子和减少交通肇事逃逸现象的发生，也不至于使逃逸者承受过重的刑罚。考虑到"逃逸者负全责"毕竟只是一种推定，故无论事故结果多么严重，对于逃逸者应限定在交通肇事罪基本犯的法定刑幅度内处罚。

虽然司法实践中普遍按照"逃逸者负全责"规定处理交通肇事逃逸案，但也有个别法院在查明事故原因后，实事求是地按照责任大小进行处理。

案 22：被告人陈某将大货车停靠路边等人，其间被害人张某酒后驾驶小型客车追尾碰撞陈某的大货车尾部，导致被害人张某当场死亡、客车上的乘客关某受伤。事故发生后，陈某驾车逃逸。交通事故认定书认定，被告人陈某发生交通事故后逃逸，负事故的主要责任；被害人张某酒后驾驶机动车，负事故的次要责任。一审法院认为，被告人陈某驾车发生事故，造成一人死亡，肇事后逃逸，违反了《道交法》第 70 条第 1 款、《实施条例》第 92 条第 1 款的规定，负事故的主要责任，其行为已构成交通肇事罪。被告人陈某以其事后逃逸行为与交通事故的发生不存在法律上的因果关系，其行为不构成交通肇事罪为由，提起上诉。二审法院认为，"交通事故发生在前，陈某的逃逸行为发生在后，其逃逸行为并非引发本次交通事故的原因。至于陈某有无其他与本次事故发生有因果关系违反交通运输管理法规的行为，如陈某是否在禁止停车路段停车、其停车是否阻碍其他车辆的正常通行？陈某的其他违反交通运输管理法规的行为应否对事故负全部或者主要责任？一审没有查明，在事实不能查明的情况下，应按照'疑罪从无'的原则处理。如果陈某有在禁止停车的路段停放车辆从而妨碍其他车辆正常通行的违规行为，结合本案事实，陈某也只应负同等责任以下的事故责任。而公诉机关仅指控陈某有逃逸的违规行为。因此，本案现有证据尚不足以认定陈某的行为构成交通肇事罪。原判认定的事实不清，证据不足，适用法律错误"。故二审法院撤销原判，发回重审。①

应该说，二审法院的分析和判决是正确的。

案23：吴某驾驶普通客车由西向东行驶，与同向在前由王某驾驶的电动三轮车的后部发生碰撞后，致电动三轮车向左前方滑移，使电动三轮车的前部左侧又与宗某驾驶的由东向西行驶的重型自卸半挂车的前部左侧发生碰撞，导致王某当场死亡。事故发生后宗某驾车逃逸。交通事故认定书认定，被告人宗某负此次事故的主要责任，法院予以确认，判定其行为构成交通肇事罪。②

本案中，虽然被告人宗某事后逃逸，但法院没有推定其负全责，而是认定其负主要责任，应该是考虑到先前吴某与王某的追尾碰撞也系事故的原因。不过，从案情描述来看，如果宗某系正常驾驶，当时来不及采取制动措施，则其碾压被害人的行为属于意外事件，不应对事故结果负责，不构成交通肇事罪。

第五节　危险驾驶罪

第一百三十三条之一　【危险驾驶罪】在道路上驾驶机动车，有下列情形之一的，处拘役，并处罚金：

（一）追逐竞驶，情节恶劣的；

（二）醉酒驾驶机动车的；

（三）从事校车业务或者旅客运输，严重超过额定乘员载客，或者严重超过规定时速行驶的；

（四）违反危险化学品安全管理规定运输危险化学品，危及公共安全的。

机动车所有人、管理人对前款第三项、第四项行为负有直接责任的，依照前款的规定处罚。

有前两款行为，同时构成其他犯罪的，依照处罚较重的规定定罪处罚。

---

① 广东省佛山市中级人民法院（2006）佛刑一终字第 68 号刑事裁定书.
② 安徽省亳州市中级人民法院（2014）亳刑终字第 00354 号刑事裁定书.

疑难问题

1. 自以为是酒后驾驶，实际是醉酒驾驶的，构成犯罪吗？

例如，甲和朋友聚会后，拿出随身携带的酒精测量仪，测了一下自己血液中的酒精浓度，发现低于醉酒驾驶的标准，就放心地开车上路。结果途中遇到交警检查，测得酒精浓度超过了醉酒驾驶的标准。原来甲的测量仪出了故障，测的数值是错的。

喝了酒的人通常并不知道自己是否达到了醉酒标准，所以并不需要行为人认识到自己血液中酒精的具体含量，只要有大体上的认识就可以了。也就是说，如果行为人知道自己喝了一定量的酒，事实上也达到了醉酒状态，并且驾驶机动车的，就可以认定他主观上有醉酒驾驶的故意。即便行为人辩解说自己只是酒后驾驶，不是醉酒驾驶，也不能排除故意的成立，否则所有醉酒的人都会这样辩解，而这显然不合适。上述案件中，甲自己用测量仪检测的结果是没有达到醉酒状态，但他知道自己喝了不少酒，不然也不会自己先测一下。所以，即使测量仪出故障误导了甲，也不影响对他有醉酒驾驶故意的判断，其行为仍然成立危险驾驶罪。

2. 危险驾驶罪的责任形式是什么？

甲女去外地出差，晚上和男同学乙在餐馆喝酒。酒后，乙准备打车把甲送回宾馆，但甲明知乙喝多了，还是执意要求乙开车送自己回去。在甲的反复唆使下，乙决定开车送甲回去。但在经过第二个路口时，乙遇到红灯未能及时刹车，造成一名行人死亡。

如果认为危险驾驶罪的责任形式是故意，则甲成立危险驾驶罪的教唆犯，而且按照结果加重犯原理，甲还成立交通肇事罪。若认为危险驾驶罪的责任形式是过失，则甲唆使乙危险驾驶的行为不构成犯罪。

在理论上，关于醉酒型危险驾驶罪的责任形式存在争议。有人认为是过失。我国《刑法》第15条第2款规定："过失犯罪，法律有规定的才负刑事责任。"结合《刑法》规定的实际，成立过失犯罪，要么存在"过失致人死亡的"这样的明文规定，要么存在"造成重大事故""严重不负责任""玩忽职守"这样的文理根据，否则只能认为责任形式是故意。而从《刑法》第133条之一第1款第2项"醉酒驾驶机动车的"的表述来看，找不到过失犯的明文或者文理根据，所以，我们必须承认醉酒驾驶型危险驾驶罪的责任形式是故意，行为人必须认识到自己是在醉酒状态下驾驶机动车。但是对于醉酒状态的认识不需要十分具体（不需要认识到自己血液中酒精的具体含量），只要有大体上的认识即可。一般来说，只要行为人知道自己喝了一定量的酒，实际又达到了醉酒状态，并驾驶机动车的，就可以认定其具有醉酒驾驶的故意。

上述案件中，甲明知乙已经醉酒，还唆使乙驾车送自己回去，乙当然成立危险驾驶罪，甲成立危险驾驶罪的教唆犯。由于交通肇事罪是危险驾驶罪的结果加重犯，而结果加重犯是可以成立教唆犯的，例如，教唆他人实施故意伤害行为导致死亡结果的，成立故意伤害致死的教唆犯，而不只是故意伤害的教唆犯，所以，乙成立危险驾驶罪和交通肇事罪（既可能认为是包括的一罪，也可能数罪并罚），甲既成立危险驾驶罪的教唆犯，还成立交通肇事罪，可以认为是想象竞合。

3. 危险驾驶罪是具体危险犯还是抽象危险犯？

具体危险犯中的危险是需要司法工作人员在个案中进行具体判断的危险，而抽象危险犯中的危险，是人们根据一般的生活经验得出的、由立法推定或者拟制的危险。张明楷教授认为，追逐竞驶、醉酒驾驶、超员超速行驶型危险驾驶都是抽象危险犯，而违规运输危险化学品型危险驾驶，因为存在"危及公共安全"的表述，所以属于具体危险犯。[①]

应该说，从"危及公共安全的"表述得不出违规运输危险化学品型危险驾驶罪属于具体危险犯的结论。一则，立法者明知作为典型具体危险犯的放火等罪用的是"危害公共安全"的表述，而特意用"危及公共安全"的表述，说明立法者不认为该罪也是具体危险犯。二则，如果认为违规运输危险化学品的行为要对公共安全形成具体、现实、紧迫的危险，就不成立法定刑仅为拘役、罚金的危险驾驶罪了，而应成立基本刑为3年以上10年以下的以危险方法危害公共安全罪。三则，若认为违规运输危险化学品属于具体危险犯，会导致该罪与以危险方法危害公共安全罪难以区分。四则，通常认为具体危险犯比抽象危险犯的法益侵害性更重，若将具体危险犯与抽象危险犯并列规定在同一条款适用同一法定刑，也显得不协调。

本书认为，"危及公共安全""危及飞行安全""足以"的表述，不是具体危险犯的标志，而是一种介于抽象危险犯与具体危险犯之间的准抽象危险犯。在实施一定行为的基础上，还需要进行有无危险的具体判断，但又不需要达到具体、现实、紧迫的危险的程度。例如，只要剪断刹车油管、将一块石头放在正在运营

---

① 张明楷. 刑法学. 6版. 北京：法律出版社，2021：930-933.

的高铁铁轨上，就认为已经"足以使火车、汽车、电车、船只、航空器发生倾覆、毁坏危险"，构成破坏交通工具罪、破坏交通设施罪，而不需要等到刹车油管被剪断的汽车快要下坡、火车就要到来之时，即达到具体、现实、紧迫的危险的程度时，才构成犯罪。

综上，本书认为追逐竞驶、醉酒驾驶、超员超速行驶型危险驾驶罪是抽象危险犯，违规运输危险化学品型危险驾驶罪是准抽象危险犯。

4. 对于抽象危险犯的危险的有无，是否允许反证？

虽然抽象危险犯中的危险是人们根据一般的生活经验得出的、由立法推定或者拟制的危险，但由于刑法的目的是保护法益，犯罪的本质是侵害或者威胁法益，对法益没有危险的行为不可能作为犯罪处理，所以，抽象危险犯中的危险也是允许反证的。如果有证据证明没有任何危险或者危险极小的，就不值得科处刑罚。例如，在没有车辆、行人的荒野道路上醉酒驾驶机动车，以及凌晨三点在空无一人的地下停车场醉酒倒车，由于不具有抽象的危险，不应以危险驾驶罪定罪处罚。

5. 饮酒时没有驾驶车辆的意思，饮酒后萌生驾驶的念头而驾车的，成立危险驾驶罪吗？

为了维护"行为与责任同时存在"的原则，人们提出了原因自由行为概念。所谓原因自由行为，是指在实施原因行为时具有责任能力，但在实施犯罪行为时丧失或者减弱了责任能力。醉驾、毒驾是典型的原因自由行为。应该说，我国通说和实务对原因自由行为的理解存在认识误区，认为"醉酒的人犯罪应当负刑事责任"是一种严格责任，无论饮酒时有无酒后实施犯罪行为的故意，只要酒后事实上实施了犯罪行为，就应以犯罪论处。其实，原因自由行为理论说明的是，实施原因行为时行为人有犯罪的意思，在丧失或者减弱责任能力的情况下实施了犯罪行为，因而应对犯罪结果负责。就醉酒驾驶的原因自由行为而言，要成立危险驾驶罪，也必须饮酒时就有事后驾车的意思。

例如，张三知道晚上的应酬肯定会喝酒，于是不开车而打车赴宴。酒足饭饱离开时，他的未饮酒的朋友李四主动要求开车送其回家。乘车途中，张三嫌李四开得太慢，坚持要求自己开车，李四拗不过，让张三开车。

由于张三饮酒时并无酒后驾车的意思，即没有危险驾驶的故意，其在实际驾车时已经丧失了责任能力，根据"行为与责任同时存在"的原则，张三的行为不应成立危险驾驶罪。

6. 醉酒开飞机，构成危险驾驶罪吗？

醉酒开飞机是否构成危险驾驶罪，取决于对"道路"和"机动车"的理解。若认为空中航线也是"道路"，飞机也可谓"机动车"，醉酒开飞机的行为就成立危险驾驶罪。应该说，至少醉酒驾驶飞机在跑道上滑行，以及醉酒驾驶不能飞行只能在机场来回运输货物的飞机，可以评价为危险驾驶罪。

7. 断断续续追逐竞驶或者醉酒驾驶，能以同种数罪并罚吗？

由于追逐竞驶和醉酒驾驶型危险驾驶属于抽象危险犯，因而如果行为可以分开评价，是可能数罪并罚的。

例如，甲乙分别驾车一起从上海出发到北京，甲乙在上海到苏州段追逐竞驶，到苏州后消停下来开始正常行驶，到南京后二人又开始追逐竞驶一直到济南，二人才又消停下来开始正常行驶到北京。应该说，甲乙二人的追逐竞驶完全可以分为两个阶段来进行评价，即从上海到苏州、从南京到济南，所以，可以危险驾驶罪同种数罪并罚。又如，丙从上海开车到拉萨，出发前痛饮了一斤白酒，醉酒驾驶到长沙，休息一晚后酒醒了，第二天上路前又灌了一斤烧酒，迷迷糊糊醉酒驾驶开到成都，在成都休息一晚后酒醒了，第二天上路前又喝了一斤白酒，醉酒驾车到拉萨。可以明显看出，丙有三段醉酒驾驶行为，应当认定成立三个危险驾驶罪而同种数罪并罚。

8. 如何理解适用危险驾驶罪中"同时构成其他犯罪"条款？

应该说，《刑法》分则中所谓"同时构成其他犯罪的，依照处罚较重的规定定罪处罚"的规定，都是注意规定。只要是一个行为（或者行为的主要部分重合），无论是法条竞合还是想象竞合，都应从一重罪处罚。

就危险驾驶而言，若是醉酒状态下追逐竞驶，由于只有一个驾驶行为，应成立危险驾驶罪的同种想象竞合。若是醉酒驾驶一段路程后，如从上海到南京，在南京发生交通事故，之后因为慌张而关闭车灯逆向高速行驶，风驰电掣般地开到北京。应该说，行为人存在危险驾驶、交通肇事、以危险方法危害公共安全三个行为，没有理由不以危险驾驶罪、交通肇事罪、以危险方法危害公共安全罪三个罪名数罪并罚。

9. 交通肇事罪与危险驾驶罪之间是什么关系？

由于追逐竞驶、醉酒驾驶、超员超速驾驶型危险驾驶罪属于抽象危险犯，行为人对危险具有故意，危险的现实化就是交通肇事，所以交通肇事罪可谓危险驾驶罪的结果加重犯。行为人实施危险驾驶行为，没有发生交通事故，或者虽发生交通事故但够不上交通肇事罪的，只能成立危险驾驶罪；如果发生了构成交通肇事罪的交通事故，则另外构成交通肇事罪。如果危险驾驶一上路就发生了构成交通肇事罪的交通事故，则成立危险驾驶罪与交通肇事罪的想象竞合犯，若危险驾驶一段路程后才发生交通事故，则理论上可以认为存在危险驾驶行为和交通肇事行为，应以危险驾驶罪与交通肇事罪数罪并罚。

10. 能否因为近年来醉酒驾驶案件数量已经超过了盗窃罪，加上因危险驾驶罪被定罪处罚后所带来的非刑罚后果极为严重，便认为应该提高醉酒驾驶型危险驾驶罪的定罪标准或者废除该罪名？

在如今的汽车时代，危险驾驶罪案件数量超过盗窃罪案件数量是很正常的现象，全世界都是如此，例如日本每年审理的交通犯罪案件数量大体是盗窃罪案件数量的 8 倍。而且，在其他国家，不仅醉酒驾驶构成犯罪，连酒后驾驶、无证驾驶等都构成犯罪，交通犯罪的范围比我国的广得多。至于我国被以危险驾驶罪定罪后带来的开除公职之类的非刑罚后果，并非仅有危险驾驶罪如此，可以说，所有犯罪的非刑罚后果都极为严重。问题出在我国没有对犯罪的非刑罚后果进行分类处遇。比如，对于法定刑或者判处刑罚低于 5 年有期徒刑的，可以考虑建立前科消灭制度，或者根据法定刑的轻重，设计不同的非刑罚后果。所以，合理的做法是修改其他法律关于犯罪的非刑罚后果的规定，而不是提高危险驾驶罪的定罪标准或者废除危险驾驶罪。

第六节　重大责任事故罪

第一百三十四条　【重大责任事故罪】 在生产、作业中违反有关安全管理的规定，因而发生重大伤亡事故或者造成其他严重后果的，处三年以下有期徒刑或者拘役；情节特别恶劣的，处三年以上七年以下有期徒刑。

疑难问题

1. 如何把握责任事故犯罪中的管理、监督过失责任？

我国《刑法》分则第二章"危害公共安全罪"中规定了一系列责任事故罪罪名，如重大飞行事故罪、铁路运营安全事故罪、交通肇事罪、重大责任事故罪、强令违章冒险作业罪、重大劳动安全事故罪、大型群众性活动重大安全事故罪、危险物品肇事罪、工程重大安全事故罪、教育设施重大安全事故罪、消防责任事故罪等。重大责任事故发生后，因过失导致事故发生的直接责任人员通常不难确定，但对于并非直接导致事故发生，而是由于没有确立安全管理体制、没有建立必要安全设施、选任人员不当，或者对直接责任人员负有监督义务却疏于监督，而与责任事故的发生具有刑法上的因果关系（规范的保护目的范围内）的，即所谓管理、监督过失责任人的认定，往往会为司法工作人员所忽略。

广义的监督过失包括了狭义的监督过失和管理过失。狭义的监督过失通常是对直接责任人员（具有从属关系或者平行关系）负有监督义务而疏于履行监督义务形成的过失责任；而管理过失通常不以直接责任人员为媒介，而是因为未确立有效的安全管理体制、配备必要的安全设施，或者对人员的选任不当，而与事故的发生之间存在一定的因果关系。有时管理过失也可谓一种监督过失，监督过失也可谓一种管理过失，两者并非可以截然分清的。追究管理、监督过失责任并不以追究直接责任人员的责任为前提，有时因为直接责任人员已经伤亡，有时由于直接责任人员过失轻微尚不足以被追究刑事责任，有时因为事故的直接诱因系自然原因或者他人的无过错行为，都可能导致仅追究管理、监督过失责任人的责任。这时，管理、监督过失责任也可谓一种直接责任。

例如，在导致300多人死亡的"新疆克拉玛依火灾案"中，法院认为，被告人卡德尔对场馆安全工作疏于管理，起火后，未疏散场内人员，其行为构成重大责任事故罪。被告人陈某君、玉素甫江未在场内巡回检查。陈某君在火灾发生后，未组织服务人员打开安全门。被告人刘某英脱岗外出，未履行自己的职责。以上3名被告人的行为均构成重大责任事故罪。被告人蔡某锋，未对职工进行安全教育和制定应急防范措施，其行为构成玩忽职守罪。被告人孙某、赵某铮，未采取积极措施督促友谊馆消除安全隐患，其行为均构成玩忽职守罪。被告人岳某，明知友谊馆存在安全隐患，未要求检查整改，其行为构成玩忽职守罪。被告人赵某秀、方某录，在发生火情时，没有组织和指挥疏散，其行为均构成玩忽职守罪。被告人唐某、况某、朱某龙、赵某，在发生火灾时，未组织疏散学生，而只顾自己逃生，其行为均构成玩忽职守罪。[①]

本案中，被告人可以归为三类：一是友谊馆的工作人员，二是所谓对友谊馆安全工作负有职责的友谊馆的上级主管领导，三是属于教育系统的这次克拉玛依市迎接自治区"两基"评估验收团领导小组组长或其他领导成员。对于第一类人

---

① 新疆维吾尔自治区高级人民法院（1995）新刑一终字第251号刑事裁定书.

员，作为领导的友谊馆主任蔡某锋和副主任卡德尔，对于友谊馆存在事故隐患不进行整改，对友谊馆服务人员不进行安全管理培训，未按规定使其他安全门处于开启状态，演出时安排唯一的电工外出等，无疑应负管理过失责任；在火灾发生时，卡德尔没有督促指挥服务人员及时打开其他安全门，导致事故扩大，无疑负有监督过失责任。在场的两位服务人员陈某君、玉素甫江未能在场内及时巡查（若果真有来回巡查以保障安全义务的话），在事故发生时未能及时打开其他安全门，对事故的扩大负有直接责任，擅自外出的刘某英若果真有外出必须请假且对友谊馆安全负有职责的话，也对事故的扩大负有责任。对于第二类人员，若如判决书所言，对友谊馆安全工作负有职责，则因疏于对友谊馆主任和副主任的监督，而应承担监督过失责任。对于第三类人员，由于演出现场的安全问题应属于友谊馆工作人员、友谊馆上级主管部门负责的领域，要求主管教育的人员对演出场所的安全负责则超出了规范的保护目的范围，以没有对未成年人正确履行法定的监护职责为由判处承担过失责任也不妥当，若坚持追究的话，则不仅上述人员，现场的老师也都可能被追究刑事责任，而且行为人明明是故意逃离，要定罪也应是遗弃罪罪名，而不是作为过失犯的玩忽职守罪。所以上述第三类人员原则上不应被追究刑事责任。至于赵某秀作为现场的最高领导，其有审时度势，及时发布疏散命令的义务，其因判断失误没有及时发布疏散命令，而是个人英雄主义地扑火，对于事故的扩大负有不可推卸的责任，以玩忽职守罪追究其刑事责任基本上是合理的。

2. 如何处理责任事故犯罪之间的界限与竞合？

《刑法》分则第二章"危害公共安全罪"中规定了诸多责任事故犯罪。刑法理论界长期以来致力于区分此罪与彼罪、划清此罪与彼罪的界限，对于责任事故犯罪也不例外。其实，无论从构成要件上，还是从司法实践中来看，各种责任事故犯罪之间并没有明确的界限，相反，普遍存在竞合关系。相对于其他责任事故犯罪，重大责任事故罪条文中规定的要素最少，因而外延最广，基本上可以将重大责任事故罪看作责任事故犯罪的基本罪名、堵截罪名，凡符合其他责任事故犯罪构成要件的，通常也符合重大责任事故罪的构成要件。交通肇事罪不仅与重大飞行事故罪和铁路运营安全事故罪之间存在竞合关系，而且与重大责任事故罪，危险物品肇事罪，不报、谎报安全事故罪之间存在竞合关系，承认这种关系，可以依此认定为"交通运输肇事后逃逸"及"因逃逸致人死亡"，从而做到罪刑相适应，有效保护法益。

各种责任事故犯罪与国有公司、企业、事业单位人员失职罪和玩忽职守罪之间也存在竞合关系。责任事故犯罪与过失致人死亡罪和过失致人重伤罪也存在竞合关系。过失致人死亡罪与过失致人重伤罪中的"本法另有规定的，依照规定"，并非表明特别法优于普通法的法条竞合适用的原则，而是属于提醒司法工作人员注意的注意规定。在同时符合责任事故犯罪和过失致人死亡罪、过失致人重伤罪构成要件时，应当从一重处罚，而不是绝对排斥过失致人死亡罪和过失致人重伤罪的适用。

例如，在"区某祥交通肇事，江某柱、甘某奇重大责任事故案"中，法院查明：江某柱、甘某奇为大客车专职司机，2003年6月17日早上，江某柱、甘某奇轮换驾驶大客车，中途吃饭后，区某祥抢先坐上驾驶室要驾驶该大客车，江某柱、甘某奇没有采取有效的措施加以制止，放任由区某祥驾驶该大客车。后区某祥占道超速行驶，与相向行驶的中巴客车发生碰撞，致使两车上的19名乘客死亡，15名乘客受伤，以及尾随中巴客车驾驶摩托车的李某养死亡。法院认为，被告人区某祥违章驾车及行驶并造成特大交通事故的行为已构成了交通肇事罪；被告人江某柱、甘某奇违反国家及本单位交通运输管理有关规章制度，明知区某祥没有驾驶大客车资格，却没有采取有效的措施加以制止，放任区某祥驾驶大客车，从而造成特大交通事故，其行为均构成重大责任事故罪。二审法院维持原判。①

本案中，被告人江某柱、甘某奇作为客车的专职司机放任没有驾驶客车资格的区某祥驾驶客车，而且未尽监督责任，对事故的发生负有监督过失责任，完全能够以监督过失追究二被告人交通肇事罪的刑事责任（对交通事故承担责任者不仅包括直接责任人员，还应包括对事故发生负有监督过失责任的人员），因此二被告人的行为既构成重大责任事故罪，又构成交通肇事罪，应从一重处罚。

3. 如何把握重大责任事故罪中的"因而"？

《刑法》第134条第1款规定中的"因而"，旨在强调生产、作业中的违规操作行为是造成重大事故的原因，将重大事故的发生归属于违规行为，符合安全管理规定的规范保护目的。换言之，如果重大事故的发生不是违规操作行为造成的，或者说将重大事故的发生归属于违规行为，不符合安全管理规定的规范保护目的，就不能肯定"因而"而成立重大责任事故罪。

4. "情节特别恶劣的"，包括动机卑鄙、主观恶性深等有责性重和再犯罪可能性大的预防因素吗？

梳理《刑法》分则中关于"情节严重""严重情节"与"情节恶劣""恶劣情

---

① 广西壮族自治区梧州市中级人民法院（2003）梧刑终字第90号刑事裁定书.

节"的规定会发现,这种规定具有相当的随意性。应该说,无论"情节严重""情节特别严重""严重情节""特别严重情节",还是"情节恶劣""情节特别恶劣""恶劣情节""特别恶劣情节",都应该限于客观方面的反映法益侵害程度的客观违法要素,而不包括动机卑鄙、主观恶性深等有责性重和曾经受过刑事处罚、曾经受过行政处罚等反映再犯罪可能性的特殊预防必要性大小的预防要素。作为重大责任事故罪法定刑升格条件的"情节特别恶劣"也不例外,也应限于造成了特别重大伤亡事故或者其他特别严重后果。

第七节　危险作业罪

第一百三十四条之一　【危险作业罪】在生产、作业中违反有关安全管理的规定,有下列情形之一,具有发生重大伤亡事故或者其他严重后果的现实危险的,处一年以下有期徒刑、拘役或者管制:

(一)关闭、破坏直接关系生产安全的监控、报警、防护、救生设备、设施,或者篡改、隐瞒、销毁其相关数据、信息的;

(二)因存在重大事故隐患被依法责令停产停业、停止施工、停止使用有关设备、设施、场所或者立即采取排除危险的整改措施,而拒不执行的;

(三)涉及安全生产的事项未经依法批准或者许可,擅自从事矿山开采、金属冶炼、建筑施工,以及危险物品生产、经营、储存等高度危险的生产作业活动的。

疑难问题

1. 《刑法修正案(十一)》增设危险作业罪的目的是什么?

《刑法》分则第二章规定了重大责任事故罪、重大劳动安全事故罪等一系列的责任事故犯罪,这些责任事故犯罪都是实害犯,只有实际发生了重大伤亡事故或者造成其他严重后果的,才能作为犯罪处理。很显然,这是一种事后亡羊补牢式的治理犯罪的模式,而理想的治理方式显然是防微杜渐、防患于未然,将具有发生重大伤亡事故和造成其他严重后果的危险的行为作为犯罪处理,以避免实际的重大责任事故的发生。可以说,法益保护的早期化,是当今的世界性潮流。只有提前筑牢遏制犯罪的防线,才能有效地保护法益。与《刑法修正案(八)》增设危险驾驶罪一样,《刑法修正案(十一)》增设危险作业罪,就是旨在通过消除发生重大责任事故的隐患或者危险，预防重大责任事故的发生。

2. 危险作业罪的责任形式是什么？

由于本罪中既无"过失"的明文表述，也无成立过失犯的文理根据，因此应当认为本罪的责任形式只能是故意，即行为人必须认识到自己违反有关安全管理规定的行为具有发生重大伤亡事故或者其他严重后果的危险，而希望或者放任这种危险的发生。

3. 危险作业罪是具体危险犯、抽象危险犯还是准抽象危险犯？

本罪本来跟危险驾驶罪一样，应设立抽象危险犯以有效避免重大责任事故的发生，但立法者采用了"具有发生重大伤亡事故或者其他严重后果的现实危险"的表述，我们又不得不认为本罪是具体危险犯，即只有关闭、破坏设备设施，篡改、隐瞒、销毁数据、信息，拒不执行责令整改措施、擅自从事危险生产作业活动，必须产生发生重大责任事故的具体、现实、紧迫的危险，才能成立危险作业罪。

4. 危险作业罪的实行行为是什么？

从《刑法》第134条之一的规定来看，危险作业罪的实行行为包括：（1）关闭、破坏直接关系生产安全的监控、报警、防护、救生设备、设施；（2）篡改、隐瞒、销毁关系生产安全的数据、信息；（3）拒不执行责令整改措施；（4）擅自从事危险生产作业活动。需要说明的是，行为人无论实施哪一种行为，都必须具有发生重大伤亡事故或者其他严重后果的现实危险，否则不成立犯罪。

5. 危险作业罪与重大责任事故罪等犯罪之间是什么关系？

危险作业罪是具体危险犯，重大责任事故罪等责任事故犯罪是实害犯（通说认为是结果犯）。也就是说，发生重大责任事故，是危险作业罪中的具体危险的现实化，因此，重大责任事故罪等责任事故犯罪是危险作业罪的结果加重犯。其关系类似于《刑法》第114条与第115条第1款、危险驾驶罪与交通肇事罪的关系。

6. 危险作业造成重大责任事故的，如何处理？

既然重大责任事故罪等责任事故犯罪是危险作业罪的结果加重犯，危险作业发生重大责任事故的，成立重大责任事故罪等责任事故犯罪，无须另外评价危险作业罪。

第二章　破坏社会主义市场经济秩序罪

第一节　生产、销售伪劣产品罪

第一百四十条　**【生产、销售伪劣产品罪】** 生产者、销售者在产品中掺杂、掺假，以假充真，以次充好或者以不合格产品冒充合格产品，销售金额五万元以上不满二十万元的，处二年以下有期徒刑或者拘役，并处或者单处销售金额百分之五十以上二倍以下罚金；销售金额二十万元以上不满五十万元的，处二年以上七年以下有期徒刑，并处销售金额百分之五十以上二倍以下罚金；销售金额五十万元以上不满二百万元的，处七年以上有期徒刑，并处销售金额百分之五十以上二倍以下罚金；销售金额二百万元以上的，处十五年有期徒刑或者无期徒刑，并处销售金额百分之五十以上二倍以下罚金或者没收财产。

第一百四十九条　**【对生产、销售伪劣商品行为的法条适用】** 生产、销售本节第一百四十一条至第一百四十八条所列产品，不构成各该条规定的犯罪，但是销售金额在五万元以上的，依照本节第一百四十条的规定定罪处罚。

生产、销售本节第一百四十一条至第一百四十八条所列产品，构成各该条规定的犯罪，同时又构成本节第一百四十条规定之罪的，依照处罚较重的规定定罪处罚。

疑难问题

1. 将二锅头酒冒充茅台酒出售，构成销售伪劣产品罪吗？

由于二锅头酒也具有酒的基本性能，很难说属于"掺杂、掺假""以假充真""以次充好""以不合格产品冒充合格产品"，所以，将二锅头酒冒充茅台酒出售，只能被评价为假冒注册商标罪和诈骗罪的想象竞合，从一重处罚。

案1：甲负责的A工厂挂靠在B企业，B企业生产电动车，但A工厂却生产摩托车。电动车和摩托车有不同的生产标准，A工厂生产的电动车采用了摩托车的质量标准。顾客购买的A工厂生产的电动车可当电动车使用（无须上牌），也可加价100元后办理摩托车车牌当摩托车使用。案发后，公安机关进行了两次鉴定。第一份鉴定认为该车刹车距离较电动车的长，该车为电动车的伪劣产品。第二份鉴定认为该车为摩托车，以摩托车标准为根据鉴定该车不是伪劣产品。

应该说，销售伪劣产品罪的本质在于行为人销售时所宣称的产品质量与真实的产品质量不相符。既然是按照电动车进行出售，就应当按照电动车的质量标准去要求。不能因为电动车达到了摩托车的质量标准，就认为它是合格产品。电动车因为更加靠近行人行驶，所以刹车距离应当更短。既然鉴定认为该车刹车距离较电动车的长，不符合电动车的刹车距离要求，就应认为该车为电动车的伪劣产品，甲及其负责的工厂就构成生产、销售伪劣产品罪。

案2：乙高价回收废旧高档酒瓶，将自己生产的劣质酒装入高档酒瓶后销售。

很显然，甲首先构成假冒注册商标罪。如果其生产的劣质酒有害人体健康，则生产、销售劣质酒的行为还构成生产、销售有毒、有害食品罪。如果只是不符合安全标准，饮用后可能造成严重食物中毒事故或者其他严重食源性疾病，则成立生产、销售不符合安全标准的食品罪。如果劣质酒不危害人体健康，则可能评价为不合格产品，甲构成生产、销售伪劣产品罪。另外，将劣质酒冒充高档酒销售，还构成诈骗罪。由于只有一个行为，作为想象竞合犯，从一重处罚即可。

案3：被告人胡某于2015年6月至2016年7月间，在自己经营的食品店里销售自酿的散装白酒。为了使散装白酒的口感更好，增加销量，胡某在白酒中加入了甜蜜素、食用酒精等添加剂进行调味，销售金额总计30多万元。后来，执法人员在其店里发现了5斤甜蜜素、25斤食用酒精、1 400斤散装白酒，并予以检测后发现甜蜜素含量不符合国家规定的标准，其出售的散装白酒属于不合格食品。

应该说，《刑法》第140条虽然分别规定了所谓"掺杂、掺假""以假充真""以次充好""以不合格产品冒充合格产品"四种情形，但对这四种情形很难明确界分。前三种情形其实都可以被评价为"以不合格产品冒充合格产品"，所以第四种情形相当于兜底性规定或者概括规定，不符合其他三种情形的，一般都符合第四种情形。本案中，胡某销售了甜蜜素超标的不合格食品，由于不能证明这种甜蜜素超标的散装白酒是否有毒有害，以及饮用后是否足以造成严重食物中毒事故或者其他严重食源性疾病，所以不能成立生产、销售有毒、有害食品罪和生产、销售不符合安全标准的食品罪，只能成立生产、销售伪劣产品罪。

案4：王某经营一家商贸公司，于2017年3月低价购进了4 000余盒于2017

年 1 月生产的保质期为一年的汤圆，运到冷库储存。在 2018 年元宵节期间，王某从冷库中把汤圆拿出来，将生产日期由 2017 年 1 月改成 2018 年 1 月后销售。王某销售的是 A 公司品牌的汤圆，但 A 公司本身不知道王某的销售行为，也未授权王某销售，且 2018 年未生产过该类产品。

本案中，王某销售已过保质期的汤圆，即使不能证明该汤圆有毒有害或者不符合安全标准，也可以将其评价为低等级、低档次的产品，属于以次充好，因而王某的行为构成生产、销售伪劣产品罪。

2. "生产"是实行行为，该罪是所谓选择性罪名吗？

刑法理论通说认为，"生产、销售伪劣商品罪"一节的罪名都是所谓选择性罪名。如果认为生产、销售伪劣产品罪是选择性罪名，则意味着可以拆分为生产伪劣产品罪、销售伪劣产品罪与生产、销售伪劣产品罪。可问题在于，根据《刑法》第 140 条的规定，只有销售金额达到 5 万元以上的才成立生产、销售伪劣产品罪，只是生产而未销售的，何来销售金额？很显然，生产行为只是销售行为的预备，生产行为不是生产、销售伪劣产品罪的实行行为，没有单独成立生产伪劣产品罪的余地。况且，司法解释确定所谓货值金额达到 15 万元以上的成立的也是生产、销售伪劣产品罪的未遂，而非生产伪劣产品罪的既遂。因为若认为生产行为是实行行为，生产、销售伪劣产品罪是所谓选择性罪名，则只是生产而未销售的，就不应成立生产、销售伪劣产品罪的未遂，而应成立生产伪劣产品罪的既遂。正如非法制造了枪支尚未销售的，并不是成立非法制造、买卖枪支罪的未遂，而是成立非法制造枪支罪的既遂一样。

3. 建造劣质房屋，能否成立生产、销售伪劣产品罪？

刑法理论通说认为，建造销售劣质房屋只能受建筑工程法之类的法律规制，只能追究与建筑质量有关的民事违约责任，而不能追究其生产、销售伪劣产品罪的刑事责任。可问题是，生产、销售伪劣门窗、门锁、玻璃、装修材料之类的产品都可能成立生产、销售伪劣产品罪，老百姓倾其一生积蓄购买的最大的一件商品——房屋反而不受生产、销售伪劣产品罪的保护，这显然说不通。因此本书认为，建造销售劣质房屋的，不能排除成立生产、销售伪劣产品罪的可能。

4. 产品质量的民事责任、行政责任与刑事责任如何区分？

张明楷教授认为，合同双方当事人签订买卖合同或者承揽合同，合同约定了产品质量标准、违约责任，倘若出卖人、承揽人提供了不合格产品的，不应认定为《刑法》第 140 条的"销售"，这是因为出卖人、承揽人只是向特定的合同当事人生产、销售产品，而不是向不特定人生产、销售产品，难以认为破坏了市场经济秩序。①

虽然从理论上讲应当区分民事责任、行政责任与刑事责任，但根据是否签订合同，是否向特定人出售来区分民事违约责任与刑事责任还是存在问题的，因为即便是在烟酒杂货店买一包香烟，在菜市场买一个鸡蛋，其实也是存在口头合同的。不可否认，口头合同也是合同。如果认为只要签订有书面合同的，就只承担民事违约责任而不承担刑事责任的话，只会促使烟酒杂货商卖包香烟、菜贩子卖个鸡蛋，便不厌其烦地与消费者一一签订书面合同。这样做显然毫无意义。《刑法》第140条中以假"充"真、以次"充"好和以不合格产品"冒充"合格产品的表述，其实也是强调销售伪劣产品行为的诈骗性质。其他国家对于销售伪劣产品基本上也是作为诈骗罪进行处罚的。在我国，虽然规定了生产、销售伪劣产品罪，但从司法实践看，以生产、销售伪劣产品罪处罚的，也基本上局限于销售伪劣烟草之类的案件，而鲜有处罚生产、销售伪劣服装之类生活资料和机器设备、原材料之类生产资料的案件。这说明，生产、销售伪劣产品的民事责任、行政责任与刑事责任实难区分，因此从立法论上讲，这个罪名应当被废除。

5. 生产、销售伪劣产品罪的犯罪对象是伪劣产品本身，还是伪劣产品所对应的正品？

从各国刑法规定来看，特别没收的内容或者对象主要包括：（1）组成犯罪行为之物，是指作为犯罪行为所不可缺少的要素的物，例如赌博罪中的赌资、贿赂犯罪中的贿赂；（2）供犯罪行为所用之物（犯罪工具），是指行为人实施犯罪时所使用的物，包括已经供犯罪所用或将要供犯罪所用的物，例如杀人用的枪支、走私集团所用的船只、无行医执照的人为了行医所准备的药品；（3）犯罪行为滋生之物，包括由犯罪行为所产生的物（如伪造的货币、有价证券）、犯罪行为所得之物（如赌博所赢的钱）、作为犯罪行为的报酬而得到的物（如杀人酬金）；（4）对社会具有危险性之物，这类物一般是违禁物或可能用作犯罪之物。②

可见，所生产、销售的伪劣产品，属于犯罪行为滋生之物，其所侵害的对象即犯罪对象，应是所对应的正品，而不是所生产、销售的伪劣产品本身。

6. 销售金额是应以实际标价计算，还是应统一以正品的市场零售价计算？

理论和实践均认为，销售金额按照销售数量与实际标价计算。这种做法可能

---

① 张明楷．刑法学．6版．北京：法律出版社，2021：948.

② 张明楷．外国刑法纲要．3版．北京：法律出版社，2020：360.

引发疑问。例如，甲制售了 400 条假中华牌香烟，以每条 100 元的"标价"卖给乙、丙二人各 200 条，乙、丙又转手以每条 300 元的价格分别卖给丁、戊、己、庚各 100 条，然后丁、戊、己、庚四人又以每条 600 元的价格卖给下家。若按照实际销售价格计算销售金额，则作为制假源头的甲，虽然制售了 400 条假中华牌香烟，但因销售金额只有 4 万元而不构成生产、销售伪劣产品罪，而乙、丙，虽然只销售 200 条，丁、戊、己、庚仅销售了 100 条，但因为太"贪心"，标价太高，销售金额达到了 6 万元而构成生产、销售伪劣产品罪。可是，从违法性上讲，甲的行为无疑是最重的，甲却无罪，后面的六位违法性轻得多，反而构成犯罪。这显然不合理。

如前所述，生产、销售伪劣产品罪所侵害的对象并不是伪劣产品本身，而是相应的正品，所侵害的法益是市场经济秩序和消费者的合法权益。而消费者都是按照正品的市场零售价购买的。所以，只有以正品的市场零售价计算的销售金额，才能准确反映行为的法益侵害程度，而且，以正品的市场零售价计算，还便于犯罪的侦办和司法的统一。总之，销售金额不应以实际标价计算，而应统一以正品的市场零售价计算。

7. "销售金额 5 万元以上"，是犯罪成立的条件，还是既遂的条件？

案 5：油脂经销者李四向饲料生产企业销售豆油等食用油，张三明知这一点，仍打算把用"地沟油"加工而成的劣质油脂销售给李四。但还没卖出时，张三的销售点就被市场监督管理部门查处了。

若认为《刑法》第 140 条规定的"销售金额 5 万元以上"是犯罪既遂的条件，则李四的行为构成生产、销售伪劣产品罪的未遂。如果认为其是犯罪成立条件，则李四的行为不构成犯罪。

关于"销售金额 5 万元以上"的要素性质，有"犯罪既遂条件说"和"犯罪成立条件说"之争。2001 年 4 月 9 日"两高"《关于办理生产、销售伪劣商品刑事案件具体应用法律若干问题的解释》第 2 条所谓"货值金额达到 15 万元以上成立生产、销售伪劣产品罪未遂"的观点其实是一种折中立场。该司法解释的思路是，虽然销售金额未达 5 万元的成立生产、销售伪劣产品罪的未遂，但由于实务中一般只处罚情节严重的未遂犯，所以只有货值金额达到 15 万元以上的未遂犯才值得科处刑罚。

应该认为，"销售金额 5 万元以上"是犯罪成立条件。因为立法者已经根据伪劣产品对于消费者的重要程度区分食品药品等特殊伪劣产品与服装鞋帽等普通伪劣产品。而对于生产销售特殊伪劣产品，根据对人体健康的危害程度、农业生产影响的大小等设置了特别的犯罪成立条件。而对于剩下的普通伪劣产品，根据销售金额所反映的生产、销售伪劣产品的规模、行为持续时间长短、危害的范围大小，确定对市场经济秩序和消费者合法权益的侵害程度。也就是说，在立法者看来，只有销售金额达到5万元以上，行为对市场经济秩序的破坏和消费者合法权益的侵害，才达到值得科处刑罚的程度。所以，从犯罪类型来看，生产、销售伪劣产品罪与过失犯、滥用职权罪、骗取贷款罪等同属于实害犯，不发生实际的法益侵害结果，就不成立犯罪，而非不成立既遂。

8. 本罪与诈骗罪之间是什么关系？

从《刑法》第140条的以假"充"真、以次"充"好、以不合格产品"冒充"合格产品的表述可以看出，本罪与诈骗罪之间是一种竞合关系。事实上，在没有规定本罪的国家，对于生产、销售伪劣产品的行为都是以诈骗罪论处的。既然本罪与诈骗罪之间是竞合关系，行为人销售伪劣产品时被当场识破，为窝藏赃物、抗拒抓捕、毁灭罪证而当场使用暴力或者以暴力相威胁，则能转化为抢劫。若是以假"充"真、以次"充"好、以不合格产品"冒充"合格产品销售伪劣产品，销售金额4万元，虽不构成销售伪劣产品罪，但对其完全可以诈骗罪定罪处罚。

9. 购买者知情，是否影响销售伪劣产品罪的认定？

既然购买者知情，就不能认为是以假"充"真、以次"充"好、以不合格产品"冒充"合格产品，因而不构成销售伪劣产品罪。不过，张明楷教授认为，掺杂、掺假本身不是一个冒充行为，只要行为人生产、销售掺杂、掺假的产品，即使说明了真相，也依然是生产、销售掺杂、掺假的产品，符合了构成要件。这种情形下的被害人承诺，不可能阻却违法性。[①]

本书认为，掺杂、掺假的本质还是以假"充"真、以次"充"好、以不合格产品"冒充"合格产品，既然购买者知情，就不存在冒充，不存在侵害消费者合法权益的问题。即便这种行为也侵害了所谓市场经济秩序，也应认为对法益的侵害没有达到值得科处刑罚的程度，则不宜作为犯罪处理。

10. 销售时不明知，销售后得知产品存在缺陷而拒绝召回的，构成销售伪劣产品罪吗？该罪可否由不作为构成？

我国刑法理论通说认为，凡是可以由作为构成的犯罪基本上都可以由不作为构成，这过于扩大了不真正不作为犯的处罚范围。应该说，只有不作为与作为具

[①]　张明楷. 刑法的私塾：之三. 北京：北京大学出版社，2022：268.

有等价性时，才能肯定不真正不作为犯的成立。事后不召回缺陷产品的行为，难以认为与作为的销售具有等价性。销售伪劣产品罪只能由作为构成，不能由不作为构成。销售时不明知，事后明知而不召回缺陷产品的，不能构成销售伪劣产品罪，只可能构成过失致人重伤罪或者过失致人死亡罪。

11. 生产、销售伪劣产品罪可谓集合犯，其共犯、溯及力、追诉时效等如何处理？

集合犯不同于继续犯。行为人只对参与的部分承担共犯的责任。持续销售期间法律发生变更的，也不能适用新法。追诉时效也只能从每次销售行为完成之日起开始计算。

12. 有关"知道或者应当知道他人实施生产、销售伪劣商品犯罪，而为其提供贷款、资金、账号、发票、证明、许可证件，或者提供生产、经营场所或者运输、仓储、保管、邮寄等便利条件，或者提供制假生产技术的，以生产、销售伪劣商品犯罪的共犯论处"的司法解释规定，是否意味着封堵了中立帮助行为的出罪通道？

此规定出自 2001 年 4 月 9 日"两高"《关于办理生产、销售伪劣商品刑事案件具体应用法律若干问题的解释》。该司法解释旨在提醒司法工作人员注意，不要忽略对于深度参与他人生产、销售伪劣产品犯罪活动、犯罪分子之间存在分工协作的犯罪团伙的打击，而不是说，对于提供中立的、业务的、非针对特定对象的、非追求犯罪目的的中立帮助行为，也作为共犯予以处罚，该规定并非意味着封堵了中立帮助行为的出罪通道。例如，明知他人生产、销售伪劣产品，而为其提供银行贷款服务、原材料、通用机器设备、仓储保管、邮政快递、货运服务的，由于不是专门为其提供违法的帮助或者服务，且行为本身具有中立的业务性质，故不可能作为生产、销售伪劣产品罪的共犯予以处罚。

13. 2001 年 4 月 9 日"两高"《关于办理生产、销售伪劣商品刑事案件具体应用法律若干问题的解释》规定"国家机关工作人员参与生产、销售伪劣商品犯罪，从重处罚"，该规定有无问题？

《刑法》第 4 条明文规定："对任何人犯罪，在适用法律上一律平等。不允许任何人有超越法律的特权。"国家机关工作人员也是一种普通职业，只要国家机关工作人员不利用职权生产、销售伪劣产品，其行为的违法性就与非国家机关工作人员实施的行为的违法性没有什么不同，所以，对其不应从重处罚，否则就违反了平等适用刑法原则。

14.《刑法》第 140 条的规定生产、销售伪劣产品罪与第 141～148 条规定的生产、销售特殊伪劣产品犯罪之间，是法条竞合还是想象竞合关系？

有观点认为是想象竞合关系。其实《刑法》第 141～148 条规定的是特殊伪劣产品，因为对象特殊，所以生产、销售伪劣产品罪可谓普通法条，第 141～148 条可谓特别法条，二者之间是特别关系的法条竞合。若认为是想象竞合，根据想象竞合犯的所谓明示机能，就必须在判决书中说明行为既构成特殊伪劣产品犯罪又构成生产、销售伪劣产品罪，这显然没有必要。

15.《刑法》第 149 条第 1、2 款，是注意规定还是法律拟制？

《刑法》第 149 条第 1、2 款都是注意规定，而不是法律拟制。以生产、销售劣药罪为例，如果甲生产、销售价值 5 万元的劣药，但没有对人体健康造成严重危害，不构成生产、销售劣药罪。乙生产、销售价值 5 万元的伪劣烟草，无疑构成生产、销售伪劣产品罪。两相比较，就会认为生产、销售价值 5 万元的劣药的，也必须以生产、销售伪劣产品罪定罪处罚。所以《刑法》第 149 条第 1 款是注意规定。如果丙生产、销售价值 200 万元的劣药，只是对人体健康造成严重危害，按照生产、销售劣药罪定罪只能处 3 年以上 10 年以下有期徒刑。而丁销售价值 200 万元的伪劣烟草，能以生产、销售伪劣产品罪判处 15 年有期徒刑或者无期徒刑。两相比较，必须认为生产、销售价值 200 万元劣药的行为也构成生产、销售伪劣产品罪，可判处 15 年有期徒刑或者无期徒刑。所以，《刑法》第 149 条第 2 款也是注意规定。

第二节　生产、销售、提供假药罪

第一百四十一条　**【生产、销售、提供假药罪】**生产、销售假药的，处三年以下有期徒刑或者拘役，并处罚金；对人体健康造成严重危害或者有其他严重情节的，处三年以上十年以下有期徒刑，并处罚金；致人死亡或者有其他特别严重情节的，处十年以上有期徒刑、无期徒刑或者死刑，并处罚金或者没收财产。

药品使用单位的人员明知是假药而提供给他人使用的，依照前款的规定处罚。

疑难问题

1. 生产行为是实行行为吗？

该罪属于抽象危险犯，只要实施了生产、销售、提供假药的行为就构成犯罪。不过，即便是抽象危险犯，对于有无危险也允许反证。若未经批准所生产、销售、提供的药品，不具有危害患者健康的危险，则不构成该罪，只可能构成妨害药品管理罪。本罪是选择性罪名，生产行为是实行行为。本罪至少可以被拆分为三个罪名：生产假药罪、销售假药罪、提供假药罪。

2. 销售根据民间偏方私自加工的药品，构成销售假药罪吗？

甲有风湿病，民间医生为甲配制了一剂药（草乌药酒，含乌头碱），甲服用后见效，便从民间医生处购买了配方后大量生产该草乌药酒。甲自己饮用的同时，也将该药酒拿到当地的农贸市场，以每瓶 100 元出售。乙患有风湿病，向甲购买了一瓶，甲依民间医生所述叮嘱乙该药每周只能喝一次，每次只能喝 20ml，如果过量饮用会中毒致死，并向乙演示用量。乙遵叮嘱，服用无恙。某日，乙的丈夫丙误将该酒当作普通药酒招待客人，丙与两位客人一起饮用了 200ml 草乌药酒，10 分钟后两位客人死亡。

本案中，民间医生只是出卖了偏方，并没有生产、销售假药，也不能认为民间医生是生产、销售假药罪的教唆犯或者帮助犯，所以民间医生的行为不构成犯罪。甲未经批准私自加工、销售含有乌头碱成分的药酒，应当成立生产、销售假药罪。由于乙并没有因为饮用该药而死亡，所以甲的行为仅成立普通的生产、销售假药罪，不对两位客人的死亡负责。从交代的案情来看，乙与丙的行为都可能成立过失致人死亡罪，至少其中一人的行为肯定成立过失致人死亡罪。

3. 从境外代购具有疗效的特定药品交付给特定个人的，构成销售假药罪吗？

甲是白血病患者，由于从国外买药治疗比在国内买药便宜得多，所以一直从国外购买药品。其他患者知道后委托甲代为购买，甲购买后略微加价卖给其他患者，销售金额达上百万元。

应该说，按照以前《刑法》和《药品管理法》的规定，未取得批准文号擅自从国外进口的药品也属于假药，即所谓拟制的假药。但从"刑法的目的是保护法益，犯罪的本质是侵害法益"的实质解释的角度看，由于甲代购的药品与取得批准文号进口的药品具有同样的疗效，也就是说，甲所代购的药品不仅没有危害公众健康的危险，反而有利于患者的健康，所以该药品不是生产、销售假药罪中的"假药"，代购这种药品的不构成生产、销售假药罪。该案中还可能从为特定个人代购不属于"销售"的角度进行出罪。

4. 2014 年 11 月 3 日"两高"《关于办理危害药品安全刑事案件适用法律若干问题的解释》（已被修改）第 6 条曾经规定，医疗机构、医疗机构工作人员为出售而购买、储存假药的，应当认定为销售假药罪，该规定是否属于类推解释？

如果认为购买等同于销售，立法者完全可以像规定"非法买卖枪支罪""出售、购买假币罪"一样，规定非法买卖假药罪。将"购买""储存"认定为"销售"，显然属于类推解释。医疗机构或其工作人员为了出售而购买、储存的行为，只是销售、提供假药的预备行为，而非实行行为，即使认定为犯罪，也只能认定为预备犯。

5. 2022 年 3 月 3 日"两高"《关于办理危害药品安全刑事案件适用法律若干问题的解释》将单纯生产、销售假药达到一定数额认定为"其他严重情节"与"其他特别严重情节"，有无问题？

生产、销售、提供假药罪的基本犯可谓抽象危险犯、法定犯，但加重犯只能是实害犯、自然犯。根据同类解释规则，"或者"后面的"其他严重情节"与"其他特别严重情节"，就应该与"或者"前面表述的内容是同质的，即都应该是侵害公民身体健康和生命安全的情形，而不能单纯看生产、销售金额的大小。与非法制造、持有枪支一样，单纯的生产、销售、提供假药的金额大，只是说明抽象危险性大，而不意味着对人体健康危害严重。所以，应当将"其他严重情节"与"其他特别严重情节"限定为危害人的生命和健康的情节，而不能以生产、销售假药的金额的大小为标准判断。也就是说，如果销售的药品不会危害人的生命和健康，无论销售金额有多大，都不能适用第二档和第三档的法定刑。司法解释的规定引发疑问，应当坚决予以废除。

6.《刑法修正案（十一）》为何增设提供假药罪？

由于销售必须是有偿转让，而即使是无偿转让药品，也会危害公众健康。为了保护公众健康，《刑法修正案（十一）》增设了无须证明有偿还是无偿的提供假药罪。以前，2014 年 11 月 3 日"两高"《关于办理危害药品安全刑事案件适用法律若干问题的解释》（已被修改）曾规定，"医疗机构、医疗机构工作人员为出售而购买、储存假药的，应当认定为销售假药罪"，从而引起非议。《刑法修正案（十一）》施行后，对于医院这种药品使用单位而言，只要明知是假药而提供给患者使用的，就能构成本罪。

7. 骗取药品批准证明文件生产、进口药品销售的，是否成立生产、销售假药罪？

有关药品生产、销售的批准证明文件，可谓控制性许可。即使批准证明文件是骗取的，只要实际生产、销售的不是危害公众健康的药品，就不能成立生产、销售假药罪，而只可能成立妨害药品管理罪。

8. 行为人在广告中声称所销售的物品可以治疗白血病、胰腺癌等疾病，但同时在说明书中载明，该物品不是药品只是保健品的，属于销售假药吗？

按照一般人的观念和医学常识，能治疗白血病、胰腺癌等疾病的物品当然是药品。既然行为人声称可以治疗上述疾病，就表明行为人知道自己在销售假药。其同时声称该物品是保健品，只不过是为了逃避生产、销售、提供假药罪的刑事责任，所以不妨碍销售假药罪的成立。

第三节　妨害药品管理罪

第一百四十二条之一　【妨害药品管理罪】违反药品管理法规，有下列情形之一，足以严重危害人体健康的，处三年以下有期徒刑或者拘役，并处或者单处罚金；对人体健康造成严重危害或者有其他严重情节的，处三年以上七年以下有期徒刑，并处罚金：

（一）生产、销售国务院药品监督管理部门禁止使用的药品的；

（二）未取得药品相关批准证明文件生产、进口药品或者明知是上述药品而销售的；

（三）药品申请注册中提供虚假的证明、数据、资料、样品或者采取其他欺骗手段的；

（四）编造生产、检验记录的。

有前款行为，同时又构成本法第一百四十一条、第一百四十二条规定之罪或者其他犯罪的，依照处罚较重的规定定罪处罚。

> 疑难问题

1. 该罪的立法目的是什么？

该罪的立法目的在于，将单纯违反行政法规、破坏药品管制秩序的法定犯纳入刑事处罚的范畴。从理论上讲，因为药品关系到公众健康，只要未经批准而擅自生产、进口、销售药品，就破坏了药品管理秩序而应当被科处刑罚，以区别于生产、销售、提供假药、劣药罪这类自然犯。但同时，《刑法》规定成立妨害药品管理罪要求"足以严重危害人体健康"，有可能导致这一弥补处罚空白的立法目的落空。

2. 如何理解"足以严重危害人体健康"？

刑法理论主流观点当然会认为"足以严重危害人体健康"是所谓具体危险犯的标志，妨害药品管理罪是具体危险犯，只有发生了具体、现实、紧迫的危险才成立犯罪。可是，如果像放火罪这种典型具体危险犯一样，要求发生具体、现实、紧迫的危险方才成立犯罪，则妨害药品管理罪的立法目的恐难实现。

其实，"足以"要素并不是具体危险犯的标志，而是介于具体危险犯与抽象危险犯之间的一种所谓准抽象危险犯的标志。行为人只要实施一定的行为，然后进行危险与否的一定的具体判断，但又不需要形成具体、现实、紧迫的危险，或者说，"足以"其实是对行为对象性质或者属性的要求，而不是对行为本身具体危险的要求。就妨害药品管理罪而言，只要生产、销售了足以严重危害人体健康的药品，就成立该罪，而无须生产、销售药品行为本身产生具体、现实、紧迫的危险。事实上，2022年3月3日"两高"《关于办理危害药品安全刑事案件适用法律若干问题的解释》（以下简称《药品解释》）关于"足以严重危害人体健康"的理解，也是这一立场。例如，该解释规定，"生产、销售国务院药品监督管理部门禁止使用的药品，综合生产、销售的时间、数量、禁止使用原因等情节，认为具有严重危害人体健康的现实危险的"，以及"未取得药品相关批准证明文件生产药品或者明知是上述药品而销售，涉案药品没有国家药品标准，且无核准的药品质量标准，但检出化学药成分的"，就应认定为"足以严重危害人体健康"，而并未要求生产、销售行为本身必须产生具体、现实、紧迫的危险。

3. 该罪几种行为类型的危险程度相同吗？

该罪几种行为类型的危险程度存在明显差异，糅合规定在一个条文中存在问题。例如，"生产、销售国务院药品监督管理部门禁止使用的药品"和"未取得药品相关批准证明文件生产、进口药品或者明知是上述药品而销售的"，这两种行为具有明显的抽象性危险，从立法论上讲，根本无须判断是否"足以严重危害人体健康"，就应当被科处刑罚。而"编造生产、检验记录"，则可谓抽象的抽象危险。立法者可能也意识到这几种行为类型危险程度存在明显差异，为了防止扩大处罚范围而特意在项前规定要求"足以严重危害人体健康"，而这样规定又违背了专门设立处罚违反行政法规、破坏药品管理秩序的法定犯的初衷，可能导致该罪的立法目的落空。

4. 生产行为是该罪的实行行为吗?

从条文规定看，似乎生产、销售、进口、申请、编造都是该罪的实行行为，但由于"足以严重危害人体健康"的项前规定，若像通说那样认为该罪是具体危险犯，则只有销售行为因为可能产生具体、现实、紧迫的危险而成为本罪的实行行为，生产行为就不是该罪的实行行为。若将该罪看作准抽象危险犯，则生产行为也是实行行为。

5. 如何理解"同时又"的表述?

《刑法》第 142 条之一第 2 款"有前款行为，同时又构成本法第一百四十一条、第一百四十二条规定之罪或者其他犯罪的，依照处罚较重的规定定罪处罚"的规定，是注意规定，旨在提醒司法工作人员注意，该罪是轻微的法定犯，实施该罪可能同时构成生产、销售、提供假药罪和生产、销售、提供劣药罪等更重的犯罪，无论是法条竞合还是想象竞合，从一重处罚即可。既然是注意规定，即便没有这种规定，也应根据竞合论原理从一重处罚。

6. 应否认为本条第 2 款中的"有前款行为"，就是指"犯前款罪"，而不是仅指有前款规定的狭义行为?

应该说，这里的"有前款行为"，就是指"犯前款罪"，而不是仅指有前款规定的狭义行为。因为只有当行为人犯前款罪时，才可谓"同时又"，才需要比较本罪与其他犯罪的轻重，进而"依照处罚较重的规定定罪处罚"。如果仅有前款行为，而并不足以"严重危害人体健康"，就不可能具备"依照处罚较重的规定定罪处罚"的前提。

7. 在药品申请注册时提供虚假的证明，进而生产、销售了该药品的，应数罪并罚还是成立包括的一罪?

在药品申请注册时提供虚假的证明，进而生产、销售了该药品的，由于仅侵害了一个法益，应成立包括的一罪，以妨害药品管理罪或者生产、销售假药、劣药罪定罪处罚。

8. 如果"未取得药品相关批准证明文件生产、进口药品或者明知是上述药品而销售的"行为，并不足以危害人体健康而不成立本罪，是否成立非法经营罪?

对这种情形如果作为非法经营罪处罚，就会形成一个悖论：上述行为足以危害人体健康的，成立法定最高刑仅为 7 年有期徒刑的妨害药品管理罪；而不足以危害人体健康，连妨害药品管理罪都不构成的，反而成立法定最高刑为 15 年有期徒刑的非法经营罪。所以，"未取得药品相关批准证明文件生产、进口药品或者明知是上述药品而销售的"行为，如果不足以严重危害人体健康的，就不以犯罪论处，按照《药品管理法》的相关规定处罚即可。

9. 司法解释将生产、销售金额达到 50 万元以上认定为"有其他严重情节"，有问题吗？

《药品解释》规定，生产、销售国务院药品监督管理部门禁止使用的药品，生产、销售的金额在 50 万元以上，以及未取得药品相关批准证明文件生产、进口药品或者明知是上述药品而销售，生产、销售的金额在 50 万元以上的，应当认定为"有其他严重情节"。这可能引发疑问。因为"有其他严重情节"是与"对人体健康造成严重危害"并列规定的，根据同类解释规则，所谓"有其他严重情节"，也应限于与"对人体健康造成严重危害"相当的实际的法益侵害结果。也就是说，妨害药品管理罪的加重犯是自然犯、实害犯，不是法定犯、危险犯。生产、销售金额大，只能说危险性大，而不是对公众健康造成的实际危害严重。

第四节　生产、销售不符合安全标准的食品罪

第一百四十三条　**【生产、销售不符合安全标准的食品罪】**生产、销售不符合食品安全标准的食品，足以造成严重食物中毒事故或者其他严重食源性疾病的，处三年以下有期徒刑或者拘役，并处罚金；对人体健康造成严重危害或者有其他严重情节的，处三年以上七年以下有期徒刑，并处罚金；后果特别严重的，处七年以上有期徒刑或者无期徒刑，并处罚金或者没收财产。

疑难问题

1. 该罪是具体危险犯吗？

包括张明楷教授在内的国内主流观点认为，因为该罪条文中有"足以"的表述，所以该罪是具体危险犯。但这种主流观点存在问题。认为生产、销售行为本身产生类似典型具体危险犯的放火罪的具体、现实、紧迫的危险，是不切实际的。应当认为，该罪是介于具体危险犯与抽象危险犯之间的一种所谓准抽象危险犯，只要生产、销售了具有足以造成严重食物中毒事故或者其他严重食源性疾病

性质的食品，就构成了本罪，而不需要生产、销售行为本身必须产生具体、现实、紧迫的危险。

2. 生产行为是该罪的实行行为吗？

若认为该罪是所谓具体危险犯，则因为单纯生产不符合安全标准的食品是不可能产生具体、现实、紧迫的危险的，所以生产行为不是实行行为，该罪不是选择性罪名，没有单独成立生产不符合安全标准的食品罪的余地。但如果认为该罪是准抽象危险犯，则只要生产了足以造成严重食物中毒或者其他严重食源性疾病的不符合安全标准的食品，就构成了犯罪，生产行为就是实行行为，本罪就是所谓选择性罪名，可以拆分为生产不符合安全标准的食品罪，销售不符合安全标准的食品罪和生产、销售不符合安全标准的食品罪三个罪名。

3. 2021 年 12 月 30 日"两高"《关于办理危害食品安全刑事案件适用法律若干问题的解释》关于生产、销售"含有严重超出标准限量的致病性微生物、农药残留、兽药残留、生物毒素、重金属等污染物的；以及其他严重危害人体健康的物质的；属于病死、死因不明或者检验检疫不合格的畜、禽、兽、水产动物肉类及其类制品的"，应当认定为"足以造成严重食物中毒事故或者其他严重食源性疾病"，构成生产、销售不符合安全标准的食品罪的规定，是否合理？

刑法理论通说认为，"足以"是具体危险犯的标志，本罪是具体危险犯。其实，"足以造成严重食物中毒事故或者其他严重食源性疾病"，并非对生产、销售行为本身具体危险的要求，而是要求所生产、销售的食品具有这种性质或者属性就可以了。也就是说，即便行为人凌晨三点还在自家小作坊加工这种食品，也构成犯罪。正如行为人将一块大石头置于正在运营的铁轨上就构成了破坏交通设施罪，而无须等到火车就要到来时才成立犯罪一样。司法解释关于生产、销售"含有严重超出标准限量的致病性微生物、农药残留、兽药残留、生物毒素、重金属等污染物质以及其他严重危害人体健康的物质的；属于病死、死因不明或者检验检疫不合格的畜、禽、兽、水产动物肉类及其制品的"，应当认定为"足以造成严重食物中毒事故或者其他严重食源性疾病"的规定，说明司法解释也持这种立场，应该说是合理的。

4. 该罪与生产、销售有毒、有害食品罪的构成要件之间是什么关系？

该罪与生产、销售有毒、有害食品罪构成要件之间不是对立关系，而是一种包容竞合关系。凡是符合生产、销售有毒、有害食品罪构成要件的行为，必然符合生产、销售不符合安全标准的食品罪的构成要件。所以，甲教唆乙生产、销售不符合安全标准的食品，而乙实际生产、销售了有毒、有害食品的，甲、乙在生产、销售不符合安全标准的食品罪的范围内成立共犯。当所生产、销售的到底是不符合安全标准的食品还是有毒、有害食品难以查明的，至少成立生产、销售不符合安全标准的食品罪。

5. 单纯将生产、销售不符合安全标准的食品的金额大认定为该罪的"其他严重情节"的司法解释规定，有无问题？

此规定出自 2021 年 12 月 30 日"两高"《关于办理危害食品安全刑事案件适用法律若干问题的解释》。本罪第二档法定刑适用的条件是"对人体健康造成严重危害或者有其他严重情节"，根据同类解释规则，所谓"其他严重情节"应是与"对人体健康造成严重危害"相当的实际的法益侵害结果。也就是说，该罪加重犯可谓自然犯、实害犯。生产、销售不符合安全标准的食品的金额大，只是说明抽象危险性程度高，而不能说明对公众健康实际造成的危害程度严重，所以司法解释的上述规定是违反罪刑法定原则的。

第五节　生产、销售有毒、有害食品罪

第一百四十四条　**【生产、销售有毒、有害食品罪】**在生产、销售的食品中掺入有毒、有害的非食品原料的，或者销售明知掺有有毒、有害的非食品原料的食品的，处五年以下有期徒刑，并处罚金；对人体健康造成严重危害或者有其他严重情节的，处五年以上十年以下有期徒刑，并处罚金；致人死亡或者有其他特别严重情节的，依照本法第一百四十一条的规定处罚。

疑难问题

1. 该罪属于何种犯罪类型？

该罪属于抽象危险犯，生产行为是实行行为。该罪是选择性罪名，可以拆解为生产有毒、有害食品罪，销售有毒、有害食品罪以及生产、销售有毒、有害食品罪。

2. 何谓"掺有"？

可将"掺有"理解成掺入、含有，销售本身有毒的食物，如有毒的鱼虾，也能成立销售有毒、有害食品罪。

3. 用工业用酒精勾兑成白酒出售，构成销售有毒、有害食品罪吗？

本身不是食品，但作为食品销售的，也能成立销售有毒、有害食品罪。例如，用工业用酒精勾兑成白酒出售，用工业用盐冒充食用盐出售，用工业用猪油冒充食用油销售，将"地沟油"冒充食用油出售，都能成立销售有毒、有害食品罪。

4. 对于"有毒、有害的非食品原料"，是否需要进行具体判断？

虽然生产、销售有毒、有害食品罪属于抽象危险犯，但对于何谓"有毒、有害的非食品原料"，还是需要进行具体判断的。2021 年 12 月 30 日"两高"《关于办理危害食品安全刑事案件适用法律若干问题的解释》（以下简称《食品案件解释》）第 9 条对"有毒、有害的非食品原料"的认定作出了规定。

5. 销售含有苍蝇、头发等的食品，构成销售有害食品罪吗？

"有毒"的范围容易确定，"有害"的范围则较广，但不能随意扩大"有害"的范围。只有与"有毒"相当，足以造成严重食物中毒事故或者其他严重食源性疾病的物质，才是"有害"物质。销售含有苍蝇、头发等的食品，虽然也可谓销售有害食品，但不能成立本罪，只能成立生产、销售不符合安全标准的食品罪或者生产、销售伪劣产品罪。

6. 在秧苗阶段喷洒禁用的农药，能称之为生产"食品"吗？

《食品案件解释》规定，在食用农产品种植、养殖、销售、运输、贮存等过程中，使用禁用农药、食品动物中禁止使用的药品及其他化合物等有毒、有害的非食品原料，以生产、销售有毒、有害食品罪定罪处罚。该规定可能存在问题。在种植稻谷的过程中，只要秧苗出现病态，即使还没有抽穗，也会使用农药。即便可以将并未成熟、更没有加工的稻谷评价为"食品"（这种解释是否属于类推解释也不无疑问），但在秧苗还没有抽穗时使用禁用农药的行为，根本不可能属于在"食品"中"掺入""添加"有毒、有害的非食品原料。所以，上述司法解释规定有类推解释之嫌。

7. 单纯将生产、销售有毒、有害食品金额大认定为该罪的"其他严重情节"与"其他特别严重情节"的司法解释规定，有无问题？

《食品案件解释》规定，对于生产、销售有毒、有害食品金额 20 万元和 50 万元以上的，应当分别认定为生产、销售有毒、有害食品罪中的"其他严重情节"与"其他特别情节"。这可能存在疑问。该罪中的"其他严重情节"与"其他特别严重情节"是分别与"对人体健康造成严重危害"和"致人死亡"并列规定的,这说明,作为本罪的加重情节,必须是对消费者的身体健康、生命安全造成实际危害的情形。或者说,虽然该罪基本犯可谓抽象危险犯、法定犯,但加重犯必须是实害犯、自然犯。生产、销售有毒、有害的食品金额大,只是说明抽象危险性大,而不能说明实际造成的法益侵害结果严重。所以,上述司法解释规定违反了罪刑法定原则,不当扩大了加重犯的处罚范围,应当予以废除。

8. 由于生产、销售不符合安全标准的食品罪的第三档法定刑幅度的适用条件是"后果特别严重",而本罪第三档法定刑幅度的适用条件是"致人死亡或者有其他特别严重情节",因此司法解释对于前者就没有将单纯生产、销售的食品金额大的规定为适用第三档法定刑,对本罪却规定生产、销售食品金额 50 万元以上的应当认定为"其他特别严重情节"而适用第三档法定刑,这合理吗?

此规定出自 2021 年 12 月 30 日"两高"《食品案件解释》。司法解释对条文的理解显然过于机械。其实,第三档法定刑适用条件是表述为"后果特别严重"还是表述为"致人死亡或者有其他特别严重情节",没有本质的区别。或者说,完全可以将生产、销售有毒、有害食品罪第三档法定刑适用条件"致人死亡或者有其他特别严重情节",理解为"后果特别严重",即都是强调对消费者的身体健康、生命安全实际造成严重的法益侵害结果。

9. 本罪与投放危险物质罪构成要件之间是什么关系?

生产、销售有毒、有害食品罪是抽象危险犯,而投放危险物质罪是具体危险犯,二者构成要件似乎明显不同。其实二者只是毒害性程度不同。如果在食品中掺入的有毒、有害的非食品原料的毒性达到砒霜、氰化钠这种剧毒的程度,则既成立生产、销售有毒、有害食品罪,也成立投放危险物质罪,属于想象竞合,从一重处罚。

10. 如何评价制售盐酸克伦特罗("瘦肉精")的行为性质?

河南焦作"刘某制售、'瘦肉精'案"是以以危险方法危害公共安全罪定罪处罚的。应该说,制售"瘦肉精"的行为不可能具有与放火、决水、爆炸、投放危险物质行为的危险相当性,不会产生具体危险,只存在抽象危险。所以,对于制售"瘦肉精"的行为,只能评价为生产、销售有毒、有害食品罪的共犯。当然,最理想的方式是设立单独的罪名规制这种提供有毒、有害的非食品原料的行为。

第六节 走私普通货物、物品罪

第一百五十三条 **【走私普通货物、物品罪】**走私本法第一百五十一条、第一百五十二条、第三百四十七条规定以外的货物、物品的,根据情节轻重,分别依照下列规定处罚:

(一)走私货物、物品偷逃应缴税额较大或者一年内曾因走私被给予二次行政处罚后又走私的,处三年以下有期徒刑或者拘役,并处偷逃应缴税额一倍以上五倍以下罚金。

(二)走私货物、物品偷逃应缴税额巨大或者有其他严重情节的,处三年以上十年以下有期徒刑,并处偷逃应缴税额一倍以上五倍以下罚金。

(三)走私货物、物品偷逃应缴税额特别巨大或者有其他特别严重情节的,处十年以上有期徒刑或者无期徒刑,并处偷逃应缴税额一倍以上五倍以下罚金或者没收财产。

单位犯前款罪的,对单位判处罚金,并对其直接负责的主管人员和其他直接责任人员,处三年以下有期徒刑或者拘役;情节严重的,处三年以上十年以下有期徒刑;情节特别严重的,处十年以上有期徒刑。

对多次走私未经处理的,按照累计走私货物、物品的偷逃应缴税额处罚。

疑难问题

1. 走私文物、贵重金属入境,走私废物出境,能构成走私普通货物、物品罪吗?

走私手表、汽车、洗发水等普通物品入境的行为都可能成立走私普通货物、物品罪,那么对走私文物、贵重金属入境的行为就没有理由不以犯罪论处。根据《刑法》第153条第1款的规定,走私普通货物、物品罪的对象是"本法第一百五十一条、第一百五十二条、第三百四十七条规定以外的货物、物品",其实这只是一个表面的构成要件要素,或者说是区分不同走私犯罪的分界要素,而不是成立犯罪所必须具备的要素。也就是说,其他所谓特殊走私犯罪的对象,如武器、文物、贵重金属、废物、毒品等，都可以被评价为普通货物、物品，都能成为走私普通货物、物品罪的对象。所以，只要存在应纳关税，走私文物、贵重金属入境和走私废物出境的，都可能成立走私普通货物、物品罪。

2. 误把贵重金属当作普通金属走私出境，或者相反的，能构成走私普通货物、物品罪吗？

误把贵重金属当作普通金属走私出境的，由于行为人没有走私贵重金属的故意，所以不能成立走私贵重金属罪。但贵重金属完全可以被评价为普通金属，行为人主观上有走私普通金属的故意，客观上并不缺少走私普通金属的事实，所以成立走私普通货物、物品罪。相反，行为人误把普通金属当贵重金属走私出境的，虽然行为人主观上有走私贵重金属的故意，但客观上缺乏走私贵重金属的事实，所以不能成立走私贵重金属罪。由于主观上走私贵重金属的故意并不缺少走私普通金属的责任，客观上走私了普通金属，所以成立走私普通货物、物品罪。

3. "对多次走私未经处理的，按照累计走私货物、物品的偷逃应缴税额处罚"的规定，是注意规定还是特殊规定？

《刑法》分则关于数额累计计算的规定大概有四个罪名（走私、贩毒、逃税、贪污），对于没有这种规定的罪名，如受贿、盗窃、诈骗、销售伪劣产品，理论界与实务界一直以来都认为，多次实施的犯罪数额应该累计计算。很显然，人们都将这种规定看作注意规定，即无论有无这种规定，对于数额犯、数量犯，多次实施的，都应累计计算数额。其实这种理解和做法也不无疑问。因为这种做法相当于将多次轻微伤累计成轻伤，将多次轻伤累计成重伤，将多次重伤累计成故意伤害致人死亡，而这显然是大家不能接受的。笔者主张一种折中的观点：对于通过数额累计计算可能达到判处无期徒刑甚至死刑的数量标准的，应当考虑同种数罪并罚，以避免对被告人不利的判罚结果。

4. 租一艘万吨巨轮一次性报关走私武器、假币、核材料、文物、贵重金属、象牙制品、珍稀植物、淫秽物品、仿真枪、汽车等货物、物品，是想象竞合还是应数罪并罚？

从自然意义上讲，由于只有一次报关行为，似乎只存在一个行为，应成立想象竞合犯。但既然行为人认识到存在刑法上会作出不同评价的多种对象，就应当在规范性意义上认为存在数个行为，而应数罪并罚。

5. 《刑法》第156条对于走私共犯的规定，是注意规定还是特殊规定？

《刑法》第156条关于与走私罪犯通谋以走私罪的共犯论处的规定，是一种注意规定。不能认为没有通谋的，片面帮助走私的，不能成立共犯。有人认为只有事先有通谋的才能成立共犯，否定片面共犯的成立，这显然是将这种规定看作是法律拟制（特殊规定）。应该说，《刑法》分则条文中所有关于共犯的规定都是注意规定。没有这种规定的，只要符合共同犯罪的成立条件，都应当作为共犯处理。而且，成立共犯也不应限于存在事前通谋的情形，缺乏意思沟通的片面共犯的情形，也应肯定共同犯罪的成立。

6. 2002 年 7 月 8 日"两高"、海关总署《办理走私刑事案件适用法律若干问题的意见》第 15 条规定："对明知他人从事走私活动而同意为其提供贷款、资金、账号、发票、证明、海关单证，提供运输、保管、邮寄或者其他方便的"，可以认定为"与走私罪犯通谋"，应以走私罪的共犯论处。这一规定，是否意味着封堵了中立帮助行为的出罪通道？

应该说，无论是刑法还是司法解释中的这种规定都可谓注意规定，都是旨在强调或者提醒对深度参与他人犯罪活动的犯罪团伙的打击。并不是说，存在这种规定，就意味着封堵了中立帮助行为的出罪通道。对于提供中立的，业务的，非追求犯罪目的的，非针对特定对象的，反复、持续实施的，主要用于正当用途的帮助行为的，不应作为共犯处罚。

7. 走私普通货物、物品罪的既遂标准，是否应与走私武器、弹药罪的既遂标准相同？

走私普通货物、物品罪的保护法益主要是关税收益，所以对本罪的既遂标准宜采取关税线说。一般来说，在货物、物品经由保税区等海关支配、管理的地域的场合，转移到保税区等之外才是既遂，否则为未遂。而走私武器、弹药罪所保护的法益还有公共安全，所以，对于走私武器、弹药罪的既遂标准宜采取到达说，即装载武器、弹药的船舶到达本国港口或航空器到达本国领土内时为既遂，否则为未遂。

8. 走私珍稀植物的，有可能成立走私普通货物、物品罪吗？

根据《刑法》第 151 条第 3 款的规定，走私珍稀植物的，以走私国家禁止进出口的货物、物品罪最重可以判处 15 年有期徒刑。而根据《刑法》第 153 条规定，走私普通货物、物品罪最重可以判处无期徒刑。问题是，走私珍稀植物偷逃关税数额特别巨大的，能否以走私普通货物、物品罪的最重量刑判处无期徒刑？这取决于如何认识二者之间的关系。如果认为二者是特别关系的法条竞合，走私国家禁止进出口的货物、物品罪是特别法条，而走私普通货物、物品罪是普通法条，认为对于特别关系的法条竞合应坚持所谓特别法优于普通法的原则，则即使走私珍稀植物偷逃关税数额特别巨大，也只能以走私国家禁止进出口的货物、物品罪最重判处 15 年有期徒刑。如果认为二者是想象竞合关系，从一重处断，当然可能以走私普通货物、物品罪最重判处无期徒刑。

张明楷教授认为，虽然这两个法条是法条竞合关系，但在特殊情形下，它们也可能存在想象竞合关系。具体而言，如果走私国家禁止进出口的货物、物品数量不大，即使从偷逃关税的角度来说，也只能判处 15 年有期徒刑，那么二者是法条竞合关系。但如果行为人走私国家禁止进出口的货物、物品，而按照普通货物、物品来评价，其偷逃应缴税额特别巨大或者其他特别严重情节，那么就必须认定为走私国家禁止进出口的货物、物品罪与走私普通货物、物品罪的想象竞合，从一重处理。概括起来就是，走私国家禁止进出口的货物、物品，最高判处 15 年有期徒刑能做到罪刑相适应时，二者就是特别关系的法条竞合，若以走私国家禁止进出口的货物、物品罪判处 15 年有期徒刑不能做到罪刑相适应时，二者就"摇身一变"成为想象竞合关系。[①]

笔者不赞成上述观点。是法条竞合还是想象竞合，通常从法条的表述和逻辑关系就能看出。一般而言，法条竞合是"一行为一法益一处罚"，而想象竞合是"一行为数法益一处罚"。所以两个罪名的关系通常不会变动不居。相对于普通货物、物品而言，珍稀植物等国家禁止进出口的货物、物品，显然具有特殊性，也就是说，走私国家禁止进出口的货物、物品罪相对于走私普通货物、物品罪而言，包含特别因素，所以两个法条之间应该是一种特别关系的法条竞合。由于我国并不存在类似国外的所谓封闭的特权条款，如同意杀人罪，所以在我国即便是特别关系的法条竞合，也可以从一重处罚。很显然，不能将走私国家禁止进出口的货物、物品罪看作是封闭的特权条款，所以走私珍稀植物偷逃关税数额特别巨大的，完全可论以走私普通货物、物品罪，最重判处无期徒刑。

第七节　非国家工作人员受贿罪

第一百六十三条　　【非国家工作人员受贿罪】公司、企业或者其他单位的工作人员，利用职务上的便利，索取他人财物或者非法收受他人财物，为他人谋取

利益，数额较大的，处三年以下有期徒刑或者拘役，并处罚金；数额巨大或者有其他严重情节的，处三年以上十年以下有期徒刑，并处罚金；数额特别巨大或者有其他特别严重情节的，处十年以上有期徒刑或者无期徒刑，并处罚金。

公司、企业或者其他单位的工作人员在经济往来中，利用职务上的便利，违反国家规定，收受各种名义的回扣、手续费，归个人所有的，依照前款的规定处罚。

国有公司、企业或者其他国有单位中从事公务的人员和国有公司、企业或者其他国有单位委派到非国有公司、企业以及其他单位从事公务的人员有前两款行为的，依照本法第三百八十五条、第三百八十六条的规定定罪处罚。

疑难问题

1. 该罪与受贿罪的罪状表述有何差异？

受贿罪的表述是"索取他人财物的，或者非法收受他人财物，为他人谋取利益的"，而本罪的表述是"索取他人财物或者非法收受他人财物，为他人谋取利益"。可见，对于本罪而言，即便是索取他人财物，也要求为他人谋取利益，而受贿罪只要索取他人财物，不要求为他人谋取利益。其实这种区别只是表面的。因为即便是受贿罪，理论界和实务界均认为，为他人谋取利益只要有许诺即可，在明知他人有请托事项而收受他人财物的，也成立受贿罪。也就是说，受贿罪中所谓"为他人谋取利益"的客观要素，事实上被解释掉了。应该认为，无论是利用职务上的便利还是为他人谋取利益，都旨在说明所收受的财物是职务行为的对价，反映了权钱交易性质或者说贿赂的职务关联性，以区别于正常社交礼仪范围内的馈赠。

2. "利用职务上的便利"与"为他人谋取利益"要素的功能是什么？

收受财物和为他人谋取利益，并不需要利用职务上的便利。如前所述，利用职务上的便利与为他人谋取利益这两个要素的功能，均在于说明所收受的财物是其职务行为的不正当报酬，强调权钱交易的性质或者贿赂的职务关联性，旨在区分贿赂与正常社交礼仪范围内的馈赠。

3. 该罪是复行为犯，即"收受贿赂"＋"为他人谋取利益"吗？

若认为该罪是复行为犯，则收受贿赂后渎职的就不能数罪并罚。理论界与实务界一方面认为"为他人谋取利益"是客观要素，也就是该罪的实行行为是收受他人财物和为他人谋取利益，但另一方面又将为他人谋取利益这一要素解释掉了，而认为受贿渎职的应当数罪并罚。这其实是自相矛盾的。也就是说，若认为"为他人谋取利益"是客观要素，受贿渎职的就不应数罪并罚，正如抢劫杀人的不能以抢劫罪与故意杀人罪数罪并罚一样。

4. 该罪加重犯有无未遂犯成立的余地？

张明楷教授一向认为，"数额巨大"与"严重情节"这种加重犯是量刑规则，而不是加重的犯罪构成，没有未遂。但本书认为，就财产犯罪而言，如盗窃、诈骗，若行为对数额（特别）巨大的财物形成了具体、现实、紧迫的危险，则有成立加重未遂的可能，应适用加重法定刑，同时适用未遂犯从轻、减轻处罚的规定。但对于贿赂犯罪而言，由于其不是财产犯罪，所侵害的法益是职务行为的不可收买性。不能说行为人以为收到的是价值连城的名画，而实际上是仅值 3 万元的赝品，就对贿赂犯罪加重犯所保护的法益——职务行为的不可收买性，造成了具体现实、紧迫的危险。所以，非国家工作人员受贿罪的加重犯只有成立和不成立的问题，没有既遂、未遂的问题。

5. 对于在经济往来中收受回扣、手续费成立该罪的，是否要求为他人谋取利益？

《刑法》第 163 条第 2 款规定，公司、企业或者其他单位的工作人员在经济往来中，利用职务上的便利，违反国家规定，收受各种名义的回扣、手续费，归个人所有的，依照前款的规定处罚。该款没有"为他人谋取利益"的规定，似乎表明收受回扣、手续费的，不需要为他人谋取利益。其实，商业活动中收受贿赂危害性相对更小，没有理由不要求为他人谋取利益。所以该款只是注意规定，成立犯罪，仍然需要为他人谋取利益。

6. 本罪第 3 款的规定，是注意规定还是法律拟制？

《刑法》分则中类似这种从事公务的人员实施的按照贪污、受贿、挪用公款罪定罪处罚的规定，都是注意规定，即只有完全符合贪污、受贿、挪用公款罪构成要件的，才能以贪污、受贿、挪用公款罪定罪处罚。

7. 医生收受病人红包、教师接受家长送礼，构成受贿罪或者非国家工作人员受贿罪吗？

医疗机构中的工作人员在药品、医疗器械、医用卫生材料等医药产品采购活动中，利用职务上的便利，索取或者非法收受销售方财物，为销售方谋取利益的，构成受贿罪或者非国家工作人员受贿罪。医疗机构的医务人员，利用开处方的职务便利，以各种名义非法收受药品、医疗器械、医用卫生材料等医药产品销售方财物，为医药产品销售方谋取利益的，构成非国家工作人员受贿罪。但普通的医务人员，如外科手术医生，收受病人红包的，不能谓之"利用职务上的便利"，而是利用自己的技术，没有侵害该罪所保护的法益——职务行为的不可收买性，所以不构成非国家工作人员受贿罪。

学校等教育机构中的工作人员，在教材、教具、校服或者其他物品的采购等活动中，利用职务上的便利，索取或者非法收受销售方财物，为销售方谋取利益，构成受贿罪或者非国家工作人员受贿罪。学校等教育机构中的教师，利用教学活动的职务便利，以各种名义非法收受教材、教具、校服或者其他物品销售方的财物，为教材、教具、校服或者其他物品销售方谋取利益的，构成非国家工作人员受贿罪。但普通教师接受家长送礼，不能认为是利用所谓职务上的便利，而是利用自己的知识，所以不成立贿赂犯罪。

8. 专业技术人员受委托聘任在招标、政府采购等事项中从事专业技术评审工作，索取或者非法收受他人财物的，是构成本罪还是受贿罪？

专业技术人员受委托聘任在招标、政府采购等事项中从事专业技术评审工作，索取或者非法收受他人财物，视委托聘任单位与评审事项的性质，成立受贿罪或者非国家工作人员受贿罪。具体而言，受国家机关、国有公司、企业、事业单位聘任或者委托，就国家机关、国有公司、企业、事业单位依法处理的公共事项参与评审的人员，应认定为国家工作人员，其索取或者非法收受他人财物的行为成立受贿罪。受此外的单位聘任或者委托从事评审工作，或者虽然受国家机关、国有公司、企业、事业单位聘任或者委托，但参与评审的内容与公共事项无关的，不属于国家工作人员，其索取或者非法收受财物的行为成立非国家工作人员受贿罪。

9. 该罪的"数额较大"，是指为他人谋取利益的数额较大，还是指索取、收受财物的数额较大？

《刑法》第163条中的"数额较大"虽然紧跟在"为他人谋取利益"之后，但还是应该认为是指索取或者非法收受他人财物数额较大，而不可能是为他人谋取利益数额较大。

10. 商业贿赂是独立的犯罪构成吗？

2008年国家开展了打击商业贿赂的专项斗争工作，于是有人开始讨论所谓商业贿赂的犯罪构成。其实，"商业贿赂"是着眼于贿赂发生的领域而形成的概念，即发生在商业领域的贿赂就是商业贿赂，而刑法主要是根据主体性质的区别规定各种不同的受贿罪与行贿罪，所以，商业受贿与商业行贿在刑法上分别对应的并不是一个条文，而是多个条文。换言之，商业贿赂、商业受贿与商业行贿都不是刑法概念。反过来说，《刑法》分则中并不存在专门规定商业贿赂犯罪的条款。不能认为《刑法》第163条规定的就是商业受贿罪，例如公司内部人员为了职务晋升而向上一级领导行贿的，就不属于商业受贿与商业行贿。《刑法》第385条规定的国家工作人员的受贿罪，也能包括所谓商业受贿的情形。

11. 本罪中的"公司"是否包括一人公司，"企业"是否包括私营企业、合伙企业，"其他单位"是否包括个体工商户？

应该说，本罪中的"公司"可以包括一人公司，只是一人公司的股东不能成为罪的主体，但一人公司的职员完全可能成为本罪的主体。本罪中的"企业"，可以包括不具有法人资格的私营企业、合伙企业，不仅合伙企业的员工能成为本罪的主体，合伙人也可能成为本罪的主体。虽然私营企业的员工能成为本罪的主体，但私营企业的唯一投资人不能成为本罪的主体。本罪中的"其他单位"，可以包括个体工商户，只有个体工商户业主不能成为本罪的主体，但个体工商户的雇员完全可以成为本罪的主体。

第八节 骗取贷款罪

第一百七十五条之一 **【骗取贷款、票据承兑、金融票证罪】**以欺骗手段取得银行或者其他金融机构贷款、票据承兑、信用证、保函等，给银行或者其他金融机构造成重大损失的，处三年以下有期徒刑或者拘役，并处或者单处罚金；给银行或者其他金融机构造成特别重大损失或者有其他特别严重情节的，处三年以上七年以下有期徒刑，并处罚金。

单位犯前款罪的，对单位判处罚金，并对其直接负责的主管人员和其他直接责任人员，依照前款的规定处罚。

疑难问题

1.《刑法修正案（十一）》为什么修改骗取贷款罪的成立条件？

骗取贷款罪是2006年《刑法修正案（六）》增设的罪名，当时规定骗取贷款罪的成立条件为"给银行或者其他金融机构造成重大损失或者有其他严重情节"。据此，2010年5月7日最高检、公安部《关于公安机关管辖的刑事案件立案追诉标准的规定（二）》（现已失效）规定，以欺骗手段取得贷款，数额在 100 万元以上，就应以骗取贷款罪立案追诉，不问是否给金融机构造成重大损失，从而明显扩大了本罪的处罚范围。但实践中融资难的不是国有企业，而是民营企业。这种过于扩大本罪处罚范围的立法和实践做法，不利于民营企业的融资和发展。为了保护民营企业的正当融资需求，2020 年《刑法修正案（十一）》删除了骗取贷款罪中"或者有其他严重情节"这一犯罪成立条件的规定，使"给银行或者其他金融机构造成重大损失"，成为该罪唯一的成立条件，从而严格了本罪的成立标准，缩小了本罪的处罚范围。根据新的规定，上述单纯依据骗取贷款数额达到 100 万元就应立案追诉的司法解释规定自动失效。相应地，2022 年 4 月 6 日最高检、公安部《关于公安机关管辖的刑事案件立案追诉标准的规定（二）》规定，以欺骗手段取得银行或者其他金融机构贷款，给银行或者其他机构造成直接经济损失数额在 50 万元以上的，应予立案追诉。

2. 虽然使用了欺诈手段申请贷款，但提供了真实的足额担保的，还能构成犯罪吗？

案 1：某银行行长明知王某申请贷款是为了投机炒房，但因为王某经济实力强，信誉良好，所以特意让王某按照银行贷款的要求填写用于生产经营的虚假贷款用途，并提供了足额的抵押担保。王某取得贷款后将贷款用于投机炒房，之后如期归还了贷款本息。

如果认为只要申请贷款时提供了虚假的申请贷款材料，即便行为人提供了真实的足额担保，也能构成骗取贷款罪的话，那么王某的行为就可能构成骗取贷款罪。如果认为，虽然申请贷款时提供了虚假材料，但若提供了足额的真实担保，银行信贷资金的安全没有风险，事实上也没有给银行造成重大损失的，那么就可能认为王某的行为不构成犯罪。

张明楷教授认为，即使提供了真实的足额担保，还是能够构成骗取贷款罪。理由是：第一，即使提供了真实的足额担保，也可能构成贷款诈骗罪，既然如此，当然也可能构成骗取贷款罪。第二，即使提供了真实的足额担保，也可能由于担保物人为或自然灭失、担保权属存在争议等原因导致给金融机构造成重大损失。第三，即使提供了真实的足额担保，但在案发前没有还本付息，也能够认定为给金融机构造成了重大损失。[①]

本书认为，上述观点存在问题。《刑法修正案（十一）》已将本罪修改为纯粹

---

① 张明楷. 诈骗犯罪论. 北京：法律出版社，2021：1126 - 1132.

的实害犯。也就是说，只有给金融机构实际造成了重大损失才成立骗取贷款罪。不能认为案发前没有还本付息的，就是给金融机构造成了重大损失。只有金融机构实际行使担保权后仍然存在重大损失的，才可能以本罪论处。骗取贷款罪其实规制的是不具有非法占有目的的所谓骗用行为。银行是从事资本性经营的机构，任何经营都会存在风险，既然借款人申请贷款时提供了真实的足额担保，就说明银行信贷资金的安全风险处于可控的范围内，就算因为行为人实施了一定的欺诈手段，如编造了虚假的贷款用途，这种风险也是金融机构应当承受的经营性风险。况且，即便行为人申请贷款时没有使用欺诈手段，贷款后也会因为经济形势恶化等市场风险和抵押物意外灭失等原因而给金融机构造成重大损失。所以，不能认为只要申请贷款时使用了欺诈手段，即便提供了真实的足额担保，也不影响骗取贷款罪的成立，而是应当根据金融机构在行使担保权后是否仍然存在重大损失，决定是否作为骗取贷款罪处理。

3. 骗取贷款罪属于何种犯罪类型？

以前《刑法修正案（六）》规定本罪的成立条件是"给银行或者其他金融机构造成重大损失或者有其他严重情节"，于是理论上关于本罪属于何种类型，有行为犯、结果犯、情节犯的争论。在《刑法修正案（十一）》删除了"或者有其他严重情节"这一关于犯罪成立条件的规定后，张明楷教授认为，骗取贷款罪属于结果犯。①

本书认为，由于给金融机构造成重大损失是成立本罪的唯一条件，故应当认为本罪属于实害犯。的确，理论界经常混淆结果犯与实害犯的概念，认为故意杀人罪既是结果犯又是侵害犯（实害犯）。应该说，实害犯是一个不同于结果犯的概念。结果犯是与行为犯相对应的一个概念。行为与结果同时发生并且因果关系不需要特别判断的是行为犯，而行为与结果的发生之间具有一定的时空间隔，因而因果关系需要特别判断的是结果犯。而实害犯是与危险犯相对应的一个概念。实害犯是指实际的法益侵害结果的发生是犯罪的成立条件，所以只有过失犯和滥用职权罪，对违法票据承兑、付款、保证罪等部分故意犯罪才是实害犯。不能认为没有致人死亡的就不成立故意杀人罪，只是不成立故意杀人罪既遂而已，所以不能说故意杀人罪是侵害犯（实害犯）。

4. 与银行具有贷款审批权的人进行串通，还能构成"骗"取贷款罪吗？

案2：银行行长甲明知乙有骗取贷款的真实想法，也知道乙不符合申请贷款

---

① 张明楷.诈骗犯罪论.北京：法律出版社，2021：1095.

的条件，却主动要求他提供虚假材料。之后，乙根据甲的要求提供虚假材料申请贷款，并取得贷款。

如果不考虑骗取贷款罪的构造，认为只要申请贷款时提供了虚假的材料，就能构成骗取贷款罪，那么乙的行为无疑构成骗取贷款罪。但如果考虑到骗取贷款罪的构造，则因为没有人被骗，乙的行为不可能构成骗取贷款罪。

骗取贷款罪的构造与普通诈骗罪的构造相同：借款人实施欺骗行为→金融机构工作人员产生行为人符合贷款条件的认识错误→金融机构工作人员基于认识错误发放贷款→借款人取得贷款→金融机构遭受重大财产损失。所以，只有当行为人的欺骗手段使金融机构中具有处分权限（贷款审批权）的人就发放贷款产生了认识错误时，才属于采取了欺骗手段。借款人与银行具有贷款审批权的人进行串通的，由于不存在自然人受骗，不符合"骗"取贷款罪的构造，因而不能构成骗取贷款罪。具体而言：

第一，金融机构工作人员知道行为人的真实想法，主动要求行为人提供虚假材料，行为人根据其要求提供虚假材料后取得贷款的，不得认定为骗取贷款罪。

第二，行为人虽然在贷款材料方面弄虚作假，但将真相告诉了金融机构中具有处分权限的人员，金融机构中具有处分权限的人员知道真相的，不能认定行为人采取了欺骗手段，不能构成骗取贷款罪。

第三，行为人甲向金融机构中负责办理贷款事项的工作人员乙提供虚假材料，并且将真相告诉乙，但没有与乙就如何欺骗具有发放贷款处分权限的领导丙进行共谋，乙主动隐瞒真相，将贷款材料上报给丙，丙同意发放贷款的，甲也不成立骗取贷款罪，只能认定乙构成违法发放贷款罪。

第四，借款人甲在申请贷款过程中向金融机构工作人员乙提供了虚假的材料，既没有与乙通谋，也没有将真相告诉金融机构中具有处分权限的负责人员，但丙在审批时知道真相仍然决定发放贷款的，只能由丙承担违法发放贷款罪的刑事责任，甲不构成骗取贷款罪。

第五，行为人提供了虚假材料，但金融机构工作人员不进行任何审核就发放贷款的，难以认定行为人采取欺骗手段取得了贷款，不能认定构成骗取贷款罪。

5. 骗取贷款罪有哪些行为类型？

案 3：被告人甲在网上申请银行贷款，具体规则为：向银行存入 50 万元的保证金，可贷款 48 万元，每个月分期还款，1 年内还清后，可将 50 万元的保证金退还。但甲在操作时发现了银行系统的漏洞，即取得 48 万元的贷款后，第二天就可以取出 50 万元保证金。于是，甲将自己的 50 万元存入银行，使用乙的身份证，帮乙贷款 48 万元，并收取 4.8 万元好处费，第二天取出 50 万元。后甲再帮丙、丁等人贷款，贷款由丙、丁等人偿还。3 个月后案发。

甲隐瞒了取得贷款后取出 50 万元的意图，属于提供虚假的贷款保证的欺骗，构成骗取贷款罪。同时，甲存入银行的保证金具有质押的性质，由银行占有保证金；甲擅自取出了银行占有的保证金，还构成盗窃罪。虽然甲实施了两个行为，但实际只给银行造成了一个财产损失，所以可以评价成立包括的一罪，从一重处罚即可。

由于骗取贷款罪与贷款诈骗罪的区别仅在于有无非法占有目的，行为方式都是骗取银行的贷款，所以可以根据《刑法》第 193 条关于贷款诈骗罪构成要件行为类型的规定，来判断某种行为是否成立骗取贷款罪。也就是说，只需要正确解释贷款诈骗罪的构成要件行为，并合理限定和运用兜底规定，即可作出判断。

将《贷款通则》与《刑法》第 193 条规定的行为结合起来看，《刑法》第 175条之一规定的"欺骗手段"，应当仅限于借款人身份、贷款用途、还款能力、贷款保证四个方面的欺骗，而不包括其他方面的欺骗。具体而言：

第一，编造引进资金、项目等虚假理由，骗取贷款。其中的"等"，并不是指任何虚假理由，应当限于编造贷款用途，而不应扩大范围。

第二，使用虚假的经济合同，骗取贷款。这种情形也仅限于编造虚假的贷款用途，也就是通过向银行提供虚假的购货合同、买卖合同、投资协议等材料，虚构贷款用途，骗取贷款后另作他用。

第三，使用虚假的证明文件，骗取贷款。使用虚假的证明文件包括两方面的内容：一是使用虚假的身份证明，二是使用虚假的还款能力证明文件。

第四，使用虚假的产权证明作担保或者超出抵押物价值重复担保，骗取贷款。主要表现为，行为人通过伪造抵押权登记文书、超出抵押物价值重复抵押、骗物抵押、使用以假充真或以次充好的财物质押、"空壳保证"等方式，向金融机构提供虚假的担保，从而骗取贷款。例如，伪造担保人签名或者假冒担保人签名进而骗取贷款的，应认定为骗取贷款罪；将权属有争议的财产作担保进而骗取贷款的，应当认定为骗取贷款罪；将有其他瑕疵的抵押物作担保进而骗取贷款的，也应当认定为骗取贷款罪。

第五，以其他欺骗手段骗取贷款。所谓以其他手段骗取贷款，应当仅限于与前述四种手段相似的方法，而不是泛指一切欺骗手段，也就是只有就借款人身份、贷款用途、还款能力、贷款保证实施了欺骗手段时，才可能构成骗取贷款罪。一般来说，骗取贷款罪中的欺骗手段都可以归入前四种类型，能归入这种兜底情形的特别罕见，但也不能完全排除。

6. 贷款诈骗罪与骗取贷款罪之间是什么关系？

贷款诈骗罪与骗取贷款罪，都是通过欺骗手段取得银行的贷款，二罪的根本区别在于成立贷款诈骗罪要求行为人主观上具有非法占有目的，而成立骗取贷款罪则不需要。也就是说，只要使用欺骗手段取得银行的贷款，至少成立骗取贷款罪，如果进一步查明行为人主观上具有非法占有目的，则成立贷款诈骗罪。

虽然二者在非法占有目的（不具有归还贷款本息的意思）的要求上存在区别，但不能认为二者构成要件之间是对立、互斥关系，不能把骗取贷款罪的成立条件表述为"不具有非法占有目的"。因为如果这样表述，当行为人骗取了贷款，但是否具有非法占有目的不能查明时，则既不能成立贷款诈骗罪，因为不能证明行为人具有非法占有目的；同时也不能成立骗取贷款罪，因为不能证明行为人主观上不具有非法占有目的。而连轻罪骗取贷款罪都不能成立的原因居然是行为人主观上可能具有非法占有目的。这种互斥的论点明显形成悖论和导致处罚漏洞。应该说，只要行为人骗取了贷款，就至少成立了骗取贷款罪（当然需要给金融机构造成重大损失），而当查明行为人具有非法占有目的时，则进一步成立贷款诈骗罪。

7. 评价"重大损失"，是应坚持经济的财产说还是法律的财产说的观点？

对"重大损失"的认定，应采取经济的财产说的立场，即只要金融机构在事实上难以实现贷款债权，就应认为给金融机构造成了重大损失，不能以金融机构仍然存在受民法保护的贷款债权为由，而否认已经给金融机构造成了重大损失。

8. 骗取小额贷款公司的贷款，能否成立骗取贷款罪或者贷款诈骗罪？

由于小额贷款公司从事的是贷款业务，而贷款业务属于金融业务，而且其从事贷款业务是经过有关部门依法批准的；小额贷款公司虽然不吸收存款，但并非所有金融机构都吸收存款，即吸收存款不是金融机构的必备业务；小额贷款公司虽然是有限责任公司或者股份有限公司，但这与金融机构并不冲突。既然要平等保护市场主体的权益，那么对于骗取小额贷款公司贷款的行为，也应认定为骗取贷款罪或者贷款诈骗罪。

不过，小额贷款公司及其工作人员不能成为违法发放贷款罪的犯罪主体。因为就银行等吸收公众存款的金融机构而言，金融机构本身及其工作人员的渎职与失职行为会损害公众（如存款人）的利益，小额贷款公司并不吸收公众存款，公司本身及其工作人员的渎职与失职行为只是给公司造成财产损失，不会损害公众利益。所以，作为被害主体时，小额贷款公司属于金融机构，可以成为骗取贷款罪和贷款诈骗罪的被害人，但作为行为主体时，小额贷款公司不是违法发放贷款罪中的金融机构。

9. 本罪的既遂标准是什么？

应该说，借款人以欺骗手段取得了金融机构的贷款，犯罪本身就已经既遂，但既遂并不意味着就要科处刑罚。由于借款人没有非法占有目的（不归还贷款），只是单纯的一时性骗用，所以立法者为了限制本罪的处罚范围，要求骗用贷款的行为实际给金融机构造成了重大损失，才以犯罪处罚。从这个意义上讲，犯罪既遂的条件不等于犯罪成立的条件。本罪中取得金融机构的贷款是本罪既遂的条件，而给金融机构造成重大损失可谓本罪的成立条件。刑法中这样的罪名并非个别。例如，就恶意透支型信用卡诈骗罪而言，行为人出于非法占有的目的透支取得了银行的贷款，就已经成立犯罪既遂，但只有满足了经发卡银行催收后仍不归还这一犯罪成立条件，才能以信用卡诈骗罪论处。

10. "给银行或者其他金融机构造成重大损失"，是构成要件结果还是客观处罚条件？

案 4：张三被金融机构列入了失信人名单，便冒用李四的名义骗取了金融机构的贷款。贷款即将到期时，张三准备归还本息，但王五知道后唆使张三不要还，于是张三便没有还。

应该说，如果认为"给银行或者其他金融机构造成重大损失"（以下简称"重大损失"）是构成要件结果，则王五的行为成立骗取贷款罪的教唆犯。但张三骗取了银行的贷款，犯罪就已既遂，而犯罪既遂后参与的除继续犯外，不可能成立共犯，只可能成立赃物犯罪。所以，认定王五的行为成立骗取贷款罪的教唆犯存在问题。

有观点认为，"重大损失"是骗取贷款罪的构成要件结果。也就是说，给金融机构造成"重大损失"是骗取贷款罪的危害结果，行为人的欺骗行为与该结果之间必须具有因果关系，只有具备该结果的，才能认定为本罪的既遂。

张明楷教授认为，将"重大损失"理解为骗取贷款罪构成要件结果的观点至少存在以下疑问。

第一，诈骗犯罪不可能是过失犯罪，骗取贷款罪也只能是故意犯罪；如果说"重大损失"是构成要件结果，就需要行为人对该"重大损失"具有故意，也就是明知自己的行为会造成金融机构的重大损失，并且希望或者放任这种结果的发生。可是，如果行为人明知自己不能还本付息，却依然以欺骗手段向金融机构申请贷款，就已经符合了贷款诈骗罪的主客观要件，而不能仅认定为骗取贷款罪。

第二，如果认为"重大损失"是构成要件结果，就不能说明骗取贷款罪的既遂时点。按理说，只要行为人取得了金融机构发放的贷款，骗取贷款罪就已经既遂。倘若认为"重大损失"是构成要件结果，那么，只有等到行为人不能归还时，才成立犯罪既遂。可是，不能归还只是一个客观事实，不能归还的原因多种多样，但这种事后的事实与原因本身不可能是骗取贷款罪的构成要件要素。既然造成"重大损失"的事实与原因不是构成要件要素，那么，"重大损失"就不能是构成要件结果。

第三，如果说"重大损失"是构成要件结果，也不能解释共犯现象。例如对于上述案 4，倘若说"重大损失"是构成要件结果，就要认为王五的行为成立骗取贷款罪的教唆犯。可是，在王五实施唆使行为之前，张三早已骗了贷款，犯罪已经既遂，王五不可能成立骗取贷款罪的教唆犯。

总之，骗取贷款罪是结果犯，其中的结果即作为构成要件要素的结果是"取得银行或者其他金融机构贷款"，而不是指"重大损失"。"重大损失"是客观处罚条件。也就是说，只要以符合构成要件的欺骗手段取得金融机构贷款，就成立骗取贷款罪（对欺骗内容当然需要从构成要件上进行限制）。但是，仅此还不能追究行为人的刑事责任，只有具备"重大损失"的客观处罚条件，才能科处刑罚。[①]

本书认为，争论"重大损失"是否为骗取贷款罪的构成要件结果没有意义。只要认识到取得贷款是骗取贷款罪的既遂条件，"重大损失"是成立条件，借款人使用欺骗手段取得了金融机构的贷款并且给金融机构造成了重大损失，才构成骗取贷款罪，才值得科处刑罚。

第九节　非法吸收公众存款罪

第一百七十六条　【非法吸收公众存款罪】非法吸收公众存款或者变相吸收公众存款，扰乱金融秩序的，处三年以下有期徒刑或者拘役，并处或者单处罚

---

①　张明楷. 诈骗犯罪论. 北京：法律出版社，2021：1096 - 1101.

金；数额巨大或者有其他严重情节的，处三年以上十年以下有期徒刑，并处罚金；数额特别巨大或者有其他特别严重情节的，处十年以上有期徒刑，并处罚金。

单位犯前款罪的，对单位判处罚金，并对其直接负责的主管人员和其他直接责任人员，依照前款的规定处罚。

有前两款行为，在提起公诉前积极退赃退赔，减少损害结果发生的，可以从轻或者减轻处罚。

疑难问题

1. 本罪的立法目的是什么？

非法吸收公众存款罪是《刑法》分则第三章第四节"破坏金融管理秩序罪"的罪名，而且《刑法》第176条也规定的是非法吸收公众"存款"或者变相吸收公众"存款""扰乱金融秩序"，而"存款"，不是资金，是用于放贷以赚取利息差的。立法者表述为"存款"而不是资金，是有意为之的。因为吸收存款就意味着进行资本性经营，否则吸收存款者必然亏损。而资本性经营本是银行垄断的金融业务。未经批准从事这种银行才能从事的金融业务，会出现不可控的金融风险，这关系到国家金融安全和社会稳定。所以，本罪所禁止的是非法吸收存款从事货币资本性经营的金融业务，该罪所保护的法益是银行等金融机构所垄断的吸存放贷的货币资本经营的融资管理秩序。国家严厉打击这种非法从事吸存放贷的资本性经营活动，是为了控制金融风险和维护社会稳定。

2. "出资人"是被害人吗？

司法实践一直以来的做法都是将查封、扣押、冻结的涉案财物（存款）返还给集资参与人（出资人）。由此看来，实务部门笃定地认为出资人就是被害人。可是，非法吸收公众存款罪是破坏金融秩序、侵害社会法益的犯罪，明显不同于原本侵害个人财产法益却阴差阳错而被安排到"破坏社会主义市场经济秩序罪"章中的金融诈骗罪。质言之，非法吸收公众存款是侵害社会法益的犯罪，而集资诈骗罪本质上是侵害个人（财产）法益的犯罪，二者存在本质的不同，因此"出资人"不是被害人。

3. 受高息诱惑而主动要求出资的出资者，能成立该罪的共犯吗？

非法吸收公众存款罪是侵害社会法益的犯罪，出资者不是被害人，出资者主动要求出资的，由于促进了他人非吸犯罪活动，所以理论上有可能成立非法吸收公众存款罪的共犯。

4. 如何区分该罪与集资诈骗罪？

非法吸收公众存款罪与集资诈骗罪之间的区别在于有无非法占有的目的，但不能认为二者构成要件之间是对立关系。只要非法吸收了公众存款，就至少构成非法吸收公众存款罪，如果进一步查明行为人具有非法占有的目的，则成立集资诈骗罪。

5. 如何理解"公开性"？

虽然非法吸收公众存款的行为必须具有公开性，但本罪的成立并不以非出资者知悉为前提，也不以某一区域或者行业内的多数人知悉为前提。也就是说，非法吸收公众存款行为完全可能只是出资人知悉。在出资者具有多众性或不特定性的情况下，公开与否，并不是决定非法吸收公众存款行为是否破坏金融秩序的关键因素。所以说，非法吸收公众存款行为的公开性，也只是意味着其行为对象的公众性。

6. 行为人吸收公众存款用于生产、经营活动的，能否以犯罪论处？

甲在小县城经营一家企业，生产塑料产品。甲之前一直向银行贷款，在银行不再提供贷款后，便向公众吸收资金，并承诺向公众还本付息，且利息比银行同期贷款利息高 20%（如银行贷款利息为 6% 的话，甲就付 7.2% 的利息）。后来由于塑料产品的销路不好，甲对部分投资人未能还本付息，导致案发。

如果认为只要非法吸收了资金就构成犯罪，则甲的行为构成非法吸收公众存款罪。但倘若认为，非法吸收公众存款罪所禁止或者规制的是非法进行货币、资本性经营活动，由于甲吸收资金后主要用于生产经营，未将所吸资金用于货币、资本性经营活动（放贷），则因为没有法益侵害性，故不构成非法吸收公众存款罪。

从非法吸收公众存款罪所处的条文位置来看，《刑法》第 174 条第 1 款规定的是擅自设立金融机构罪，即未经批准直接从事银行业务、金融业务。第 175 条规定的是套取金融机构的贷款高利转贷他人牟利的高利转贷罪，这也是在非法从事银行业务。第 176 规定的是非法吸收公众存款罪，显然是指向社会公众非法吸收存款后从事银行业务或者其他金融业务。从这几个条文的关系可以很清楚地看出，《刑法》禁止的是非法从事银行金融业务。此外，非法吸收公众存款罪的条文使用的是吸收"存款"，而不是吸收资金。存款是与贷款相关联的，也就是说，公众实际上是将资金作为存款存入行为人那里的。如果行为人直接将这些存款用于发放贷款等银行业务，才能认为侵害了法益而应以非法吸收公众存款罪论处。如果像上述案例，甲吸收资金后用于购买机器设备等进行生产经营活动，则不属于吸收"存款"，只是一种民间借贷，不构成非法吸收公众存款罪。

7. 金融机构能否成为本罪主体？

所谓非法吸收资金，是指违反了法律、法规、规章有关吸收资金的实体或者程序规定，而不限于"未经有关部门依法批准"。依法成立的金融机构也可能利用自己的地位与条件实施非法吸收公众存款的行为，故不能排除金融机构成为本罪的主体。

8. 本条第 3 款的规定，能否类推适用于相关条文？

虽然出资人并非非法吸收公众存款罪的被害人，行为人积极退赃退赔给出资者的行为，并没有减轻行为的违法性，正如国家工作人员将贿赂款悄悄退给行贿人，不仅没有减轻受贿行为的违法性，反而应被评价为帮助毁灭证据罪，但毕竟本条第 3 款积极退赃退赔从轻、减轻处罚的规定，是有利于被告人的，所以可以将这种规定类推适用于有被害人的经济财产类犯罪。刑法只是禁止不利于被告人的类推解释与类推适用，而不反对，甚至提倡有利于被告人的类推解释和类推适用。

第十节　伪造、变造金融票证罪

第一百七十七条　**【伪造、变造金融票证罪】**有下列情形之一，伪造、变造金融票证的，处五年以下有期徒刑或者拘役，并处或者单处二万元以上二十万元以下罚金；情节严重的，处五年以上十年以下有期徒刑，并处五万元以上五十万元以下罚金；情节特别严重的，处十年以上有期徒刑或者无期徒刑，并处五万元以上五十万元以下罚金或者没收财产：

（一）伪造、变造汇票、本票、支票的；

（二）伪造、变造委托收款凭证、汇款凭证、银行存单等其他银行结算凭证的；

（三）伪造、变造信用证或者附随的单据、文件的；

（四）伪造信用卡的。

单位犯前款罪的，对单位判处罚金，并对其直接负责的主管人员和其他直接责任人员，依照前款的规定处罚。

疑难问题

1. 伪造多种对象能数罪并罚吗？

理论上一般将罪名分为单一罪名、并列罪名、选择罪名与概括罪名。一般认为伪造、变造金融票证罪是所谓概括罪名，而通说认为概括罪名是不能数罪并罚的。例如，行为人既大量伪造汇票，又大量伪造委托收款凭证，还大量伪造信用证和信用卡，假定根据伪造每一种对象的数量评价都只能判处有期徒刑，按照概括罪名不能数罪并罚的通说观点，就只能最重判处 15 年有期徒刑。这显然有失罪刑均衡。因为如果伪造的是一种对象，只要数量足够大，就完全可能最重判处无期徒刑。其实，所谓概括罪名并不是立法罪名，而是司法罪名。也就是说，我们完全可能认为《刑法》第 177 条规定了伪造、变造票据罪，伪造、变造银行结算凭证罪，伪造、变造信用证罪和伪造信用卡罪四个罪名。若理解为四个罪名，伪造多种对象的，完全可以而且应当数罪并罚。所以，通说关于概括罪名不能数罪并罚的观点是错误的。应该说，是否并罚与属于什么罪名没有关系，只需考量不并罚能否做到罪刑相适应。只要不违反重复评价原则，不管什么罪名，实施了多个行为，或者针对不同对象的，原则上就应当数罪并罚。

2. 该罪中伪造、变造，能否包括无形伪造、变造？

刑法中伪造、变造的含义具有相对性。仅规定伪造而未规定变造的，伪造包括了变造。伪造和变造一般都既包括有形伪造、有形变造，还包括无形伪造和无形变造。本罪中的伪造和变造，都既包括有形伪造、变造，也包括无形伪造、变造。有形与无形的区别在于是否具有制作权限。没有制作权限的人制作的是有形伪造，有制作权限的人制作的是无形伪造。伪造与变造的区别在于是否属于实质性变更。发生实质性变更的是伪造，未发生实质性变更的是变造。

3. 变造信用卡，无罪吗？

虽然从理论上讲，《刑法》第 177 条中的"伪造"信用卡是广义的，可以包括变造信用卡，但实践表明，所谓"变造"信用卡，除只保留有信用卡的外形以外，其信用卡的内容与银行发行的真实信用卡都已经有很大的不同，其实质就是一张伪造的信用卡。也就是说，虽然伪造信用卡包括变造信用卡，但实际上变造很难，所谓变造信用卡，实质上还是伪造信用卡。

4. 成立本罪，是否需要使用的目的？

本罪的责任形式是故意。虽然《刑法》并没有将本罪规定为目的犯，但将使用或行使的目的作为本罪的不成文的责任要素，是比较合理的。这是因为不具有这种目的的伪造、变造，实施的可能性不大，即使实施，量也不会太大，不对其科处刑罚，也不至于对社会造成很大危害。

5. 有关"明知是伪造、变造的金融票证而贩卖……以伪造、变造金融票证罪……的共犯论处"的准司法解释规定，有无问题？

此规定出自 2002 年 2 月最高法《最高人民法院研究室关于对贩卖假金融票证行为如何适用法律问题的复函》。

这种规定违反了共犯的基本原理，因为只要事先没有通谋，在伪造、变造金融票证既遂之后参与的，不可能对伪造、变造行为和结果有因果性贡献。质言之，除继续犯外，共犯只能在既遂之前参与，既遂后参与的，只可能成立赃物犯罪。

6. 伪造金融票证后使用的，如何处理？

伪造金融票证后使用，如伪造票据后使用的，可以认为成立伪造金融票证罪与票据诈骗罪的牵连犯，从一重处罚即可。

7. 复制他人的储蓄卡，除构成本罪外，还可能构成盗窃罪吗？

由于复制他人的储蓄卡，就可能意味着窃取了他人的银行存款债权，所以成立伪造金融票证罪与盗窃罪的想象竞合犯，从一重处罚。

第十一节 妨害信用卡管理罪

第一百七十七条之一 **【妨害信用卡管理罪】** 有下列情形之一，妨害信用卡管理的，处三年以下有期徒刑或者拘役，并处或者单处一万元以上十万元以下罚金；数量巨大或者有其他严重情节的，处三年以上十年以下有期徒刑，并处二万元以上二十万元以下罚金：

（一）明知是伪造的信用卡而持有、运输的，或者明知是伪造的空白信用卡而持有、运输，数量较大的；

（二）非法持有他人信用卡，数量较大的；

（三）使用虚假的身份证明骗领信用卡的；

（四）出售、购买、为他人提供伪造的信用卡或者以虚假的身份证明骗领的信用卡的。

疑难问题

1. 实施多种行为类型的，能同种数罪并罚吗？

通说认为本罪是所谓概括罪名，又认为概括罪名不能数罪并罚，则行为人同时实施持有、运输伪造的信用卡，持有、运输伪造的空白信用卡，非法持有他人信用卡，骗领信用卡，出售、购买、提供伪造的信用卡的，也只能以本罪最重判处 10 年有期徒刑。这样处理显然不能做到罪刑相适应。因为立法者设计判处 10 年有期徒刑是就实施一种行为而言的，而不是就实施多种行为而言的，所以，即便认为该罪是所谓概括罪名，在行为人同时实施多种行为类型时，也不能排除以同种数罪并罚，最重判处 20 年有期徒刑。

2. 持有、运输伪造的信用卡的，是否不需要"数量较大"？

由于该罪所规定的关于持有、运输伪造的信用卡的行为类型的罪状表述中有"的"，这说明"或者"后行为类型中的"数量较大"，不适用于前面的持有、运输伪造的信用卡的行为类型。因为《刑法》分则中规定有多种行为类型的罪状表述中的"的"，是罪状表述完结的标志，表示到此为止行为已经达到值得科处刑罚的程度，"或者"后行为类型中的"数量较大""情节严重"的表述或适用条件，不适用于"或者"前的行为类型成立犯罪的要求。质言之，因为"或者"前有"的"，所以持有、运输伪造的信用卡行为类型构成犯罪不要求"数量较大"。

3. 误以为持有的是他人真实的信用卡，实际上是伪造的信用卡，能否以持有伪造的信用卡认定而不需要"数量较大"？

案 1：刘某身上有 17 张以他人名义申领的信用卡，且均为伪造的信用卡，但刘某确实一直以为是真实有效的信用卡，即刘某不知道自己持有的是伪造的信用卡。

如果认为本罪第 1 款第 2 项中的"非法持有他人信用卡"限于他人真实的信用卡，则刘某的行为成立"非法持有他人信用卡"的未遂乃至不能犯，不构成犯罪。同时由于刘某没有持有伪造的信用卡的故意，则其行为属于"过失持有伪造的信用卡"，也无罪。无罪的结论显然不能被人接受。因为根据非法持有他人 5 张信用卡就应立案追诉的司法解释规定，刘某持有真实的信用卡 5 张就能构成犯罪，而其持有 17 张伪造的信用卡，危害性更大，反而无罪。而且，如果认为这种情形无罪的话，无疑会为当事人逃避刑事处罚指明方向：实际持有伪造的信用卡的，辩称自己误以为是真实的信用卡；实际持有真实的信用卡，辩称以为持有的是伪造的信用卡。

对于该罪第1款第2项所规定的"非法持有他人信用卡，数量较大的"而言，虽然一般来说是指真实的信用卡，但为了避免在认识错误时出现处罚漏洞和为当事人逃避处罚指明方向，应该认为该项中规定的"他人信用卡"，不限于真实的信用卡，而是包括伪造的信用卡。也就是说，行为人误以为持有的是真实的信用卡，如上述案1，实际持有的是伪造的信用卡的，还是应当评价为"非法持有他人信用卡"，而要求"数量较大"才构成犯罪，所以上述案1中刘某的行为属于"非法持有他人信用卡，数量较大"，而构成妨害信用卡管理罪。相反，若行为人误以为持有的是伪造的信用卡，而实际上持有的是真实的信用卡的，由于客观上持有的是真实信用卡，也要求达到"数量较大"，才构成妨害信用卡管理罪。

4. 得到他人同意的购买、持有他人信用卡，用他人身份证领取信用卡，构成本罪吗？

《刑法》第177条之一仅规定购买伪造的信用卡，而没有规定购买真实的信用卡，所以该行为只能被评价为购买之后的持有行为。由于信用卡不能转让和由他人持有（亲友之间得到同意的除外），购买之后持有的，成立妨害信用卡管理罪。就持有他人信用卡而言，若为持卡人保管、取款而持有他人信用卡的，不成立犯罪；经持卡人同意，收藏他人没有余额、不能透支的借记卡的，不宜认定为本罪；但收藏他人没有作废、可以透支的贷记卡的，即使征得持卡人同意，也属于非法持有他人信用卡，构成妨害信用卡管理罪。概言之，非法持有他人信用卡的，并不要求信用卡的来源非法，而是要求持有行为本身违反信用卡管理规定。对于得到他人同意用其身份证领取信用卡的，虽然相关司法解释规定不成立本罪，但有点过于绝对。例如，准备实施电信诈骗的人，征得他人同意后，利用他人身份证明申领信用卡的，不能排除本罪成立的可能性。

5. 出售、购买、提供真实的信用卡的，如何处理？

《刑法》第177条之一仅规定出售、购买、提供伪造的信用卡构成犯罪，没有规定出售、购买、提供真实的信用卡构成本罪。因此，对于出售信用卡的，除与他人成立"非法持有他人信用卡"的共犯外，还可能成立帮助信息网络犯罪活动罪的正犯和诈骗等罪的共犯，成立想象竞合，从一重处罚。对于购买真实的信用卡，只能评价事后的非法持有他人信用卡的行为，构成本罪。对于提供真实的信用卡，也只能评价为"非法持有他人信用卡"的共犯和帮助信息网络犯罪活动罪的正犯与诈骗等罪的共犯，成立想象竞合，从一重处罚。

6. 伪造信用卡后持有、运输、出售、提供的，如何处理？

伪造信用卡后持有、运输、出售、提供的，由于仅侵害一个法益，所以成立伪造金融票证罪与本罪的包括的一罪，从一重处罚。

7. 购买真实的信用卡后持有、使用的，如何处理？

购买真实的信用卡后持有的，成立本罪；使用的，成立信用卡诈骗罪。

8. 购买伪造的信用卡或者以虚假的身份证明骗领信用卡后予以使用的，如何处理？

购买伪造的信用卡或者以虚假的身份证明骗领信用卡后使用的，根据是在柜员机上使用还是对自然人使用，分别成立本罪和盗窃罪、信用卡诈骗罪的牵连犯，从一重处罚即可。

9. 盗窃信用卡后非法持有的，如何处理？

若盗窃信用卡行为本身构成盗窃罪，如扒窃、入户盗窃信用卡，则盗窃后非法持有的，由于来源清楚，仅成立盗窃罪，不成立本罪。若盗窃信用卡行为不构成盗窃罪，则成立本罪。

10. 出售真实信用卡的，如何处理？

出售真实的信用卡不成立本罪，但可以成立（非法持有他人信用卡）本罪的共犯，还可能成立帮助信息网络犯罪活动罪的正犯和诈骗等罪的共犯，因想象竞合，从一重处罚。

11. 无偿交付信用卡给他人使用的行为，构成犯罪吗？

若明知他人利用信息网络实施犯罪，还无偿交付信用卡给他人使用的，成立帮助信息网络犯罪活动罪的正犯或诈骗等罪的共犯。

12. 伪造空白的信用卡后又持有、运输、出售或者提供给他人的，如何处理？

伪造空白的信用卡的，不构成伪造金融票证罪。伪造之后持有、运输的，构成本罪；出售、提供给他人使用的，只能评价为（持有伪造的空白信用卡）本罪的共犯。

第十二节　洗钱罪

第一百九十一条　　【洗钱罪】为掩饰、隐瞒毒品犯罪、黑社会性质的组织犯罪、恐怖活动犯罪、走私犯罪、贪污贿赂犯罪、破坏金融管理秩序犯罪、金融诈骗犯罪的所得及其产生的收益的来源和性质，有下列行为之一的，没收实施以上犯罪的所得及其产生的收益，处五年以下有期徒刑或者拘役，并处或者单处罚金；情节严重的，处五年以上十年以下有期徒刑，并处罚金：

（一）提供资金帐户的；

（二）将财产转换为现金、金融票据、有价证券的；

（三）通过转帐或者其他支付结算方式转移资金的；

（四）跨境转移资产的；

（五）以其他方法掩饰、隐瞒犯罪所得及其收益的来源和性质的。

单位犯前款罪的，对单位判处罚金，并对其直接负责的主管人员和其他直接责任人员，依照前款的规定处罚。

疑难问题

1. 该罪有哪些修改？为什么修改？

《刑法修正案（十一）》删除了原条文中的"明知是""协助"等用语，就是为了将"自洗钱"纳入本罪处罚的范畴。

2. 去掉"明知"的修改是否意味着取消了主观明知的构成要件，从而降低了入罪条件？成立"他洗钱"犯罪，是否需要"明知"？

去掉"明知"并不意味着取消了主观明知的构成要件从而降低了入罪条件，因为只要是故意犯罪，根据责任主义的原理，主观上都应该认识到客观要素的性质。也就是说，在"他洗钱"的场合，如果行为人没有认识到系他人"上游犯罪"所得及其收益，而为其掩饰、隐瞒来源和性质的，就缺乏洗钱的故意，不成立本罪。

3. 何谓"自洗钱"？

所谓"自洗钱"，就是对自己实施的"上游犯罪"所得及其产生的收益的来源和性质加以掩饰、隐瞒的行为，如将自己受贿所得转账到国外账户。与之相对的是，明知是他人实施"上游犯罪"所得及其产生的收益，通过提供资金账户等方式掩饰、隐瞒其来源和性质的"他洗钱"。

4. 洗钱罪所保护的法益是什么？

关于洗钱罪的法益（客体），我国刑法理论通说认为是国家金融管理秩序和司法机关的正常活动。张明楷教授反对通说的观点，认为洗钱罪的法益不包括司法机关的正常活动，而应限于金融管理秩序与上游犯罪的保护法益（双重法益而非选择性法益）。作为洗钱罪保护法益的金融管理秩序包括两个层面：阻挡层的保护法益是金融系统不能使犯罪所得及其收益合法化的管理秩序，背后层的保护法益是国民对金融系统的信赖及国家金融安全；将上游犯罪的保护法益作为洗钱罪的次要法益，既表明设立洗钱罪同时为了预防特定上游犯罪，也能说明自洗钱构成犯罪。[①]

本书认为，即便认为因为本罪具有预防上游犯罪的预备罪性质而保护"上游犯罪"的保护法益，也不可否认本罪还具有妨害司法的性质。不能认为对非"上游犯罪"的盗窃、诈骗等犯罪所得及其收益实施掩饰、隐瞒行为妨害了司法，而对作为洗钱罪的金融诈骗等"上游犯罪"所得及其收益通过金融手段掩饰、隐瞒其来源和性质的，反而不妨害司法。张明楷教授将妨害司法排除在洗钱罪的保护法益范畴之外，旨在将洗钱罪与掩饰、隐瞒犯罪所得、犯罪所得收益罪（以下简称"赃物犯罪"）构成要件之间描述成一种对立、互斥关系，以使二罪形成想象竞合而非法条竞合关系。但这种"互斥论"，既不符合客观事实，又可能形成处罚漏洞。例如，假定甲误以为是他人普通诈骗所得而帮助其汇款到境外，而实际上是金融诈骗所得，虽然行为客观上破坏了金融秩序，但甲主观上只有妨害司法的故意，而没有破坏金融管理秩序的故意，则行为成立过失洗钱罪和赃物犯罪的不能犯，结果宣告无罪。相反，乙误以为是他人金融诈骗所得为其提供资金账户掩饰、隐瞒其来源和性质，而事实上是普通诈骗所得，则虽然乙客观上妨害了司法，但乙主观上只有破坏金融管理秩序的故意，则成立过失赃物犯罪和洗钱罪的不能犯，结果也是无罪。

所以，没有必要为了使洗钱罪与赃物犯罪之间形成想象竞合关系，而否认洗钱行为也会妨害司法，妨害司法机关的正常活动也是洗钱罪所保护的次要法益。

5. 盗窃犯等本犯自己窝藏、转移、销售赃物的，构成掩饰、隐瞒犯罪所得、犯罪所得收益罪吗？

虽然《刑法》将"自洗钱"纳入了洗钱罪处罚的范畴，但不能想当然地认为，盗窃犯等本犯自己窝藏、转移、销售赃物的所谓"自掩饰、自隐瞒"的行为，也能构成《刑法》第 312 条规定的赃物犯罪。一来，《刑法》第 312 条存在"明知是"犯罪所得及其产生的收益而予以窝藏、转移、收购、代为销售或者以其他方法掩饰、隐瞒的表述。二来，本犯自己窝藏、转移、销售赃物，跟本犯自

---

① 张明楷. 洗钱罪的保护法益. 法学，2022（5）.

已作虚假供述、逃跑、毁灭证据一样，都是缺乏期待可能性的行为。所以，"自洗钱"入罪只能算是一种例外规定，不能推广到其他"自掩饰、自隐瞒"行为。

6. 本犯洗钱的，是定一罪还是应数罪并罚？

既然"自洗钱"构成犯罪，当然应该与上游犯罪数罪并罚。不过，张明楷教授认为不能一概数罪并罚，要分情况讨论：首先，如果本犯事后实施的掩饰、隐瞒行为，没有侵犯金融管理秩序，则不成立洗钱罪，属于不可罚的事后行为。例如，本犯实施《刑法》第191条规定的7类上游犯罪后，单纯持有、窝藏犯罪所得的行为，没有侵犯金融管理秩序的，则其事后行为都属于不可罚的行为，仅成立上游犯罪。其次，如果7类上游犯罪的本犯的事后行为侵犯了法益，或者加大了原有损害，且不缺乏期待可能性，但对上游犯罪的定罪量刑能够包括地评价洗钱行为的，应当将洗钱行为认定为共罚的事后行为，仅以上游犯罪论处。这种情形可能特别罕见，但不宜否定这种情形的存在。最后，如果7类上游犯罪的本犯的事后行为符合洗钱罪的构成要件，侵犯了新的法益，且具有期待可能性，则成立数罪。[①]

本书认为张明楷教授的上述讨论没有意义。因为"首先"是指没有侵犯金融管理秩序的行为，不成立洗钱罪，当然无须数罪并罚；既然"其次"的情形"特别罕见"，而且如何判断"对上游犯罪的定罪量刑能够包括地评价洗钱行为"，也没有统一的标准。所以单独讨论没有意义。总之，既然"自洗钱"入刑，就没有理由不以洗钱罪与上游犯罪实行数罪并罚。

7. 洗钱罪与掩饰、隐瞒犯罪所得、犯罪所得收益罪，窝藏毒赃罪之间，是什么关系？

张明楷教授之所以认为洗钱罪没有侵害司法机关的正常活动，就是想把洗钱罪与赃物犯罪之间描述成一种想象竞合关系。其实，洗钱行为也必然妨害司法。所以应该认为洗钱罪与掩饰、隐瞒犯罪所得、犯罪所得收益罪，窝藏、转移、隐瞒毒品、毒赃罪之间就是一种竞合关系，无论是法条竞合还是想象竞合，同时构成时都应从一重处罚。由于洗钱罪的法定刑并不轻于后两罪的，所以同时构成时以洗钱罪定罪处罚，既能做到罪刑相适应，又能全面评价法益侵害事实。

8. 如何把握洗钱罪的"上游犯罪"的范围？

所谓毒品犯罪，是指《刑法》分则第六章第七节所规定的犯罪。对此，没有

---

① 张明楷. 自洗钱入罪后的争议问题. 比较法研究，2022（5）.

必要再作限制解释。

所谓黑社会性质组织犯罪与恐怖活动犯罪，是指以黑社会性质组织、恐怖活动组织及其成员实施的各种犯罪，包括财产犯罪。

所谓走私犯罪，是指《刑法》分则第三章第二节所规定的全部走私犯罪。单纯购买走私物品的行为，如果没有利用金融机构与金融手段，不符合洗钱罪的行为特征，没有侵犯金融管理秩序，不成立洗钱罪，但可能成立掩饰、隐瞒犯罪所得罪。

所谓贪污贿赂犯罪，原则上是指《刑法》分则第八章"贪污贿赂罪"所规定的全部罪名以及非国家工作人员受贿罪。职务侵占罪不属于这里的"贪污贿赂犯罪"。另外，虽然所挪用的公款不是上游犯罪"所得"，但挪用公款行为所产生的收益，则是上游犯罪产生的收益，能够成为洗钱罪的对象，例如挪用公款存入银行产生的利息，可以成为洗钱罪的对象。虽然行贿款不是上游犯罪"所得"，但因行贿所获得的财产，能够成为洗钱罪的对象。还有，隐瞒境外存款罪难以成为上游犯罪，因为隐瞒境外存款所处罚的是隐瞒不报的行为，而该隐瞒行为本身不可能有犯罪所得及其收益。

所谓破坏金融管理秩序犯罪与金融诈骗犯罪，是指《刑法》分则第三章第四节规定的"破坏金融管理秩序罪"与第五节规定的"金融诈骗罪"。

9. 成立洗钱罪，是否应以上游犯罪事实成立为前提？

洗钱罪的成立，应当以上游犯罪事实成立为认定前提。上游犯罪尚未依法裁判，但查证属实的，不影响对洗钱罪的审判。上游犯罪事实可以确认，因行为人死亡等原因依法不予追究刑事责任的，不影响洗钱罪的认定。上游犯罪事实成立，因为牵连犯、想象竞合、法条竞合等原因以其他罪名定罪处罚的，也不影响洗钱罪的认定。

10. 该罪中的"没收"包含了哪些内容？该罪中的"没收"与《刑法》第64条中的"追缴"是否为同一含义？所没收的财物，是应上缴国库还是返还给被害人？

该罪中的没收包含了不同的内容：第一，凡是有被害人的，应当将犯罪所得返还被害人；第二，上游财产犯罪所得的收益，应当追缴并上缴国库，例如行为人利用贪污所得购买房屋后因房产升值所产生的收益，应当追缴并上缴归库；第三，对于没有被害人的犯罪，如毒品犯罪、走私犯罪、贿赂犯罪所得及其产生的收益，应当追缴并上缴国库。不难看出，《刑法》第191条所规定的"没收"，实际上与第 64 条所规定的"追缴"基本上是一个含义。

11. 上游犯罪超过追诉时效，而洗钱罪没有超过追诉时效的，能否以洗钱罪追究刑事责任？

上游犯罪超过追诉时效，而洗钱罪没有超过追诉时效的，应当追究洗钱罪的刑事责任。

12. 实施上游犯罪的人不具有责任的，能否追究洗钱罪的刑事责任？

实施上游犯罪的人不具有责任，不影响追究洗钱罪的刑事责任。

第十三节　集资诈骗罪

第一百九十二条　**【集资诈骗罪】**以非法占有为目的，使用诈骗方法非法集资，数额较大的，处三年以上七年以下有期徒刑，并处罚金；数额巨大或者有其他严重情节的，处七年以上有期徒刑或者无期徒刑，并处罚金或者没收财产。

单位犯前款罪的，对单位判处罚金，并对其直接负责的主管人员和其他直接责任人员，依照前款的规定处罚。

疑难问题

1. 集资诈骗罪的构造是什么？

诈骗罪的构造是所谓"五步走"：欺骗行为→认识错误→处分财产→取得财产→遭受财产损失。集资诈骗罪作为诈骗罪的特殊类型，也必须符合诈骗罪的构造。诈骗方法、非法集资及数额较大是集资诈骗罪客观要素的基本内容。非法占有目的，则是集资诈骗罪的主观要素。所谓"诈骗方法"，就是指"欺骗行为"。欺骗行为，表现为向受骗者表示虚假的事项，或者说向受骗人传递不真实的资讯，但这种欺骗行为必须是使受骗者陷入或者继续维持（或强化）处分财产的认识错误的行为。如果行为人实施了某种"欺骗行为"，但其内容不是使对方作出财产处分行为，则不属于欺骗行为。就集资诈骗而言，只要某种行为足以使对方陷入"行为人属合法募集资金""行为人属正当募集资金""行为人的集资获得了有权机关的批准""出资后会有回报"等认识错误，足以使对方"出资"，那么，这种行为就属于集资诈骗罪中的"诈骗方法"。

2. 如何区分集资诈骗罪与普通诈骗罪？

区分集资诈骗罪与普通诈骗罪，必须明确集资诈骗的客观特征。集资诈骗罪的客观方面必须具备以下几个特征。

（1）集资的非法性。

虽然集资行为必须是违反了国家金融管理法律、法规规定，但不能将"违反国家金融管理法律规定"简单地理解为"未经有权机关批准"。骗取有权机关批准、违反批准内容集资的，也属于非法集资。不能认为只要经有权机关批准的集资，就不成立集资诈骗罪，因为有权机关也可能实施违法行为，因而可能非法集资。质言之，"非法"与"未经有权机关批准"，以及"合法"与"获得有权机关批准"根本不是等同概念。行为人具有主体资格但具体业务未经批准或者经营行为不合法的，完全可能属于非法集资。

（2）集资行为的公开性。

从实质上考虑，在被骗者具有公众性或者不特定性的情况下，公开与否，并不是决定非法集资行为是否破坏金融秩序的关键因素。所以集资行为的公开性，也只是意味着其行为对象的公众性。

（3）集资对象的公众性。

非法集资的对象为社会公众即社会不特定对象。对于"不特定对象"应从两个方面理解：1）出资者是与集资者之间原本没有交易关系的人或者单位。在单位内部集资的，如果出资者是与集资者之间原本没有交易关系的人，也不排除集资诈骗罪的成立。2）知道行为人从事集资活动的人较多，出资者可能随时增加，这是由集资诈骗的行为方式决定的。但是集资诈骗罪的成立并不以行为人实际上已经骗取了多数人的资金为条件。只要行为人主观上具有向多数人募集资金的故意，客观上所采取的手段可能从多数人处募集资金，即使事实上只从少数人或个别人处募集了数额较大的资金，也成立集资诈骗罪的既遂。刑法设立集资诈骗罪，旨在禁止行为人向多数人非法募集资金，至于多数人是否处于特定范围，则不影响多数人的成立。"不特定对象"并不是指非特定范围内的不特定人或单位，而是指出资者或被害人是多数人而且有随时增加的可能性。

（4）承诺的虚假性。

行为人虚假承诺回报，是集资诈骗罪的前提。首先，从集资的基本含义来看，应将行为人承诺回报作为集资诈骗罪的前提，否则就可能将普通的借款诈骗行为认定为集资诈骗罪。其次，承诺回报必须是虚假的。从实质上说，集资诈骗罪的法定刑之所以重于普通诈骗罪的，重要原因之一是其承诺回报具有更大的欺骗性，从而使行为的法益侵害性更为严重。再次，行为人所承诺的回报也不必具有确定性。换言之，集资诈骗行为人既可能通过虚构确定的回报骗取资金，也可能通过虚构不确定的回报骗取资金。最后，承诺回报应限于行为人承诺"只要出资即可通过出资行为获得回报"，而不是指承诺出资人在出资后通过生产、经营等行为可以获得回报。

（5）行为的特定性。

集资诈骗罪的客观行为，必须表现为通过欺骗行为使受骗人（出资人）出资，进而不法所有受骗人的出资。集资诈骗意味着不法所有他人的资金，一般表现为以发行股票、债券、彩票、投资基金证券或其他债权凭证的方式向社会公众募集资金，承诺却并不打算以货币、实物及其他方式向出资人还本付息或给予回报。集资仅仅限于募集资金。因为《刑法》将集资诈骗罪规定于"金融"诈骗罪中，所以如果募集资金以外的财物的行为与"金融"无关，则不应认定为属于金融诈骗罪的集资诈骗罪。集资诈骗罪不同于普通诈骗罪之处，并不在于受骗人的公众性或不特定性（因为普通诈骗罪的受骗人也可能是多数人或者不特定人），而在于前者形式上表现为一种资本的运作过程，即通过发行股票、债券、彩票、投资基金证券或其他债权凭证的方式，将社会公众的资金集中起来，使被害人成为形式上的投资者（股东、债权人）。所以，集资诈骗罪本质上表现为股权式集资与债权式集资。

3. 如何认定集资诈骗罪的非法占有目的？

《刑法》除规定了集资诈骗罪之外，还规定了其他不以非法占有为目的的非法集资的犯罪，如《刑法》第176条的非法吸收公众存款罪，第179条的擅自发行股票、公司、企业债券罪，第160条的欺诈发行证券罪。这三种犯罪都属于非法集资犯罪，它们与集资诈骗罪的区别，除客观行为性质不同之外，主要在于集资诈骗罪具有非法占有目的。

集资诈骗罪的行为人也非法占有出资人的资金，因而不法所有出资人的资金。行为人表面上也将出资人对金钱的所有权转化为债权、股权，但是，这种债权、股权并不是真实的，而是虚假的。行为人没有履行债务和回报出资人的意思，也没有将其占有的资金用于可以实现或者打算实现出资人债权与股权的生产经营。

在民法意义上，擅自发行股票、公司、企业债券罪，非法吸收公众存款罪，欺诈发行证券罪的行为人与集资诈骗罪的行为人，客观上对出资人金钱的占有与所有都是非法的，因而在民法意义上，都可以说具有非法占有或不法所有意图。但是，这种目的不等于刑法上的非法占有目的。擅自发行股票、公司、企业债券罪，非法吸收公众存款罪，欺诈发行证券罪的行为人，将出资人对金钱的所有权转化为真实的债权、股权，所以，这并不是排除权利人，只是其手段与程序上存在非法性。行为人承认这种债权与股权，并有履行债务（还本付息）和回报出资人的意思，且将所占有的资金用于可以实现或者打算实现出资人债权与股权的生产经营。而集资诈骗罪中的行为人，将出资人对金钱的所有权转化为虚假的、不可能实现的债权、股权，行为人也没有履行债务、回报出资人的意图，因而完全排除了权利人。不难看出，只有将民法上的"非法占有目的"与"没有履行债务和回报出资人的意图"有机结合的，才能被认定为集资诈骗罪的非法占有目的。因为仅有民法上的"非法占有目的"，并不意味着行为人排除了权利人；在非法集资的案件中，只有当行为人没有履行债务与回报出资人的意图时，才能认定为排除了权利人、具有刑法上的非法占有目的中的排除意思。

如何判断行为人是否具有非法占有目的，一直是困扰司法机关的难题。其中一个重要原因是，司法工作人员不能基于自由心证对相关证据进行合理采信，难以形成确信的结论。于是，多个司法解释反复规定具备哪些情形的一般应认定行为人具有非法占有目的。然而，任何情形都可能有例外，所以即使司法解释规定得再详细，也需要司法工作人员的合理判断。例如，2022 年 2 月 23 日修正后的最高法《关于审理非法集资刑事案件具体应用法律若干问题的解释》（以下简称《集资案件解释》）第 7 条规定，使用诈骗方法非法集资，具有下列情形之一的，可以认定为"以非法占有为目的"：（1）集资后不用于生产经营活动或者用于生产经营活动与筹集资金规模明显不成比例，致使集资款不能返还的；（2）肆意挥霍集资款，致使集资款不能返还的；（3）携带集资款逃匿的；（4）将集资款用于违法犯罪活动的；（5）抽逃、转移资金、隐匿财产、逃避返还资金的；（6）隐匿、销毁账目，或者搞假破产、假倒闭，逃避返还资金的；（7）拒不交代资金去向，逃避返还资金的；（8）其他可以认定非法占有目的的情形。

其实，不具有上述司法解释前七种情形的，也可能具有非法占有目的。例如，原本不存在任何生产经营项目却谎称具有生产经营项目而募集资金的，以虚构的单位或者冒用他人的名义非法募集资金的，以客观上完全不可能实现的回报率（额）为诱饵募集资金的，都说明其集资行为本身具有非法所有的性质，应认定为集资诈骗罪。另外，具有上述司法解释前七种情形之一的，虽然"可以"认定为以非法占有为目的，但不是必然要认定为以非法占有为目的。例如，就第（1）项规定的情形而言，倘若行为人原本打算集资后用于 A 项目，但集资后由于某种原因不能再经营 A 项目，于是将资金借给其他单位使用，但其他单位不能返还资金，导致行为人不能向出资人归还本息的，对此，显然不能根据第（1）项的规定认定行为人具有非法占有目的。又如，当行为人利用非法募集的资金从事非法的生产经营活动，以回报出资人的，不宜认定为集资诈骗罪，只能认定其他犯罪（如非法吸收公众存款罪，以及其非法的生产经营活动本身所构成的犯罪）。

特别需要指出的是，不能因为行为人向部分投资人支付了本金与回报，就否认行为人具有非法占有目的。这是因为，在集资诈骗的场合，行为人为了骗得更多的资金，必须向先前的投资人归还本息和给予高额回报。在这个意义上，向先前的投资人还本付息，只不过是集资诈骗的基本手段。根据集资诈骗的行为特点，行为人只将其中部分乃至小部分据为己有的，其数额也会达到巨大乃至特别巨大。因此，不能以行为人最终非法占有的资金数额没有达到较大比例为由，否认行为人具有非法占有目的。也就是说，即使行为人向多数人归还了本息，仍然可能认定其行为构成集资诈骗罪。此外，根据行为与责任同时存在的原理，集资诈骗罪的非法占有目的，应当存在于行为时。非法募集资金后才产生非法占有目的的，不能认定成立集资诈骗罪。

4. 如何认定集资诈骗罪的数额？

关于集资诈骗犯罪的数额，司法实践中并没有形成合理的认定标准。客观原因之一是，集资活动往往具有收益分次性的特点，即行为人在集资开始阶段常常向出资人支付收益，这种行为既可以掩盖犯罪行为，又可以欺骗更多的被害人。于是，集资诈骗罪存在以下几种数额：一是总数额，即行为人使用欺骗手段非法集资所募集的总数额；二是实际所得数额，即行为人使用欺骗手段非法集资的总额，减去案发前行为人返还出资人本息和给予出资人回报的数额后，所形成的数额；三是实际损失额，即行为人使用欺骗手段非法集资案发后，经司法机关追偿赃款后最终实际给被害人造成的损失数额；四是实际获利额，即行为人使用欺骗手段非法集资后，除去返还本息、回报以及投资损失后，行为人实际非法获取（占有）的数额；五是行为后的隐匿数额和潜逃时的携款数额。《集资案件解释》规定，集资诈骗的数额以行为人实际骗取的数额计算，在案发前已归还的数额应予扣除。行为人为实施集资诈骗活动而支付的广告费、中介费、手续费、回扣或者用于行贿、赠与等费用，不予扣除。行为人为实施集资诈骗活动而支付的利息，除本金未归还可予折抵本金以外，应当计入诈骗数额。很显然，上述司法解释采取了实际所得数额说。那么，究竟应当如何认定集资诈骗数额？

第一，仅将行为人隐匿数额和潜逃时的携款数额认定为集资诈骗的数额，明显不妥当。

第二，仅按实际获利额计算集资诈骗数额，也不具有合理性。

第三，仅将实际损失额作为集资诈骗数额，也缺乏妥当性。

第四，仅将实际所得数额作为集资诈骗数额，也不是没有疑问。

首先，行为人以非法占有为目的，实施欺骗行为，使出资人陷入认识错误，处分其资金、导致资金转移为行为人或第三者占有时，集资诈骗罪便已经既遂。既然如此，就应当以行为人或第三者已经占有的资金总额作为集资诈骗数额。因为案发前行为人返还出资人的本息和给予的回报，只是既遂后的返还行为，而不能影响集资诈骗数额的认定。正如盗窃犯将所盗窃的1万元事后返还给被害人的行为，不能影响认定其盗窃数额为1万元一样。

其次，从事实上看，集资诈骗的行为人在取得社会公众的集资款后，在案发前返还出资人本息或者给予出资人一定回报，都是为了掩盖集资诈骗的犯罪行为和诱使更多的人上当受骗。

再次，在司法实践中，行为人实施各种诈骗行为的成本多少，并不影响对诈骗犯罪数额的认定。因为在我国，诈骗罪是对个别财产的犯罪，而不是对整体财产的犯罪。即使行为人以自己合法所有的财产作为诱饵骗取他人财物时，也不应从骗取的财产数额中扣除作为诱饵的财产数额。而在集资诈骗犯罪中，行为人是用所骗取的财产作诱饵骗取他人资金，或者说，是用所骗取的财产作为骗取更多资金的成本，所以更不能从集资诈骗数额中扣除该作为诱饵的财产数额。如果将这种数额排除在集资诈骗数额之外，便与上述通行的司法实践相冲突，也导致集资诈骗罪成为对整体财产的犯罪。这是不能赞成的做法。

最后，司法实践中，行为人返还给被害人的财产数额以及司法机关挽回损失的数额，都是可以作为从宽量刑情节考虑的。既然如此，就不应当通过将这些数额排除在集资诈骗数额之外的方法实现从宽量刑。

综上，本书认为对于集资诈骗数额的认定，应采取总数额说，即行为人使用欺骗手段非法集资所募集的总数额。行为人骗取资金后返还给被害人的财产数额、司法机关事后的追缴数额，都应当计算在集资诈骗数额之内。

5. 集资诈骗罪与欺诈发行证券罪，擅自发行股票、公司、企业债券罪，非法吸收公众存款罪的关键区别何在？

集资诈骗罪与这三个罪的关键区别在于，行为人主观上有无非法占有（不法所有）的目的，即有无履行债务（还本付息）和回报出资人的意思。但不能认为集资诈骗罪与这三个罪之间的构成要件之间是对立关系，否则，当行为人主观上是否具有非法占有目的难以查明时，既不能成立集资诈骗罪，因为不能证明具有非法占有目的，也不能成立这三个犯罪，因为不能证明行为人不具有非法占有目的。所以从规范性意义上讲，集资诈骗罪与这三个犯罪构成要件之间是一种高低度的包容关系。只要行为人实施了非法集资行为，就至少成立了这三种犯罪，若进一步查明行为人具有非法占有目的，则成立集资诈骗罪。理论上，有的认为集资诈骗罪与这三个犯罪之间是法条竞合关系，有的认为是想象竞合关系。按照笔者所持不必严格区分法条竞合与想象竞合的大竞合论观点，只要不是具有减轻根据的所谓封闭的特权条款，竞合时从一重处罚即可。

6. 集资诈骗数额未达 10 万元立案标准，但达到诈骗罪 3 000 元立案标准的，能否以诈骗罪定罪处罚？

由于《集资案件解释》规定集资诈骗罪立案标准为 10 万元以上，因此，集资诈骗数额未达 10 万元，但达到诈骗罪 3 000 元的立案标准的，不属于诈骗罪中的"本法另有规定的，依照规定"，因而可以认定为诈骗罪既遂。如果行为人本打算集资诈骗数额较大（10 万元）的财物，客观上也可能骗取数额较大的财物，只是因为意志以外的原因而未能骗取数额较大财物的，可以认定为集资诈骗罪的未遂。

7. 2017 年 6 月 2 日最高检《关于办理涉互联网金融犯罪案件有关问题座谈会纪要》指出，犯罪嫌疑人非法吸收公众存款初始阶段不具有非法占有目的，后来产生非法占有目的继续吸收公众存款的，应分别认定为集资诈骗罪与非法吸收公众存款罪，问题是，对这种情形是实行数罪并罚还是按一罪处罚？

对此，张明楷教授认为，只能认定为包括的一罪，即以集资诈骗罪论处。理由是，对上述情形实行数罪并罚会导致处罚不均衡和罪刑不相适应。因为倘若行为人一开始就实施集资诈骗行为，肯定仅成立一罪，而行为人开始时实施非法吸收公众存款行为，后来才实施集资诈骗行为的，反而要数罪并罚。这明显不符合罪刑相适应原则。虽然先前的非法吸收公众存款罪与后来的集资诈骗罪分属不同构成要件，但从事实上说，两者的构成要件具有紧密关联性，而且前后行为具有一体性。所以，可以将上述情形认定为包括的一罪，以集资诈骗罪一罪论处（但不能将非法吸收公众存款的数额计入集资诈骗数额），不实行数罪并罚。①

---

① 张明楷.诈骗犯罪论.北京：法律出版社，2021：660-661.

笔者不赞成上述仅成立包括的一罪的观点，主张实行数罪并罚。因为包括的一罪的实质是法益侵害的实质同一性，或者说实质上只侵害了一个法益、造成了一个法益侵害结果。上述情况是行为人开始时不具有非法占有目的实施了非法吸收公众存款的行为，侵害了国家的融资管理秩序，构成了非法吸收公众存款罪；后来行为人产生了非法占有目的，进而实施了集资诈骗的行为，侵害了融资管理秩序和他人的合法财产，构成了集资诈骗罪。很明显，行为人实施了两种不同性质的行为，侵害了两个罪名所保护的不同法益，造成了两个不同的法益侵害结果。正如行为人开始出于伤害的故意打伤了被害人，之后产生了奸淫的意图进而奸淫了被害人，因为实施了两个不同的行为，侵害了两个不同的法益，应当数罪并罚一样。况且，上述观点认为"不能将非法吸收公众存款的数额计入集资诈骗数额"，而事实上遗漏了对前面非法吸收公众存款的行为的评价，这有违法益保护原则。所以，从法益保护原则考虑，也应当数罪并罚。

第十四节　贷款诈骗罪

第一百九十三条　**【贷款诈骗罪】**有下列情形之一，以非法占有为目的，诈骗银行或者其他金融机构的贷款，数额较大的，处五年以下有期徒刑或者拘役，并处二万元以上二十万元以下罚金；数额巨大或者有其他严重情节的，处五年以上十年以下有期徒刑，并处五万元以上五十万元以下罚金；数额特别巨大或者有其他特别严重情节的，处十年以上有期徒刑或者无期徒刑，并处五万元以上五十万元以下罚金或者没收财产：

（一）编造引进资金、项目等虚假理由的；

（二）使用虚假的经济合同的；

（三）使用虚假的证明文件的；

（四）使用虚假的产权证明作担保或者超出抵押物价值重复担保的；

（五）以其他方法诈骗贷款的。

疑难问题

1. 单位实施贷款诈骗的，如何处理？2001 年 1 月 21 日最高法《全国法院审理金融犯罪案件工作座谈会纪要》规定不能追究单位主管人员和直接责任人员的刑事责任，是否合理？

司法解释和理论通说的思维逻辑是：某案属于单位贷款诈骗，而《刑法》没有规定单位是贷款诈骗罪的主体，所以单位实施贷款诈骗的，既不能追究单位贷款诈骗罪的刑事责任，也不能追究单位中组织、策划、实施贷款诈骗的自然人的刑事责任。好在规定有单位主体的合同诈骗罪这一"救命稻草"。其实这是三段论推理的误用。正确的三段论推理，应是以刑法规范即构成要件为大前提，案件事实为小前提，结论是有罪或者无罪。上述推理显然颠倒了大小前提，结论当然就是不可靠的。即便是承认法人犯罪的国家，都不可能规定单位可以成为任何犯罪的主体，比如杀人、盗窃、强奸、放火罪。但事实上，单位完全可能组织、策划、实施杀人、盗窃、强奸、放火等行为。应该说，只要以刑法规范作为大前提，以案件事实作为小前提，就可以得出虽然不能追究单位实施贷款诈骗、杀人、盗窃、强奸、放火的刑事责任，但完全可以追究单位中组织、策划、实施贷款诈骗、杀人、盗窃、强奸、放火的自然人的贷款诈骗罪、故意杀人罪、盗窃罪、强奸罪、放火罪的刑事责任。2001年1月21日最高法《全国法院审理金融犯罪案件工作座谈会纪要》规定，单位实施贷款诈骗罪的，既不能追究单位贷款诈骗罪的刑事责任，也不能追究单位中组织、策划、实施贷款诈骗的自然人的刑事责任，显然是错误的。也就是说，所谓单位贷款诈骗，完全可以而且必须追究单位中负责组织、策划、实施贷款诈骗的自然人的贷款诈骗罪的刑事责任。

2. 贷款诈骗罪的构造是什么？

贷款诈骗罪是特殊的诈骗罪，成立贷款诈骗罪必须符合诈骗罪的构造。诈骗罪的构造是所谓"五步走"：欺骗行为→认识错误→处分财产→取得财产→遭受财产损失。具体到贷款诈骗罪（既遂）的构造，应当是：行为人使用编造引进资金、项目等虚假理由或其他手段→使银行或者其他金融机构工作人员陷入或继续维持（或强化）认识错误→银行或者其他金融机构工作人员基于认识错误发放贷款→行为人或第三者取得贷款→银行或者其他金融机构遭受财产损失。所谓"诈骗银行或者其他金融机构的贷款"，就是指使银行或者其他金融机构的工作人员陷入或继续维持（或强化）认识错误，误以为行为人符合申请贷款的资格与条件，从而发放贷款，使行为人或第三者取得贷款。

3. 如何认定贷款诈骗罪的客观行为类型？

《刑法》第193条贷款诈骗罪规定了4种具体行为类型。

（1）编造引进资金、项目等虚假理由。

这主要是指行为人编造引进资金需要配套资金、需要以贷款为优惠条件等虚假理由，或者编造可能产生良好的经济效益与社会效益的虚假投资项目等，从而骗取贷款。这里的编造，实际上是指行为人向银行或者其他金融机构工作人员捏造根本不存在的虚假理由。

（2）使用虚假的经济合同。

这主要是指行为人使用虚假的进出口合同或者其他证明能在短期内收回投资、具有良好经济效益的合同。"虚假"的经济合同，包括虚假的经济合同、变造的经济合同、作废的经济合同、无效的经济合同，以及其他不真实、不可能履行的经济合同。所谓"使用"，是指向银行或者其他金融机构工作人员出示、提供虚假的经济合同，从而使银行或者其他金融机构工作人员信以为真、误以为行为人符合贷款条件进而发放贷款。司法实践中使用虚假的经济合同诈骗贷款的表现形式主要有：伪造合同对方单位的公章和法定代表人签章制作虚假经济合同骗取贷款；虚构主体签订经济合同骗取贷款；合同双方恶意串通，订立实际上不准备履行或者无法履行的经济合同骗取贷款；欺骗合同对方单位与自己签订不准备履行的经济合同骗取贷款；对于已经失效的经济合同进行篡改、充当新的有效合同骗取贷款；等等。需要注意的是，行为人使用的经济合同虽有部分虚假内容，但从整体上看仍然是有效的经济合同，行为人确实准备履行或者正在履行的，不能视为使用虚假的经济合同。

（3）使用虚假的证明文件。

这里的证明文件，是指在向银行或者其他金融机构申请贷款时所需要提交的证明文件。虚假的证明文件，包括伪造的、变造的、作废的、过期的各种证明文件，如虚假的批准立项文件、虚假的银行存款证明、虚假的公司或者金融机构的担保函、虚假的划款证明、虚假的营业执照、虚假的财务报告等。

（4）使用虚假的产权证明作担保或者超出抵押物价值重复担保。

所谓使用虚假的产权证明作担保，主要是指使用伪造的、变造的或者作废的证明行为人对房屋等不动产或者汽车、货币、可及时兑付的票据等动产具有所有权的一切文件。所谓超出抵押物价值重复担保，是指将同一物重复用作贷款抵押物，并且超出了抵押物的总价值。在重复担保的情况下，如果没有超出抵押物价值，则不属于这里规定的情形。此外，使用虚假证明，将犯罪所得的赃物作为自己的所有物向金融机构作抵押从而取得金融机构贷款的，也属于使用虚假的产权证明骗取贷款。

4. 何谓"以其他方法诈骗贷款"？

《刑法》第193条第5项规定了"以其他方法诈骗贷款"，作为贷款诈骗罪的

"兜底条款""概括性条款"。应该说，一方面，这样的规定具有必要性；另一方面，"其他方法"的范围也不难确定。因为申请贷款需要具备一定的资格与条件，行为人无非是由于不具备申请贷款的资格与条件而编造虚假的资格与条件，使用虚假的足以使银行或者其他金融机构工作人员信以为真的各种申请贷款所需要的证明、材料、文件等。简言之，使用足以使金融机构工作人员陷入可以发放贷款的认识错误的欺骗行为，都属于这里的"其他方法"。例如，行为人虽然没有使用前述四种方法，客观上的贷款条件与程序等完全符合相关规定，但行为人在贷款过程中，以非法占有为目的，隐瞒了通过事后转移贷款、担保物或者携款潜逃而拒不归还贷款意图，从而骗取贷款的，属于以其他方法骗取贷款。由于所谓隐瞒或者虚构事实，并不限于隐瞒或者虚构客观的外在的事实，而且包括隐瞒或者虚构主观的心理的事实，因而行为人就本人或者第三人的意思作虚假表示，从而使对方陷入或者强化认识错误的，也属于欺骗行为。行为人向金融机构申请贷款，便意味着向金融机构表明自己将来会按贷款合同归还贷款。如果行为人根本没有归还贷款的意图，却向金融机构申请贷款，则表明其申请贷款的行为属于隐瞒心理事实的欺骗行为（如果金融机构知道行为人没有归还贷款的打算，就不可能贷款给行为人）。这种隐瞒心理事实的行为，导致金融机构工作人员陷入认识错误，从而向行为人发放贷款（处分财产），行为人或第三者取得贷款。这种行为完全符合贷款诈骗罪的构造。

需要指出的是，在行为人贷款时隐瞒拒不归还的意图，取得贷款后通过转移贷款、担保物或者携款潜逃等手段，拒不归还贷款的情况下，认定该行为构成贷款诈骗罪，并不是基于所谓"事后故意"的观念。因为行为人在取得贷款之时就具有非法占有目的。笔者也不认为取得贷款后的转移贷款、担保物等行为属于《刑法》第193条第5项规定的"其他方法"。换言之，笔者并不认为取得贷款后的转移贷款、担保物或者携款潜逃的行为，属于贷款诈骗罪的实行行为。相反，笔者认为，行为人在贷款时隐瞒拒不归还贷款的意图的行为，才属于贷款诈骗中的欺骗行为即实行行为。此外，冒用他人名义贷款，也属于贷款诈骗罪中的"其他方法"。

需要强调的是，这里的"其他方法"，以行为符合贷款诈骗罪的构造为前提。即行为人以非法占有为目的，使用上述四项以外的欺骗方法取得贷款的，才成立贷款诈骗罪。如果行为人正常取得贷款后产生了不还本付息的意图，转移担保物或者携款潜逃的，不能认为是"其他方法"而构成贷款诈骗罪。除非行为人实施新的欺骗行为使银行作出了免除行为人还本付息义务的承诺，则能成立免除债务的财产性利益的普通诈骗罪。

5. 行为人合法取得贷款后产生犯罪意图，并实施转移、隐匿贷款、担保物等行为的，如何处理？

既然是"合法取得贷款"，说明行为人贷款时并无非法占有的目的，贷款不是其通过欺骗手段取得的。即便行为人取得贷款后产生不归还贷款本息的意图，也不能反推当初其就具有非法占有的目的。我们不承认所谓"事后故意"与"事后非法占有目的"。易言之，正常取得贷款后产生不归还贷款本息的意图，实施转移、隐匿担保物、携带贷款潜逃等行为的，由于不符合贷款诈骗罪的构造，不成立贷款诈骗罪。因金钱是"占有即所有"，借款人取得贷款后对贷款占有即所有，所以事后产生不归还贷款本息的意图，实施隐匿、携带贷款潜逃行为的，也不符合"易占有为所有"的侵占罪构成要件，不能成立侵占罪。如果行为人事后实施欺骗行为，使银行免除了其还本付息的义务，由于行为人因此获得了免除债务这种财产性利益，所以可以成立财产性利益的普通诈骗罪。

6. 对于合法取得贷款后，没有按照规定的用途使用贷款，到期未归还的，能以贷款诈骗罪追究刑事责任吗？

案1：甲按规定合法取得了银行贷款，本想将其用于生产经营，盈利后返还贷款，没想到突然遇到重大公共卫生事件，即便将贷款全部投入进去，企业的生产经营也会受到严重影响，不仅无法实现盈利，甚至可能无法收回成本。于是，甲没有把贷款用于实际生产经营，而是以非法占有为目的隐匿了贷款。

由于甲取得贷款时并无非法占有目的，即便事后产生不归还贷款本息的意图，因不符合贷款诈骗罪的构造，而不成立贷款诈骗罪。另外，如前所述，合法取得贷款后产生犯罪意图，并实施隐匿贷款行为的，也不能成立侵占罪，除非行为人实施新的欺骗行为，让银行或者其他金融机构免除了其还本付息的义务，从而成立财产性利益的普通诈骗罪。

7. 行为人采取欺骗手段使他人为其提供贷款担保，从而骗取金融机构贷款的，如何处理？

案2：张三想要以非法占有为目的骗取银行的贷款。为了让银行放贷，他想到了欺骗朋友为自己做担保。于是，他对朋友李四谎称自己的工厂效益非常好，想扩大生产经营，需要向银行贷款，而这需要有人做担保，并保证工厂一定会盈利，到时自己会给李四100万元的感谢费。在张三的利诱下，李四以自己的房产为他做了担保。之后，张三顺利贷款500万元，一拿到钱就销声匿迹了。最后，银行无法收回贷款，申请对李四提供的房产担保强制执行。

由于担保物权是一种财产性利益，张三使用欺骗手段让李四为其提供担保，因而张三对李四成立财产性利益的（合同）诈骗罪。张三欺骗李四为其提供担保，自己隐瞒了不还本付息的意图骗取银行贷款，其对金融机构成立贷款诈骗罪。由于存在两个行为、两个被害人、两个被害内容（担保和贷款），因而成立贷款诈骗罪与（合同）诈骗罪，应当数罪并罚。

张明楷教授认为，考虑到数罪并罚可能导致量刑过重，以牵连犯从一重处罚，也具有合理性。[①] 笔者不赞成这种看法。因为既然存在两个行为、两个被害人、两个被害内容，若仅定一罪，显然难以全面评价。

8. 假借他人名义贷款并占有贷款，使他人成为贷款人的，如何处理？

假借他人名义贷款，属于冒用身份欺骗银行或者其他金融机构取得贷款，成立针对银行或者金融机构的贷款诈骗罪。由于并没有欺骗"他人"，所以对他人不成立诈骗罪。

9. 借款人与金融机构的信贷员、部门审核人员或者分管领导等人员勾结的，以非法占有为目的，采取冒名贷款或者其他欺骗手段，从金融机构非法取得"贷款"的，应当如何处理？

首先，借款人与金融机构负责贷款的所有人员串通，非法获取贷款的，由于不存在被骗的自然人，不存在诈骗问题，不成立贷款诈骗罪，因而只能与金融机构工作人员成立贪污罪或者职务侵占罪的共犯，金融机构工作人员成立贪污罪或者职务侵占罪与违法发放贷款罪。

其次，借款人与金融机构的贷款最终决定者（处分权限人）串通的，虽然可能欺骗了信贷员与部门审核人员，但作出处分行为的人并没有陷入认识错误，不存在诈骗的问题，不成立贷款诈骗罪，只能与金融机构的贷款最终决定者成立贪污罪或者职务侵占罪共犯。

最后，借款人与金融机构的信贷员或者部门审核人员串通，共同欺骗分管领导，或者借款人与金融机构的信贷员串通，共同欺骗审核人员与分管领导，后者陷入了认识错误并处分了财产（核准贷款）的，借款人成立贷款诈骗罪，受串通的信贷员和部门审核人员成立贷款诈骗罪的共犯以及违法发放贷款罪、贪污罪、职务侵占罪（肯定骗取是职务侵占罪行为方式的通说）。

---

① 张明楷. 诈骗犯罪论. 北京：法律出版社，2021：692.

10. 未达到贷款诈骗罪追诉标准，但达到诈骗罪追诉标准的，能否以诈骗罪或者本罪的未遂论处？

未达到贷款诈骗罪追诉标准，但达到诈骗罪追诉标准的，由于不属于诈骗罪中"本法另有规定的，依照规定"，所以可以诈骗罪定罪处罚。如果行为人以骗取数额较大的贷款为目标，客观上也能够骗取数额较大的贷款，只是因为意志以外的原因未得逞的，可以成立贷款诈骗罪的未遂。

11. 行为人盗取他人房产证等证件，冒用他人名义与银行签订贷款合同，骗取银行贷款的，如何处理？

冒用他人名义贷款的，属于身份的冒用，构成贷款诈骗罪。由于房产证等证件主观价值较大，如果行为人是通过多次盗窃、入户盗窃、携带凶器盗窃、扒窃的方式进行盗窃的，则另外构成针对他人房产证等证件的盗窃罪，与贷款诈骗罪数罪并罚。

12. 如何处理冒用他人支付宝等在第三方平台骗取贷款的案件？

案3：甲拾得乙的手机后，利用乙手机上的支付宝从第三方支付平台透支消费5万元。

第三方支付平台系小额贷款公司，虽然不是违法发放贷款罪的犯罪主体，但可以成为贷款诈骗罪和骗取贷款罪的被害人，所以，可以肯定的是，甲对第三方支付平台成立贷款诈骗罪。虽然甲对乙设定了还本付息的债务，第三方支付平台也会对乙进行催收甚至向乙提起民事诉讼，但由于甲没有对乙实施欺骗行为，故对乙不可能成立诈骗罪。又由于甲并没有将乙占有的财物转移为自己或者第三者占有，因而也不可能成立盗窃罪。

在实践中，冒用他人蚂蚁花呗的现象比较常见。首先可以肯定的是，行为人冒用他人名义通过支付宝认证，进而骗取借款的，符合贷款诈骗罪的构成要件。

对于冒用他人已经认证的蚂蚁花呗骗取贷款的，如果行为人不需要通过阿里巴巴公司的工作人员，而是直接通过机器或者系统非法占有阿里巴巴公司的资金，按照笔者所持"机器不能被骗"的观点，只能认定为盗窃罪。但是如果需要对阿里巴巴公司的工作人员实施欺骗行为，进而使工作人员基于认识错误处分了财产，则不成立盗窃罪，而是成立贷款诈骗罪。

需要指出的是，支付宝账户不属于信用卡，冒用他人支付宝账户不等于冒用他人信用卡。即使冒用他人支付宝账户的结果是使被害人信用卡上的存款减少，也不能认定为冒用他人信用卡，因为行为人根本没有使用他人的信用卡资料，所以不能成立信用卡诈骗罪。

在支付宝账户所有人未开通花呗时，行为人冒用账户所有人名义开通花呗进行消费的，花呗服务商当然受到了欺骗，并且陷入了行为人就是支付宝账户所有人的认识错误，进而基于认识错误与行为人签订了合同，处分了财产，所以行为人的行为已经成立合同诈骗罪。只要授信服务商、保理服务商属于金融机构，就应当认定为贷款诈骗罪。由于贷款诈骗罪是合同诈骗罪的特殊类型，所以利用合同骗取金融机构贷款时，应当认定为贷款诈骗罪。

在支付宝账户所有人已经开通花呗的情况下，行为人盗用他人支付宝账户后冒用他人已经开通的花呗进行消费的，由于欺骗了花呗服务商，当然构成贷款诈骗罪。

总之，虽然冒用他人蚂蚁花呗的行为触犯诈骗罪，也属于冒用他人名义签订合同，因而符合合同诈骗罪的成立条件，但由于被害人属于金融机构，行为人实际上骗取的是贷款，故应当以贷款诈骗罪追究刑事责任。当然，如果不存在自然人被骗，则不能成立诈骗类犯罪，只能成立盗窃罪。

13. 行为人能否就同一笔贷款资金既构成贷款诈骗罪又构成高利转贷罪？

如果行为人在套取金融机构的信贷资金时就具有非法占有目的，无论事后是否高利转贷牟利，都成立贷款诈骗罪。但如果行为人在套取金融机构的信贷资金时没有非法占有目的（即有还本付息的意思），在套取金融机构贷款后才产生不归还金融机构贷款本息的意思，则根据行为与责任同时存在原理，不能成立贷款诈骗罪；另外，由于金钱占有即所有，所以事后占有贷款不还的，也不能成立"易占有为所有"的侵占罪，只能成立高利转贷罪。所以，就同一笔贷款资金而言，要么构成贷款诈骗罪（套取贷款时就具有非法占有目的），要么构成高利转贷罪（套取贷款时不具有非法占有目的），而不可能既构成贷款诈骗罪又构成高利转贷罪。

14. 贷款诈骗罪中的数额较大是指金融机构贷出款项的数额较大，还是行为人"申请"贷款的数额较大？

由于申请贷款的数额往往高于金融机构实际贷出的金额，所以不宜将借款人"申请"的数额作为贷款诈骗罪的数额，而应将金融机构实际贷出的数额（行为人或第三者实际取得的数额）作为贷款诈骗罪的数额。

15. 正常利息应否计入贷款诈骗数额？

由于在行为人取得贷款时，贷款诈骗就已经既遂，所以，贷款利息不宜计入贷款诈骗数额。

16. 行为人采用某种虚假手段取得贷款，虽具有归还本金的意图与行动，但却没有支付利息的意图与行动时，应当如何处理？

在市场经济条件下，资金的无偿使用无疑也是一种财产性利益。所以，对于上述行为宜认定为普通诈骗罪或者合同诈骗罪。至于行为人采用某种虚假手段取得贷款，具有付息的意图与行动，却没有归还本金的意图与行动的，则应认定为贷款诈骗罪。行为人使用欺骗手段取得贷款时，只有归还部分本息的意图，事实上只归还部分本息的，可以认为行为人对部分贷款本金具有非法占有目的，对于没有归还的部分，应认定为贷款诈骗罪。

17. 司法实践中对贷款诈骗数额的认定主要看行为人在案发前有多少贷款仍未归还的做法，有无问题？

应该说，实践中的做法是有问题的。如果有充分证据证明行为性质为贷款诈骗，行为人具有非法占有目的，即使短时间内归还贷款，也应认定为贷款诈骗罪。反之，如果不能认定行为性质为贷款诈骗，不能证明行为人在贷款时具有非法占有目的，即使两年后不能归还，也不能认定为贷款诈骗罪。

18. 如何评价"拆东墙补西墙"的行为性质？

以"拆东墙补西墙"的方式获取贷款，是贷款诈骗罪与一般贷款纠纷、骗取贷款罪难以区分的一种既常见又特殊的现象。应该说，对于这种现象，需要通过整体考察获取贷款的手段与方式、各次贷款的用途与去向、归还贷款的原因与情形等事实，得出妥当结论。如果构成贷款诈骗罪，也并非一概仅以最后不能归还的数额为贷款诈骗数额，而是要通过各次贷款与还贷的具体情形，判断何次还款属于贷款诈骗既遂后的退还赃物、何次还款属于正常贷款后的还贷，从而合理确定贷款诈骗数额。例如，行为人每次都编造虚假的经济合同、虚假的证明文件骗取贷款，取得贷款后根本不用于生产经营，而是从事赌博活动与用于挥霍，在贷款人反复催讨的情况下，不得已通过新的贷款偿还前次贷款的，应将所有贷款数额的总和认定为贷款诈骗数额，而不能仅将最后不能归还的数额认定为贷款诈骗数额。

第十五节　票据诈骗罪

第一百九十四条　**【票据诈骗罪】**有下列情形之一，进行金融票据诈骗活动，数额较大的，处五年以下有期徒刑或者拘役，并处二万元以上二十万元以下罚金；数额巨大或者有其他严重情节的，处五年以上十年以下有期徒刑，并处五万元以上五十万元以下罚金；数额特别巨大或者有其他特别严重情节的，处十年以上有期徒刑或者无期徒刑，并处五万元以上五十万元以下罚金或者没收财产：

（一）明知是伪造、变造的汇票、本票、支票而使用的；

（二）明知是作废的汇票、本票、支票而使用的；

（三）冒用他人的汇票、本票、支票的；

（四）签发空头支票或者与其预留印鉴不符的支票，骗取财物的；

（五）汇票、本票的出票人签发无资金保证的汇票、本票或者在出票时作虚假记载，骗取财物的。

疑难问题

1. 何谓票据诈骗罪的构造？

票据诈骗罪，是指以非法占有为目的，利用（虚假）金融票据（汇票、本票、支票）进行诈骗活动，骗取数额较大财物的行为。票据诈骗罪因为手段特殊而成为诈骗罪的特殊类型，因而成立票据诈骗罪必须符合诈骗罪的构造。诈骗罪的构造为：欺骗行为→认识错误→处分财产→取得财产→遭受财产损失。具体到票据诈骗罪，其构造为：行为人利用（虚假）金融票据进行欺骗→使对方陷入或继续维持错误（强化错误）→对于基于认识错误处分财产→行为人或者第三者取得财产→被害人遭受财产损失。不符合票据诈骗罪构造的行为，不能成立票据诈骗罪。

2. 如何认定票据诈骗罪的客观行为类型？

《刑法》第194条关于票据诈骗罪规定了五种具体行为类型。

（1）明知是伪造、变造的汇票、本票、支票而使用。

票据诈骗，是通过产生、变更和消灭票据上的权利义务关系而骗取财物的行为。所谓伪造票据，是指以行使票据上的权利义务为目的，假冒他人的名义或者以虚无人名义为票据行为的行为。伪造票据的行为具有三个特征：首先，伪造者所为的行为符合票据行为的形式要件；如果伪造行为并非票据行为，则不构成票据的伪造。其次，必须假冒他人名义，包括假冒真实的他人、已经死亡的人或者虚无人的名义；如果受他人委托而在票据上代他人签名盖章的，则不存在伪造问题。伪造的方法，既可以是模仿他人的签名，也可以是伪刻他人的印章，或者盗用他人真正的印章，或者滥用在自己手中保管的他人的印章，等等。最后，必须是以行使票据上权利义务为目的而伪造票据行为。

票据的变造，是指没有变更权限的人，以使票据权利义务得以行使为目的，变更票据上记载的除签名之外的有关事项的一种行为。构成票据的变造必须具备以下几个条件：第一，必须是没有变更权限的人所为的变更行为。第二，必须是变更票据签名以外的其他事项的变更行为，比如变更票据到期日以及变更票据付款地等。变更票据签名的行为属于票据的伪造行为。第三，必须是以行使票据而为的变更行为。

"使用"，是指按照汇票、本票、支票的功能及其通常使用方式予以利用的行为。使用伪造、变造的票据作担保骗取他人财物的行为，也侵害了票据的信用和票据管理秩序，所以也属于"使用"而成立票据诈骗罪。票据的通常用法或作用可归纳为汇兑、信用、支付、流通、结算、融资几个方面，因此，常见的使用行为也可归纳为以下几个方面：1）使用伪造、变造的票据汇兑，例如行为人利用伪造的汇票让银行或交易所向自己支付一定金额的货币；2）利用票据的信用功能骗取财物，例如乙有一批急于脱手的货物，甲为了骗取该货物，向乙出具一张伪造的本票，取得货物后逃走；3）使用伪造、变造的票据支付货款以骗取财物，例如行为人在商店购物时，以伪造的支票支付货款；4）转让伪造、变造的票据，例如行为人将伪造的票据冒充真实有效的票据"背书"后转让给他人，从而骗取对价；5）使用伪造、变造的票据结算，例如行为人用伪造、变造的票据通过银行抵销自己的债务；6）使用伪造、变造的票据融资，例如行为人将伪造、变造的未到期的票据，通过贴现方式向银行申请贴现以骗取资金。

《刑法》分则中的"明知"规定都是注意规定，本罪的也不例外。当然，"明知"不限于确切知道，还应包括明知自己使用的可能是伪造、变造的票据。但是，如果只是"应当"知道而实际上并不知道的，不得认定为"明知"。

（2）明知是作废的汇票、本票、支票而使用。

付款请求权已经实现的票据以及依法宣布作废的票据，属于刑法上作废的票据。关于过期的票据是否属于刑法上的作废票据，不可一概而论。应从实质上考察使用过期票据的行为是否足以导致他人遭受财产损失。仅仅超过票据提示付款日期予以使用的，不属于使用过期的票据。《刑法》第 194 条所规定的使用作废的票据，原则上包括使用自始无效的票据。因为行为人完全可能通过使用无效的票据骗取他人财物，既然如此，就没有理由将这种行为排除在票据诈骗罪之外。

（3）冒用他人的汇票、本票、支票。

冒用他人的票据的典型情形是，行为人将自己冒充为合法的持票人，使用他人真实有效的票据，从而骗取财物。冒用他人票据行为的实质，是假冒票据权利人或其授权的代理人，行使本应属于他人的票据权利，从而骗取财物。行为人使用他人的无记名式票据骗取财物的，也属于冒用他人的票据。行为人所冒用票据的来源，不影响冒用他人票据的性质。行为人重复使用支票的，也属于冒用他人支票，构成票据诈骗罪。冒用他人的汇票、本票、支票构成票据诈骗罪的，也要求行为人主观上明知是他人的汇票、本票、支票，即行为人明知自己不是合法的票据权利人与授权的代理人，但依然假冒票据权利人或其授权的代理人行使票据权利，从而骗取财物。

虽然冒用他人的汇票、本票、支票一般应是指冒用他人真实有效的票据，但是从解释论上来说，没有必要作如此限定。也就是冒用他人的汇票、本票、支票是指行为人使用了自己无权使用的汇票、本票、支票，至于该汇票、本票、支票是否真实有效，则不必予以限定。质言之，只要不是使用自己有权使用的汇票、本票、支票，就可以认定为冒用他人的汇票、本票、支票，票据的真假并不重要。行为人误以为是冒充他人真实有效的票据，而实际上使用伪造、变造、作废的票据，或者相反，均应评价为"冒用他人的汇票、本票、支票"，成立票据诈骗罪的既遂。

（4）签发空头支票或者与其预留印鉴不符的支票，骗取财物。

所谓"签发空头支票"，是指出票人所签发的支票金额超过其付款时在付款人处实有的存款金额的支票。签发空头支票骗取财物成立票据诈骗罪，在客观上必须符合以下条件：1）行为人签发的是空头支票；2）完成了支票出票行为；3）骗取财物（既遂）或者可能骗取他人财物（未遂）。行为人开始制作空头支票时，并不是票据诈骗罪的着手，只有当行为人以非法占有为目的，将空头支票交付给他人时，才是票据诈骗罪的着手。

签发空头支票骗取财物，显然只能是出于故意。因此，行为人误以为自己在银行账户内有足够资金，客观上签发了空头支票的，不得认定为票据诈骗罪。行为人在制作支票时，虽然明知自己在银行账户内没有资金或者资金不足，但是，在票据权利人向银行付款提示前，向银行存入或者补足资金的，不宜认定为签发空头支票骗取财物。反之，行为人在制作支票时明知自己在银行账户内有足额资金，但是在票据权利人向银行付款提示前，行为人故意提回存款，使银行对票据权利人拒付的，只要符合其他要件，也能成立票据诈骗罪。行为人签发空头支票并不是为了骗取他人财物的，不可能成立票据诈骗罪。

关于签发空头支票骗取财物是否包括先骗取财物后签发空头支票的行为，不可一概而论。在约定货到立即付款的场合，行为人（购买人）签发空头支票的，可以评价为被害人因为获得支票而处分财产，行为人通过签发空头支票骗取财物，因而可以认定为票据诈骗罪。而在约定货到后相隔一段时期付款的场合，行为人（购买人）签发空头支票的，不能认为被害人因为获得支票而处分财产，难以评价为行为人通过签发空头支票骗取财物，故不宜认定为票据诈骗罪。对于只是先"承诺"以支票形式支付货款，骗取货物后签发空头支票交付对方的行为，难以认定为票据诈骗罪。质言之，货物必须是行为人通过使用票据的手段骗来的，才可能成立票据诈骗罪。如果购买人事后签发空头支票旨在使他人误以为自己清偿了债务，并且导致他人不再向自己索取债务的，则属于骗取财产性利益，符合（财产性利益）票据诈骗罪的构成要件。倘若交付空头支票并不意味着使对方免除了自己的债务的，则不能认定为骗取了财产性利益，不构成票据诈骗罪。

所谓"签发与其预留印鉴不符的支票"，是指票据签发人在其签发的支票上加盖与其预留于银行或者其他金融机构处的印鉴不一致的财务公章或者支票签发人的名章。"与其预留印鉴不符"，可以是与其预留的某一个印鉴不符，也可以是与所有预留印鉴不符。在司法实践中，行为人签发与其预留印鉴不符的支票，是为了使持票人遭受拒付，从而实现骗取他人财物的目的。所以，签发与其预留签名式样、密码不符的支票骗取财物的，也能评价为"签发与其预留印鉴不符的支票骗取财物"，而成立票据诈骗罪。如果行为人以非法占有为目的，在签发支票（出票）时就打算更换预留印鉴并事实上更换预留印鉴以使银行拒付的，完全符合票据诈骗罪的构成要件。

（5）汇票、本票的出票人签发无资金保证的汇票、本票或者在出票时作虚假记载，骗取财物。

关于确认签发汇票、本票的行为人有无资金保证，不能在时间上过于形式化，而要从实质上考察签发行为是否足以造成持票人、承兑人、付款人财产损失，不能仅根据客观行为得出结论，还要联系行为人是否具有骗取持票人、承兑人、付款人财产的故意与目的进行判断。

所谓"在出票时作虚假记载，骗取财物"，应是指汇票、本票的出票人在出票时作虚假记载。如果支票出票人在出票时作虚假记载，则分别属于伪造、签发空头支票或者与其预留印鉴不符的支票。作虚假记载骗取财物构成票据诈骗罪的，仅仅限于汇票、本票的出票环节，而不包括票据背书、提示承兑、付款以及保证环节。出票后对票据的记载事项进行补充、修改，则可构成伪造票据或者变造票据。

3. 行为类型之间的认识错误，如误以为使用的是伪造的汇票，实际上使用的是作废的汇票，影响票据诈骗罪既遂的认定吗？

虽然伪造、变造的票据、作废的票据是客观构成要件要素，需要行为人主观上必须认识到，但一般认为，某个罪名各具体行为类型之间的错误属于具体的事实认识错误，如误以为使用的是伪造的票据，而实际上使用的是作废的票据，或者相反，不影响故意既遂犯的认定。至于冒用他人的票据，虽然理论上一般认为是真实有效的票据，但为了避免在认识错误时出现处罚漏洞，不应限于真实有效的票据。误以为冒用的是真实有效的票据，其实是伪造的票据的，也应认定为冒用他人的票据，而不能认定为使用伪造的票据，因为行为人没有使用伪造的票据的故意。行为人误以为使用的是伪造的票据，而实际上是真实有效的票据的，也不能认定为使用伪造的票据，因为客观上不存在伪造的票据，而只能认定为冒用他人的票据。

4. 盗窃支票并使用的，如何处理？

2013 年 4 月 2 日"两高"《关于办理盗窃刑事案件适用法律若干问题的解释》（以下简称《盗窃解释》）第 5 条规定："盗窃有价支付凭证、有价证券、有价票证的，按照下列方法认定盗窃数额：（一）盗窃不记名、不挂失的有价支付凭证、有价证券、有价票证的，应当按票面数额和盗窃时应得的孳息、奖金或者奖品等可得收益一并计算盗窃数额；（二）盗窃记名的有价支付凭证、有价证券、有价票证，已经兑现的，按照兑现部分的财物价值计算盗窃数额；没有兑现，但失主无法通过挂失、补领、补办手续等方式避免损失的，按照给失主造成的实际损失计算盗窃数额。"

就盗窃支票而言，上述司法解释暗示了以下几点：（1）对盗窃不记名、不挂失的支票的，认定为盗窃罪；（2）对盗窃记名的支票且已经兑现的，认定为盗窃罪，按兑现价值计算盗窃数额；（3）对盗窃记名的支票但没有兑现的，如果造成了损失，也认定为盗窃罪，按损失数额计算盗窃数额。该观点可能存在问题。

支票分为不同种类，行为人在盗窃支票时也可能同时实施伪造行为，使用支票的情形也并不完全相同。所以，对于盗窃不同支票并使用的行为，应当视支票的种类与是否存在伪造、冒用等行为，以及被害人的情形，综合判断行为性质。

第一，对于盗窃定额支票的行为，不管行为人盗窃后是否使用、如何使用，都应认定为盗窃罪，支票上记载的金额就是盗窃数额。定额支票与金钱的功能几乎没有区别，被害人损失定额支票，就意味着损失金钱、损失财产。所以窃取这种定额支票的行为，就成立盗窃既遂，而不管其盗窃后是否使用以及如何使用。

第二，行为人盗窃定额支票之外的不记名、不挂失支票的，也构成盗窃罪。因为不记名、不挂失的支票不仅具有财产价值，而且如同货币。行为人窃取了该支票，就相当于窃取了财物。又由于这种支票不记名、不挂失，被害人不可能通过正当途径挽回自己的损失，因此，盗窃了不记名、不挂失的支票的行为本身就给被害人造成了财产损失。

第三，行为人盗窃记名的空白支票，然后补记支票收款人或者支票金额并使用的，属于冒用他人的支票，构成票据诈骗罪。

第四，行为人盗窃记名支票的，无论在挂失之前还是之后使用，均属于冒用他人的支票，构成票据诈骗罪。

第五，盗窃记名的支票，没有兑现，但失主无法通过挂失、补领、补办手续等方式避免损失的，不应当按照给失主造成的实际损失计算盗窃数额，因为盗窃数额只能是行为人转移他人占有的财物的数额。

第六，行为人盗窃他人记名支票后并使用的，由于后行为是典型的票据诈骗行为，所以，对于使用行为应当认定为票据诈骗罪。如果盗窃记名支票的行为本身构成盗窃罪（如扒窃、入户盗窃、携带凶器盗窃），则应以盗窃罪与票据诈骗罪数罪并罚。

第七，盗窃格式票据（票据用纸）并偷盖印章或者伪造印鉴，记载相关事项，无论在挂失之前还是之后使用的，均触犯了伪造金融票证罪与票据诈骗罪（使用伪造的支票），作为牵连犯处理，从一重处罚。

综上，不能简单地认为盗窃支票并使用的就构成盗窃罪，盗窃数额就是支票上所记载的金额，而应考虑所盗窃的是定额、不记名、不挂失的支票还是记名支票，使被害人遭受财产损失的是窃取支票的行为本身，还是盗窃后的使用行为，据此而分别认定为盗窃罪、票据诈骗罪、故意毁坏财物罪，根据是否侵犯新的法益，从而决定是从一重处罚还是数罪并罚。

5. 如何评价内外勾结使用伪造、变造、作废票据的行为性质？

首先必须明确，成立票据诈骗罪，必须要有受骗者，而受骗者要么是占有财产的人，要么是虽然没有占有财产却对财产具有处分权限或者地位的人。如果在一个案件中根本没有受骗者，就不可能成立票据诈骗罪。因此：（1）一般公民与银行内部具有处分财产权限的人相勾结，使用伪造、变造、作废的票据从银行取得财产的，由于没有受骗者，不可能认定为票据诈骗罪，只能成立贪污罪或者职务侵占罪的共犯；（2）一般公民与银行内部不具有财产处分权限的人相勾结，使用伪造、变造、作废的票据从银行取得财产的，由于存在受骗者（具有财产处分权限的人），所以成立票据诈骗罪的共犯。

6. 能否认为成立金融诈骗罪，行为人主观上必须具有非法占有的目的？

由于金融诈骗罪是诈骗罪的特殊类型，成立金融诈骗罪必须符合诈骗罪的构成要件，而成立诈骗罪，要求行为人主观上具有非法占有目的（为了和毁弃罪与不可罚的骗用行为相区分），因而，不管金融诈骗罪条文有无规定"非法占有目的"，成立金融诈骗罪都要求行为人主观上具有非法占有目的。票据诈骗罪也不例外。

7. 未达到本罪追诉标准，但达到诈骗罪追诉标准的，能否以诈骗罪或者本罪的未遂论处？

根据2022年4月6日最高检、公安部《关于公安机关管辖的刑事案件立案追诉标准的规定（二）》的规定，票据诈骗罪的立案追诉标准为5万元以上。而2011年3月1日"两高"《关于办理诈骗刑事案件具体应用法律若干问题的解释》规定，诈骗罪的立案追诉标准为3 000元以上。当行为人实施票据诈骗，数额未达票据诈骗罪的立案追诉标准但达到了诈骗罪的立案追诉标准时，由于不属于《刑法》第266条诈骗罪条文后段的"本法另有规定的，依照规定"，所以可以诈骗罪既遂处罚。如果行为人利用票据实施诈骗，主观上有骗取数额较大财物的目的，客观上也存在骗取数额较大财物的可能性，则可以被评价为票据诈骗罪的未遂，与诈骗罪既遂形成竞合，从一重处罚即可。

8. 如何认定行为人合法取得空白支票后通过非法补记取得他人财物的行为性质？

根据《票据法》的规定，只有支票上的金额与收款人名称，可以由出票人授权补记。在司法实践中，出票人往往出于信任等原因，将印鉴齐全的空白支票交给行为人，由其自行补记，行为人便可能以非法占有为目的，乘机填写超出约定的大额款项，提取现金后逃之夭夭；或者乘机填写超出约定的大额款项，骗取其他被害人的财物。

应该说，行为人非法"补记"的数额没有超过付款人处实有的存款金额的，出票人为被害人。如果出票人、付款人并不存在受欺骗的情形，便应认定为盗窃罪。行为人在明知的情况下，非法"补记"的数额超过付款人处实有的存款金额的，被害人为出票人以外的其他人或者付款人的，应认定为诈骗罪。

第十六节　信用卡诈骗罪

第一百九十六条　【信用卡诈骗罪】有下列情形之一，进行信用卡诈骗活动，数额较大的，处五年以下有期徒刑或者拘役，并处二万元以上二十万元以下罚金；数额巨大或者有其他严重情节的，处五年以上十年以下有期徒刑，并处五万元以上五十万元以下罚金；数额特别巨大或者有其他特别严重情节的，处十年以上有期徒刑或者无期徒刑，并处五万元以上五十万元以下罚金或者没收财产：

（一）使用伪造的信用卡，或者使用以虚假的身份证明骗领的信用卡的；

（二）使用作废的信用卡的；

（三）冒用他人信用卡的；

（四）恶意透支的。

前款所称恶意透支，是指持卡人以非法占有为目的，超过规定限额或者规定期限透支，并且经发卡银行催收后仍不归还的行为。

【盗窃罪】盗窃信用卡并使用的，依照本法第二百六十四条的规定定罪处罚。

疑难问题

1. 如何把握信用卡诈骗罪的构造？

信用卡诈骗罪是诈骗罪的特殊类型，成立信用卡诈骗罪必须符合诈骗罪的构造。诈骗罪的构造为：行为人实施欺骗行为→使对方（自然人）陷入或者继续维持（强化）认识错误→对方基于认识错误处分或者交付财产→行为人或者第三者取得财产→被害人遭受财产损失。具体到信用卡诈骗罪，其构造是：行为人利用信用卡实施欺骗行为→使对方（自然人）陷入或者继续维持（强化）认识错误→自然人基于认识错误处分或者交付财产→行为人或者第三者取得财产→被害人（自然人或者单位）遭受财产损失。可见，如果不存在受骗的自然人（如在机器上使用信用卡），就不符合诈骗罪的构造，就不可能构成信用卡诈骗罪，只可能构成盗窃罪。

2. 盗刷他人社保卡的，构成信用卡诈骗罪吗？

《刑法》中规定的"信用卡"，是指由商业银行或者其他金融机构发行的具有消费支付、信用贷款、转账结算、存取现金等全部功能或者部分功能的电子支付卡。信用卡诈骗罪中的"信用卡"，既包括具有信用贷款即透支功能的严格意义上的信用卡，也包括不具有透支功能，只具有消费支付、转账结算、存取现金功能的借记卡（储蓄卡）。

虽然社保卡也具有信用卡的存取款、转账、银联消费等功能，但社保卡的发放主体不是金融机构，而是人力资源和社会保障部门，卡内的社保款项也只能在定点医院、药店就医购药时刷卡使用，不能提取现金。因此，社保卡不能等同于信用卡。如果行为人对自然人非法使用（盗刷）他人社保卡，只能成立普通诈骗罪，而不是信用卡诈骗罪。虽然理论上认为在机器上使用他人社保卡的成立盗窃罪，但这种情形目前似乎还不可能出现。

3. 何谓"使用伪造的信用卡"？

必须将《刑法》第 196 条第 1 款第 1 项所规定的内容与项前规定"进行信用卡诈骗活动"进行整体理解。所谓"使用伪造的信用卡"，是指将伪造的信用卡冒充真实有效的信用卡，依照信用卡的通常功能予以使用，骗取他人数额较大财物的行为。首先，使用伪造的信用卡的行为，必须是一种欺骗他人作出财产处分决定的行为，因而持伪造的信用卡在自动柜员机上提取现金的，不能成立信用卡诈骗罪，只能成立盗窃罪。其次，使用伪造的信用卡，必须是依照信用卡的通常功能与通常的使用方法予以利用的行为。出售、赠与伪造的信用卡，以及使用伪造的信用卡私下质押担保骗取他人财物，均不属于依照信用卡的通常功能予以利用的行为，不成立信用卡诈骗罪。最后，根据责任主义原理，使用伪造的信用卡构成信用卡诈骗罪，还要求行为人明知所使用的是伪造的信用卡。

从理论上讲，刑法中广义的伪造包括变造，而伪造与变造又分别包括有形伪造、有形变造与无形伪造、无形变造。而有形与无形的区别在于行为人是否具有制作的权限，伪造与变造的界限在于是否进行了实质性的变更。但事实上对信用卡进行非本质的变造，一般不具有实际意义。对信用卡磁条内部储存信息的本质性变更，都属于伪造信用卡。行为人没有在银行存款，却制作了可以向银行提取存款的借记卡，可谓有形伪造信用卡。银行工作人员甲利用自己掌握的乙的信用卡信息资料，所制作的与乙的信用卡信息资料相同的信用卡，可谓无形伪造信用卡。对无效、作废的信用卡加工后形成的信用卡，也属于伪造的信用卡。使用伪造的空白的信用卡的行为并不构成犯罪。而区分伪造的信用卡与伪造的空白信用卡的关键在于：信用卡中是否存在有效信用卡的相关信息，相关设备（如自动柜员机）能否读取其中的数据。如果其中没有任何数据，或者相关数据没有实际意义，则不属于伪造的信用卡。

使用伪造的信用卡骗取财物的，不管被害人是发卡行、特约商户还是合法持卡人，均成立信用卡诈骗罪。至于谁是被害人，则难以一概而论。行为人使用合法持卡人的复制卡的，一般来说合法持卡人为被害人；行为人使用以银行的空白信用卡制作的信用卡的，一般而言发卡银行为被害人；行为人使用伪造的信用卡在特约商户购物的，一般来说特约商户为被害人。

4. 如何理解"使用以虚假的身份证明骗领的信用卡"？

由于行为人以虚假的身份证明骗领信用卡属于无形伪造信用卡的间接正犯，所以，即便《刑法修正案（五）》没有增加规定"使用以虚假的身份证明骗领的信用卡"，对于这种行为原本也能认定为"使用伪造的信用卡"。所谓使用以虚假的身份证明骗领的信用卡，既包括使用他人以虚假的身份证明骗领的信用卡，也包括使用自己以虚假的身份证明骗领的信用卡。以虚假的身份证明骗领的信用卡，并不要求身份证明本身是虚假的，行为人使用他人的真实身份证明为自己骗领的信用卡，也属于以虚假的身份证明骗领的信用卡。使用自己真实的身份证明的同时，使用虚假的保证人身份证明骗领信用卡的，也属于以虚假的身份证明骗领信用卡。以虚假的身份证明骗领因挂失而补办的信用卡，也属于"以虚假的身份证明骗领的信用卡"。

由于行为人以虚假的身份证明骗领了信用卡，就意味着银行工作人员已经因为行为人的欺骗行为而作出了概括性的财产处分，即概括性地承诺了行为人可以使用该信用卡取款，因而行为人在自动柜员机上使用以虚假的身份证明骗领的信用卡，也完全符合信用卡诈骗罪的构成要件。换言之，不同于"使用伪造的信用卡"和"使用作废的信用卡"型信用卡诈骗罪，使用以虚假的身份证明骗领的信用卡，并不限于对自然人使用，还包括在自动柜员机上使用。由于借记卡不具有透支功能，行为人使用他人身份证明存款取得借记卡并使用的，不能成立信用卡诈骗罪。虽然狭义的信用卡具有透支功能，但行为人使用虚假的身份证明骗领信用卡后并不透支，而是仅在信用卡账户资金限额内使用该信用卡的，不成立信用卡诈骗罪。行为人使用以虚假的身份证明骗领的信用卡，透支后及时归还的，若行为不具有诈骗性质，行为人不具有诈骗故意与非法占有目的，不宜认定为信用卡诈骗罪；若认定行为具有诈骗性质，行为人在透支时具有诈骗的故意与非法占有目的，事后的归还属于既遂后返还财物，则宜认定为信用卡诈骗罪，且不适用"恶意透支"的规定。

总之，对于修正后的《刑法》第 196 条第 1 款第 1 项规定的"使用以虚假的身份证明骗领的信用卡"，不能仅从形式上理解，而应联系财产犯罪的性质以及行为人的主观内容作出合理解释。

5. 如何认定"使用作废的信用卡"?

使用作废的信用卡，是指使用因法定原因而丧失效用的信用卡。根据相关规定，所谓作废的信用卡主要有：超过有效使用期限而失效的信用卡；持卡人在信用卡有效期限内中途停止使用，该信用卡虽未满有效期，但在办理退卡手续后归于作废；因挂失而失效的信用卡；信用卡被列入止付名单；发卡银行已销户的信用卡；发卡银行因持卡人死亡而销户的信用卡；发卡银行因持卡人要求销户或担保人撤销担保而销户的信用卡；因信用卡账户两年以上未发生交易而销户的信用卡；发卡银行因持卡人违反有关规定而销户的信用卡；等等。使用作废的信用卡的主体既可以是持卡人本人，也可以是其他人。

使用作废的信用卡进行信用卡诈骗活动，也仅限于对自然人使用；在自动柜员机上使用作废的信用卡的，应认定为盗窃罪。使用作废的信用卡实施的诈骗行为，其被害人既可能是银行，也可能是特约商户。

6. 何谓"冒用他人信用卡"?

冒用他人的信用卡，一般表现为非持卡人以持卡人名义使用合法持卡人的信用卡进而骗取财物的行为，如使用捡拾的信用卡，擅自使用为他人代为保管的信用卡。冒用他人信用卡，并不要求行为人冒用他人的身份证明等，使用他人信用卡的行为本身就是一种欺骗行为。虽然冒用他人信用卡，通常是指冒用他人真实有效的信用卡，但从解释论的角度讲，没有必要进行这种限定，即只要行为人使用的不是自己名义的信用卡，客观上就符合了冒用他人信用卡的条件。因此，误以为冒用的是他人真实有效的信用卡，实则是伪造、作废、以虚假的身份证明骗领的信用卡的，因为也属于冒用"他人"的信用卡，所以构成"冒用他人信用卡"型信用卡诈骗罪，而不构成使用伪造、作废、以虚假的身份证明骗领的信用卡型信用卡诈骗罪，因为行为人主观上没有认识到所使用的信用卡是伪造、作废、以虚假的身份证明骗领的信用卡。

冒用他人信用卡，不包括使用自己名义的信用卡。冒用他人信用卡，不需要行为人现实地持有他人的信用卡，使用他人信用卡的姓名、卡号、密码等内容，应认定为"冒用他人信用卡"。直接登录第三方支付平台或者利用他人已经关联的信用卡非法获取资金，以及获得他人信用卡信息后，将信用卡与第三方支付平台绑定而非法获取资金，即便资金最终来源于他人信用卡，由于既没有直接冒用他人实体信用卡，也没有冒用他人信用卡的姓名、卡号、密码等信用卡信息资料，所以不能认定为冒用他人信用卡，不构成信用卡诈骗罪，而只能成立盗窃罪。

冒用他人信用卡，只能是对自然人冒用，在自动柜员机或者电话银行"冒用"的，不属于冒用他人信用卡，不成立信用卡诈骗罪，只能成立盗窃罪或者其他犯罪。冒用他人信用卡，以没有得到合法持卡人的同意为前提。

7. 如何认定恶意透支型信用卡诈骗罪？

在司法实践中，恶意透支型信用卡诈骗罪被滥用。成立恶意透支型信用卡诈骗罪，必须具备以下条件：（1）主体为信用卡的持卡人；（2）具备非法占有目的；（3）超过规定限额或者规定期限透支；（4）经发卡银行催收后仍不归还。根据诈骗罪的构造，除非持卡人在申领信用卡时就具有恶意透支的意图，否则只有持卡人在银行柜台或者特约商户对着自然人恶意透支的，才可能构成信用卡"诈骗"罪，而所谓在自动柜员机上恶意透支的，只能成立盗窃罪。根据行为与责任同时存在的原则，只有行为人在透支时就具有非法占有目的（具有不归还透支款的意思），才能构成信用卡诈骗罪。换言之，倘若行为人透支时不具有非法占有目的（具有归还透支款的意思），即便事后产生了不归还透支款的意思，也不能成立信用卡诈骗罪。所以，所谓恶意透支型信用卡诈骗罪，只有在行为人出于非法占有目的进行透支后，经发卡银行催收仍不归还的，才能成立。

8. 如何确定恶意透支的"持卡人"？

《刑法》第196条第2款规定的持卡人是特殊身份，恶意透支型信用卡诈骗罪是真正身份犯。由于信用卡本来就是用来透支贷款消费的，持卡人可以正常贷款，将持卡人作为行为主体实际上是提高了持卡人构成信用卡诈骗罪的要求。在司法实践中，使用伪造的信用卡、以虚假的身份证明骗领的信用卡、作废的信用卡以及冒用他人信用卡进行信用卡诈骗活动，数额较大、巨大、特别巨大的标准分别是5 000元、5万元、50万元，而恶意透支型信用卡诈骗罪是5万元、50万元、500万元，后者是前者的10倍。可见，持卡人这一特殊身份虽然是违法身份，但不是违法加重身份，而是违法减轻身份，所以应严格限制恶意透支型信用卡诈骗罪犯罪主体"持卡人"的范围。

应该说，以虚假的身份证明骗领信用卡的行为人，不是持卡人；以真实的身份证明和虚假的资产证明骗领信用卡的人，属于持卡人；非法持卡人不是持卡人；实际用卡人不是持卡人，持卡人对实际用卡人的恶意透支知情且放任不管，也不归还透支款的，与实际用卡人成立恶意透支型信用卡诈骗罪的共犯。

9. 行为人透支时不具有非法占有目的，相反具有归还意图，但在发卡银行催收后产生非法占有目的，超过透支期限仍不归还的，应当如何处理？

非法占有目的被公认为诈骗罪的不成文的构成要件要素，金融诈骗罪作为诈骗罪的特殊类型，都要求以非法占有为目的。信用卡诈骗罪明显具有财产犯罪的性质，当然也要求具有非法占有目的。根据行为与责任同时存在的原则，如果行为人在超过规定限额或者规定期限透支时不具有非法占有目的，就不可能成立恶意透支型信用卡诈骗罪。也就是说，行为人在透支消费过程中，因市场环境、工作情况、家庭原因等因素，导致自身还款能力大幅下降，或者行为人因突发变故，大量透支用于处理紧急事务而未及时还款的，应当认定属于正常使用，不具有非法占有目的，不构成信用卡诈骗罪。

行为人在透支时不具有非法占有目的，相反具有归还意图，但在发卡银行催收后产生非法占有目的，超过透支期限仍不归还的，不构成信用卡诈骗罪。如同具有归还意图以合法手段取得贷款后单纯不归还贷款的，不成立贷款诈骗罪，只能作为债务纠纷处理。但是，行为人在发卡银行催收后，虚构事实、隐瞒真相，使发卡银行免除自己归还的债务的，则成立免除债务的财产性利益诈骗罪。

在司法实践中，之所以90％以上的信用卡诈骗案件都构成恶意透支型信用卡诈骗罪，就是因为在认定恶意透支型信用卡诈骗罪时无视信用卡诈骗罪的构造，将透支时不具有非法占有目的（即钱不是骗来的），事后经银行催收仍不归还的均作为恶意透支型信用卡诈骗罪处理了，这就如同将借钱后不还的一律认定为诈骗罪一样，明显有悖诈骗罪的构造和责任主义原理。

10. 如何认定"超过规定限额或者规定期限透支"？

超过规定限额或者超过规定期限透支，是构成恶意透支型信用卡诈骗罪的客观构成要件要素，需要进行客观判断。不管行为人是否具有非法占有目的，超过规定限额或期限透支都是客观事实；没有超过规定限额或期限透支的，即使行为人具有非法占有目的，也不可能构成恶意透支型信用卡诈骗罪；超过规定限额或期限透支，但行为人透支时不具有非法占有目的的，也不成立恶意透支型信用卡诈骗罪。

11. 如何把握"经发卡银行催收后仍不归还"的体系地位？

在涉及信用卡的犯罪中，信用卡诈骗罪大概占95％以上，而信用卡诈骗罪中，恶意透支占90％左右。之所以如此，一方面是因为恶意透支之外的信用卡诈骗行为较难实施，另一方面是因为恶意透支型信用卡诈骗罪被滥用，司法实践基本上都是将事后没有归还本息的行为，直接认定为恶意透支型信用卡诈骗罪，而不判断持卡人在透支时是否具有非法占有目的，不考虑持卡人是什么原因没有归还本息。案件承办人没有正确认识非法占有目的之于恶意透支型信用卡诈骗罪的独立意义，对非法占有目的要件的作用认识不足；即使查明持卡人在透支时没有非法占有目的，只是由于事后的客观原因导致不能归还本息，也会将其认定为恶意透支型信用卡诈骗罪。事实上，大量的恶意透支并不成立信用卡诈骗罪，或者不属于恶意透支型信用卡诈骗罪。之所以将大量不构成恶意透支型信用卡诈骗罪的行为人认定为犯罪，就是因为司法机关没有正确理解和适用《刑法》第196条第2款，尤其是没有正确理解"经发卡银行催收后仍不归还"这一条件的真实含义；基本上将"经发卡银行催收后仍不归还"当作恶意透支型信用卡诈骗罪的核心要件，也就是持卡人事前的透支只是一个前提条件，不管是恶意透支还是善意透支，只要"经发卡银行催收后仍不归还"的，一律以信用卡诈骗罪论处。

应该说，之所以仅在恶意透支型信用卡诈骗罪的成立条件上加上"经发卡银行催收后仍不归还"，是因为信用卡本来就是用来透支的，而透支包括善意透支和恶意透支，善意透支显然是银行所允许的；而是否属于恶意透支，往往很难判断；加上银行办理信用卡本应承担一定的风险，为了避免将善意透支作为犯罪进行处理，也是为了对银行与客户之间的利益进行平衡，立法者特意强调，对于具有非法占有目的的恶意透支，只有"经发卡银行催收后仍不归还"的，才能认定为信用卡诈骗罪。所以，"经发卡银行催收后仍不归还"，既不是构成要件要素与责任要素，也不是只具有语感意义，而是一种客观处罚条件。反过来说，经发卡银行催收后予以归还的，成为处罚阻却事由。或者说，虽然恶意透支行为原本构成信用卡诈骗罪（可谓"借钱诈骗"），但由于经发卡银行催收后予以归还的，就不需要发动刑罚。

根据持卡人的透支行为是善意还是恶意，以及经发卡银行催收后是否归还，可以将与恶意透支型信用卡诈骗罪相关的案件分为以下几种基本类型。

（1）行为人在申领信用卡时，就打算恶意透支后拒不归还，申领信用卡后超过规定限额或者期限透支，并且经发卡银行催收后仍不归还。对于这种类型的行为，由于行为人申领信用卡时就隐瞒了恶意透支（透支后拒不归还本息）的意图，使发卡银行职员陷入了行为人会正当使用信用卡（不会以非法占有目的进行恶意透支）的认识错误，而进行了概括性的财产处分（使行为人能够在一定限额和期限内进行透支），所以无论行为人是在银行柜台、特约商户还是自动柜员机上透支，都符合诈骗罪的构造，均成立信用卡诈骗罪。

（2）行为人正当申领了信用卡后产生了恶意透支的故意与非法占有目的（透支时就具有拒不归还本息的想法），超过规定限额或者期限透支，并且经发卡银行催收后仍不归还。对于这种类型，如果行为人在银行柜台或者特殊商户透支，由于完全符合诈骗罪的构造和恶意透支的构成要件，故成立恶意透支型信用卡诈骗罪。但如果行为人在自动柜员机透支，由于不符合诈骗罪的构造，因而只能成立盗窃罪。

（3）行为人在申领信用卡时，就打算恶意透支后拒不归还，或者在正当申领了信用卡后产生恶意透支的故意与非法占有目的，超过规定限额或者期限透支，但经发卡银行催收后予以归还。对于这种类型的行为，由于缺乏客观处罚条件，所以不能追究刑事责任，这是将"经发卡银行催收后仍不归还"理解为客观处罚条件所得出的当然结论。

（4）持卡人在透支时具有归还本息的意思（善意透支），但透支后产生了不再归还本息的想法，并且经发卡银行催收后仍不归还。对于这种类型的行为，虽然看似符合"经发卡银行催收后仍不归还"的客观处罚条件，但由于行为人透支时不具有诈骗故意与非法占有目的，行为不符合诈骗罪的构造，因而不成立信用卡诈骗罪。也就是说，不能因为事后单纯具备了客观处罚条件，便以信用卡诈骗罪论处。因为客观处罚条件的适用，以行为已经构成犯罪为前提，而本类型的行为，因为透支时不具有非法占有目的而原本就不符合信用卡诈骗罪的构成要件。

（5）持卡人在透支时具有归还本息的意思（善意透支），但透支后由于客观原因不能归还本息，并且经发卡银行催收后仍不归还。对于这种类型的行为，也由于透支时不具有诈骗故意与非法占有目的，原本就不符合信用卡诈骗罪的构造，所以即便具备了客观处罚条件，也不能追究其刑事责任。

综上，成立恶意透支型信用卡诈骗罪，必须满足"透支时就具有非法占有目的（不归还本息的意思）"和事后"经发卡银行催收后仍不归还"两个条件，缺一不可。

12. 能否承认所谓"事后故意"与"事后非法占有目的"？

根据目的（责任）与行为同时存在的原则，只有当持卡人在实施透支行为时就具有非法占有目的，才能认定为持卡人具有非法占有目的，不能承认所谓"事后故意"与"事后非法占有目的"。由于非法占有目的存在于持卡人的内心，需要基于各种资料进行综合判断，"经发卡银行催收后仍不归还"只是一个判断资料。非法占有目的是主观的超过要素，在部分案件中是可以由事实证明的，在部分案件中只能基于相关事实进行推定而得出结论。对于非法占有目的的推定显然只是事实推定，而不是法律推定，故而可以推翻。

2018年11月28日修正后的"两高"《关于办理妨害信用卡管理刑事案件具体应用法律若干问题的解释》（以下简称《信用卡案件解释》）第6条第3款规定："具有以下情形之一的，应当认定为刑法第一百九十六条第二款规定的'以非法占有为目的'，但有证据证明持卡人确实不具有非法占有目的的除外：（一）明知没有还款能力而大量透支，无法归还的；（二）使用虚假资信证明申领信用卡后透支，无法归还的；（三）透支后通过逃匿、改变联系方式等手段，逃避银行催收的；（四）抽逃、转移资金，隐匿财产，逃避还款的；（五）使用透支的资金进行犯罪活动的；（六）其他非法占有资金，拒不归还的情形。"

应该说，上述规定中，除第（1）项和第（2）项足以证明持卡人在透支时具有非法占有目的外，第（3）项至第（6）项以及"经发卡银行催收后仍不归还"，都只是推定持卡人具有非法占有目的的基础事实，或者说是认定持卡人具有非法占有目的的判断资料。所以司法机关应当采纳持卡人的合理解释，不能因为持卡人具有司法解释所规定的情节，就直接否认持卡人的合理解释。例如，持卡人将透支取得的资金大部分用于合法经营，但由于经营不善、市场风险等原因事后无法归还的，即使透支后通过逃匿、改变联系方式等手段，逃避银行催收，也必须否认行为人透支时具有非法占有目的。再如，持卡人透支后因患病、失业等引起财务状况恶化导致不能归还的，也不能认定其具有非法占有目的。反过来说，不能因为持卡人具有上述六种情形之一，就直接认定持卡人透支时具有非法占有目的，而不考虑其他足以否认持卡人具有非法占有目的的证据（包括持卡人的辩解）。

13. 如何认定"经发卡银行催收后仍不归还"？

《信用卡案件解释》第7条规定："催收同时符合下列条件的，应当认定为本解释第六条规定的'有效催收'：（一）在透支超过规定限额或者规定期限后进行；（二）催收应当采用能够确认持卡人收悉的方式，但持卡人故意逃避催收的除外；（三）两次催收至少间隔三十日；（四）符合催收的有关规定或者约定。对于是否属于有效催收，应当根据发卡银行提供的电话录音、信息送达记录、信函送达回执、电子邮件送达记录、持卡人或者其家属签字以及其他催收原始证据材料作出判断。发卡银行提供的相关证据材料，应当有银行工作人员签名和银行公章。"

应该说，发卡银行的催收既可以是书面催收，也可以以电话等形式进行口头催收；催收并不限于发卡银行直接向持卡人催收，发卡银行通过保证人或持卡人家属、通告或者公告等形式催收的，都属于《刑法》第 196 条第 2 款中的"催收"；只要持卡人透支后发卡银行实施过催收行为，持卡人按照信用卡的通常使用情形认识到发卡银行实施过催收行为并仍不归还的，即使持卡人没有直接或间接收到发卡银行的催收，也应认定为"经发卡银行催收后仍不归还"；由于"经发卡银行催收后仍不归还"是客观处罚条件，所以，只要在一审判决宣告前经发卡银行催收后已经归还的，不管透支数额有多大，都因为已经存在阻却处罚的条件，不能追究持卡人的刑事责任；对于担保人归还本息的，也应当认定持卡人具备了客观处罚条件。

14. "恶意透支数额较大，在提起公诉前全部归还或者具有其他情节轻微情形的，可以不起诉；在一审判决前全部归还或者具有其他情节轻微情形的，可以免予刑事处罚"的司法解释规定，有无问题？

《信用卡案件解释》第 10 条作了如是规定。应该说，该规定存在问题。由于"经发卡银行催收后仍不归还"是客观处罚条件，在持卡人全部归还后不起诉或者免予刑事处罚均具有合理性，在不具备客观处罚条件的情况下，就"应当"不处罚，而不是"可以"不处罚。所以，建议司法机关将上述司法解释中的"可以"理解成"应当"，不要因为司法解释中使用了"可以"，就发动刑罚权。

15. 在提起公诉前全部归还的可以不起诉和一审判决前全部归还的可以免予刑事处罚的法律后果，不适用于曾因信用卡诈骗受过两次以上处罚的被告人的司法解释规定，有无问题？

《信用卡案件解释》第 10 条"但书"作了如是规定。应该说，该规定存在明显疑问。既然"经发卡银行催收后仍不归还"是客观处罚条件，那么，持卡人以前是否因为信用卡诈骗罪受到处罚，与持卡人是否具备客观处罚条件，就没有任何关系。也就是说，持卡人在恶意透支后于提起公诉前或者一审判决前全部归还的，便具备了客观处罚条件，曾因信用卡诈骗受过两次以上处罚的事实，不可能阻却该客观处罚条件。

16. 如何认定帮助他人透支以取得手续费的行为性质？

应该说，将恶意透支的主体限定为持卡人是就正犯而言的，恶意透支的帮助者，并不需要具备持卡人身份，帮助他人透支以取得手续费的行为人，构成恶意透支型信用卡诈骗罪的帮助犯。

17. 持卡人在自动柜员机上或者利用 POS 机恶意透支，经银行催收后仍不归还的，构成信用卡诈骗罪吗？

从司法实践看，"恶意透支"主要表现为三种情形：一是持信用卡从银行柜台透支；二是持信用卡从特约商户购买商品、消费时透支；三是持信用卡从自动柜员机上透支现金。由于信用卡诈骗罪属于诈骗罪的特殊类型，成立信用卡诈骗罪必须符合诈骗罪的构造，即只有存在受骗的自然人，才可能成立信用卡诈骗罪。持卡人在银行柜台和特殊商户透支，由于存在被骗的自然人（银行职员和商户店员），符合"经发卡银行催收后仍不归还"客观处罚条件的，当然成立信用卡诈骗罪。

对于持卡人在自动柜员机上或者利用 POS 机上恶意透支，如前所述，要分情形对待：一是在领取信用卡时，就具有恶意透支的意图（不归还本息的意思），然后在自动柜员机上或者利用 POS 机恶意透支，经发卡银行催收后仍不归还；二是在领取信用卡时，不具有恶意透支的意图，在使用过程中产生非法占有目的，在自动柜员机上或者利用 POS 机（恶意串通）恶意透支，经发卡银行催收后仍不归还。

首先，就第一种情形而言，行为人虽然使用自己的真实身份证明申领信用卡，但行为人隐瞒了恶意透支（透支后拒不归还本息）的意图，使发卡银行职员误以为行为人会正常使用信用卡，即误以为行为人不会以非法占有目的恶意透支，于是进行了概括性的财产处分，使行为人能够在一定限额内进行透支，所以持卡人的行为依然符合诈骗罪的构造，又由于该行为符合恶意透支的构成要件和客观处罚条件，故成立恶意透支型信用卡诈骗罪。

其次，就第二种情形而言，由于在自动柜员机上和利用 POS 机恶意透支，不存在受骗的自然人，其行为属于"以非法占有为目的，违反被害人（银行管理者）的意志，采取平和的方式从自动柜员机上提款或者通过 POS 机刷卡免除支付货款的债务，属于将银行占有的财物非法转移为自己占有"，因而完全符合盗窃罪的构成要件。换言之，这种情形与利用自己的钥匙打开他人的仓库窃取他人财物，没有区别。

18. 《刑法》第 196 条第 3 款盗窃信用卡并使用定盗窃罪的规定，是注意规定还是法律拟制？

盗窃信用卡后在自动柜员机上使用，由于没有自然人受骗，原本就成立盗窃罪，所以从这个角度而言，本款属于注意规定。如果在银行柜台和特约商户使用，因为存在被骗的自然人，属于冒用他人信用卡，本来成立信用卡诈骗罪，但由于该款的规定而只能以盗窃罪定罪处罚，因而该款又属于法律拟制。因此，可以认为该款既是注意规定又是法律拟制。不过，如果认为盗窃信用卡后在自动柜员机上使用，直接根据《刑法》第264条的规定定盗窃罪，而不援引《刑法》第196条第3款，即只有在银行柜台和特约商户使用的，才援引《刑法》第196条第3款的规定，则可以认为该款只是法律拟制。

19. 行为人以为是真实有效的信用卡而盗窃并对自然人使用，但客观上使用的是伪造或者作废的信用卡的，应当如何处理？

虽然一般来说"信用卡"就是指真实有效的信用卡，但从解释论上来说，没有必要将"盗窃信用卡并使用"限定为盗窃他人真实有效的信用卡并使用。只要行为人盗窃他人信用卡并使用，即使该信用卡并非真实有效的信用卡，也不妨碍适用"盗窃信用卡并使用"的规定。因此，行为人以为是真实有效的信用卡而盗窃后对自然人使用，但客观上使用的是伪造或者作废的信用卡的，还是应认定为"盗窃信用卡并使用"，构成盗窃罪。

20. 明知是他人盗窃的信用卡而使用的，应当如何处理？

乙明知是甲盗窃的信用卡而使用，对此，张明楷教授认为，乙虽然没有就盗窃信用卡与甲通谋，但既然乙在使用时明知信用卡为甲盗窃所得，那么，就应认定乙使用甲盗窃的信用卡的行为，是《刑法》第196条第3款所规定的盗窃罪的一部分，因此乙与甲构成《刑法》第196条第3款所规定的盗窃罪的共同犯罪。[①]

笔者不赞成上述观点。虽然盗窃信用卡的行为未必构成盗窃（不是特殊盗窃），但"盗窃信用卡并使用"与结合犯无异。既然行为人只是参与了后行为，而对前行为和结果没有贡献，则只能评价后行为，正如没有参与拐卖妇女，只是参与奸淫被拐卖的妇女的，不可能成立拐卖妇女罪的加重犯；没有参与绑架，只是参与杀人的，不能成立绑架罪的加重犯（"杀害被绑架人"）。使用他人盗窃来的信用卡，若是在自动柜员机上使用，成立盗窃罪；如果在银行柜台或者特约商户使用，属于"冒用他人信用卡"，成立信用卡诈骗罪。总之，没有参与盗窃，只是使用他人盗窃的信用卡的，不属于"盗窃信用卡并使用"，不能与盗窃犯成立"盗窃信用卡并使用"的共犯。

---

21. 误以为他人盗窃的信用卡为捡拾的信用卡而使用的，应当如何处理？

由于行为人没有参与盗窃，不属于"盗窃信用卡并使用"，以为是捡拾的信用卡而在自动柜员机上使用的，成立盗窃罪；在银行柜台或者特约商户使用的，属于"冒用他人信用卡"，成立信用卡诈骗罪。

22. 行为人盗窃信用卡并使用且"透支"的，应当如何处理？

就使用卡中存款而言，当然属于"盗窃信用卡并使用"，构成盗窃罪。就"透支"部分而言，由于行为人不是持卡人，不符合"恶意透支"的主体条件，不成立恶意透支型诈骗罪；行为人在自动柜员机上"透支"的，成立盗窃罪，在银行柜台或者特约商户"透支"的，属于"冒用他人信用卡"，成立信用卡诈骗罪。如果认为盗窃信用卡并"使用"与"透支"，存在两个行为，就可以数罪并罚；如果认为只有一个行为，就只能成立想象竞合（包括同种类的想象竞合）。笔者倾向于认为在规范性意义上存在两个行为，正如《刑法》第204第2款关于骗取出口退税的一个行为可以成立逃税罪和骗取出口退税罪两个罪一样，应当数罪并罚（包括同种数罪并罚）。

23. 偷看他人卡号和密码伪造借记卡取款的，应当如何处理？

偷看他人卡号和密码伪造借记卡的行为，成立伪造金融票证罪，之后的取款行为，根据是在自动柜员机上使用还是银行柜台或者特约商户使用，分别成立盗窃罪与信用卡诈骗罪。若认为二者之前存在牵连关系，则作为牵连犯从一重处罚。如果认为不存在牵连关系，则应该数罪并罚。笔者倾向于否认牵连关系，将其作为数罪并罚处理。

24. 盗窃他人未激活的信用卡后激活使用的，如何处理？

未激活的信用卡也是信用卡，盗窃他人未激活的信用卡后激活使用的，也属于"盗窃信用卡并使用"，构成盗窃罪。

25. 如何评价捡拾他人信用卡并使用的行为？

由于信用卡本身价值不大，捡拾信用卡行为本身不可能构成侵占罪。又由于使他人遭受财产损失的不是丢失信用卡而是使用信用卡，所以捡拾信用卡后在自动柜员机上使用的，成立盗窃罪；在银行柜台或者特约商户使用的，属于"冒用他人信用卡"，成立信用卡诈骗罪。

26. 如何评价骗取他人信用卡并使用的行为？

如果行为人实施欺骗手段，使他人对卡中存款进行了概括性处分，则成立诈骗罪，使用的金额就是诈骗金额。若行为人只对卡中部分存款作出了处分，例如行为人假装找被害人借 1 万元，被害人将存有 10 万元的银行卡交给行为人自取，结果行为人取出了全部存款，则对卡中 1 万元的部分成立诈骗罪，对于 9 万元部分，根据是在自动柜员机上取款还是在银行柜台或者特约商户使用，分别成立盗窃罪和"冒用他人信用卡"型信用卡诈骗罪。如果认为只有一个行为，成立想象竞合；如果认为存在两个行为，则数罪并罚。

27. 如何评价抢夺信用卡并使用的行为？

虽然抢夺行为也符合盗窃罪的构成要件，但"盗窃信用卡并使用"毕竟属于法律拟制，不宜扩张适用。所以就抢夺信用卡行为本身而言，因为价值不大不成立抢夺罪。之后使用的，根据是在自动柜员机上使用还是在银行柜台或者特约商户使用，分别成立盗窃罪与信用卡诈骗罪。

28. 2005 年 6 月 8 日最高法《关于审理抢劫、抢夺刑事案件适用法律若干问题的意见》规定："抢劫信用卡后使用、消费的，其实际使用、消费的数额为抢劫数额。"该规定有无问题？

根据抢劫罪的构造，只有强取财物的才能被评价为抢劫罪。抢劫信用卡并使用的，只有在逼问出密码并控制被害人的情况下取款的数额，才能被评价为抢劫的数额。释放被害人后取款的，只能根据是在自动柜员机上还是银行柜台或者特约商户取款消费，分别认定为盗窃罪与信用卡诈骗罪。所以有关抢劫信用卡后使用、消费的，其实际使用、消费的数额为抢劫数额的司法解释规定，存在问题。

29. 如何评价补办信用卡并使用的行为性质？

这里的补办信用卡并使用，是指行为人将自己名义的信用卡出卖给他人以后，再重新以自己的身份证补办信用卡，进而获得信用卡中的他人款项的情形。由于行为人在向银行申领补办银行卡时隐瞒了事实真相，也就是说如果银行职员知道事实真相是不可能同意其补办银行卡的请求的，所以成立诈骗罪。

30. 如何认定银行职员的信用卡犯罪？

所谓银行职员的信用卡犯罪，是指银行职员利用职务或者工作之便的信用卡犯罪。由于难以类型化，只能选择几例进行讨论。

例一：对于银行工作人员伪造信用卡并使用的案件，不仅要考察行为人是否利用职务上的便利，而且还要考察制作信用卡的行为性质、被害人是谁、是否存在受骗者（处分人），然后得出合理结论。首先，银行职员伪造信用卡的行为肯定触犯了伪造金融票证罪。其次，如果银行职员将储户的信用卡磁条内容改写至其本人或捡拾他人的信用卡上，则属于将他人信用卡上的债权转移为自己的债权，这种行为虽然利用了所谓职务上的便利，但直接遭受财产损失的并不是银行，而是储户，因此成立盗窃罪，而不是贪污罪或者职务侵占罪。最后，之后使用信用卡的行为，因为没有造成新的法益侵害，属于不可罚的事后行为。

例二：银行信用卡业务人员利用职务之便非法删除自己信用卡提款记录的，由于遭受财产损失的是银行，没有对任何自然人实施欺骗行为，也没有受骗者处分财产，不可能构成信用卡诈骗罪，其行为属于利用职务上的便利侵吞银行财产，故成立贪污罪或者职务侵占罪。

例三：银行工作人员截留客户信用卡并使用的，属于"冒用他人信用卡"，成立信用卡诈骗罪。

例四：银行工作人员拾得顾客的信用卡并使用的，由于没有直接侵吞、骗取银行的财产，不成立贪污罪和职务侵占罪；利用职务之便修改密码的行为，充其量只是一种预备行为，利用信用卡取款才是实行行为；而利用他人信用卡的，根据是在自动柜员机上取款还是在银行柜台和特约商户使用，分别构成盗窃罪和信用卡诈骗罪。

31. 如何处理特约商户职员的信用卡犯罪？

所谓特约商户职员的信用卡犯罪，是指特约商户从业人员利用消费者的信用卡实施的相关犯罪。由于难以类型化，也只能选择几例进行讨论。

例一：对于特约商户职员利用工作之便，在顾客使用信用卡购物、消费结算时，私下重复刷卡，侵吞顾客信用卡账户内资金的，由于没有受骗者，被害人是持卡人，而不是商户和银行，其行为属于"违背被害人意志，以平和方式转移被害人财物"，构成盗窃罪。

例二：对于特约商户职员捡拾信用卡后，伪造客户签单，骗取财物的，在特约商户没有接收到发卡银行的止付通知的情况下，特约商户职员捡拾他人信用卡后，持该信用卡到其他商户或者到本商户的其他职员处购物或者消费的，当然成立"冒用他人信用卡"型信用卡诈骗罪；在特约商户没有接收到发卡银行的止付通知的情况下，特约商户职员捡拾他人信用卡后，假冒让人签名、自己向自己购物的，由于行为人不可能欺骗行为人，即行为人不可能对自己冒用他人信用卡，故不可能对特约商户成立信用卡诈骗罪，特约商户职员实际上等同于窃取持卡人的财产为自己交付商品的货款，所以成立盗窃罪；在特约商户接收到发卡银行的止付通知后，捡拾他人信用卡的特约商户职员，持该信用卡到其他商户购物或者消费的，当然成立"使用作废的信用卡"的信用卡诈骗罪；在特约商户接收到发卡银行的止付通知后，捡拾他人信用卡的特约商户职员，假冒他人签名，自己向自己购物的，由于不存在受骗者与处分人，而且遭受财产损失的是特约商户，不可能认定为信用卡诈骗罪，又由于行为人利用了职务之便，而且所取得的是自己主管、管理、支配的财物，故应认定为职务侵占罪或者贪污罪。

32. 如何评价非法利用信用卡资料取得财物的行为性质？

《信用卡案件解释》第5条规定，"窃取、收买、骗取或者以其他非法方式获取他人信用卡信息资料，并通过互联网、通讯终端等使用的"，属于信用卡诈骗罪中的"冒用他人信用卡"的情形。对此规定不能机械理解适用。其一，只有当行为人针对自然人使用他人信用卡信息资料时，才可能认定为信用卡诈骗罪。其二，只有当行为人使用他人信用卡信息资料，直接获取了他人财物时，才可能符合诈骗犯罪的直接性要件，进而认定为信用卡诈骗罪。其三，只是非法获取他人信用卡信息资料，并没有现实转移信用卡本身，所以不能认定为"盗窃信用卡并使用"。其四，非法获取他人银行卡卡号等信息资料后，注册第三方支付账户并且将银行卡与之绑定的，绑定行为充其量是后来的不法行为的预备行为，司法工作人员不能直接根据预备行为确定实行行为的性质。其五，行为人通过支付宝或者微信来转移银行卡内的资金时，即使属于在互联网通讯终端上使用，但此时没有直接使用信用卡信息资料，因而不能认定为冒用他人信用卡，也不是对自然人使用，而是对机器使用，故不成立诈骗罪，只能认定为盗窃罪。

第十七节　保险诈骗罪

第一百九十八条　**【保险诈骗罪】**有下列情形之一，进行保险诈骗活动，数额较大的，处五年以下有期徒刑或者拘役，并处一万元以上十万元以下罚金；数额巨大或者有其他严重情节的，处五年以上十年以下有期徒刑，并处二万元以上二十万元以下罚金；数额特别巨大或者有其他特别严重情节的，处十年以上有期徒刑，并处二万元以上二十万元以下罚金或者没收财产：

（一）投保人故意虚构保险标的，骗取保险金的；

（二）投保人、被保险人或者受益人对发生的保险事故编造虚假的原因或者夸大损失的程度，骗取保险金的；

（三）投保人、被保险人或者受益人编造未曾发生的保险事故，骗取保险金的；

（四）投保人、被保险人故意造成财产损失的保险事故，骗取保险金的；

（五）投保人、受益人故意造成被保险人死亡、伤残或者疾病，骗取保险金的。

有前款第四项、第五项所列行为，同时构成其他犯罪的，依照数罪并罚的规定处罚。

单位犯第一款罪的，对单位判处罚金，并对其直接负责的主管人员和其他直接责任人员，处五年以下有期徒刑或者拘役；数额巨大或者有其他严重情节的，处五年以上十年以下有期徒刑；数额特别巨大或者有其他特别严重情节的，处十年以上有期徒刑。

保险事故的鉴定人、证明人、财产评估人故意提供虚假的证明文件，为他人诈骗提供条件的，以保险诈骗的共犯论处。

疑难问题

1. 保险诈骗罪主体以外的人骗取保险金的，如何处理？

从《刑法》第 198 条的文字表述上看，保险诈骗罪的行为主体只能是投保人、被保险人或者受益人，所以说保险诈骗罪可谓真正身份犯，即正犯必须具有特殊身份，不具有特殊身份的人只能成立狭义的共犯（教唆犯、帮助犯）。问题是，保险诈骗罪主体以外的人骗取保险金的，如何处理？

案 1：个体户甲开办的汽车修理厂系某保险公司指定的汽车修理厂家。甲在为他人修理汽车时，多次夸大汽车毁损程度，向保险公司多报汽车修理费用，从保险公司骗取了 35 万元。

从客观方面来说，甲的确通过夸大损失程度的手段骗取了保险公司 35 万元保险金，似乎符合保险诈骗罪的构成要件。但是，根据《刑法》第 198 条的规定，只有当投保人、被保险人或者受益人夸大损失的程度，骗取保险金时，才能成立保险诈骗罪。本案中，甲本身并非投保人、被保险人与受益人，也不存在与投保人、被保险人、受益人共同犯罪的问题，所以，甲的行为不成立保险诈骗罪。但是，甲的行为完全符合普通诈骗罪或者合同诈骗罪的构成要件，应以普通诈骗罪或者合同诈骗罪定罪处罚。

2. 保险诈骗罪的实行行为是什么？虚构保险标的，编造未曾发生的保险事故，故意造成财产损失的保险事故，故意造成被保险人死亡的行为，是保险诈骗罪的预备还是着手实行？

实行行为是一个规范的概念，实行行为只能是具有侵害法益的紧迫危险性的行为。具体到保险诈骗罪，只有当行为人向保险公司索赔，才能认为保险秩序与保险公司的财产受侵害的危险性达到了紧迫程度。因此，到保险公司索赔的行为或者提出支付保险金请求的行为，才是保险诈骗罪的实行行为；开始实施索赔行为或者开始向保险公司提出支付保险金请求的行为，才是保险诈骗罪的着手。而虚构保险标的，编造未曾发生的保险事故，故意造成财产损失的保险事故，故意造成被保险人死亡的，还只是保险诈骗罪的预备。

3. 仅实施了制造保险事故的犯罪行为，而没有向保险人索赔的，应否认定为数罪？

行为人为了骗取保险金而制造保险事故，如放火烧毁投保的财产或者杀害被保险人，成立放火罪或者故意杀人罪的既遂。由于行为人尚未向保险公司索赔，所以就保险诈骗罪而言只是犯罪预备。由于只有一个行为，所以成立放火罪或者故意杀人罪的既遂与保险诈骗罪预备的想象竞合，从一重处罚，最终仅以放火罪或者故意杀人罪定罪处罚。

4. 如何认定保险诈骗罪的客观行为类型？

《刑法》第198条关于保险诈骗罪封闭性地规定了五种具体行为类型，没有兜底性的规定，所以只有能够归入其中一种行为类型时，才能论以保险诈骗罪。

（1）投保人故意虚构保险标的，骗取保险金。

根据《保险法》的规定，保险标的是指作为保险对象的人的寿命和身体或者财产及其有关利益。投保人故意违背诚实信用原则，与保险人订立保险合同时，虚构保险标的，骗取保险金的，成立保险诈骗罪。虚构保险标的，要求行为人在虚构保险标的时，就具有诈骗保险金的故意与非法占有目的。虚构保险标的，一般表现为：原本不存在保险标的，却谎称存在保险标的，与保险人签订保险合同；恶意超值（超额）投保；以不合格的保险标的冒充合格的保险标的；将非保险标的冒充保险标的的投保；等等。

事后投保，是否属于虚构保险标的？应该说，所谓事后投保无异于虚构一个根本不存在的标的投保，因而完全符合"故意虚构保险标的，骗取保险金"，能成立保险诈骗罪。

恶意复保险，是否属于虚构保险标的？应该说，虚构保险标的，既可能表现为将并不存在的保险标的虚构为已经存在的保险标的，也可能表现为将价值较小的保险标的虚构为价值较大的保险标的，还可能表现为将不符合保险合同要求的标的虚构为符合保险合同要求的标的，从而获得不应获得的保险金。在恶意复保险的情况下，行为人实际上是将价值较小的保险标的虚构为价值较大的保险标的，因而属于"故意虚构保险标的，骗取保险金"，能构成保险诈骗罪。

隐瞒保险危险，是否属于虚构保险标的？所谓隐瞒保险危险骗取保险金，是指行为人隐瞒已经存在的危险，与保险公司签订某种保险合同，从而骗取保险金。例如，行为人隐瞒自己的严重疾病与保险公司签订健康保险合同，然后向保险公司通知病情，骗取保险金。这种隐瞒保险危险，实际上是将不符合保险要求的标的虚构为符合投保的标的，或者说，被保险人并不存在健康保险合同所要求的健康，而行为人通过隐瞒疾病的真相，虚构了被保险人身体健康的事实，这便是虚构保险标的。所以，隐瞒保险危险骗取保险金的行为，完全符合保险诈骗罪的构造与要件。

谎报被保险人年龄，是否属于虚构保险标的？人身保险、健康保险一般会涉及被保险人的年龄。作为保险标的的被保险人的寿命，当然包含了被保险人的年龄情况，所以，谎报被保险人的年龄应当属于虚构保险标的，以此骗取保险金的，能够成立保险诈骗罪。

（2）投保人、被保险人或者受益人对发生的保险事故编造虚假的原因或者夸大损失的程度，骗取保险金。

所谓编造虚假的原因，是指投保人、被保险人或者受益人通过编造虚假的原因，将非保险事故谎称为保险事故，从而骗取保险金。如果事故原本属于《保险法》或保险合同约定的保险事故，投保人等编造虚假原因，仅领取应得保险金的，并不构成保险诈骗罪。所谓夸大损失程度，是指投保人、被保险人或者受益人，对已经发生的保险事故所造成的损失作夸大陈述、申报（以少报多、以小报大）。

（3）投保人、被保险人或者受益人编造未曾发生的保险事故，骗取保险金。

所谓编造未曾发生的保险事故，是指投保人与保险人签订保险合同后，投保人、被保险人或者受益人，在没有发生保险事故的情况下，捏造保险事故。基本表现形式为无中生有，即原本没有发生保险事故，但行为人谎称发生保险事故。例如，冒名顶替，将他人尸体冒充被保险人骗取保险金；在保险期届满后未续保期间发生事故时，行为人采取更改保险期等方法，将保险期外的事故谎称为保险责任期限内的保险事故；投保人将自己的汽车转让给他人后，声称轿车被盗而向保险人索赔。

（4）投保人、被保险人故意造成财产损失的保险事故，骗取保险金。

所谓故意造成财产损失的保险事故，是指投保人与保险人签订财产保险合同后，投保人、被保险人为了骗取保险金，在保险标的本身没有危险的情况下，故意造成财产损失，骗取保险金的行为。例如，行为人将房屋投保后，故意放火烧毁房屋，然后谎称房屋失火，骗取保险金。应该说，故意造成财产损失的保险事故，并不限于作为，还包括不作为。行为人面临财产的危险时，故意不采取必要措施防止事故发生，或者在发生事故时故意不采取必要措施防止、减少财产损失，以（多）骗取保险金的，依然属于"故意造成财产损失的保险事故，骗取保险金"。

至于受益人故意造成财产损失的保险事故后，编造虚假的原因，将非保险事故谎称为保险事故，从而骗取保险金的，完全符合《刑法》第198条第1款第2项的规定，宜认定为受益人对发生的保险事故编造虚假的原因骗取保险金。

（5）投保人、受益人故意造成被保险人死亡、伤残或者疾病，骗取保险金。

在人身保险的情况下，投保人或者受益人故意伤害、杀害被保险人，造成被保险人死亡、伤残或者疾病，骗取保险金的，成立保险诈骗罪。投保人、受益人将他人作为被保险人的替身而杀害，骗取保险金的，不属于"故意造成被保险人的死亡，骗取保险金"，而属于《刑法》第198条第1款第3项编造未曾发生的保险事故骗取保险金。

《刑法》第198条第1款第5项仅将投保人、受益人规定为行为主体，于是有人认为，刑法典已经排除了被保险人以自杀、自残或者自己染病骗取保险金的可能性。其实并非如此：一则，当保险人同时为投保人或者受益人时，被保险人自伤、自残或者自己感染疾病，骗取保险金的，可以认定为投保人或受益人故意造成被保险人死亡、伤残或者疾病骗取保险金，应以保险诈骗罪论处。二则，当被保险人不是投保人、受益人，但与受益人通谋，以自杀、自残或者自己故意感染疾病骗取保险金的，成立保险诈骗罪的共犯。三则，当被保险人不是投保人、受益人时，如果被保险人以自杀、自残或者自己染病的方式骗取保险金的，完全符合编造虚假的原因骗取保险金的构成要件，仍应认定为保险诈骗罪。被保险人过失感染疾病后，投保人或者受益人索赔的，不成立保险诈骗罪。

需要指出的是，由于《刑法》第198条明文规定了保险诈骗罪的行为类型与主体身份，而且没有设立概括性条款，所以，行为人所实施的行为不符合《刑法》第 198 条规定的行为类型的，或者行为人不具有保险诈骗罪的主体身份，不管是否骗取了保险金，都不能认定为保险诈骗罪。此外，由于保险诈骗罪属于金融诈骗罪，所以如果行为人并未骗取金融机构的保险金，则不成立保险诈骗罪。对于符合其他犯罪（如诈骗罪、合同诈骗罪等）构成要件的，应认定为其他犯罪。具体而言：（1）不符合法定的行为类型与诈骗罪构造的行为，不成立保险诈骗罪；（2）不符合法定的主体身份的人骗取保险金的，不构成保险诈骗罪；（3）保险公司工作人员利用职务上的便利骗取本单位保险金的，不构成保险诈骗罪；（4）骗取客户保费的行为，不成立保险诈骗罪；（5）骗取社会保险事业管理局财产的，不成立保险诈骗罪。

5. 虚构保险标的签订保险合同，如谎报被保险人年龄，超过除斥期间的，还能构成保险诈骗罪吗？

案 2：某人寿保险公司开设康宁终身保险的险种。康宁终身保险合同约定："凡 70 周岁以下，身体健康者，均可作为被保险人。"被告人乙于 1998 年、2000 年两次为其母亲投保，但 1998 年时，其母亲已 77 岁，乙通过修改年龄使其母亲成为被保险人。2003 年乙的母亲去世，乙从保险公司领取了 27 万元的保险金。

乙的行为是否构成保险诈骗罪，取决于对三个问题的认识：其一，乙的行为是否属于虚构保险标的？其二，乙是否实施了欺骗行为？其三，如何理解《保险法》第 32 条第 1 款？

应该说，乙的行为属于虚构保险标的和保险诈骗罪中的欺骗行为。《保险法》第 32 条第 1 款规定："投保人申报的被保险人年龄不真实，并且其真实年龄不符合合同约定的年龄限制的，保险人可以解除合同，并按照合同约定退还保险单的现金价值。保险人行使合同解除权，适用本法第十六条第三款、第六款的规定。"而《保险法》第 16 条第 3 款规定："前款规定的合同解除权，自保险人知道有解除事由之日起，超过三十日不行使而消灭。自合同成立之日起超过二年的，保险人不得解除合同；发生保险事故的，保险人应当承担赔偿或者给付保险金的责任。"《保险法》第 16 条第 6 款规定："保险人在合同订立时已经知道投保人未如实告知的情况的，保险人不得解除合同；发生保险事故后，保险人应当承担赔偿或者给付保险金的责任。"本案中，被保险人是在投保人与保险人签订保险合同的两年之后死亡的，或许有人以此规定为根据否认乙的行为成立保险诈骗罪。

本书认为，不管民商法学如何解释该规定，即使自合同成立之日逾两年后保险人才发现投保人申报的被保险人的年龄不真实，因而不能解除保险合同，也只是表明该保险合同继续生效，而不是否认乙的行为具备保险诈骗罪的构成要件。这是因为刑法与保险法的目的不同。《保险法》第16条与第32条的不可抗辩条款，并不是为了鼓励投保人虚构事实，而是为了平衡投保人与保险人利益，防止保险人滥用"主张保险合同无效"的权利所作的规定。而《刑法》设立保险诈骗罪，显然是为了保护保险人的利益，当然要防止投保人滥用《保险法》第16条与第32条骗取保险人财产；当投保人故意虚构保险标的骗取保险金时，即使保险合同依然有效，也不能排除其行为构成保险诈骗罪，如同经济合同有效，却不能排除行为人构成合同诈骗罪一样。一方面，保险人不能因为行为人的行为构成保险诈骗罪，就不承担赔偿或者给付保险金的责任。另一方面，在行为人构成保险诈骗罪的情况下，应当追缴行为人的犯罪所得。质言之，不能因为合同有效或者不得解除，就否认行为人的行为构成犯罪。所以，谎报被保险人年龄，即使超过除斥期间的，也不排除保险诈骗罪的成立。

6. 保险诈骗罪的法定刑为何轻于诈骗罪的？骗取保险金的数额特别巨大，能否以诈骗罪判处无期徒刑？

一个罪名的法定刑通常只能根据行为对主要法益的侵害程度进行配置。例如，之所以盗伐林木罪的法定最高刑只有15年，而轻于盗窃罪的无期徒刑，是因为盗伐林木罪所侵害的主要法益是所谓的森林资源，而不是他人的财产。就保险诈骗罪而言，其所侵害的主要法益是保险秩序，而不是保险公司的财产。在立法者看来，行为对保险秩序的侵害，配置15年的有期徒刑就能做到罪刑相适应。但不可否认，保险诈骗行为除侵害保险秩序外还侵害了保险公司的财产。当行为对次要法益的侵害超出了根据行为对主要法益的侵害程度所配置的法定刑能够评价的范畴时，就应考虑罪刑相适应原则的需要，根据行为对次要法益的侵害所触犯的罪名进行评价。正如盗伐林木价值特别巨大时，能够而且应该以盗窃罪最重判处无期徒刑一样，对保险诈骗数额特别巨大的，应以诈骗罪最重判处无期徒刑。

7. 《刑法》第198条第4款关于保险诈骗罪共犯的规定，是注意规定还是法律拟制？

《刑法》第198条第4款规定，保险事故的鉴定人、证明人、财产评估人故意提供虚假的证明文件，为他人诈骗提供条件的，以保险诈骗罪的共犯论处。如果认为该款是法律拟制，则能得出两个结论：一是保险诈骗罪的共犯仅限于保险事故的鉴定人、证明人、财产评估人；二是不存在类似规定的其他金融诈骗犯罪，没有共犯成立的余地。但倘若认为该款是注意规定，则同样可以得出两个结论：

一是保险诈骗罪的共犯不限于这三类人，只要符合《刑法》总则关于共犯成立条件的规定，就能成立保险诈骗罪的共犯；二是其他没有类似规定的金融诈骗犯罪，只要满足《刑法》总则关于共同犯罪成立条件的规定，就能成立金融诈骗犯罪的共犯。

应该说，《刑法》分则中所有关于共同犯罪的规定，都是注意规定。《刑法》第 198 条第 4 款的规定也不例外。《刑法》之所以规定第 198 条第 4 款的内容，是因为立法者要提醒司法工作人员注意，保险事故的鉴定人、证明人、财产评估人为保险诈骗提供虚假的证明文件的行为，除成立《刑法》第 229 条的提供虚假证明文件罪的正犯外，还成立保险诈骗罪的共犯，属于想象竞合，应当从一重以保险诈骗罪的共犯处罚。因此，除保险事故的鉴定人、证明人、财产评估人外，只要符合了共同犯罪成立条件，就能成立保险诈骗罪的共犯。其他没有类似规定的金融诈骗犯罪，只要符合共同犯罪成立条件，就能以金融诈骗犯罪的共犯论处。

8. 第 183 条关于保险公司工作人利用职务上的便利编造保险事故进行虚假理赔，骗取保险金归自己所有的，以职务侵占罪、贪污罪论处的规定，是注意规定还是法律拟制？

应该说，就国有保险公司工作人员和国有保险公司委派到非国有保险公司从事公务的人员故意编造保险事故进行虚假理赔骗取保险金的，本来就属于《刑法》第 382 条第 1 款贪污罪中的"骗取"，因而《刑法》第 183 条第 2 款的规定属于注意规定。就非国有保险公司的工作人员而言，如果认为《刑法》第 271 条第 1 款规定的职务侵占罪的客观行为方式只有"易占有为所有"的侵吞，而不是如贪污罪那样包括"窃取"和"骗取"，则这类人员利用职务上的便利，故意编造未曾发生的保险事故进行虚假理赔，骗取保险金归自己所有的，本来不符合职务侵占罪的客观行为类型条件，也按照职务侵占罪定罪处罚，因而《刑法》第 183 条第 1 款的规定属于法律拟制。但如果认为《刑法》第 271 条第 1 款职务侵占罪的行为方式包括"窃取"与"骗取"，则该款规定属于注意规定。

应该说，由于《刑法》第 271 条第 1 款对职务侵占罪的表述明显不同于第 382 条第 1 款对贪污罪的表述，没有规定所谓"窃取"与"骗取"，因而职务侵占罪就是一种将自己基于职务或者业务而占有的财物变为自己所有的、不转移占有的侵占犯罪，行为方式只有侵占，没有"窃取"与"骗取"。《刑法》第 183 条第 1 款将原本不符合职务侵占罪构成要件的行为按照职务侵占罪论处，属于法律拟制。

9. 保险诈骗的行为人与保险公司的工作人员相勾结骗取保险金的，如何处理？

保险诈骗的行为人如果与保险公司具有保险金理赔权限（处分权限）的人相勾结，由于没有人被骗，不符合保险诈骗罪的构造，只能成立职务侵占罪或者贪污罪的共犯。但如果保险诈骗的行为人勾结的是没有保险金最终理赔权限的人（如保险代理人），则可以成立保险诈骗罪的共犯。

10. 单位制造保险事故的，如单位决定放火烧毁投保的财产并索赔的，对单位能否进行数罪并罚？

单位决定放火烧毁投保财产的，由于单位不是放火罪的主体，所以对于单位而言，只能成立保险诈骗罪，不成立放火罪。但对于单位中组织、策划、实施放火和保险诈骗行为的自然人，则成立放火罪与保险诈骗罪，应当数罪并罚。

第十八节 逃税罪

第二百零一条 【逃税罪】纳税人采取欺骗、隐瞒手段进行虚假纳税申报或者不申报，逃避缴纳税款数额较大并且占应纳税额百分之十以上的，处三年以下有期徒刑或者拘役，并处罚金；数额巨大并且占应纳税额百分之三十以上的，处三年以上七年以下有期徒刑，并处罚金。

扣缴义务人采取前款所列手段，不缴或者少缴已扣、已收税款，数额较大的，依照前款的规定处罚。

对多次实施前两款行为，未经处理的，按照累计数额计算。

有第一款行为，经税务机关依法下达追缴通知后，补缴应纳税款，缴纳滞纳金，已受行政处罚的，不予追究刑事责任；但是，五年内因逃避缴纳税款受过刑事处罚或者被税务机关给予二次以上行政处罚的除外。

疑难问题

1. 何谓作为逃税罪构成要件内容的"两类行为主体"、"三种手段行为"、"一种目的行为"与"两个情节要求"？

所谓"两类行为主体"，是指纳税人与扣缴义务人。

所谓"三种手段行为"分别为：（1）采取欺骗、隐瞒手段进行虚假纳税申报；（2）不申报；（3）根据《刑法》第 204 条第 2 款前段的规定，缴纳税款后，以假报出口或者其他欺骗手段，骗取所缴纳的税款，符合其他条件的，也成立逃税罪。

所谓"一种目的行为"，是指逃避缴纳税款，包括不缴或者少缴应纳税款或已扣、已收税款，以及不符合退税条件却通过虚假手段取得的退税款。

所谓"两个情节要求"，是指纳税人逃避缴纳税款数额较大并且占应纳税额 10％以上。

2. 应否将"不申报"限制解释为"只有经税务机关通知申报而不申报"？

因不申报而成立逃税罪的，不需要采取欺骗、隐瞒手段。为了与虚假申报构成逃税罪的行为的危害性相当，应当对"不申报"进行限制解释，即只有经税务机关通知申报而不申报的，才能认定为逃税罪。具有下列情形之一的，应当认定为"经税务机关通知申报"：（1）纳税人、扣缴义务人已经依法办理税务登记或者扣缴税款登记的；（2）依法不需要办理税务登记的纳税人，经税务机关依法书面通知其申报的；（3）尚未依法办理税务登记、扣缴税款登记的纳税人、扣缴义务人，经税务机关依法书面通知其申报的。但是，"经税务机关通知申报而拒不申报"，以行为人负有纳税义务、扣缴义务为前提。

3. 缴纳税款后骗取所缴纳的税款成立逃税罪的，除要求数额较大外，是否还要求骗取的税款占应纳税额的 10％以上？

虽然《刑法》第 204 条第 2 款前段的规定具有法律拟制的性质，但应认为，因为骗回所缴纳的税款与一开始就不缴纳税款没有本质的不同，所以缴纳税款后骗取所缴纳的税款成立逃税罪的，除要求数额较大外，也要求骗取所缴纳的税款占应纳税额 10％以上。

4. 扣缴义务人成立逃税罪，除要求数额较大外，是否也要求占应缴税款的 10％以上？

1997 年《刑法》第 201 条第 2 款曾规定："扣缴义务人采取前款所列手段，不缴或者少缴已扣、已收税款，数额占应缴税额的百分之十以上并且数额在一万元以上的，依照前款的规定处罚。"2009 年的《刑法修正案（七）》将之修改成现在的规定。应该说，现在这种规定是合理的。之所以对于纳税人成立逃税罪，除有数额较大要求外，还有占应纳税额比例的要求，是因为纳税人纳税的期待可能性较低，只有数额和比例才能使行为的违法性达到值得科处刑罚的程度。而扣缴义务人本来就不是纳税人，其将所代扣、代收的税款如数上交国家，期待可能性并不低，单纯的数额较大就能使其行为的违法性达到值得科处刑罚的程度。所以说，扣缴义务人不缴或者少缴已扣、已收税款，成立逃税罪，只要求达到数额较大，不同时要求占应缴税额的 10％以上。

5. 漏税、避税行为是否成立逃税罪？

逃税罪是一种故意犯罪，而漏税是一种纳税单位或者个人过失漏缴或者少缴税款的行为，如因工作粗心大意而错用税率、漏报应税项目等，不成立逃税罪。

所谓避税，是指利用税法的漏洞或者模糊之处，通过对经营活动和财务活动的合理安排，以达到免税或者少缴税款目的的行为。从与税收法规的关系上看，避税表现为以下四种情况：（1）利用选择性条文避税；（2）利用不清晰的条文避税；（3）利用伸缩性条文避税；（4）利用矛盾性、冲突性条文避税。第一种情形并不违法，其他三种情形虽然违反税法精神，但由于这些情形不符合逃税罪的构成要件，故只能根据税法的有关规定做补税处理，不能认定为逃税罪。

6. 1997 年《刑法》第 201 条第 1 款偷税罪中关于"偷税数额占应纳税额的百分之十以上不满百分之三十并且偷税数额在一万元以上不满十万元""偷税数额占应纳税额的百分之三十以上并且偷税数额在十万元以上"的规定，是否会形成处罚漏洞？《刑法修正案（七）》的修改，有无必要？

曾有学者认为，1997 年《刑法》的规定存在处罚漏洞，如行为人偷税 11 万元，但偷税数额占应纳税额的 20％，或者偷税 9 万元，但占应纳税额的 30％。其实，成立偷税罪的基本犯只需要数额在 1 万元以上并且偷税数额占应纳税额的 10％以上就可以了，而要成立偷税罪的加重犯，则需要同时达到偷税数额在 10 万元以上和应纳税额的 30％以上，所以上述情形完全可以成立偷税罪的基本犯，而根本不存在所谓处罚漏洞。或许《刑法修正案（七）》之所以修改，就是因为受到上述观点的误导。从这个意义上讲，《刑法修正案（七）》的修改可能没有必要。

7.《刑法》第 201 条第 3 款累计数额计算的规定，是注意规定还是法律拟制？

前面已经提到，理论通说和实践均将《刑法》分则条文中的数额累计计算的规定作为注意规定理解适用，也就是说，不管有没有这种规定，如盗窃、诈骗、抢劫、受贿，都对数额进行了累计计算。但是，如果想当然地认为数额就应该累计计算，那就意味着可以将多次轻伤累计成重伤、多次重伤累计成死亡，但这一点人们又都不会认可。本书认为，若通过数额的累计计算可能达到判处无期徒刑或者死刑的数额标准，应当特别慎重。

8.《刑法》第 201 条第 4 款前段规定的是违法阻却事由还是处罚阻却事由？该规定是否适用于扣缴义务人的逃税行为？

应该认为，这是关于逃税罪处罚阻却事由的规定。也就是说，即使行为符合逃税罪的构成要件，但只要具备本款规定的处罚阻却事由，也不追究行为人的刑事责任。之所以对逃税罪规定处罚阻却事由，是因为纳税人缴纳税款本来就是期待可能性较低的行为，不能指望纳税人"兴高采烈"地主动缴税。如果纳税人"补缴应纳税款，缴纳滞纳金，已受行政处罚"，就没有必要作为犯罪处理。据此：（1）任何逃税案件，首先必须经过税务机关的处理，税务机关没有处理或者不处理的，司法机关不能直接追究纳税人的刑事责任；（2）只有税务机关依法下达追缴通知后，纳税人补缴应纳税款（包括执行追缴退税款），缴纳滞纳金，已受行政处罚的，才不追究刑事责任；（3）只有当纳税人超过税务机关的规定期限而不接受处理，司法机关才能追究刑事责任。

该款处罚阻却事由的规定是对纳税人的"优待"，而扣缴义务人不是纳税人，其缴纳已扣已收税款的行为并不缺乏期待可能性，所以该处罚阻却事由的规定不能适用于扣缴义务人的逃税行为。

9. 对《刑法》第 204 条第 2 款前段规定的情形能否类推适用《刑法》第 201 条第 4 款规定的处罚阻却事由？

A 企业缴纳税款 80 万元后，又骗取国家出口退税款 80 万元。税务机关发现后，A 企业退回了骗取的 80 万元税款，并缴纳了罚款。

对于上述案件，按照《刑法》第 204 条第 2 款规定，应当认定为逃税罪。

应该说，《刑法》第 204 条第 2 款前段规定的情形相当于纳税人实施的逃税行为。第 201 条第 1 款规定的是纳税人没有缴纳税款的情形，而第 204 条第 2 款规定的是缴纳税款后又骗回的情形，主体都是纳税人，结局都是没有缴纳税款，如果构成犯罪都是按照逃税罪处理。既然如此，对第 204 条第 2 款前段规定的情形也应当类推适用第 201 条第 4 款处罚阻却事由的规定，对上述 A 企业的行为不能以逃税罪追究刑事责任。

第十九节　虚开增值税专用发票罪

第二百零五条　【虚开增值税专用发票、用于骗取出口退税、抵扣税款发票罪】虚开增值税专用发票或者虚开用于骗取出口退税、抵扣税款的其他发票的，处三年以下有期徒刑或者拘役，并处二万元以上二十万元以下罚金；虚开的税款数额较大或者有其他严重情节的，处三年以上十年以下有期徒刑，并处五万元以上五十万元以下罚金；虚开的税款数额巨大或者有其他特别严重情节的，处十年以上有期徒刑或者无期徒刑，并处五万元以上五十万元以下罚金或者没收财产。

单位犯本条规定之罪的，对单位判处罚金，并对其直接负责的主管人员和其他直接责任人员，处三年以下有期徒刑或者拘役；虚开的税款数额较大或者有其他严重情节的，处三年以上十年以下有期徒刑；虚开的税款数额巨大或者有其他特别严重情节的，处十年以上有期徒刑或者无期徒刑。

虚开增值税专用发票或者虚开用于骗取出口退税、抵扣税款的其他发票，是指有为他人虚开、为自己虚开、让他人为自己虚开、介绍他人虚开行为之一的。

疑难问题

1. 能否认为只要虚开了增值税专用发票，就构成本罪的既遂？

司法机关习惯于认为，本罪是所谓行为犯，只要虚开了增值税专用发票，就构成本罪，而且是既遂。

应该说，这样理解本罪和行为犯是错误的。犯罪的本质是侵害法益，刑法的目的是保护法益。即便是行为犯，也是因为侵害或者威胁了法益，才值得科处刑罚。相对于结果犯而言，所谓行为犯是指行为终了与结果发生之间没有时间间隔，即行为与结果同时发生的犯罪，因而因果关系不需要特别判断。所以行为犯也是有法益侵害结果的，只是这种法益侵害结果通常是无形的、非物质性的、不可测量的。

1997年《刑法》第205条第2款规定："有前款行为骗取国家税款，数额特别巨大，情节特别严重，给国家利益造成特别重大损失的，处无期徒刑或者死刑，并处没收财产。"那么，骗取国家税款数额较大或者巨大的，也只能以第1款虚开增值税专用发票罪定罪处罚，这说明本罪包括了骗取税款的内容。2011年通过的《刑法修正案（八）》删去第2款的规定，也只是为了废除本罪的死刑。

这说明，本罪的法益侵害结果就是骗取税款，只有当行为人主观上具有骗取、抵扣国家增值税款的故意和目的，客观上也具有骗取、抵扣国家增值税款的危险，才可能成立本罪。换言之，在判断一个行为是否构成虚开增值税专用发票罪时，应当以一般的经济运行方式为根据，判断虚开增值税专用发票的行为是否具有骗取、抵扣国家增值税款的危险。如果行为不具有骗取、抵扣国家增值税款的任何危险，即便有所谓虚开增值税专用发票的行为，也不能认定为虚开增值税专用发票罪。

2. 相互对开，或者为虚增公司业绩，所虚开的增值税专用发票没有抵扣联，以及代开的发票有实际经营活动相对应，没有而且不可能骗取国家税款的，能构成本罪吗？

甲公司为了虚增业绩，和乙公司签订了虚假的买卖合同，乙公司给甲公司虚开了增值税专用发票。甲公司把 7 000 万元的货款打入乙公司账户，乙公司扣除了 17％的增值税和 2％的手续费后，把剩余的款项打回甲公司的账户。甲公司向税务机关抵扣了 17％的税款，乙公司向税务机关缴纳了 17％的税款。

该案中，虽然甲乙两个公司之间没有实际的交易，乙公司给甲公司开具了增值税专用发票，似乎属于虚开增值税专用发票，但是，无论是甲公司还是乙公司，主观上都没有骗取、抵扣国家增值税款的故意和目的，客观上没有给国家增值税款造成损失的危险，事实上都按照规定缴纳税款了，没有给国家造成增值税款的损失，所以不成立虚开增值税专用发票罪。

行为人为了虚增公司业绩，所虚开的增值税专用发票没有抵扣联的，不应认定为本罪。还有代开的发票有实际的经营活动相对应，没有而且不可能骗取、抵扣国家增值税款的，也不能认定为本罪。

3. 在伪造的增值税专用发票上虚开的，能否成立本罪？

一般而言，刑法中的概念或者对象应当限于真实的，而不包括虚假的、伪造的；比如：故意杀"人"罪的对象必须是活人；持"枪"抢劫必须限于持真枪抢劫；贩卖"毒品"罪的对象必须是真毒品，而不能是面粉；强奸罪的对象必须是活着的妇女，必须有妇女存在，不能包括女尸和男人；等等。但个别条文从其表述和所保护的法益考虑，可能包括虚假、伪造的。例如，《刑法》第 280 条规定的买卖国家机关公文、证件、印章罪的对象，就既包括买卖真实的国家机关公文、证件、印章，也包括买卖伪造、变造的国家机关公文、证件、印章，因为第 280 条第 1 款就是将"买卖"与"伪造""变造"并列规定的。

虚开增值税专用发票罪所保护的法益是国家的税收财产以及发票的公共信用。在伪造的增值税专用发票上虚开，同样能够导致国家的增值税款的损失和侵害发票的公共信用，所以，在伪造的增值税发票上虚开，也能成立虚开增值税专用发票罪。

4. 该罪的实行行为是单纯的虚开,还是包括为他人虚开、为自己虚开、让他人为自己虚开、介绍他人虚开?

《刑法》第 205 条第 3 款规定,虚假增值税专用发票,是指有为他人虚开、为自己虚开、让他人为自己虚开、介绍他人虚开行为之一的。

为此,我国刑法理论通说认为,虚开增值税专用发票罪的实行行为包括"为他人虚开""为自己虚开""让他人为自己虚开""介绍他人虚开"四种情形。事实上,该款并非对本罪实行行为的规定,而是提醒司法工作人员注意对虚开增值税专用发票犯罪的共犯的打击。也就是说,虚开增值税专用发票罪的实行行为只有虚开,包括"为他人虚开"和"为自己虚开"。而"让他人为自己虚开",只是教唆犯,"介绍他人虚开"只是帮助犯。

5. 为限制本罪的处罚范围,能否认为本罪实际上是诈骗犯罪,而且是实害犯,要求行为人主观上具有骗取增值税款等税收财产的故意与非法占有目的?

S 公司与 T 公司签订虚假的买卖合同,S 公司将 9 000 万元的货款打给 T 公司,由 T 公司扣除 17% 的增值税和 2% 的手续费后,再将剩余的款项打回。S 公司向税务机关抵扣了 17% 的税款。T 公司则不仅不缴纳 17% 的税款,而且找 W 公司给其虚开增值税专用发票,发票的内容是手机款,与 T 公司开给 S 公司的增值税发票没有关联性,又向税务机关抵扣税款。S 公司对此并不知情。

本案中,T 公司的行为构成虚开增值税专用发票罪是没有任何问题的,问题是 S 公司的行为是否成立虚开增值税专用发票罪?虽然从客观方面看,S 公司让 T 公司虚开增值税专用发票的行为,似乎与 T 公司抵扣增值税款有关联,但事实上并非如此。一方面,S 公司已经让 T 公司扣除了 17% 的增值税,而且还另外给了 2% 的手续费。即使 T 公司向税务机关缴纳了 17% 的增值税,它也还可以得到 2% 的好处。另一方面,T 公司要抵扣税款,还必须找上家再虚开增值税专用发票,但 T 公司找上家虚开的增值税专用发票,与 T 公司给 S 公司虚开的增值税专用发票没有任何关联性。既然如此,就不能将 T 公司抵扣税款的行为与结果归属于 S 公司,S 公司的行为不构成虚开增值税专用发票罪。

虚开增值税专用发票罪以前被理论界和实务界看作行为犯和抽象危险犯,认为只要虚开了就构成本罪,而且是既遂。近年来开始有学者反思这一问题,认为该罪不是行为犯、抽象危险犯,而是实害犯。例如,张明楷教授认为本罪是实害犯而不是危险犯,才可能有利于本罪的认定,理由是:(1)《刑法修正案(八)》

删除第 205 条原第 2 款的规定，只是为了废除本罪的死刑，而且删除该款规定后，就意味着骗取国家税款数额特别巨大的行为，也只能适用第 1 款。(2)《刑法》第 205 条第 1 款规定的行为包括虚开可以用于骗取出口退税的发票，但《刑法》第 204 条却仅规定了骗取出口退税罪，没有规定骗取增值税罪，所以骗取增值税或者说利用虚开的增值税专用发票抵扣增值税的行为，只能适用《刑法》第 205 条第 1 款，这也表明虚开值税专用发票罪是实害犯，而不是危险犯。(3) 如果将虚开增值税专用发票罪理解为抽象危险犯或者行为犯，就意味着不管行为人是否抵扣增值税，所受处罚完全相同。这明显不符合罪刑相适应原则。概言之，由于本罪实际上是诈骗犯罪，而且是实害犯，所以行为人主观上必须具有骗取国家增值税款的故意和非法占有目的。如果行为人虚开增值税专用发票，进而骗取、抵扣了国家增值税款，成立本罪的既遂；如果虚开、代开增值税专用发票的行为客观上具有骗取、抵扣国家增值税款的具体危险，行为人主观上也具有骗取、抵扣国家增值税款的故意与非法占有目的，则成立本罪的未遂犯，否则，就不能认定为本罪，只能认定为《刑法》第 205 条之一规定的虚开发票罪。

本书认为，既然认为本罪存在未遂，还是将本罪看作结果犯更为妥当。因为实害犯是以实际的法益侵害结果的发生作为犯罪的成立条件和处罚根据的犯罪，如滥用职权罪、对违法票据承兑、付款、保证罪。而结果犯，是行为终了和结果发生之间存在时间间隔的犯罪，如故意杀人罪，结果犯有未遂。张明楷教授想表达的意思是，要成立虚开增值税专用发票罪，行为人主观上必须具有骗取、抵扣国家增值税款的故意和非法占有目的，客观上虚开行为必须具有造成国家增值税款损失的危险。单纯的虚开增值税专用发票的行为，不构成虚开增值税专用发票罪。本书也持这一观点，所以将本罪看作结果犯更为合适。

6. 本罪的既遂标准是完成了虚开，还是需要进而骗取、抵扣了国家增值税款？

本罪是结果犯，不是行为犯与抽象危险犯。出于骗取、抵扣国家增值税款的目的完成了虚开，还只是成立本罪的未遂。只有实际骗取、抵扣了国家的增值税款，才能成立本罪的既遂。

7. 对于通过变更发票品名虚开增值税专用发票逃税的，是认定虚开增值税专用发票罪，还是认定虚开发票罪与逃税罪？

双方存在实际的交易，只是通过变更发票品名而开具数量、金额属实的增值税专用发票的，由于没有骗取、抵扣国家的增值税款，只有逃避缴纳消费税等税款的危险，所以不能成立虚开增值税专用发票罪，只能成立虚开发票罪与逃税罪。

8. 逃税罪与虚开增值税专用发票罪的区别何在？

逃税罪是通过虚假申报或者不申报的方式逃避缴纳国家税款的行为，而虚开增值税专用发票罪，是通过虚开增值税专用发票的手段骗取、抵扣国家的增值税款。二者的区别在于手段和税种不同。如果行为人虽然采取了虚开增值税专用发票的手段，但目的不在于骗取、抵扣国家增值税款，而是逃避缴纳消费税等税款，则不成立虚开增值税专用发票罪，只能成立虚开发票罪与逃税罪。

9. 行为人（受票方）与对方有实际交易，但对方不能出具增值税专用发票，行为人因为无法取得进项发票，请其他一般纳税人如实代开增值税专用发票的，构成虚开增值税专用发票罪吗？

成立虚开增值税专用发票罪，要求行为人主观上必须具有骗取、抵扣国家增值税款的故意和非法占有目的，客观上必须具有造成国家增值税款损失的具体危险。如果行为人（受票方）与对方存在实际交易，由于对方不能出具增值税专用发票，行为人无法取得进项发票，而请其他一般纳税人为其如实代开增值税专用发票，表面上属于"让他人为自己虚开"而成立虚开增值税专用发票罪，但由于存在实际的交易，行为人主观上不具有骗取、抵扣国家增值税款的故意和非法占有目的，事实上也没有造成国家增值税款的损失，所以不能成立虚开增值税专用发票罪。

10. 虚开增值税专用发票罪与虚开发票罪之间是什么关系？

二者区别在于两点：一是虚开的发票种类不同，二是行为人目的不同。但不能认为二者的构成要件之间是对立、互斥关系，否则会形成处罚漏洞。例如，行为人误以为自己虚开的是普通发票，而实际上是增值税专用发票，或者相反，都只能成立虚开发票罪。如果行为人虽然虚开了增值税专用发票，但主观上不具有骗取、抵扣国家增值税款的目的，客观上也不具有造成国家增值税款损失的危险，不能成立虚开增值税专用发票罪，只可能成立虚开发票罪与逃税罪。

第二十节 假冒注册商标罪

第二百一十三条 **【假冒注册商标罪】**未经注册商标所有人许可，在同一种商品、服务上使用与其注册商标相同的商标，情节严重的，处三年以下有期徒刑，并处或者单处罚金；情节特别严重的，处三年以上十年以下有期徒刑，并处罚金。

疑难问题

1. 尚未销售、展现所假冒注册商标的商品的，能认定为"使用"而成立该罪的既遂吗？

2011 年 1 月 10 日"两高"《关于办理侵犯知识产权刑事案件适用法律若干问题的意见》指出，在计算制造、储存、运输和未销售的假冒注册商标侵权产品价值时，对于已经制作完成但尚未附着（含加贴）或者尚未全部附着（含加贴）假冒注册商标标识的产品，如果有确实、充分证据证明该产品将假冒他人注册商标，其价值计入非法经营数额。也就是说，即便商标还未贴附到商品上尚未销售，就能成立假冒注册商标罪的既遂。司法实践的这种做法可能引发疑问：假冒注册商标罪是侵害他人注册商标专用权的实害犯，假冒的商标尚未贴附到商品上，尚未销售的，怎么可能已经侵害到他人的注册商标专用权而成立该罪的既遂？

应该说，只有通过商品销售、展销和商品广告等方式展现于外，能让人感知到其所销售的商品是他人享有注册商标专用权的商品，才能认定为侵害了他人注册商标专用权，才可能成立本罪的既遂。具体而言，本罪中的所谓"使用"，是指将他人注册商标用于商品、商品包装或者容器以及产品说明书、商品交易文书，采用他人的服务商标签订合同或在提供服务的过程中使用他人商标，或者将他人的注册商标用于广告宣传、展览以及其他商业活动等行为。总而言之，没有以消费者可以感知的方式显露于外的，都不能被称为"使用"。商标尚未贴附到商品上，尚未销售的，只是本罪的预备。开始销售、展示假冒注册商标的商品，才是本罪的着手，实际售出、展现的，才能成立本罪的既遂。

2. 反向假冒行为是否成立本罪？

所谓反向假冒，就是在他人的商品上使用自己的商标，例如"二锅头"酒厂将茅台酒装入自家的瓶子里销售。由于行为人只是使用了他人的商品，而没有使用他人的商标，可谓一种不正当竞争行为，不构成本罪。

3. 司法解释关于制造、储存、运输、销售侵权产品价值即为"非法经营数额"，以及将"违法所得数额"作为定罪和法定刑升格的依据，是否有违罪刑法定和法益保护原则？

2004 年 12 月 8 日"两高"《关于办理侵犯知识产权刑事案件具体应用法律若

干问题的解释》第 12 条规定，本解释所称"非法经营数额"，是指行为人在实施侵犯知识产权行为过程中，制造、储存、运输、销售侵权产品的价值；制造、储存、运输和未销售的侵权产品的价值，按照标价或者已经查清的侵权产品的实际销售平均价格计算；侵权产品没有标价或者无法查清其实际销售价格的，按照被侵权产品的市场中间价格计算。该解释第 1 条规定，非法经营数额在 5 万元以上或者违法所得数额在 3 万元以上的，属于"情节严重"；非法经营数额在 25 万元以上或者违法所得数额在 15 万元以上的，属于"情节特别严重"。

《刑法》第 213 条规定本罪的成立条件是，"未经注册商标所有人许可，在同一种商品、服务上使用与其注册商标相同的商标，情节严重的"。若假冒注册商标的商品尚处于制造、储存、运输过程中，是不可能侵害他人的注册商标专用权，不可能属于侵害他人注册商标专用权"情节严重"的。正如，如果只是生产了伪劣产品尚未销售，就不可能已经侵害了生产、销售伪劣产品罪所保护的法益——市场经济秩序、产品质量管理制度和消费者的合法权益。本罪中的"情节严重"与"情节特别严重"，一定是已经对他人的注册商标专用权实际造成了法益侵害的结果。所谓"非法经营数额"，根本不是反映法益侵害程度的数额，称之为预备数额可能更为妥当。另外，所谓"违法所得数额"，应该是指行为人实际获取的利润数额，而这种数额显然也不能反映假冒他人注册商标的法益侵害程度。

由此可见，"两高"在《刑法》规定的"情节严重"之外，规定"非法经营数额"与"违法所得数额"，有违反罪刑法定与法益保护原则的嫌疑。

4. 本罪与生产、销售伪劣商品罪，非法经营罪，诈骗罪等罪之间是什么关系？

甲买进普通白酒后，装入飞天茅台酒的瓶中以茅台酒的价格出售，获利 54 万元。经鉴定，该白酒本身没有质量问题，是合格的白酒。

对于本案，张明楷教授认为属于典型的以次充好、以假充真，构成诈骗罪，生产、销售伪劣产品罪，假冒注册商标罪，销售假冒注册商标的商品罪。[①]

本书认为，既然甲购入的白酒具有白酒的通常使用性能，质量没有任何问题，是合格的白酒，就不能认定甲的行为构成生产、销售伪劣产品罪。甲假冒了茅台酒商标，当然构成假冒注册商标罪。将普通白酒冒充茅台酒出售，还侵害了消费者的财产，构成诈骗罪。由于只有一个行为，故成立假冒注册商标罪与诈骗

---

① 张明楷. 刑法的私塾：之二. 北京：北京大学出版社，2017：370-371.

罪的想象竞合，从一重处罚即可。

如果假冒他人注册商标的商品属于专营专卖的商品，如香烟，则同时成立非法经营罪。若所假冒商标的商品质量有问题，则还成立生产、销售伪劣产品罪。假冒他人商标，若消费者不知情，则因为侵害了消费者的财产还成立诈骗罪。所以，本罪与生产、销售伪劣产品罪，非法经营罪，诈骗罪之间可能形成竞合关系，竞合时从一重处罚即可。

5. 如何把握本罪中的"情节严重"与"情节特别严重"？

刑法的目的是保护法益，犯罪的本质是侵害法益。《刑法》分则中的"情节（特别）严重"，只能是客观方面的反映法益侵害程度的要素。就假冒注册商标罪而言，作为犯罪成立条件的"情节严重"，只能是反映假冒行为对他人注册商标专用权的侵害程度严重，如销售假冒他人注册商标的商品的数额、规模、影响大。需要指出的是，只有实际销售了假冒他人注册商标的商品或者展现了所假冒的他人注册商标，才可能评价为"情节（特别）严重"，而不能将所谓"非法经营数额"与"违法所得数额"，认定为"情节（特别）严重"。

6. 2011 年 1 月 10 日"两高"、公安部《关于办理侵犯知识产权刑事案件适用法律若干问题的意见》规定："明知他人实施侵犯知识产权犯罪，而为其提供生产、制造侵权产品的主要原材料、辅助材料、半成品、包装材料、机械设备、标签标识、生产技术、配方等帮助，或者提供互联网接入、服务器托管、网络存储空间、通讯传输通道、代收费、费用结算等服务的，以侵犯知识产权犯罪的共犯论处。"该规定有无问题？

如果机械地理解上述司法解释规定，则意味着向假冒他人注册商标的企业提供通用的原材料、设备、技术、场地、运输等"帮助"，都能成立假冒注册商标罪的共犯。这样理解显然过于扩大了本罪共犯的处罚范围。其实，该司法解释只是强调，对于那些深度参与了假冒他人注册商标而成为犯罪有机组织体的一部分的行为，应当作为共犯进行处罚，而不是将提供中立性、业务性、非追求犯罪目的性、非针对特定对象性的中立的帮助行为也作为共犯进行处罚。

7. 行为人收购他人使用过的标有注册商标的商品后，通过清洗和修补商品外表，使用原注册商标将商品出卖给他人并说明真相的，构成假冒注册商标罪吗？

由于行为人并没有假冒他人注册商标，所以不成立假冒注册商标罪。如果产品质量有问题，则构成生产、销售伪劣产品罪。

第二十一节　销售假冒注册商标的商品罪

第二百一十四条　**【销售假冒注册商标的商品罪】**销售明知是假冒注册商标的商品，违法所得数额较大或者有其他严重情节的，处三年以下有期徒刑，并处或者单处罚金；违法所得数额巨大或者有其他特别严重情节的，处三年以上十年以下有期徒刑，并处罚金。

疑难问题

1.“违法所得”与“销售金额”是一个概念吗？

1997 年《刑法》规定本罪的成立条件是"销售金额数额较大"，《刑法修正案（十一）》将本罪的成立条件修改为"违法所得数额较大或者有其他严重情节"。如果认为"销售金额"就是"违法所得"，就完全没有必要进行修改。这说明，在立法者看来"违法所得"与"销售金额"不是同一个概念。可是，2001 年 4 月 9 日"两高"《关于办理生产、销售伪劣商品刑事案件具体应用法律若干问题的解释》指出，"刑法第一百四十条、第一百四十九条规定的'销售金额'，是指生产者、销售者出售伪劣产品后所得和应得的全部违法收入"；刑法理论通说也认为，"违法所得"是指销售假冒注册商标的商品后所得和应得的全部违法收入[①]，似乎是将"违法所得"与"销售金额"等同看待。

应该说，"违法所得"不同于"销售金额"。"违法所得"应是扣除成本之后的纯利润，而"销售金额"只是商品单价乘以销售数量后的乘积。销售金额是不扣除成本的，所以销售金额通常都会远远大于违法所得。1997 年修改《刑法》时之所以将原单行刑法中规定的生产、销售伪劣产品罪的成立条件"违法所得"修改为"销售金额"，就是考虑到将"违法所得"作为犯罪成立条件，一是难以查清，二是相当于给犯罪人发工资，三是"违法所得"不能准确反映生产、销售伪劣产品犯罪行为的法益侵害程度。再则，《刑法》第 64 条规定的是"犯罪分子违法所得的一切财物，应当予以追缴或者责令退赔"，人们一直提的也是"没收违法所得"，而从未有人提"没收销售金额"或者"没收销售所得"。这也说明，违法所得就是行为人通过违法犯罪行为所获得的利益。当然，如果认为所谓"销售

[①]　张明楷.刑法学.6 版.北京：法律出版社，2021：1068.

假冒注册商标的商品后所得和应得的全部违法收入"，是指纯收入、纯利润，也没有什么问题。但理论与实践显然是把"违法所得"和"销售金额"在等同意义上进行把握的，这就存在问题了。

我们姑且不论《刑法修正案（十一）》将原来的"销售金额"修改为"违法所得"是否合理，但从作出修改来看，应能得出"违法所得"不同于"销售金额"的肯定结论，应当认为所谓"违法所得"，是指行为人销售假冒注册商标的商品后的实际获利，即扣除成本后的纯利润，而不是所谓的销售金额或者销售收入。

2. "违法所得数额较大或者有其他严重情节"，是犯罪成立条件还是既遂条件？

2011年1月10日"两高"、公安部《关于办理侵犯知识产权刑事案件适用法律若干问题的意见》规定，假冒注册商标的商品尚未销售，货值金额在15万元以上，以及假冒注册商标部分销售，已销售金额不满5万元，但与尚未销售的假冒注册商标的商品的货值金额合计在15万元以上的，以销售假冒注册商标的商品罪（未遂）定罪处罚。很显然，该解释将"违法所得数额较大"看作是犯罪既遂条件，而不是犯罪成立条件。不过，当时规定的犯罪成立条件是"销售金额数额较大"。

本书认为，立法者之所以没有将该罪规定为"销售明知是假冒注册商标的商品，处……"的行为犯，是因为在立法者看来，单纯销售假冒注册商标的商品还不构成犯罪，只有销售假冒注册商标的商品违法所得数额较大或者有其他严重情节的，才达到值得科处刑罚的程度，否则只是一般的商标违法行为。再则，虽然我国刑法规定原则上处罚所有犯罪的未遂犯，但实际上仅处罚极少部分犯罪的未遂犯。销售假冒注册商标的商品罪显然不属于性质严重的犯罪，所以即使本罪存在未遂，也属于《刑法》第13条但书所规定的"情节显著轻微危害不大的，不认为是犯罪"的情形。所以，与《刑法》第140条将"销售金额五万元以上"规定为犯罪成立条件一样，本罪也是将"违法所得数额较大或者有其他严重情节"作为犯罪成立条件，而不是犯罪既遂条件进行规定的。违法所得数额实际没有达到较大或者没有其他严重情节的，不是成立本罪的未遂，而是根本就不成立犯罪。

3. 本罪与销售伪劣产品罪、非法经营罪、诈骗罪之间是什么关系？

如果所销售的假冒他人注册商标的商品系伪劣产品，则在成立销售假冒注册商标的商品罪的同时，还成立销售伪劣产品罪。倘若假冒注册商标的商品是烟草专卖品，还可能构成非法经营罪。隐瞒假冒他人注册商标的事实销售假冒注册商标的商品的行为，因为侵害了消费者的财产，还能构成诈骗罪。所以，销售假冒注册商标的商品罪与销售伪劣产品罪、非法经营罪和诈骗罪之间可能发生竞合，竞合时从一重处罚即可。

4. 本罪的行为主体是否包括假冒注册商标的人？

假冒注册商标的犯罪人销售自己假冒注册商标的商品的，只成立假冒注册商标罪，不另外成立销售假冒注册商标的商品罪。从这个意义上讲，本罪的行为主体只能是假冒注册商标以外的人。如果行为人既假冒此商品的商标，又销售他人假冒的彼注册商标的商品，则成立数罪，实行并罚。不过，如果不能查明所销售的假冒他人注册商标的商品是行为人自己假冒的，还是他人假冒的，完全可以而且应当以销售假冒注册商标的商品罪定罪处罚。

第二十二节　侵犯著作权罪

第二百一十七条　**【侵犯著作权罪】**以营利为目的，有下列侵犯著作权或者与著作权有关的权利的情形之一，违法所得数额较大或者有其他严重情节的，处三年以下有期徒刑，并处或者单处罚金；违法所得数额巨大或者有其他特别严重情节的，处三年以上十年以下有期徒刑，并处罚金：

（一）未经著作权人许可，复制发行、通过信息网络向公众传播其文字作品、音乐、美术、视听作品、计算机软件及法律、行政法规规定的其他作品的；

（二）出版他人享有专有出版权的图书的；

（三）未经录音录像制作者许可，复制发行、通过信息网络向公众传播其制作的录音录像的；

（四）未经表演者许可，复制发行录有其表演的录音录像制品，或者通过信息网络向公众传播其表演的；

（五）制作、出售假冒他人署名的美术作品的；

（六）未经著作权人或者与著作权有关的权利人许可，故意避开或者破坏权利人为其作品、录音录像制品等采取的保护著作权或者与著作权有关的权利的技术措施的。

疑难问题

1. 未经许可出租他人录音录像制品，是否属于"复制发行"他人作品？

《刑法》第217条第3项规定"未经录音录像制作者许可，复制发行、通过信息网络向公众传播其制作的录音录像的"，构成侵犯著作权罪。我国著作权法规定著作权的发行权只包括出售和赠与两种形式，问题是，未经录音录像制作者许可，出租其制作的录音录像的，是否属于"发行"录音录像？从当然解释的角度讲，既然赠与都可以被认定为发行，出租当然也能被认定为发行。应该说，发行的本质特征就是传播、扩散作品，出租作品当然也是传播、扩散作品的一种方式，属于复制发行。

本罪第1项和第3项都规定了"复制发行"，关于如何理解复制发行，理论上曾经存在争议。显然理论与实务的共识是，所谓"复制发行"，包括复制或者发行以及复制且发行的行为。在《刑法修正案（十一）》明确将"通过信息网络向公众传播"纳入侵犯著作权罪行为方式之前，实践中也一直认为，通过信息网络向公众传播的行为属于"发行"，因为发行的本质就是传播、扩散，而通过信息网络向公众传播无疑属于一种传播、扩散，而且，相对于传统的纸质媒体的传播途径而言属于一种更快捷的传播、扩散方式。

2. 单纯"复制""制作"不"发行""出售"的，能构成侵犯著作权罪吗？

虽然关于本罪行为方式《刑法》规定了"复制"（第217条第1、3、4项）和"出售"（第217条第5项），但应该认识到，单纯复制、制作而不发行、出售侵权作品的，对他人著作权的侵害还只是具有抽象性危险，而对于侵犯著作权罪这种轻罪，不至于处罚抽象危险犯，所以应当认为，单纯复制、制作而不发行、出售侵权作品的，不值得科处刑罚。立法者之所以将"复制"与"发行"、"制作"与"出售"并列规定，只是说明无论发行、出售自己复制、制作的侵权作品，还是发行、出售他人复制、制作的侵权作品，都构成犯罪。正如，同时规定生产、销售伪劣产品，是旨在提醒司法工作人员注意，无论是销售自己生产的伪劣产品，还是销售他人生产的伪劣产品都构成犯罪，而不是说，生产行为是生产、销售伪劣产品罪的实行行为，单纯生产而不销售伪劣产品的行为也能构成犯罪。

总之，从实质违法性的角度判断，应当认为单纯复制、制作而不发行、出售侵权作品的，不构成侵犯著作权罪，至多成立侵犯著作权罪的预备，通常不值得科处刑罚。

3. 为了和销售侵权复制品罪相区分，应否将侵犯著作权罪中的"发行""出售"限定为总发行、批量销售或者大规模销售？

侵犯著作权罪的法定最高刑为 10 年有期徒刑，而销售侵权复制品罪的仅为 5 年有期徒刑。为了使销售侵权复制品罪不至于没有适用的余地，张明楷教授主张：将侵犯著作权罪中的"发行"理解为总发行、批量销售或者大规模销售，而将销售侵权复制品罪中的"销售"理解为零售；将侵犯著作权罪中的"出售"，也限制解释为批量销售或者大规模销售。[①]

本书认为，没有必要作出这种限制解释。销售侵权复制品罪的法定刑之所以轻于侵犯著作权罪的法定刑，是因为其所销售的侵权复制品是他人复制、制作的，而不是自己复制、制作的。若是行为人自己复制、制作后发行、出售的，应以法定刑更重的侵犯著作权罪定罪处罚。所以，即便不对侵犯著作权罪中的"发行""出售"作出限制解释，也能区分和协调两罪，不至于使销售侵权复制品罪没有适用的余地。

4. 如何评价深度链接行为的性质？

案 1：甲申请注册网站域名后设立 X 网站，并租用服务器，通常安装相关软件完成网站和服务器的链接。然后未经著作权许可，通过 X 网站管理后台，链接至 Y 资源网获取影视作品的种子文件索引地址，以设置目录、索引等方式向用户推荐作品，并通过强制提供特定播放软件等方式，为 X 网站用户提供浏览、下载上述影视作品的网络服务。

链接又称超文本链接、超链接，是指通过使用超文本标记语言编辑包含标记指令的文本文件，通过通用资源定位符指向其他内容，在两个不同的文档或同一文档的不同部分建立联系，使访问者可以通过一个网址访问不同网址的文件或通过一个特定的栏目访问同一站点上的其他栏目。按照对象和形式的不同，链接可以分为普通链接、深度链接。普通链接的对象通常是被链网站的首页，点击普通链接后，用户明白地知道已经从一个网站跳到另一个网站的首页上。深度链接的对象是被链网站的某一特定除首页之外的网页，如正在观看被链网站上的一部电影。加框链接是深度链接的一种，但较其他深度链接更为先进，即设链者运用加框技术将被链网站上的影视等作品嵌入设链网站的网页，使用户在设链网站上直接就能看到所链接的作品内容，无须跳转到被链网站上，容易造成用户误以为作

---

① 张明楷．刑法学．6 版．北京：法律出版社：2021：1072．

品内容系设链网站提供的。

虽然从语言分类角度，深度链接也是一种链接，它提供的只是网络通道、没有直接上传作品置于网站，是一种"间接提供作品"的行为。但深度链接不是一种正常的链接行为，它是对他人视频网站中影视作品文件的直接链接，用户点击后不经跳转程序，即可一键式直接打开第三方网站的影视作品，因而从网络用户角度看，这种行为实质上就是直接向公众提供作品的行为。

案1中，甲提供的就是一种深度链接网络服务，这种服务扩大了侵权产品的传播范围，宜被认定为侵犯著作权罪的正犯行为，构成侵犯著作权罪。

司法实践中也有判例肯定提供深度链接服务构成侵犯著作权罪，例如：(1) 江苏省徐州市中级人民法院（2015）徐知刑初字第 13 号刑事判决书认定，被告人袁某在网站上增加了影视剧的在线播放功能，利用程序自动采集的方式，从境外影视网站上深度链接 7 000 余部影视作品，在虾滚影视网上供用户在线浏览，并发布广告牟利；被告人谭某明知被告人袁某经营非法的影视剧网站，仍继续提供链接服务。法院认为，被告人袁某以营利为目的，未经著作权人许可，通过信息网络传播其影视作品，情节特别严重；被告人谭某明知被告人袁某经营非法的影视剧网站，仍继续提供链接服务，情节特别严重，二被告人的行为构成侵犯著作权罪。

(2) 上海市杨浦区人民法院（2018）沪 0110 刑初 150 号刑事判决书认定，被告人潘某负责编写爬虫软件从互联网上抓取小说数据库储存至租用的阿里云服务器内，当用户在该手机 App 软件上点击阅读某小说（仅有书名和目录）时，爬虫软件即从互联网上抓取用户所需的小说内容，发送并缓存至上述服务器内，供用户免费阅读。被告人金某某负责对该软件进行推广并联系广告商在该 App 软件上登载广告，通过用户点击量牟取广告收益。法院认为，被告人金某某、潘某结伙，以营利为目的，未经玄霆公司许可，复制玄霆公司享有信息网络传播权的文字作品 1 024 部，并通过信息网络向公众传播，情节严重，其行为均已构成侵犯著作权罪。

(3) 湖北省鄂州市华容区人民法院（2021）鄂 0703 刑初 97 号刑事判决书认定，三名被告人在未经小明太极（湖北）国漫文化有限公司授权的情况下，将互联网上其他网站刊登的该公司享有著作权的漫画 650 部及大量未获取著作权人授权的网络小说进行源代码解析并链接至某手机 App 中供网民免费观看，同时在 App 中提供收费广告服务，收取广告商广告费。法院认为，被告人程某冬、赵某晓、刘某峰以营利为目的，未经著作权人许可，通过信息网络向公众传播他人漫画、小说作品，情节特别严重，其行为构成侵犯著作权罪。

（4）河北省石家庄市新华区人民法院（2020）冀 0105 刑初 409 号刑事判决书认为，对于辩护人提出的两 App 仅提供链接，没有实施复制发行涉案侵权作品行为的辩护意见，经查：根据三被告人供述，一般用户通过两 App 查看相关作品内容，实际浏览相关作品内容时并未脱离两 App，其功能不仅仅是搜索的服务范围。虽然本案并无证据表明相关作品的内容实际存储在两 App 的服务器上，但是三被告人明知通过其 App 提供的服务能够让用户不离开其 App 便可浏览相关网站内容，从而替代了第三方网站直接向用户提供内容，故其行为符合我国刑法规定的侵犯著作权罪的行为。故对吴某某、黄某某辩护人提出的无罪辩解意见不予采纳。关于主观上是否有"营利目的"，经查，三被告人均明知其所参与的 App 是通过免费阅读提高点击量的模式赚取广告费，故对辩护人提出的被告人没有"营利目的"的辩解意见不予采纳。被告人吴某某、黄某某、康某某构成侵犯著作权罪。

综上，提供深度链接服务的行为扩大了侵权作品的传播范围，属于"通过信息网络向公众传播"，构成侵犯著作权罪。

5. 该罪与生产、销售伪劣产品罪，诈骗罪等罪之间是什么关系？

如果所制作、销售的侵权复制品属于伪劣产品，还能构成生产、销售伪劣产品罪。行为人隐瞒真相销售的，由于还侵害了消费者的财产权，所以还可能构成诈骗罪。由于只有一个行为，应认为存在竞合，从一重罪处罚。

6. 2003 年 6 月 20 日公安部《关于对侵犯著作权案件中尚未印制完成的侵权复制品如何计算非法经营数额问题的批复》规定，对于行为人尚未印制完成侵权复制品的，应当以侵权复制品的定价数额乘以承印数量所得的数额计算其经营数额，认定为犯罪未遂。此规定有无问题？

由于该罪的成立条件是"违法所得数额较大或者有其他严重情节"，应当认为该罪没有未遂成立的余地，只是制作、复制了侵权作品而未实际发行、出售的，不可能达到"违法所得数额较大或者有其他严重情节"的程度，不成立该罪。上述规定是错误的。

7. 本罪前五项的实行行为是什么？

虽然本罪罪状规定的行为方式有"复制"和"制作"，但应认为，单纯复制和制作只具有抽象危险，只是该罪的预备。只有实际发行、通过信息网络向公众传播、出版、出售，才可能实际侵害他人著作权，才是本罪的实行行为。

171

8. 本罪的成立条件和既遂标准是什么？

本罪的成立条件是"违法所得数额较大或者有其他严重情节"。也就是说，本罪没有既、未遂之分，只有成立不成立的问题。没有实际发行、出版、出售（第6项除外），就不可能达到"违法所得数额较大或者有其他严重情节"的程度。换言之，只有实际发行、出版、出售侵权作品的，才可能达到"违法所得数额较大或者有其他严重情节"，才可能成立本罪。本罪相当于实害犯。所以，与其讨论本罪既未遂标准，还不如讨论本罪的成立条件。

9. 行为人在自己制作的美术作品上假冒他人（如著名画家）署名的，成立本罪吗？出售的，构成诈骗罪吗？

从严格意义上讲，行为人在自己制作的美术作品上假冒他人署名的，并没有侵犯他人的著作权，而只是侵犯了他人的署名权，不构成侵犯著作权罪。出售这种作品的，由于还侵害了购买者的财产权，所以成立诈骗罪。

10. 能否认为在实施本罪行为的过程中以刊登收费广告等方式直接或者间接收取费用的，也属于"以营利为目的"？

成立侵犯著作权罪要求"以营利为目的"，而《著作权法》将赠与方式也规定为发行的一种表现形式。从表面上看，以这种赠与方式发行的，不能构成侵犯著作权罪。其实不然。本罪中的"以营利为目的"，包括以刊登收费广告等方式直接或者间接收取费用。而所谓赠与发行，不排除行为人在赠与的书刊中刊登广告获取利益，所以还是可能构成侵犯著作权罪。而通过信息网络向公众传播，虽然表面上有的商家为下载App软件的用户提供免费的浏览、下载服务，可实际上商家是在赚取网络流量后通过刊登收费广告的方式获取收益，所以不排除侵犯著作权罪的成立。

11. 以避开或者破坏技术措施为目的，进口有关装置或者部件的，如何处理？向公众提供这类装置或者部件，以及故意为他人避开或者破坏技术措施提供技术服务的，如何处理？

虽然《刑法》第217条第6项将直接规避著作权技术保护措施的行为规定为构成要件行为，但并不意味着间接规避行为不可能触犯刑法。例如，以避开或者破坏技术保护措施为目的制造、进口有关装置或者部件的，成立本罪的预备犯；以避开或者破坏技术保护措施为目的向公众提供有关装置或者部件的，以及故意为他人避开或者破坏技术保护措施提供技术服务的，可能构成本罪的共犯。

12. 为何本罪第6项特别规定"故意"？是否意味着其他行为类型可以由过失构成？

本罪第6项特意强调"故意"，只是为了提醒司法工作人员注意，过失避开或者损坏著作权技术保护措施的行为不构成犯罪，并不是说其他五项行为类型可以由过失构成。因为根据《刑法》第15条第2款"过失犯罪，法律有规定的才负刑事责任"之规定，只要不是"法律有规定"，就得认为只能由故意构成。所以，本罪前五项也只能由故意构成。

13. 从立法论上讲，应否取消"以营利为目的"要素？在刑法保留了以营利为目的的前提下，对于网络环境下的侵犯著作权的认定，应否尽可能包括间接营利的范围？

从法益保护角度讲，行为人是否具有"以营利为目的"，不影响行为的法益侵害程度的评价，而且司法实践中，对于通过信息网络向公众传播，很难查明行为人是否具有营利目的，所以从立法论上讲，应当取消"以营利为目的"这一构成要件要素。在刑法保留了"以营利为目的"的现状下，对于赚取网络流量后通过刊登收费广告的形式获取收益的所谓间接营利的，应当认定为"以营利为目的"，肯定本罪的成立。

14. 对于非法出版、复制、发行他人作品，是认定为侵犯著作权罪，还是认定为非法经营罪？应否承认本罪与非法经营罪的竞合？

司法实践中曾将复制、发行非法出版物的行为认定为非法经营罪，但是应当认为，非法出版、复制发行他人享有著作权的作品，不属于专营专卖行为，没有扰乱市场秩序，只是侵犯了他人著作权，不构成非法经营罪。也就是说，对于这种行为，若不符合侵犯著作权罪构成要件，不构成侵犯著作权罪的，不能反而认定为法定刑更重的非法经营罪，不应承认侵犯著作权罪与非法经营罪之间的竞合。

第二十三节 销售侵权复制品罪

第二百一十八条 **【销售侵权复制品罪】**以营利为目的，销售明知是本法第二百一十七条规定的侵权复制品，违法所得数额巨大或者有其他严重情节的，处五年以下有期徒刑，并处或者单处罚金。

疑难问题

1. 2008 年 6 月 25 日最高检、公安部《关于公安机关管辖的刑事案件立案追诉标准的规定（一）》第 27 条规定，违法所得数额虽未达到上述数额标准，但尚未销售的侵权复制品货值金额达到 30 万元以上的，应予立案追诉。此立案标准规定，有无问题？

1997 年《刑法》规定本罪的成立条件是"违法所得数额巨大"，2020 年《刑法修正案（十一）》将本罪的成立条件修改为"违法所得数额巨大或者有其他严重情节"。应该说，无论本罪的成立条件是"违法所得数额巨大"，还是"违法所得数额巨大或者有其他严重情节"，本罪都是实害犯，只有成立不成立的问题，没有既、未遂问题。没有实际销售，就不可能存在"违法所得数额巨大或者有其他严重情节"，所以上述关于"尚未销售的侵权复制品货值金额达到 30 万元以上，应予立案追诉"的立案标准规定存在问题，应予废除。

2. 为了与侵犯著作权罪相区分，是否应将本罪中的"销售"限定为"零售"？

张明楷教授认为，为了与侵犯著作权罪相区分，应将本罪中的"销售"限制解释为"零售"①。

本书不赞成上述主张。本罪的法定刑之所以轻于侵犯著作权罪的，是因为本罪行为人没有制作侵权复制品，只是明知是他人制作的侵权复制品而加以销售，所以相对来说法益侵害性较轻。行为人制作侵权复制品后销售的，应当成立法定刑相对较重的侵犯著作权罪。

3. 不构成本罪的，能成立非法经营罪吗？

侵权复制品通常不是专营专卖物品，销售侵权复制品的行为，没有扰乱市场秩序，而只是侵犯他人著作权。不能认为，销售侵权复制品的，没有达到本罪的成立标准，反而可以成立法定刑要重得多的非法经营罪，否则，明显有违罪刑相适应原则。

第二十四节　侵犯商业秘密罪

第二百一十九条　**【侵犯商业秘密罪】**有下列侵犯商业秘密行为之一，情节

---

① 张明楷 . 刑法学 . 6 版 . 北京：法律出版社，2021：1072.

严重的，处三年以下有期徒刑，并处或者单处罚金；情节特别严重的，处三年以上十年以下有期徒刑，并处罚金：

（一）以盗窃、贿赂、欺诈、胁迫、电子侵入或者其他不正当手段获取权利人的商业秘密的；

（二）披露、使用或者允许他人使用以前项手段获取的权利人的商业秘密的；

（三）违反保密义务或者违反权利人有关保守商业秘密的要求，披露、使用或者允许他人使用其所掌握的商业秘密的。

明知前款所列行为，获取、披露、使用或者允许他人使用该商业秘密的，以侵犯商业秘密论。

本条所称权利人，是指商业秘密的所有人和经商业秘密所有人许可的商业秘密使用人。

疑难问题

1. 本罪关于犯罪成立条件的修改，是否意味着从结果犯变为情节犯？

《刑法修正案（十一）》对侵犯商业秘密罪最重要的修改，就是将原来的犯罪成立条件"给商业秘密的权利人造成重大损失"修改成"情节严重"。这并非意味着本罪从所谓的结果犯变成情节犯。应该说，以前规定的是实害犯，也就是没有给商业秘密的权利人造成重大损失的，根本就不成立犯罪。若认为是结果犯，如故意杀人罪，意味着没有造成法定结果的，只是不成立既遂，而不是不成立犯罪。所以只能说该罪由实害犯修改成了情节犯。

2. 《刑法修正案（十一）》出台前人们普遍认为"本罪真正的实行行为是行为人使用、允许他人使用或者披露商业秘密"，《刑法修正案（十一）》将犯罪成立条件由原来的"造成重大损失"修改为"情节严重"，那么对于本罪的实行行为还应坚持以前的观点吗？

因为以前规定本罪的成立条件是"给商业秘密的权利人造成重大损失"，很显然，即便非法获取了权利人的商业秘密，只要行为人不实际披露、使用或者允许他人使用权利人的商业秘密，就不可能给权利人造成重大损失，所以"获取"并不是该罪的实行行为，披露、使用才是该罪的构成要件行为。《刑法修正案（十一）》将该罪的成立条件修改为"情节严重"，因而从理论上讲，单纯非法获取权利人的商业秘密，也可能被认定为"情节严重"。所以，根据修改后的罪状表述，有可能认为该罪的实行行为并不限于披露和使用，还可能包括非法获取，即非法获取后即便不披露、使用，也可能认定为"情节严重"而构成本罪的既遂。

3. 盗窃他人商业秘密后出售，能否构成盗窃罪？

在 1997 年修订《刑法》增设本罪之前，理论界与实务界均认为盗窃技术成果的，可以构成盗窃罪，但增设本罪后，理论界和实务界普遍认为，盗窃商业秘密的，不再成立盗窃罪，只能构成侵犯商业秘密罪。张明楷教授认为，盗窃罪的行为是转移财物的占有。盗窃罪中的转移占有强调的是一种零和关系，就是说，行为人转移了占有之后，被害人就不再占有此财物。盗窃罪中的窃取不同于侵犯商业秘密罪中的窃取。在后一种场合，虽然可以说行为人窃取了商业秘密，但权利人依然可能享有商业秘密，因而不是零和关系。除非行为人把商业秘密的载体一起盗走，权利人不再享有商业秘密，则与盗窃罪中的窃取含义相同。[①]

本书认为，虽然对于有体物而言，所谓盗窃就是转移占有，就是零和关系，但商业秘密作为无形财产有其特殊性，也就是盗窃商业秘密未必形成零和关系，权利人并不完全丧失商业秘密，丧失的只是独占状态，权利人还能继续使用该商业秘密。对于商业秘密这种无形财产而言，即便没有完全丧失占有，也有必要以盗窃罪进行评价，否则就会形成一种悖论：盗窃可口可乐公司的 10 万箱饮料，属于数额特别巨大，能以盗窃罪判处无期徒刑，而盗窃可口可乐公司的秘密配方（商业秘密）后转手以 1 亿元卖掉，却不构成盗窃罪，只能以侵犯商业秘密罪定罪最高判处 10 年有期徒刑。对于可口可乐公司而言，显然秘密配方被盗比 10 万箱可口可乐被盗，损失要大得多。所以本书认为，盗窃他人商业秘密的，成立侵犯商业秘密罪与盗窃罪的想象竞合，从一重处罚。

4. 非法使用他人商业秘密制造产品并假冒他人注册商标的，是想象竞合还是应数罪并罚？

张明楷教授认为，对于以盗窃、贿赂、欺诈、胁迫等不正当手段获取他人商业秘密，然后使用该商业秘密制造产品并假冒他人注册商标的，原则上应以侵犯商业秘密罪和假冒注册商标罪实行并罚。同样，对于单纯非法使用他人商业秘密制造产品并且假冒他人注册商标的，由于存在两个行为并且侵害了两个法益，应当实行数罪并罚。[②]

本书认为上述观点可能存在问题。如果认为因为《刑法修正案（十一）》将

---

① 张明楷. 侵犯人身罪与侵犯财产罪. 北京：北京大学出版社，2021：175.
② 张明楷. 刑法学. 6 版. 北京：法律出版社，2021：1078.

侵犯商业秘密罪的犯罪成立条件由"给商业秘密的权利人造成重大损失"修改为"情节严重",非法获取也因此成为实行行为,则非法获取他人商业秘密即为本罪的既遂,之后使用该商业秘密制造产品并假冒他人注册商标的,属于另外的行为,原则上应以侵犯商业秘密罪与假冒注册商标罪数罪并罚,还是可能的。正如制造枪支后用之杀人应当数罪并罚一样。但对于单纯非法使用他人商业秘密制造产品并且假冒他人注册商标的,却只有一个行为一样,正如在生产、销售的伪劣产品上假冒他人注册商标的只有一个行为一样,只能认定成立侵犯商业秘密罪与假冒注册商标罪的想象竞合,从一重处罚,而非数罪并罚。

5. 如何理解认定"情节严重"? 还能认为本罪是实害犯吗?

案1:甲公司帮助苹果公司生产手机屏幕等部件。据保密协议规定,若所涉屏幕的商业秘密泄露,甲公司需要面临巨额赔款。但是,由于流程问题,该商业秘密事实上很容易被泄露,如在安检的时候,工人拿一块玻璃出去。甲公司的员工张某因此将该商业秘密泄露,导致甲公司遭受重大损失。但甲公司报案时公安机关不立案,理由是甲公司不是商业秘密的权利人。

应该说,甲公司帮助苹果公司加工产品时,就知悉了这个商业秘密,同时就有了保密义务。商业秘密的权利人不同于商业秘密的所有人,商业秘密的使用人也可能是权利人。本案中甲公司就是权利人,有权要求其员工以及其他人不得泄露该商业秘密,其员工泄露了该商业秘密,因此给甲公司造成了经济损失,员工的行为应构成侵犯商业秘密罪。

截至2023年4月,关于本罪"情节严重"认定的司法解释还未出台。张明楷教授认为,情节严重并不仅限于给商业秘密的权利人造成重大损失,还包括多次实施本罪行为,窃取他人商业秘密载体导致他人丧失商业秘密等情形。[①]

应该说,以前的侵犯商业秘密罪是实害犯,现在虽然也可以被简单归类为情节犯,但从严格意义上讲,情节犯并非一种可以与行为犯、结果犯、危险犯、实害犯相并列的犯罪分类,正如老人不能与男人和女人并列一样。情节犯也完全可能是行为犯、结果犯、危险犯、实害犯。既然《刑法修正案(十一)》将该罪的成立条件修改为"情节犯",则不仅实际给商业秘密的权利人造成重大损失的构成犯罪,非法获取他人重要的商业秘密,非法披露、使用他人商业秘密规模大、时间长、影响恶劣等的,都可能被评价为情节严重。

---

① 张明楷.刑法学.6版.北京:法律出版社,2021:1077.

6. 如何处理科技人员侵犯本单位商业秘密的行为？

案2：甲是A公司的业务骨干，基于职务行为研发了一种产品，其中含有商业秘密。甲代表A公司负责签订合同，合同约定：由B公司按A公司的商业秘密生产产品，产品给A公司使用；商业秘密的所有权归B公司，使用权归A公司。甲离职后成立C公司，让B公司给C公司生产前述产品，使用该产品进行后续营利活动。

应该说，如果B公司只能在为A公司制造这个产品的前提下"使用"该商业秘密，甲离职后让B公司为自己的C公司使用该商业秘密生产这种产品，则甲与B公司构成侵犯商业秘密罪的共犯。

如果科技人员参与本单位科研项目，则可以认为科技人员基于职务占有了本单位的科技成果，其在未取得本单位同意的情况下，擅自以个人设计的名义与其他单位签订所谓技术转让协议，将本单位商业秘密转让给对方获取转让费归自己所有的，则同时触犯本罪与职务侵占罪，属于想象竞合，从一重处罚。科技人员违反保密约定，披露、使用或者允许他人使用其所掌握的本单位所有的商业秘密的，应以侵犯商业秘密罪定罪处罚。

第二十五节　串通投标罪

第二百二十三条　**【串通投标罪】** 投标人相互串通投标报价，损害招标人或者其他投标人利益，情节严重的，处三年以下有期徒刑或者拘役，并处或者单处罚金。

投标人与招标人串通投标，损害国家、集体、公民的合法利益的，依照前款的规定处罚。

疑难问题

1. 该罪所保护的法益是什么？

案1：甲公司想获得一个建筑工程，自己投标后，又与并不想投标的乙、丙、丁公司约定谁中标就将工程转包给甲公司，并帮它们缴纳了保证金。乙公司中标后按约定转包。

该案中，由于甲、乙、丙、丁四家公司的标书都不一样，各写各的标书，各投各的标，并没有"串通投标报价"，不构成串通投标罪。即使甲公司与乙、丙、丁三家公司串通投标报价，也不构成串通投标罪，因为表面上是四个公司投标，但实际上是一个公司投标，所以不管这四家公司谁中标，都是由甲公司承建。既然如此，就不会损害招标人的利益，也没有损害其他投标人的利益，因而不可能成立犯罪。

串通投标罪属于《刑法》分则第三章第八节"扰乱市场秩序罪"的罪名，其所保护的法益应该是公平竞争的市场经济秩序。国家鼓励和提倡进行公开的招投标，就是为了营造公平竞争的市场经济秩序，最大限度地维护招投标各方的利益，实现社会资源的有效配置。

2. "损害招标人或者其他投标人利益"与"情节严重"之间，是并列递进关系还是选择关系？

所谓"情节严重"，显然是指"损害招标人或者其他投标人利益"情节严重，而不可能是其他方面情节严重，所以，"损害招标人或者其他投标人利益"与"情节严重"之间，只能是并列递进关系，而不可能是选择关系。也就是说，投标人相互串通投标，只有损害了招标人或者其他投标人利益，并且具备情节严重的条件，才能成立本罪。情节严重不仅包括结果严重，还包括其他客观方面的情节严重。

3. 司法解释关于违法所得数额大、采取贿赂手段以及受过行政处罚 2 次以上又串通投标应予立案追诉的立案标准规定，有无问题？

此规定出自 2022 年 4 月 6 日最高检、公安部《关于公安机关管辖的刑事案件立案追诉标准的规定（二）》。违法所得数额大小与法益侵害程度并非正相关关系，将违法所得数额较大作为定罪量刑的标准，违反了法益保护原则。采取贿赂手段串通投标，超出了本罪构成要件评价的范畴，不能反映本罪的违法有责程度，应当另外认定为行贿罪。将 2 年内受过 2 次以上行政处罚又串通投标的认定为情节严重，实际上是将成立犯罪后量刑阶段才需要考虑的反映再犯罪可能性大小即特殊预防必要性大小的预防要素当作犯罪成立要素对待，混淆了影响责任刑情节的责任要素与影响预防刑情节的预防要素，是明显错误的。

4. 串通拍卖，构成串通投标罪吗？

本罪规制的是"串通投标报价"，而不是串通拍卖，所以，在拍卖过程中相互串通的，不成立本罪。在国有土地挂牌出让过程中串通竞卖的，也不成立本罪，因为拍卖与挂牌出让均不属于招投标行为。以拍卖、挂牌出让与招投标具有实质的相似性为由，将拍卖、挂牌出让中的串通行为认定为本罪的，属于类推解释。

5. 能否认为《刑法》第 223 条第 2 款规定的投标人与招标人串通投标成立本罪不以"情节严重"为要件？

张明楷教授认为，由于这一种行为的法益侵害重于投标人之间的串通投标行为，故其成立犯罪不以情节严重为要件。[①] 不过，2022 年 4 月 6 日最高检、公安部《关于公安机关管辖的刑事案件立案追诉标准的规定（二）》规定，投标人相互串通投标报价，或者投标人与招标人串通投标，涉嫌下列情形之一的，应予立案追诉。可见司法实践中，对于两种行为类型确定了同样的立案追诉标准，或者说"投标人与招标人串通投标"成立犯罪也要求情节严重。

本书认为司法实践的做法是正确的。的确，"依照前款的规定处罚"存在两种可能的理解：一种理解认为只是援引前款的法定刑，前款规定的情节严重、严重后果等犯罪成立条件，不适用后款规定的行为类型；另一种理解认为不仅援引法定刑，还同时援引前款规定的情节严重等犯罪成立条件。具体应如何理解，只能综合条文表述、法益保护、罪刑均衡等方面进行实质性判断。本书认为，得不出投标人与招标人串通的法益侵害性重于投标人相互串通投标的结论。而且，所谓"损害国家、集体、公民的合法利益"与"损害招标人或者其他投标人利益"，只是表述不同，实质是一样的。从实质违法性角度看，投标人与招标人串通投标，也只有达到情节严重的程度，才值得科处刑罚。所以，投保人与招标人串通投标，也需要情节严重，才成立本罪。

6.《招标投标法》规定的招标人与投标人是指法人或者其他组织，能否据此认为本罪的主体不能是自然人？

虽然刑法具有一定的从属性，但刑法更有独立性，具有不同于其他部门法的任务和目的。我们不能完全按照《招标投标法》的规定来解释本罪中的投标人与招标人，应将本罪中的招标人与投标人解释为主管、负责、参与招标、投标事项的人，即不限于法人和其他组织，还包括自然人。这一解释虽然不符合《招标投标法》的规定，但符合刑法的规定。符合刑法规定的解释，不会违反罪刑法定原则。

第二十六节　合同诈骗罪

第二百二十四条　**【合同诈骗罪】**有下列情形之一，以非法占有为目的，在

---

① 张明楷. 刑法学. 6 版. 北京：法律出版社，2021：1082.

签订、履行合同过程中，骗取对方当事人财物，数额较大的，处三年以下有期徒刑或者拘役，并处或者单处罚金；数额巨大或者有其他严重情节的，处三年以上十年以下有期徒刑，并处罚金；数额特别巨大或者有其他特别严重情节的，处十年以上有期徒刑或者无期徒刑，并处罚金或者没收财产：

（一）以虚构的单位或者冒用他人名义签订合同的；

（二）以伪造、变造、作废的票据或者其他虚假的产权证明作担保的；

（三）没有实际履行能力，以先履行小额合同或者部分履行合同的方法，诱骗对方当事人继续签订和履行合同的；

（四）收受对方当事人给付的货物、货款、预付款或者担保财产后逃匿的；

（五）以其他方法骗取对方当事人财物的。

疑难问题

1. 本罪的法益是什么？

合同诈骗罪，是指以非法占有为目的，在签订、履行合同过程中，使用欺骗手段，骗取对方当事人财物，数额较大的行为。经济合同是市场经济活动的重要方式，利用经济合同骗取对方当事人财物的行为，使人们对合同这种交易方式丧失信心，从而侵犯了市场秩序，与此同时，利用合同诈骗他人财物的行为，也侵犯了对方当事人的财产，所以，合同诈骗罪所保护的法益是市场秩序与对方当事人的财产。

2. 合同诈骗罪的设立有无必要？

笔者认为，从立法论的角度而言，合同诈骗罪的设立完全没有必要，应当废除。

首先，诈骗罪原本就是发生在交易过程中的犯罪。也就是说，诈骗罪是起源于交易过程中的具体诈骗类型。既然如此，所有的诈骗犯罪基本上都可以说是合同诈骗，或者说都是在利用口头或者书面合同实施诈骗行为。在普通诈骗罪之外规定合同诈骗罪，无异于在普通杀人罪之外另规定使用凶器的杀人罪。

其次，将合同诈骗罪从普通诈骗罪中独立出来，没有任何实质根据，因为没有理由认为，利用合同的诈骗比利用其他方法的诈骗在不法与责任方面存在差异。合同诈骗罪的法定刑与普通诈骗罪的法定刑相同，也充分说明了这一点。实际定罪量刑标准的差异也是司法解释造成的。

最后，合同诈骗罪的设立，人为地给司法机关增添了区分合同诈骗罪与普通诈骗罪的困难，导致司法机关经常就某种行为是成立普通诈骗罪还是成立合同诈骗罪发生争议，而无端地浪费司法资源。

3. 合同诈骗罪的构造是什么？如何把握《刑法》第224条第5项"以其他方法骗取对方当事人财物"？

诈骗罪的构造是所谓的"五步走"：欺骗行为→认识错误→处分财产→取得财产→遭受财产损失。合同诈骗罪是诈骗罪的特殊类型，所以必须符合诈骗罪的构造，具体而言就是：行为人在签订、履行合同过程中实施欺骗行为→对方当事人产生认识错误→对方当事人基于认识错误处分财产→行为人或第三者取得财产→对方当事人遭受财产损失。

理解适用合同诈骗罪的每一种行为类型，都必须符合合同诈骗罪的构造。《刑法》第224条第5项规定"以其他方法骗取对方当事人财物"，这是合同诈骗罪的兜底类型，并不是所谓扩张性的规定，也不是所谓不明确或抽象性的规定，要求对该兜底规定进行限制解释，既缺乏实质理由，也缺乏形式根据。对兜底规定的解释当然要符合同类解释的规则（前四项所规定的行为类型均可谓没有履行合同的诚意），但只要是利用经济合同实施的诈骗行为，符合合同诈骗罪的构造，具有诈骗故意与非法占有目的，倘若不符合前四项的规定，就必然符合第5项的兜底规定。从司法实践看，其他方法大致包括：虚构货源或其他合同标的，签订空头合同的，如行为人将暂时借来充数、并不属于自己的货物向被害人出示，在取得被害人信任后签订合同骗取货款，或者将他人的库房作为自己所有的财物指示给被害人；将违法、犯罪所得财物作为担保物、利用欺骗手段诱使对方签订合同的，例如，将伪造的货币提供给对方作担保，骗取对方财物；利用虚假广告和信息，诱人签订合同，骗取中介费、立项费、培训费等费用的；假冒联合经商、投资、合作协作名义，签订合同骗取对方当事人财物的；采用贿赂手段与国家机关、国有公司、企业、事业单位签订、履行合同骗取国有资产的；行为人作为债务人，向第三人隐瞒未经债权人同意的事实，将合同的义务全部或部分违法转移给第三人，从而逃避债务的，如一些皮包公司以非法占有为目的，在与他人签订供货合同、取得对方当事人货物、定金或部分货款后，采取欺诈方法将合同义务转让给第三人，待被害人发觉上当受骗时仍借故不履行合同义务，亦不返还收取的货物、定金或货款；等等。

4. 如何理解和认定合同诈骗罪中的"合同"？

合同诈骗罪与普通诈骗罪之间是一种特别关系的法条竞合。符合诈骗罪的犯罪构成，且利用了合同的行为，就成立合同诈骗罪。因此，如何理解和认定合同，就成为判断某种行为是否成立合同诈骗罪的一个关键，其中包括合同性质与合同形式两个方面的问题。

从合同性质来说，合同诈骗罪中的合同，应当是平等市场主体之间签订的、反映市场经济（交易）关系、具有财产交付内容的合同。这是由合同诈骗罪的保护法益决定的。

首先，部分行政合同实际上是经济合同，可以成为合同诈骗罪中的合同。

行政合同大致包括三类：一是地方政府以及政府部门之间签订的行政协议，二是行政机关与相对人订立的代替行政处理而设立、变更或者消灭行政法权利义务的协议，三是国家作为公共财产所有者与他人订立的合同。应该说，除上述第一类行政合同以外，第二、三类行政合同都可能成为合同诈骗罪中的合同。在行政合同与民事合同没有明确界限的情况下，一概将行政合同排除在合同诈骗罪的合同之外的观点，会人为地增加认定犯罪的难度。概言之，在认定合同诈骗罪时，没有必要首先区分合同性质，而是要看行为人利用合同实施诈骗的行为，是否侵害了对方当事人的财产与市场秩序。只要得出肯定结论，就可以认定为合同诈骗罪。

其次，合同诈骗罪中的合同可以包括民间借贷合同。

张明楷教授认为，普通公民之间的借款合同不属于本罪中的合同，但公司、企业利用民间借款合同实施的诈骗行为可能成立合同诈骗罪。[①] 本书认为，不应区分个人与公司、企业，只要从合同内容是否属于市场经济行为，借款人与出借人是否属于市场主体的角度即可判断是否为本罪中的合同。公民之间的借款合同也可能具有这一特征，而可能成立合同诈骗罪。

再次，就违禁品的买卖所签订的合同，不可能成为本罪的合同，但若合同内容针对的是取得经营许可才能买卖的物品，如烟草，则仍然可能属于本罪中的合同。

又次，虽然只有体现经营活动和交易关系的合同，才能成为合同诈骗罪中的合同，但不能据此认为，利用无偿的保管合同、仓储合同、委托合同等的行为不可能成立合同诈骗罪。就无偿的保管合同、仓储合同、委托合同而言，只是无须支付对价的一方不可能成立合同诈骗罪，而保管、仓储、受委托的另一方仍然可能成立合同诈骗罪。就赠与合同而言，只是赠与一方不构成合同诈骗罪，但不排除受赠一方构成合同诈骗罪。

① 张明楷.诈骗犯罪论.北京：法律出版社，2021：1027-1028.

最后，不管是书面合同还是口头合同，抑或是其他形式的合同，都属于合同法所确认的合同，没有理由将口头合同排除在合同诈骗罪中的合同之外。不能简单地认为，凡是利用书面合同实施的诈骗行为就成立合同诈骗罪，没有利用书面合同的诈骗行为就成立普通诈骗罪。行为是否成立合同诈骗罪，要看合同的对方当事人（被害人）是不是市场主体，合同内容是不是体现市场经济（交易）关系，是否具有财产交付内容。如果口头合同具备上述特征，也属于合同诈骗罪中的合同。不过，作为欺骗手段的合同必须具备基本的合同要素，抽象的、不明确的约定，不应作为合同诈骗罪中的合同。

5. 应否承认所谓"事后故意"与"事后非法占有目的"？

《刑法》第 224 条第 4 项规定"收受对方当事人给付的货物、货款、预付款或者担保财产后逃匿"，似乎表明事后单纯携带款物逃匿就能构成合同诈骗罪。应该说，不能因为该项的规定，就认为诈骗故意与非法占有目的可以产生于财产损害之后，即不能承认所谓事后故意与事后非法占有目的。一方面，根据责任主义原理，故意与主观目的必须存在于行为时，而不能产生于行为后，更不可能产生于结果发生后。另一方面，《刑法》第 224 条的项前规定已明文要求行为人"以非法占有为目的"，即只有"以非法占有为目的，在签订、履行合同过程中""收受对方当事人给付的货物、货款、预付款或者担保财产后逃匿的"，才成立合同诈骗罪；而不是任何"收受对方当事人给付的货物、货款、预付款或者担保财产后逃匿的"行为都成立合同诈骗罪。也就是说，在诈骗罪中，对方之所以交付财物，是因为陷入了认识错误，而之所以陷入认识错误，是因为行为人实施了欺诈行为。

质言之，所取得的财物是行为人出于非法占有目的骗来的，因此，行为人在签订、履行合同过程中没有实施任何欺骗行为，确实打算履行合同，也具有履行合同的能力，在收受对方当事人给付的货物、货款、预付款或者担保财产后，产生非法将对方当事人给付的财产据为己有、自己不再履行合同的想法，也没有实施任何欺骗行为，只是单纯逃匿的，不可能成立合同诈骗罪。如果所取得的是所有权保留的财产，行为人产生不法所有目的后携物逃匿的，可以评价为"易占有为所有"的侵占罪。若行为人实施新的欺骗行为，使对方作出了免除债务的承诺，则可能成立免除债务的财产性利益诈骗罪，也不是先前的财物诈骗罪。

6. 对于采用其他虚假担保方式，如超出抵押物价值重复担保，从事合同诈骗行为的，应当适用哪一项规定？

《刑法》第 224 条第 2 项规定的"以伪造、变造、作废的票据或者其他虚假的产权证明作担保"，只是虚假担保或者不真实担保的部分表现形式。对于采用其他虚假担保方式从事合同诈骗行为的，如超出抵押物价值重复担保，应当适用哪一项规定，存在问题。

应该说，虽然因为《刑法》第193条关于贷款诈骗罪明文规定了"使用虚假的产权证明作担保或者超出抵押物价值重复担保"，应认为"超出抵押物价值重复担保"不属于"使用虚假的产权证明作担保"，但刑法用语具有相对性，在合同诈骗罪中仍然可能将超出抵押物价值重复担保解释为使用虚假的产权证明作担保。可以说，此时的"虚假"并非房屋本身在物理上是否存在的虚假，而是房屋是否已被抵押的虚假，是否具有抵押物价值的虚假。基于同样的理由，将所有权、使用权不明或者有争议的财产作担保的，将依法被查封、扣押、监管的财产作担保的，都应当认定为以虚假的产权证明作担保。

7. 行为人提供真实有效的产权证明，但该产权被法律规定不得作为担保物的，能否认定为以虚假的产权证明作担保？

《民法典》第399条第3项规定，学校、幼儿园、医疗机构等为公益目的成立的非营利法人的教育设施、医疗卫生设施和其他社会公益设施不得抵押。倘若某学校将具有产权的教育设施作为抵押担保物，骗取他人财物，能否认定为"以虚假的产权证明作担保"的合同诈骗罪，存在问题。

应该说答案是肯定的。因为虽然行为人提供的产权证明完全是真实的，但相对于抵押担保而言则是无效的。也就是说，由于合同对方当事人不可能就教育设施行使抵押权，该抵押物相对于合同对方当事人而言实际上没有任何价值。既如此，当然也可以认为行为人提供了虚假的产权证明。同样，这里的"虚假"，并不是指行为人对教育设施这一不动产的产权证明本身是虚假的，而是在抵押的有效性方面是虚假的。

8. 行为人提供了真实的足额担保，但没有履行合同的真实想法，骗取对方财物后转移担保物，导致担保权不能行使的，构成合同诈骗罪吗？

由于行为人提供了真实的足额担保，不能认定为"以虚假的产权证明作担保"。虽然行为人提供了真实的足额担保，但行为人具有非法占有目的和不履行合同的想法，完全符合合同诈骗罪的构造。这种合同诈骗行为如果不符合《刑法》第224条前四项，则只能适用第5项"以其他方法骗取对方当事人财物的"这一兜底规定进行认定。

9. 行为人虽然客观上具有实际履行合同的能力，但并没有履行合同的想法，实施《刑法》第 224 条第 3 项规定行为的，应当如何处理？

《刑法》第 224 条第 3 项规定，"没有实际履行能力，以先履行小额合同或者部分履行合同的方法，诱骗对方当事人继续签订和履行合同"。不能据此认为，只要行为人具有履行合同的能力，就不具有诈骗故意与非法占有目的。正如行为人虽然兜里揣着大把现金，也可以装着要付钱吃饭在餐馆点菜吃饭而能构成（举动）诈骗罪一样。所以，即使行为人具有履行合同的能力，但如果没有履行合同的想法，而以先履行小额合同或者部分履行合同的方法，诱骗对方当事人继续签订和履行合同的，没有理由否认合同诈骗罪的成立。对于这种情形，倘若要适用第 3 项的规定，就需要对"没有实际履行能力"进行重新解释，使之包括客观上没有实际履行能力与主观上没有实际履行的想法两种情形。应该说，即使从字面含义来说，也可以作出上述解释。或许对上述情形适用第 5 项的兜底规定更为合适，但不管兜底规定是否具有明确性，在能够通过解释适用该条前四项基本规定的情况下，最好不要适用兜底规定。

10. 能否以案件事实属于民事欺诈为由，而否认其构成刑法上的合同诈骗罪？

应该说，民法上的民事欺诈概念，并没有将合同诈骗排除在外，而是包括了刑法上的合同诈骗行为。民事欺诈与合同诈骗其实是一种包容关系，合同诈骗只是民事欺诈中的特殊情形。既然如此，就不应讨论二者之间的区别或者界限问题。不能认为，只要在民法上得出了案件事实属于民事欺诈的结论，就不能从刑法上得出案件事实构成合同诈骗罪的结论。认为民事欺诈案件不构成犯罪的观点，可谓没有以刑法规范为指导归纳案件事实，使以民法规范为指导的归纳与判断，取代了以刑法规范为指导的归纳与判断。如果认为，只要某种案件事实符合其他法律的规定，就不得再适用刑法，那么，刑法必然成为一纸空文。所以，以案件事实符合其他法律为由否认其符合刑法规定的构成要件，并不妥当。基于同样的理由，以案件事实属于民事欺诈为由否认其构成刑法上的合同诈骗罪，明显不当。

所谓民事违法与刑事犯罪的界限，基本上是一个假问题。所谓合同诈骗罪与民事欺诈的界限，实际上只能是诈骗罪与不构成诈骗罪的民事欺诈的界限。于是，问题仅在于，以什么为标准将民事欺诈中构成合同诈骗罪的行为挑选出来以犯罪论处。显然，凡是符合了合同诈骗罪成立条件的行为，就成立合同诈骗罪。所以，有关合同诈骗与民事欺诈的关系，重要的并非二者之间的界限，而是行为是否符合合同诈骗罪的构成要件。如果得出肯定结论，行为就构成合同诈骗罪；此时不得以行为属于民事欺诈为由，否认合同诈骗罪的成立。

不能认为，诈骗必须是"空手套白狼"，合同诈骗罪的成立必须表现为没有交易的情形，只要行为人与对方当事人实施了一定的交易行为，就不成立合同诈骗罪。这是因为，诈骗罪原本大多发生在交易过程中，如果行为人具有非法占有目的，不履行合同所要求的义务，即使表面上为被害人实施了某种行为或者存在交易行为，也不能据此否认合同诈骗罪的成立。不能认为，只要行为人有履行合同的行为，就不成立合同诈骗罪。有履行合同规定的行为，并不能直接否认欺骗行为。况且，外表上的履行合同的行为，完全可能是掩盖合同诈骗的手段。所以，需要根据全部案情判断行为人的行为是否符合合同诈骗罪的成立条件。不能认为，合同诈骗与民事欺诈的关键区别在于行为人有无非法占有目的，因为民法并没有将非法占有目的排除在民事欺诈之外。不能认为，只要可以按民事欺诈处理，就不能认定为合同诈骗罪。

总之，不管案件事实是否属于民法上的民事欺诈，只要其与刑法规定的犯罪构成相符合，就能够适用刑法。

11. 行为是否成立合同诈骗罪，与该合同在民法上是否有效，有关系吗？

行为是否成立合同诈骗罪，与该合同在民法上是否有效是两个不同的问题，不能因为合同有效就否认合同诈骗罪的成立，也不能因为合同无效就肯定合同诈骗罪的成立。也就是说，合同诈骗罪的成立不以合同无效为前提。

12. 如何处理本罪与普通诈骗罪的关系？对"合同"应否有所限制？

虽然从立法论上讲，完全没有设立合同诈骗罪的必要，但既然合同诈骗罪还没有被废除，而且司法解释对合同诈骗罪确定的定罪量刑标准明显高于诈骗罪的，所以从司法实践的角度，还是有必要区分合同诈骗罪与普通诈骗罪。

首先，既然是合同诈骗罪，就必须是合同本身对欺骗对方当事人进而骗取财物发挥了重要作用，具体而言：第一，合同诈骗罪的成立要求合同本身成为欺骗对方的手段；第二，合同诈骗罪的成立，要求被害人必须是合同的对方当事人，否则只能成立普通诈骗罪；第三，合同诈骗罪的行为人所获得的财产，必须是作为合同标的的财产，如果行为人获得的是合同标的之外的财产，则只能成立普通诈骗罪。反过来说，虽然在诈骗过程中存在合同，但使对方产生认识错误的并非合同而是合同之外的欺骗行为的，应认定为普通诈骗罪。质言之，并非只要有合同就成立合同诈骗罪。

其次，合同诈骗行为必须发生在签订、履行合同的过程中，在此之前或者之后实施诈骗行为的，不能认定为合同诈骗罪。

13. 未达合同诈骗罪立案标准，但达到诈骗罪立案标准的，能否以诈骗罪定罪处罚？

虽然《刑法》第266条诈骗罪条文存在"本法另有规定的，依照规定"的规定，但既然未达合同诈骗罪立案标准，就不属于"另有规定"，达到诈骗罪立案标准而以诈骗罪定罪处罚，就不违反"本法另有规定的，依照规定"。如果认为司法解释关于合同诈骗罪与诈骗罪的立案标准的差别性规定存在合理性，也可以说，立法者只是根据行为对主要法益的侵害程度配置法定刑，但行为对次要法益的侵害超出了根据主要法益侵害程度所配置的法定刑所能评价的程度，就完全可以而且应当以行为对次要法益的侵害所触犯的罪名进行评价，正如盗伐林木的木材积没有达到盗伐林木罪的立案标准（2立方米以上），但所盗伐的林木价值达到盗窃罪的立案标准，没有理由不以盗窃罪进行评价一样。因此，未达合同诈骗罪立案标准，但达到诈骗罪立案标准的，可以诈骗罪定罪处罚。如果行为人利用合同进行诈骗，主观有骗取数额较大财物的意图，客观上也存在骗取数额较大财物的可能性，则还能成立合同诈骗罪的未遂，与诈骗罪的既遂形成竞合，从一重处罚即可。

14. 骗租汽车后伪造相关证件，再利用骗取的汽车与伪造的相关证件，将汽车"质押"给他人，骗取他人现金的，如何处理？

被告人甲利用虚假身份信息向汽车租赁公司租一辆价值20万元的车辆，然后伪造证件，将所租汽车向乙质押借款10万元。

本案中，存在两个被害人和两个被害内容。甲骗租汽车的被害人是汽车租赁公司，被害内容是汽车本身。甲用骗租的汽车质押借款，被害人是乙，被害内容是10万元借款。前一个行为成立（合同）诈骗罪。关于后一个行为，张明楷教授认为，虽然用了虚假的产权证明作担保，但从合同内容以及双方当事人的主体地位来看，难以认为行为扰乱了市场秩序，故不宜认定为合同诈骗罪，而宜认定为诈骗罪。关于应否数罪并罚，张明楷教授认为，实行数罪并罚并无不当之处，但由于我国《刑法》分则规定的法定刑过重，又由于这类案件越来越多，即可以认为被告的手段行为与目的行为之间具有通常的类型性，因此，以牵连犯从一重罪处罚是可以接受的。[①]

---

① 张明楷. 诈骗犯罪论. 北京：法律出版社，2021：1037.

本书认为，既然存在两个行为、两个被害人、两个被害内容，不管认为前后行为是构成合同诈骗罪还是构成诈骗罪，都应数罪并罚。本案实际上也利用了合同的形式，难以认为行为没有扰乱市场秩序，所以前后两个行为都可以评价为合同诈骗罪，应以合同诈骗罪同种数罪并罚，或者累计数额以一罪论处（犯罪数额为汽车价值与借款金额的总和）。

15.《刑法》第224条第4项的既遂标准和实行行为是什么？

应该说，单纯携物逃匿并非实行行为，而只是判断行为人当初有无非法占有目的一种资料。实行行为仍是当初利用合同形式实施的欺骗行为，取得对方交付的货物、货款、预付款或者担保财产后就成立合同诈骗罪既遂。

第二十七节　组织、领导传销活动罪

第二百二十四条之一　**【组织、领导传销活动罪】**组织、领导以推销商品、提供服务等经营活动为名，要求参加者以缴纳费用或者购买商品、服务等方式获得加入资格，并按照一定顺序组成层级，直接或者间接以发展人员的数量作为计酬或者返利依据，引诱、胁迫参加者继续发展他人参加，骗取财物，扰乱经济社会秩序的传销活动的，处五年以下有期徒刑或者拘役，并处罚金；情节严重的，处五年以上有期徒刑，并处罚金。

疑难问题

1. 本罪的立法目的是什么？

在传销刚刚进入我国的时候，主要以传销商品为主，参与人员用高于商品价值几倍甚至几十倍的价格购买商品、取得发展下线的资格，然后从各级下线购买的商品中，以滚雪球的方式按照一定比例获取自己的销售收入。但发展到后来，传销组织（活动）不再要求传销人员销售或者购买商品，而只要求缴纳一定的"入门费"取得入门发展下线的资格并直接按照发展下线的人数获得报酬。这种以发展的人头多少为基本计酬依据的传销方式，被形象地称为"拉人头"。目前这种"拉人头"式的传销方式已经是所有传销方式的主流。这种"拉人头"式传销，欺骗他人发展人员或者缴纳一定的费用，才能取得入门资格，既没有商品，也不提供服务，即使存在所谓商品交易，商品也只是道具、幌子。

传销组织许诺或者支付给参加者的回报，来自参加者的"入门费"。由于组织者、领导者需要给参加者一定的返利，所以，要保证传销组织的生存，就必须不断成倍增加参加者。然而，由于参加者不可能无限量地增加，所以资金链必然断裂，刚参加的人或者最低层级的参加者，就必然成为受害者。由于靠"拉人头"获利，在暴利的趋势下，往往采取引诱、胁迫的方式拉亲戚朋友甚至兄弟姐妹、恋人"入门"，"入门"后组织者、领导者为了维护传销组织的稳定和推动传销活动的开展，往往采取非法拘禁、伤害、强奸等侵害人身自由和身体安全的暴力手段，从而严重影响社会稳定。

在《刑法修正案（七）》增设本罪之前，对于以"拉人头"、收取"入门费"的方式组织传销的违法犯罪活动，司法实践中一般按照非法经营罪、诈骗罪、集资诈骗罪来追究行为人的刑事责任。不过，由于不存在真实的商品交易，实际上也没有"经营活动"，难以适用非法经营罪进行打击，从而给办案带来了困难。可以说，在设立组织、领导传销活动罪之前，就已经可以处罚传销活动中的诈骗行为了。所以，《刑法修正案（七）》专门增设组织、领导传销活动罪，目的不在于处罚传销活动中的诈骗行为，而在于处罚诈骗型传销活动（组织）的组织、领导行为。这就是组织、领导传销活动罪的立法宗旨或者目的。

2. 本罪所规制的是何种性质的传销活动？

传销活动有两类。一类是早期的原始型传销，其传销的是商品，以销售商品的数量作为计酬或者返利依据。也就是说，这种传销活动的利润来源于实际的商品销售业绩，是真实、可持续的。组织、领导这类传销活动的，不成立组织、领导传销活动罪。2013年11月14日"两高"、公安部《关于办理组织领导传销活动刑事案件适用法律若干问题的意见》（以下简称《传销意见》）也明确指出，以销售商品为目的的、以销售业绩为计酬依据的单纯的"团队计酬"式传销活动，不作为犯罪处理。不过，司法实践中仍然存在不少将这种行为认定为组织、领导传销活动罪的情况。这明显是错误的。

另一类是所谓诈骗型传销，其传销的不是真正的商品，只是以发展人员的数量作为计酬或者返利依据，也就是"拉人头"。组织、领导传销活动罪，针对的就是这种传销活动。也就是说，组织、领导传销活动罪所禁止的传销活动，是指组织者、领导者通过收取"入门费"来非法获取利益的行为。加入传销活动的人要么直接缴纳"入门费"，要么以购买商品、服务等为名获得加入资格。而在后一种情形下，商品和服务要么只是名义上的或者虚拟的，要么就是有真实内容但物非所值，参加者购买它们，只是为了获得加入传销组织的资格。加入后参加者要通过发展下线，而不是通过销售商品来获取利益，所以，层级越高的参加者获利越多，上层跑路或者传销组织被公安机关查获时，层级最低的参加者就会成为受害者。

3. 如何认定诈骗型传销活动（组织）?

由于组织、领导传销活动罪所禁止的诈骗型传销活动也属于传销，所以在实践中，传销活动通常都极具迷惑性，而且也会在形式上表现出经营活动的特征，那么，应当如何判断一种经营活动是否属于刑法所禁止的诈骗型传销活动（组织）呢？应该说，除满足人数、层级等方面的条件外，还可以逐步进行以下判断：

首先，判断是否存在商品（包括服务），如果没有商品，符合其他条件的，基本上就可以认定为诈骗型传销活动。

其次，倘若存在商品，则需要进一步判断商品是不是道具（如商品存在于何处、有没有人消费该商品）。如果商品只是道具（如事实上不转移商品，或者名义上转移占有与所有），符合其他条件的，则应认定为诈骗型传销活动。

再次，判断商品发生占有转移时，是仅转移给参与传销的人员，还是会转移给真正的消费者。如果仅仅在传销活动的参与者之间转移，参与者并不以使用商品为目的，而是为了获得参加资格，并符合其他条件的，也应认定为诈骗型传销活动。

又次，倘若有部分商品转移给真正的消费者，则需要判断真正的消费者与传销人员的比例，如果大多数商品都是传销人员的道具，只有少数商品转移给真正的消费者，符合其他条件的，也属于诈骗型传销活动。

最后，倘若有部分商品转移给真正的消费者，还需要进一步判断行为人是主要通过销售商品获利，还是主要通过收取"入门费"获利。倘若主要通过收取"入门费"获利，符合其他条件的，也应认定为诈骗型传销。

总之，是否属于刑法所禁止的传销活动（组织），关键是看其利润的来源是否可持续。若存在真实的商品销售，利润来源于商品销售，以商品销售的数量或者业绩作为计酬或者返利的依据，这种传销就是可持续的，不是刑法禁止的对象。相反，不是以真实的商品销售形成利润，而是以"拉人头"获得的"入门费"作为利润来源和计酬返利的依据，则必然是不可持续的，而成为刑法所打击的对象——诈骗型传销活动。

4. 如何评价所谓"团队计酬"式传销活动?

案1：2014年11月，被告人程某成立了康健环保科技有限公司（以下简称

"康健公司"），汪某是该公司股东。公司成立后，程某聘请申某制作开发了康健管理系统，建成具有返利制度的传销模式：用户支付 2 700 元购买一台康健净水机（与市场价相当），即可在康健管理系统注册成为康建公司会员；购买 3 万元的康健净水机即可成为康健公司旗下社区服务站；购买 30 万元的康健净水机则可成为康健公司旗下县区服务中心。康健公司根据会员、服务站与服务中心销售净水机的数量支付推荐奖、管理奖。

本案属于典型的以销售商品为目的、以销售业绩为计酬依据的"团队计酬"式传销活动，不能作为犯罪处理。对此，前述《传销意见》也有明确规定。

需要强调的是，如果确实是以销售商品为目的、以销售业绩为计酬依据的单纯的"团队计酬"式传销活动，司法机关不能以商品销售价格明显高于成本价为由，认定为组织、领导传销活动罪。

但是，形式上采取"团队计酬"方式，但实质上属于"以发展人员的数量作为计酬或者返利依据"的传销活动，应当以组织、领导传销活动罪定罪处罚。因为在这种场合，表面上是按销售业绩等计酬，但实际上所销售的商品或者服务没有实际价值与意义，参与人员以及购买人员不是为了接受商品与服务，而是为了通过发展人员获利，故属于诈骗型传销活动。

总之，不能简单地认为"团队计酬"式传销活动就是刑法规制的对象，关键是看这种"团队计酬"式传销活动的运作模式、利润来源、计酬返利依据。

5. 本罪的实行行为是什么？参与传销的行为是否成立本罪？

由于诈骗型传销活动（组织）危害社会经济秩序，所以刑法将对诈骗型传销活动（组织）进行组织、领导的行为作为处罚对象。组织、领导传销活动罪的实行行为是组织、领导诈骗型传销活动的行为，故参与传销的行为不能成立本罪，只能成立集资诈骗罪、诈骗罪等其他犯罪。

6. 如何理解和认定本罪的"骗取财物"？

《刑法》第 224 条之一明确将"骗取财物"规定为组织、领导传销活动罪的成立条件。问题是，如何理解和认定"骗取财物"。是否一定要有具体的被害人被骗取了财物，才能成立本罪？

应该说，本罪中的"骗取财物"只是对诈骗型传销活动（组织）性质的描述，是诈骗型传销活动（组织）的特征。也就是说，只要行为人组织、领导的传销活动具有骗取财物的性质，或者在客观上足以骗取他人财物，就成立组织、领导传销活动罪［如果行为人组织、领导的是提供商品与服务的传销活动（组织），则不可能成立本罪〕。这里的骗取财物，不要求客观上已经骗取了他人的财物，而是指这个组织的发展模式一定会导向骗取财物这个结果。这背后的道理很简单。因为传销组织许诺或者支付参与者的回报来自参与者的"入门费"，而且需要给参与者一定的返利，所以，要保证传销组织的生存，就必须不断地成倍增加参与者。然而，参与者是不可能无限量地增加的，所以资金链必然会断裂。资金链断裂时，刚加入的人或者最低层级的参与者，就必然成为受害者。因此，即使是在资金链断裂之前，这样的组织也已经具备了骗取财物的特征，已经构成了组织、领导传销活动罪，而无须等资金链断裂之后才认定为犯罪。

在本罪增设之前，对于骗取财物的传销活动，都是以集资诈骗罪、诈骗罪等罪名处罚的。也就是说，在设立本罪之前就已经可以处罚传销活动的诈骗行为了，所以，《刑法修正案（七）》专门增设本罪，目的并不在于处罚传销活动中的诈骗行为，而在于处罚诈骗型传销活动中的组织、领导行为。"骗取财物"只是这种传销活动（组织）的特征。

7. 本罪与集资诈骗罪、诈骗罪之间是什么关系？

"骗取财物"只是诈骗型传销活动（组织）的特征，不需要行为人实际骗取了财物才成立组织、领导传销活动罪。当行为人实际骗取了财物时，除成立本罪外，还成立集资诈骗罪、诈骗罪等罪。由于只有一个行为，对于组织者、领导者而言，应作为想象竞合犯处理，从一重处罚，对于参与者而言，只能成立集资诈骗罪、诈骗罪等罪，不能成立本罪。

8. 本罪与故意伤害罪，非法拘禁罪，敲诈勒索罪，妨害公务罪，聚众扰乱社会秩序罪，聚众冲击国家机关罪，聚众扰乱公共场所秩序、交通秩序罪等罪之间，是什么关系？

在组织、领导传销活动（组织）过程中，通常伴随故意伤害、非法拘禁、敲诈勒索、聚众扰乱社会秩序、聚众冲击国家机关、聚众扰乱公共场所秩序，及交通秩序犯罪行为，由于这些行为通常是组织、领导传销活动行为之外实施的，可以认为存在数个行为，侵害了数个法益，如组织、领导传销活动过程中实施非法拘禁、故意伤害行为，应当以本罪与非法拘禁、故意伤害等罪数罪并罚。

9. 将受过刑事处罚、行政处罚，造成参与传销活动人员精神失常、自杀结果的认定为"情节严重"的司法解释规定，有无问题？

此规定出自 2013 年 11 月 14 日"两高"、公安部《关于办理组织领导传销活动刑事案件适用法律若干问题的意见》。应该说，受过刑事处罚、行政处罚又犯罪的，只是反映再犯罪可能性大小的预防要素，不是反映不法程度的要素。《刑法》分则中无论是作为基本犯的情节严重，还是作为加重犯的情节严重，都只能是客观方面的反映法益侵害程度的要素。而司法解释的上述规定显然混淆了预防要素与不法要素，是明显错误的。至于造成参与传销活动人员精神失常、自杀等严重后果，由于传销活动（组织）通常伴随非法拘禁、故意伤害等行为，参与人员精神失常、自杀并不异常，而且本罪的法定刑最高为 15 年有期徒刑，所以将这些结果评价为该罪的情节严重，并没有超出该罪构成要件和法定刑所能评价的范畴。

第二十八节　非法经营罪

第二百二十五条　【非法经营罪】违反国家规定，有下列非法经营行为之一，扰乱市场秩序，情节严重的，处五年以下有期徒刑或者拘役，并处或者单处违法所得一倍以上五倍以下罚金；情节特别严重的，处五年以上有期徒刑，并处违法所得一倍以上五倍以下罚金或者没收财产：

（一）未经许可经营法律、行政法规规定的专营、专卖物品或者其他限制买卖的物品的；

（二）买卖进出口许可证、进出口原产地证明以及其他法律、行政法规规定的经营许可证或者批准文件的；

（三）未经国家有关主管部门批准非法经营证券、期货、保险业务的，或者非法从事资金支付结算业务的；

（四）其他严重扰乱市场秩序的非法经营行为。

疑难问题

1. 该罪何以在废除投机倒把罪之后成为新型"口袋罪"？

该罪属于《刑法》分则第三章"破坏社会主义市场经济罪"第八节"扰乱市场秩序罪"的罪名，其第 4 项明确规定"其他严重扰乱市场秩序的非法经营行为"，所以可以得出本罪所保护的法益就是社会主义市场经济条件下的正常经营秩序。1979 年《刑法》中曾规定作为典型"口袋罪"的"投机倒把罪"。1997 年全面修订《刑法》的宗旨就是追求构成要件的明确化，为此将原来投机倒把罪所规制的情形拆解成生产、销售伪劣商品罪，强迫交易罪等多个罪名，但立法者担心挂一漏万，所以还是很不放心地保留了非法经营罪这个罪名。虽然该罪的前三项因为具体描述了构成要件行为，而只需要在"国家规定"中存在明确的一般禁止性规定即可，但就最后一项而言，由于法条缺乏构成要件行为的具体描述，所以需要"国家规定"中存在对具体行为的禁止性规定，才能认定为非法经营罪。而问题就出在，"国家规定"中是否存在对具体行为的禁止性规定，即何谓"其他严重扰乱市场秩序的非法经营行为"？这正是该罪成为新型"口袋罪"的根源。

2. 应否对本罪构成要件行为进行实质的解释，将没有严重扰乱市场秩序的行为排除在本罪构成要件之外？

非法经营罪可谓破坏社会主义市场经济秩序的兜底性犯罪，其第 4 项兜底性条款所规定的行为类型内涵不清、外延不明，致使该罪成为"口袋罪"，而有违罪刑法定原则的明确性要求，因而，对非法经营罪的构成要件行为，应当进行实质解释以限缩其成立范围，必须将没有严重扰乱市场秩序的行为排除在该罪构成要件之外。也就是说，在认定该罪时不能忽略"扰乱市场秩序"这一结果要件。虽然这一要件难以判断，但司法工作人员要善于观察社会生活事实，善于进行法益衡量，不能将形式上符合法条的字面含义而实际上有利于社会的行为或者危害不大的行为认定为非法经营罪，只能将存在法律明文的禁止性规定、严重扰乱市场秩序的行为，解释为符合该罪构成要件的行为。

3. 如何认定该罪的四种行为类型？

《刑法》第 225 条非法经营罪规定了 4 项即 4 种行为类型。

（1）未经许可经营法律、行政法规规定的专营、专卖物品或者其他限制买卖的物品。

所谓未经许可，是指未经有关主管部门许可。所经营的物品只限于法律与行政法规规定的专营、专卖物品或者其他限制买卖的物品。成立本罪必须以违反国家规定为前提，不能仅因未经许可就认定为犯罪。对于何谓专营、专卖物品，相对比较明确，而对于何谓限制买卖的物品，范围往往不够明确，所以必须予以严格限制。对于取得了许可，只是超过经营范围的行为，不应认定为非法经营罪。对于仅有可能适用第 225 条第 4 项的行为，不能因为最终不符合第 4 项的规定，就适用第 1 项的规定，例如，对于未经批准进口药品，不足以严重危害人体健康的，连法定刑相对较轻的妨害药品管理罪都不构成，反而适用第 225 条第 1 项，以法定刑更重的非法经营罪定罪处罚。概言之，司法机关不仅要防止第 225 条第 4 项成为"口袋罪"，也要防止第 1 项成为"口袋罪"。

（2）买卖进出口许可证、进出口原产地证明以及其他法律、行政法规规定的经营许可证或者批准文件。

这些所谓的进出口许可证、进出口原产地证明、经营许可证和批准文件，均属于国家机关公文、证件。而买卖国家机关公文、证件的，构成《刑法》第280条规定的买卖国家机关公文、证件罪，所以，为了与买卖国家机关公文、证件罪相区分，必须将本罪中的"买卖"限定为买进并卖出、将买卖作为经营的行为。也就是说，只有以反复实施买卖行为的意思买卖前述许可证、证明与批准文件的，才能认定为非法经营罪。仅购买或者仅出卖，或者虽然既买又卖，但没有将买卖作为经营活动，即偶尔买卖的，应当按照《刑法》第280条的规定，以买卖国家公文、证件罪追究刑事责任。

（3）未经国家有关主管部门批准非法经营证券、期货、保险业务的，或者非法从事资金支付结算业务。

经营证券、期货、保险业务或者从事资金支付结算业务，都必须经过国家有关主管部门批准。证券、期货、保险业务的范围容易确定，但"资金支付结算业务"的范围则容易被不当扩大。为此，2019年1月31日"两高"《关于办理非法从事资金支付结算业务、非法买卖外汇刑事案件适用法律若干问题的解释》以及2017年6月2日最高检《关于办理涉互联网金融犯罪案件有关问题座谈会纪要》进行了明确。

（4）其他严重扰乱市场秩序的非法经营行为。

本项作为非法经营罪的兜底性条款，缺乏明确性。一方面，经营行为的范围广泛，哪些行为严重扰乱市场秩序，并不明确。另一方面，前三项行为并不具有同类性，难以根据前三项行为进行同类解释。正因为如此，以往的司法实践明显扩大了本项的适用范围。为此，最高法于2011年4月8日发布了《关于准确理解和适用刑法中"国家规定"的有关问题的通知》，对何谓"违反国家规定"进行了明确。据此，由部委发布的部分规章，即使经国务院批准，但如果不是以国务院办公厅名义制发且符合上述通知规定的条件，就不能认定为"国家规定"。也就是说，不能简单地以"经国务院批准"为由将部门规章认定为"国家规定"。上述通知还指出，对于被告人的行为是否属于本罪第4项规定的"其他严重扰乱市场秩序的非法经营行为"，有关司法解释未作明确规定的，应当作为法律适用问题，逐级向最高法请示。

4. 将使用POS机套现认定为本罪的司法解释规定，有无问题？

此规定出自2008年11月28日"两高"《关于办理妨害信用卡管理刑事案件

具体应用法律若干问题的解释》。禁止使用 POS 机套现，只是部门规章作出的规定，不属于"国家规定"。将这种违反部门规章的行为认定为非法经营罪，违反罪刑法定原则。

5. 应否将"以营利为目的"添加为本罪不成文的主观要素？

虽然应限制本罪的成立范围，但不宜添加"以营利为目的"这一主观要素，因为添加这一主观要素的意义很有限，难以起到控制处罚范围的作用，而且是否以营利为目的，也不能反映行为的法益侵害程度。

6. 应否将本罪理解为职业犯、营业犯，经营行为必须是反复继续实施的行为，行为人主观上必须具有反复继续实施的意思？

本罪名是非法"经营"罪，为了限制和明确本罪的处罚范围，应将本罪理解为职业犯、营业犯，经营行为必须是反复继续实施的行为，行为人主观上必须具有反复继续实施的意思，才可能构成非法经营罪。也就是说，应将偶尔为之的经营活动排除在本罪构成要件之外。

第二十九节　强迫交易罪

第二百二十六条　**【强迫交易罪】**以暴力、威胁手段，实施下列行为之一，情节严重的，处三年以下有期徒刑或者拘役，并处或者单处罚金；情节特别严重的，处三年以上七年以下有期徒刑，并处罚金：

（一）强买强卖商品的；

（二）强迫他人提供或者接受服务的；

（三）强迫他人参与或者退出投标、拍卖的；

（四）强迫他人转让或者收购公司、企业的股份、债券或者其他资产的；

（五）强迫他人参与或者退出特定的经营活动的。

疑难问题

1. 如何认定本罪的具体行为类型？

《刑法》第 226 条关于强迫交易罪规定了 5 种行为类型。

（1）强买强卖商品。

所谓"强买强卖商品"，是指强迫他人购买行为人或第三者的商品，或者强迫他人销售商品给行为人或第三者。

（2）强迫他人提供或者接受服务。

所谓"强迫他人提供或者接受服务"，包括强迫他人为行为人或第三者提供服务，以及强迫他人接受行为人或第三者提供的服务。但这里的服务并不是指任何服务，而是仅指商业服务。

（3）强迫他人参与或者退出投标、拍卖。

所谓"强迫他人参与或者退出投标、拍卖"，是指在他人没有意愿参与投标、拍卖的情况下强迫他人参与投标、拍卖，或者在他人有意愿参与投标、拍卖的情况下，强迫他人退出投标、拍卖。其中的"退出"并不限于在他人已经投标后撤回标书，或者已经登记参与拍卖后退出，在他人有意愿参与投标、拍卖的情况下，以暴力、威胁手段不准他人参与投标、拍卖的，也成立本罪。

（4）强迫他人转让或者收购公司、企业的股份、债券或者其他资产。

所谓"强迫他人转让或者收购公司、企业的股份、债券或者其他资产"，是指强迫他人将公司、企业的股份、债券或者其他资产转让给行为人或第三者，或者强迫他人收购行为人或第三者公司、企业的股份、债券或者其他资产。在强迫他人将公司股份转让给自己但未得逞后，通过股东会决议等将他人股份转移在自己或第三者名下的，应视行为性质认定为盗窃罪或者诈骗罪，不构成本罪。

（5）强迫他人参与或者退出特定的经营活动。

所谓"强迫他人参与或者退出特定的经营活动"，是指在他人没有意愿参与特定经营活动的情况下，强迫他人参与特定的经营活动，或者在他人有意愿参与特定的经营活动的情况下，强迫他人退出特定的经营活动。这里的"特定的经营活动"，并不是指特许的经营活动，而是指他人没有意愿参与、已有意愿参与或者正在参与的经营活动。

2. 本罪与抢劫罪、敲诈勒索罪构成要件之间是对立关系吗？

我国刑法理论与实践一直以来都固守"互斥论"，认为犯罪构成要件普遍是一种对立排斥关系，因而总是孜孜不倦地探寻此罪与彼罪之间的所谓区别或者界限。其实，犯罪构成要件之间普遍不是对立排斥关系，而是一种包容竞合关系。强迫交易罪与抢劫罪和敲诈勒索罪之间的关系也是如此，不能认为有所谓交易存在的就成立强迫交易罪，没有交易关系存在的就成立抢劫罪或者敲诈勒索罪。其实，即便存在所谓交易关系，也可能同时成立强迫交易罪与抢劫罪或者敲诈勒索罪。

3. 司法实践中试图通过价格、费用是否相差悬殊来区分本罪与抢劫罪、敲诈勒索罪的做法，合理吗？

司法实践中试图通过所谓价格、费用是否相差悬殊来区分本罪与抢劫罪、敲诈勒索罪的观点与做法，其实秉持的就是一种"互斥论"的立场。应该说，强迫交易罪与抢劫罪和敲诈勒索罪之间的所谓区别或者界限，并非存在交易关系与否，不是所谓价格、费用相差是否悬殊，而是所使用的暴力、威胁手段是否足以压制对方的反抗。也就是说，即便价格、费用并不悬殊，只要暴力威胁手段足以压制他人的反抗，构成的也是抢劫罪，而不是强迫交易罪。例如，甲以足以压制反抗的暴力、威胁手段强迫乙将其限量版的手机以市场价进行交易，也成立抢劫罪，而不是强迫交易罪，因为抢劫罪也是对个别财产的犯罪，而不是对整体财产的犯罪。即使价格、费用相差悬殊，但只要所采用的暴力、威胁手段并不足以压制被害人的反抗，也不可能成立抢劫罪，只可能成立强迫交易罪或者敲诈勒索罪。例如，丙采用并不足以压制反抗的暴力、威胁手段，强迫丁用 5 000 元买下其价值仅 50 元的一个水杯，也不可能成立抢劫罪，只可能成立强迫交易罪或者敲诈勒索罪。

4. 强迫借贷的，只能构成强迫交易罪吗？

2014 年 4 月 17 日最高检《关于强迫借贷行为适用法律问题的批复》指出："以暴力、胁迫手段强迫他人借贷，属于刑法第二百二十六条第二项规定的'强迫他人提供或者接受服务'，情节严重的，以强迫交易罪追究刑事责任；同时构成故意伤害罪等其他犯罪的，依照处罚较重的规定定罪处罚。以非法占有为目的，以借贷为名采用暴力、胁迫手段获取他人财物，符合刑法第二百六十三条或者第二百七十四条规定的，以抢劫罪或者敲诈勒索罪追究刑事责任。"

应该说，上述司法解释存在问题。借贷是一种财产性利益，强迫他人借贷的行为，也可能构成财产性利益的抢劫罪与敲诈勒索罪。归还借款本金的，也只是说明对借款本身没有非法占有目的，但对于借贷利益本身仍然具有非法占有目的。质言之，不要试图提出区分强迫交易罪与抢劫罪、敲诈勒索罪、故意伤害罪的标准，而应注意犯罪之间的竞合。

5. 能否认为成立本罪仅限于强迫被害人与行为人从事交易活动，而强迫被害人与第三人从事交易活动的不构成本罪？

应该说，这种观点存在问题。从法益侵害的角度来说，强迫被害人与第三人从事交易活动，与强迫被害人与行为人从事交易活动，没有任何区别。从《刑法》的规定来看，也没有任何表述显示强迫交易仅限于强迫被害人与行为人交易。也就是说，无论是强迫被害人与行为人从事交易活动，还是强迫被害人与第三人从事交易活动，都能成立强迫交易罪。

第三十节　非法转让、倒卖土地使用权罪

第二百二十八条　【非法转让、倒卖土地使用权罪】以牟利为目的，违反土地管理法规，非法转让、倒卖土地使用权，情节严重的，处三年以下有期徒刑或者拘役，并处或者单处非法转让、倒卖土地使用权价额百分之五以上百分之二十以下罚金；情节特别严重的，处三年以上七年以下有期徒刑，并处非法转让、倒卖土地使用权价额百分之五以上百分之二十以下罚金。

疑难问题

1. 本罪的立法目的是什么？

位于《刑法》分则第六章"妨害社会管理秩序罪"第六节"破坏环境资源保护罪"中的非法占用农用地罪，显然旨在保护国家有限的农用土地资源，保护国家的粮食安全和环境资源。而非法转让、倒卖土地使用权罪位于《刑法》分则第三章"破坏社会主义市场经济秩序罪"第八节"扰乱市场秩序罪"中。这充分说明，本罪的立法目的不同于非法占用农用地罪，不是旨在保护农用土地资源，而是在于保护土地使用权的流转秩序。以牟利为目的，违反土地管理法规，非法转让、倒卖土地使用权的行为，必然扰乱土地使用权流转秩序，破坏社会主义市场经济秩序。准确适用该罪，一定要从扰乱土地使用权流转秩序的角度去把握。

2. 在公司享有土地使用权的情况下，股东转让部分或者全部股份的，是否成立本罪？

理论上有观点认为，在公司享有土地使用权的情况下，股东转让部分或者全部股份的，实质上就是在非法转让土地使用权，因此可以构成本罪。这种观点存在问题。

应该说，即使股份就是体现在拥有一定的土地使用权上，但股份毕竟不同于土体使用权本身，股东有权转让股份，股东转让部分或者全部股份的，不能认定为本罪。

3. 非法出租土地，是否构成犯罪？

本罪规定的行为方式是转让、倒卖，均是永久性地移交土体使用权。而出租土地，只是一时性让渡土地使用权，所以不属于转让、倒卖，不构成本罪。

4. 直接变卖农村集体土地，将农村土地作为宅基地出售给他人，将承包经营的耕地转让给他人用于开发房地产的，构成本罪吗？

未经法定程序，擅自转让、倒卖农民集体所有的土地使用权，如直接变卖农村集体土地，将农村土地作为宅基地出售给他人，将承包经营的耕地转让给他人用于开发房地产的，构成本罪，购买方可能构成非法占用农用地罪。

第三章 侵犯公民人身权利罪

第一节 故意杀人罪

第二百三十二条 **【故意杀人罪】**故意杀人的，处死刑、无期徒刑或者十年以上有期徒刑；情节较轻的，处三年以上十年以下有期徒刑。

疑难问题

1. "故意杀人"中的"人"，应否限于"他人"？

"故意杀人"的表述，的确不同于"故意伤害他人"，所以从逻辑上似乎不能排除故意杀人罪中的"人"包括自己，即自杀的也能构成故意杀人罪。但众所周知，自杀的行为不构成犯罪，所以，应将故意杀人罪中的"人"限定为"他人"。

2. 能阻止他人自杀吗？

案1：甲是乙的丈夫。甲因为经商失败，意欲割脉自杀。乙看到自己的丈夫准备好了自杀需要的工具，并实施自杀行为，但自始至终乙都没有阻止。最后，甲自杀身亡。

我国刑法理论和司法实践都强调刑法对生命的绝对保护，当一个人要自杀的时候，刑法虽然不追究自杀者的责任，但这并不妨碍刑法要求那些负有救助义务的人去救助自杀者，所以当一个负有救助义务的人不去救自杀者的时候，仍然可能成立不作为的故意杀人罪或者其他犯罪。本案中，乙与自杀者甲系夫妻关系，夫妻之间有相互扶养的义务。一方不给对方饭吃、生病时不给送医，都可能构成犯罪，在对方自杀生命垂危时，其应当更负救助的义务。所以，仅从夫妻关系就能得出乙有救助义务，其不阻止甲自杀的行为，至少可能构成遗弃罪。

案2：丙正欲上吊自杀，碰巧被串门的邻居丁发现。丁当机立断将丙上吊的绳子砍断，导致丙摔成重伤，但命保住了。

如果认为自杀是行使权利、合法的行为，则丁阻止他人自杀就是违法的，导致他人重伤，就应负故意伤害罪的刑事责任。但如果认为自杀是违法的，则他人完全可以阻止。丁阻止丙自杀导致丙重伤，就不能被追究刑事责任。

判断一个行为是合法还是违法的试金石，就是看能不能进行阻止，能不能实施正当防卫。如果认为自杀行为是合法的，他人就不能进行阻止。倘若认为自杀行为是违法的，他人就完全可以阻止。本书倾向于认为，自杀是个人行使权利的行为，是合法的，他人进行阻止的，或许可以作为阻却责任的紧急避险来评价。

3. 教唆、帮助自杀的，构成犯罪吗？

案3：甲想自杀，站在阳台犹豫要不要跳楼，下面围观群众甚多，导致交通堵塞。出租车司机乙载客路过无法通行，乙下车到楼下观看，朝着站在阳台上的甲喊了一声："要跳你就赶紧跳啊，别耽误我做生意赶路赚钱！"话音刚落，甲跳楼身亡。

甲当时看到下面站了那么多人，心情非常复杂、脆弱，很难认为他在乙喊话时是保持理智的。乙喊的那句话在客观上确实可能促成了甲的跳楼，但乙是出租车司机，他载客路过被堵在那里，他与甲往日无怨近日无仇，赶路心切，下车朝着甲喊了句话。乙并不了解甲，不了解事情经过，也不能说乙已经认识到自己的一句话会让甲跳下来，所以不能肯定乙具有杀人故意。乙只是喊了一句话，也很难认为其实施了过失致人死亡罪的实行行为，所以也难以认定乙构成过失致人死亡罪。对于本案，一般会认为，乙是帮助他人自杀，因为乙确实促进了甲跳楼，而问题在于如何说明教唆、帮助他人自杀的行为成立犯罪。

案4：15岁的女孩丙没有考上高中，在阳台上哭。她的后妈丁说，你不用哭，哭也没有用，考不上好高中，就考不上大学，这一辈子都过不好，活着有什么意思呢？不如跳楼算了。于是丙从阳台上就跳下去了。

本案中丁的行为属于教唆自杀。否认教唆自杀构成犯罪的学者可能认为丁的行为成立故意杀人罪的间接正犯。但是丁既没有对丙进行强制，也没有对丙实施欺骗行为，丙也完全能理解跳楼的意义，所以不能认为丁的行为符合间接正犯的成立条件，不能成立故意杀人罪的间接正犯。按照本书的观点，只有能将这种教唆自杀的行为评价为故意杀人罪的实行行为，才能单独认定为故意杀人罪。本书倾向于将丁的行为评价为遗弃罪。

解决教唆、帮助自杀的定性问题，关键在于如何认识自杀行为的性质。综观国内外，有各种说法，例如：（1）自杀是合法的，但不能由别人介入、参与，别人参与就违法了；（2）自杀侵害了国家和家庭的利益，所以违法，自杀不成立犯罪只是因为阻却责任；（3）自杀侵害了周围人的利益，所以违法；（4）自杀违反了自然法；（5）自杀违反了成文刑法；（6）自杀是滥用自己决定权，所以违法；（7）既然阻止自杀的行为不构成强制罪，也就是说，既然阻止自杀的行为是合法的，自杀当然是违法的；（8）法律对自杀持放任态度，无所谓合法与违法；（9）将自杀和参与自杀作为一体来考虑，既然刑法规定自杀是违法的，参与自杀当然也违法；（10）自杀违法但缺乏可罚的违法性；等等。

应该说，在当今社会，任何主张自杀是违法的观点，都不会主张将自杀当作犯罪来处理，因为至少可以从缺乏责任的角度否认犯罪的成立。论证自杀违法，是为了说明刑法为什么处罚教唆、帮助自杀行为。

对于不具有间接正犯性质的教唆、帮助自杀的行为，我国司法实践一般作为情节较轻的故意杀人罪处理。张明楷教授也一直主张要对教唆、帮助自杀的行为进行定罪处罚。人既有自然属性，也有社会属性。相对于自然属性而言，自杀是不违法的；但相对于社会属性而言，自杀则是违法的。不将自杀作为犯罪处理，一方面是因为违法性降低了，也就是说，只剩下对人的社会属性的侵害，另一方面是没有处罚的必要性。教唆、帮助自杀的违法性虽然也降低了，但却具有处罚的必要性。如此，自杀以及教唆、帮助自杀，就不是对个人法益的犯罪，而是对社会法益的犯罪。[①]

本书认为，既然大家公认故意杀人罪的对象只能是他人，而不包括自己，就必须得出自杀是合法的结论。国外如日本，之所以讨论自杀是否合法，是因为其刑法明文规定了教唆、帮助自杀的行为构成犯罪。在我国，《刑法》并没有规定教唆、帮助自杀构成犯罪。根据共犯的限制从属性说，应当得出教唆、帮助自杀行为不构成犯罪的结论。只有在能将教唆、帮助自杀的行为评价为故意杀人罪的实行行为或者故意杀人罪的间接正犯，例如教唆、欺骗、帮助不能理解自杀行为的性质和意义的幼儿或高度精神病患者自杀，或者逼人自杀时，才能认定为故意杀人罪。

4. 人的始期和终期如何确定？

关于人的开始的时期，理论上有所谓分娩开始说（阵痛说）、部分露出说、全部露出说和独立呼吸说。我国刑法理论通说一直主张独立呼吸说。张明楷教授以前主张全部露出说，但最近提出，部分露出说具有明显的合理性，而考虑到在

① 张明楷. 刑法的私塾：之二. 北京：北京大学出版社，2017：316.

我国从独立呼吸说转变为部分露出说过于困难，本书采取全部露出说。①

本书认为，民法上主张独立呼吸说具有合理性，因为民法上确定人的始期是为了赋予其独立的人格权，不能独立呼吸当然不应享有独立的人格权。但是，刑法上确定人的始期是为了保护其享有独立于母体不受侵害的权利，而只要露出身体的一部分，如脑袋或者脚，都可能独立于母体受到侵害，所以刑法上应当将部分露出说作为确定人的始期的标准。

关于人的终期，也就是区分人和尸体的标准，主要有脑死亡说和传统的心脏死亡说（自发呼吸停止、心脏跳动停止、瞳孔反射机能停止的所谓综合标准说或者三症候说）。应该说，在没有器官移植技术之前，各国普遍采取综合标准说。但自从器官移植技术盛行，人们开始主张脑死亡说。国外还有主张所谓二元标准说的，即有器官移植需要时采取脑死亡说，没有器官移植需要的，还是采取传统的综合标准说。

本书认为，虽然我们现在也广泛接受器官移植手术，但目前采取脑死亡标准说还不可行，因为目前还没有一个中立、科学的机构来客观判定是否脑死亡，若贸然采用脑死亡标准说，难免被滥用。所以在目前的中国，比较稳妥的做法原则上还是应坚持传统的综合标准说。

5. 误将尸体当活人而进行"杀害"的，成立故意杀人未遂吗？

误将尸体当活人，属于对象不能犯。我国传统观点认为，误把尸体当活人杀害、用空枪杀人、误把白糖当砒霜用于杀人的，都成立所谓的杀人未遂。这是明显的主观未遂犯论的观点，是极其错误的。处罚未遂犯，是因为行为具有侵害法益的危险性，而不是因为内心有犯罪的意思，否则，刑法的任务不是保护法益，犯罪的本质不是侵害法益，而是惩罚行为人的主观恶性和人身危险性。这是主观主义的刑法观，在主观主义、心情刑法观的立场指导下的司法，就毫无人权保障可言。

客观未遂犯论具有合理性。只有客观上具有侵害法益的紧迫危险性的行为，才值得作为未遂犯进行处罚。朝着尸体开枪、用空枪杀人、误把白糖当砒霜杀人的，都是不能犯。

6. 只要主观上想杀人，就是杀人行为吗？

并非主观上想杀人，客观上实施的就是杀人行为。例如劝仇人乘坐高铁、乘

---

① 张明楷. 刑法学. 6 版. 北京：法律出版社，2021：1108.

坐飞机、下雨天到森林散步，仇人果然死于铁路运营事故、飞行事故、雷击，也不能将其认定为故意杀人罪，因为这些行为都不能称为杀人行为。所谓故意杀人行为，或者说故意杀人罪的实行行为，必须是具有类型性的致人死亡的危险性行为，而不包括偶然导致他人死亡的行为。

7. 误以为自己在进行正当防卫而杀人，成立故意杀人罪吗？

误以为自己在进行正当防卫而杀人，属于假想防卫，系对正当防卫基础事实的认识错误，阻却故意，不成立故意杀人罪，只能成立过失致人死亡罪或者意外事件。

8. 基于报复杀人、奸情杀人，应当从重处罚吗？

基于报复杀人、奸情杀人，只是杀人的常态。对于常态案件，不能从重处罚。司法实践中对这种常态案件也从重处罚，是错误的。

9. 将杀人后的碎尸行为作为判处死刑根据的做法，合理吗？

杀人后的碎尸行为，并不能增加杀人行为本身的违法性与有责性。将杀人后的碎尸行为作为判处死刑的根据，混淆了责任刑情节与预防刑情节。对于杀人行为应否判处死刑，只能根据杀人行为本身的违法性与有责性进行判断，而不能将案外事实预防情节，评价为杀人的责任情节，因此加重对行为人的刑罚。司法实践中将杀人情节并不重，不应判处死刑的案件，以存在事后碎尸的情节为由而判处死刑，是错误的。对于杀人后碎尸的，可以故意杀人罪与故意毁坏尸体罪数罪并罚。

10. 《刑法》第 238、247、248、289、292 条中的对"致人死亡"以故意杀人罪定罪处罚的规定，是注意规定还是法律拟制？

对于这些规定，刑法理论通说认为是注意规定，即只有行为人具有杀人故意，认识到并对死亡结果持希望或者放任态度时，才能以故意杀人罪定罪处罚。应该说，完全没有作出这种注意规定的必要，这种规定应当属于法律拟制，只要行为人对死亡结果具有认识的可能性，即使不持希望或者放任的态度，也能以故意杀人罪定罪处罚。

11. 已满 12 周岁不满 14 周岁的人实施上述拟制的杀人行为，能否以故意杀人罪追究刑事责任？

《刑法修正案（十一）》将故意杀人罪主体的刑事责任年龄下调到 12 周岁。刑法理论界还没有讨论这种人要不要对拟制的杀人承担刑事责任。本书认为，成立拟制的杀人，不要求行为人有杀人的故意，即对死亡结果有认识并持希望或放任的态度，因而其在有责性上明显不同于通常的故意杀人罪。所以，不宜让这种人对拟制的杀人行为承担刑事责任。

12. 故意杀人罪与故意伤害罪之间是对立关系吗？

案5：甲因琐事与乙发生纠纷，冲上去打了乙一巴掌，乙被打倒在地，头部撞在水泥地板上昏迷不醒，经抢救无效死亡。

本案中，乙并不是被甲一巴掌打死的，而是头部撞在水泥地板上磕死的，死亡的结果不是打人行为所蕴含的致人死亡危险的现实化，所以，甲的行为只能成立过失致人死亡罪或者意外事件。

传统观点认为，故意杀人罪与故意伤害罪构成要件之间是对立关系。其实，凡是符合故意杀人罪构成要件的，必然符合故意伤害罪构成要件，杀人行为必然也是伤害行为，杀人故意并不缺少伤害故意。故意杀人罪与故意伤害罪之间是包容竞合关系，而不是对立互斥关系。行为导致他人死亡，不能查明是否具有杀人故意，但至少具有伤害故意，客观上也存在伤害行为时，至少可以成立故意伤害（致死）罪。

13. 刑法理论通说认为只要危害了公共安全就不应认定为故意杀人罪，对吗？

刑法理论通说认为，故意杀人罪与放火罪等危害公共安全罪的区别在于行为是否危害公共安全，即危害公共安全的，只能成立放火罪等危害公共安全罪；不危害公共安全的，才成立故意杀人罪。这其实是将放火罪等危害公共安全罪与故意杀人罪之间的关系看作是对立排斥关系，是一种"互斥论"立场。

通说所持的"互斥论"存在问题。假如甲向一公寓楼放火，现场发现有一个人死亡，但不能证明这个人的死亡是放火行为造成的，则因为危害了公共安全，只能认定为放火罪，由于没有造成严重后果，只能适用《刑法》第114条判处3年以上10年以下有期徒刑。但如果乙向独门独户的独居老人的房子放火，现场发现独居老人死亡，但也不能证明独居老人的死亡是放火行为造成的，则因为没有危害公共安全，成立故意杀人罪未遂，适用《刑法》第232条基本犯法定刑并适用《刑法》总则关于未遂犯比照既遂犯从轻或者减轻处罚的规定，则完全可能判处10年以上有期徒刑或者无期徒刑。很显然，甲的放火行为的危害性重于乙的放火行为的危害性，处罚结果却是前轻后重而明显失衡。因此，应当认为放火等危害公共安全罪与故意杀人罪之间是竞合关系，实施放火等行为，危害公共安全时，既成立放火罪等危害公共安全罪，也成立故意杀人罪，从一重处罚，也应以故意杀人罪定罪处罚。尤其是在放火未造成严重后果时，如前一案件，对甲以故意杀人罪未遂论处，更能做到罪刑相适应。

14. 如何处理"相约自杀"案件？

案6：吴某因经济困难与妻子夏某商量一起上吊结束生命。次日，夏某准备了凳子和绳子，将吴某扶到凳子上，将绳子一端系住吴某的脖子，另一端系在下水管上，然后将吴某脚下的凳子拿开，吴某窒息而死。后夏某害怕，打消自杀念头。

该案是一起相约自杀的案件，夏某实施了杀人行为，当然成立故意杀人罪。

所谓相约自杀，是指二人以上相互约定自愿共同自杀的行为。相约自杀存在各种情形：

第一，相约双方各自实施自杀行为，其中一方死亡，另一方自杀未得逞的。未得逞的一方因为没有实施杀人行为，不构成犯罪。

第二，两人约好由其中一方杀死对方然后自杀，但杀人一方自杀未得逞。这其实属于得承诺杀人。由于未得逞一方实施了杀人行为，所以应以故意杀人罪论处，只是在量刑时从轻处罚，可以认定为情节较轻的杀人。

第三，相约自杀的一方为对方提供自杀工具的，属于帮助自杀的行为。由于帮助自杀的行为不能评价为故意杀人罪的实行行为，故不能被认定为犯罪。

第四，以相约自杀为名诱骗他人自杀的，属于教唆自杀行为。根据共犯的限制从属性说，不能认为教唆自杀的行为构成故意杀人罪。

总之，相约自杀中未死亡的一方是否构成故意杀人罪，关键看其是否实施了杀人行为，实施了杀人行为的，应当以故意杀人罪论处，没有实施杀人行为的，不能以故意杀人罪论处。

15. 如何处理致特异体质者死亡的案件？

案7：甲因琐事与乙发生争吵、撕扯，不久，被害人倒在路边的绿化带内，甲继续对乙进行推搡，与其厮打，后乙站起身走了几步便倒地昏迷，经抢救无效死亡。经鉴定，被害人系心脏病发作死亡，争吵、厮打时的情绪激动是心脏病的诱发因素。

本案中，甲与乙争吵、厮打的行为，不能认定为杀人行为，甲也没有杀人故意，只能认定为意外事件。

关于致特异体质者死亡的案件，因果关系不能否认，要出罪只能从客观行为和主观罪过入手。如果行为具有类型性致人死亡的危险性，则可以认定为杀人行为，若行为人认识到自己的行为可能导致他人死亡，即具有杀人的故意，则成立故意杀人罪；若不具有杀人的故意，而只有伤害的故意，则成立故意伤害致人死亡；若伤害的故意都没有，则属于意外事件。如果行为不具有类型性致人死亡的危险性，则应否定存在杀人行为，即便认为人具有杀人的故意，也不能认定为故意杀人罪，若行为能评价为伤害行为，行为人也具有伤害的故意，则认定为故意伤害致人死亡；若伤害行为也没有，则应认定为意外事件。

16. 如何评价"引起他人自杀"的行为？

对于引起他人自杀的行为，满足三个条件可以进行缓和的结果归属：一是行为人实施了符合构成要件的实行行为，如侮辱行为；二是行为与他人自杀结果之间存在能被人理解的因果关系；三是该罪的法定刑不能过重，如强奸致人死亡就不能包括被害人自杀。例如，医生处于优越的地位，欺骗患者说"你得了癌症，只能活两周了"，导致患者自杀的，可以认为医生对患者存在意思支配，成立故意杀人罪的间接正犯。

17. 2017 年 1 月 25 日"两高"《关于办理组织、利用邪教组织破坏法律实施等刑事案件适用法律若干问题的解释》规定，组织、利用邪教组织，制造、散布迷信邪说，教唆、帮助其成员或者他人实施自杀的，以故意杀人罪定罪处罚。该规定有无问题？

这个司法解释规定存在问题。不能为了打击邪教组织犯罪，将不具有杀人的实行行为性、不符合故意杀人罪构成要件的行为认定为故意杀人罪。教唆、帮助自杀的行为，不能评价为故意杀人罪的实行行为，不构成故意杀人罪。

18. 阻止他人救助落水的人，构成故意杀人罪吗？

即便行为人没有作为的义务，阻止他人救助的行为，也能被评价为故意杀人罪。

19. 何谓"情节较轻"的杀人？

一般来说，当场基于义愤的杀人、因受被害人长期迫害的杀人、基于被害人请求的杀人以及"大义灭亲"的杀人，均属于"情节较轻"的杀人。如果认为教唆、帮助自杀的行为也值得处罚，则应评价为"情节较轻"的杀人。假想防卫、防卫过当的杀人，如果有杀人的故意，也属于"情节较轻"的杀人。

应该说，虽然《刑法》分则中的"情节（特别）严重"，仅限于反映客观方面法益侵害程度的客观违法要素，不包括反映有责性轻重的要素和特殊预防必要性大小的预防要素，但因为"情节较轻"是有利于行为人的情节，所以不仅包括不法程度的减轻与责任的减轻，而且包括特殊预防必要性减小的要素。

20. 将防卫过当认定为情节较轻的故意杀人罪之后，是否还应当适用《刑法》总则关于防卫过当应当减轻或者免除处罚的规定？

由于《刑法》第 20 条第 2 款规定，对于防卫过当的，应当减轻或者免除处罚。如果认为将防卫过当认定为情节较轻的故意杀人罪之后，不应再适用《刑法》总则关于防卫过当应当减轻或者免除处罚的规定，则意味着，当故意的防卫过当杀人本身情节较轻时，应适用"情节较轻"的法定刑，但不能在"情节较轻"法定刑（3 年以上 10 年以下有期徒刑）的基础上再减轻处罚；对行为人也不能免除处罚。这显然对行为人很不公平，所以，不管故意的防卫过当杀人本身是否情节较轻，均应适用《刑法》第 20 条第 2 款关于防卫过当的规定处罚。

21. 对杀人预备选择了故意杀人罪"情节较轻"的法定刑之后，是否不再适用"对于预备犯，可以比照既遂犯从轻、减轻处罚或者免除处罚"的规定？

由于对于预备犯可能从轻、减轻或者免除处罚，所以即使对杀人预备选择了故意杀人罪"情节较轻"的法定刑，也应同时适用《刑法》总则关于预备犯的处罚规定，而可能减轻处罚，判处 3 年以下的刑罚，或者免除处罚。

22. 能否认为抢劫杀人的，成立抢劫致人死亡与故意杀人罪的想象竞合？

成立想象竞合，必须是一个行为侵犯了数个法益，导致了数个法益侵害结果。而抢劫杀人，杀死一个人的，只有一个人死亡的结果，不能将这一个人的死亡，既评价为抢劫致人死亡的结果，又评价为故意杀人罪的结果。所以，严格意义上讲，抢劫杀人的，成立抢劫罪的基本犯与故意杀人罪的想象竞合犯，而不是抢劫致人死亡与故意杀人罪的想象竞合犯。

23. 能否认为放火烧死一个人，成立放火致人死亡与故意杀人罪的想象竞合？

放火烧死一个人的，由于只有一个人的死亡结果，也不能认为成立放火罪的结果加重犯（《刑法》第 115 条第 1 款）与故意杀人罪的想象竞合犯，而只能成立放火罪的基本犯（《刑法》第 114 条）与故意杀人罪的想象竞合犯。

24. 他人跳海自杀，行为人奋力相救，他人能否实施"正当防卫"，将行为人拽下海中淹死？

如果认为自杀是合法的，他人跳海自杀就是行使权利的行为，行为人不得干涉。行为人加以阻止的，就是违法的，自杀者就可以实施正当防卫，将施救者一起拽到海里淹死。

25. 2009 年 8 月 3 日最高法《关于审理故意杀人、故意伤害案件正确适用死刑问题的指导意见》规定，雇凶者作为犯罪的"造意者"，其对案件的发生负有直接和更主要的责任，因此对雇凶者应认定为罪行最严重的主犯。该规定有无问题？

该规定存在问题。以雇凶者（教唆犯）是"造意者"为由而将其认定为主犯，其实属于早已被国外刑法理论所抛弃的"杀人者，是因为杀了人而受处罚，而教唆杀人者，是因为制造了杀人犯而受处罚"的责任共犯论观点。这种立场，容易导致行为人想方设法虚构"教唆者"，希望借此减轻自己的刑罚。应该认为，正犯（实行犯）才是"一次的责任"，而教唆、帮助犯只是"二次的责任"。

第二节　过失致人死亡罪

第二百三十三条　**【过失致人死亡罪】**过失致人死亡的，处三年以上七年以下有期徒刑；情节较轻的，处三年以下有期徒刑。本法另有规定的，依照规定。

疑难问题

1. 如何认定过失致人死亡罪的实行行为？

案 1：甲乙二人是亲密无间的朋友，两家住得也很近，由于乙有车而甲没有，乙经常接送甲的妻子上下班。在这个过程中，乙有时对甲的妻子"不规矩"，用言语挑逗甲的妻子，但从未与甲的妻子发生性关系。某天，甲的妻子告诉甲说，乙想占她的便宜，甲以为乙已经与自己的妻子发生过性关系，当时非常生气。第二天，甲约乙出去吃饭，乙说自己独自在家，可以到自己家来吃饭，甲遂拿了刀、下酒菜等去了乙家。甲喝了很多酒以后对乙说："你不够义气，怎么能对我妻子这样！"乙就低下了头，这个时候，甲把刀拿了出来，又继续说："为了让你长点记性，得在你腿上做点记号。你看这个记号是你自己做还是我做？"乙把刀拿了过来就往自己腿上扎，一下就扎到了大动脉。甲见乙血流如注，就急忙将乙送到了医院，但乙还是因为抢救无效死亡。

本案中，甲让乙在大腿上做个记号，一般来说不会导致轻伤以上的结果，甲并没有伤害乙的意图，所以甲的行为不能成立故意伤害致死。甲强迫乙用刀在自己腿上做记号的行为，可以评价为过失致人死亡罪的实行行为，甲主观上也具有预见可能性，所以甲的行为成立过失致人死亡罪。

过失犯也有实行行为。可以说，过失致人死亡罪与故意杀人罪的区别不在于实行行为的差别，而是主观罪过的不同。故意杀人罪的实行行为，是具有类型性的致人死亡危险性的行为。过失致人死亡罪的实行行为，也必须是具有类型性的致人死亡危险性的行为。交通肇事罪作为典型的过失犯，其实行行为必须是具有类型性导致交通事故发生的危险性的交通违章行为。认定过失致人死亡罪也应当坚持从客观到主观，首先判断行为人的行为是什么，行为人的行为是否具有类型性导致他人死亡的危险性，然后再判断行为人对死亡结果有无预见可能性。

的确，过失犯都是违反注意义务的，虽然从理论上讲，过失致人死亡罪与故意杀人罪的实行行为没有什么不同，但事实上，对过失致人死亡罪实行行为的认定要缓和得多。只要行为人客观上实施了具有一定危险性的举动，主观上对死亡结果具有预见可能性，基本上就能肯定过失致人死亡罪的成立。

2. 如何理解"本法另有规定的，依照规定"？

本罪后段中"本法另有规定的，依照规定"系注意规定，旨在提醒司法工作人员注意，还有很多犯罪中包含过失致人死亡的情节，如责任事故致人死亡、强奸致人死亡、抢劫致人死亡，如果其他犯罪处罚更重，就按照其他犯罪定罪处罚。也就是说，该规定可谓指引适用重法的提示性规定，完全可以忽略。没有这种规定的，在竞合时，也应从一重处罚。

3. 交通肇事致一人死亡，未达交通肇事罪立案标准，能否以过失致人死亡罪定罪处罚？

之所以成立交通肇事罪要求分清主要责任、同等责任与次要责任，是因为参与道路交通的各方均存在一定的危险分配，都负有一定的注意义务。因此，交通肇事致一人死亡，未达交通肇事罪立案标准的，不能反过来以过失致人死亡罪定罪处罚。

4. 虐待致人死亡，能否判处低于3年有期徒刑的刑罚？

相对于过失致人死亡罪，虐待罪可谓特别法条。按照特别法优于普通法的适用原则，通常应排除普通法条过失致人死亡罪的适用。但法条竞合中被排除的法条（劣位法）也能够发挥作用，跟想象竞合一样，也存在所谓轻罪的封锁作用。而虐待致人死亡，不可能属于情节较轻的过失致人死亡，所以，虐待致人死亡的，不能判处低于过失致人死亡罪基本犯的法定刑，即不能判处低于3年有期徒刑的刑罚。

5. 如何区分过失致人死亡罪与故意伤害致死？

案2：行为人知道自己的妻子和别人通奸，就向组织反映了情况，组织认为没有证据不好认定通奸。某天，行为人回家后发现自己的妻子正在和他人通奸。行为人将二人捉奸在床后，对通奸的男方说："领导说捉奸要讲证据，所以我得在你的大腿上做个记号。"于是，行为人用小水果刀在男方的大腿上做记号，结果在做记号的过程中不慎划到了动脉，导致男方流血过多而死亡。

对于本案，有很多人认为行为人的行为成立故意伤害致死，但是应当认定为过失致人死亡。首先，从客观方面说，行为人的行为当然是致人死亡的行为。其次，行为人没有杀人的故意，所以不能成立故意杀人罪。再次，要正确区分日常生活中的故意和刑法上的故意，不能将日常生活中理解的伤害故意当作我国刑法中的伤害故意。行为人只是打算在被害人腿上做个记号，其没有伤害的故意，不能成立故意伤害致死。最后，行为人对死亡结果具有预见可能性，所以对行为人的行为应当认定为过失致人死亡罪。

过失致人死亡与故意伤害致死，都导致了被害人的死亡，行为人都实施了致人死亡的行为。二者的不同点在于，行为人客观上实施的是否属于通常能导致他人生理机能损害的伤害行为，主观上有无伤害的故意。若得出否定的结论，则成立过失致人死亡，若均得出肯定的结论，则成立故意伤害致死。

6. 如何区分过于自信的过失致人死亡与间接故意杀人？

过于自信的过失致人死亡与间接故意杀人的根本区别在于，前者反对或者不接受死亡的结果，而后者放任或者不反对死亡结果。当然二者不是对立关系，在行为人对死亡结果具有预见可能性的情况下，不能证明行为人放任死亡结果发生的，就只能认定为过失致人死亡。

7. 如何区分疏忽大意的过失致人死亡与意外事件致人死亡？

案3：甲从事非法经营活动，被警察带到派出所讯问。甲为了让警察放过自己，就让自己的妹妹乙买一瓶农药送到派出所给自己。甲对乙说，自己只是少喝一点农药，以便吓唬警察，让他们不再查封她的店铺。乙就买了一瓶农药送给甲。结果，甲在卫生间喝农药时，不小心喝多了。警察发现甲喝农药后，立即将其送往医院，但甲因抢救无效而死亡。某法院认定乙的行为构成过失致人死亡罪。

本案属于自己危险化的参与。认定本案，不能首先判断乙主观上有无过失，而应判断甲的死亡结果能否归属于乙的行为。本案中，甲并不是故意自杀身亡，是不小心喝多了农药而死亡的，所以，乙的行为不可能属于帮助自杀。而过失导致自己死亡的行为，不应被评价为违法行为。而且，我国并不承认过失的共犯，即使能够认定乙对甲的死亡具有过失，但是在过失帮助他人过失自杀的情况下，还是不能将这种行为认定为过失致人死亡。对于自己危险化的参与，都不能予以客观归责。也就是说，本案从客观上看，不能认为乙实施了过失致人死亡的行为，从主观上看，乙缺乏对甲死亡结果的预见可能性，所以，本案应属于意外事件，不应追究乙过失致人死亡罪的刑事责任。

案4：某年冬天的一个上午，顾某与被告人倪某等人在一起游玩。其间，顾某觉得无聊便想找点乐子。顾某想起夏天时和倪某玩过的一个游戏，即他将50元现金扔到河中，让倪某下水捞钱，钱捞到后归倪某所有。于是，顾某再次提出玩此游戏。因冬天水太冷，倪某不愿下河，顾某便提出加价至100元，倪某同意。顾某随即将100元现金扔到河中，倪某跳入冰冷的河水中捞钱，却因河水太冷，溺水身亡。某法院以过失致人死亡罪判处顾某有期徒刑1年。

本案中，被告人顾某唆使被害人倪某实施自己危险化的下河捞钱行为，被害人倪某虽然并不希望或者放任自己的死亡，却实施了该危险行为。被告人的行为属于典型的自己危险化的参与。可以肯定的是，导致被害人死亡的原因，是被害人自己跳入河中的行为，被害人自己过失地造成了自己的死亡。但是，被害人的这一行为并不符合过失致人死亡罪的构成要件，因为过失致人死亡罪中的"人"，只能是他人而不包括自己。既然如此，被告人就并未参与符合构成要件的行为。按照共犯从属性说，顾某的行为不成立犯罪。在危险性认识的问题上，被告人的认识与被害人的认识并没有区别；也不可能认为被告人顾某的行为在客观上对被害人形成了心理或者物理的强制，所以被告人顾某的行为也不符合间接正犯的成立条件。总之，本案中顾某并未实施过失致人死亡罪的实行行为，被害人倪某死亡的结果也不具有预见可能性，故被告人顾某的行为不成立过失致人死亡罪。

疏忽大意的过失致人死亡与意外事件的根本区别在于，行为人能否预见自己的行为可能导致他人死亡。而能否预见，应当根据行为人的知能水平、行为本身的危险程度以及客观环境判断。主观上能够预见死亡结果，客观上又实施了具有致人死亡危险性的行为的，就是疏忽大意的过失致人死亡，否则就是意外事件致人死亡。

8. 故意与过失、故意杀人与过失致人死亡，是对立关系吗？

传统理论认为，故意与过失、故意杀人与过失致人死亡之间是对立关系，现在一般主张单一理论，认为二者之间是位阶关系、高低度关系。当行为人至少对死亡结果具有预见可能性，但不能查明是否认识到并持希望或者放任态度时，至少可以成立过失致人死亡罪。

9. 如何处理过失重伤进而引起被害人死亡的案件？

当过失重伤进而引起被害人死亡时，若行为人对死亡结果具有预见可能性，则直接认定为过失致人死亡罪，而不是过失重伤致人死亡；但如果行为人只对重伤结果有预见，而对死亡结果没有预见，则只能成立过失致人重伤罪，而不能成立过失致人死亡罪。

10. 应否将"处三年以下有期徒刑"作为本罪的基本法定刑？

从《刑法》第 233 条的规定来看，过失致人死亡罪基本犯的法定刑是 3 年以上 7 年以下有期徒刑。也就是说，过失致人死亡的，首先就应考虑判处 3 年以上有期徒刑。这和包括过失致人死亡情节的业务过失犯罪的处罚明显不协调。为此，张明楷教授提出，基于与其他国家对过失致人死亡罪法定刑的比较，应将"处三年以下有期徒刑"当作本罪的基本法定刑，将"处三年以上七年以下有期徒刑"作为本罪的加重法定刑。换言之，对于过失致人死亡的案件，一般应评价为情节较轻，通常判处 3 年以下有期徒刑。[①]

本书认为，上述观点具有相当的合理性。为了与业务过失犯罪的处罚保持协调，应当将"处三年以下有期徒刑"看作本罪的基本犯。也就是说，过失致人死亡的，首先应考虑的就是 3 年以下有期徒刑，只有在情节特别严重，比如致多人死亡、重大过失致人死亡，才能考虑判处 3 年以上 7 年以下有期徒刑。

第三节　故意伤害罪

第二百三十四条　**【故意伤害罪】**故意伤害他人身体的，处三年以下有期徒

---

① 张明楷. 刑法学. 6 版. 北京：法律出版社，2021：1115.

刑、拘役或者管制。

犯前款罪，致人重伤的，处三年以上十年以下有期徒刑；致人死亡或者以特别残忍手段致人重伤造成严重残疾的，处十年以上有期徒刑、无期徒刑或者死刑。本法另有规定的，依照规定。

疑难问题

1. 何谓"伤害"?

案1：甲右手长有六根手指，乙觉得甲的六根手指碍眼，遂乘机用刀剁掉了甲多余的一根手指。

本案中，虽然乙自认为将甲多余的一根手指剁掉，没有侵害甲身体外形的完整性，按照故意伤害罪的法益是侵害身体外形的完整性的立场，乙就不构成故意伤害罪。但是，甲天生右手就有六根手指，剁掉一根就会侵害甲身体外形的完整性，所以即便按照"身体外形的完整性侵害说"，乙也能构成故意伤害罪。如果认为故意伤害罪的保护法益是身体（如手指）的机能，乙的行为确实没有损坏甲的身体机能，因为多余的一根手指是没有什么机能的（也不尽然）。从这个意义上讲，本案似乎没有侵害故意伤害罪的法益。但是，用刀剁掉被害人的手指，就形成了创伤，导致流血等，这本身就是一个伤害结果。也就是说，在这种场合，伤害的结果不是甲右手的第六根手指没有了，而是在被害人的身体上形成了创伤，这个创伤就是伤害结果。所以，无论怎样把握故意伤害罪的法益与结果，都应认为乙的行为构成故意伤害罪。

关于何谓"伤害"，或者何谓故意伤害罪所要保护的法益，理论上有所谓"身体外形的完整性侵害说"与"生理机能健全侵害说"之争。按照前者，剪掉人的指甲、剪掉人的胡须，都可谓伤害；按照后者则不是伤害。我国《刑法》中没有规定暴行罪，而且我国《刑法》中的犯罪都是严重侵害法益的行为。单纯破坏人的身体外形的完整性，如剪掉指甲、剪掉胡须，不值得科处刑罚。只有造成了人的生理机能的损害才值得作为犯罪处理。因此在我国，应将人的生理机能的健全视为故意伤害罪所保护的法益。所谓"健全"，是指生理机能没有障碍地发挥作用，即使行为没有使他人生理机能永久性地产生障碍，只是在一定时间内产生障碍的，也侵害了故意伤害罪的法益。

2. 我国故意伤害罪的司法实践存在什么问题?

应该说，我国故意伤害罪的立法不存在大的问题，问题出在司法适用上。故意伤害罪的司法实践存在严重偏颇，主要体现在：（1）对故意伤害罪的轻伤害要求太高。事实上，在国外几乎属于重伤害的，在我国才成立故意伤害罪。《刑法》条文规定的是"伤害"，实践中却把轻微"伤害"排除在故意伤害罪之外。(2) 根本不考虑对精神的伤害。(3) 在《刑法》没有规定暴行罪的情况下，司法机关基本上不认定故意伤害罪的未遂。(4) 将正当防卫中的伤害广泛认定为故意伤害罪。(5) 将承诺了轻伤害结果的"互殴"认定为故意伤害罪。

3. 如何处理致胎儿伤害的案件？

致胎儿伤害案件的问题在于，实施伤害行为时只有胎儿，没有作为故意伤害罪对象的"他人"的存在，而产生伤害结果时，行为人没有继续实施伤害行为。对于致胎儿伤害的案件，张明楷教授提出两种解决思路：一是规范性把握故意伤害罪的"着手"。对胎儿进行伤害时因为对"人"的伤害的危险并不紧迫，还不是故意伤害罪的"着手"，只有当胎儿出生为"人"时，才产生了伤害"人"的紧迫危险，随之就导致了对"人"的伤害结果，这时才是故意伤害罪的"着手"。这样就维持了"（着手）实行行为与对象同时存在原则"。二是认为行为对象不需要存在于作为物理表现的实行行为时，而是只需要存在于实行行为发挥作用或者产生影响时。例如，施工单位5年前建造房屋时降低质量标准，5年后倒塌导致2名3岁儿童死亡。虽然建造交付房屋时行为对象还不存在，但在房屋倒塌（行为发挥作用）时存在行为对象就可以了。就伤害胎儿而言，虽然实施伤害行为时还没有人存在，但伤害行为发挥作用或者产生影响时胎儿出生为"人"就可以了。[①]

应该说，认为在胎儿出生为"人"的一瞬间就开始"着手"实施伤害他人行为，过于抽象、飘忽；主张实施行为时不要求行为对象的存在，而只需要行为发挥作用或者产生影响时存在行为对象的观点具有相当的合理性。本书主张"母体伤害说"，即伤害胎儿是对母体健康生育权的侵害。在国外如日本，之所以不支持"母体伤害说"，是因为其国家规定有堕胎罪。我国《刑法》没有规定堕胎罪，故完全可以认为伤害胎儿是对母体十月怀胎的健康生育权的侵害，是对母体的伤害。

4. 致人轻微伤，能否以故意伤害罪处理？

《刑法》第234条第1款规定的是故意"伤害"他人身体，而所谓轻微伤，也是伤害。司法实践中把轻微伤排除在故意伤害罪之外是错误的。条文规定的是"伤害"而不是"轻伤"，将伤害限定为轻伤以上，没有法律根据，人为缩小了故

---

① 张明楷. 侵害人身罪与侵犯财产罪. 北京：北京大学出版社，2021：42 - 43.

意伤害罪的处罚范围。为了和财产犯罪处罚相协调，有效保护公民的身体法益，充分发挥刑法作为行为规范的机能，应当将致人轻微伤的行为以故意伤害罪定罪处罚。

5. 我国司法实践对故意伤害罪入罪的门槛是过高还是过低？

应该说，"两高"、公安部、司法部颁布的 1990 年版的《人体轻伤鉴定标准（试行）》确定的轻伤标准本来就偏高，时隔 20 多年后修订的 2013 年版《人体损伤程度鉴定标准》规定的人体轻伤标准不仅没有降低，反而有所提高。可以说，我国的伤害标准在全世界几乎都是最高的。我国没有像大多数国家一样规定暴行罪或者殴打罪，而随着人们物质文化生活水平的提高，要求保护身体安全的意识越来越强烈。《刑法》第 234 条第 1 款规定的故意伤害罪的基本犯的法定刑是 3 年以下有期徒刑、拘役或者管制，最低刑是管制。这几乎跟国外刑法规定的暴行罪的法定刑相当（日本刑法规定的暴行罪的法定刑为 2 年以下惩役、30 万日元以下罚金或者拘留或者科料）。所以，为有效保护公民的身体安全，完全可以将国外刑法中暴行罪所规制的情形纳入我国故意伤害罪的保护范畴。也就是说，条文表述可以不变，但可以通过重新界定"伤害"来扩大故意伤害罪的处罚范围。不仅轻微伤可以毫无疑问地被纳入"伤害"的范畴，而且可以将实施暴力导致他人鼻青脸肿、皮肉疼痛认定为"伤害"。

6. 能否认为故意杀人罪与故意伤害罪的区别是由故意内容决定的？

我国司法实践和传统刑法理论认为，故意杀人罪与故意伤害罪之间的区别在于行为人故意的内容不同；行为的性质是由故意的内容决定的；如果行为人想杀人，就是杀人行为，想伤害人，就是伤害行为。于是，个别司法机关把精力集中在查明行为人的故意内容而逼取行为人的口供上。这其实是主观主义的刑法观，是传统四要件理论的产物，不符合现在全世界通行的阶层理论的要求。

认定犯罪应当从客观到主观，犯罪性质是由客观行为决定的，而不是由主观故意内容决定的。要判断一个行为是成立故意杀人罪还是故意伤害罪，应当遵循先客观后主观、主客观相结合的方法。不是想杀人的就构成故意杀人罪，想伤人的就构成故意伤害罪。即使想杀人，但客观上不是具有类型性致人死亡危险性的杀人行为，如使人服用硫黄，就不可能成立故意杀人罪，包括未遂。

所以，故意杀人罪与故意伤害罪的区别首先是客观行为的性质不同，其次才是故意内容不同。前者是具有类型性致人死亡危险性的杀人行为，后者是只能导致他人生理机能损害的伤害行为。区别故意杀人罪与故意伤害罪，首先看客观上实施的是杀人行为还是伤害行为。若客观上实施的是具有类型性致人死亡危险性的杀人行为，再看行为人对死亡结果有无认识和希望或者是否持放任态度，即有无杀人故意：有杀人故意的，成立故意杀人既遂或者未遂；没有杀人故意的，成立故意伤害罪；连伤害的故意都没有的，成立过失致人死亡罪；对死亡结果没有预见可能性的，属于意外事件。若客观上实施的只是可能导致他人生理机能损害的伤害行为，即便行为人主观上有杀人的故意，也只能成立故意伤害罪的既遂或者未遂。

而判断是否存在具有致人死亡的紧迫危险的杀人行为，需要综合全部的客观事实，比如行为人使用的工具、打击的部位、打击的强度、有无节制等。而要判断有无杀人故意，则要看行为人在用那样的工具攻击那样的部位时，能否认识到自己的行为会导致他人死亡的结果。如果行为人认识到，但还是决定实施那样的行为，就表明行为人具有杀人的故意。所以说，认定故意杀人与故意伤害的案件，是最不需要犯罪嫌疑人的口供的。

7. 如何区分故意杀人既遂与故意伤害致死？

故意杀人既遂与故意伤害致死的相同点在于，都导致了他人死亡。不同点在于，于前者，行为人认识到并希望或者放任死亡的结果，即有杀人的故意，于后者，行为人没有认识到死亡结果，只认识到伤害的结果，只具有伤害的故意；于前者，行为人对死亡结果有认识并持希望或者放任的态度，具有杀人的故意，于后者，行为人只具有伤害的故意，而对死亡结果是过失的。

8. 如何区分故意杀人未遂与故意伤害既遂？

故意杀人未遂与故意伤害既遂都造成了伤害结果，二者的区别在于，于前者，行为人有杀人的故意，实施的是杀人行为，因为意志以外的原因未造成死亡结果，只造成了伤害结果，而于后者，行为人只具有伤害的故意，实施的是伤害行为，客观上也造成了伤害结果。

9. 行为人持杀人故意，以特别残忍的手段杀人，但只造成了被害人重伤与严重残疾，是成立故意杀人未遂还是故意伤害罪？

对于这种情况，若认定为故意杀人罪未遂，适用故意杀人罪基本犯的法定刑和《刑法》总则关于对未遂犯从轻或者减轻处罚的规定，可能判处10年以上有期徒刑或者无期徒刑甚至10年以下有期徒刑。而如果认定为"以特别残忍手段致人重伤造成严重残疾"，以故意伤害罪加重犯处刑，则应判处10年以下有期徒刑、无期徒刑或者死刑，而且是既遂，不用从轻或者减轻处罚。所以，对于这种情形，应直接认定为故意伤害罪的加重犯，而不是故意杀人罪未遂。

10. 故意杀人中止但造成了重伤，是成立故意杀人中止，还是成立故意伤害既遂？

故意杀人中止但造成了重伤结果的，当然成立故意杀人中止。由于造成了损害，应当减轻处罚，应判处3年以上10年以下有期徒刑。如果行为人采用特别残忍手段杀人，致人重伤并造成严重残疾，若认定为故意杀人中止，则判处3年以上10年以下有期徒刑，比认定为"以特别残忍手段致人重伤造成严重残疾"的故意伤害罪的加重犯处刑还轻，所以，故意杀人中止造成了重伤结果的，不能认为仅成立故意杀人中止，而应认为成立故意杀人中止与故意伤害罪既遂的竞合，从一重处罚。

11. 如何区分故意伤害致死与过失致人死亡罪？

案2：两个老太太起纠纷，互相辱骂并扯头发，其中一人心脏病突发，死亡了。一审法院认定为故意伤害致死，检察院成功抗诉，二审法院认定为过失致人死亡。

对于本案，应该说被告人只有殴打的故意，没有伤害的故意，实施的也只是殴打行为，不是伤害行为，不成立故意伤害致死。行为人对死亡结果也没有预见可能性，应属于意外事件。

案3：甲是一名警察，在执行公务时被3名醉酒的人谩骂和威胁，其中一人对甲实施了暴行。于是，甲利用职务配枪殴打被害人，被害人倒地后甲仍继续殴打其头部，在殴打时枪支意外走火导致被害人死亡。

本案中，被害人不是死于甲利用职务配枪的殴打行为，而是死于殴打过程中枪支走火，不是伤害行为所包含的致人死亡危险的直接现实化，所以在我国不能认定为故意伤害致死。

虽然故意伤害致死与过失致人死亡罪，都导致了被害人死亡的结果，客观行为都可谓杀人行为，但故意伤害致死的法定刑是10年以上有期徒刑、无期徒刑或者死刑，而过失致人死亡罪的法定刑最高只有3年以上7年以下有期徒刑，说明区分二者很有必要。故意伤害致死，只能是行为人主观上有伤害的故意，客观上实施了可能导致他人生理机能损害的伤害行为，由于伤害行为所包含的致人死亡的危险现实化为死亡结果。也就是说，故意伤害致死，必须是伤害行为本身所包含的致人死亡危险的直接现实化，行为人对伤害结果是故意，对死亡结果是过失。而过失致人死亡罪，行为人主观上既没有杀人的故意，也没有伤害的故意，只是对死亡结果具有预见可能性，行为人客观上实施的通常属于日常生活行为或者一般违法行为，不能被评价为杀人行为或者伤害行为，如擦枪、殴打行为，只是偶然、意外地导致他人死亡结果的发生，如擦枪走火，殴打致被害人倒地后脑勺碰触坚硬物体死亡。总之，二者的关键区别在于行为人主观上有无伤害的故意，客观上实施的是否为伤害行为、死亡结果是否为伤害行为所包含的致人死亡危险的直接现实化。

故意伤害致死与过失致人死亡罪之间虽然存在区别，但不能认为二者之间是对立关系。应当认为二者之间是竞合关系，成立故意伤害致死的，也必然成立过失致人死亡罪。在不能查明行为人是否具有伤害故意时，完全可以认定为过失致人死亡罪。

12. 伤害的承诺有效吗？

一般认为，轻伤的承诺是有效的，所以"互殴无伤害"。

至于重伤的承诺，张明楷教授认为，危及生命的重伤的承诺是无效的。理由是：首先，如果法益主体行使自己决定权（承诺伤害）导致其本身遭受重大伤害，作为个人法益保护者的国家，宜适当限制其自己决定权。其次，从与得承诺杀人的关联来考虑，经被害人承诺的杀人（包括未遂）没有例外地构成故意杀人罪，既然如此，将造成了生命危险的同意伤害（重伤）行为认定为故意伤害罪比较合适。最后，聚众斗殴的行为人可能存在对伤害的承诺，而《刑法》第292条规定，聚众斗殴造成重伤的，以故意伤害罪论处，这表明对生命有危险的重伤的承诺是无效的。①

本书认为上述主张重伤承诺无效的理由不能成立。首先，国家对法益主体行使承诺伤害的自己决定权进行限制的根据不足。其次，从得承诺杀人构成故意杀人罪得不出承诺伤害构成故意伤害罪的结论，因为只有生命的承诺是无效的这一点为大家所公认。最后，聚众斗殴造成重伤的以故意伤害罪论处，是拟制的伤害罪，不是保护个人法益的伤害罪，因为聚众斗殴中受伤者本人（首要分子）也可能构成故意伤害罪。此外，认为参与聚众斗殴的人都承诺了重伤结果，也很牵强。

应该说，除了生命的承诺是无效的，包括重伤在内的伤害的承诺都是有效的。这是对公民自己决定权的尊重。如果认为重伤的承诺是无效的，也很难为医

---

① 张明楷. 刑法学. 6版. 北京：法律出版社，2021：1119.

疗行为和竞技体育活动造成重伤结果找到出罪根据。只有承认重伤的承诺是有效的，才能阻却医疗行为和竞技体育活动的违法性。

13. 互殴造成轻伤，构成故意伤害罪吗？

我国司法实践中出现了一种很奇怪的现象：主动挑事的一方，在被对方打成轻伤后，不依不饶，要求司法机关追究对方故意伤害罪的刑事责任。司法机关为息事宁人，往往追究对方故意伤害罪的刑事责任。

应该说，实践中的做法是错误的。既然相互斗殴，就意味着承诺了轻伤结果，受伤后应当各负其责，而不应要求司法机关为其出头，追究所谓故意伤害罪的刑事责任。

14. 能否认为故意伤害（重伤）罪，是故意伤害（轻伤）罪的一重的结果加重犯，而故意伤害致死，是故意伤害（轻伤）的二重的结果加重犯？

日本刑法理论与实践普遍认为，故意伤害罪是暴行罪的一重的结果加重犯，故意伤害致死是故意伤害罪的结果加重犯，因此，故意伤害致死是暴行罪的二重的结果加重犯，即只要出于暴行的故意导致死亡的结果就成立故意伤害致死。我们可以由此得到启发：在我国，故意伤害（轻伤）罪是故意伤害（重伤）罪的一重的结果加重犯，故意伤害致死是故意伤害（重伤）罪的结果加重犯，因此故意伤害致死是故意伤害（轻伤）罪的二重的结果加重犯。故意伤害（重伤）罪存在两种情形：一是重伤的故意导致重伤的结果，二是轻伤的故意导致重伤的结果。故意伤害致死也存在两种情形：一是重伤的故意导致死亡结果，二是轻伤的故意导致死亡的结果，也就是说，只要有伤害的故意（包括轻伤）导致死亡结果的，都能成立故意伤害致死。

15. 应否区分一般殴打意图与伤害的故意、一般殴打行为与伤害行为？

只是使他人遭受暂时性的肉体疼痛，不会导致人的生理机能受损的，可谓殴打行为。出于殴打意图实施殴打行为，客观上导致死伤结果的，只能成立过失致人重伤罪、过失致人死亡罪，不能成立故意伤害致死。只有主观上出于伤害的故意，客观上实施的是能使人生理机能受损的伤害行为，才能成立故意伤害罪。

16. 在殴打行为偶然导致他人死亡的情况下，能否成立故意伤害致死？

成立故意伤害致死，必须主观上具有伤害的故意，客观上实施的是能导致他人生理机能受损害的伤害行为，并且死亡结果是伤害行为所包含的致人死亡危险的直接现实化。行为人只具有殴打的意图，实施通常只能使人遭受暂时性肉体疼痛的殴打行为，偶然导致死亡结果的，不能成立故意伤害致死，只可能成立过失致人死亡罪或者意外事件。

17. 虐待罪与故意伤害罪构成要件之间是对立关系吗？

案 4：甲经常打骂 6 岁女儿乙，使乙体表、体内有多处外伤导致的陈旧伤。某晚，乙腹部剧痛，甲逼迫乙躺在地板上做仰卧起坐，乙无法完成，甲便拉着乙的双手强制乙完成动作。其间，甲听到乙头部沉重撞击地面的声音，但仍扶起推拉乙七八次，后乙昏迷，住院两日后死亡。鉴定结论是钝性外力多次作用头部致闭合性颅脑损伤死亡。

对于本案，公安机关按照过失致人死亡罪拘留，后按照虐待罪逮捕。司法机关可能认为按照虐待致人死亡处理更合适一些。应该说，如果女儿乙头部撞地的声音强烈，却仍然让女儿头部以相同的强度撞地做仰卧起坐，还是可能认定甲有伤害故意的。甲最后一次行为是伤害行为，主观上具有伤害故意，应成立故意伤害致死，与前面多次行为构成的虐待罪数罪并罚。

案 5（"北京董某姗被虐致死案"）：董某姗嫁给王某宇之后，王某宇经常虐待她。一次二人发生冲突后，王某宇将董某姗带到河北廊坊的一套公寓里关起来，在长达半个月的时间里，王某宇多次殴打虐待董某姗。后来董某姗偷跑回娘家，娘家看董某姗伤势严重，将她送到了医院，但董某姗在入院不到半个月就死亡了。医院的鉴定结论是，器官损伤致使内出血死亡。北京市朝阳区检察院以虐待罪起诉，北京市朝阳区人民法院以虐待致死判处王某宇 6 年半有期徒刑。

本案中，从死因来看，董某姗是被王某宇伤害致死的，所以董某姗的死亡结果是能够归属于王某宇的行为的，在此意义上说，王某宇客观上实施了杀人行为。王某宇显然既具有虐待的故意，也具有伤害的故意，所以王某宇的行为既成立虐待罪，也成立故意伤害致死。王某宇将董某姗带到河北廊坊的一套公寓里关起来，属于非法拘禁。非法拘禁中使用暴力致人死亡的，根据《刑法》第 238 条第 2 款的规定，应当以故意杀人罪定罪处罚。所以，综合全案，应对王某宇以故意杀人罪定罪处罚。

我国刑法理论通说习惯于将犯罪构成要件之间描述成一种对立排斥关系，例如认为虐待家庭成员的就是虐待罪，虐待罪与故意伤害罪的区别在于，前者的对象是家庭成员，虐待具有长期性、持续性、反复性，而故意伤害罪的对象不能是家庭成员，行为不具有长期性、持续性、反复性。言外之意是，对象是家庭成员的，就只能成立虐待罪，不论伤害是否长期、反复、持续实施。问题是，如果王某宇虐待的不是自家的妻子，而是邻家女孩，不知道检察院又该以什么罪名起诉、法院又该以什么罪名判决？恐怕还是只能认定为故意伤害致死或者故意杀人罪。这说明，认为虐待罪与故意伤害罪、故意杀人罪之间是对立关系的"互斥论"是错误的。虐待罪与故意伤害罪、故意杀人罪之间是竞合关系：如果虐待行为可以评价为伤害、杀人行为，行为人又具有伤害、杀人故意，是完全可能认定成立故意伤害罪、故意杀人罪的。从来没有人认为，伤害和杀人只限于一次性实施，也从来没有人主张，对于家庭成员就不能实施伤害、杀人行为。行为人对家庭成员不仅虐待，还实施伤害、杀人行为的，完全可以认定为故意伤害罪、故意杀人罪，甚至可以与虐待罪数罪并罚。

18. 如何处理"同时伤害"的案件？

所谓"同时伤害"，是指多人没有伤害的共谋，同时对被害人实施伤害，不能查明是谁的行为导致被害人受伤的情形。《日本刑法》第 207 条规定："二人以上实施暴行伤害他人的，在不能辨别各人暴行所造成的伤害的轻重或者不能辨认何人造成了伤害时，即使不是共同实行的，也依照共犯的规定处断。"对此规定，有人认为是因果关系的拟制，有人主张是共犯关系的拟制。不管怎么说，这都是同时伤害按照共犯适用"部分实行全部责任原则"的拟制规定。我国刑法没有这种规定，对于同时伤害，因为不是共犯，不能适用"部分实行全部责任原则"，在不能查明谁的行为造成伤害结果时，各方均只能成立故意伤害未遂。

19. 前行为人已经着手对被害人实施伤害行为，后行为人中途参与实施伤害行为，被害人身受重伤，但不能查明该重伤结果是在后行为人参与之前形成还是参与之后形成的，如何处理？

这是承继共犯的问题。按照因果共犯论，应当坚持承继共犯否定说，中途参与者不可能对其参与之前的行为和结果负责。在中途参与伤害的场合，不能查明该重伤结果是中途参与者参与之前的前行为人单独造成，还是参与之后的共同行为造成时，无论如何前行为人都应对重伤结果负责，成立故意伤害既遂，而对中途参与者，因为不能查明该重伤结果是否为其参与之后的共同伤害行为造成，故根据事实存疑时有利于被告人的原则，应当认定为故意伤害未遂。

20.《刑法》第 238、247、248、289、292、333 条关于对致人伤残行为以故意伤害罪定罪处罚的规定，是注意规定还是法律拟制？

我国刑法理论通说认为这些规定是注意规定，即只有当行为人具有伤害故意时才能以故意伤害罪定罪处罚。张明楷教授认为，上述规定是拟制规定，行为人实施上述行为造成法定伤害结果时，即使没有伤害故意，也应以故意伤害罪论处（根据责任主义原理，要求行为人至少对伤害结果有过失）。当然，对于拟制的故意伤害罪的量刑应当轻于典型的故意伤害罪。[①]

本书赞成法律拟制说，因为根本没有作出注意规定进行提醒的必要。

21. 已满 12 周岁不满 14 周岁的人实施上述拟制的故意伤害罪，应否承担刑事责任？

《刑法修正案（十一）》将故意伤害致死和以特别残忍手段致人重伤造成严重残疾的刑事责任年龄下调到 12 周岁。应该说，上述以故意伤害罪论处的只是拟制的故意伤害罪，在有责性上还是低于本来的故意伤害罪的，所以，从保护未成年人的角度考虑，不应让已满 12 周岁不满 14 周岁的人对上述拟制的故意伤害罪承担刑事责任。

22. 实践中对故意伤害未遂不以犯罪论处的做法，有无问题？

案 6：被告人肖某国对被害人方某子和方某昌进行的"学术打假"不满，为报复二人，雇用被告人戴某等人对被害人进行伤害。在戴某的组织下，被告人许某、龙某手持铁管、铁锤、喷射防卫器等先后对方某昌和方某子进行殴打，并造成二人轻微伤的结果。法院判决被告人的行为构成寻衅滋事罪。结果原、被告双方均不服，方某子认为这是谋杀，被告人认为他们不是"随意殴打他人"，对象明确，就是故意伤害，未造成轻伤以上结果，应无罪。

本案中被告人手持铁管、铁锤等对被害人进行殴打，伤害故意和伤害行为十分明显，因为意志以外的原因未能造成轻伤以上结果，应当成立故意伤害未遂，而不是寻衅滋事罪。

长期以来，我国刑法理论和司法实践认为，故意伤害未遂的，不值得处罚，轻微伤也不算伤害，而导致不构成故意（轻）伤害罪的，构成法定刑更重的破坏社会秩序、侵害社会法益的寻衅滋事罪。应该说，故意伤害未遂，即使故意轻伤未遂，也值得科处刑罚。也就是说，对于伤害故意和伤害行为十分明显，只是因为意志以外的原因未能造成伤害结果的，应当以故意伤害未遂论处。至于轻微伤，也属于伤害，将轻微伤排除在"伤害"之外是没有道理的，造成被害人轻微伤的，应当认定为故意伤害罪。

[①]　张明楷. 刑法学. 6 版. 北京：法律出版社，2021：1120.

23. 如果处罚故意伤害未遂，法定刑如何选择？

对于故意伤害未遂，应当定罪处罚。至于如何选择法定刑，张明楷教授认为：（1）对于出于重伤害意图但没有造成任何伤害的案件，应认定为故意伤害罪的未遂，适用《刑法》第234条第1款的法定刑，同时适用《刑法》总则关于未遂犯从轻或者减轻处罚的规定，而不应适用第234条第2款前段的法定刑，否则会造成量刑不均衡。因为，对于以重伤故意实施伤害行为但仅造成轻伤结果的，均认定为故意伤害（轻伤）罪既遂，适用"三年以下有期徒刑、拘役或者管制"的法定刑。倘若认为，对于以重伤故意实施伤害行为但没有造成伤害结果的，适用故意伤害致人重伤的"三年以上十年以下有期徒刑"的法定刑，再适用《刑法》总则关于未遂犯的规定，则其处罚反而重于前者，因而明显不合适。（2）对出于重伤意图但没有造成重伤却造成了轻伤的案件，不宜认定为故意重伤的未遂，而应认定为故意轻伤的既遂，直接适用《刑法》第234条第1款的法定刑，不再适用《刑法》总则关于未遂犯的规定。[1]

本书不赞成上述观点。如果行为人明显具有重伤故意，客观上实施的也是足以造成重伤结果的伤害行为，因为意志以外的原因未能造成重伤结果的，应该认定为故意重伤未遂，适用故意伤害致人重伤的法定刑（3年以上10年以下有期徒刑），同时适用《刑法》总则关于对未遂犯从轻或者减轻处罚的规定；出于重伤故意实施重伤行为，仅造成轻伤结果的，成立故意重伤的未遂和故意轻伤的既遂，想象竞合，从一重处罚；出于轻伤故意实施轻伤行为，因为意志以外的原因未能造成伤害结果的，成立故意轻伤的未遂。张明楷教授认为故意重伤的未遂的违法性一定轻于故意轻伤的既遂的违法性，这一点过于绝对。正如不能认为故意杀人未遂的违法性一定轻于故意轻伤的既遂的违法性一样。再者，出于重伤故意实施重伤行为，仅造成轻伤结果的，是同时成立故意重伤的未遂与故意轻伤的既遂，想象竞合，从一重处。如果"两高"将《刑法》第234条确定为4个罪名：故意轻伤罪、故意重伤罪、故意伤害致死罪、残忍伤害罪，张明楷教授就该承认重伤未遂应当适用重伤的法定刑了。而且，张明楷教授的观点导致对重伤的未遂与轻伤的未遂的处罚没有区别，这也明显有失罪刑均衡。

总之，出于重伤故意实施重伤行为，因为意志以外的原因未能造成重伤结果的，应当成立故意重伤的未遂，适用故意伤害致人重伤的法定刑，同时适用《刑法》总则关于对未遂犯从轻或者减轻处罚的规定；出于重伤故意实施重伤行为，

---

[1] 张明楷. 刑法学. 6版. 北京：法律出版社，2021：1126.

导致轻伤结果的，成立故意重伤的未遂和故意轻伤的既遂，成立想象竞合，从一重处罚。

24. 故意伤害致人重伤与故意伤害致死，是加重的犯罪构成还是量刑规则？

故意伤害致人重伤可谓加重的犯罪构成，有未遂成立的余地，即主观上出于重伤的故意，客观上实施了可能导致他人重伤结果的行为，因为意志以外的原因未能致人重伤的，成立故意致人重伤的未遂，适用故意伤害致人重伤的法定刑（3 年以上 10 年以下有期徒刑），并适用《刑法》总则关于对未遂犯从轻或者减轻处罚的规定。故意伤害致死，因为对死亡的结果是过失，所以故意伤害致死可谓量刑规则，只有成立、不成立的问题，没有既遂、未遂的问题，只有客观上造成了故意伤害致死的结果，才能成立故意伤害致死，适用故意伤害致死的法定刑（10 年以上有期徒刑、无期徒刑或者死刑）。

25. 如何认定故意伤害"致"死？

案 7：甲与乙是夫妻，双方发生激烈争吵，甲手上拿了刀，乙在夺甲手上的刀时，甲以伤害的意图，用 20 厘米长的厨房用刀向乙的背后捅了一刀，伤约 4 厘米深。乙逃向阳台，惊吓间摔下楼而死亡。甲追上前，但未能抓住乙的身体。见乙摔下去，甲立即下楼，将乙的尸体藏到树林后逃走。

这是发生在德国的一个案件。德国一审法院认定为危险伤害罪与过失致死罪，二审改判为故意伤害致死。德国联邦最高法院指出，根据《德国刑法》第227 条规定，伤害致死罪的成立，以受伤害的人的死亡是由"伤害"引起，且行为人对该死亡结果负有过失为前提。诚然，要满足这一前提条件，仅有伤害与受伤者的死亡之间具有因果关系还是不够，而是还要求有更为密切的关系。这是因为，只有具有导致被害人死亡的特殊危险的伤害，才属于该规定中的伤害，而且必须正是这一危险在死亡结果中实现了。但是，由于这一犯罪的特殊危险产生于伤害行为，所以，不要求伤害结果与被害人的死亡之间具有因果关系。即使在死亡的直接原因是被害者的行为所致的场合，在被害人惊慌与因恐惧死亡而逃走这样的情况下，只要被害人的这种行为是对犯罪的典型反应，就可以说构成本罪的特殊的危险在被害人死亡中实现了。因此，应当认定被告人构成伤害致死罪。

德国判例并没有一概采取"致命伤说"，也难以认为严格要求直接性关联，特别明显的是其考虑了两点：一是被告人先前的伤害行为致人死亡的危险性大小，如果伤害行为本身导致死亡的危险性小，就难以认定伤害致死。二是被害人的介入行为以及第三者的介入行为导致死亡时，要考虑介入行为是异常反应还是通常的、典型的、当然的反应。如果介入行为是对伤害行为通常的、典型的反应，就可以认为是没有思考的反射性举动，当然不能由被害人或第三者对死亡结果负责。至于如何判断被害人或者第三者的介入行为是否异常，一方面，被害人的伤害行为的样态、危险程度肯定会影响被害人的反应，另一方面，一定要考虑行为时的所有情形。例如，行为人在车辆来往很多的道路边的人行道上猛烈地打被害人耳光，被害人为了避免继续被打就一下跳到行车道上被车辆轧死了。在这样的场合，即使被害人没有受到对生命具有具体危险的伤害，或者即使被害人的反射性举动或许与将要再受到的侵害相比有失均衡，也可能肯定伤害致死的归属关系。再如，人行道边上就是很深的河道或者深沟，被告人在人行道上突然袭击被害人，被害人的本能躲避导致其摔到河里或者沟里淹死或者摔死的，也应当肯定伤害致死的归属关系。这样看来，对所谓故意伤害致死中的伤害行为的特殊危险，不能进行一种脱离具体时空的抽象的限定；不能说在任何时候一巴掌都不可能致人死亡，所以不成立伤害致死。伤害行为的特殊危险，需要根据行为时的具体状况、被害人的心理状态等事项进行综合判断。

应该说，上述德国的判例经验对我们理解适用故意伤害"致"死有一定启发意义。只是德国伤害致死罪的法定刑是"处3年以上自由刑，情节较轻的，处1年以上10年以下自由刑"。日本刑法规定的伤害致死也只是"处3年以上有期徒刑"。而我国《刑法》第234条第2款规定故意伤害致死处"十年以上有期徒刑、无期徒刑或者死刑"。这说明，对于国外的判例经验我们也不能完全照搬。由于我国故意伤害致死的法定刑与故意杀人罪的法定刑几乎持平（只是刑种排序不同），而且结果加重犯本来就是结果责任的残余，我们应当更加严格限制故意伤害致死的成立范围，更加严格地认定故意伤害"致"死。

在我国，成立故意伤害致死，首先，既然是伤害致死，当然应将死亡者限定为伤害的对象，即只有导致伤害的对象死亡时才能认定为伤害致死。其次，要求伤害行为与死亡结果之间具有直接性因果关系。也就是说，要么是伤害行为直接造成死亡结果，要么是伤害行为造成了伤害结果，进而由伤害结果引起死亡。这两种情形都必须是伤害行为所包含的致人死亡危险的直接现实化。具体而言：（1）行为人实施伤害行为后，被害人介入作用较大的异常行为导致死亡的，不能认定为故意伤害致死。但是，被害人的正常介入导致死亡的，以及介入行为异常但对死亡结果所起作用较小的，均属于被告人的行为致人死亡危险的直接现实化，可以认定为故意伤害致死。（2）在行为人实施伤害行为的过程中，介入了自身并不异常的过失致死行为的，不影响故意伤害致死的认定。（3）行为人造成被害人重伤后，被害人在医院治疗期间，介入了医生的不当治疗行为，导致被害人死亡的，需要判断行为人的行为是否造成了致人死亡的高度危险，以及医生不当治疗行为对死亡的作用大小，从而得出妥当结论。最后，要求行为人对死亡具有预见可能性。

26. 连续伤害多人的，是认定为连续犯以一罪从重论处，还是应以故意伤害罪同种数罪并罚？

由于人身犯罪不能像经济犯罪、财产犯罪那样，通过数额累计计算而适用加重法定刑，以实现罪刑相适应，所以对于连续伤害多人的，只有以同种数罪并罚，才能充分评价行为对人身专属法益的侵害程度，才能实现罪刑相适应。

27. 对同种数罪，原则上是并罚还是不并罚？

我国刑法理论通说认为对于同种数罪不应并罚，应该说这是错误的。对于同种数罪原则上应当并罚，只有在不并罚也能做到罪刑相适应时，才不需要并罚。如对于经济犯罪、财产犯罪，可以通过数额累计计算而适用加重法定刑。还有，《刑法》分则已经将多人次规定为加重犯，如"强奸妇女多人""拐卖妇女、儿童多人"。对于法定刑不重的侵害人身专属法益的犯罪，如故意伤害罪，侮辱罪，诽谤罪，非法拘禁罪，收买被拐卖的妇女、儿童罪，拐骗儿童罪等，必须通过同种数罪并罚才能做到充分评价和罪刑相适应。

28. 如何理解本罪中的"本法另有规定的，依照规定"？

刑法理论通说认为本罪中的"本法另有规定的，依照规定"，是"特别法优于普通法"的特别关系法条竞合适用原则的重申。张明楷教授认为，这种规定仅适用于法条竞合，不适用于想象竞合。

本书认为，这种规定就是提醒司法工作人员注意的注意规定，故完全可以忽略。因为《刑法》分则中还存在大量包含故意伤害情节的罪名，如果其他罪名处罚更重，就适用其他罪名定罪处罚，如抢劫致人重伤、强奸致人重伤、劫持航空器致人重伤。但如果本罪处罚更重的，还是要适用本罪定罪处罚，如妨害公务致人重伤。所以，根本无须考虑是法条竞合还是想象竞合，是特别关系的法条竞合还是交叉关系的法条竞合，竞合时从一重处罚即可。

29. 如何区分身体与财物？

如果与身体相分离不影响人体机能的，则是财物，如能随时取下的假发、假牙、假肢，对之加以毁坏的，成立故意毁坏财物罪，而不是故意伤害罪。但如果与人体分离会影响人体机能的，如安装在人体内的心脏起搏器，对之加以毁坏的，成立故意伤害罪甚至故意杀人罪，而不是故意毁坏财物罪。还不能评价为人的，如试管婴儿、冷冻的精子和卵子，对之加以毁坏的，不能成立故意伤害罪，只可能成立故意毁坏财物罪。

第四节　强奸罪

第二百三十六条　【强奸罪】以暴力、胁迫或者其他手段强奸妇女的，处三年以上十年以下有期徒刑。

奸淫不满十四周岁的幼女的，以强奸论，从重处罚。

强奸妇女、奸淫幼女，有下列情形之一的，处十年以上有期徒刑、无期徒刑或者死刑：

（一）强奸妇女、奸淫幼女情节恶劣的；

（二）强奸妇女、奸淫幼女多人的；

（三）在公共场所当众强奸妇女、奸淫幼女的；

（四）二人以上轮奸的；

（五）奸淫不满十周岁的幼女或者造成幼女伤害的；

（六）致使被害人重伤、死亡或者造成其他严重后果的。

疑难问题

1. 强奸罪所保护的法益是什么？

强奸罪所保护的法益是妇女的性行为自己决定权，即性行为自主权。具体而言，性行为自己决定权是指性交行为自己决定权，其中不仅包括是否与他人性交的决定权，也包括性交对象、时间、地点、方式等各方面的决定权。不管妇女基于何种原因不同意性交，行为人采取暴力、胁迫或者其他手段与之性交的，均成立强奸罪。

2. 我国司法实践常常将妇女的性的羞耻心、名誉作为强奸罪的保护法益，是否妥当？

案1：一名男子下山找卖淫女，说好把女孩带到山上去发生性关系给400元。二人发生性关系后已经到半夜了，女孩不敢下山，于是二人赤身裸体睡在一床被子里。半夜男子醒了，又要发生一次性关系，女孩提出再给 400 元，男子说没钱，女孩便不同意，男子使用暴力手段强行和女孩发生了性关系。

本案中，女孩明确表示反对，不能因为她是卖淫女（没有性的羞耻心），也不能因为她与男子赤身裸体睡在一床被子里，就否认男子的强奸行为构成犯罪。即使说被害人自我答责，充其量只能说她对部分猥亵行为需要自我答责。例如，男子半夜醒来摸她的身体的，不可能认定为强制猥亵罪。但对于强奸行为来说，她不应当自我答责。当然，我们可以认为男子的期待可能性有所降低，但不能说缺乏期待可能性。如果没有其他减轻处罚事由，应以强奸罪从轻处罚，判处缓刑也是完全可以接受的。

将妇女的性的羞耻心当作强奸罪的保护法益，意味着强奸卖淫女不构成强奸罪，因为卖淫女不可能有什么羞耻心，这可能不合理。奸淫儿童时，儿童可能并没有产生羞耻感，但不能否认强奸罪的成立。

将名誉作为强奸罪的保护法益，也不合理。虽然强奸罪有可能使被害妇女的名誉受损，但是名誉是由侮辱罪、诽谤罪来保护的。之所以将"在公共场所当众强奸妇女"规定为法定刑升格条件或者加重构成要件，也不是因为在这种场合严重侵犯了被害妇女的名誉，而是因为性行为非公开化是一项重要原则，公开化的强奸当然表明对被害人的性行为自主权的侵害更为严重，也就是不法程度更为严重。侮辱罪、诽谤罪的保护法益是名誉，但其法定最高刑只是 3 年有期徒刑。如果说在公共场合当众强奸妇女适用加重法定刑是因为侵害了妇女的名誉，则不至于使法定刑提高那么多。而且，认为强奸罪保护被害人名誉的观点，与认为保护妇女的性的羞耻心的观点没有什么区别。行为人在公共场合当众强奸卖淫女，可能就不适用加重法定刑了，这显然不合适。

3. 对于成年妇女与幼女，保护的法益是否相同？

有很多学者认为奸淫幼女犯罪的保护法益也是幼女的性行为自主权，只是由于幼女缺乏自己决定能力，故即使基于幼女的同意而与之性交也成立奸淫幼女犯罪。这种观点存在问题。倘若只是由于幼女缺乏自己决定或者承诺的能力而阻却同意或者承诺的效力，便意味着可以由家长或者监护人代行决定，但事实上并非如此。

应该说，奸淫幼女犯罪的保护法益不同于普通强奸罪的保护法益。幼女由于身心发育不成熟，对性行为的意义缺乏理解与判断能力，因此，为了使幼女健康成长不受性行为的妨碍或者影响，必须一律禁止对幼女实施性交行为。在此意义上说，奸淫幼女犯罪所保护的法益是幼女的身心健康成长不受性交行为妨碍的权利，或者说禁止行为人通过性交行为妨碍幼女的身心健康成长。

4. 能否将男子强行将阴茎插入妇女肛门或者口腔中的行为，认定为强奸？

奸淫行为也可谓性交行为，但究竟什么行为属于性交行为，涉及强奸罪与强制猥亵罪之间的关系，如果将性交范围确定得广，则意味着强奸罪成立范围广、强制猥亵罪成立范围窄，反之就是强奸罪成立范围窄、强制猥亵罪成立范围广。各国刑法的规定与判例认定的范围并不完全一样，甚至存在很大差异。综观各国，主要有四大类：

第一类是最狭义的奸淫（性交）概念，也就是只包括传统意义上的或者自然意义上的狭义性交行为（生殖器性交）。我国司法实践就是这样认定的，刑法理论通说也是这样解释的。

第二类是以日本现行刑法为代表的性交概念，也就是除狭义的性交以外，还包括肛交、口交两种行为。

第三类是以法国刑法为代表规定的性的插入行为或者性的进入行为。法国刑法对这个概念没有限定，所以有很大的解释空间。可以肯定的是，男性将其性器官插入男性或者女性体内的，都属于性的插入行为，构成强奸罪。除此之外，行为人将手指、橡胶棒或者其他异物插入女性阴道的，也是性的插入行为，同样构成强奸罪。

第四类可谓最广义的性交行为，其中有的不区分强制性交罪与强制猥亵罪，如德国刑法，有的虽然仍规定了强制性交罪与强制猥亵罪，但强制性交的外延比上述第三种情形的还要宽。

应该说，由于我国刑法并未对"强奸"下定义，所以"强奸"这一概念在我国有很大的解释空间，完全可以将狭义性交（生殖器性交）以外的强行口交、肛交等类似狭义性交的行为，认定为"强奸"。也就是说，如何确定强奸行为的外延，不是立法问题，而是人们的观念，尤其是司法工作人员的观念问题。即使没有修改刑法，经过一些年，也可能会扩大强奸罪的处罚范围。这种扩大，是指将现在属于强制猥亵的行为认定为强奸行为，如强行肛交、口交行为。强奸罪与强制猥亵罪的成立范围本来就处于一种此消彼长的关系。

5. 以非自然方式，如用橡胶棒、手指插入幼女生殖器，能否认定为强奸罪？

案2：15周岁的男孩甲，多次将树枝强行戳入12周岁的邻家女孩乙的阴道。

乙的父亲知道后报警。接警的警察认为这是猥亵行为，甲只有 15 周岁，没有达到猥亵儿童罪的刑事责任年龄 16 周岁，便不予立案。

如果认为奸淫幼女也应像强奸成年妇女一样限于自然意义上的生殖器性交，则本案中甲的行为只是猥亵，因未达刑事责任年龄，不能以猥亵儿童罪立案。但如果认为我国刑法并没有对强奸进行界定，强制进行非自然意义的性交也属于强奸，则甲的行为属于强奸，其达到了强奸罪的刑事责任年龄，应当以强奸罪立案。

应该说，由于《刑法》第 236 条只是规定"强奸妇女"与"奸淫不满十四周岁的幼女"，并未对"强奸"和"奸淫"下定义，所以从解释论上讲，认为除强制进行狭义的性交（生殖器性交）外，强制进行口交、肛交，将身体的其他部位（如手指、脚趾）或者器物（如橡胶棒、树枝）插入对方的生殖器、口腔、肛门，都属于强奸，没什么问题。由于奸淫幼女型强奸罪所保护的法益主要不是性行为的自己决定权，而是幼女的身心健康成长不受性行为妨碍的权利，而以非自然意义上的性交方式，如以手指、脚趾、树枝、橡胶棒插入幼女的生殖器，比自然意义上的性交对幼女的身心健康成长的侵害有过之而无不及，所以，至少对于奸淫幼女而言，应将强奸行为扩大到包括口交、肛交、将身体其他部位或者器物插入幼女生殖器的行为。这可谓强奸含义的相对性。本书认为，在现阶段，相对性地把握强奸的含义是可行的。也就是说，对强奸成年妇女而言，暂时还是限于狭义的性交，而对奸淫幼女而言，扩大到广义的性交。

6. 通说及司法解释认为奸淫幼女时只要行为人的性器官与幼女的性器官接触就是既遂（接触说），有无问题？

我国刑法理论通说和司法解释认为，对于普通强奸（强奸成年妇女），只有双方生殖器结合（插入）时，方为强奸既遂（结合说或插入说），而对于奸淫幼女，只要行为人的性器官与幼女的性器官接触，就是既遂（接触说）。这种立场的逻辑是，因为幼女尚未发育成熟，一般很难插入，所以只要接触了就值得以既遂进行评价。

应该说，上述立场是错误的。尽管幼女因为尚未发育成熟而很难完全插入，但单纯的性器官接触，并没有完成性交行为，若对这种行为作为猥亵儿童罪处理，并没有降低对儿童的保护。相反，倘若将这种行为作为强奸既遂处理，会使奸淫幼女的既遂标准过于提前，导致较轻犯罪（猥亵儿童罪）的基本行为成为较重犯罪（强奸罪）的既遂标准（这如同将伤害结果作为故意杀人罪的既遂标准）。

这样既不利于正确处理奸淫幼女型强奸罪与猥亵儿童罪的关系，也不利于鼓励行为人中止犯罪，相反，将未遂认定为既遂，恐怕儿童的父母也难以接受。何况，将奸淫幼女型强奸案件的既遂标准与强奸成年妇女一样采取结合说，并不会降低对幼女的特殊保护（猥亵儿童罪的法定最高刑为 15 年有期徒刑）；更不能因为"难以插入"而对奸淫幼女的既遂标准采取接触说。

总之，对于普通强奸与奸淫幼女应当坚持同样的既遂标准——"插入说"。

7. 强奸罪跟抢劫罪一样，是所谓复行为犯吗？

我国刑法理论通说习惯于认为，强奸罪与抢劫罪一样都是所谓复行为犯。其实，强奸罪中所谓"暴力、胁迫或者其他手段"的手段行为，不是必须具备的，其只是判断性交行为是否违背妇女意志的一种资料。如果有证据表明是违背妇女意志的性交，如利用妇女处于昏睡、昏迷、醉酒、卧病在床不能反抗的状态，冒充妇女的丈夫或情人发生性交的，虽然没有实施所谓的手段行为，也不妨碍强奸罪的成立。而之所以强调成立抢劫罪必须实施"暴力、胁迫或者其他方法"，是因为成立抢劫罪必须有足以压制对方的反抗的作为，单纯的不作为不能成立抢劫罪，单纯利用对方处于昏睡、昏迷、醉酒状态取走其身上的财物的，成立盗窃罪而不是抢劫罪。但强奸罪之外并没有类似盗窃罪、诈骗罪、敲诈勒索罪的罪名，所以只能评价为强奸罪。

8. 强奸罪是亲手犯、身份犯吗？

强奸罪不是所谓亲手犯，也只是疑似身份犯。由于生理构造的原因，强奸罪的单独直接正犯只能是男子（狭义的性交），但妇女完全可以成立强奸罪的间接正犯、共同正犯。如果采广义的强奸概念，则妇女还可能成立强奸罪的单独直接正犯。

9. 致使幼女怀孕，是否属于"造成幼女伤害"？

由于幼女尚未发育成熟和奸淫幼女型强奸罪所保护的法益是幼女的身心健康成长不受性行为妨碍的权利，所以致使幼女怀孕可以被评价为"造成幼女伤害"和"造成严重后果"。但对于成年妇女而言，不能这样评价。

10. "造成幼女伤害"中的幼女，是不满 10 周岁，还是不满 14 周岁？

《刑法修正案（十一）》将"奸淫不满十周岁的幼女或者造成幼女伤害"增设为强奸罪的加重情节之一。关于这里的"造成幼女伤害"中的"幼女"，是特指前面的不满 10 周岁的幼女还是不满 14 周岁的幼女，存在争议。

本书认为，应将这里的"幼女"限定为不满 10 周岁的幼女。这是因为：一是，其是紧跟着"奸淫不满十周岁的幼女"进行规定的，而不是作为单独一项规定的；二是，对于其他不满 14 周岁的幼女的伤害，完全可以评价为第 6 项的"致使被害人重伤、死亡或者造成其他严重后果"；三是，由于没有明确这里的"伤害"是指轻伤还是重伤，本来就容易扩大加重犯的处罚范围，所以要严格限定这里"幼女"的范围。

11. 认定奸淫不满 10 周岁的幼女，是否要求行为人明知对方是不满 10 周岁的幼女？

由于这里的"不满十周岁的幼女"属于特定对象，是客观构成要件要素，根据责任主义的要求，客观构成要件要素具有所谓的故意规制机能，成立本项犯罪，要求行为人主观上必须明知是不满 10 周岁的幼女。当然，这里的"明知"，包括确切地知道女方一定是不满 10 周岁的幼女、明知对方可能是不满 10 周岁的幼女，以及不管女方是否为不满 10 周岁的幼女而执意与其发生性关系。

12. 《刑法》第 300 条第 3 款与第 259 条第 2 款以强奸罪定罪处罚的规定，是注意规定还是法律拟制？

案 3：一位农村妇女总是生活不顺，于是找甲算命，甲说"需要我送点功力给你，你以后的生活才会顺利"，妇女问怎么送功力，甲就说是发生性关系，妇女同意了。事后妇女的生活仍然不顺，又找到甲，甲说再送一次功力，于是又发生了性关系。妇女后来还是生活不顺，再次找甲，甲说"我的功力不够，我帮你介绍功力更好的人吧"，于是介绍了第二位被告人。案发后，妇女反复说自己是自愿的，不要认定被告人的行为构成强奸罪。结果法院还是认定被告人的行为构成强奸罪。

或许法院定罪的逻辑是，即使妇女事后说是愿意的，但其实她是因为受迷信欺骗，而不能自主地作出决定。从这个意义上说，似乎也可以认定为强奸罪。然而，本案中的妇女虽然可能文化层次不高，但无疑属于精神正常的人，被告人虽然存在欺骗行为，但这种欺骗行为也没有达到强制的程度。妇女的认识错误也只是动机的错误，其对于发生性关系存在清楚的认识，没有陷入所谓法益关系的错误。即使认为妇女受欺骗而导致其承诺无效，但被告人的行为本身就不符合强奸罪的行为手段特征。强奸罪中的被害人承诺是在行为符合强奸罪的构成要件之后在违法性阶段判断的问题。没有实施强奸罪的手段行为，行为不符合强奸罪的构成要件的，不能以缺乏有效的承诺为由，而肯定强奸罪的成立。因而，本案中被告人虽然利用了所谓迷信方法，但因为没有违背妇女意志，其行为不能构成强奸罪。

案4：一名农村妇女得了妇科病，不去正规医院，找到非法行医的被告人乙。乙说要将一种药抹到下体内才能治好。妇女问怎么抹，被告人乙说："将药放在我的性器官上，然后帮你往里面抹。"妇女就同意了。妇女回家后，丈夫问是怎么治疗的，她就告诉丈夫了。丈夫说："你傻呀，这不就是强奸吗？"于是案发，法院认定乙的行为构成强奸罪。

本案中，被害妇女虽然愚昧无知，但精神完全正常，完全明白用男性生殖器往自己阴道送药的行为性质，即知道是在进行性交活动，所以不能说被告人乙采用了强制手段，行为不符合强奸罪的构成要件，不构成强奸罪。

案5：被告人丙在宾馆租了一个房间，谎称是为航空公司招聘空姐，利用自媒体对外发布招聘信息，于是有许多女子前来应聘。丙答复对方符合条件等待进一步审批后，提出该行业也有潜规则，即只有与其发生关系的才能被录用，于是有几位女子就与之发生了性关系。法院也认定被告人的行为成立强奸罪。

本案中，女子的确受到了丙的欺骗，但女子的认识错误只是动机的错误，而不是法益关系的错误。丙并没有对她们实施强制手段，没有违背妇女意志，其行为不符合强奸罪的构成要件，不构成强奸罪。

应该说，《刑法》第300条第3款关于组织、利用会道门、邪教组织或者利用迷信破坏国家法律、行政法规实施，又奸淫妇女的依照数罪并罚的规定，以及第259条第2款关于利用职权、从属关系以胁迫手段奸淫现役军人的妻子依照强奸罪定罪处罚的规定，只是注意规定，没有改变强奸罪的构成要件，只有当行为完全符合强奸罪的构成要件，即采用强制手段，违背妇女意志与其发生性关系时，才能以强奸罪定罪处罚。

13. 能否处罚所谓"婚内强奸"？

案6：在1990年代，安徽农村的一名男子家里比较穷，经人介绍与被害人定亲，送了被害人4 000元的彩礼。被害人不同意，但想着订婚就订婚吧，然后跑到南京打工去了。后来要结婚的时候，被害人不同意，男子说不同意就退还4 000元彩礼。但是，被害人父母还是希望女儿与该男子结婚，被害人虽然不愿意结婚，但还是从南京回到老家。二人并未领取结婚证，当时当地的农民结婚都不领结婚证，两家人就按照当地的风俗举行了婚礼，被害人就到了男方家里，睡在一张床上。但是，前三个晚上，被害人都不愿意与男子发生性关系，到了第四个晚上，男子使用暴力强行与被害人发生了性关系。后来妇女执意告发男子强奸，法院认定男子的行为构成强奸罪。

如果认为婚内强奸可以构成强奸罪，该案以强奸罪定罪是没有问题的。但如果否认婚内强奸，由于本案形成了事实婚姻，可以从男子缺乏违法性认识的可能性角度来解释他的行为不构成强奸罪。

应该说，从我国《刑法》第236条中"强奸妇女"的表述来看，并没有排除婚内强奸。也就是说，处罚婚内强奸，不存在法条上的障碍，只存在观念上的障碍。我国司法实践中，将处于离婚诉讼期间、因各种纠纷分居期间，丈夫强行与妻子发生性交的行为作为强奸罪处理。但从严格意义上说，即便夫妻双方处于离婚诉讼状态或者分居状态，也还是存在合法婚姻关系的，婚姻关系正常与否，不能成为丈夫是否构成强奸罪的标准；婚姻关系是否正常，不可能成为丈夫是否实施了强制手段的判断资料，不是判断性交行为是否违反妻子意志的判断资料与判断标准，也不是判断丈夫是否认识到性交行为违反妻子意志的判断资料与判断标准。虽然从理论上应当肯定丈夫也能强奸妻子，但考虑到中国的现实和人们的观念，对于丈夫强奸妻子以强奸罪定罪处罚还是应当特别慎重。

14. 强奸"双性人""变性人"，是否构成强奸罪？

如果认为"双性人""变性人"具有女性的特征，即便其不能生育，也应肯定其为强奸罪的对象，对之强行实施奸淫的，能构成强奸罪。

15. 能否认为《刑法》第236条第1款的对象是已满14周岁的妇女，而第2款的对象是不满14周岁的幼女？

如此理解，就是认为《刑法》第236条的第1款与第2款之间存在一种排他的择一关系。这是一种典型的"互斥论"，会导致处罚漏洞。例如，甲误将13周岁的幼女当作成年妇女，而强行与其发生性关系。按照这种"互斥论"，既不能适用第1款，因为客观上不是成年妇女，也不能适用第2款，因为没有奸淫幼女的犯罪故意，而形成处罚漏洞。又如，行为人误以为15周岁的对象为幼女，而强行与其发生性关系，也是既不能适用第2款，因为客观上不是幼女，也不能适用第1款，因为没有强奸成年妇女的犯罪故意，而形成处罚漏洞。其实这种"互斥论"无疑为行为人避重就轻，甚至逃避刑事处罚指明了方向。

应该说，只要是强行与女性发生性关系的，至少可以适用《刑法》第236条第1款认定为强奸罪；对象是不满14周岁的幼女，行为人没有使用强行手段，即幼女自愿与其发生性关系的，只有当行为人明知对方是不满14周岁的幼女时，才能构成强奸罪。

16. 作为强奸罪手段的"暴力""胁迫""其他手段"与作为抢劫罪手段的"暴力""胁迫""其他方法",含义是否相同?

刑法用语的含义具有相对性。取得型财产犯罪是一组罪名,包括抢劫罪、盗窃罪、诈骗罪、敲诈勒索罪等,而强制性交的犯罪只有强奸罪一个罪名。所以不同于抢劫罪,强奸罪中的强制手段不要求足以压制被害人的反抗,只要是使被害人不能反抗、不知反抗、不敢反抗、难以反抗,或者利用被害人不能反抗、不知反抗、不敢反抗、难以反抗的状态与其发生性关系的行为,都能评价为强奸罪。也就是说,所谓"偷奸""诈术性交""恐吓性交",都可能认定为强奸罪;而偷、诈、恐吓取财,不能成立抢劫罪,而是成立盗窃罪、诈骗罪、敲诈勒索罪。

17. 能否认为强奸罪中的"其他手段"包括欺骗手段?

刑法没有对强奸罪中的"其他手段"进行限定,采用欺骗手段也属于"其他手段"。在我国司法实践中,在不少案件中行为人采取欺骗手段与对方性交,对方也知道是性交行为却仍然同意,也被认定成立强奸罪。也有人认为,"既然骗钱都是犯罪,骗奸怎么可能无罪?"这其实是对强奸罪手段的误解。虽然强奸罪的手段不要求像抢劫罪一样达到足以压制对方反抗的程度,但根据同类解释规则,强奸罪中的"其他手段",只能是强制手段。就欺骗行为而言,只能是欺骗行为导致具体的被害人不能自主地作出决定时,才能认为具有强制性。或者说,由于强奸罪的本质是违背妇女意志发生性交,因为只要能够说明或者证明是违背妇女意志的性交,就可谓强奸罪的强制手段行为。就利用迷信与妇女发生性交而言,只有当被害妇女当时确实以为,如果不与行为人性交,就可能遭受更严重的灾难时,才可以将行为人的欺骗评价为利用迷信的强制手段。

总之,不能将被害人受欺骗承诺的有效与否,同被告人的行为本身是否符合强奸罪的构成要件混为一谈。如果行为本身不符合强奸罪的构成要件,尤其是不符合强奸的行为手段要求,不管被害人的承诺是否有效,都不可能成立强奸罪。只有当行为符合强奸罪的客观构成要件时,才需要讨论被害人的承诺是否有效。比如,行为人与处于无力反抗的重病中的妇女发生了性关系,可以认为符合强奸罪的构成要件。在这种情况下,才需要讨论被害人有无承诺以及该承诺有无效力。

18. 妇女开始同意与男子性交,中间突然叫停,男子拒不退出的,能构成强奸罪吗?

虽然从理论上讲不能排除不作为构成强奸罪的可能,但实际操作起来比较困难。比如某女子刚开始同意与男子性交，待男子插入后，女子突然叫"停"，男子拒不退出的，虽然也可谓不作为，但认定构成不作为的强奸罪，恐怕还是有点困难。

19. 如何处理以强奸的故意实施致人死亡程度的暴力的案件？

案 7：某晚，甲把 A 女灌醉之后，带着 A 女去一个房间，趁着 A 女处于严重醉酒的状态强奸了 A 女。甲随后用冷水洗 A 女的身体时，A 女惊醒并逃跑。甲就在后面追赶，要把 A 女追回来，再实施强奸行为。在追赶过程中，A 女掉到水里。甲看到 A 女掉在水里之后，没有施救，自己走了，A 女后来溺水身亡。

本案存在一连行为的问题。甲先前已经实施了强奸行为，后来追赶 A 女也是为了再次实施强奸行为，若将前面的强奸行为与接下来的追赶行为看成是一连行为的话，就完全可以将 A 女的死亡归责于一连行为中的追赶行为，本案中就能认定为强奸致人死亡。甲追赶 A 女的危险行为导致 A 女掉在水里，甲具有救助义务。所以，本案中甲的行为构成强奸致人死亡与不作为的故意杀人的想象竞合，从一重处罚。

案 8：某日凌晨 1 时许，犯罪嫌疑人甲（男，30 岁）酒后在其租房内想强奸住在隔壁的被害人 B 女（年仅 13 岁），遂撬门将 B 女强行拖至自己的租房，欲实施强奸。见 B 女反抗，甲便更加用力地掐 B 女的脖子。甲一边掐着 B 女的脖子，一边脱去 B 女的裤子，乱摸 B 女的身体。B 女双脚一直在抖，甲因为害怕关上了房门，看到 B 女又挣扎着要叫喊，就又掐住 B 女的脖子，乱摸 B 女的身体。几分钟后，甲发现 B 女的双手双脚一直发抖，后来整个人一动不动了，于是松开了双手，奸淫了 B 女。之后，甲发现 B 女仍不动，以为 B 女昏迷，就用大拇指掐 B 女的人中，并对其做人工呼吸，但 B 女还是没有醒过来，甲随后逃离现场。但事后无法确定，B 女是在被强奸之前死亡还是在被强奸之后死亡。

从理论上讲，本案定罪存在多种可能性：（1）认定为强奸致人死亡；（2）认定为故意杀人罪与强奸罪，实行并罚；（3）认定为强奸致人死亡与侮辱尸体罪，实行并罚；（4）认定为故意杀人罪与侮辱尸体罪，实行并罚。应该说，本案中甲的行为肯定成立强奸致人死亡。如果甲在奸淫时以为幼女还没有死亡，即使甲客观上实施了侮辱尸体（奸尸）的行为，也不能另认定为侮辱尸体罪，因为甲没有侮辱尸体罪的故意。如果在甲实施所谓奸淫行为时，幼女确实已经死亡，也能认定为强奸（未遂）致人死亡。如果认为甲前面的行为同时触犯（间接）故意杀人罪，则是强奸致人死亡与故意杀人罪的想象竞合，从一重处罚。

案 9：被告人想要强奸隔壁的 8 岁小女孩，用一块糖把小女孩骗到房里后动手动脚，小女孩就开始喊叫。被告人便掐小女孩的脖子，掐了几分钟后小女孩就不动了，但还在喘气。这个时候，被告人开始对小女孩实施奸淫行为，过后一瞧，发现小女孩不动了，就把小女孩的尸体扔到了垃圾堆里。

本案也是强奸致人死亡，而且，被告人是在小女孩还在喘气的时候实施奸淫行为的，应该认定为强奸既遂。

强奸罪中的暴力手段，是指不法地对被害妇女行使有形力的手段，即直接对被害妇女采取殴打、捆绑、堵嘴、卡脖子、按倒等危害人身安全或人身自由，使妇女不能反抗、难以反抗的手段。这种暴力手段，既可以是故意致人重伤程度的暴力，也可以是致人死亡程度的暴力。问题仅在于，在死亡之前实施奸淫行为的，成立强奸（既遂）致人死亡与故意杀人罪的想象竞合，在被害妇女死亡之后实施所谓奸淫行为的，成立强奸（未遂）致人死亡与故意杀人罪的想象竞合，同时成立侮辱尸体罪，与前行为数罪并罚。

具体而言，存在以下几种情形：（1）如果行为人先故意杀害妇女，然后再实施所谓奸尸或者其他侮辱行为的，即使行为人在杀害妇女时就具有所谓奸尸的意图，也不宜认定为强奸罪（强奸罪的对象必须是活体），而应认定为故意杀人罪与侮辱尸体罪，实行数罪并罚。（2）如果行为人为了强奸妇女，以杀人的故意对妇女实施足以致人死亡的暴力，在妇女死亡后奸尸或者对尸体实施其他侮辱行为的，那么，前行为是故意杀人罪与强奸（未遂）罪的想象竞合，后行为成立侮辱尸体罪，与前行为实行数罪并罚。（3）如果行为人为了强奸妇女，以杀人的故意对妇女实施足以致人死亡的暴力，在妇女昏迷期间奸淫妇女，不管妇女事后是否死亡，都应认定为故意杀人罪与强奸（既遂）致人死亡的想象竞合，从一重处罚。

20. 男子为强奸而追赶女子，女子在为了摆脱强奸而逃跑时，失足掉到河里淹死了，是否属于强奸致人死亡？

如果能将追赶行为认定为已经对女子的性自主权形成紧迫危险性的着手强奸行为，则追赶导致女子失足淹死的，属于强奸致人死亡；否则，只能认定为强奸预备与过失致人死亡罪的想象竞合。

21. 写恐吓信，以及企图到宾馆强奸而在咖啡馆投迷药的，是成立强奸罪的预备还是成立强奸罪的未遂？

案 10：甲男本打算在宾馆开房间强奸乙女，遂约乙女在宾馆一楼咖啡厅喝咖啡，趁机将迷药投在乙女的咖啡杯中。乙女正准备饮用时，被店员委婉劝住。

本案中，甲男是打算迷倒乙女后扶到宾馆房间实施强奸的，而不是在咖啡馆实施强奸的，所以说，在一楼咖啡馆喝咖啡时投迷药，奸淫的危险性还不紧迫，只是强奸罪的预备。如果甲男已经开好房间，在房间请乙女喝咖啡时趁机投放迷药，可以认为奸淫的危险性已经很紧迫，应肯定强奸罪的着手。

案 11：被告人将女孩往翻斗车上拉，准备拉到另一个地方强奸。

对于此案，日本裁判所认定为强奸未遂，认为把女孩往车上拉，就是强奸罪的着手；理由是，女孩被困在翻斗车里面，实际上已经不能反抗了，出现了被奸淫的紧迫危险。

判断是强奸罪的预备还是着手，要看是否形成奸淫的紧迫危险。例如，通过第三者胁迫或者书面胁迫时，由于不存在奸淫的紧迫危险，还不能认定强奸罪的着手，只是强奸罪的预备。再如：行为人以强奸的故意通过电话、短信等方式胁迫被害人前往宾馆某房间的，还不是强奸罪的着手；被害人基于恐惧心理到达宾馆房间后，行为人还没有进一步实施暴力、胁迫等手段，随后被害人乘行为人进入卫生间之机逃走的，也不能认定为强奸罪的着手，只能认定为强奸预备。

22. 成立奸淫幼女型强奸罪，是否要求行为人主观上明知对方是幼女？

2003 年 1 月 17 日最高法《关于行为人不明知是不满十四周岁的幼女，双方自愿发生性关系是否构成强奸罪问题的批复》（现已失效）曾经指出："行为人明知是不满十四周岁的幼女而与其发生性关系，不论幼女是否自愿，均应依照刑法第二百三十六条第二款的规定，以强奸罪定罪处罚；行为人确实不知对方是不满十四周岁的幼女，双方自愿发生性关系，未造成严重后果，情节显著轻微的，不认为是犯罪。"有人认为从这个批复可以看出，不明知对方是幼女的，也能构成强奸罪。其实，该批复后段并不意味着"行为人确实不知对方是不满十四周岁的幼女，双方自愿发生性关系，造成严重后果，情节严重的，以强奸罪论处"，而是应该理解为"行为人确实不知对方是不满十四周岁的幼女，双方自愿发生性关系，造成严重后果的，依照后果的性质与责任形式，以相应的犯罪（如故意伤害罪、过失致人死亡罪）论处"。因为奸淫幼女型强奸罪中的"幼女"属于特定对象，是客观构成要件要素，根据责任主义要求，行为人对此必须要有认识，即必须明知对方是幼女。当然这里的"明知"，既包括明知对方一定是幼女，也包括明知对方可能是幼女，还包括不管对方是不是幼女仍执意实施奸淫行为，无论是哪一种行为人，都具有奸淫幼女的故意。

23. 甲合理地认为 13 周岁的乙女已满 18 周岁，并使用暴力、胁迫手段强行与之性交的，构成犯罪吗？

使用暴力、胁迫手段强行与女性发生性交的，不管对方是幼女还是妇女，都能构成强奸罪。只有在未使用强制手段，对方自愿与其发生性关系时，才需要行为人明知对方是幼女，否则不成立强奸罪，包括奸淫幼女型强奸罪。

24. 应否要求强奸犯罪的行为人主观上具有奸淫的目的？

强奸罪的故意内容为，明知自己以暴力、胁迫等手段与妇女性交的行为，会发生侵害妇女的性行为自己决定权的结果，并且希望或者放任这种结果的发生。我国传统观点在强奸罪的故意之外，要求行为人主观上还必须具有所谓奸淫的目的。应该说，这种表述容易导致将通奸行为认定为强奸罪，因为通奸往往也具有所谓奸淫目的。

25. 出于间接故意的，能否构成强奸罪？

我国刑法理论通说认为，强奸罪只能由直接故意构成，不能由间接故意构成。其实，直接故意与间接故意都是故意，根据故意的统一性原理，凡是可以由直接故意构成的犯罪，都不能排除由间接故意构成。事实上，也存在行为人不能肯定被害妇女是否同意，而不管不顾强行实施奸淫的案件，行为人主观上就是放任结果发生的间接故意。

26. 如何处理奸淫女精神病患者的案件？

如果明知对方是没有判断和承诺能力的精神病患者，而与之发生性关系，即便没有采取强制手段，也能构成强奸罪。不过，如果行为人已经与精神病患者结婚，或者形成事实婚姻关系，或者长期共同生活（不是只有性生活），可以不作为强奸罪处理。

27. 如何区分强奸与通奸？

判断是强奸还是通奸，关键看是否违背妇女意志。如果刚开始是通奸，但后来妇女不愿意与其继续保持通奸关系而拒绝与其发生性关系，行为人采取暴力手段强行与其发生性关系的，不妨碍强奸罪的成立。第一次是强奸，后来多次自愿发生性关系的，也不能否认第一次行为成立强奸罪。

28. 如何把握求奸未成与强奸未遂的界限？

案 12：某日傍晚突然下雨，甲大喊邻居妇女乙将衣物收进屋中，但乙没有听见。由于在农村，乙家大门、房门敞开，于是，甲直接进入乙家，发现乙正在睡觉。于是，甲脱下衣裤，想拍醒乙与她发生关系。乙被拍醒后见甲赤身裸体坐在床边，就问"二哥，你想干什么？"甲说"二哥没出息"，穿上衣服就走了。法院认定甲构成强奸罪（未遂）。

很显然，甲拍醒乙，不是强奸罪的强制手段，是为了跟乙商量，意在求奸，商量得通就发生性关系，商量不通就算了。法院认定甲的行为构成强奸罪未遂，显然是将这种行为认定为强奸罪的着手了，因而是错误的。这种行为连犯罪预备都不能成立。

在区分求奸未成与强奸未遂的界限时，要考虑行为人是否采用了暴力、胁迫等强制手段，是否适时停止自己的行为，为什么停止行为；要考察妇女的态度与举止。特别需要注意的是，不能把求奸过程中的拉扯行为认定为强奸中的暴力手段；也不能将以暴力、胁迫等手段要求妇女同意性交的行为，认定为求奸行为。总之，只能从是否着手实施了强奸，是否违背妇女意志方面进行判断。

29. 如何把握利用职权的强奸与基于相互利用的通奸的界限？

区分二者的关键在于，是否利用职权进行胁迫，是否违背妇女意志。基于相互利用的通奸行为，没有违背妇女意志。而利用职权从属关系，妇女被迫同意与其发生性关系的，属于违背妇女意志的性交行为，构成强奸罪。

30. 如何处理与染有淫乱习性的幼女发生性关系等特殊的奸淫幼女案件？

即便是染有淫乱习性的幼女，只要行为人明知对方是幼女，与其发生性关系的，还是构成强奸罪。只有在行为人不明知对方是幼女，且幼女主动引诱与其发生性关系的，才不构成强奸罪。

31. 1984 年 4 月 26 日"两高"、公安部《关于当前办理强奸案件中具体应用法律的若干问题的解答》规定，第一次性行为违背妇女的意志，但事后并未告发，后来女方又多次自愿与该男子发生性行为的，一般不宜以强奸罪论处。该规定有无问题？

这种规定存在问题。强奸罪属于公诉案件，即便之后妇女多次自愿与其发生性关系，也不可否认第一次行为系违背妇女意志的强奸行为，构成强奸罪。

32. 如何处理"半推半就"的案件？

问题的关键在于，行为人是否实施了暴力、胁迫等强制手段，以及是否认识到自己的行为违背妇女意志。如果对二者均能得出肯定的结论，则应肯定强奸罪的成立。

33. 应否将"二人以上轮奸"限定为所谓强奸的共同正犯？

案13：甲乙二人在网吧里遇见了一个女孩（被害人），后来三个人来到女孩租住的房间里玩。过了一会，甲跟乙发短信，意思是自己要强奸这个女孩，要乙回网吧去。乙看到短信以后就回到了网吧，甲在被害人的房间里强奸了被害人。强奸完后，甲回到网吧，告诉乙说，自己已经跟这个女孩发生了性关系，并鼓动乙也去强奸这个女孩。然后，甲又陪同乙一起到被害人房间去，甲在门外面等着，乙进去之后使用暴力强奸了女孩。

本案中，被害人在前后不长的时间里被两个人强奸。甲与这两次强奸行为和结果都有因果关系。如果不认为成立"二人以上轮奸"必须是强奸的共同正犯，就可以认定对甲适用"二人以上轮奸"的法定刑。乙与被害人被轮奸的结果之间没有因果关系，不成立"二人以上轮奸"，只成立强奸罪的基本犯。

案14：A得知B要强奸C女，事先将C打晕并捆绑了其手脚，B到C处后顺利地实施了强奸行为，A在现场躲在暗处观看了全过程，待B离开后，A接着也强奸了C。

本案中，A与C两次被强奸的结果之间都有因果关系，对其应适用"二人以上轮奸"的法定刑。而B仅承担强奸罪基本犯的刑事责任。

案15：甲教唆A在某日中午12点钟强奸丙女，同时教唆B在该日下午1点钟强奸丙女。A、B二人互不相识，也无意思联络，分别准点赶到现场强奸了丙女，二人也未在犯罪现场相遇。

应该说，甲的行为与丙女两次被强奸的结果之间都有因果关系，应当适用"二人以上轮奸"的法定刑，而A和B都只承担强奸罪基本犯的刑事责任。

案16：A想强奸丙女，就向甲打听丙女的去向，甲将丙女的行踪告诉了A，甲又临时起意找到了B，教唆B去强奸丙女，并把丙女的行踪也告诉了B。最后，A到现场先强奸了丙女，B赶到现场后A刚刚离开，B也马上强奸了丙女。

本案中，甲的行为与丙女被轮奸的结果之间具有因果关系，应当承担"二人以上轮奸"的刑事责任，但A和B仅分别承担强奸罪基本犯的刑事责任。

案17：乙意欲强奸丙女，找到甲后告诉他自己要去强奸丙女，问甲是否知道丙女在什么地方，甲将丙女的住处告诉了乙，甲突然临时起意也想去强奸丙女，等甲赶到现场后，乙已经强奸完丙女并离开了现场，甲对丙女继续实施了奸淫行为。

很显然，甲的行为与丙女被轮奸的结果之间具有因果关系，应当承担"二人以上轮奸"的刑事责任，而乙只承担强奸罪基本犯的刑事责任。

之所以加重处罚"二人以上轮奸"的行为，不单纯是因为妇女在不长的时间内两次被强奸（没有共谋的两人先后强奸同一名妇女的，不可能被认定为轮奸），而是因为，行为人不仅要对自己的强奸行为负责，还要对他人的强奸行为负责。所以，只要行为人的行为与妇女在不长时间内两次遭受强奸的结果之间具有因果关系，就应承担"二人以上轮奸"的刑事责任。

张明楷教授认为：只有强奸的共同正犯才能成立"二人以上轮奸"；如果前行为人对后行为人的强奸结果仅负教唆或者帮助责任，则不能对前行为人适用轮奸的规定。例如，甲乘丙女熟睡之机强奸丙女，在丙女睡醒后甲又唆使乙强奸丙女，乙接受教唆使用暴力强奸丙女。甲虽然要对乙的强奸行为负教唆犯的责任，但不承担轮奸的责任。[①]

本书不赞成上述认为成立"二人以上轮奸"仅限于强奸罪的共同正犯的观点。国外的（共同）正犯是非常实质的概念，98%的共同犯罪人都是共同正犯，连盗窃的望风行为都是共同正犯。按照张明楷教授的观点，大概只有在朋友实施强奸行为时，行为人站在旁边帮助按住被害妇女手脚，然后行为人自己也实施了强奸，而朋友又帮助其按住妇女的手脚的，才能成立"二人以上轮奸"；若只是教唆他人强奸，或者在他人实施强奸时帮助望风，然后自己也强奸了这名妇女的，因为不是强奸罪的共同正犯，所以不能成立"二人以上强奸"。但对于被害妇女而言，这两种情形对其法益的侵害根本没有什么不同。其实，按照实质的共同正犯概念，这种教唆、帮助强奸的行为，也是可以被评价为强奸罪的共同正犯的。所以，无论是实行共同正犯，还是实施教唆或者帮助，只要行为人的行为与妇女在不长时间内两次遭受强奸的结果之间具有因果关系，都应认定为"二人以上轮奸"，适用轮奸的法定刑。例如，行为人本来没有强奸的打算，只是为朋友实施强奸行为提供望风帮助，待其朋友强奸完离开后，其临时起意也强奸了这名妇女。很显然，行为人的行为与被害妇女在不长时间内两次遭受强奸的结果之间具有因果关系，行为人应当承担轮奸的刑事责任，而其朋友的行为只与被害人的一次强奸结果之间具有因果关系，故其朋友仅承担强奸罪基本犯的刑事责任。又如，甲教唆乙强奸丙女，乙强奸丙女后，甲临时起意也强奸了丙女。甲的行为与丙女的被轮奸结果之间也有因果关系，甲应当承担轮奸的刑事责任，而乙只承担强奸罪基本犯的刑事责任。再如，甲在乙强奸丙女时帮助按住丙女的手脚，接着

---

① 张明楷．刑法学．6版．北京：法律出版社，2021：1141．

甲临时起意单独强奸了丙女，甲的行为与丙女被轮奸的结果之间具有因果关系，甲应承担轮奸的刑事责任，乙仅承担强奸罪基本犯的刑事责任。还如，甲教唆乙、丙二人先后去强奸丁女，甲的行为与丁女被轮奸的结果之间具有因果关系，应当承担轮奸的刑事责任，乙、丙仅承担强奸罪基本犯的刑事责任。

34. "二人以上轮奸"有无预备、未遂、中止成立的余地？

张明楷教授认为，轮奸不是单纯的量刑规则，而是加重的犯罪构成，因而存在预备、未遂、中止形态。例如，张三与李四以轮奸犯意共同对丙女实施暴力，但均未得逞的，应认定为轮奸未遂，适用轮奸的法定刑，同时适用对未遂犯从宽处罚的规定。再如，甲与乙以轮奸犯意共同对丙女实施暴力，甲奸淫后，乙由于意志以外的原因未得逞的，虽然也成立轮奸未遂，但同时要认定甲、乙二人强奸既遂的成立。甲、乙共谋轮奸，甲强奸既遂，但乙中止自己的奸淫行为的，甲是轮奸未遂（与强奸既遂构成想象竞合），乙是轮奸中止，但乙应对甲的强奸既遂承担责任（轮奸中止与强奸既遂竞合，仅适用普通强奸罪的处罚规定）。甲、乙共谋轮奸，共同压制被害人反抗后，乙自动放弃奸淫行为而离开现场，甲继续实施强奸时由于意志以外的原因未得逞的，甲的行为构成强奸未遂与轮奸未遂（想象竞合），乙的行为构成强奸未遂与轮奸中止。[①]

本书认为，"二人以上轮奸"相当于量刑规则，不是所谓加重的犯罪构成，只有成立不成立的问题，没有预备、未遂与中止的问题。多人打算轮奸，只要事实上有两人完成了强奸行为的，整个就成立轮奸的既遂，适用轮奸的法定刑，对其中因为意志以外的原因事实上未完成奸淫行为的，量刑时可以酌情从宽。多人打算轮奸，只要事实上没有两人以上完成强奸，整个就不成立轮奸，只能成立强奸罪的基本犯的既遂、未遂或者中止。这是因为：其一，如果实际上被害妇女没有被强奸两次以上，无论是认定为轮奸的既遂还是认定为轮奸的未遂或者中止，都是明显不合理的。其二，不能认为只要行为人有轮奸的故意，实施了所谓轮奸行为，就能对轮奸加重犯所保护的法益形成具体现实紧迫的危险。例如，甲、乙、丙三人打算轮奸，结果只有一个人完成了强奸；张三、李四、王五不打算轮奸，李四和王五只打算帮助其老大张三完成强奸，且张三完成了强奸行为。这两种情形都是被害妇女被一个人强奸，根本看不出打算轮奸的三个人的行为（即甲、乙、丙三人打算轮奸但只有一个人完成了强奸的行为）就会对被害妇女的性自主权形成更大的威胁，所不同的只是行为人的内心想法。将前者认定为轮奸未遂，

---

① 张明楷. 刑法学. 6 版. 北京：法律出版社，2021：1141.

适用轮奸的法定刑，对后者适用强奸罪基本犯的法定刑，明显有失均衡。

总之，"二人以上轮奸"只有成立不成立的问题，没有预备、未遂与中止成立的余地。实际有两人以上完成强奸的，成立轮奸，适用轮奸的法定刑，实际没有两人以上完成强奸的，不成立轮奸，按照强奸罪的基本犯处理。这样处理既简洁明快，又能有效地保护法益。

35. 未满 14 周岁的人与成年人，以及精神正常的人与精神病患者，共同强奸妇女，能否成立"二人以上轮奸"？

共同犯罪是违法形态。未满 14 周岁的人与成年人，以及精神正常的人与精神病患者，共同强奸妇女，完全可能成立"二人以上轮奸"，对于成年人和精神正常的人适用轮奸的法定刑处罚。对于未满 14 周岁的人和精神病患者，不作为犯罪处理。

36. 如何认定"二人以上轮奸"的既遂？

"二人以上轮奸"相当于量刑规则，只有事实上至少有两人完成了强奸行为，整体上才成立轮奸，适用轮奸的法定刑，对于其中未能完成强奸的，可以酌情从宽处罚。

37. 强奸妇女、奸淫幼女"情节恶劣"，能否包括动机卑鄙、主观恶性深等主观要素，以及曾经受过刑事处罚、行政处罚等反映再犯罪可能性大小的预防要素？

我国刑法理论通说习惯于认为"情节恶劣"不同于"情节严重"。其实二者只是表述不同，"情节恶劣"与"情节严重"一样，都是指客观方面的反映法益侵害程度的客观构成要件，是责任刑情节，不能包括动机卑鄙、主观恶性深等主观要素，以及曾经受过刑事处罚、行政处罚等反映再犯罪可能性大小的预防要素。

38. 在网络上直播在私密空间的强奸过程，能否成立"在公共场所当众强奸妇女"？

案 18：甲男把乙女骗到自己家封闭的卧室里后，使用暴力强奸乙女，同时又在网上直播强奸行为的过程。

本案讨论的是，网络空间是否属于公共场所，甲男的行为是否属于在公共场所当众强奸妇女。应该说，之所以加重处罚在公共场所当众强奸妇女的行为，是因为这种行为严重侵害妇女的性的羞耻心。强奸行为虽然发生在私密空间，但通过网络直播强奸的过程，与白天在广场当众强奸妇女没有什么不同，网上直播的影响甚至更深远，所以，从法益保护角度考虑，对本案中甲男的行为应当认定为在公共场所当众强奸妇女。

应该说，只要在不特定或者众人可能看到、感觉到的公共场所强奸妇女，如公共厕所，即便事实上没有被人看到、听到，也属于在公共场所当众强奸妇女。"当众强奸"中的"众"，不应包括行为人和同伙。

39. "在公共场所当众强奸妇女"，有无预备、未遂与中止？

在公共场所当众强奸妇女，属于加重的犯罪构成，从理论上讲有预备、未遂与中止成立的余地。行为人着手在公共场所当众强奸妇女，因为意志以外的原因未得逞的，成立加重犯的未遂。主动放弃强奸的，成立加重犯的中止。事实上，很难成立在公共场所当众强奸妇女的预备或者预备阶段的中止。

40. 多次强奸同一名妇女，是否属于"强奸妇女多人"？

多次强奸同一名妇女的，不属于"强奸妇女多人"，只能以强奸罪的基本犯同种数罪并罚。

41. 醉酒的妇女主动要求与男子发生性关系，男子知道妇女处于醉酒状态仍与之性交的，成立强奸罪吗？

案19：甲女与同事乙男出去喝酒，甲女大醉，乙男将甲女送回家。乙男准备离开时，甲女不让乙男离开，坚决主动执意要求与乙男发生性关系。由于甲女长相不算难看，乙男勉为其难与甲女发生了性关系。甲女醒酒后表示想嫁给乙男，遭拒绝，于是甲女愤而告发乙男强奸。

应该说，如果是乙男利用甲女酒醉不醒的状态，主动和甲女发生性关系，当然构成强奸罪。但本案中是甲女强烈要求乙男与其发生性关系。甲女虽然醉酒，但其是一个有正常判断能力的人，其主动要求与乙男发生性关系，乙男期待可能性较低，而且乙男也不会认为自己的行为违背妇女意志，所以不成立强奸罪。相反还可能认为甲女的行为构成强制猥亵罪。

42. 2023年5月24日"两高"、公安部、司法部《关于办理性侵害未成年人刑事案件的意见》指出，对不满12周岁的被害人实施奸淫等性侵害行为的，应当认定行为人"明知"对方是幼女，对此有无疑问？

这种观点可能过于绝对。即便对方是不满12周岁的幼女，也可能因为长得壮实、发育早熟，而看起来很成熟。只要行为人不明知对方是幼女，没有采用强制手段，还是不能认定成立强奸罪。

第五节　强制猥亵、侮辱罪

第二百三十七条（第 1 款、第 2 款）　**【强制猥亵、侮辱罪】**以暴力、胁迫或者其他方法强制猥亵他人或者侮辱妇女的，处五年以下有期徒刑或者拘役。

聚众或者在公共场所当众犯前款罪的，或者有其他恶劣情节的，处五年以上有期徒刑。

疑难问题

1.《刑法修正案（九）》对《刑法》第 237 条的修改，是否达到了应有效果？

《刑法修正案（九）》将强制猥亵的对象——"妇女"修改为"他人"，保留了"侮辱妇女"的规定。对此修改，立法机关工作人员指出："妇女、儿童虽然是猥亵行为的主要受害群体，但实践中猥亵男性的情况也屡有发生，猥亵十四周岁以上男性的行为如何适用刑法并不明确，对此，社会有关方面多次建议和呼吁，要求扩大猥亵罪适用范围，包括猥亵十四周岁以上男性的行为，以同等保护男性的人身权利。因此，《刑法修正案（九）》将第一款罪状中的'猥亵妇女'修改为'猥亵他人'，使该条保护的对象由妇女扩大到了年满十四周岁男性。"[1]

可是，上述释义明显自相矛盾。一个简单的质疑是：为什么在侮辱问题上，男女就不平等，只限于对妇女的保护呢？为什么猥亵儿童的构成猥亵儿童罪，而侮辱儿童的构成侮辱罪呢？既然要平等保护男性的人身权利，为什么针对男性实施的所谓"侮辱"行为，如向男性身上泼洒腐蚀物、涂抹污物，不处以相同的刑罚？很显然，这种修改首尾不顾，很不彻底。只有同时删除"侮辱妇女"的规定，才能很好地说明、处理上述问题。

2. 应区分所谓"侮辱"与"猥亵"吗？

立法机关工作人员指出："本款（《刑法》第 237 条第 1 款——引者注）规定的'侮辱妇女'，主要是指对妇女实施猥亵行为以外的，损害妇女人格尊严的淫秽下流、伤风败俗的行为。例如，以多次偷剪妇女的发辫、衣服，向妇女身上泼洒腐蚀物、涂抹污物，故意向妇女显露生殖器，追逐、堵截妇女等手段侮辱妇女

---

[1]　郎胜.中华人民共和国刑法释义.6 版.北京：法律出版社，2015：389.

的行为。"①

很显然，上述说明站不住脚。其一，认为侮辱妇女是"损害妇女人格尊严的淫秽下流、伤风败俗的行为"而不同于猥亵，与其与"强制猥亵他人"并列规定并适用同样法定刑的体例位置不相符合。侮辱妇女也只能是侵害妇女的性行为自己决定权的行为。其二，"多次偷剪妇女的发辫、衣服，向妇女身上泼洒腐蚀物、涂抹污物"的行为，只是普通的侵害妇女名誉的侮辱行为，没有侵害妇女的性行为自己决定权，不可能与强制猥亵相提并论，只能认定为法定最高刑仅 3 年有期徒刑的《刑法》第 246 条的侮辱罪。其三，"故意向妇女显露生殖器"，没有使用暴力、胁迫等强制方法强迫妇女观看的，只是一种公然猥亵行为，按照我国刑法规定根本不构成犯罪。其四，"追逐、堵截妇女"，属于《刑法》第 293 条明文规定的寻衅滋事行为。倘若将追逐、堵截妇女的行为认定为侮辱妇女，意味着追逐、堵截不同对象构成不同的犯罪：追逐、堵截妇女的，构成强制侮辱妇女罪，追逐、堵截男子的构成寻衅滋事罪。这显然不合适。其五，若认为"追逐、堵截妇女"的行为构成强制侮辱妇女罪，则意味着因为属于"在公共场所当众"侮辱妇女，而应"处五年以上有期徒刑"。这显然不符合罪刑相适应原则。其六，如果偷剪妇女衣服、向妇女身上泼洒腐蚀物导致妇女身体裸露，当然可能构成强制猥亵罪。总之，上述观点所归纳的所谓"侮辱妇女"的行为，要么属于侮辱罪、寻衅滋事罪的行为，要么属于强制猥亵行为，要么不构成犯罪。事实上，上述观点是以 1979 年《刑法》有关流氓罪的司法解释为根据的。

成熟的刑法解释学和刑事立法之间应该是一种良性循环。我国刑法解释学尚有不足，而刑法解释学的不足会直接对刑事立法产生不利影响。1997 年《刑法》第 237 条规定了猥亵与侮辱两种行为，此后，刑法理论就试图解释猥亵与侮辱的区别。比如，通说教科书认为：猥亵行为，主要是指行为人为满足、发泄、刺激性欲而利用自己或他人的身体或其他工具，直接接触妇女的身体，明显带性行为色彩又不属于奸淫的行为。如行为人强行搂抱、亲吻、抠摸妇女肉体等行为，而侮辱妇女，则是行为人以淫秽语言、下流动作损害妇女人格、尊严，伤害妇女性羞耻心的行为。如以下流语言辱骂、调戏妇女，向妇女身上抛洒污物、向妇女显露生殖器等。两者虽然表现形式不一样，但本质却是相同的，都是损害妇女人格尊严的行为。②《刑法修正案（九）》修改本罪之后，通

---

① 臧铁伟，李寿伟.《中华人民共和国刑法修正案（九）》条文说明、立法理由及相关规定. 北京：北京大学出版社，2016：96.

② 王作富. 刑法分则实务研究：中. 北京：中国方正出版社，2013：770-771.

说教科书还是孜孜不倦地区分所谓"侮辱妇女"与"猥亵"。例如，大家公认的权威刑法通说教科书指出："猥亵，是指除奸淫以外的能够满足性欲和性刺激的有伤风化、损害他人性心理、性观念，有碍其身心健康的性侵行为。侮辱妇女，是指实施具有挑衅性有损妇女人格或者损害其性观念、性心理的行为。如公开追逐或者堵截妇女、强行亲吻、搂抱等。"①

正是因为刑法理论一直明确区分所谓"侮辱"与"猥亵"，所以，《刑法修正案（九）》仅将本罪中的猥亵对象修改为"他人"，但没有删除侮辱妇女的规定，也没有将作为侮辱对象的"妇女"修改为"他人"。据此，有些属于侵害妇女性自主权的侮辱行为不能被归入猥亵行为，有些属于侵害男性的性自主权的侮辱行为依然不能被认定为强制猥亵罪。例如，根据前述区分二者的观点，"强迫男性为男性手淫"的，属于侮辱行为，但不构成犯罪。显然，从立法论来说，这一修改存在明显的缺陷。

应该说，无论是在《刑法修正案（九）》颁布之前还是之后，从形式上将猥亵与侮辱解释为两种不同的行为，并不能得出合理的结论。正因为传统观点，导致《刑法修正案（九）》未能妥当地修改《刑法》第237条。倘若在1997年《刑法》通过之后，我国刑法理论对《刑法》第237条进行批判性解释或者补正解释，主张侮辱与猥亵的内涵与外延相同，那么《刑法修正案（九）》就完全可能将《刑法》第237条第1款修改为："以暴力、胁迫或者其他方法强制猥亵他人的，处五年以下有期徒刑或者拘役。"这样就不会出现本罪中的猥亵对象是他人，而侮辱对象仅限于妇女的奇怪现象，也不至于将公然猥亵行为、寻衅滋事行为认定为强制侮辱罪了。但在当下，我们应当将《刑法》第237条第1款中的"侮辱妇女"解释掉，更不要考虑激活"侮辱妇女"的规定，即尽可能不适用"侮辱妇女"之规定。

3. 何谓"猥亵"行为？

猥亵行为只能是与性有关系的，侵犯他人的性行为自己决定权的行为。对猥亵行为大致可以进行如下分类。

（1）性进入行为。

性进入行为就是法国刑法、比利时刑法规定的性插入行为。具体包括：1）行为人将性器官进入到被害人的肛门、口腔内。这一行为在许多国家已经被归到强奸罪或者强制性交罪中了，但在我国刑法理论上与司法实践中，仍然属于

---

① 高铭暄，马克昌. 刑法学. 10版. 北京：北京大学出版社，高等教育出版社，2022：472.

猥亵行为。不过在我国，女性强行与男性发生性交的，以及成年妇女与男童发生性交的，也分别成立强制猥亵罪与猥亵儿童罪。本书认为，男子将阴茎插入幼女口腔、肛门的，应当认定为强奸罪。2）行为人将手指或者异物插入被害人的阴道、肛门、口腔。这其中也有相当一部分在国外刑法中属于强奸罪或者强制性交罪。由于奸淫幼女型强奸罪所保护的法益是幼女的身心健康成长不受性行为妨碍的权利，所以将手指或者异物插入幼女的阴道、肛门、口腔的，可以认定为强奸罪，而不是猥亵儿童罪。3）女性强制男性与自己实施性交行为。这在国外大多也是构成强奸罪，但在我国还是属于强制猥亵罪。

（2）性接触行为。

这是指性器官的接触行为。具体包括：1）直接接触被害人的性的部位或者器官。所谓直接接触，就是指没有隔着衣服，如用手触摸他人阴部、乳房和臀部，其中的乳房并不一定只限于女性的。男性触摸女性乳房，肯定是猥亵，而女性触摸女性乳房、女性触摸男性乳头、男性触摸男性乳头，一般人未必认为属于猥亵。2）使被害人的身体接触自己的性的部位或者器官。比如，让被害人为自己手淫。3）隔着衣服触碰、触摸被害人的性的部位或者器官。这种行为在什么情况下属于猥亵，存在争议。比如，对隔着裤子碰触他人臀部的，是否属于猥亵行为，人们的看法也不一致。4）接触被害人的性的部位以外的部位，主要是指强吻对方，因为嘴不是性的部位。强行吻耳朵、吻额头、吻颈部的行为，是不是强制猥亵，存在争议。

（3）在场但不接触的行为。

这是指人在现场，但身体部位不接触的行为。具体包括：1）强行观看被害人的性部位或者性行为。这种行为属于强制猥亵没有争议。2）强迫对方观看自己的性部位或者性行为。这种行为属于强制猥亵也没有什么问题。3）强迫他人观看淫秽物品。例如，男子强迫被害妇女与自己一起观看淫秽影片。如果让儿童观看的话，则不需要强制手段。4）强制他人听自己讲淫秽语言或者强迫他人为自己讲淫秽语言。

（4）利用网络电信的猥亵行为（不在场、不接触）。

这是所谓隔空猥亵。随着网络电信的发达，利用网络电信实施的猥亵行为也不断增加，主要有两类：1）行为人使用胁迫手段，强迫对方在与自己视频时暴露性器官或者实施淫秽动作，或者强迫对方在视频上观看自己的性器官或者淫秽动作。例如，男子和儿童连线视频后，让儿童实施各种性行为或者让儿童看自己实施各种性行为。这些构成强制猥亵罪或者猥亵儿童罪，一般没问题。2）行为人给被害人打电话，胁迫对方听自己讲淫秽语言、听淫秽录音或者强迫对方给自己讲淫秽语言，或者给儿童打色情电话。认为这种情形构成强制猥亵罪或者猥亵儿童罪，通常也没问题。

4. 强制猥亵、侮辱罪是倾向犯吗?

案1：一位农村妇女和男性邻居发生纠纷，男性就把自己家里养的公狗唤到现场来，然后把妇女的衣服全部扒光，让公狗趴在妇女身上，而且持续的时间不短。当时还有许多村民经过或者在场。事后这名农村妇女感觉无脸见人回家后自杀未遂。法院对此认定为侮辱罪。

应该说，如果认为强制猥亵、侮辱罪是所谓倾向犯，即要求行为人具有刺激或者满足性欲的内心倾向，则本案不构成强制猥亵、侮辱罪，因为本案中的男性是出于报复的目的，没有所谓刺激或者满足性欲的内心倾向。但如果否认强制猥亵、侮辱罪是倾向犯，认为只要行为人主观上具有强制猥亵的故意，即认识到自己的猥亵行为会侵害妇女的性自主权，就能构成该罪，则本案应认定为强制猥亵罪。

案2：甲女与其他几个姐妹，在街上发现了与甲女的丈夫有情人关系的乙女后，使用暴力撕掉乙女的全部衣裤，还大喊"她是小三"，当时有很多人围观。

很显然，甲女及其几个姐妹主观上出于报复的目的，没有刺激或者满足性欲的内心倾向。若认为强制猥亵、侮辱罪是所谓倾向犯，就会认为甲女及其几个姐妹的行为不构成强制猥亵、侮辱罪，至多构成法定刑要轻得多的侮辱罪。但如果否认强制猥亵、侮辱罪是倾向犯，则能肯定本案构成强制猥亵、侮辱罪。

案3：甲婚后一直没有子女，很想有个孩子。某天，甲将自己的精液装入一注射器，将邻居乙叫到自己家中，使用暴力脱掉乙的裤子，强行将精液注射到乙的阴道内。

本案中，甲没有寻求性的刺激或者满足的内心倾向，若认为强制猥亵罪是倾向犯，则不构成犯罪。但如果否认强制猥亵罪是倾向犯，则应肯定甲的行为构成强制猥亵罪。

应该说，不管行为人是出于报复的动机还是寻求性的刺激和满足，对被害妇女的法益侵害没有什么不同。若认为出于报复动机的只能成立侮辱罪，若不是公然实施的，就只能宣告无罪，这显然不利于保护法益。而且，对于被害妇女而言，性自主权是比名誉更重要的权利，行为侵害了妇女的性自主权时，应当首先考虑评价为强制猥亵、侮辱罪，而不是本末倒置地评价为法定刑要轻得多的侮辱罪。

没有任何人认为强奸罪除了故意，还需要性的刺激或者满足的倾向，也就是即便出于报复的目的强奸妇女，也毫无疑问认定其构成强奸罪。之所以要求强制猥亵罪具有所谓性的刺激或者满足的倾向，也就是为了将医生的治疗行为等排除在犯罪之外。可是，排除医生的有关行为构成犯罪，根本不需要从主观方面限制，只要看客观上有没有必要就足够了。如果女性牙痛，医生却去检查人家的隐私部位，从客观上看就可以知道这是猥亵行为，如果具有强制性，肯定成立强制猥亵罪。反过来，如果男性医生在妇产科帮助孕妇实施分娩，即便男性医生内心有刺激或者满足性欲的"邪念"，也不可能将其帮助孕妇实施分娩的行为评价为猥亵行为。因此，根本不需要从主观方面排除犯罪。主张强制猥亵罪是倾向犯，通常是行为无价值论或者二元论学者的立场，主张结果无价值论和法益保护主义的学者不会认为强制猥亵罪是倾向犯。

总之，不应承认强制猥亵、侮辱罪是倾向犯，只要行为人客观上实施的是强制猥亵行为，主观上有猥亵的故意，就应肯定强制猥亵、侮辱罪的成立。

5. 强制猥亵罪与强奸罪之间是对立关系吗？

如果认为强制猥亵罪与强奸罪之间是对立关系，则当行为人是否具有所谓奸淫目的难以被证明时，既不能构成强奸罪，因为不能证明有奸淫的目的，也不能认定为强制猥亵罪，因为不能证明行为人没有奸淫的目的。其实，二者之间是一种包容竞合关系，或者说是一种特别关系的法条竞合。凡是符合强奸罪构成要件的，必然符合强制猥亵罪的构成要件。行为人实施了强制猥亵行为，至少构成强制猥亵罪，证明行为人有所谓奸淫目的时，进而成立强奸罪。行为人实施强奸行为，因为意志以外的原因未得逞的，既成立强奸未遂，还成立强制猥亵既遂，形成竞合，从一重处罚。在公共场所当众强奸妇女未遂，除成立在"公共场所当众强奸妇女"未遂外，还成立"在公共场所当众强制猥亵"既遂。按照"在公共场所当众强奸妇女未遂"处理，可能判处3、4年有期徒刑，而按照"在公共场所当众强制猥亵妇女既遂"处理，将被判处5年以上有期徒刑，所以，应该承认在公共场所当众强奸妇女未遂的，还成立在公共场所当众猥亵妇女既遂，从一重处罚，才能做到罪刑相适应。若认为强制猥亵罪与强奸罪之间是对立关系，就可能导致罪刑不相适应。

6. "猥亵"是否包括性交行为？

不能认为猥亵行为不包括性交行为。强迫他人观看其性交的，当然构成强制猥亵罪。成年妇女与男童发生性交的，也成立猥亵儿童罪。丈夫当众强奸妻子的，即使否认婚内强奸，也能肯定强制猥亵罪的成立。

7. 如何理解"猥亵"含义的相对性？

"猥亵"的含义具有相对性。男子强行与妇女性交的，构成强奸罪。女性强行与男子性交的，构成强制猥亵罪。成年男子与幼女发生性交的，构成强奸罪。成年妇女与男童发生性交的，构成猥亵儿童罪。男子强行亲吻妇女嘴唇或触摸妇女胸部、臀部的，构成强制猥亵罪，但女子强行亲吻男子嘴唇，女子强行亲吻女子嘴唇，女子触摸男子胸部、臀部，男子触摸男子胸部、臀部，却一般不会被评价为猥亵。

8. 妇女构成强制猥亵罪的范围与男子的一样吗？

由于性的羞耻心的差异，妇女构成强制猥亵罪的范围明显窄于男子的。例如，虽然男子强行亲吻妇女嘴唇或者触摸妇女胸部、臀部，构成强制猥亵罪，但反过来，妇女强行亲吻男子嘴唇或者触摸男子胸部、臀部，却很难被认定为猥亵。

9. 应否将侵害妇女的性的羞耻心作为本罪的成立条件？

如果将侵害妇女的性的羞耻心作为本罪的成立条件，则因为卖淫女没有性的羞耻心，强制猥亵卖淫女的，不能构成强制猥亵罪。这显然不妥。所以，不应将侵害妇女的性的羞耻心作为本罪的成立条件，只要强制猥亵行为侵害了他人的性行为自己决定权的，就成立强制猥亵罪。

10. 如何理解猥亵行为的变易性？

"猥亵"概念具有变易性。在以前，搂着露肚皮的少女的腰走路，就会被认为是猥亵。现在男女大学生公然接吻，也不会被认为是猥亵。总体而言，社会越来越开放包容，认定为猥亵行为的范围会越来越窄。

11. 捉奸的行为人将丈夫的情人的衣服当场扒光的，构成犯罪吗？

虽然实践中一般认为，捉奸的行为人将丈夫情人的衣服当场扒光，因为不是出于所谓性的刺激或者满足，而不构成强制猥亵罪，但从法益保护的角度讲，这种行为无疑严重侵害了他人的性行为自己决定权，应以强制猥亵罪定罪处罚。

12. 隔着衣服触摸女性或儿童胸部、臀部的行为，构成强制猥亵罪、猥亵儿童罪吗？

应该说，在通常情况下（如仅实施一次行为），可以否认犯罪的成立，但如果行为人多次或者在公共场合当众强行隔着衣服触摸女性或儿童胸部、臀部，应认定为强制猥亵罪、猥亵儿童罪。也就是说，虽然猥亵行为不严重，但将强制猥亵、猥亵儿童的加重情节作为基本犯的构成要件事实予以评价，使猥亵行为的不法程度达到可罚程度时，则可以认定为犯罪。当然，由于加重情节已经被评价为基本犯的构成事实，故只能对强制猥亵行为按基本犯处罚，而不能适用加重法定刑。

13. 强制猥亵他人致人重伤、死亡的，如何处理？

强制猥亵罪没有规定致人重伤、死亡的结果加重犯，只规定了"处五年以上有期徒刑"的"其他恶劣情节"。对于强制猥亵过失致人重伤、死亡的，可以直接评价为"其他恶劣情节"，处"五年以上有期徒刑"。对于强制猥亵故意致人重伤、死亡的，成立强制猥亵罪的加重犯（其他恶劣情节）与故意伤害罪、故意杀人罪的想象竞合，从一重处罚。在被害人死亡之前实施猥亵行为的，成立强制猥亵罪既遂，在死亡之后开始实施猥亵行为的，除成立强制猥亵（未遂）罪加重犯与故意伤害罪、故意杀人罪的想象竞合外，还成立侮辱尸体罪，实行数罪并罚。

14. 能否将强制猥亵致人轻伤认定为"其他恶劣情节"？

故意伤害致人轻伤的法定最高刑只有 3 年有期徒刑，过失致人轻伤的不构成犯罪，而强制猥亵罪基本犯的法定刑是 5 年以下有期徒刑或者拘役，具有"其他恶劣情节"的处"五年以上有期徒刑"。如果将强制猥亵致人轻伤认定为"其他恶劣情节"，必然导致罪刑不相适应或者形成间接处罚，因而不可取。

15. 如何认定"聚众"强制猥亵他人、侮辱妇女？

张明楷教授认为，"聚众"是指由首要分子纠集多人实施猥亵、侮辱行为，但不要求参加者均亲手实施猥亵、侮辱行为；一人亲手实施猥亵、侮辱行为，其他参加者围观起哄的，也属于聚众实施本罪。[①]

本书认为，"聚众"类似于"二人以上轮奸"，应限定为二人以上共同实施强制猥亵、侮辱行为。理由是：在非公共场所一人亲手实施猥亵、侮辱行为而其他参加者只是围观起哄的行为的法益侵害性，显然与"在公共场合当众"实施猥亵、侮辱行为不相当；《刑法》也只是将"二人以上轮奸"规定为强奸罪的加重犯，而没有将所谓"一人亲手实施强奸其他参加者围观起哄"规定为加重犯，说明"一人亲手实施而其他参加者围观起哄"与"二人以上轮奸"的法益侵害性不

---

① 张明楷. 刑法学. 6 版. 北京：法律出版社，2021：1150.

具有相当性。

16. 如何认定"在公共场所当众"强制猥亵他人、侮辱妇女？

在校园、游泳馆、儿童游乐场、公共厕所等不特定或者多数人可以出入的场所实施强制猥亵、侮辱行为，即便事实上没有被人看到、听到，也不影响"在公共场所当众"强制猥亵、侮辱的认定。

17. 网络直播私密空间的猥亵过程，属于"在公共场所当众"强制猥亵、侮辱吗？

如果将公共场所限定为人的身体可以出入的物理空间的场所，则在网络空间直播私密空间的猥亵过程，不属于"在公共场所当众"强制猥亵、侮辱。但如果认为网络空间也是公共场合，则会认为在网络空间直播私密空间的猥亵过程，属于"在公共场合当众"强制猥亵、侮辱。本书倾向于认为，网络空间也属于公共场合，将通过网络直播私密空间内的猥亵过程，认定为"在公共场所当众"强制猥亵、侮辱，符合该罪加重犯的立法目的。

18. 在公共场所当众实施仅属于违反《治安管理处罚法》的一般违法行为的猥亵行为，构成加重犯吗？

案4：某年夏天，在一辆从郊区到城区的公交车上，一个不满14周岁的小女孩坐在靠过道位置，她的姐姐坐在靠窗位置睡觉，被告人看到姐姐睡着了，小女孩在玩手机，就把手伸到小女孩的内衣里，摸这个小女孩的胸部。小女孩刚开始吓了一跳，但因为姐姐睡着了而不敢吭声，小女孩继续玩手机。被告人说只摸了两三分钟，小女孩说摸了好久。到站后小女孩告诉姐姐，姐姐就报警了。检察院以猥亵儿童罪起诉，法院只判了被告人1年有期徒刑。检察院认为，被告人是在公共场所当众猥亵儿童，要处5年以上有期徒刑，但本案判得太轻了。

本案被告人的行为如果不是在公共场所实施，一般只会被处理为违反《治安管理处罚法》的一般违法行为，但在公共场所当众实施的，如果认定为猥亵儿童罪的加重犯，则处刑太重。可以考虑将加重情节变更评价为猥亵儿童罪的基本犯的构成事实，处5年以下有期徒刑。本案中法院判处被告人1年有期徒刑，是合理的。

按照刑法理论通说的观点，成立加重犯的前提是行为符合基本犯的构成要件。成立强制猥亵、侮辱罪的加重犯，行为本身也必须符合强制猥亵、侮辱罪基本犯的构成要件。如果不考虑在公共场所当众实施的因素，行为本身只是违反《治安管理处罚法》的一般违法行为，不构成基本犯，直接认定为加重犯，有违加重犯原理。这时可以考虑将加重情节变更评价为基本犯的构成事实，认定为强制猥亵、侮辱罪的基本犯，适用基本犯的法定刑，而不能适用加重法定刑。

19. 强制猥亵多人，是评价为同种数罪并罚，还是评价为"有其他恶劣情节"？

由于性自主权属于一身专属法益，强制猥亵多人的，应当同种数罪并罚。但考虑到本罪规定了"有其他恶劣情节"的加重犯，将强制猥亵多人评价为"有其他恶劣情节"，就能够做到罪刑相适应，因而无须同种数罪并罚。

20. 行为人误以为被害人已经死亡而实施猥亵行为，但被害人事实上并没有死亡的，如何处理？

行为人误以为被害人已经死亡而实施所谓奸尸行为的，由于主观上只有侮辱尸体的故意，活人并不缺少尸体的要素，所以客观上可以评价为侮辱尸体的事实，成立侮辱尸体罪的既遂。

21. 行为人趁他人熟睡时将精液射在他人身体上的，构成犯罪吗？

这种行为虽可谓猥亵行为，但因为没有使用强制性手段，不能被认定为强制猥亵罪。

22. 行为人以胁迫手段迫使他人向自己发送他人的裸照等淫秽图片的，构成本罪吗？

案5：甲男在网上认识了乙女后，通过和乙女聊天，掌握了乙女的私人信息。随后，甲男胁迫乙女拍裸照、录制淫秽视频发给自己，乙女照做。乙女自拍时为一个人，无人在场。

本案中，甲男并没有实施强制猥亵的行为，因为其只是强迫乙女自己拍摄裸照、录制淫秽视频，甲男并没有观看到乙女给自己拍摄裸照、录制淫秽视频的过程，所以甲男并没有猥亵乙女。不能将事后观看他人淫秽视频、裸照的行为认定为强制猥亵罪。但如果甲男是通过网络即时观看乙女实施这些行为的，显然可以将甲男强迫乙女自己猥亵自己、甲男自己即时观看的行为认定为强制猥亵罪。

应该说，只要不是强迫他人当面、当场（包括通过网络）拍摄裸照、录制淫秽视频的，都不能被评价为强制猥亵。散布他人发的裸照、淫秽视频的，构成传播淫秽物品罪。强迫他人与自己进行网上裸聊的，构成强制猥亵罪。

23. 单纯偷拍他人隐私部位、偷看他人裸体的，构成犯罪吗？

偷拍他人隐私部位、偷看他人裸体，虽然也可谓利用了被害人不知反抗的状态，但这种行为本身不能被评价为猥亵行为。如果说这种行为也是猥亵行为，那么，偷看别人洗澡，也能构成强制猥亵罪。相信没有人会接受这样的观点。在宾馆房间装摄像头的，也不可能被认定为强制猥亵罪。

第六节　非法拘禁罪

第二百三十八条　**【非法拘禁罪】**非法拘禁他人或者以其他方法非法剥夺他人人身自由的，处三年以下有期徒刑、拘役、管制或者剥夺政治权利。具有殴打、侮辱情节的，从重处罚。

犯前款罪，致人重伤的，处三年以上十年以下有期徒刑；致人死亡的，处十年以上有期徒刑。使用暴力致人伤残、死亡的，依照本法第二百三十四条、第二百三十二条的规定定罪处罚。

为索取债务非法扣押、拘禁他人的，依照前两款的规定处罚。

国家机关工作人员利用职权犯前三款罪的，依照前三款的规定从重处罚。

疑难问题

1.「两高」确定的「非法拘禁罪」罪名准确吗？

"非法拘禁他人"只是罪状的前半部分。"非法拘禁"给人的感觉就是将他人关押在某个封闭的空间，而这只是非法剥夺他人人身自由的一种常见的情形而已。强迫他人离开某个地方，不让他人进入某个场所，强迫他人到某个地方，给他人戴上脚镣、手铐，拿刀追赶、拦截他人等，都可谓非法剥夺他人人身自由的行为。所以，本罪准确的罪名应该是"非法剥夺人身自由罪"，就如《刑法》第238条的罪名不是"绑架勒索财物罪"而是绑架罪一样。

2. 非法拘禁罪的保护法益是仅限于身体移动自由还是包括身体活动自由？

给人戴上脚镣、手铐，但被害人仍是可以移动的，没有侵害被害人的身体移动自由。如果说非法拘禁罪的保护法益只是身体移动自由，即只是整个身体的移动自由，而不是身体某一部分的移动自由，这种行为就不构成非法拘禁罪。应该说，这种妨碍人的身体活动自由的行为还是值得科处刑罚的。所以非法拘禁罪的保护法益不仅包括身体移动自由（场所移动自由），而且包括身体（肢体）活动自由。当然，由于身体活动自由可以包括身体移动自由，因而可以认为本罪的保护法益就是身体活动自由。

3. 非法拘禁罪是保护现实的自由还是可能的自由？

可能的自由说认为，非法拘禁罪保护的法益是只要想活动身体就可以活动的自由。而现实的自由说认为，非法拘禁罪保护的法益是在被害人打算现实地活动身体时就可以活动的自由。相对而言，现实的自由说更为合理。也就是说，非法拘禁罪所保护的法益是被害人打算现实地活动身体时就可以活动的自由。因为非法拘禁罪不是危险犯，而是实害犯，只有对法益造成了实际损害的，才能成立该罪。

案1：被害人喝醉了酒，在房间里睡觉。A 在其睡觉期间将房间反锁住了，但在被害人酒醒之前，就把门打开了。

根据可能的自由说，A 的行为构成非法拘禁罪，因为被害人随时可能醒来移动自己的身体。但是根据现实的自由说，最多只能成立非法拘禁罪的未遂。如果A 每时每刻观察被害人的举止，一旦酒醒了就立即开锁，就连未遂也不能成立。

案2：B 威胁被害人说："你在这个屋子里待一天，不能出去，否则我就杀了你。"可是，被害人本来就想在这间屋子里待一天。

案3：B1 欺骗被害人说："家外面有炸弹，绝对不能出去！"可是，被害人根本没有想过出去，就想一天到晚待在家里。

上述两个案例，一个采取的是威胁行为，另一个采取的是欺骗方式。如果采取可能的自由说，二人的行为都构成非法拘禁罪，因为即使被害人原本没有想出门，但不排除中途改变想法要出门。但按照现实的自由说，只要被害人后来确实愿意待在家里，没有出门的想法与举止，行为人就不构成非法拘禁罪。这个结论与行为人采取了什么手段没有直接关系。

案4：C 和被害人乘坐电梯的时候，为了拘禁被害人，C 冒充电梯的检测员，谎称电梯有故障，存在紧迫的危险，需要关闭电梯进行检测，被害人信以为真，就只好一直在电梯里面待着。

对于该案，无论是采取可能的自由说还是现实的自由说，都会认定为非法拘禁罪。一方面，没有人会一直愿意待在电梯里，也就是说，C 的行为不仅侵害了可能的自由，而且侵害了现实的自由；另一方面，被害人的同意是无效的，因为只有当被害人有选择余地的时候其作出的同意才是有效的。C 的欺骗行为使被害人没有选择的余地，这就表明被害人不是基于自己意志自由作出决定的。所以，C 的行为构成非法拘禁罪。

案5：某航空公司民航机长 D 因对公司不满，载乘客从上海飞往昆明上空后，谎称昆明机场不能降落而又折返上海。

本案中，乘客虽然没有认识到机长 D 对自己实施了非法拘禁行为，但只要认识到自己的自由被剥夺了，无论是持可能的自由说还是持现实的自由说，都会认为机长 D 的行为成立非法拘禁罪。

案 6：张三隐瞒了自己要强奸被害人的意图，谎称开车送被害人回家，在被害人发现方向不对要求下车时，张三立即停车，让被害人下了车。

可以肯定的是，如果在被害人要求下车时，张三仍不停车，肯定属于非法拘禁。但案情是，在被害人要求下车时，张三就让被害人下车了。需要讨论的是，被害人下车之前的那段时间是否属于非法拘禁。这主要涉及被害人的承诺是否有效的问题。有人认为是动机的错误，因而其承诺是有效的。有人主张是法益关系的错误，因而其承诺是无效的。有人声称，无论是什么错误其承诺都是无效的。本书倾向于认为，如果被害人知道真相肯定不会上张三的车，所以还是认定属于法益关系的错误为宜，被害人的承诺无效，张三的行为成立非法拘禁。

案 7：李四晚上把被害人的门反锁了，被害人发现门被反锁后，心想反正也到了平时睡觉的时间了，就睡觉了，没有出门。被害人在第二天早上醒来时，发现李四已经把锁打开了。

按照可能的自由说，李四的行为构成非法拘禁罪。不过，主张现实的自由说的学者，也都认为李四的行为构成非法拘禁罪，因为被害人是在认识到自己不能外出的情况下，才放弃外出的想法而决定睡觉的，所以李四的行为依然侵害了被害人的现实的自由。这与案 1 的情况明显不同，在案 1 中，被害人在没有意识到自己被拘禁时就决定在家睡觉了。

案 8：王五晚上 6 点将被害人反锁在房间，直到第二天晚上 6 点才开锁，被害人平时每晚睡觉 8 小时。问题是，要不要将这 8 个小时的睡觉时间排除在非法拘禁的时间之外？

要是排除睡觉的 8 小时，非法拘禁时间就只有 16 个小时，在我国一般就不构成非法拘禁罪了。持可能的自由说的学者批评指出，在这 8 个小时里，王五没有侵犯被害人的现实的自由，所以按照可能的自由说要扣掉这 8 个小时，但要扣除这 8 个小时明显不合理。主张现实的自由说的学者并不同意扣除这 8 个小时，否则还可能意味着吃饭、上厕所的时间都要被扣除。应该说，被害人是因为不可能移动身体而放弃移动念头的，而不是不想移动才睡觉的。也就是说，当被害人基于不可能移动身体的认识而不产生移动身体的意志，因而留在原地睡觉时，不能认为这是基于自由意志而留在原地睡觉，只是不得不忍受而已，所以，被害人的现实的自由仍然受到了侵害。

4. 何谓非法拘禁行为？

日本刑法将非法拘禁罪的行为方式表述为逮捕与监禁，因而罪名是逮捕、监禁罪。我国刑法中的表述与德国刑法的表述相似。《德国刑法》第 239 条对本罪构成要件的表述是"非法拘禁他人或者以其他方式剥夺他人自由"。我国《刑法》第 238 条表述的是"非法拘禁他人或者以其他方法剥夺他人人身自由"。本书认为条文表述的重心是"剥夺他人人身自由"，"两高"将罪名确定为"非法拘禁罪"，导致人们误以为只有将被害人关押在某个狭小的空间的所谓"监禁"，才构成非法拘禁罪，或者说，误以为只有"监禁"这种方式才是非法拘禁。其实，剥夺他人人身自由除监禁方式外还有很多种方式。例如，不让他人继续待在某个地方，不让他人进入某个场所，追逐、拦截他人，强迫他人到某个地方，都可谓非法剥夺他人人身自由的行为。其他国家和地区普遍规定有胁迫罪、强制罪，我国没有。因此，完全可能将其他国家胁迫罪和强制罪所规制的部分内容纳入我国非法拘禁罪规制的范畴，例如，强迫别人离开某个场所，不让他人进入某个场所，追逐、拦截他人，强迫他人到某个地方，给他人戴上脚镣、手铐，拿走他人代步的运输工具，等等。具体而言，我国刑法规定的非法拘禁行为可以分为以下几类。

第一类是监禁，就是把被害人关押在一定场所，方法没有限制。一般来说，该场所必须是明显难以逃出的场所。但是，如果行为人采取胁迫方法迫使被害人待在某个场所，则不要求该场所是明显难以逃出的场所。对于没有采用任何物理的手段，只是胁迫说"如果离开此地就杀了你"的案件，在国外即使不被评价为非法拘禁，也能被评价为强制罪。但在我国没有强制罪，所以在我国只能认定其为非法拘禁罪。至于采取欺骗手段，如跟被害人约定在某个时间某个地点"不见不散"，致使被害人一直在某地苦苦等待的，由于没有使用暴力、胁迫手段，即被害人身体活动是完全自由的，所以不能认为是非法拘禁。

第二类是控制被害人的身体移动。比如，以暴力、胁迫等方法迫使被害人跟着行为人去某地，或者行为人去哪里就逼着被害人去哪里。但如果是行为人跟着被害人走的，或者被害人去哪里行为人就跟着去哪里的，不属于拘禁，只是跟踪。我国刑法没有专门规定跟踪罪。由于在跟踪的场合，被害人的身体移动与活动都是自由的，因而非法跟踪他人的，在我国只可能成立催收非法债务罪。

第三类是妨碍被害人身体活动自由的行为。比如，用手铐将被害人双手铐上，用绳子将被害人双手反捆在背后，使被害人的双手不能活动，用脚镣使被害人双脚不能自由活动，持刀追逐、拦截他人，强迫他人离开某个场所，强行阻止他人进入某个场所，拿走他人代步的自行车、摩托车、汽车等代步工具使他人只能步行回家的，都可谓妨碍被害人身体活动自由的行为。

至于用什么方式剥夺他人人身自由，则没有限制。不管是用物理的方法，还是用心理的方法，不管是用暴力、胁迫的方法还是用欺骗的方法，只要剥夺了他人现实的自由，就属于非法拘禁。例如，让被害人在一个很高的塔吊上不能下来的，也属于非法拘禁。再如，趁被害人洗澡时拿走其衣服，使被害人基于羞耻心而不能离开原地的，也属于非法拘禁。又如，让被害人在驾驶的车辆中无法下车的，同样属于非法拘禁。

5. 为何普遍认为非法拘禁罪是继续犯的典型？

继续犯的本质是被害人的法益每时每刻都受到同等程度的侵害，因而可以持续性肯定构成要件的符合性。而非法拘禁，从开始拘禁到释放期间，被害人的人身自由每时每刻都受到同等程度的侵害，所以可以持续性地肯定构成要件的符合性，可以持续肯定非法拘禁行为。

6. 超期羁押构成非法拘禁罪吗？

司法机关超期羁押，既是滥用职权，也是一种非法拘禁行为，没有理由不追究司法工作人员非法拘禁罪的刑事责任。

7.《刑法》第 238 条第 1 款后段"具有殴打、侮辱情节的，从重处罚"的规定，能否适用于该条第 2、3 款？

《刑法》第 238 条第 1 款是一项基本规定，第 1 款的规定，除法定刑外，仍然适用于第 2 款和第 3 款。不过，其一，在行为人非法拘禁他人使用暴力致人伤残、死亡的情况下，由于已经评价了暴力行为，所以不能再适用"具有殴打……情节的，从重处罚"的规定。其二，在行为人非法拘禁他人使用暴力致人伤残、死亡的情况下，是否适用"具有……侮辱情节的，从重处罚"的规定，应具体分析。如果侮辱行为表现为暴力侮辱，原则上不能再适用该规定，否则违背了禁止重复评价的原则。如果侮辱行为表现为暴力以外的方式，则应适用该规定。其三，侮辱行为不需要达到《刑法》第 237 条规定的强制猥亵、侮辱罪的要求。也就是说，如果行为人在非法拘禁过程中对被害人实施强制猥亵、侮辱行为，应当实行数罪并罚。其四，不要求"殴打"达到伤害程度，否则应当以非法拘禁罪与故意伤害罪数罪并罚。其五，不要求侮辱行为符合《刑法》第 246 条的侮辱罪的构成要件，否则，也应当以非法拘禁罪与侮辱罪数罪并罚。

8. 非法拘禁中故意对被拘禁人实施伤害、杀人、侮辱（达到侮辱罪程度）、强奸等行为，是成立想象竞合，从一重，还是应数罪并罚？

非法拘禁中另外实施伤害、杀人、侮辱、强奸等行为，符合了故意伤害罪、故意杀人罪、侮辱罪、强奸罪等罪构成要件的，应当以非法拘禁罪与故意伤害罪、故意杀人罪、侮辱罪、强奸罪等罪数罪并罚。不过，在非法拘禁行为之外实施暴力行为过失致人重伤、死亡的，根据《刑法》第 238 条第 2 款后段的规定，直接定故意伤害罪、故意杀人罪，不另定非法拘禁罪。

9. 如何认定"非法拘禁致人重伤、死亡"？

案 9：在唐某涛等人为索取债务将债务人陈某用出租车从江苏句容市押往湖北大冶市途中，被害人陈某死亡。法院认定构成非法拘禁致人死亡。二审法院认为：《刑法》第 238 条第 2 款前段的规定对致人死亡的原因、犯罪的主观等方面没有附加任何限制条件，因此，只要被害人在被非法拘禁的过程中死亡，所有实施犯罪的行为均要在有期徒刑 10 年以上处刑。

应该说，二审法院的说理显得粗糙。非法拘禁致人死亡作为非法拘禁罪的结果加重犯，死亡结果必须是非法拘禁行为本身所蕴含的致人死亡的高度危险的直接现实化。本案中，被害人虽然死于非法拘禁途中，但只有查明被害人死于非法拘禁行为本身，才能认定为非法拘禁致人死亡。

案 10：债权人将被害人甲关在宾馆房间里，就是要求甲答应还债，未实施暴力、虐待等行为。被害人等看管人睡着后，就想从窗户边上的下水管道爬下去，结果不幸摔死了。

本案中，债权人的拘禁行为本身并不具有致人死亡的危险，死亡结果不可能是非法拘禁行为本身所蕴含的致人死亡危险的直接现实化。也就是说，被害人为了摆脱单纯的拘禁，选择从窗户边上的下水管道爬下去这种高度危险的摆脱方式导致身亡，非常异常。所以，本案不应认定为非法拘禁致人死亡，只能认定为非法拘禁罪的基本犯。

案 11：被告人张某任一年级某班班主任，1999 年 10 月 23 日 12 时许，该校放学后，张某将张某斌锁在教室内补做作业，将钥匙交给值日生刘某后离去。13 时许，该校学生发现张某斌用书包带自缢身亡。法院认为，张某犯非法拘禁罪，判处有期徒刑 10 年。

应该说，非法拘禁中被害人自杀死亡的，因缺乏直接性要件，不宜认定为非法拘禁致人死亡。本案判决认定构成非法拘禁致人死亡存在问题。

案12：甲女为了向前夫乙男讨债，邀请丙、丁二男帮忙，将乙男绑了起来，用手铐铐住手，用铁链绑住手和身体，又用胶带缠住双脚和大腿，最后还用衣裤塞住嘴以防呼叫。在绑好后，丙还打了乙男一拳，丁踢了乙男一脚。在随后的三天里，被害人乙男一直被绑着，甲女也为乙男提供了吃的喝的等。三天后乙男死亡。经法医鉴定，被害人乙男是由于长时间遭捆绑致体位性窒息死亡。

本案中，丙、丁在将被害人乙男绑住之后对被害人施加的一拳一脚，虽可谓非法拘禁之外的暴力，但被害人的死亡并不是这一拳一脚造成的，所以不能适用《刑法》第238条第2款后段的拟制规定。本案只能认定为捆绑这种非法拘禁行为造成被害人死亡，所以成立非法拘禁致人死亡。

案13：甲为了向乙讨债，带着A、B等七人找到乙后，对乙先实施了轻微的暴力，然后将乙拉到面包车上，带到一个几乎没有人经过的小巷子里，继续向乙逼讨欠款，但乙总是不爽快地答应还钱。A为了吓唬乙，就把他们事前准备好的汽油泼到乙身上，继续与乙商讨还债事宜。几十分钟后，B烟瘾发作想抽烟，结果在划火柴时不小心点燃了乙身上的汽油。乙立即掏出手机要报警，C就把乙的手机夺了过来，八个人一同跑了，被害人乙最终被烧死了。

应该说，本案不成立非法拘禁致人死亡，因为死亡结果不是非法拘禁行为本身所蕴含的致人死亡危险的直接现实化。如果乙身上起火后，甲等人具有救助的可能性，则他们的行为成立非法拘禁罪与不作为的故意杀人罪。如果乙身上起火后，甲等人不具有救助的可能性，那么，甲等八人不仅成立非法拘禁罪，而且成立过失致人死亡罪，实行数罪并罚。

案14：甲女和乙男长期同居，乙经常出去喝酒、吸毒，甲对此很是厌恶。某日，甲下班回家后没有发现乙，就去乙经常去的酒吧找到了乙，发现乙正在酒吧吸毒。甲将乙带回家后，将其锁到了卧室，还让乙将长裤脱掉，后甲就坐在客厅开始看电视。乙在房间喊叫了一段时间，看甲并没有将自己释放的意思，但他又非常想出去玩，就顺着住宅楼的管道往下爬，爬到三楼的时候不慎跌落摔死。

本案中，不能将乙的死亡结果归属于甲的非法拘禁行为。一般来说，行为人把被害人非法拘禁在楼上房间内，被害人并不会选择跳楼逃生，或者从管道爬下逃生，除非有迫在眉睫的危及生命健康安全的重大危险。也就是说，本案中，乙选择从管道爬下去离开房间的手段是比较罕见、异常的，不能将这样的不通常发生的事件结果归属于甲的行为。所以，如果甲的行为符合了非法拘禁罪的定罪标准，按照非法拘禁罪的基本犯定罪量刑就可以了；如果不符合非法拘禁罪的立案标准，就只能作无罪处理。

非法拘禁致人重伤、死亡作为非法拘禁罪的结果加重犯，是指非法拘禁行为本身致人重伤、死亡，重伤、死亡结果与非法拘禁行为之间必须具有直接的因果关系（直接性要件），或者具有特殊危险实现关联，即重伤、死亡结果必须是非法拘禁行为本身所蕴含的致人死伤的高度危险的直接现实化。行为人在实施非法拘禁行为之后或者之时，被害人自杀、自残、自身过失等造成死伤结果的，因缺乏直接性要件，不宜认定为结果加重犯。被害人为了摆脱单纯的拘禁，选择高度危险的摆脱方式（如沿下水管道逃出高楼房间、从高楼跳下）导致身亡的，对行为人的行为不应认定为结果加重犯。除非行为人对被害人实施了严重的暴力，被害人如果不逃走就会遭受更为严重的暴力，才可以认为被害人的介入行为是必然的、正常的，而不是异常的，可以将死亡结果归属于被告人的行为。由于非法拘禁会引起警方的解救行为，除非是警方判断失误导致解救行为造成被拘禁人伤亡的，否则应认为正常的解救行为造成被害人伤亡的具备直接性要件，应将伤亡结果归属于非法拘禁者，成立结果加重犯。此外，根据责任主义的要求，行为人对重伤、死亡结果必须具有预见可能性。

10. 非法拘禁使用暴力致人伤残、死亡依照故意伤害、杀人罪定罪处罚，是注意规定还是法律拟制？

案 15：被告人薛某、许某为追讨赌债，将被害人拘禁在某宾馆。其间，被告人薛某用手拍打被害人的后脑勺，被告人许某踢被害人腹部一脚，最终导致被害人死亡。鉴定结论为，被害人肝癌晚期，在外力作用下肝癌肿块破裂致死。

本案中，虽然被害人肝癌晚期，但被告人在非法拘禁行为之外使用暴力，用手拍打被害人的后脑勺，用脚踢被害人腹部，导致被害人"在外力作用下肝癌肿块破裂致死"，属于非法拘禁使用暴力致人死亡，应以故意杀人罪定罪处罚。

案 16：被告人张某等人为讨回被骗货款，劫持被害人李某，强行将被害人拉上面包车开往广东东莞市常平镇。其间，张某等人为控制李某，对李某采取了扼颈等行为，当车行至高速公路出口时，张某发现李某已经死亡，经鉴定李某为窒息死亡，法院判决张某等人构成故意杀人罪。

应该说，法院判决张某等人构成故意杀人罪的结论是正确的。张某等人劫持控制被害人李某是为了讨回被骗货款，所以不能认为张某等人有杀人的故意。张某等人在已经控制被害人的情况下，实施了扼颈等暴力行为，导致被害人死亡。

虽然张某等人对死亡结果出于过失，但由于是在非法拘禁行为之外使用暴力致人死亡，因而应当以故意杀人罪定罪处罚。

案17：甲非法拘禁了被害人乙，在拘禁的过程中，甲产生了杀死被害人乙的意图，使用暴力杀死了被害人乙。

应该说，如果将《刑法》第238条第2款后段的规定理解为注意规定，那么对甲的行为就只能认定为故意杀人罪一罪。然而实际上，甲除故意杀人之外，还实施了非法拘禁行为。很显然，立法者之所以设立第238条第2款后段的拟制规定，是因为已经意识到了被害人在被他人非法拘禁以后，身体、生命很容易受到侵害，设立这样的条款就是为了在这样的特殊境况下保护被害人，怎么可能将在这种情况下行为人所犯的数罪规定为一罪呢？所以，在这种情况下，也根本不能适用《刑法》第238条第2款后段的规定，而应直接认定为数罪，以非法拘禁罪与故意杀人罪并罚，否则就是明显的不公平。

对于《刑法》第238条第2款后段的规定，我国刑法理论通说和司法实务一直认为是注意规定。也就是说，只有非法拘禁的行为人产生杀人故意进而实施杀人行为的，才能认定为故意杀人罪。可是，刑法没有必要这样提醒司法工作人员。而且，将上述规定理解为注意规定的人，其实在罪数问题上将数罪拟制为一罪了，但这一拟制明显没有理由。行为人在非法拘禁之外实施强奸行为的，毫无疑问会以非法拘禁罪与强奸罪数罪并罚，在非法拘禁之外故意杀人的，不可能反而不评价非法拘禁罪。

我国《刑法》没有对本罪的基本犯规定较高的刑罚，最高刑只有3年有期徒刑，但为了特别抑制非法拘禁过程中致人重伤、死亡的现象，不仅规定了结果加重犯，而且作出了上述拟制规定。这些都是为了突出对被害人人身权的保护。所以，将上述规定理解为法律拟制是有实质理由的。

需要强调的是，《刑法》第238条第2款后段中的"使用暴力"，必须是非法拘禁所必需的行为之外的暴力，如果是非法拘禁行为本身所必需的暴力致人伤残、死亡的，只能认定为结果加重犯。比如，为了将被害人拉上面包车而使用暴力致人重伤或者死亡的，应当认定为非法拘禁罪的结果加重犯。如果行为人将被害人拘禁之后，在已经实力支配了被害人的情况下，使用暴力致人伤残或者死亡的，则要适用拟制规定，以故意伤害罪或者故意杀人罪定罪处罚。

总之，非法拘禁行为本身致人重伤、死亡的，成立非法拘禁罪的结果加重犯；非法拘禁行为之外使用暴力过失致人伤残、死亡的，以故意伤害罪、故意杀人罪定罪处罚；非法拘禁行为之外故意伤害、杀人的，应当以非法拘禁罪与故意伤害罪、故意杀人罪数罪并罚。

11. 行为人以勒索财物为目的绑架被害人，在实力支配被害人后使用暴力致人死亡的，是定绑架罪还是定故意杀人罪？

《刑法修正案（九）》删除了犯绑架罪致使被害人死亡处死刑的规定，但是，对绑架过失致人死亡的行为按绑架罪的基本犯或者情节较轻的情形处理明显不合适。当然，对绑架致人死亡与绑架杀人或者绑架故意伤害致人重伤或死亡适用同一法定刑也不合适。由于非法拘禁使用暴力致人死亡的，按照《刑法》第 238 条第 2 款后段的拟制规定，应当以故意杀人罪定罪处罚，而绑架行为完全可以评价为非法拘禁行为，将绑架过程中另外使用暴力致人死亡的，评价为非法拘禁使用暴力致人死亡定故意杀人罪，就完全可以避免上述两方面的缺陷，实现处理协调和罪刑相适应。

12. 在《刑法修正案（七）》增设了绑架罪的减轻法定刑幅度后，有关为索取高利贷、赌债等法律不予保护的债务而非法扣押、拘禁他人的依照非法拘禁罪定罪处罚的司法解释规定，是否还具有合理性？

应该说，《刑法》第 238 条第 3 款有关"为索取债务非法扣押、拘禁他人的，依照前两款的规定处罚"的规定，只是提醒司法工作人员注意的注意规定。该规定旨在告知民众，即便存在合法债务，也不能以非法剥夺他人人身自由的方式进行催讨。既然是合法债务，说明行为人没有非法占有目的，没有侵害对方的财产权，非法扣押、拘禁债务人的，只是侵害了债务人的人身自由，所以只成立非法拘禁罪。换言之，如果双方之间不存在合法债务，为催讨非法债务而扣押拘禁他人，就不只是侵害他人人身自由权，还侵害了财产权，就没有理由仅以非法拘禁罪进行评价，完全可能成立抢劫罪、敲诈勒索罪，若以杀伤他人相威胁，还可能成立绑架罪。2000 年 7 月 13 日最高法《关于对为索取法律不予保护的债务非法拘禁他人行为如何定罪问题的解释》规定，为索取高利贷、赌债等法律不予保护的债务而非法扣押、拘禁他人的，依照非法拘禁罪定罪处罚，是因为 1997 年《刑法》规定绑架罪的起点刑就是 10 年以上。《刑法修正案（七）》增设了绑架罪的减轻法定刑幅度后，对为索取非法债务而扣押、拘禁他人，行为符合绑架罪构成要件的，就没有必要降格以非法拘禁罪进行评价了。总而言之，所谓"为索取债务非法扣押、拘禁他人的，依照非法拘禁罪定罪处罚"，只能限于索取合法债务，限于扣押、拘禁债务人本人，而且不能以杀伤相威胁，否则，应以抢劫罪、敲诈勒索罪、绑架罪定罪处罚。

第七节　绑架罪

第二百三十九条　【绑架罪】以勒索财物为目的绑架他人的，或者绑架他人作为人质的，处十年以上有期徒刑或者无期徒刑，并处罚金或者没收财产；情节较轻的，处五年以上十年以下有期徒刑，并处罚金。

犯前款罪，杀害被绑架人的，或者故意伤害被绑架人，致人重伤、死亡的，处无期徒刑或者死刑，并处没收财产。

以勒索财物为目的偷盗婴幼儿的，依照前两款的规定处罚。

疑难问题

1. 绑架罪所保护的法益是什么？

案 1：几名行为人通过欺骗方法让被害人甲上了面包车，然后行至某处玩耍，其中一个人给甲的家属打电话，声称绑架了甲，要家属给赎金，否则杀人。法院认定为绑架罪。

本案中，行为人并没有将被害人作为人质进行控制，没有侵害被害人的行动自由与身体安全，所以不构成绑架罪，只能成立敲诈勒索罪与诈骗罪的想象竞合，从一重处罚。

案 2：甲知道乙认识丙以及丙的小孩，就与乙合谋，由乙将丙的小孩叫出来，让乙带其去儿童游乐场。甲给丙打电话，谎称已经绑架了小孩，要求丙给予赎金，否则就杀掉小孩。

该案中，被告人也没有将被害人作为人质加以控制，没有侵害被害人的行动自由与身体安全，不能构成绑架罪，只能构成诈骗罪与敲诈勒索罪的想象竞合，从一重处罚。

案 3：被告人甲欠了丙巨额债务，无钱归还，便到当地富翁乙的家中，控制了乙的妻女。其间，甲携带了刀具，但是没有使用也没有显示所带刀具。甲要求乙的妻子给乙打电话，让乙为甲准备 470 万元人民币，后乙为了救自己的妻女，就交付给了甲 470 万元，但甲给乙写了一张借 470 万元的借条。

应该说，即便是将人质控制在家里，只要被告人出于勒索财物的目的控制了人质，侵害了人质的行动自由与身体安全，就构成绑架罪既遂。

讨论绑架罪的法益，必须说明：婴儿有没有可能成为绑架罪的对象？父母有无可能成为绑架亲生子女的犯罪主体？没有使被害人离开原来的生活场所的行为，即就地控制的，能不能成立绑架罪？没有勒索到财物的是成立绑架罪既遂还是未遂？

绑架罪位于《刑法》分则"侵犯人身权利罪"一章，不是侵犯财产罪罪名，法定刑仅轻于故意杀人罪，而远重于非法拘禁罪，所以应当认为，本罪的保护法益是被绑架人（人质）在本来的生活状态下的行动自由以及身体安全。绑架婴儿的行为，虽然没有侵犯其行动自由，但使婴儿脱离了本来的生活状态，侵害了其身体安全；父母绑架未成年子女将其作为人质的行为，也侵害了子女在本来的生活状态下的身体安全和行动自由；绑架行为虽然没有使他人离开原来的生活场所，但如果以实力控制了他人，使其丧失行动自由或者危害其身体安全的，同样成立绑架罪；即使经过监护人同意，但如果绑架行为对被绑架者的行动自由或者身体安全造成了侵害，也成立绑架罪；至于征得被绑架者本人同意但违反监护人意志，使被害人脱离监护人监护的，如果本人的同意是有效的，行为人的行为不成立绑架罪，如果本人同意是无效的，则行为人的行为成立绑架罪；只要控制了人质，就成立绑架罪的既遂，绑架后没有勒索财物或者没有勒索到财物的，都不影响绑架罪既遂的成立。

2. 绑架罪的实质是什么？

案 4：甲通过朋友了解到乙实施过盗窃石油等违法行为，甲便准备了几个假的警察证，带着丙、丁等人冒充警察闯入乙的家中，将正在睡觉的乙从床上拖起来带到某宾馆。到达宾馆后，甲谎称自己是执行逮捕任务的警察，因为乙涉嫌犯盗窃罪所以将其逮捕，并声称如果乙的家人能够交纳 3 万元的取保候审保证金，依旧可以回家。于是乙打电话给自己的家人，要求家人为其筹款 3 万元将其保出去。后家人报案。

本案中，甲等人出于勒索财物的目的控制了乙，侵害了乙的行动自由或者身体安全，被害人是乙，故成立绑架罪的既遂。另外，冒充警察进行恐吓欺骗，被害人是乙的家属，故甲等人的行为还成立敲诈勒索罪与招摇撞骗罪的想象竞合。由于存在两个行为、两个被害人，所以应以绑架罪与敲诈勒索罪或者招摇撞骗罪数罪并罚。

绑架罪的实质就是使被害人处于行为人或者第三者的实力支配下。换言之，只要行为人出于勒索财物或者满足其他不法要求的目的，控制了人质，就侵害了人质的行动自由以及身体安全，就成立绑架罪的既遂。绑架不要求被害人离开本来的生活场所，只要以实力控制了被害人，就成立绑架罪的既遂。

3. 绑架罪的构造是什么？

案 5：甲原本打算偷到婴儿后向婴儿父母勒索财物，但偷到后觉得婴儿特别可爱，遂决定自己抚养，没有向孩子父母勒索财物。

本案中，甲出于勒索财物的目的偷盗婴儿，控制了婴儿就成立绑架罪的既遂。之后甲单纯抚养婴儿，因为没有另外实施拐骗行为，所以不另外成立拐骗儿童罪。

绑架罪存在三面关系：绑匪、人质与关心人质安危的第三人。绑架罪法定刑之所以重，就是因为是以控制人质为手段要挟第三人，侵害了人质的行动自由以及身体安全。

4. 何谓关心人质安危的第三人？

虽然一般来说只有人质的近亲属，如父母、子女、兄弟姐妹、祖父母、外祖父母，才关心人质的安危，但由于现在"少子化"，应将一切可能关心人质安危的人都纳入第三人的范畴，如叔叔、舅舅、姑妈、姨妈、恋人、堂兄弟姐妹、表兄弟姐妹、老师、单位领导等。也就是说，没有必要对第三人进行限制，只要是可能关心人质安危的，就能成为绑架罪构造中的第三人。

5. 为何绑架罪的法定刑重于抢劫罪？

案 6：乙女牵着自己的幼儿走路，甲突然抱起幼儿，以摔死幼儿相威胁，要求乙女给钱。

对于这种案件，一般认为既符合抢劫罪的构成要件，也符合绑架罪的构成要件，二者之间是想象竞合，从一重处罚。但是应该认为，这比将幼儿带离母亲对母亲的威胁更大，因为危险迫在眉睫，所以评价为绑架罪可能更合理一些。

绑架罪存在三面关系，而抢劫罪只存在两面关系：抢劫犯与被压制反抗的被害人。绑架罪的法定刑之所以重于抢劫罪，就是因为存在三面关系，行为人以控制人质的手段，以杀伤人质相威胁，且有可能撕票。绑架罪是侵犯人身权利的犯罪，抢劫罪保护的主要法益是财产，而不是人身权利，所以，如果是以控制人质为手段，以杀伤人质相威胁，即便人质与关心人质安危的第三人处于同一场所，如案 6，也以评价为绑架罪为宜。

6. 有关绑架过程中又以暴力、胁迫等手段当场劫取被害人财物的从一重处罚的规定，有无问题？

2011 年 11 月 8 日最高法《关于对在绑架过程中以暴力、胁迫等手段当场劫取被害人财物的行为如何适用法律问题的答复》指出，行为人在绑架过程中，又以暴力、胁迫等手段当场劫取被害人财物，构成犯罪的，择一重罪处罚。

应该说上述答复存在问题。根据绑架罪的构造，只要出于勒索财物或者满足其他不法要求的目的控制了人质就成立绑架罪的既遂，之后又以暴力、胁迫等手段当场劫取人质随身携带的财物的，因为它与绑架行为的主要部分并不重合，所以另外成立抢劫罪，应当以绑架罪与抢劫罪数罪并罚。正如绑架后对人质进行强奸、强制猥亵的，应当数罪并罚一样。

7. 在《刑法修正案（九）》删除了犯绑架罪致使被害人死亡适用死刑的规定后，对于绑架过失致人死亡的案件，如何处理？

对于绑架过失致人死亡的案件，有如下几种处理方案：（1）绑架行为本身过失致人死亡的，成立绑架罪与过失致人死亡罪的想象竞合；（2）绑架后看管人质过程中过失致人死亡，如没有提供充分饮食起居条件，被害人饿死、冻死、病死，看管人质的人吸烟引起火灾烧死人质的，虽然从理论上讲可以认定为绑架罪与过失致人死亡罪数罪并罚，但评价为绑架罪基本犯的从重处罚情节，可能更能做到罪刑相适应；（3）绑架行为之外使用暴力过失致人死亡的，可以评价为《刑法》第238条第2款后段的非法拘禁使用暴力致人死亡，以故意杀人罪定罪处罚。

8. 绑架罪是复行为犯吗？

有很多人认为，绑架罪是复行为犯，即"非法拘禁＋敲诈勒索"。按照复行为犯的观点，控制人质后没有打勒索财物的电话或者没有勒索到财物的，仅成立绑架罪的未遂；没有参与绑架，仅应邀打勒索财物的电话，因为实施了绑架罪的部分实行行为，所以成立绑架罪的共犯。

应该说，这种复行为犯的观点，没有考虑绑架罪的条文表述和绑架罪的法益，因而是不妥当的。绑架罪条文只是表述"以勒索财物为目的或者绑架他人作为人质"，绑架罪的法益是被绑架人在本来的生活状态下的行动自由与身体安全，所以，绑架罪是单行为犯，实行行为只有绑架。也就是说，只要行为人出于勒索财物或者满足其他不法要求的目的以实力支配了人质，就完成了绑架行为，成立绑架罪的既遂。当然，考虑到绑架罪的法定刑很重，虽然绑架后勒索财物的，另外构成敲诈勒索罪，但也只需要评价为绑架罪一罪。按照承继的共犯理论，没有参与绑架，只是应邀打勒索电话，没有促进继续绑架行为的，仅成立敲诈勒索罪的共犯，不能成立绑架罪的共犯。

9. "绑架他人作为人质"，意味着什么？

应该说，以勒索财物为目的绑架他人，也属于"绑架他人作为人质"，只是勒索财物型绑架罪是绑架罪的常见情形，所以对其特别列举规定。其实，仅规定"绑架他人作为人质"，也不影响绑架罪处罚范围的确定。

10. 绑架并勒索到财物的，需要数罪并罚吗？

虽然绑架罪是单行为犯，勒索财物的另成立敲诈勒索罪，但考虑到绑架罪法定刑很重，对绑架后勒索财物的，只评价为绑架罪一罪也是可以接受的。

11. 何谓短缩的二行为犯？

所谓短缩的二行为犯，是指"完整"的犯罪行为原本由两个行为组成，但刑法规定，只要行为人以实施第二个行为为目的实施了第一个行为，就以犯罪既遂论处，不要求行为人客观上一定实施了第二个行为。相反，若不以实施第二个行为为目的实施第一个行为，则不能构成本罪，只能构成其他犯罪。短缩的二行为犯的实行行为是第一个行为，以第一个行为的完成为既遂。例如，绑架罪可谓短缩的二行为犯，只要行为人以勒索财物或满足其他不法要求为目的，通过暴力、胁迫或麻醉等方法实施了劫持或者以实力控制他人的行为，绑架罪就已既遂，不要求行为人真的实施了勒索财物或满足其他不法要求的行为。走私淫秽物品罪也是短缩的二行为犯，只要行为人出于牟利或者传播目的走私淫秽物品入境，就成立犯罪既遂。走私淫秽物品入境后贩卖、传播的，另成立贩卖、传播淫秽物品牟利罪，实行数罪并罚。

12. 何谓主观的超过要素？

所谓主观的超过要素，就是不要求有与客观事实相对应的主观要素。绑架罪中的勒索财物的目的就属于主观的超过要素，即不要求实施和实现勒索财物的目的，只要行为人出于勒索财物的目的实施了绑架行为，就成立绑架罪的既遂。

13. 在以实力控制被害人后，让被害人隐瞒被控制的事实向亲属打电话索要财物的，构成绑架罪吗？

由于不存在三面关系，不能成立绑架罪，只能成立抢劫罪。

14. 行为人出于其他目的、动机以实力支配他人后才产生勒索财物的意图进而勒索财物的，构成绑架罪吗？

本来勒索财物或者满足其他不法要求的目的应产生于绑架之前，但司法实践中，对出于其他目的控制被害人后，产生勒索财物的意图，进而利用控制被害人的状态实施勒索财物行为的，也认定为绑架罪。这从结论上讲也是可以接受的，但只有实际实施了勒索财物行为的，才能被评价为绑架罪，而且从理论上讲还应数罪并罚。例如，收买、拐骗儿童后，产生了勒索财物的意图，进而实施勒索财物行为的，成立收买被拐卖的儿童罪、拐骗儿童罪与绑架罪数罪并罚。

15. 15 周岁的人绑架并故意伤害被绑架人，致人重伤、死亡的，如何处理？

15 周岁的人绑架并故意伤害被绑架人致人重伤、死亡的，因未达到绑架罪的刑事责任年龄，不能被评价为绑架罪，但完全可以认定其成立故意杀人罪、故意伤害罪。

16. 15 周岁的人绑架他人后使用暴力致人重伤、死亡，既没有杀人故意，也没有伤害故意的，如何处理？

15 周岁的人绑架他人后使用暴力致人伤残、死亡的，不能认定为绑架罪，但可以适用《刑法》第 238 条后段的规定，认定为非法拘禁使用暴力致人伤残、死亡，定故意伤害罪、故意杀人罪。

17. 行为人直接杀害被害人后，谎称人质在其手上向被害人家属勒索财物的，如何处理？

行为人直接杀害被害人的，定故意杀人罪，之后谎称人质在其手上向被害人家属勒索财物的，成立敲诈勒索罪与诈骗罪的想象竞合，与故意杀人罪数罪并罚。

18. 行为人实施绑架行为，因未勒索到财物或者出于其他原因杀害被绑架人，再次掩盖事实勒索赎金的，如何处理？

绑架撕票的，成立绑架杀人，之后掩盖事实勒索赎金的，成立敲诈勒索罪与诈骗罪的想象竞合，与前面的绑架杀人数罪并罚。

19. 绑架罪与非法拘禁罪是对立关系吗？

二者不是对立关系，而是特别关系的法条竞合。凡是符合绑架罪构成要件的，都成立非法拘禁罪（不考虑拘禁时间）。只要非法剥夺了他人人身自由，就至少成立非法拘禁罪，若进而查明行为人是以勒索财物或者满足其他不法要求的目的控制被害人的，则成立绑架罪。不具有勒索财物的目的，或者不知道他人具有勒索财物的目的，而共同非法拘禁他人的，仅成立非法拘禁罪的共犯，不成立绑架罪共犯。

20. 司法实践中只要行为人与被害人之间存在债务纠纷就仅认定为非法拘禁罪的做法，有无问题？

案 7：几名行为人使用欺骗的方法与被害人甲赌博，导致甲输了 300 万元，甲写了欠条后，几名行为人把甲关起来，并向甲的家属索要 300 万元。

行为人进行赌博诈骗，构成诈骗罪；之后以索取债务为名控制甲的，成立绑架罪。对行为人应以诈骗罪与绑架罪数罪并罚。

案 8：被告人张某与被害人黄某谈恋爱分手后，张某因支出了大部分的恋爱费用而心中不平。不久，张某与步某等四人预谋，向黄某催讨张某在恋爱期间的 2 万元支出，张某同意催讨得款的 20% 归步某等人所有。后四人采用暴力手段，强行将黄某劫持至一工地，向黄某索要人民币 3.5 万元；随后，又迫使黄某母亲送钱赎人，当黄某母亲赶至现场后，四人持刀恐吓，迫使黄某母亲交出 3 万元。后法院认定为非法拘禁罪。

一般来说，恋爱期间的支出属于赠与。张某与被害人黄某之间不存在合法债务关系。使用暴力控制被害人催讨非法债务，构成绑架罪，不应仅认定为非法拘禁罪。

应该说，《刑法》第 238 条第 3 款关于为索取债务非法扣押、拘禁他人依照非法拘禁罪定罪处罚的规定，只是注意规定。对为索取债务非法扣押、拘禁他人依照非法拘禁罪处罚，应满足以下条件：（1）双方存在合法债务；（2）在合法债务范围内讨债；（3）只能扣押、拘禁债务人本人；（4）只能单纯剥夺债务人人身自由，不能以杀伤被害人相威胁。

总之，只有本来只符合非法拘禁罪构成要件的，才能仅以非法拘禁罪论处；对于符合绑架罪构成要件的，没有理由降格仅以非法拘禁罪论处。

21. 对为了索取法律不予保护的债务或者单方面主张的债务，以实力支配、控制被害人后，以杀伤被害人相威胁的，是应认定为非法拘禁罪还是应认定为绑架罪？

为索取法律不予保护的债务或者单方面主张的债务，以实力支配、控制被害人后，以杀伤被害人相威胁催讨所谓债务的，此行为完全符合绑架罪的构成要件，应以绑架罪，而不是非法拘禁罪定罪处罚。

应该说，催讨非法债务，除成立绑架罪之外，还能成立抢劫罪，属于想象竞合，以绑架罪一罪处罚即可。

22. 行为人为了索取债务而将他人作为人质，所索取的数额明显超出债务数额的，如何处理？

将他人作为人质，索取明显超过债务数额的"债务"，由于没有合法的根据，因而不仅仅成立非法拘禁罪，还成立抢劫罪、敲诈勒索罪、绑架罪，以绑架罪一罪进行评价即可。

23. "杀害被绑架人"属于何种犯罪类型？

在理论上，"杀害被绑架人"属于结合犯，即将两个罪名结合为一个罪名。作为拐卖妇女、儿童罪加重犯的"奸淫被拐卖的妇女的"，也属于结合犯。

24. 绑架后杀人未遂的，如何处理？

对于绑架后杀人未遂的，张明楷教授主张以绑架罪与故意杀人未遂数罪并罚，理由是：（1）只有数罪并罚才能与轻伤被绑架人、强奸或强制猥亵被绑架人数罪并罚的处理相协调；（2）考虑到绑架杀人预备、中止的只能数罪并罚，对绑架后杀人未遂的也应数罪并罚；（3）将绑架后杀人限定为既遂，也与"杀害"一词通常含义相符合。[1]

本书认为，绑架后杀人未遂的，应当认定为"杀害被绑架人"，同时适用未遂犯从轻或者减轻处罚的规定。"杀害被绑架人"是结合犯，而结合犯的既、未遂取决于后罪的既、未遂。认定为杀害被绑架人未遂，也并没有否认行为同时成立绑架罪的基本犯既遂与故意杀人未遂，所以，即使认定为绑架杀人未遂，也不至于判处比认定为绑架罪与故意杀人未遂数罪并罚更低的刑罚，不会导致罪刑不相适应的结果。至于轻伤、强奸、强制猥亵被绑架人，因为刑法没有规定，当然应当数罪并罚。对于绑架杀人预备与中止，认定为绑架杀人的预备与中止，只要承认同时成立绑架罪的既遂，也不至于导致罪刑不相适应的结果。也就是说，即便作为数罪并罚处理，也不能避免实际量刑中可能出现的罪刑不相适应的结果。

25. 绑架杀人未遂，仅造成轻伤或者重伤结果的，如何处理？

绑架杀人未遂但造成轻伤结果的，应该认定为绑架杀人未遂，适用绑架罪的加重法定刑，同时适用未遂犯从轻或者减轻处罚的规定。绑架杀人未遂但造成重伤结果的，应认定为"故意伤害被绑架人致人重伤"的既遂，适用绑架罪的加重法定刑。

---

[1] 张明楷. 刑法学. 6版. 北京：法律出版社，2021：1162-1164.

26. 绑架杀人预备或中止的，如何处理？

按照张明楷教授的观点，绑架杀人预备、中止的，成立绑架罪与故意杀人罪的预备、中止，数罪并罚。本书认为，还是应当认定为"杀害被绑架人"的预备、中止，同时成立绑架罪既遂与故意杀人的预备与中止，想象竞合，从一重处罚。

27. "故意伤害被绑架人，致人重伤、死亡"，是否包括未遂的情形？

故意伤害被绑架人致人重伤、死亡的，不包括未遂的情形。也就是说，故意伤害被绑架人只有实际造成重伤、死亡结果的，才能认定为绑架罪的加重犯，适用加重法定刑。如果故意伤害被绑架人，没有造成伤害结果，应当认定为绑架罪与故意伤害未遂数罪并罚。故意伤害被绑架人造成轻伤结果的，既成立绑架罪与故意伤害未遂数罪并罚，也成立绑架罪与故意伤害（轻伤）罪数罪并罚。

28. 利用合法行为对被绑架人造成的"危险"，能构成绑架罪吗？

案9：脱逃的死刑犯乙被行为人甲绑架了，甲找死刑犯乙的家属索要100万元，声称如果给100万元，就放掉乙，如果不给就把乙交给公安机关。乙的家属给了甲100万元，甲将乙放走。

本案中，虽然甲把乙交给司法机关属于合法行为，但利用合法行为对被绑架人造成的"危险"，也属于"绑架他人作为人质"，也侵害了乙的行动自由与身体安全，所以其行为还是成立绑架罪。

应该说，只要行为符合了绑架罪的构造，侵害被绑架人在本来生活状态下的行动自由与身体安全，即便是利用所谓合法行为给被绑架人造成的"危险"，依然不影响绑架罪的成立。

29. 没有参与绑架的人在他人绑架既遂后参与杀害被绑架人的，成立绑架杀人吗？

杀害被绑架人是结合犯，根据结合犯和承继共犯的原理，没有参与绑架的人在他人绑架既遂后参与杀害被绑架人的，由于对绑架没有贡献，所以仅成立故意杀人罪的共犯，不能成立"杀害被绑架人"的共犯。

30. 对绑架犯以轻伤的故意造成被绑架人重伤结果的，该如何处理？

应该说，故意伤害被绑架人致人重伤，既包括出于重伤的故意造成重伤结果，也包括出于轻伤的故意造成重伤结果。绑架犯以轻伤的故意造成被绑架人重伤结果的，应当认定为"故意伤害被绑架人致人重伤"，适用绑架罪加重犯的法定刑。

第八节　拐卖妇女、儿童罪

第二百四十条　**【拐卖妇女、儿童罪】**拐卖妇女、儿童的，处五年以上十年以下有期徒刑，并处罚金；有下列情形之一的，处十年以上有期徒刑或者无期徒刑，并处罚金或者没收财产；情节特别严重的，处死刑，并处没收财产：

（一）拐卖妇女、儿童集团的首要分子；

（二）拐卖妇女、儿童三人以上的；

（三）奸淫被拐卖的妇女的；

（四）诱骗、强迫被拐卖的妇女卖淫或者将被拐卖的妇女卖给他人迫使其卖淫的；

（五）以出卖为目的，使用暴力、胁迫或者麻醉方法绑架妇女、儿童的；

（六）以出卖为目的，偷盗婴幼儿的；

（七）造成被拐卖的妇女、儿童或者其亲属重伤、死亡或者其他严重后果的；

（八）将妇女、儿童卖往境外的。

拐卖妇女、儿童是指以出卖为目的，有拐骗、绑架、收买、贩卖、接送、中转妇女、儿童的行为之一的。

疑难问题

1. 本罪所保护的法益是什么？

张明楷教授认为，拐卖妇女、儿童罪的保护法益与绑架罪的是一样的，绑架罪所保护的法益是被绑架人在本来的生活状态下的行动自由以及身体安全，而拐卖妇女、儿童罪所保护的法益是被拐卖者在本来的生活状态下的身体安全与行动自由。[①]

本书不赞同上述观点。众所周知，绑架罪的法定刑之所以很重，在侵犯人身权利犯罪中仅轻于故意杀人罪的，就是因为行为人通过控制人质，以杀伤人质相威胁，向第三人勒索财物或者提出其他不法要求。简言之，绑架存在撕票的可能，而直接威胁到人质的生命。但在拐卖妇女、儿童罪中，行为人通常都希望把妇女、儿童完完整整地卖个好价钱，也就是说，人贩子通常不会杀伤被拐卖的妇

[①]　张明楷. 刑法学. 6版. 北京：法律出版社，2021：1159，1166.

女、儿童。所以，拐卖妇女、儿童罪主要侵害的不是被拐卖者的身体安全，而是其人身自由以及人不能被作为商品买卖的人格尊严。质言之，拐卖妇女、儿童罪不同于绑架罪与非法拘禁罪的地方在于，其所侵害的或者说所保护的法益是被拐卖者的人身自由以及人不能被作为商品买卖的人格尊严。

拐卖婴儿的行为，虽然没有侵害其人身自由，但也侵害了人不能被作为商品买卖的人格尊严，所以成立拐卖儿童罪。父母出卖亲生子女的，也侵害了子女的人身自由和人不能被作为商品买卖的人格尊严，所以也成立拐卖妇女、儿童罪。拐卖未成年人，即使得到了监护人的同意，也因为侵害了人身自由和人格尊严，也成立拐卖妇女、儿童罪。

2. 本罪的实行行为有六个吗？

我国刑法理论通说根据《刑法》第 240 条第 2 款关于"拐卖妇女、儿童是指以出卖为目的，有拐骗、绑架、收买、贩卖、接送、中转妇女、儿童的行为之一"的规定，得出本罪的实行行为是拐骗、绑架、收买、贩卖、接送、中转六种行为之一的结论。

本书认为，拐卖妇女、儿童罪的实行行为只有拐卖一种。《刑法》第 240 条第 2 款并不是关于实行行为的规定，而是关于本罪的共犯乃至犯罪集团的规定，旨在提醒司法工作人员注意，拐卖妇女、儿童犯罪往往是团伙作案，内部存在严密的分工协作，不要忽视对共犯和犯罪团伙的打击。其实，实践中拐卖妇女、儿童的具体行为方式并不限于这些行为类型，还有比如组织、指挥、策划行为。不能想当然地认为，《刑法》分则条文中关于行为的规定都是实行行为。关于实行行为只能根据犯罪构成要件和法益进行具体确定。比如，虽然《刑法》第 205 条第 3 款规定"虚开增值税专用发票或者虚开用于骗取出口退税、抵扣税款的其他发票，是指有为他人虚开、为自己虚开、让他人为自己虚开、介绍他人虚开行为之一"，但不能认为"让他人为自己虚开"与"介绍他人虚开"也是虚开增值税专用发票、用于骗取出口退税、抵扣税款发票罪的实行行为，这两种行为只是共犯行为。该罪的实行行为只有"为他人虚开"与"为自己虚开"，或者说该罪的实行行为只有虚开。否则，教唆、帮助行为都会成为分则罪名的实行行为，而使构成要件行为丧失定型性，有悖罪刑法定原则。

而且，如果认为该罪的实行行为包括六种行为，就会形成该罪存在六个既遂时点或者说六种既遂标准的奇怪现象。众所周知，一个罪名不可能有几个既遂的时点或者几种既遂的标准。所以从这个角度讲，也不能认为本罪的实行行为包括六种。拐骗、绑架、收买只能算预备行为，而接送、中转只是帮助行为，贩卖才是实行行为。

此外，如果认为拐骗、绑架、收买是本罪的实行行为，则意味着拐卖妇女、儿童罪与收买被拐卖的妇女、儿童罪，拐骗儿童罪，绑架罪的实行行为相同，不同的只是行为人的主观方面。如此一来，则同样是收买、拐骗行为，就因为行为人的主观方面不同，而承受轻重悬殊的刑罚后果。这恐怕是一种心情刑法观，而不能为人所接受。

总之，与其他出售类犯罪一样，本罪的实行行为只有拐卖一种，其他只是预备或者帮助行为。

3. 本罪的既遂标准是什么？

案1：被告人刘某与石某共谋拐卖儿童牟利。1995年11月3日，石某将邻居罗甲之子罗乙（2岁）骗到自己家中，刘某带罗乙外逃，后刘某听说石某被抓获，遂于11月12日将罗乙送到其家门口后逃走。法院认为，拐卖儿童罪的既遂以是否实施了拐骗等行为为标准，不以被拐卖的儿童已经出卖为标准，故刘某的行为已构成犯罪既遂。

本书认为：本案中，儿童实际上还没有被出卖，不能认为已经完成了拐卖妇女、儿童罪的构成要件行为，侵害了本罪的法益，所以对刘某的行为应认定为犯罪中止。

案2：被告人阮某定、郑某荣以5 000元的价格从他人手中买下被害人阮某翠（越南籍）及其尚在襁褓的女儿，打算以6 000元价格转卖给郑某才，因郑某才还价5 500元而未能成交。同年7月3日凌晨，被害人阮某翠母女被公安机关解救并被遣返回越南。

本书认为：本案中，被告人只是买下妇女、儿童，尚未卖出，不能认为已经完成了构成要件行为，侵害了本罪的法益，因此不成立本罪的既遂，只能认定为犯罪未遂。

按照通说关于六种行为均为本罪实行行为的观点，似乎完成了其中任何一种行为，都能成立本罪的既遂。张明楷教授就认为：如果是以出卖为目的，拐骗、绑架、收买妇女、儿童，只要使被害人被转移至行为人或第三人的非法支配范围内，就成立既遂，而不用以出卖了被害人为既遂标准。如果是以出卖为目的，中转、接送妇女、儿童，这要么是行为人在拐骗、绑架妇女、儿童后自己实施的，要么是由其他共犯实施的，因此依然应当适用上面的标准，即只要使被害人被转移至他人的非法支配范围内，就成立既遂。如果出卖捡到的儿童或者亲生子女，应当以出卖了被害人为既遂标准。因为捡到儿童的行为并不构成犯罪，只有在出卖时才具备了着手实施犯罪所要求的法益侵害的危险性，所以应当以出卖了被害人为既遂标准。如果是先收买被拐卖的妇女、儿童，而后才产生出卖犯意，进而出卖妇女、儿童的，也应当以出卖了被害人为既遂标准。[①]

本书不同意上述一个罪名有几个既遂时点、几种既遂标准的观点。众所周知，一个罪名只有一个构成要件行为（包括复行为），只有一个法益侵害结果（包括复法益），因而不可能有几个既遂的时点、几种既遂的标准。拐卖妇女、儿童罪的实行行为只有拐卖。拐卖妇女、儿童罪不同于绑架罪的地方在于，其不会以杀伤相威胁，不会侵害到被拐卖者的身体安全，所以不能像绑架罪那样以将他人置于自己的实力支配之下为既遂。拐卖妇女、儿童通常伴随对人身自由的侵害，所以拐卖妇女、儿童罪与非法拘禁罪可能存在竞合：拐骗、绑架、收买、接送、中转过程中剥夺被拐卖者人身自由的，还成立非法拘禁罪。虽然非法剥夺被拐卖者的人身自由可以成立非法拘禁罪的既遂，但拐卖妇女、儿童罪侵害的主要法益是人不能被作为商品买卖的人格尊严，所以拐卖妇女、儿童罪与其他出售类犯罪，如销售伪劣产品罪、出售假币罪、倒卖文物罪、贩卖毒品罪等一样，以卖出为既遂。这样，拐卖妇女、儿童罪就只有一个既遂时点和一种既遂标准，从而维护了构成要件原理和法益保护原则。

4. 妇女同意被出卖，还能构成拐卖妇女罪吗？

案 3：妇女乙居住在山区，家庭贫困。父母想让她嫁给同村的丙，但乙不愿意。为了摆脱贫困，乙联系上甲，要求甲将自己卖给外地的富裕男子，与之结为夫妻。甲按照乙的意愿，将乙带到外地的丁家。乙与丁见面后，双方均表示满意，甲从丁处收取 6 万元。后乙与丁登记结婚。

如果将本案事实表述为"穷地方的妇女，由于交通不便，从来没有走出过那个村庄，就让经常在外面出差的行为人把自己卖给外地的某个男人，行为人就将妇女带出去寻找买主，找到买主后，把妇女卖给买主，从买主那里获得非法报酬"，就可能认为行为人的行为构成拐卖妇女罪。但如果将案件事实描述为"以前穷地方的妇女，由于交通不便，从来没有走出过那个村庄，就让经常在外面出差的行为人把自己带到什么地方找一个人结婚就行了，行为人将妇女带出去寻找合适的男方，然后从男方家里索要一笔钱"，就可能认为这样属于婚姻介绍，行为人的行为不构成拐卖妇女罪。应该说，如果妇女愿意自己被出卖给他人的，不

---

① 张明楷. 张明楷刑法学讲义. 北京：新星出版社，2021：338.

能称为"拐卖",不符合拐卖妇女罪的构成要件,不构成拐卖妇女罪。

所以说,对于妇女同意被拐卖,或者说得到妇女具体承诺的情形,不能评价为"拐卖"。虽然拐卖行为不以完全拘束被害人的自由为必要,但是,如果被害人并没有处于难以脱离行为人的影响的状态,就难以评价为"拐卖",因为这种行为没有侵害妇女的人身自由。而且,拐卖妇女罪是侵害人身权利的犯罪,得到被害人有效承诺的,不能认为侵害了被害人的人格尊严。人的尊严不是公共法益,而是个人法益,刑法不能强迫他人维持自己的尊严。如果以人的尊严不能放弃为由,否认被害人同意或者承诺的效力,就会不当缩小被害人同意或者承诺的有效性的范围。所以,妇女同意被出卖的,不能认为是"拐卖",相关行为不符合拐卖妇女罪的构成要件,而只是一种介绍婚姻的行为,只不过收取的介绍费过高而已。即使行为人会根据妇女的长相、年龄等向买主收取费用,也不能被认定为拐卖妇女罪。再者,现在所谓的相亲也基本上就是物质条件的比对,索要巨额彩礼的也很常见,但没有人会认为是父母在出卖亲生子女。

5. 既拐卖一名妇女又拐卖一名儿童,能够数罪并罚吗?

刑法理论通说认为,本罪是所谓对象选择型选择性罪名,行为人既拐卖妇女,又拐卖儿童的,仅以拐卖妇女、儿童罪一罪定罪处罚。我国刑法理论通说扩大了所谓选择性罪名的范围,又错误地坚持对选择性罪名不能并罚。应该说,是不是选择性罪名与是否数罪并罚毫无关系。选择性罪名不是法定概念,不管是不是选择性罪名,都不应将其与是否数罪并罚硬性挂钩。本罪之所以将妇女、儿童并列规定,是因为在立法者看来,拐卖妇女与拐卖儿童法益侵害性相当。由于该罪保护的是一身专属法益,加之《刑法》第 240 条仅将"拐卖妇女、儿童三人以上"规定为加重情节,而该罪基本犯的常态是拐卖一名妇女或者一名儿童,所以,对于既拐卖一名妇女又拐卖一名儿童的,应当以拐卖妇女罪与拐卖儿童罪数罪并罚。对于行为人拐卖两名妇女的,也应以拐卖妇女罪同种数罪并罚;对于拐卖两名儿童的,也应是以拐卖儿童罪同种数罪并罚。

6. 本罪是继续犯吗?

我国刑法理论通说在确定继续犯罪名时过于随意,比如认为拐卖妇女、儿童罪是继续犯。本书认为:拐卖妇女、儿童罪根本不符合继续犯的本质。继续犯的本质是法益在每时每刻都受到同等程度的侵害,能够持续性地肯定构成要件符合性。拐卖妇女、儿童罪是侵害人身自由和人格尊严的犯罪,以卖出为既遂,卖出后被害人就不在行为人的支配范围内,所以该罪是即成犯,而不是继续犯,追诉时效应从拐卖完成即卖出时起算。

7. 拐卖双性人、变性人，构成本罪吗？

由于双性人、变性人也具有女性的特征，所以拐卖双性人、变性人，也能成立拐卖妇女罪。如果拐卖由女性变为男性的成年变性人，则不能构成拐卖妇女罪。

8. 拐卖 14 周岁以上的男性公民，如何处理？

拐卖 14 周岁以上的男性公民的，不能构成拐卖妇女、儿童罪，只可能构成非法拘禁罪、故意伤害罪等罪。

9. 对象认识错误的，如何处理？

案 4：乙想收买一名不满 14 周岁的男童，甲得知后将流浪儿丙拐卖给乙。但其实，丙是 15 周岁的少女。

一般认为，这属于同一构成要件内的对象认识错误，不影响对故意既遂犯的认定，所以根据客观事实来定罪，认定为拐卖妇女罪的既遂。

应该说，妇女、儿童同属于拐卖妇女、儿童罪的对象，误将男童当妇女拐卖的，成立拐卖儿童罪既遂。相反，误将妇女当男童拐卖的，成立拐卖妇女罪既遂。但如果误将成年男子当男童拐卖的，则不成立犯罪。相反，误将男童当成年男子拐卖的，则因为行为人没有拐卖儿童的故意，所以不能成立拐卖儿童罪。至于误将女童当成年妇女，或者误将成年妇女当女童拐卖的，都成立拐卖妇女、儿童罪的既遂。

10. 认为区分民间送养行为与出卖亲生子女行为的关键在于行为人是否具有非法获利目的的司法解释规定，有无问题？

案 5：甲未婚先孕，但在怀孕七个月时男朋友出走，于是甲便回娘家居住。之后，在母亲乙的陪护下，甲在医院生下一个男婴。在甲生产后第二天，其母亲便瞒着她将婴儿送与丙抚养，并收取营养费 3 万元。事后，母亲告诉甲婴儿已夭折。丙又把婴儿交给多年未孕的女儿丁及其丈夫抚养。

本案中，将孩子送养的是外婆，不是父母，不能适用 2010 年 3 月 15 日"两高"、公安部、司法部《关于依法惩治拐卖妇女儿童犯罪的意见》（以下简称《拐卖意见》）的规定。不能认为外婆是将孩子当商品出卖，她只是想让孩子离开母亲，以使母亲今后的生活不受影响。外婆为孩子找的是有抚养目的和抚养能力的人家，收取的 3 万元并非孩子的对价，也并非《拐卖意见》所称的"明显不属于

'营养费'、'感谢费'的巨额钱财"。所以外婆的行为不构成拐卖儿童罪。

《拐卖意见》指出，以非法获利为目的，出卖亲生子女的，应当以拐卖妇女、儿童罪论处。要严格区分借送养之名出卖亲生子女与民间送养行为，区分的关键在于行为人是否具有非法获利的目的。应当通过审查将子女"送"人的背景和原因、有无收取钱财及收取钱财的多少、对方是否具有抚养目的及有无抚养能力等事实，综合判断行为人是否具有非法获利的目的。

应该说，《拐卖意见》将获利目的作为出卖亲生子女构成拐卖妇女、儿童罪的主观要素，是完全没有必要的，因为：其一，拐卖妇女、儿童罪是侵害人身自由与人不能被作为商品买卖的人格尊严的犯罪，出卖者是否具有非法获利的目的，并不影响对其行为是否侵害本罪所保护的法益的判断。不能由于行为人收取的钱多，就认为其行为侵害了人身自由和人格尊严，由于收取的钱少就认为没有侵害法益。其二，在法定的出卖目的之外，添加非法获利目的的，既没有依据，也没有必要。总之，以有无获利目的来区分送养与拐卖，并不是一条好的路径，因为：其一，父母收取送出孩子之前的抚养费，也可能说是有获利目的的；其二，刑法没有理由禁止父母收取大量的营养费、感谢费，也就是说，刑法没有理由要求父母只收取少量营养费、感谢费。《拐卖意见》的上述规定，可能导致根据收取的费用多少来区分罪与非罪，显然与本罪的保护法益相背离。

如果父母不想抚养子女或者由于某种原因不能抚养子女，在调查了解了对方的家庭环境、接受儿童的目的后，认为对方会抚养好儿童，然后将儿童交付给对方的，无论收取了多少钱，也不论是以什么名义收钱，都不宜被认定为拐卖儿童罪。反之，如果明知对方不会抚养好儿童，甚至知道对方会虐待、残害儿童，而将儿童有偿交付给对方的，即使要的钱很少，也应当被认定为拐卖儿童罪。有的父母希望通过出卖亲生子女获利，故根本不关心接收者如何对待儿童。对此一般能认定为拐卖儿童罪。

11. 强抢婴幼儿的，如何处理？

婴幼儿不是财产，所以抢劫婴幼儿本身不能被评价为抢劫罪，但如果连同婴幼儿身上的衣服一起抢走的，可以成立针对衣服的抢劫罪。如果出于出卖的目的强抢婴幼儿的，成立拐卖儿童罪；出于勒索财物或者满足其他不法要求的目的强抢婴幼儿的，成立绑架罪；出于自己收养的目的强抢婴幼儿的，成立拐骗儿童罪。

12. 对婴幼儿采取欺骗、利诱等手段，使其脱离监护人或者看护人的，视为"偷盗婴幼儿"的司法解释规定，有无问题？

对于偷盗婴幼儿的，根据目的不同认定为不同的犯罪：对于出于出卖目的的，认定为拐卖儿童罪；对于出于勒索财物或者满足其他不法要求的目的的，认定为绑架罪；对于出于自己收养的目的的，认定为拐骗儿童罪。

《刑法》第240条第1款第6项将"以出卖为目的，偷盗婴幼儿"规定为拐卖儿童罪的加重情节。2016年12月21日公布的最高法《关于审理拐卖妇女儿童犯罪案件具体应用法律若干问题的解释》指出，对婴幼儿采取欺骗、利诱等手段，使其脱离监护人或者看护人的，视为《刑法》第240条第1款第6项规定的"偷盗婴幼儿"。

本书认为，将欺骗、利诱手段评价为"偷盗婴幼儿"存在问题。一般人所理解的"偷盗"，是指违反被害人意志的行为。偷盗应该相当于盗窃，最多包括抢劫（强盗）。认为偷盗包括欺骗（诈骗）、利诱行为，可能超出了一般人的预测。

13. 行为人与妇女通谋，将该妇女介绍与某人成婚，获得钱财后，行为人与该妇女双双逃走的，如何处理？

对这种行为，俗称"放鸽子"，是共同诈骗行为，不能被认定为拐卖妇女罪，如果诈骗数额较大，应当以诈骗罪论处。

14. 《拐卖意见》规定，拐骗儿童后又出卖的，以拐卖儿童罪一罪论处，有无问题？

认为拐骗儿童后又出卖的仅以拐卖儿童罪一罪论处，显然是将《刑法》第241条第5款关于"收买被拐卖的妇女、儿童又出卖的，依照本法第二百四十条的规定定罪处罚"的规定看作是注意规定了。其实该款是将数罪拟制为一罪的法律拟制规定，不能推而广之。不能认为拐骗儿童后又出卖的也仅成立拐卖儿童罪一罪，而应认定成立拐骗儿童罪与拐卖儿童两罪，实行数罪并罚。

15. 认定"奸淫被拐卖的妇女"，是否要求违背妇女意志？

"奸淫被拐卖的妇女"是拐卖妇女罪的加重情节。应当认为，只有违背了妇女意志强行性交的行为，才能成为该加重情节。换句话说，如果妇女（不包括幼女）基于真实意志同意性交行为的，或者说行为人与妇女实施的性交行为不具有任何强制性，则应被排除在外。当然，对"强制性"的判断应当充分考虑被拐卖妇女处于行为人的非法支配之下这一特殊处境。一般来说，只要相关事实表明性交行为违反了被拐卖妇女的意志的，就足以被认定为具有"强制性"。

16. "拐卖妇女、儿童三人以上",是否包括多次拐卖同一人的情形?

不同于强奸罪,三次拐卖同一名妇女、儿童的,可以被认定为拐卖妇女、儿童三人以上。

17. "造成被拐卖的妇女、儿童或者其亲属重伤、死亡",是否包括自杀、自残的情形?

由于"造成被拐卖的妇女、儿童或者其亲属重伤、死亡"是拐卖妇女、儿童罪的加重情节,法定刑很重,所以不宜将导致自杀、自残评价为该加重情节。

18. 故意伤害被拐卖的妇女、儿童,应当以拐卖妇女、儿童罪与故意伤害罪数罪并罚的司法解释规定,有无问题?

《拐卖意见》规定,拐卖妇女、儿童,又对被拐卖的妇女、儿童实施故意杀害、伤害、猥亵、侮辱等行为,构成其他犯罪的,依照数罪并罚的规定处罚。

上述规定可能存在问题。因为作为拐卖妇女、儿童罪加重犯的"造成被拐卖的妇女、儿童或者其亲属重伤、死亡或者有其他严重后果"中的"重伤",肯定包括过失致人重伤,也就是说,过失造成被拐卖的妇女、儿童重伤的,以拐卖妇女、儿童罪的加重犯论处,可以判处 10 年以上有期徒刑、无期徒刑甚至死刑,而故意重伤被拐卖的妇女、儿童的,以拐卖妇女、儿童罪的基本犯与故意(重)伤害罪数罪并罚,最多只能判处 20 年以下刑罚,而明显罪刑不相适应。所以,对于故意重伤被拐卖的妇女、儿童的,也应当评价为"造成被拐卖的妇女、儿童重伤",适用拐卖妇女、儿童罪的加重法定刑。

19. 如何认定"诱骗、强迫被拐卖的妇女卖淫或者将被拐卖的妇女卖给他人迫使其卖淫"?

诱骗、强迫被拐卖的妇女卖淫,是引诱卖淫罪、强迫卖淫罪与拐卖妇女罪的结合犯。将被拐卖的妇女卖给他人迫使其卖淫,是指将妇女(包括幼女)出卖给组织、强迫、引诱卖淫的犯罪分子,进而使妇女从事卖淫活动。应该认为,只有被拐卖的妇女实际从事了卖淫活动或者实际被强迫卖淫的,才能被认定为拐卖妇女罪的加重犯。

第九节　非法侵入住宅罪

第二百四十五条　【非法搜查罪】【非法侵入住宅罪】非法搜查他人身体、

住宅，或者非法侵入他人住宅的，处三年以下有期徒刑或者拘役。

司法工作人员滥用职权，犯前款罪的，从重处罚。

疑难问题

1. 非法侵入住宅罪的保护法益是什么？

关于非法侵入住宅罪的保护法益，主要存在住宅权说与安宁说的争论。住宅权说认为，非法侵入住宅罪的保护法益是住宅成员是否允许他人进入住宅的权利（许诺权）。安宁说也称平稳说，主张只有侵入住宅的行为侵害了住宅权人的生活安宁或者平稳时，才成立犯罪。张明楷教授认为，虽然不排除将来会采取住宅权说的可能，但当下宜采取安宁说。其理由是：（1）我国居民几代同堂的现象并不罕见。如果采取住宅权说，可能面临住宅成员对是否承诺他人进入看法不一致时如何处理的难题，而采取安宁说，则不会产生这样的问题。（2）从整体上看，我国刑法处罚的范围较窄，如果采取住宅权说，只要进入住宅的行为没有得到住宅成员的承诺就构成非法侵入住宅罪，明显会扩大处罚范围。（3）我国《刑法》第245条仅将住宅规定为侵入对象，而没有将其他建筑物作为对象。可是，其他建筑物一般也有人看守、管理，除公共场所外，进入建筑物前也应得到看守者的承诺。但是，没有得到他人承诺而侵入住宅以外的建筑物的，并不成立非法侵入住宅罪。显然，如果采取住宅权说，则与刑法仅处罚非法侵入住宅的行为不协调。而采取安宁说，正好符合住宅的性能与国民对住宅安宁的愿望。（4）在我国，侵入住宅的行为违反了住宅内的数人的意思时，仅成立一罪，而非数罪。采取安宁说正好符合这一结论。而采取住宅权说，则难以说明上述行为仅构成一罪。（5）刑法规定非法侵入住宅罪固然存在保护住宅权的一面，但是，保护住宅权并不是为了保护形式上的权限，而是为了保护存在于住宅权背后的利益——居住者生活的平稳与安宁。（6）从我国的司法现状来看，被认定为非法侵入住宅罪的行为，都是严重妨害了住宅成员的平稳与安宁的行为。对于单纯违反被害人的意志侵入住宅的行为，都没有认定为犯罪。

本书主张住宅权说，认为上述安宁说存在问题。其一，我国现在很少有几代同堂的现象，基本上都是核心家庭模式。其二，采取住宅权说也未必就会扩大本罪的处罚范围。根据实质的违法性论的观点，只有严重侵犯法益的行为才会被解释为符合构成要件的行为。其三，之所以刑法只处罚非法侵入住宅的行为，是因为住宅权不受侵犯是公民的宪法性权利。其四，非法侵入住宅违反了数个成员的意思的，由于只有一个非法侵入行为，故成立非法侵入住宅罪的想象竞合，以一罪定罪处罚即可。其五，可以认为，之所以侵害了住宅安宁，正是因为违背了住宅权人的意志。或者说，未经允许进入就会侵害住宅的安宁。其六，固然司法实践中一般只处罚严重妨害了住宅成员的平稳与安宁的行为，但应认识到，一是人们保护住宅权的意识还不够强烈，二是正是违反住宅权人的意志的闯入才会严重妨害住宅成员的平稳与安宁。其七，安宁是什么意思？如何判断？这是比较模糊的。其八，既然侵入住宅是对人身自由的侵犯，怎么可能跟被害人自由决定的意志相分离？也就是说，认定本罪不可能不考虑被害人的意志内容，而这个意志内容只能是住宅权人是否同意他人进入住宅的权利，而不是隐私权或者其他内容。

2. 何谓"住宅"？

应该说，住宅就是个人的日常生活场所。具体来讲，认定是否为住宅时要把握以下几点：（1）住宅可以是临时性的场所，而不要求是永久性的。（2）必须有一定的日常生活设施，只有这样才能被称为日常生活场所，如果完全是一座空房子，不能称其为住宅。（3）住宅不等于建筑物，或者说，住宅不要求是建筑物。临时搭建的帐篷、房车等也属于住宅。如果住宅表现为建筑物，也不要求侵入建筑物的全部，侵入建筑物的一部分就可以。（4）住宅包括周围封闭的庭院（围绕地）。（5）住宅必须是供他人使用，只要是行为人不在其中生活的住宅，就是他人的住宅。（6）住宅不要求是他人合法占有和占用的场所，非法占有的不能被排除在外。

3. 一只手从窗户伸进他人浴室，属于非法侵入住宅吗？

非法侵入他人住宅并不需要身体的全部侵入，哪怕只是一只手从窗户伸进他人的浴室、一只脚踏进他人的门厅，都可以被认为非法侵入了他人住宅。可以设想：在一位女士晚上洗澡的时候，一只手突然从窗户伸进来了，她会作何感想。如果觉得这种行为值得科处刑罚，就可以认为不需要身体的全部侵入，只需要身体的一部分侵入，就能被评价为非法侵入住宅罪。非法侵入应限于身体的侵入，单纯的物品或者声音的侵入，不属于非法侵入住宅，比如向住宅打骚扰电话，将物品扔入他人住宅，都不能被认定为非法侵入住宅。行为人没有进入他人住宅内，但登上他人屋顶的，或者趴在别人窗外偷窥的，都难以被评价为非法"侵入"他人住宅。

4. "经要求退出而不退出"，是非法"侵入"住宅吗？

我国《刑法》第245条规定的只是非法"侵入"住宅，但我国刑法教科书却一致地认为"非法侵入住宅罪，是指未经允许非法进入他人住宅或者经要求退出无故拒不退出的行为"。这很奇怪！的确，在德国、日本的刑法中，不退去是与侵入相并列的两种行为，也就是说，不退去不属于侵入。但我国现行《刑法》并没有规定不退去行为，刑法理论却想当然地认为不退去也属于侵入。应该说，这是照抄域外刑法教科书的结果，是一种类推解释，因为不退去不符合侵入的要求。质言之，只有未经允许进入的才是非法侵入住宅，经过允许进入后经要求退出而拒不退出的，不属于非法侵入，不构成非法侵入住宅罪。

5. 抢劫犯打招呼说"晚上好"，主人说"请进"的，构成非法侵入住宅罪吗？

不管是采用安宁说还是采取住宅权说，只要被害人的同意有效，进入住宅的行为就不能构成非法侵入住宅罪。如果被害人仅同意行为人进入客厅，而行为人未经允许进入卧室的，当然属于侵入住宅。也就是说，要肯定被害人对住宅内的不同房间具有独立的住宅权。行为人隐瞒抢劫的意图跟主人打招呼说"晚上好"，主人说"请进"的，属于法益关系的错误，被害人的同意无效，成立非法侵入住宅罪。行为人隐瞒犯罪意图冒充燃气公司工作人员进门抄燃气表度数的，也属于法益关系错误，被害人的同意无效，成立非法侵入住宅罪。

6. 读中学的女儿不顾父母反对，带男朋友进入自己卧室的，构成非法侵入住宅罪吗？

住宅成员中部分人同意、部分人不同意的怎么办？这是住宅权说必然面临的问题。关于这一问题的处理，国外有三种学说：（1）全员同意说，即只有全体成员都同意了，行为人的进入行为才不构成犯罪。按照这个观点，读中学的女儿谈恋爱，妈妈不同意，男朋友来了，女儿让男朋友进来，妈妈不同意的，男朋友的进入就构成非法侵入住宅罪。这一学说虽然肯定了所有成员的住宅权，但同时也否认了所有成员的住宅权。（2）一员同意说。其内部又可以分为两种观点：一种是只要住宅里的任何一员同意就有效，不管其他人如何反对；另一种是一员同意原则上是有效的，但是，如果同意者滥用住宅权，导致不能期待其他成员容忍时，则该同意无效。例如，谈恋爱的中学生女儿把男朋友带到父母卧室的，就可能构成非法侵入住宅罪。（3）在场者优先说。按照这种观点，丈夫出差了，妻子把情人带到家里幽会的，这种行为不成立非法侵入住宅罪。

应该说，将"一员同意说"中的第二种观点与"在场者优先说"结合起来，能够合理划定非法侵入住宅罪的成立范围。谈恋爱的中学生女儿只是把男朋友带到自己卧室的，不构成非法侵入住宅罪，但如果把男朋友带到父母卧室的，恐怕就构成非法侵入住宅罪了。丈夫出差，妻子将情人带到家里幽会的，因为得到在场者同意，情人的行为不成立非法侵入住宅罪。

7. "非法"要素的功能是什么？

"非法"要素的功能在于提醒司法工作人员注意，存在阻却违法性的法令行为和紧急避难行为。例如，司法工作人员基于法令，以扣押、搜查、逮捕等目的，进入他人住宅的，以及为了避免狂犬等的袭击而侵入他人住宅的，都阻却违法性。

8. 非法侵入住宅罪是继续犯吗？

非法侵入住宅罪是侵犯人身权利的犯罪，非法侵入后只要不退出，可以认为法益在每时每刻都受到同等程度的侵害，能够持续性地肯定构成要件符合性，因而应当认为非法侵入住宅罪是继续犯，追诉时效从退出之日起算。

9. 本罪的既遂标准是什么？

如果主张全部侵入说，就会认为只有人的身体全部进入（而不是一只手一只脚进入），才能成立本罪的既遂。但如果主张部分侵入说，就会认为伸进去一只手、踏进去一只脚，也能成立本罪的既遂。本书主张部分侵入说，伸进去一只手、迈进去一只脚，也能成立本罪的既遂。

10. "住宅"与"户"有何区别？

《宪法》规定的是中华人民共和国公民的住宅不受侵犯。"住宅"强调的是承诺权、人身权，而"户"强调的是安宁、平和。在本书看来，学生宿舍、宾馆房间虽可谓"住宅"，但不能谓为"户"。非法侵入学生宿舍、宾馆房间的，可以成立非法侵入住宅罪，但进入学生宿舍、宾馆房间盗窃、抢劫的，不能被评价为入户盗窃、抢劫。

11. 是否需要进行实质解释，要求成立本罪也必须情节严重？

本罪中罪状的表述跟《治安管理处罚法》的规定没有什么不同，但一个是犯罪，另一个只是一般违法行为。所以应对本罪的成立条件进行实质解释，即只有严重侵犯住宅权，也就是"情节严重"的行为，才能成立犯罪。我国司法实践中也只将严重侵犯法益的行为作为本罪处理，如将棺材抬放在别人家的客厅，长期滞留在别人家里。当然，既然本书认为本罪所保护的法益不是住宅的安宁而是住宅权，就可以适当扩大本罪的处罚范围：未经允许进入他人住宅的，原则上都可以作为犯罪处理。

12. 误以为渔民的渔船不是住宅而侵入的，构成犯罪吗？

误以为渔民的渔船不是住宅而侵入，属于涵摄的错误、评价的错误，不影响犯罪的成立，正如误以为杀掉他人的狗不属于毁坏财物一样，不影响故意毁坏财物罪的成立。

13. 侵入住宅后实施强奸的，是作为牵连犯从一重处罚，还是应数罪并罚？

有观点认为此种情形属于牵连犯，应从一重处罚，不再单独评价为非法侵入住宅行为。本书认为，在我国牵连犯并不是法定概念，存在数个行为，侵犯数个法益的，原则上都应数罪并罚。侵入住宅后实施强奸，无疑存在数个行为，侵害了数个法益，所以没有理由不以非法侵入住宅罪与强奸罪数罪并罚。

14. 房东为了将未交付房租的房客赶走而侵入房客居住的房间的，属于非法侵入住宅吗？

本罪不要求住宅是他人合法占有和占用的，不能因为他人对住宅的占有是非法的，就直接否认他人具有刑法上的住宅权。也就是说，不应将作为本罪保护法益的住宅权理解为民法上的居住权利，这里的住宅权仅仅是是否同意他人进入住宅的权利。所以房东为了将未交付房租的房客赶走而侵入房客居住的房间的，也侵犯了房客的住宅权，也能构成非法侵入住宅罪。

第十节　侮辱罪、诽谤罪

第二百四十六条　【侮辱罪】【诽谤罪】 以暴力或者其他方法公然侮辱他人或者捏造事实诽谤他人，情节严重的，处三年以下有期徒刑、拘役、管制或者剥夺政治权利。

前款罪，告诉的才处理，但是严重危害社会秩序和国家利益的除外。

通过信息网络实施第一款规定的行为，被害人向人民法院告诉，但提供证据确有困难的，人民法院可以要求公安机关提供协助。

疑难问题

1. 侮辱罪、诽谤罪的保护法益是什么？

案1：某大学的一个女生在上课时被老师点名提问却不会回答。她认为老师毁损了她的名誉，在下一次上课前把男朋友叫来，两人一起找到老师，要求老师赔礼道歉。老师感到莫名其妙，女生说你上次提问毁损了我的名誉。

应该说，即使这位女生真的觉得自己的名誉感情受到了毁损，刑法也不可能保护这种名誉感情（因为对名誉感情不可能有一个标准来判断与衡量），否则老师的行为多可能构成侮辱罪了。

案 2：被告人汪某惠系某中学教师，因学生丁某婷上课迟到，便将丁某婷叫到办公室训斥，后丁某婷跳楼自杀。有同学证实："汪老师说丁某婷人长得丑，出去坐台都没有资格。训斥过程中还拿木板打了丁某婷的手和脚，打得很重，丁某婷摸着被打的地方一直在哭，后来就跳楼了。"

本案中，被告人在办公室当着众人的面说学生丁某婷"人长得丑，出去坐台都没有资格"，的确损坏了学生的名誉，造成了学生丁某婷自杀的严重后果，认定构成侮辱罪应该没问题。

一般认为，侮辱罪、诽谤罪所保护的法益是他人的名誉。名誉有三种含义：一是外部的名誉（社会的名誉），指社会对人的价值评判；二是内部的名誉，指客观存在的人的内部价值；三是主观的名誉（名誉感情），指本人对自己所具有的价值意识、感情，可谓自我感觉。首先，名誉感情不受刑法保护，因为对名誉感情不可能有一个标准来衡量。其次，内部名誉因为是客观存在的人的内部价值，一般来说难以受到侵害，所以不需要刑法保护。最后，刑法理论通说认为，侮辱罪、诽谤罪的保护法益是外部名誉。外部名誉又分为规范的名誉与事实的名誉。前者是指对一个人本来应有的评价，后者是指对一个人现实通用的评价。这涉及刑法是否需要保护一个人的虚名的问题。虽然一般人的虚名是否值得刑法保护是可以讨论的，但公众人物的虚名是不应当受到刑法保护的，因为对他们的评价关系到公共利益，也就是公众的知情权。不管采取什么学说，都不应当保护公众人物的虚名。

2. 为何说侮辱罪、诽谤罪是抽象危险犯？

一般来说，抽象危险犯都是侵犯重大法益的重罪，如枪支犯罪、药品犯罪、食品犯罪、毒品犯罪。之所以国内外刑法理论公认侮辱罪、诽谤罪是所谓抽象危险犯，就是因为名誉是否受到毁损、受到多大程度的毁损，难以具体衡量，只要根据人们的一般生活经验认为行为具有毁损他人名誉的危险即可。这正是对抽象危险犯的判断方法。

3. 诽谤罪是复行为犯吗？

从"捏造事实诽谤他人"的条文表述看，诽谤罪的实行行为似乎是"捏造＋

诽谤"。其实，诽谤罪是单行为犯，实行行为只有诽谤。条文之所以表述为"捏造事实诽谤他人"，旨在强调诽谤所利用的材料是捏造的虚假的事实，既包括行为人自己捏造后加以散布，也包括明知是他人捏造的事实而加以散布。如果认为捏造也是诽谤罪的实行行为，则写日记、编短信、在电脑上写文章的行为，都有可能被认定为诽谤罪的着手实行，从而过于介入国民的内心思想领域，严重侵犯了人权。

4. "传播性理论"可行吗？

我国刑法要求侮辱行为必须具有公然性，问题是：侮辱罪的公然性是指行为的公然还是结果的公然？传播性理论认为，行为人虽然直接面对特定的少数人实施行为，但此特定少数人可能进行了传播，进而能够使不特定人或者多数人知道行为内容时，侮辱结果具有公然性，应认定为侮辱罪。本书认为：如果认为结果公然也能构成侮辱罪，则人们跟特定对象交流时便要小心翼翼，因为说不定对方会散布出去。这显然过于限制了人们的自由。应该认为，只要没有面向不特定人或者多数人实施，即便最终传播扩散出去了，也不能追究行为人的刑事责任，而应追究传播者的刑事责任。当然，在网络时代，不能简单地说公然是指行为公然还是结果公然，而应要求侮辱行为本身能够使不特定人或者多数人知道，行为人对他人予以轻蔑的价值判断的表示。比如，哪怕一个人秘密地利用信息网络对他人发表侮辱言论，也不能以行为没有公然性为由否认侮辱罪的成立。但是，甲、乙二人私下议论他人隐私，以及在对象特定的小型微信聊天群中议论，都不能认为符合公然性的要求。即使后来乙或者微信聊天群群友将聊天内容传播扩散出去，也不能追究发表言论者的刑事责任，而只能追究传播者的刑事责任。

5. 一句话辱骂特定多人，是想象竞合从一重处罚，还是应同种数罪并罚？

刑法理论通说认为，辱骂特定多人，比如说"你们这群蠢猪"，是想象竞合。其实，名誉权属于一身专属法益。虽然在自然意义上只有一句话，但在规范性意义上应该根据被害人的人数确定行为个数。一句话辱骂了多少人，就应成立多少个侮辱罪，应当以同种数罪并罚。

6. 死者、法人能否成为侮辱、诽谤的对象？

我国刑法中侮辱、诽谤罪的对象应限于活着的自然人，不能包括死人和法人。当然，虽然侮辱的是法人，但实际上也毁损了法定代表人等自然人的名誉的，还是可能成立侮辱罪、诽谤罪的。

7. 导致被害人自杀，能否归属于侮辱、诽谤行为？

侮辱罪、诽谤罪的法定最高刑只有 3 年有期徒刑，侮辱、诽谤导致被害人自杀也很正常，所以可以将被害人的自杀结果归属于实施侮辱、诽谤的行为人，认定为侮辱、诽谤"情节严重"，追究行为人侮辱罪、诽谤罪的刑事责任。

8. 散布有损领导干部等公众人物名誉的真实事实的，是否构成侮辱罪？

众所周知，公众人物无隐私。散布有损领导干部、人大代表、党代表等公众人物名誉的真实事实，虽然也侵害了其名誉，但由于民众的知情权优越于公众人物的个人名誉权，所以，既不能构成诽谤罪，也不能构成侮辱罪。

9. 发表对公众人物的看法与评论，能构成诽谤罪吗？

案 3：2006 年 3 月的某天，时任 T 省 Z 山县人大法工委主任 A、县委政策研究室副主任 B、农机局局长 C 在聊天中对县委的工作意见很大，三人完成了一份《众口责问李某》的举报材料，对县委书记从以下四个方面提出了责问：（1）县里原本承诺某地皮建"Z 山标志性建筑"，为何突然卖给个人搞房地产开发？（2）县纪检委为何不断对一些招商引资的事抓住不放？（3）县财政上去了，而职工午餐补助却始终没有下文？（4）为何书记常住的当地宾馆是 2 680 元一天的 706 号总统套间？关于以上四方面都有详尽的论证。材料写成后被邮寄给了 D 市的市委书记、市长，Z 山县"四大班子"及各局办部分领导。法院认定这三人的行为构成诽谤罪。

这是真实案件。《宪法》第 41 条第 1 款规定："中华人民共和国公民对于任何国家机关和国家机关工作人员，有提出批评和建议的权利；对于任何国家机关和国家机关工作人员的违法失职行为，有向有关国家机关提出申诉、控告或者检举的权利，但是不得捏造或者歪曲事实进行诬告陷害。"该案中几名被告人对公共事务发表评论，对国家机关工作人员提出批评，是行使宪法所赋予的权利，没有诽谤罪的故意，也没有捏造事实，无论如何不能将其行为评价为诽谤罪。

公民对公共事务和公众人物发表看法和评论，针砭时弊，是行使宪法赋予的批评建议权，是行使言论自由权，是推动社会进步的力量。只要行为人没有诽谤的故意，没有刻意捏造事实，即使所发表的看法和评论与事实有所出入，也不宜以诽谤罪或者侮辱罪论处。

10. 侮辱罪与诽谤罪之间是对立关系吗？

一般认为，侮辱罪与诽谤罪的区别在于，前者指摘的是真实事实，后者指摘的是虚假的事实，二罪的构成要件之间似乎是对立关系。在日本，刑法没有规定诽谤罪，其侮辱罪和毁损名誉罪的区别在于，前者不指出事实，后者指出事实，而且不管事实的真假。不过，如果与公共利益相关而指出的事实为真实，则不构成犯罪。我国《刑法》规定的诽谤罪仅限于通过捏造事实的方法毁损他人名誉，而不包括披露真实事实的行为。披露真实事实的行为，如果毁损他人名誉，成立侮辱罪。所以，在我国属于侮辱罪的，在日本可能属于毁损名誉罪。

在我国，侮辱罪与诽谤罪之间可谓补充关系。行为人对公共事务和公众人物发表评论，如果所散布的是真实的事实，当然不构成诽谤罪。但如果不是就公共事务和公众人物发表评论，即使所散布的是真实事实，也因为损坏了他人的名誉，而值得以侮辱罪科处刑罚。比如散布他人具有婚外性行为的事实，因为损坏了他人的名誉，也应该被认定为侮辱罪。简言之，只要对象不是公众人物，不管散布的事实是真是假，只要损坏了他人的名誉，都至少成立侮辱罪。也就是说，就普通人而言，事实的真假不重要，重要的是是否有损他人的名誉。只有对公众人物发表评论，才需要查明所散布的事实的真假：是真实的，则不构成诽谤罪，也不构成侮辱罪。如果事实是虚假的，则可能构成诽谤罪。

11. 散布有损非公众人物名誉的事实，需要查明是真实还是虚假才能定罪吗？

案 4：被害人程某曾是一家大型企业的主管，偶然认识了自称大学生、实为卖淫女的周某婷，随后二人同居。不久，程某得知真相，便提出分手，但周某婷要求程某娶她为妻。遭拒绝后周某婷便在网上发帖称"大奸商色狼程某，致酒醉学生妹怀孕后另寻新欢"，并转发给程某所在的公司北京总部，要求处理程某；此外还多次恐吓程某的年迈父母，逼迫他们答应程某娶其为媳妇。程某身败名裂后，气急败坏，对周某婷进行殴打致其轻伤，被法院以故意伤害罪判处有期徒刑1年。

本案中，程某不是公众人物，而是普通人，所以不管周某婷所散布的事实的真假，只要损坏了程某的名誉，周某婷的行为都至少构成侮辱罪。

侮辱罪相当于保护公民名誉的兜底性犯罪。如果对象不是公众人物，不管行为人散布的事实的真假，只要损坏了他人的名誉，都至少构成侮辱罪。如果查明所散布的事实是虚假的，则还成立诽谤罪，形成竞合，从一重处罚。

12. 真实与虚假难以查明的，能否定侮辱罪？

如果对象不是公众人物，不管所散布的事实的真假，只要损坏了他人名誉，就至少构成侮辱罪。如果对象是公众人物，在所散布的事实的真假难以查明时，按照事实存疑时有利于被告人的原则，以及对公民的宪法性权利的保护，不能认定为犯罪。

13. 误将虚伪事实当作真实事实而散布的，一定不构成犯罪吗？

如果对象是公众人物，误将虚伪事实当作真实事实而散布的，由于行为人不具有诽谤的故意，不构成诽谤罪。但如果对象不是公众人物，则只要行为人认识到散布这些事实可能损坏他人的名誉，依然成立侮辱罪。

14. 侮辱罪与强制猥亵、侮辱罪之间是什么关系？

案5：被告人杨某在村口小河沟内捕鱼，同村妇女吕某在沟旁捞肥泥。杨某认为吕某的行为妨碍其捕鱼，便张口谩骂吕某。吕某十分气愤，便故意将淤泥溅在杨某身上。杨某见状，随后从厕所里捞起大粪，涂在吕某嘴、脸及头发上。法院判定杨某的行为构成侮辱罪。

应该说，强制猥亵、侮辱罪不是所谓倾向犯，即便没有刺激或者满足性欲的倾向，只要侵害了妇女的性行为自主权，从法益保护考虑，也应认定被告人的行为还构成强制猥亵、侮辱罪。

案6：一帮人在某歌厅唱歌时，甲欲对提供正常服务的女服务员乙实施猥亵行为，乙表示反对。甲对乙说："你不就是一个卖淫女嘛，给你钱还不行吗？"乙仍然不同意。甲使用暴力对乙实施了猥亵行为。

本案中，甲当着众人的面对乙说"你不就是一个卖淫女嘛，给你钱还不行吗"，这种行为构成侮辱罪。甲之后使用暴力对乙实施了猥亵行为，又构成强制猥亵罪。甲实施了两个行为，侵害了两个犯罪所保护的法益，应当认定构成数罪，实行数罪并罚。

案7：被告人于某为报复与其丈夫有不正当关系的杨女，伙同他人强行将其带至一发廊门口，当众将杨女的裤子扒下，露出下身。嗣后，又将杨女带至某路口绿化带，再次将杨女的裤子扒光，而后离开。法院认为，"尽管从形式上看，被告人的这一行为与强制侮辱妇女罪的行为特征完全相符，但由于本案被告人当众侮辱被害人的行为，损害对象是特定的，其行为不是出于追求精神刺激而是出于报复泄愤、贬低他人人格，毁损他人名誉，符合侮辱罪的构成要件"。

很显然，法院将强制猥亵、侮辱罪看作倾向犯了。从法益保护角度考虑，这种看法是错误的。不管行为人主观上出于什么动机，只要侵害了妇女的性自主权，就应被评价为强制猥亵、侮辱罪。

对于妇女而言，性自主决定权是比名誉权更重要的法益，这从强制猥亵、侮辱罪与侮辱罪的法定刑的差异也能看出来。强制猥亵、侮辱罪不是什么倾向犯，不管是出于寻求性的刺激和满足的动机，还是出于报复的动机，只要使用强制手段侵害了妇女的性自主决定权，就构成强制猥亵、侮辱罪。强制猥亵、侮辱妇女的行为，若公然实施，通常也会侵害妇女的名誉权，也会构成侮辱罪。但对于妇女而言，性自主决定权是比名誉权更重要的法益，所以，即便认为是想象竞合，从一重处罚，也应以强制猥亵、侮辱罪定罪处罚。

15. 根据诽谤信息实际被点击、浏览次数定罪的司法解释规定，有无问题？

2013 年 9 月 6 日"两高"《关于办理利用信息网络实施诽谤等刑事案件适用法律若干问题的解释》规定，同一诽谤信息实际被点击、浏览次数达到 5 000 次以上，或者被转发次数达到 500 次以上的，应当被认定为诽谤罪的"情节严重"。对此规定，有批评意见认为，该规定会导致一个人是否构成犯罪并不完全由犯罪人自己的行为来决定；另有批判意见指出，该规定导致处罚范围过于扩大。

应该说，在网络环境中，他人的点击、浏览、转发都是一种相当自然、正常的现象，这并不出乎利用信息网络诽谤他人的行为人的意料。也就是说，散布行为与被害人的名誉毁损的结果之间的因果关系不可能被中断，结果必须归属于散布行为。网络诽谤的特点，决定了其本身就是值得处罚的情节严重的行为。在信息网络上发表诽谤他人的言论，只要信息网络上的诽谤言论没有被删除，其"捏造事实诽谤他人"的实行行为就没有终了，对被害人的名誉毁损所具有的抽象危险，就会在一定时间内持续增加，应当被认定为情节严重。因此，上述司法解释规定并没有扩大诽谤罪的处罚范围，反而可能缩小了诽谤罪的处罚范围。

16. 网络诽谤是继续犯吗？

张明楷教授认为：网络诽谤属于持续犯（继续犯）。因为虽然行为人将捏造的毁损他人名誉的事实散布到网络上就构成既遂，但只要行为人不删除其所散布的内容，对被害人名誉的侵害就处于持续过程中，而且越来越多的人会看到诽谤内容，对被害人的名誉毁损便会越来越严重，犯罪行为并没有终了。所以，追诉时效不是从既遂之日起计算，也不是从被害人知道诽谤实施之日起计算，而是从诽谤内容被删除之日起计算。[①]

---

① 张明楷. 刑法学. 6 版. 北京：法律出版社，2021：1196，1198.

应该说，上述观点有一定道理。不过，也可以不将网络诽谤看作继续犯，因为是否为继续犯一般是就整个罪名而言的，而不是就某个具体情形或者事实而言的。可以认为，只要行为人不删除、不撤掉其所散布的内容，法益就一直受到侵害，犯罪就没有实质终了。比如，在森林放一把火，火持续烧了三个月才熄灭；从别人处接一根电线持续偷电用电，都可以认为犯罪没有实质终了，追诉时效从犯罪实质终了之日起计算。也就是说，即便不将网络诽谤看作继续犯，也可能从犯罪是否实质终了角度确定追诉时效的起算时间。

17. 亲告罪等于自诉案件吗？

我国刑法理论通说认为亲告罪就是自诉案件，司法实践也这么认为。例如，2009 年 4 月 3 日公安部《关于严格依法办理侮辱诽谤案件的通知》指出，根据《刑法》第 246 条的规定，侮辱、诽谤案件一般属于自诉案件，应当由公民个人自行向人民法院提起诉讼，只有在侮辱、诽谤行为"严重危害社会秩序和国家利益"时，公安机关才能按照公诉程序立案侦查。2010 年 8 月 23 日最高检《关于严格依法办理诽谤刑事案件有关问题的通知》指出，经审查认为涉嫌犯罪的诽谤行为没有严重危害社会秩序或者国家利益，依法应当适用自诉程序的，对于提请批准逮捕的案件，应当退回公安机关或者依法作出不批准逮捕的决定，并向公安机关说明理由；对于移送审查起诉的案件，应当退回公安机关，并向公安机关说明理由。

应该说，认为亲告罪等于自诉案件，这是对"告诉才处理"的误解。所谓"告诉才处理"，其实是指只有被害人向公安、司法机关告发或者起诉，公安、司法机关才能进入刑事诉讼程序。其强调的是对被害人告诉权的尊重，不能违反被害人的意愿进行刑事诉讼。反之，在行为原本（可能）构成犯罪的前提下，只要被害人表达了进入刑事诉讼程序的意愿，公安、司法机关就应当进入刑事诉讼程序。换言之，对于被害人提出控告的，公、检、法都应该受理，不能以告诉才处理属于自诉案件为由予以拒绝；证据不足的，检察机关、法院可以将案件移交公安机关侦查，而不能直接驳回。

18. 诽谤领导干部就是所谓"严重危害社会秩序和国家利益"吗？

前几年风行所谓"诽谤领导干部案"。那些被诽谤的领导干部往往利用职权，以民众诽谤自己属于"严重危害社会秩序和国家利益"为由，动用公检法力量，作为公诉案件，从严从重从快地判罚"诽谤者"。正因如此，2013 年 9 月 6 日"两高"《关于办理利用信息网络实施诽谤等刑事案件适用法律若干问题的解释》

明确了属于"严重危害社会秩序和国家利益"的情形,以限制领导干部利用职权动用公诉力量打击报复对其批评监督举报的群众。不能认为诽谤县委书记、市委书记或者省委书记的,就是所谓"严重危害社会秩序和国家利益"。

19. 周围人都知道某人是卖淫女,行为人公然辱骂其为"婊子"的,属于侮辱吗?

即便周围人都知道某人是卖淫女,行为人公然辱骂其为"婊子",也是对其名誉的侵害,也应构成侮辱罪。这是因为对于普通人而言,无论事实真假,只要有损其名誉,都值得以侮辱罪科处刑罚。

20. 散布有损他人名誉的真实事实,客观上保护了公共利益,例如当众揭露候选人的真实的不道德行为的,构成侮辱罪吗?

"公众人物无隐私",如果对象是公众人物,所散布的事实关涉公共利益,则这时应优先保护的是民众的知情权而不是公众人物的个人名誉权。所以,散布有损公众人物名誉的真实事实,客观上保护了公共利益的,不构成犯罪。

21. 将事实剪裁后任意拼凑,改变事实真相的,属于"捏造事实"吗?

应该说,所谓捏造事实,并不限于"无中生有、凭空捏造虚假事实"。断章取义地改变事实真相,以及将事实进行剪裁后任意拼凑,改变事实真相,使一般人产生重大误解的,也属于捏造,也能构成诽谤罪。例如,完整的视频包含了甲与乙对骂的内容,但行为人仅将甲骂乙的内容拼凑成一个视频并对外散布的,也属于捏造。

第十一节 侵犯公民个人信息罪

第二百五十三条之一 **【侵犯公民个人信息罪】**违反国家有关规定,向他人出售或者提供公民个人信息,情节严重的,处三年以下有期徒刑或者拘役,并处或者单处罚金;情节特别严重的,处三年以上七年以下有期徒刑,并处罚金。

违反国家有关规定,将在履行职责或者提供服务过程中获得的公民个人信息,出售或者提供给他人的,依照前款的规定从重处罚。

窃取或者以其他方法非法获取公民个人信息的,依照第一款的规定处罚。

单位犯前三款罪的,对单位判处罚金,并对其直接负责的主管人员和其他直接责任人员,依照各该款的规定处罚。

疑难问题

1. 本罪的保护法益是什么？

本罪是侵犯公民人身权利的犯罪，其所保护的法益是公民个人信息权。所谓个人信息权，具体包括三个方面的内容：一是个人信息不被不正当收集、采集的权利，二是个人信息不被扩散的权利，三是个人信息不被滥用的权利。

2. 何谓刑法意义上的公民个人信息？

《网络安全法》第76条第5项规定："个人信息，是指以电子或者其他方式记录的能够单独或者与其他信息结合识别自然人个人身份的各种信息，包括但不限于自然人的姓名、出生日期、身份证件号码、个人生物识别信息、住址、电话号码等。"2017年5月8日"两高"《关于办理侵犯公民个人信息刑事案件适用法律若干问题的解释》（以下简称《个人信息解释》）指出，公民个人信息是指以电子或者其他方式记录的能够单独或者与其他信息结合识别特定自然人身份或者反映特定自然人活动情况的各种信息，包括姓名、身份证件号码、通信通讯联系方式、住址、账号密码、财产状况、行踪轨迹等。于2020年10月1日施行的《民法典》第1034条第2款规定，个人信息是以电子或者其他方式记录的能够单独或者与其他信息结合识别特定自然人的各种信息，包括自然人的姓名、出生日期、身份证件号码、生物识别信息、住址、电话号码、电子邮箱、健康信息、行踪信息等。于2021年8月20日公布的《个人信息保护法》第4条第1款规定，个人信息是以电子或者其他方式记录的与已识别或者可识别的自然人有关的各种信息，不包括匿名化处理后的信息。

应该说，从法益保护角度讲，凡是与自然人有关的各种信息，都是公民个人信息。除了上述规定所列举的信息，公民个人信息还包括婚姻状况、工作单位、学历、履历等能够识别公民个人身份或者涉及公民个人隐私的信息、数据资料，以及公民生理状态、遗传特征、经济状况、电话通话清单、个人具体行踪等。但是，"公民"并不包括单位和死者。例如，在一些网络平台上可以查询企业的工商登记信息、诉讼信息等，这些都属于单位的信息，不是公民个人信息。

3. 向他人提供电话号码，但没有其他信息的，构成侵犯公民个人信息罪吗？

应该说，并不是任何单独的一项信息，就能构成公民个人信息。另外，除了考虑个人信息的公共属性，还需要依据一般人的观念进行判断。例如，行为人对外公布全国所有民法学专业的博士研究生的姓名或者民法学教授、博士研究生导师的姓名，就不可能构成本罪。

只要是能用于识别公民身份等方面的相对重要的信息，就可以成为公民个人信息。例如，姓名＋家庭住址、姓名＋手机号码、姓名＋身份证号码、姓名＋银行卡号、姓名＋行踪轨迹、姓名＋存款信息等，都属于刑法保护的公民个人信息。但一般来说，姓名＋毕业院校、姓名＋职务、姓名＋性别、姓名＋年龄、姓名＋学历等，难以成为刑法保护的公民个人信息。不过，如果是姓名＋多项不重要的信息，也可能被综合评价为刑法保护的公民个人信息。

如果行为人只是提供了1 000个手机号码，而没有提供相应的姓名，也没有提供其他可以用于识别身份的信息，那就不是公民个人信息，相关行为不构成侵犯公民个人信息罪。

4. 本罪的实行行为是什么？

本罪的构成要件行为包括三种类型的实行行为，分别是出售、提供、非法获取。

第一种行为类型是，违反国家有关规定，向他人出售或者提供公民个人信息。出售其实也是提供的一种方式。凡是使他人可以知悉公民个人信息的行为，都属于提供。

第二种行为类型是，违反国家有关规定，将在履行职责或者提供服务过程中获得的公民个人信息，出售或者提供给他人。例如银行或网络、电信服务提供商的工作人员在提供服务过程中获得的公民个人信息，都属于这一类型下的公民个人信息。行为人将这些公民个人信息出售或者提供给他人的，成立侵犯公民个人信息罪。

第三种行为类型是，窃取或者以其他方法非法获取公民个人信息。"窃取"其实也是非法获取的一种方式。凡是非法获取公民个人信息的行为，如购入、夺取、骗取等，都属于"以其他方法非法获取"。例如，行为人冒充司法工作人员，欺骗国家机关或者电信、金融、交通、教育、医疗等单位的工作人员，让他们给自己提供公民个人信息的行为，就属于这种类型。

5. 本罪的既遂如何判断？

本罪的实行行为是出售、提供、非法获取三种：就出售、提供而言，只要他人已经知悉公民个人信息，就成立犯罪既遂。就非法获取而言，只要行为人已经取得或者掌握了公民个人信息，就成立犯罪既遂。

6. 《刑法》第 253 条之一第 3 款应否被视作独立的罪名?

《刑法》第 253 条之一第 1 款和第 2 款规定的行为方式是出售、提供,而第 3 款规定的行为方式是非法获取。应该说,非法获取明显不同于出售、提供,正如购买不同于出售,收买不同于拐卖,行贿不同于受贿一样。非法获取公民个人信息,于对公民个人信息的侵害而言,只是抽象危险,而出售、提供,可产生实害。所以,理想的做法是将第 3 款作为独立的罪名,规定相对较低的法定刑,或者设置相对较高的入罪门槛。在立法和罪名不能改变的情况下,非法获取公民个人信息比出售、提供公民个人信息在定罪量刑标准上应相对高一些。

7. 成立《刑法》第 253 条之一第 2、3 款规定的犯罪是否要求情节严重?

《刑法》第 253 条之一第 2 款规定"依照前款的规定从重处罚",第 3 款规定"依照第一款的规定处罚"。

值得注意的是,2009 年《刑法修正案(七)》第 7 条在增设本罪时曾规定"窃取或者以其他方法非法获取上述信息,情节严重的,依照前款的规定处罚",而 2015 年《刑法修正案(九)》第 17 条在修改本款时删除了"情节严重"的要求。由此,能否认为,非法获取公民个人信息成立犯罪不要求"情节严重"?

应该说,无论第 2 款还是第 3 款,都不是对单纯法定刑的援引,还是对第 1 款的犯罪成立条件的援引,即成立第 2、3 款规定的犯罪,也要求"情节严重"。只有这样理解,相应的处理才能协调。

8. 违反部门规章,属于"违反国家有关规定"吗?

应该说,之所以《刑法修正案(九)》将《刑法修正案(七)》关于本罪规定的"违反国家规定"修改为"违反国家有关规定",是因为当时国家有关个人信息的立法还很不完善。现在《个人信息保护法》已经出台,应当将"违反国家有关规定"限缩解释为"违反国家规定",即不应认为"违反国家有关规定"包括违反部门规章的规定。质言之,虽然二者的表述不同,但难以认为二者的范围不同。

9. 非法获取公民个人信息后又出售或者提供给他人的,应作为一罪处理还是应数罪并罚?

非法获取公民个人信息后又出售或者提供给他人,由于仅侵害了一个法益,所以成立包括的一罪,以侵犯公民个人信息罪一罪定罪处罚即可。

10. 非法获取公民个人信息后利用其实施诈骗，应作为一罪处理还是应数罪并罚？

虽然一般可能认为这种情形属于牵连犯，但往往是行为人一次性非法获取大量的公民个人信息，然后利用所非法获取的信息实施诈骗，侵害了两个法益，所以应以侵犯公民个人信息罪与诈骗罪数罪并罚。

11. 公民一天中详细的行踪轨迹，算一条信息还是多条信息？

对本罪的构成要件与情节严重的解释不要过于严格，换言之，不要试图限制本罪的成立范围，因为刑法条文已经限制了其成立范围。例如，《个人信息解释》规定，非法获取、出售、提供行踪轨迹信息、通信内容、征信信息、财产信息50条以上的，属于情节严重。问题在于如何认定行踪轨迹信息条数。例如，一个教授，早上七点半从家里出发，八点到办公室写书一小时，九点到教学楼上三节课，十二点到教工食堂吃饭，十二点半回办公室午睡半小时，午睡起来后在办公室写书三个小时，下午四点去操场跑步一小时，五点到食堂吃饭，然后回办公室继续写书到晚上十点，然后回家里睡觉。如果行为人向他人提供这个教授的行踪轨迹，认定是提供了1条还是10条？应该认定为10条，而不是1条。另外，不能要求行踪轨迹很具体，是大体的行踪轨迹亦可，如行为人提供的信息是某人半年内都一直待在北京，这当然属于行踪轨迹。

12. 公民自愿提供并同意他人使用的信息，属于本罪的行为对象吗？

例如：客户张三向小额贷款公司借款，小额贷款公司不能确定张三提供的身份证是否真实，于是要求张三手持身份证拍照，并向张三说明了他们要将其身份证上的相关信息和照片提交给相关公司、有关部门，以检验身份证的真伪，张三当场表示同意。之后，小额贷款公司将上述个人信息提交给相关公司，相关公司又将上述信息提供给有关部门，有关部门人员依法根据上述信息调取张三身份证的存档照片（没有其他信息），并在对照片进行网格化处理后将它交给相关公司，相关公司再交给小额贷款公司，由小额贷款公司自己判断身份证的真伪。

本案中，身份证及其相关信息与照片，都是张三自愿提供并同意他人使用的，除此之外只有一个网格照片，只能就网格照片本身判断相关人员的行为是否构成侵犯公民个人信息罪。由于网格照片中没有其他信息，不能认定成立侵犯公民个人信息罪。

应该说，在这样的案件中，不能认定相关人员非法提供了公民个人的姓名、身份证号、照片等信息，因为公民个人同意他人使用的必须除外。换言之，公民个人自愿提供并同意他人使用的个人信息，不是侵犯公民个人信息罪的保护对象。当然，如果相关人员超出公民同意的范围使用上述信息，则构成侵犯公民个人信息罪。

13.《个人信息解释》将曾经受过刑事处罚与行政处罚认定为"情节严重"与"情节特别严重"，有无问题？

曾经受过刑事处罚与行政处罚，这是反映再犯罪可能性大小即特殊预防必要性大小的预防要素，不是反映不法程度的要素。而"情节严重"与"情节特别严重"均是客观方面的反映法益侵害程度的要素，也就是不法要素。很显然，这种司法解释规定混淆了预防要素与不法要素，殊有不当。

第十二节　虐待罪

第二百六十条　**【虐待罪】**虐待家庭成员，情节恶劣的，处二年以下有期徒刑、拘役或者管制。

犯前款罪，致使被害人重伤、死亡的，处二年以上七年以下有期徒刑。

第一款罪，告诉的才处理，但被害人没有能力告诉，或者因受到强制、威吓无法告诉的除外。

疑难问题

1. 本罪的立法目的是什么？

案1：被告人刘甲因好逸恶劳，多次打骂年迈的父母，并多次将父母赶出家门。其父亲刘乙在自家旁边的牛栏里架了一张简易铺，铺上只有一些稻草，再无其他御寒物品。由于被告人刘甲不准其父刘乙进房住，也不给饭吃，刘乙在饥寒和病困中因机体功能极度衰竭而死亡。法院判决被告人刘甲犯虐待罪，判处有期徒刑6年。

本案中，被告人对年迈的父母，不给饭吃，不给看病，不给地方住，不给御寒的物品，长期虐待，致使被害人在饥寒和病困中因机体功能极度衰竭而死亡。被告人刘甲的行为构成虐待罪，法院以虐待致人死亡判处是正确的。

案2：老太太罗某与儿媳吴某一起生活。吴某嫌弃老人，经常不给吃饱，冬天让她睡竹床、盖薄被，有病也不给医治，且连打带骂。后吴某竟指使儿子狠踢其祖母。后老人逃出家门，支撑不住，昏倒在地，被执勤的解放军用担架送回家，但吴某又伙同其子对奄奄一息的老人连打带骂，一小时后罗某去世。

对于该案，有学者认为，"吴某交替使用肉体折磨方法与精神折磨方法虐待罗某，并致其死亡，构成虐待罪"。

本案中，被告人吴某对婆婆除"经常不给吃饱，冬天让她睡竹床、盖薄被，有病也不给医治"外，还"指使儿子狠踢其祖母"，"伙同其子对奄奄一息的老人连打带骂"。应该说，前面的行为构成虐待罪，后面的行为构成故意伤害致死，应当以虐待罪与故意伤害（致死）罪数罪并罚。

为保护公民的人身权利，我国《刑法》规定了故意伤害罪、故意杀人罪等罪名，但这些罪名都有定量的要求。为了保护家庭中的弱势成员，即便没有伤害、杀人的故意，后果达不到伤害、杀人的程度，也有必要进行刑事规制。质言之，在故意伤害罪、故意杀人罪等罪名之外，单独设立虐待罪，就是为了突出对家庭弱势成员的特殊保护，故行为虽未达到故意伤害、杀人的程度，但严重摧残家庭成员的身体和精神健康的，也应追究行为人的刑事责任。

2. 男友虐待女友、雇主虐待保姆的，构成本罪吗？

虐待罪的对象是"家庭成员"。应该说，家庭成员并不限于具有亲属关系的人。未登记结婚但在同一住宅内共同生活的男女朋友，即使没有达到事实婚姻的程度，也应被认定为家庭成员。如果是住家保姆，也可以被评价为事实上的家庭成员，雇主虐待住家保姆，情节恶劣但又不构成故意伤害罪的，也能被认定为虐待罪。

3. 本罪与故意伤害罪、故意杀人罪之间是什么关系？

案 3：被告人陈某之母黄某（81 岁）的手摔断了，自己不能吃饭，需要喂才能吃到饭。1999 年 4 月 24 日起，被告人陈某每天只将饭放在母亲床前，没有喂母亲吃过一餐饭。4 月 27 日，黄某被发现已死亡。法院判决被告人陈某犯虐待罪，判处有期徒刑 3 年。

本案中，被害人完全丧失自己进食的能力，被告人不给喂饭，导致被害人饿死，应当构成不作为的故意杀人罪，而不仅仅构成虐待罪。

案 4：被告人蔡某与其子蔡甲（本案被害人，死亡时 14 岁）一起生活。蔡某酒后经常对蔡乙进行殴打，并用烟头烫、火钩子烙身体、钳子夹手指、冬季泼凉水等方法对蔡乙进行虐待。某夜，蔡某发现蔡甲从家中往外走，遂拳击其面部，用木棒殴打其身体。次日，蔡甲死亡。二审法院判决蔡某犯故意伤害罪，判处有期徒刑 12 年。

本案中，被告人对被害人除有长期的虐待行为外，最后一次还"拳击其面部，用木棒殴打其身体"，故除构成虐待罪外，还构成故意伤害（致死）罪，应当以虐待罪与故意伤害（致死）罪数罪并罚。法院仅认定构成故意伤害（致死）罪是不够准确的。

虐待罪与故意伤害罪、故意杀人罪之间不是对立关系，而是包容竞合关系。二者的区别并不在于对象是否为家庭成员，行为是否具有经常性、持续性、反复性，而在于行为能否被评价为伤害、杀人行为，行为人主观上有无伤害、杀人故意。也就是说，伤害、死亡结果并不需要是一次性造成的，长期殴打、投毒，导致重伤、死亡的，如果行为人具有伤害、杀人的故意，也能成立故意伤害罪、故意杀人罪。《刑法》规定的虐待罪，绝不是家庭施暴者的护身符。对他人进行严重的身体和精神上的摧残，只有不能被评价为伤害、杀人行为，主观上没有伤害、杀人故意，不构成故意伤害罪、故意杀人罪，而对象是家庭成员的，才能仅以虐待罪定罪处罚。若在虐待之外，实施的行为能够被评价为伤害、杀人行为，行为人主观上又具有伤害、杀人的故意，则应在虐待罪之外，另外评价为故意伤害罪、故意杀人罪，与虐待罪数罪并罚。

4. 如何区分虐待致人死亡与故意伤害致人死亡？

虐待致死与故意伤害致死的区别，并非如刑法理论通说所认为的，在于对象是否为家庭成员，行为是否具有长期性、经常性、反复性，而在于，行为是否属于伤害行为、行为人有无伤害故意。行为能被评价为伤害行为，行为人主观上具有伤害故意，且行为导致被害人死亡的，应当被评价为故意伤害（致死）罪。其他行为还能被评价为虐待罪的，应以故意伤害罪与虐待罪数罪并罚。

5. 长期在被害人的茶杯中放毒，被害人喝了半年后死亡的，是成立故意杀人罪还是虐待致人死亡？

虐待致死与故意杀人罪的区别也不是如通说所言，在于对象是否为家庭成员，行为人是否具有长期性、经常性、持续性，而在于行为是否为杀人行为，行为人主观上有无杀人故意。长期在被害人的茶杯中放毒，被害人喝了半年后死亡的，行为是杀人行为，行为人也有杀人的故意，故应当被评价为故意杀人罪。

6. 如何区分本罪与遗弃罪？

从理论上讲，本罪的行为方式主要是作为，而遗弃罪的行为方式是不作为。但事实上难以从行为方式上区别二者，因为虐待行为也包括不给吃饭、不给看病、不给地方住、不提供御寒衣物，而遗弃也可以采作为方式，如把被害人带到原始森林、悬崖边上等危险境地。我国司法实践并没有严格区分二者。对于家庭成员，故意不提供衣食住行等方面的必要保护的，既成立虐待罪，也成立遗弃罪，属于想象竞合，从一重处罚。

7. 虐待过失致死，能否判处低于 3 年有期徒刑的刑罚？

虐待罪与过失致人死亡罪之间是法条竞合关系，法条竞合中被排斥的劣位法也能发挥轻罪的封锁作用。也就是说，虐待（过失）致人死亡的，成立虐待（过失）致死，但不能判处低于过失致人死亡罪的基本犯的法定刑（3 年以上 7 年以下有期徒刑），即只能处 3 年以上 7 年以下有期徒刑。或者说，虐待致人重伤、死亡，"处二年以上七年以下有期徒刑"中的"二年以上三年以下有期徒刑"，是仅就虐待致人重伤和被害人自杀而言的。

8. 虐待致人死亡，是否包括被害人自杀？

由于虐待的法定刑不重，而且虐待导致被害人不堪忍受而自杀，并不异常，所以，虐待致人死亡可以包括被害人自杀的情形。

9. "虐待"是否包括精神虐待？

虐待罪所保护的法益是身体的不可侵犯性与精神的健全性。增设虐待罪，就是为了将针对家庭弱势成员实施的不构成故意伤害罪、故意杀人罪的人身侵害行为纳入刑法规制的范畴。所以，对家庭成员进行精神虐待，情节严重的，也能构成虐待罪。

10. 本罪是继续犯吗？

刑法理论通说认为，本罪是继续犯。众所周知，我国刑法理论通说关于继续犯罪名范围的确定比较随意。继续犯的本质是法益在每时每刻都受到同等程度的侵害，因而能够持续性地肯定构成要件的符合性。而虐待，不可能一直持续，因为虐待人通常也会休息。也就是说，虐待罪并不符合继续犯的本质，所以不是继续犯，其追诉时效应从虐待罪成立之日起算。持续虐待的，也可以认为是连续犯，追诉时效从犯罪终了之日起算。

第四章　侵犯财产罪

第一节　抢劫罪

第二百六十三条　【抢劫罪】以暴力、胁迫或者其他方法抢劫公私财物的，处三年以上十年以下有期徒刑，并处罚金；有下列情形之一的，处十年以上有期徒刑、无期徒刑或者死刑，并处罚金或者没收财产：

（一）入户抢劫的；

（二）在公共交通工具上抢劫的；

（三）抢劫银行或者其他金融机构的；

（四）多次抢劫或者抢劫数额巨大的；

（五）抢劫致人重伤、死亡的；

（六）冒充军警人员抢劫的；

（七）持枪抢劫的；

（八）抢劫军用物资或者抢险、救灾、救济物资的。

第二百六十九条　【抢劫罪】犯盗窃、诈骗、抢夺罪，为窝藏赃物、抗拒抓捕或者毁灭罪证而当场使用暴力或者以暴力相威胁的，依照本法第二百六十三条的规定定罪处罚。

疑难问题

1. 抢劫罪的保护法益是什么？

我国刑法理论通说一直认为，抢劫罪的法益（客体）是公私财产权和人身权。[①] 可是，这个人身权所指为何？没有侵犯生命、身体的行为，如采用让人服

---

① 高铭暄，马克昌. 刑法学. 10 版. 北京：北京大学出版社，高等教育出版社，2022：498.

用安眠药、用酒精灌醉的手段，照样能构成抢劫罪。所以，我们不能要求侵犯了生命、身体的行为才成立抢劫罪，否则就意味着只有部分加重抢劫才能构成抢劫罪。这显然不合适。确定抢劫罪的法益，是要确定成立抢劫罪的最低限度。而成立抢劫罪的最低限度，就是侵犯财产与意思活动自由。所以，抢劫罪的保护法益是财产和意思活动自由。

2. 以损毁名誉、毁坏财产相威胁，能构成抢劫罪吗？

抢劫罪，是指当场使用暴力、胁迫或者其他强制方法强取公私财物的行为。无论是采取哪种强制手段，都必须达到足以压制被害人反抗的程度。抢劫罪的本质，就是通过暴力、胁迫或者其他强制手段压制被害人的反抗而强取公私财物。

暴力方法，是指行为人对被害人不法行使有形力，使被害人不能反抗的行为，如殴打、捆绑、伤害、杀害、禁闭等。虽然抢劫罪的暴力需要达到足以压制被害人反抗的程度，但并不要求必须具有危害生命、身体安全的性质。例如，将被害人监禁在室内，虽然没有危及被害人的生命、身体安全，但足以压制被害人的反抗，所以也属于暴力行为。

胁迫方法，是指以恶害相通告，使被害人产生恐惧心理而不敢反抗的行为。这种胁迫也应达到足以压制被害人反抗的程度。恶害是指对被害人的生命、身体、自由的加害。以当场立即实现毁损名誉的内容进行威胁，以及以毁损更高价值的财产相威胁，要求被害人交付财产的，不能被认定为抢劫罪，只能被认定为敲诈勒索罪。只要行为人的行为使被害人以为行为人会实现胁迫的内容就可以了，不要求行为人一定实现胁迫的内容。

其他方法，是指暴力、胁迫以外的造成被害人不能反抗的强制方法。强制被害人的方法很多，只要能压制被害人的反抗即可。最典型的是采用药物、酒精使被害人暂时丧失自由意志，然后劫走财物。但只是单纯利用被害人不能反抗的状态（如昏迷、昏睡、被捆绑）取走财物的，仅成立盗窃罪。

3. 抢劫罪的对象是什么？

案1：数名被告人持凶器闯入高速路收费站点，控制收费站工作人员后，在长达6个多小时的时间内，冒充收费站工作人员收取来往司机4万余元的过路费，但收费时均未出具发票。

本案中，被告人通过控制收费站工作人员的手段取得过路费收费权这种财产性利益，而收费站工作人员因此丧失了这种利益，所以被告人的行为成立财产性利益抢劫罪。

抢劫罪的对象包括狭义的财物（有体物和无体物）和财产性利益。抢劫狭义的财物时必须严格要求财产占有的转移，但抢劫财产性利益，不像盗窃罪那样需要将他人的债权转移到自己的银行账户这种真正意义上的占有转移。与诈骗财产性利益一样，只要行为人取得的利益与被害人所丧失的利益之间具有对应关系就可以了。例如，乘坐出租车到目的地后拿刀威胁司机"你是要钱还是要命"，司机被迫放弃了车费请求权。这个行为就成立抢劫罪，行为人相当于取得了免除债务这种财产性利益，司机因此丧失了车费请求权。

4. 实施暴力且取得财物就一概成立抢劫罪的既遂吗？

案2：某日傍晚，甲女在回家的路上被乙男尾随，甲女走快一点，乙男也走快一点，反之亦然。甲女为了摆脱乙男，就把自己随身携带的装有1万元现金的包放在路边的长椅上，乙男拿到包后，仍然追上去给了甲女两耳光，警告甲女不要报警。

本案中，乙男尾随甲女，只是抢劫的预备。虽然乙男最终取得了财物，但不是通过压制被害人的反抗而取得财物，不符合抢劫罪的构造和因果关系，不能成立抢劫既遂。本案中乙男的行为只能被评价为抢劫预备和盗窃罪，数罪并罚。

案3：被害人养了一些猪，养猪场边有个小屋子，被害人晚上就睡在小屋里。被告人大半夜去偷猪，为了防止被害人反抗，就将小屋子反锁起来，然后将猪偷走。但被害人居然没有因为猪的叫声而醒过来，而是在第二天早上醒来时才发现自己被反锁在屋子里了。

本案中，虽然被告人将被害人锁在屋里可谓暴力行为，但偷猪时被害人并没有醒来，不能认为被告人是通过压制被害人的反抗而强取财物，所以其行为不能成立抢劫既遂，只能被认定为抢劫未遂和盗窃罪，数罪并罚。

案4：摩托车主甲因为计划上楼取一点东西后马上下来，就没有给摩托车上锁。被告人乙看到摩托车后，以为摩托车边上的丙是摩托车主，就将丙推倒在地，然后骑走了摩托车。

本案中，被告人误以为其暴力的对象是被害人，但其实是无关的第三人。按照主观的关联性说，由于行为人主观上将推倒他人作为取得摩托车的手段，其行为成立抢劫既遂。但按照客观的关联性说，由于被告人不是通过压制被害人的反抗而强取财物，其行为只能成立抢劫未遂和盗窃罪，数罪并罚。

案5：甲在乙家向乙的饮料中投放安眠药，打算两小时后再次进来取得财物。乙喝下有安眠药的饮料后不久就出门了，一下午都没有回来。甲不知道这个情况，照计划在两个小时后进入乙家。进去后，甲发现屋里并没有人，于是顺利地取走了乙家的财物。

本案中，虽然甲采用了使乙服用安眠药的强制方法，但甲取得财物与他投放安眠药的行为之间没有因果关系。他能取得财物，是因为乙家没人。所以甲不是通过压制被害人反抗而取得财物，其行为不符合抢劫罪的构造。考虑到甲实施了投放安眠药的行为和盗窃财物的行为，应当认定成立抢劫罪未遂与盗窃罪既遂，实行数罪并罚。

抢劫罪的暴力、胁迫与后面的取得财产之间必须具备什么样的关联，才能成立抢劫罪的既遂，对此有所谓主观的关联性说与客观的关联性说。主观的关联性说认为，只要行为人主观上把暴力、胁迫当成取得财物的手段，就成立抢劫既遂。客观的关联性说要求，在以抢劫故意实施的暴力、胁迫压制被害人反抗后取得财物的，才构成抢劫既遂。

应该说，客观的关联性说具有合理性。抢劫罪就是当场使用暴力、胁迫或者其他强制方法强取公私财物，而强取财物意味着，行为人以暴力、胁迫等强制手段压制被害人的反抗，强制手段与夺取财物之间必须存在因果关系。主观的关联性说过于扩大了抢劫既遂的成立范围，因而不可取：只有压制了被害人的反抗而取得财物，才能将财产损失的结果同时归责于暴力、胁迫行为，从而使暴力、胁迫与取得财物产生机能性关联。前述案3和案4中，不能说被害人的意思自由受到了侵害，所以被告人的行为不符合抢劫罪既遂的构造，只能成立抢劫未遂。总之，抢劫罪既遂的构造是，行为人以暴力、胁迫等强制手段压制被害人的反抗而取得财物。

5. 出于其他目的压制被害人反抗后产生取得财物的意思而取走财物的，成立抢劫罪吗？

案6：A男欲强奸对面租户B女。A进入B的房间之后，对B实施暴力，要求发生性关系。B说："你别强奸我，我给你500元钱，你去嫖娼只需要400元，那还可以赚100元。"A拿到500元之后就放弃了强奸行为。

本案中，A实施暴力压制B的反抗是为了进行强奸。在压制被害人反抗后，B主动提出给付财物，A中止了强奸行为并接受了给付。这种行为不属于通过压制被害人的反抗而强取财物，不能被评价为抢劫罪。本案中只能认定成立强奸中止和盗窃罪，数罪并罚。

案7：被告人在公路上想强吻18岁的女孩，女孩拼命反抗，被告人没有得逼。被告人在抓住女孩的手时，发现女孩左手戴着名表，于是趁机把手表摘下来了。

本案中，被告人是出于猥亵的目的压制被害人的反抗。压制反抗后产生取财的意思而取走财物的，由于没有实施新的暴力、胁迫行为，不属于通过压制被害人的反抗而强取财物，不成立抢劫罪，只能成立强制猥亵未遂和盗窃罪，数罪并罚。

关于行为人出于其他目的对被害人实施暴力行为，在暴力行为压制被害人的反抗后，行为人产生了取得被害人财物的意思，进而取得了被害人财物的，是否构成抢劫罪，或者说，如果认定为抢劫罪，是否要求有新的暴力、胁迫行为，在理论上和实践中存在巨大争议。应该说，根据抢劫既遂的构造，只有当行为人产生取得财物的意思后又实施了新的暴力、胁迫行为，才能认定成立抢劫罪。虽然要求有新的暴力、胁迫行为，但不应对暴力、胁迫的程度提出过高的要求，或者说不应像要求通常的抢劫罪那样要求从被害人完全自由到压制被害人反抗程度的严重暴力、胁迫，因为行为人前面的行为已经压制了被害人的反抗，后面的暴力、胁迫实施得再轻微，也可以被评价为压制了被害人反抗的暴力、胁迫。具体而言，可能存在如下一些情形：

（1）为了取得财物而实施了新的暴力、胁迫行为的，应当认定成立抢劫罪。

（2）在捆绑被害人的过程中，产生犯意，取走财物的，应当认定成立抢劫罪。

（3）在对被害人持续实施暴力行为的过程中，被害人提出给钱，行为人才停止的，只要能够评价为存在"如果不给钱就继续实施暴力"的胁迫，就应当认定成立抢劫罪。

（4）暴力行为已经压制被害人的反抗后，产生取得财物的意思，然后有任何语言威胁的，都可以被评价为抢劫罪中的胁迫，而构成抢劫罪。

（5）暴力行为已经压制被害人的反抗后，产生取得财物的意思，被害人恳求不要取走财物，而行为人仍然取走的，能够认定成立抢劫罪。

（6）暴力行为已经压制反抗，暴力威胁并没有持续，被害人主动提出给钱，行为人没有"讨价还价"，而是单纯拿走被害人所提供的现金的，不成立抢劫罪，只能成立盗窃罪。

（7）暴力、胁迫行为已经压制被害人的反抗后，暴力、胁迫并没有持续，被害人主动提出给钱，而行为人"讨价还价"，提出了具体数额要求的，可以评价为存在新的胁迫行为，构成抢劫罪。

（8）暴力、胁迫行为已经压制被害人的反抗后，产生取得财物的意思，在误以为被害人没有意识到的情况下取走财物的，由于缺乏抢劫的故意，不构成抢劫罪。

（9）在共同实施强奸、强制猥亵的过程中，二人的暴力、胁迫行为压制被害人的反抗后，一人正在实施奸淫、猥亵行为，另一人取走财物的，由于可以认为共同的暴力、胁迫行为在持续，所以对后者取走财物的行为应认定成立抢劫罪。

（10）暴力行为虽然已经压制被害人的反抗，但仍然能被评价为暴力在持续中的状态（如强奸未遂致伤后身体仍压在被害人身上）下，取走财物的，能够被认定为抢劫罪。

（11）在暴力已经压制被害人的反抗后，对被害人有任何可以被评价为新的暴力行为的，只要符合抢劫罪的构造，就应认定为抢劫罪。

（12）暴力行为已经压制被害人的反抗后，产生取得财物的意思，行为人要求被害人将财物给自己的，由于可以被评价为"如果不给财物就继续实施暴力"的新的胁迫，因而应当认定为抢劫罪。

（13）暴力、胁迫行为已经压制被害人的反抗后，产生取得财物的意思，单纯在被害人意识到的情况下取走了被害人的财物的，由于不存在新的暴力、胁迫行为，不成立抢劫罪。

（14）在暴力、胁迫行为已经压制被害人的反抗后，产生取得财物的意思，在被害人没有意识到的情况下，取走了被害人的财物的，由于没有新的暴力、胁迫行为，不能认定为抢劫罪，只能认定为盗窃罪。

6. 抢劫罪能由不作为构成吗？

对于出于其他目的压制被害人的反抗后产生取得财物的意思，进而取走财物的案件，有观点认为：虽然要求新的暴力、胁迫，但在行为人前面的暴力、胁迫行为压制了被害人的反抗后，行为人就负有使被害人恢复到以前可以反抗的状态的义务，如果行为人不履行这个义务，就是不作为方式的暴力、胁迫。这种不作为方式的暴力、胁迫，当然就是新的暴力、胁迫。很显然，这种观点主张抢劫罪可由不作为构成。

应该说，这种不作为说可能扩大了抢劫罪的处罚范围，而且导致处理结果的不协调。将被害人打晕的，因为被害人可以恢复到以前可以反抗的状态而能成立抢劫罪，而杀人的，因为被害人不可能恢复到以前可以反抗的状态，反而不能成立抢劫罪，只能成立盗窃罪或者侵占罪。这明显不协调。抢劫罪的本质，就是通过暴力、胁迫以及其他强制手段压制被害人的反抗而取得财物。而所谓不作为的暴力、胁迫，即单纯利用被害人不能反抗的状态取走财物，显然与作为方式的暴力、胁迫，即造成被害人不能反抗的状态后强取财物，不具有等价性，因而承认不作为的暴力、胁迫也能构成抢劫罪，会不当扩大法定刑很重的抢劫罪的处罚范围。

7. "具备劫取财物或者造成他人轻伤以上后果两者之一的，均属抢劫既遂"的司法解释规定，有无问题？

2005 年 6 月 8 日最高法《关于审理抢劫、抢夺刑事案件适用法律若干问题的意见》（以下简称《两抢意见》）指出，抢劫罪侵犯的是复杂客体，既侵犯财产权利又侵犯人身权利，具备劫取财物或者造成他人轻伤以上后果两者之一的，均属抢劫既遂；既未劫取财物，又未造成他人人身伤害后果的，属抢劫未遂。

应该说，上述"择一既遂说"存在问题。固然抢劫罪是侵犯复法益的犯罪，但抢劫罪终究属于侵犯财产的犯罪，其所侵犯的主要法益还是财产。如果认为造成轻伤也成立抢劫既遂，就会要求退赔、返还财产。这也很荒谬。所以，应当以行为人取得或者占有被害人的财物为既遂标准。仅造成被害人伤害后果，未劫取到财物的，应当认定为抢劫未遂。

8. 能成立"抢劫数额巨大"的未遂吗？

张明楷教授主张区分加重的犯罪构成与量刑规则，认为"抢劫数额巨大"属于量刑规则，没有未遂；行为人以数额巨大的财物为目标进行抢劫，但没有抢到财物的，这时只能将其认定为抢劫罪基本犯的未遂，而不是抢劫罪加重犯的未遂；若仅抢到数额较大的财物，则成立抢劫罪基本犯的既遂。[1]

本书认为上述观点存在问题，理由在于：其一，根据客观的未遂犯论，如果行为人以数额巨大的财物，如汽车、重要文物为抢劫目标，客观上也已经接近数额巨大的财物，已经对数额巨大的财物形成具体、现实、紧迫的危险，但因为意志以外的原因未得逞的，没有理由不成立抢劫数额巨大的未遂。其二，上述观点认为以数额较大的财物如一部手机为抢劫目标，与以一辆汽车为抢劫目标，因意志以外的原因未得逞，均成立抢劫罪基本犯的未遂而适用相同的刑罚，明显导致罪刑失衡，就如对故意杀人未遂与故意伤害未遂适用同样的刑罚。其三，上述观点导致进入故宫博物院抢劫重要文物未得逞而成立抢劫罪基本犯的未遂，与抢

---

① 张明楷．张明楷刑法学讲义．北京：新星出版社，2021：387.

劫银行未得逞而成立抢劫罪加重犯的未遂之间的不协调。总之，行为人以数额巨大的财物为抢劫目标，客观上也已经接近数额巨大的财物，但因为意志以外的原因未得逞的，无论是未抢得财物，还是仅抢劫到数额较大的财物，均成立抢劫数额巨大的未遂，适用抢劫罪的加重法定刑，同时适用《刑法》总则关于未遂犯的处罚规定。

9. 丢掉枪支采用普通手段抢劫的，如何处理？

行为人原本打算持枪抢劫，在着手抢劫前丢掉枪支，采用拳打脚踢的普通手段完成抢劫的，属于刑法理论上的"部分的中止"，按照抢劫罪的基本犯既遂处理。行为人本来打算冒充军警人员抢劫，在着手前改变主意，采用普通手段抢劫的，也是部分的中止，仅成立抢劫罪基本犯的既遂。行为人本打算抢劫军用物资的，着手前改变主意，仅抢劫普通财物的，成立抢劫罪基本犯的既遂。

10. 干掉银行门口的保安就是"抢劫银行或者其他金融机构"的着手吗？

在理论上讲，只有对加重犯所保护的法益形成了具体、现实、紧迫的危险，才能被认定为加重犯的着手。例如，"抢劫银行或者其他金融机构"是抢劫罪的加重犯，可处 10 年有期徒刑、无期徒刑或者死刑。加重处罚抢劫金融机构的行为，旨在保护银行的经营资金、有价证券和客户的资金，所以，不是行为人闯入银行干掉保安就是着手，而是只有当行为人接近资金、有价证券时，才能认为对抢劫罪的加重犯所保护的法益形成了具体、现实、紧迫的危险，成立抢劫罪加重犯的着手。行为人闯入银行干掉保安只是抢劫罪加重犯的预备。又如，对于持枪抢劫，只有行为人准备掏枪或者显示枪支时，才是持枪抢劫的着手。携枪寻找抢劫的目标，只是持枪抢劫的预备。再如，暴力入户还不是"入户抢劫"的着手，只是入户抢劫的预备，只有入户后开始实施暴力、胁迫行为时，才是"入户抢劫"的着手。

11. 如何认定并处理"抢劫致人重伤、死亡"的未遂与中止？

不应抽象地讨论加重犯有无未遂与中止，而应首先分析加重犯的类型：如果是对加重结果持故意态度的故意加重犯（故意＋故意），则对加重结果当然可能成立未遂与中止。如果对加重结果是过失，即所谓故意＋过失的典型的结果加重犯，如故意伤害致死，当然没有加重犯的未遂与中止。其次，要考虑所讨论的未遂与中止是针对加重结果还是针对基本犯结果。就抢劫致人重伤、死亡而言，若是抢劫过失致人重伤、死亡，当然没有加重犯的未遂与中止成立的余地，但存在未遂与中止的结果加重犯，也就是，发生了加重结果，但没有发生基本结果（未取得财物)。未遂的，可适用加重法定刑，考虑到我国的法定刑很重，同时适用对未遂犯从轻或减轻处罚的规定。中止的，显然属于"造成损害"，可以在加重法定刑的基础上减轻处罚。若是抢劫时故意重伤、抢劫时故意杀人，则不仅能成立加重犯的未遂与中止，还能成立未遂与中止的结果加重犯。虽然对于加重犯的未遂和未遂的结果加重犯，都可以适用对未遂犯从轻或减轻处罚的规定，但是要注意的是，行为还能同时成立故意伤害罪、故意杀人罪的既遂，故未遂与中止的处罚不能低于故意伤害罪、故意杀人罪既遂的刑罚。例如，抢劫杀人，因为意志以外的原因未能劫取财物的，虽然成立未遂的结果加重犯，但不能判处低于故意杀人罪既遂的刑罚。抢劫杀人，但中止抢劫的，虽然成立中止的加重犯，即使"造成损害的，应当减轻处罚"，也不能判处低于故意杀人罪既遂的刑罚（死刑、无期徒刑或者 10 年以上有期徒刑）。

12. 没有认识到是军用物资而抢劫的，能成立"抢劫军用物资"吗？

法定刑升格条件属于客观要素，根据责任主义，除个别情形（首要分子、多次）外，原则上都是行为人主观上要认识的内容。也就是只有行为人认识到加重要素的存在，才能认定成立加重犯和适用加重法定刑。例如，只有行为人认识到所抢劫的是军用物资或者抢险、救灾、救济物资，所闯入的是"户"、是金融机构，所上的是公共交通工具，才能认定成立抢劫罪的加重犯。误以为抢劫的是普通物资，而实际上是军用物资的，或者相反，均不能认定成立"抢劫军用物资"，只能认定成立抢劫罪的基本犯。但如果误以为抢劫的是军用物资，而实际上是抢险、救灾、救济物资的，属于同一构成要件内的错误，不影响抢劫罪加重犯既遂的成立。

13. 如何限制"入户抢劫"的适用？

虽然"入户抢劫"也是抢劫罪的加重犯，但抢劫罪加重犯的无期徒刑和死刑并不适用于"入户抢劫"。也就是说，从罪刑相适应考虑，对于"入户抢劫"，只能判处 10 年以上有期徒刑。

对于"入户抢劫"，还应从以下几方面进行限制。

首先，对"户"的范围应进行限制。

虽然"入户抢劫"和入户盗窃都有"户"，但不能对两者作出完全相同的解释，因为：入户抢劫是抢劫罪的加重犯，起点刑就是 10 年有期徒刑。而入户盗窃只是成立盗窃罪的基本犯（处 3 年以下有期徒刑、拘役或者管制，并处或者单处罚金）。家中开设的赌场，可以成为入户盗窃的对象，但不宜作为"入户抢劫"

的对象。三人共同租住一套三居室，各居一室的，一人窜到另一个人的房间盗窃的，可以被评价为入户盗窃，但窜到另外一个人的房间实施抢劫的，不宜被评价为"入户抢劫"。因为宾馆有管理、服务人员，进入宾馆房间抢劫的也不宜被评价为"入户抢劫"。

张明楷教授认为：侵入学生宿舍抢劫的也应该成立"入户抢劫"。其理由是，如果认为学生宿舍不是"户"，就可能导致不公平的结论。例如，某大学法学院的两个博士研究生，一个博士研究生在校外租住两居室学习生活，受"入户抢劫"的刑法保护，而一个博士研究生在校内的学生宿舍学习生活，不能受"入户抢劫"的刑法保护，只能受普通抢劫的刑法保护。这样的结论让人觉得不公平——不管是住校外还是校内，居住地的功能都是一样的，也都跟外界隔离，为什么仅仅因为一个人租的是两居室，另一个人住的是宿舍，就导致其受到刑法保护的程度不同呢？所以，对"户"进行这种形式上的限制是不合适的。既然学生宿舍是学生日常生活的场所，也和外界相对隔离，那侵入学生宿舍抢劫就应该成立"入户抢劫"[1]。

本书认为，学生宿舍不能被评价为"入户抢劫"中的"户"。虽然学生宿舍也是用于日常生活的与外界相对隔离的场所，但学生宿舍通常都是一字排开，有左邻右舍，并非独门独户，有宿舍管理员，相对开放安全。这和一般居民楼中独门独户的几居室套间明显不同。所以，即便可以将学生宿舍评价为入户盗窃中的"户"，也不宜评价为"入户抢劫"中的"户"。进入学生宿舍抢劫的，不宜被评价为入户抢劫，只能被评价为普通抢劫。

其次，行为人必须认识到自己侵入的是"户"。

因为"户"是客观要素，根据责任主义的要求，行为人必须认识到所侵入的是"户"。行为人以为侵入的是卖淫、赌博场所或者商店，但事实上侵入的是家庭住所的，不应被认定为"入户抢劫"，只能被认定为普通抢劫。行为人在入"户"时不知道进入的是"户"，进入之后发现是"户"却仍然抢劫的，可谓"在户抢劫"，但不是"入户抢劫"，只能被认定为普通抢劫。

再次，行为人必须是以抢劫的故意或者目的入户。

只有以抢劫的故意入户并实施抢劫，才能被认定为"入户抢劫"，因为"入户抢劫"这种表述意味着行为人入户就是为了抢劫。以强奸目的入户后抢劫的，就不属于"入户抢劫"；只有以抢劫目的入户，进而实施抢劫的，才能使入户和

---

[1] 张明楷．张明楷刑法学讲义．北京：新星出版社，2021：389.

抢劫的违法性不是简单地相加，而是有机地结合，才能达到加重犯的违法性。行为人主观上对抢劫有预谋，意味着对行为人进行特殊预防的必要性更大。具体可以通过入户的方式，比如否携带凶器、是否在明知户内有人还强行进入等，来判断行为人入户时有无抢劫的故意或者目的。

又次，行为人必须是以暴力、胁迫的方式或者携带凶器入户。

如果不是违反被害人的意志携带凶器或者以暴力、胁迫方式入户，违法性就达不到加重犯的程度，不能适用加重犯的法定刑。对于单纯尾随被害人入户后抢劫的，因为被害人没锁门而偷溜入户后抢劫的，利用偷配的钥匙或所谓万能钥匙入户后抢劫的，通过欺骗方式入户后抢劫的，都不能认定为"入户抢劫"。

最后，暴力、胁迫等强制行为必须发生在户内。

"入户抢劫"不等于"户内抢劫"。如果暴力、胁迫等行为不发生在户内，行为的违法性就达不到以加重犯处罚的程度。以抢劫目的入户，之后使用暴力迫使被害人离开户，进而强取财物的，成立"入户抢劫"。但如果没有采用暴力，而是用欺骗的方式使被害人到户外去，然后才实施抢劫的，就不成立"入户抢劫"。

14. 认为在接送职工的单位班车、接送师生的校车上抢劫也属于"在公共交通工具上抢劫"的司法解释规定，有无问题？

2016 年 1 月 6 日最高法《关于审理抢劫刑事案件适用法律若干问题的指导意见》（以下简称《抢劫指导意见》）指出，接送职工的单位班车、接送师生的校车被视为"在公共交通工具上抢劫"中的"公共交通工具"。张明楷教授也认为，接送职工的单位班车、接送师生的校车，也应被认定为"在公共交通工具上抢劫"中的"公共交通工具"[①]。

本书认为，在接送职工的单位班车和接送师生的校车上抢劫的，不宜被评价为"在公共交通工具上抢劫"。应该说，之所以加重处罚"在公共交通工具上抢劫"的行为，是因为公共交通工具上的乘客是一个临时聚集起来的陌生群体，在被抢劫时不能被指望相互施以援手。而接送职工的班车和接送师生的校车上的乘客，显然不是一般的乘客，而是一个单位的职工或者一个学校的师生，是一个共同体，而完全不同于城市里的公交车和长途旅客大巴上的乘客构成。在职工班车和校车上抢劫，违法性达不到抢劫罪加重犯的程度，不值得被评价为加重犯，只

---

① 张明楷. 刑法学. 6 版. 北京：法律出版社，2021：1292.

能被认定为普通抢劫。在没有乘客只有司售人员的城市夜班车上抢劫司售人员的财物的，也不宜被评价为"在公共交通工具上抢劫"，因为加重处罚在公共交通工具上抢劫的行为，是为了保护车上临时搭乘的乘客，而不是为了保护司售人员。

15. 抢劫运钞车本身，能被认定为"抢劫金融机构"吗？

之所以加重处罚抢劫银行或者其他金融机构的行为，是因为银行或者其他金融机构里的经营资金、有价证券和客户资金关系到国家的金融安全。对于金融机构里的电脑、办公桌椅之类的物品，没有特殊保护的必要。如果虽然是金融机构，但不经营资金、有价证券的，比如作为行政机关的中国人民银行和信用卡公司、保险公司、期货公司，也不能被评价为这里的金融机构。由于运钞车上装的是银行的经营资金，所以抢劫运钞车上的资金的，当然成立"抢劫金融机构"，但抢劫运钞车本身，只能被认定为普通抢劫。

16. "多次抢劫"有未遂、中止与预备吗？

张明楷教授认为：多次抢劫但均未遂的，也应认定为抢劫未遂；多次抢劫中，一次既遂的，就不能再适用未遂的规定；全部未遂，或者一次未遂，其他均为中止与预备的，应当适用未遂犯的处罚规定。[①]

本书认为："多次抢劫"与"强奸妇女、奸淫幼女多人""拐卖妇女、儿童三人以上"一样，相当于同种数罪既遂的并罚规定，应限于每次均既遂。理由在于：若认为包括了未遂、中止与预备，对整体到底是评价为既遂、未遂、中止还是预备，往往很难办。例如，一次既遂、一次未遂、一次中止的，到底整体是既遂、未遂还是中止，很难说。又如，一次未遂、中止、预备的，整体上到底是未遂、中止还是预备，说不清。虽然张明楷教授认为"多次抢劫但均未遂的，也应认定为抢劫未遂"，却没有说是成立抢劫罪基本犯的未遂还是成立加重犯"多次抢劫"的未遂；"一次既遂的，就不能再适用未遂的规定"，难道适用多次抢劫既遂的规定？"一次未遂，其他均为中止与预备，应当适用未遂犯的处罚规定"，但既然存在中止与预备，为什么整体上适用未遂犯的处罚规定？这些都值得怀疑。固然每次均未遂的，认定为多次抢劫的未遂，理论上也是成立的，但问题是，对未遂犯是从轻或减轻处罚，但对于每次均未遂的适用加重犯的法定刑，即便从轻，还是显得过重。所以，为了统一司法，应将"多次抢劫"限定为每次均既

---

① 张明楷.刑法学.6版.北京：法律出版社，2021：1287.

遂，即多次抢劫的，如张明楷教授所称，没有未遂成立余地。对于存在未遂、中止与预备的，应当作为普通抢劫的同种数罪并罚处理。这样，既能避免犯罪形态认定上的困惑，也能实现罪刑相适应。

17. 抢劫过程中不小心踩死地上的婴儿的，成立抢劫致人死亡吗？

关于何谓抢劫"致"人死亡，理论上有所谓手段说、机会说、密切关联性说、扩张的手段说、作为整体的抢劫行为说等各种学说。[①]

应该说，既然是抢劫致人死亡，而抢劫罪的基本行为包括手段行为与强取财物的行为，那么其中的手段行为或者强取财物的行为导致他人死亡的，都属于抢劫致人死亡。抢劫罪的基本行为以外的行为造成死亡的，不能认定为抢劫致人死亡。例如，抢劫后逃跑过程中偶然遇见以前的仇人而将其杀害的，抢劫犯的同伙因为内讧而相互杀死对方的，在抢劫过程中误杀同伙的，抢劫过程中不小心踩死地上的婴儿的，都不能认定为抢劫致人死亡。

18. 抢劫杀人的，是定抢劫罪还是故意杀人罪？

2001年5月23日最高法《关于抢劫过程中故意杀人案件如何定罪问题的批复》指出：行为人为劫取财物而预谋故意杀人，或者在劫取财物过程中，为制服被害人反抗而故意杀人的，以抢劫罪定罪处罚。张明楷教授也认为，当场杀死他人后取得财物的行为虽然同时触犯了故意杀人罪，属于想象竞合，但按抢劫致人死亡的法定刑处罚（抢劫罪的主刑与故意杀人罪的主刑相同，但附加刑高于故意杀人罪的附加刑），完全可以做到罪刑相适应，不会轻纵犯罪。[②]

本书认为，抢劫杀人的，成立抢劫罪的基本犯与故意杀人罪的想象竞合，从一重，应当以故意杀人罪定罪处罚。理由是：其一，抢劫杀人的，定故意杀人罪，可以减少适用死刑的罪名，对财产犯罪就不用再适用死刑。其二，抢劫杀人未遂的，以故意杀人未遂评价更能做到罪刑相适应。其三，抢劫杀人的，定故意杀人罪，符合一般人的杀人偿命的报应观念。其四，抢劫杀人的，由于只有一个死亡结果，不能成立抢劫致死与故意杀人罪的想象竞合，只能成立抢劫罪基本犯与故意杀人罪的想象竞合。其五，虽然抢劫罪的法定型有罚金，而故意杀人罪没有，但法定刑的轻重首先比较的是主刑。虽然抢劫致死与故意杀人罪的最高刑都是死刑，但故意杀人罪的首选刑种就是死刑，而抢劫致死的首选刑种是10年以

---

① 张明楷. 侵犯人身罪与侵犯财产罪. 北京：北京大学出版社，2021：254.
② 张明楷. 刑法学.6版. 北京：法律出版社，2021：1293.

上有期徒刑，也就是，想象竞合从一重，也应以故意杀人罪而不是抢劫罪定罪处罚。

19. 对抢劫罪的八种加重情节都能适用死刑吗？

理论与实务普遍认为，既然针对抢劫罪的加重犯规定了死刑，则存在任何一种加重情节时都能判处死刑。其实这是一个重大的认识误区。刑法理论公认，即便保留死刑，死刑也只能配置给最严重的故意剥夺他人生命的犯罪。也就是说，只有故意杀人的才能适用死刑。抢劫罪加重犯中只有抢劫故意杀人才是故意剥夺他人生命的犯罪，才能判处死刑。抢劫过失致人死亡，作为结果加重犯，所受处罚比抢劫罪基本犯与过失致人死亡罪数罪并罚时还要重，本来就是结果责任的残余，所以对抢劫过失致人死亡的，也不能适用死刑。至于抢劫致人重伤，无论故意还是过失致人重伤，由于并不侵害被害人的生命，所以也不能适用死刑。其余的抢劫加重犯都是侵害财产的犯罪，不是故意剥夺生命的犯罪，都不应被判处死刑。如果认为对抢劫杀人的，应当以故意杀人罪定罪处罚，则抢劫罪的死刑规定虽然保留，但司法中完全可以不适用。这就为将来在立法上彻底废除财产犯罪的死刑奠定了基础。

总之，即便针对抢劫罪加重犯规定了死刑，也应认为死刑只能适用于抢劫故意杀人的情形，对其他加重犯不能适用死刑。若认为对抢劫杀人的应以故意杀人罪定罪处罚，则在司法中对整个抢劫罪可实际上不适用死刑。

20. "军警人员利用自身的真实身份实施抢劫的，不认定为'冒充军警人员抢劫'"的司法解释规定，有无问题？

案 8：某县派出所的民警甲跟无业青年乙关系很好。某天，两人商议以"抓嫖"为名，到××旅社抢劫旅客财物。两人进入旅社大门后，甲声称自己是警察，要例行查房，并用警棍威胁、逼迫旅社员工面向墙壁蹲下，然后从服务台的抽屉内取出 500 元放入自己的口袋。乙则冲上二楼，也声称自己是警察，并拿出手铐相威胁，强行拿走旅客的财物。

本案中，乙的行为显然属于"冒充军警人员抢劫"，适用抢劫罪的加重法定刑。甲是真正的军警人员，若认为真正的军警人员显示自己的真实身份实施抢劫的，不能认定为"冒充军警人员抢劫"，而只能评价为普通抢劫，则明显罪刑不均衡。应当将甲的行为也认定为"冒充军警人员抢劫"，适用抢劫罪的加重法定刑。

《抢劫指导意见》指出，军警人员利用自身的真实身份实施抢劫的，不认定为"冒充军警人员抢劫",应依法从重处罚。这恐怕存在问题。与"冒充军警人员抢劫"相比,真正的军警人员显示自己的真实身份实施抢劫的,更应当提升法定刑,判处更重的刑罚。理由在于:其一,军警人员受过特殊训练,制服他人的能力肯定高于一般人。真正的军警人员显示身份抢劫的,更容易达到压制他人反抗的效果,也更有可能抢劫既遂。其二,真正的军警人员实施抢劫,事后难以挽回国家机关的形象。其三,不将真正的军警人员抢劫认定为"冒充军警人员抢劫",在对共同犯罪的量刑中会导致罪刑失衡。

对于真正的军警人员显示自己的真实身份实施抢劫的,一个可能的解释思路是,将"冒充军警人员抢劫"中的"冒充"解释为假冒与充任。一般人冒充军警人员属于"假冒",而真正的军警人员显示真实身份属于"充任"。由此,真正的军警人员显示自己的真实身份进行抢劫的,也能评价为"冒充军警人员抢劫",从而适用抢劫罪的加重法定刑。

21. 持假枪抢劫的,是"持枪抢劫"吗?

有人认为,只要使被害人感觉是被人拿枪顶着后脑勺,哪怕是假枪,也能认定为持枪抢劫。这个观点存在问题。刑法中的概念具有定型性,除个别情形(虚开发票犯罪,买卖国家机关公文、证件、印章罪)外,应该认为限于真实的,不包括虚假的、伪造的,否则就没有罪刑法定原则可言,例如认为故意杀人包括故意杀稻草人,贩卖毒品包括贩卖面粉,买卖枪支包括买卖假枪,等等。"持枪抢劫"中的"枪",必须是具有一定杀伤力的真枪,不包括假枪。持假枪抢劫的,只能认定为普通抢劫。

22. 行为人的轻微暴力、胁迫不足以压制被害人的反抗,但由于持枪才压制被害人的反抗,进而取得财物的,能认定为抢劫罪的加重犯吗?

张明楷教授认为:行为人的轻微暴力、胁迫不足以压制被害人的反抗,但由于持枪才压制被害人反抗,进而取得财物的,只能将"持枪抢劫"这一加重情节变更评价为基本犯的构成事实,亦即,只能认定为普通抢劫罪,适用基本犯的法定刑。[①] 张明楷教授的逻辑是:成立加重犯以行为符合基本犯的构成要件为前提,而行为人排除持枪威胁的因素,其实施的轻微暴力、胁迫行为并不足以压制被害人的反抗,也就是不能构成抢劫罪的基本犯。既然基本犯都不能构成,当然就更不能构成加重犯。而"持枪抢劫"的因素是能够反映基本犯所保护的法益受侵害

---

① 张明楷.刑法学.6版.北京:法律出版社,2021:1295.

的程度的，所以可以将持枪这一加重要素变更评价为基本犯的构成事实，认定成立抢劫罪的基本犯，适用基本犯的法定刑。

本书不赞成上述观点和逻辑，理由在于：其一，之所以加重处罚"持枪抢劫"行为，是因为这种行为直接威胁到被害人的生命，而在法益侵害程度上重于采普通手段的抢劫。其二，将"持枪抢劫"规定为抢劫罪的加重犯，与单独规定持枪抢劫罪，没有什么不同，只是立法表述的差异。即使采现在这种表述，也完全可以将"持枪抢劫"情节理解为独立的罪名——持枪抢劫罪。其三，行为人持枪威胁被害人，已经很轻松地压制住了被害人的反抗，怎么可能还指望行为人多此一举地去踹几脚？也就是说，枪一亮，被害人就吓得直哆嗦而乖乖交钱，才是常态。其四，对于故意伤害致死这种典型的结果加重犯而言，可以要求加重犯的成立以行为符合基本犯的构成要件为前提，但对除此之外的加重犯，不能提出这种要求。也就是说，"持枪抢劫"就相当于抢劫数额巨大，直接适用加重法定刑。

23. 抢劫罪与绑架罪之间是什么关系？

绑架罪中存在三面关系：人质、绑匪与关心人质安危的第三人。抢劫罪只存在两面关系。抢劫罪是侵犯财产的犯罪，行为人一般意在图财，不是杀人。而绑架罪是侵害人身的犯罪，存在杀人即撕票的可能性。这是绑架罪的法定刑重于抢劫罪的原因。但二者不是对立关系，而是竞合关系。例如，在妇女牵着幼女溜达时，行为人突然抱起幼女以摔死相威胁索要财物的，一般认为成立抢劫罪与绑架罪的想象竞合。不过本书认为，相较于把人质带离现场，这种情况下人质的生命威胁更为紧迫，可能评价为绑架罪更为合适。

24. 能将抢劫评价为盗窃吗？

若认为抢劫与盗窃之间是对立关系，可能导致不合理的结论。例如，甲盗窃5 000元后在逃跑过程中把追赶而至的被害人打成重伤，无疑成立事后抢劫致人重伤，应处 10 年以上有期徒刑、无期徒刑或者死刑。乙抢劫他人 5 000 元后，逃跑中把追赶而至的被害人打成重伤。如果认为抢劫就是抢劫，不能评价为盗窃，则乙成立抢劫罪的基本犯与故意伤害罪，数罪并罚，不超过 20 年有期徒刑。很显然，乙的行为在法益侵害性上重于甲的行为，结果反而甲所受处罚轻。这显然不合理。因此，应当将乙前面抢劫 5 000 元财物的行为评价为盗窃，从而认定为事后抢劫致人重伤。如此可与甲所受的处罚相协调。此外，1997 年《刑法》第264 条规定"盗窃金融机构，数额特别巨大的"，处无期徒刑或者死刑，而第 263

条规定"抢劫银行或者其他金融机构的",处 10 年以上有期徒刑、无期徒刑或者死刑。也就是说。盗窃金融机构数额特别巨大的至少判处无期徒刑,而抢劫金融机构却可能被判处 10 年以上有期徒刑。所以,可以也应该将"抢劫金融机构数额特别巨大"评价为"盗窃金融机构数额特别巨大",而判处无期徒刑或者死刑。

25. 如何认定事后抢劫的着手?

虽然盗窃、诈骗、抢夺行为也可谓事后抢劫的实行行为,但事后抢劫也是抢劫罪,其着手开始于实施暴力、胁迫行为时。即便行为人一开始就具有进行事后抢劫的目的(遇到被害人就使用暴力),也不能认为开始实施盗窃、诈骗、抢夺行为就是事后抢劫的着手。

26. 事后抢劫的既遂标准是什么?

关于事后抢劫的既遂标准主要有两种观点:一是当初既遂说,认为盗窃、诈骗、抢夺既遂,即便财物最终被夺回,还是成立事后抢劫的既遂;二是最终取财说,认为即使当初既遂,但财物最终被夺回的,还是成立事后抢劫的未遂。张明楷教授主张当初既遂说,反对最终取财说,认为:最终取财说虽然具有明显的合理性,但在先前的盗窃等行为已经既遂的情况下,行为人出于法定目的开始对他人使用暴力或者以暴力相威胁时,就应当认定为事后抢劫的既遂,不能因为财物事后被夺回,就否认既遂的成立。事后抢劫属于侵犯财产罪,而且属于取得罪,先前的盗窃等行为未遂的,应认定为事后抢劫未遂;先前的盗窃等行为既遂的,应认定为事后抢劫既遂。[①]

本书赞成最终取财说,理由在于,抢劫罪是侵犯财产罪,即便当初盗窃等既遂,但财产最终被夺回的,被害人没有财产损失,行为人也没有得到财产,劫财的目的没有实现,为了和普通抢劫的既遂标准相协调,也应认为只有最终取得财物的,才值得评价为事后抢劫既遂。这是其一。其二,如果认为财物最终被夺回的也能成立事后抢劫既遂,则可以要求行为人返还、退赔被害人的财物。可是,行为人什么都没有得到,还要求行为人返还、退赔财物,显得很荒谬。其三,如果认为只要法定目的实现了就既遂,则即便当初盗窃未遂,只要抗拒抓捕、毁灭罪证的目的达到了,也应认定为事后抢劫的既遂,但当初既遂说并不这样认为。如此看来其观点不能自洽。

---

① 张明楷. 刑法学. 6 版. 北京: 法律出版社, 2021: 1287 - 1288.

27. 行为人盗窃、诈骗、抢夺数额较小的财物时，出于窝藏赃物等法定目的而当场使用暴力或者以暴力相威胁的，是否成立事后抢劫？

事后抢劫成立的前提是"犯盗窃、诈骗、抢夺罪"。这里的盗窃、诈骗、抢夺罪，不限于既遂，也包括未遂。也就是说，行为人以数额较大的财物为盗窃、诈骗、抢夺的目标，客观上也有盗窃、诈骗、抢夺数额较大财物的可能性，因为意志以外的原因未得逞的，成立盗窃、诈骗、抢夺未遂，也属于"犯盗窃、诈骗、抢夺罪"，而满足事后抢劫成立的前提条件。如果行为人主观上没有打算盗窃、诈骗、抢夺数额较大的财物，或者客观上也没有盗窃、诈骗、抢夺数额较大财物的可能性，则由于连盗窃、诈骗、抢夺未遂都不能成立，而不符合事后抢劫成立的前提条件，不能成立事后抢劫。

28. 事后抢劫的前提罪名限于《刑法》第 264、266、267 条规定的盗窃罪、诈骗罪和抢夺罪吗？

本书持肯定回答。我国刑法理论与实务担心：若限于狭义的这三个罪名，则犯盗伐林木、合同诈骗、抢夺枪支等犯罪不能成立事后抢劫。其实这种担心完全是多余的。盗伐林木的行为完全符合盗窃罪的构成要件，完全可以被评价为"犯盗窃罪"。合同诈骗行为完全符合诈骗罪的构成要件，实施合同诈骗完全可以被评价为"犯诈骗罪"。抢夺枪支的行为完全符合抢夺罪的构成要件（不考虑数额），被抢夺枪支的行为完全可以被评价为"犯抢夺罪"。而且，最后一个是"犯……抢夺罪"，无论如何都不能否认它就是《刑法》第 267 条所规定的抢夺罪。可见，只要能够被评价为盗窃、诈骗、抢夺罪，都能够转化成事后抢劫。不能被评价为盗窃、诈骗、抢夺罪的，如盗窃一份公文、抢夺一份档案，因为不符合盗窃、抢夺罪被构成要件，而不能转化成事后抢劫。

29. 已满 14 周岁不满 16 周岁的人实施盗窃等行为，为窝藏赃物等目的而当场使用暴力或者以暴力相威胁的，应否以事后抢劫追究刑事责任？

因为事后抢劫也是抢劫，而抢劫罪的刑事责任年龄就是 14 周岁，所以，已满 14 周岁不满 16 周岁的人实施盗窃等行为，为窝藏赃物等目的而当场使用暴力或者以暴力相威胁的，可以事后抢劫追究其刑事责任。

30. 如何认定事后抢劫的共犯？

以盗窃罪和暴力为例，事后抢劫的实行行为是盗窃＋暴力。单纯参与实施盗窃，对事后实施暴力不知情的，仅成立盗窃的共犯，不成立事后抢劫的共犯。共犯包括教唆犯、帮助犯、共同正犯。教唆犯、帮助犯和共同正犯都可能单独成立事后抢劫。教唆、帮助他人实施事后抢劫的，也能成立事后抢劫的共犯。对于仅参与暴力行为的，张明楷教授认为也能成立事后抢劫的共犯，理由是：参与了事后抢劫的部分行为，即实施了部分抢劫行为，成立事后抢劫。我国刑法没有规定暴行罪、胁迫罪。如果不将事后参与的行为认定为事后抢劫的共犯，结局一般都只能是宣告无罪。这恐怕不合理。[①]

本书不赞成张明楷教授的观点。虽然事后抢劫的实行行为可谓盗窃＋暴力，但在他人盗窃后逃跑过程中应邀实施暴力阻止被害人追赶的，不可能对已经完成的盗窃行为有贡献，根据承继共犯否定说和因果共犯论，应当认为后行为人仅对暴力行为负责，暴力行为导致伤害、死亡结果的，成立故意伤害罪、故意杀人罪；也可以认为是帮助犯罪分子逃跑而成立窝藏罪。不过，如果盗窃已经得手，被害人享有返还请求权，后行为人应邀阻止被害人夺回财物的，可以成立财产性利益抢劫的共犯。如果盗窃行为没有既遂，则不能成立事后抢劫的共犯。

31. 警察礼节性地跟正逃走的盗窃犯打招呼，盗窃犯以为罪行败露而对警察使用暴力的，成立事后抢劫吗？

是否需要暴力、胁迫的对象认识到盗窃事实的存在，或者说，是否需要盗窃事实已被发现，在理论上存在争议。张明楷教授曾经认为：所谓事后抢劫的客观的关联性，应当是指暴力、胁迫手段与前面的盗窃、诈骗、抢夺的客观关联性，客观上的"当场"再加上行为人出于特定目的，就足以体现客观的关联性，而不一定要求暴力、胁迫行为是实现目的的行为。从我国《刑法》第 269 条的字面表述来看，三个特定目的是主观的超过要素，不要求行为人实现这三个目的，法条也没有限定暴力、胁迫的对象，所以，对于警察礼节性地打招呼，以及误以为碰巧跟在后面晨跑的人是追赶自己的被害人而实施暴力的，认定为事后抢劫还是有理由的。[②]

不过，张明楷教授最近认为：关于第三人并没有妨碍行为人的任何目的，行为人误以为第三人要夺回财物或者实施抓捕，而对第三人实施暴力或者以暴力相威胁的，如何处理的问题，如果强调事后抢劫的法律拟制性质，则容易采取肯定说。从《刑法》第 269 条的规定来看，并没有要求客观的关联性。而且，在我国刑法没有规定暴行罪、胁迫罪的立法体例下，采取肯定说具有相当的合理性。但是，如果强调事后抢劫与普通抢劫的同质性，则应当要求客观的关联性，进而采

---

① 张明楷. 刑法学. 6 版. 北京：法律出版社，2021：1288.
② 张明楷. 侵犯人身罪与侵犯财产罪. 北京：北京大学出版社，2021：274.

取否定说。以前之所以主张肯定说，所重视的就是事后抢劫的法律拟制性质。但法律拟制必须具有实质根据，即事后抢劫的有责的不法必须与普通抢劫相同。由于现在要求普通抢劫具备客观的关联性，故现在尝试改为否定说，认为上述行为不成立事后抢劫。[①]

本书认为，无论是普通抢劫还是事后抢劫，都应坚持客观的关联性，即取得财物是以暴力、胁迫手段压制被害人反抗的结果，暴力、胁迫的对象必须是发现其罪行而试图夺回赃物、进行抓捕、保护证据的人。对方没有发现其盗窃等罪行，行为人误以为对方发现其罪行，为窝藏赃物、抗拒抓捕、毁灭罪证而当场使用暴力或者以暴力相威胁的，不能成立事后抢劫。

32.《两抢意见》关于"绑架过程中又当场劫取被害人随身携带财物的，同时触犯绑架罪和抢劫罪两罪名，应择一重罪定罪处罚"的规定，有问题吗？

应该说，虽然绑架罪是继续犯，但绑架既遂后又当场劫取被害人随身携带的财物的行为，正如绑架后强奸，与绑架行为的主要部分并不重合，应当在绑架之外另外评价，成立绑架罪与抢劫罪，实行数罪并罚。

33. 如果明知所抢劫的对象既有普通财物又有枪支而一并抢走的，是成立想象竞合，还是应数罪并罚？

如果明知警察的挎包中既有钱又有枪，而一并抢走的，虽然在自然意义上只有一个抢劫行为，但由于在刑法上枪与钱具有不同的属性，故应当在规范性意义上认定存在两个行为，成立抢劫枪支罪与抢劫罪，实行数罪并罚。

34.《两抢意见》规定："抢劫信用卡后使用、消费的，其实际使用、消费的数额为抢劫数额"，该规定有无问题？

抢走信用卡、逼问出密码后释放被害人，然后自己取款的，不符合抢劫罪的构造。这是因为抢劫罪的对象只有信用卡本身，之后取款的金额不能被评价为抢劫数额，只能根据使用方式评价为盗窃罪或者信用卡诈骗罪。如果是在控制被害人的情况下，取款的金额才能被评价为抢劫的金额。

35.《两抢意见》规定："从事正常商品买卖、交易或者劳动服务的人，以暴力、胁迫手段迫使他人交出与合理价钱、费用相差不大钱物，情节严重的，以强迫交易罪定罪处罚"，该规定有无问题？

抢劫罪与强迫交易罪之间不是对立关系，二者的区别并不在于迫使被害人交

---

① 张明楷. 刑法学. 6 版. 北京：法律出版社，2021：1283.

出的财物是否与所谓合理价钱、费用相差悬殊，而在于行为本身是否足以压制被害人的反抗。也就是说，由于抢劫罪是针对个别财产的犯罪，只要行为本身足以压制被害人的反抗，即便迫使被害人交出的财物与所谓合理价钱、费用相差不大，也能被评价为抢劫罪，而不是强迫交易罪。相反，如果行为本身不足以压制被害人的反抗，即便迫使对方交出的财物与所谓合理价钱、费用相差悬殊，也不能成立抢劫罪，而只能成立强迫交易罪或者敲诈勒索罪。

36. 丢给他人 1 万元而强行拿走价值 1 万元的苹果手机的，构成抢劫罪吗？

我国的财产犯罪都是针对个别财产的犯罪，抢劫罪也不例外。也就是说，只要使对方丧失了具体的个别财产，也能认为存在财产损失。丢给他人 1 万元而强行拿走他人价值 1 万元的苹果手机的，因对方损失了苹果手机，也存在个别财产的损失，所以仍然成立抢劫罪。

37. 认为抢劫罪与寻衅滋事罪的区别在于行为人主观上是否具有逞强好胜和通过强拿硬要来填补其精神空虚等目的的司法解释规定，有无问题？

该规定出自《两抢意见》。犯罪之间更多的不是对立关系，而是包容竞合关系。不能认为：寻衅滋事行为人主观上具有"逞强好胜和通过强拿硬要来填补其精神空虚等目的"，而抢劫行为人就不能具有这种目的，而必须出于其他目的。不具有这种目的的成立抢劫罪，具有这种目的的更应成立抢劫罪。也就是说，寻衅滋事罪与抢劫罪之间不是对立关系，而是包容竞合关系，一项行为完全可能既构成寻衅滋事罪又构成抢劫罪。

38. 《两抢意见》规定："行为人仅以其所输赌资或所赢赌债为抢劫对象，一般不以抢劫罪定罪处罚"，该规定有无问题？

赌博输掉的钱，或者说赌徒所赢的钱，属于犯罪所得，应当予以没收；也属于违禁品，而违禁品的占有也值得刑法保护，所以即便抢回自己所输的赌资，仍然成立抢劫罪。赌债不受法律保护，故以所赢赌债为抢劫对象的，也能成立抢劫罪。

39. 多次盗窃的，能转化成事后抢劫吗？

事后抢劫成立的前提条件是"犯盗窃罪"，虽然多次盗窃可以构成盗窃罪，但若最后一次盗窃行为不构成盗窃罪（包括盗窃未遂），也不能成立事后抢劫。例如，行为人先后盗窃了两次，第三次盗窃时数额也没有达到较大要求，客观上也不可能盗窃数额较大的财物，则行为人在第三次盗窃时为窝藏赃物、抗拒抓捕或者毁灭罪证而当场对被害人使用暴力或以暴力相威胁的，因为不符合"犯盗窃罪"这一前提条件，不能成立事后抢劫。

40. "犯盗窃、诈骗、抢夺罪"，是否包括预备犯？

我国司法实践中不会处罚盗窃、诈骗、抢夺的预备行为，而且《刑法》分则中规定的行为通常是实行行为，所谓"犯盗窃、诈骗、抢夺罪"，必须是已经着手实行的盗窃、诈骗、抢夺罪，所以，"犯盗窃、诈骗、抢夺罪"不应包括预备犯。

41. 入户盗窃、诈骗、抢夺，能转化成事后入户抢劫吗？

司法解释一直肯定能够转化成事后入户抢劫。但是，只有以抢劫的目的入户，才能被认定为入户抢劫。入户盗窃、诈骗、抢夺的，由于行为人不是以抢劫的目的入户，不符合入户抢劫的成立条件，所以虽然能够转化成事后抢劫，但不能成立入户抢劫，只能成立普通抢劫。只有行为人一开始就具有事后抢劫的目的（若遇到被害人反抗就使用暴力，同时携带刀具）的，才能转化成入户抢劫。

42. 在公共交通工具上盗窃、诈骗、抢夺，下车后转化为事后抢劫的，属于在公共交通工具上抢劫吗？

由于暴力没有发生在公共交通工具上，虽然属于事后抢劫，但不属于"在公共交通工具上抢劫"，所以只能认定为普通抢劫。

43. 行为人的轻微暴力、胁迫不足以压制被害人的反抗，但同时冒充军警人员才压制被害人的反抗，进而取得财物的，是成立加重抢劫还是普通抢劫？

张明楷教授认为：行为人的轻微暴力、胁迫不足以压制被害人反抗，但由于同时冒充军警人员才压制被害人反抗而取得财物的，只能将冒充军警人员抢劫这一加重情节变更评价为基本犯的构成事实，亦即，只能认定为普通抢劫罪，适用基本犯的法定刑。[①]

本书不同意上述观点。立法者之所以将冒充军警人员抢劫与抢劫数额巨大并列规定为抢劫罪的加重情节，是因为在立法者看来，冒充军警人员抢劫在违法性上与抢劫数额巨大相当。既然认为抢劫数额巨大的，应当认定为抢劫罪的加重犯而适用加重法定刑，就没有理由否认冒充军警人员抢劫成立抢劫罪加重犯并适用加重法定刑。此其一。其二，立法者是将冒充军警人员规定为抢劫罪的加重情

---

① 张明楷. 刑法学. 6 版. 北京：法律出版社，2021：1294.

节，还是作为单独的罪名进行规定，没有本质的不同。其三，冒充军警人员抢劫不是结果加重犯，不应要求成立加重犯以行为符合基本犯的构成要件为前提。其四，从常理看，行为人冒充军警人员抢劫就已经足以压制被害人的反抗，完全没有必要多此一举地还要去踹上几脚。总之，只要冒充军警人员抢劫，压制了被害人的反抗，就应该直接认定为加重犯，适用加重法定刑。

第二节　盗窃罪

第二百六十四条　**【盗窃罪】**盗窃公私财物，数额较大的，或者多次盗窃、入户盗窃、携带凶器盗窃、扒窃的，处三年以下有期徒刑、拘役或者管制，并处或者单处罚金；数额巨大或者有其他严重情节的，处三年以上十年以下有期徒刑，并处罚金；数额特别巨大或者有其他特别严重情节的，处十年以上有期徒刑或者无期徒刑，并处罚金或者没收财产。

第二百六十五条　**【盗窃罪】**以牟利为目的，盗接他人通信线路、复制他人电信码号或者明知是盗接、复制的电信设备、设施而使用的，依照本法第二百六十四条的规定定罪处罚。

疑难问题

1. 何谓"盗窃"？

盗窃，是指违反被害人的意志，将他人占有下的财物转移为自己或者第三者（包括单位）占有的行为。盗窃罪是取得罪中转移占有的犯罪即夺取罪的兜底性犯罪。强调"违反被害人的意志"，是为了和基于被害人有瑕疵的意志的交付罪（诈骗罪、敲诈勒索罪）相区分。强调"他人占有下的财物"，是为了和不转移占有的犯罪（侵占罪、职务侵占罪、侵吞型贪污罪）相区别。强调"转移为自己或者第三者占有"，是为了和不具有利用意思的毁弃罪（故意毁坏财物罪、破坏生产经营罪）相区隔。张明楷教授曾经在盗窃罪的定义中强调"非法占有目的"。其实"将他人占有下的财物转移为自己或者第三者占有"，就是非法占有目的。张明楷教授还曾经为了区分盗窃与抢劫而强调"盗窃必须采取非暴力平和手段"，但后来发现，强调"非暴力平和手段"会导致在"行为人是否采取了暴力手段难以查明"，以及"采取了暴力手段但没有压制被害人反抗"时，既不能成立盗窃罪，也不能成立抢劫罪，而形成处罚空隙。现在关于盗窃罪的定义，只保留了成立盗窃罪所必需的最低限度的要素。这些要素既足以使盗窃罪与相关犯罪相区分，又能保证盗窃罪成为夺取罪的兜底性犯罪，而不至于出现处罚漏洞。

从盗窃罪的定义可以看出，盗窃行为表现为转移占有，即排除他人对财物的支配，建立新的支配关系，或者说是打破占有，建立新的占有。一般认为，转移占有表现为零和关系，行为人取得了占有，被害人就丧失了对同一财物的占有。由于一般难以转移不动产本身，对不动产本身难以建立新的事实上的占有，所以，盗用他人不动产的，不成立对不动产本身的盗窃，盗用他人房屋的行为也不成立对财产性利益的盗窃罪。但由于不动产权可以转移过户，所以盗卖他人房产的，可以成立针对不动产权的盗窃。

转移占有要求被害人丧失占有的财物与行为人取得的财物具有同一性，这就是所谓素材的同一性。由于盗窃罪是对个别财产的犯罪，所以，行为人在转移被害人的财物时，以类似物品进行"填补"的，不影响盗窃罪的成立。例如，盗走他人限量版苹果手机后留下等值甚至更多的货币的，依然成立盗窃罪，因为被害人丧失了具体个别的财产——限量版苹果手机。

盗窃行为必须违反被害人（占有者）的意志。也就是说，不是基于占有者的意志或者违背占有者的意志，未经占有者同意而转移财物的占有的，才侵害了他人的占有。简单地讲，只要不是赠与，违反了被害人的意志的，就可能构成财产犯罪。被害人首先是指占有者，而不必是所有权人。当所谓的被害人还没有占有财物的时候，就不可能说行为人盗窃了他的财物。被害人不包括死者，因为死者不存在意志。儿童和精神病患者当然也能成为盗窃罪的被害人。盗窃罪只能违反自然人的意志，而不能违反单位的意志，也不应主张财物由单位本身占有，否则典型的职务侵占、侵吞型贪污行为，都会因为违反单位意志，侵害了单位对财物的占有而构成盗窃罪了。

应该说，并非违反了被害人任何意志内容的行为都属于盗窃罪中的违反被害人的意志。只有行为人取得财物的行为违反了被害人与法益保护相关的、一般人可以接受的意志，才属于盗窃罪中的违反被害人的意志。例如，17 周岁的人在贴着"禁止不满 18 周岁的人购买烟酒"的自动售货机上用真币购买烟酒的，虽然也违反了自动售货机设置者的意志，但不能被认定为盗窃罪，因为"被害人"没有财产损失。一般而言，只要转移他人财物的行为没有征得被害人同意，或者说被害人并不知情，就属于违反被害人的意志。

2. 盗窃罪的保护法益是什么？

关于财产犯罪的保护法益存在本权说、占有说及各种中间说的争论。可以认为，包括盗窃罪在内的财产犯罪（取得罪）保护的法益，首先是财产所有权（占有、使用、收益、处分权）及其他本权（合法占有财物的权利、债权、其他财产性利益）；其次是需要通过法定程序恢复应有状态的占有（如对违禁品的占有）。相对于本权者，如果这种占有没有与本权者相对抗的合理理由，对于本权者恢复（行使）权利（占有者取回权）的行为而言，则不是财产犯的法益。

对于盗窃罪，本书就相关事例进行简要说明。

第一，在占有和所有没有分离的场合，第三人盗窃被害人财物的，当然构成盗窃罪。

第二，第三人从不是所有权人的合法占有者那里窃取了财物的，成立盗窃罪。例如，第三人窃取他人借用的财物的，构成盗窃罪，因为借用者对借用物的合法占有是值得刑法保护的法益。

第三，行为人从不是所有权人的非法占有者那里盗窃财物的，成立盗窃罪。例如，第三人从盗窃犯那里盗走赃物的，构成盗窃罪，因为非法的占有也是盗窃罪的保护法益。

第四，所有权人从合法占有者那里盗窃自己所有的财物的，构成盗窃罪，盗窃数额就是被害人损失的数额或者所有权人意图获取的利益的数额。例如，借款人偷回质押物的，成立盗窃罪，盗窃数额就是所有权人应当偿还的借款本息，因为质押权人对质押物的占有也是盗窃罪的保护法益。

第五，所有权人从非法占有者那里盗回自己所有的财物的，不构成盗窃罪。例如，被害人从盗窃犯那里偷回被盗的财物，不成立盗窃罪，因为相对于所有权人行使权利的行为而言，盗窃犯对赃物的占有不是盗窃罪的保护法益。

第六，原本的合法占有者从所有权人那里窃回财物的，不构成盗窃罪。例如，所有权人偷回质押物，质押权人又偷回去的，不成立盗窃罪，因为质押权人的权利更为优先。

第七，原本的合法占有者从非法占有者那里窃回财物的，不构成盗窃罪。例如，第三人盗走质押物，质押权人发现后又偷回去的，不成立盗窃罪，因为质押权人是在行使权利。

第八，窃取他人占有的违禁品的，构成盗窃罪。例如，一般人对违禁品既没有所有权，也没有占有权，只是一种非法的占有，但为了维护财产秩序，应当肯定非法占有也是盗窃罪的保护法益。例如，甲盗窃了乙持有的毒品，构成盗窃罪。又如，张三盗窃了李四的手机，王五又从张三那里偷走这部手机，也构成盗窃罪。

第九，违禁品持有人又偷回违禁品的，构成盗窃罪。例如，甲盗窃了乙持有的毒品，乙发现后又从甲那里偷回了毒品，乙的行为构成盗窃罪，因为乙对毒品的占有原本属于非法占有，毒品被盗后乙相对于甲并不享有更为优越的权利，或者说乙无权行使权利。

3. 盗窃罪的对象是什么？

案1：某会所的老板甲找到了供电所（国有企业）的抄表人员乙，让乙从电表箱里牵出一根线为会所供电。乙答应了，帮会所装了一根线，还安装了一个不能反映真实电量的电表以掩人耳目。之后，会所老板甲给了乙3万元，会所此后所偷电量价值30万元。

本案中，电作为无体物（也有人认为是有体物），可以是盗窃罪的对象。乙并不占有供电所的电，其帮助甲牵电线，是帮助甲偷电，甲、乙构成盗窃的共犯。乙收到甲给的3万元，既属于盗窃罪的分赃，也属于利用职务上的便利（放弃抄表收费）收受贿赂。由于存在盗窃与收受贿赂两个行为，侵犯了不同的法益，应当数罪并罚。

盗窃罪的行为对象必须是他人占有的财物，财物包括有体物和无体物以及财产性利益。凡是具有价值性、管理的可能性和转移的可能性这三个特征的，都可以成为盗窃罪的对象。具有所谓消极价值的有体物，如银行收回的残损的货币、啤酒厂兑奖过的瓶盖，也可以成为盗窃罪的对象。

4. 占有的有无及占有的归属如何判断？

案2：丁到一个售楼大厅商谈购房事宜时，坐在一张长椅上，同时也将自己的包（内有4 000元现金）放在椅子上。长椅前有一张桌子。嫌疑人甲、乙、丙三人后来也坐在这张长椅上，丁感觉有点拥挤，就移到边上的椅子上与售楼人员商谈，但把包仍然放在原来的长椅上。甲、乙、丙发现丁的包还在长椅上时，先把丁的包放在面前的桌子上，并商量等丁离开的时候把包拿走。丁在另一张椅子上与售楼人员谈了15分钟左右后，就离开了售楼大厅。在丁离开2分钟之后，甲、乙、丙就把丁的包拿走了。三人拿走包之后25分钟，丁离开售楼大厅2 000米时，想起了自己的包，就立即回到了售楼大厅。

本案中，虽然丁离开售楼大厅时间为27分钟、距离2 000米，但判断占有的归属不能以被害人想起来的时间和距离作为资料，而应将行为人转移被害人的包的时间与距离作为判断资料。本案中甲、乙、丙三人在丁离开售楼大厅后仅2分钟就迫不及待地拿走了丁的包，由于此时丁离开时间很短、距离很近，应该认为包还在丁的占有之下，不是遗忘物，故甲、乙、丙转移丁对包的占有，构成盗窃罪，而不是侵占罪。

案3：乙以自己的名义办了一张银行卡，存入20万元，然后将银行卡交给国家工作人员甲，并将密码也告诉了甲。几天后，甲被调查。乙估计甲还没有使用银行卡，就到银行柜台说自己的银行卡丢了。银行给乙办了挂失，20万元完全没有动，乙就把20万元取出来了。

本案中，虽然乙是银行卡的名义人，但乙将银行卡送给甲并告知密码后，甲就完全支配了卡中的存款，应当认为甲占有了卡中的存款，不过这存款属于违法所得。乙欺骗银行职员挂失取款，构成诈骗罪。

盗窃罪的对象必须是他人占有的财物。自己占有的他人财物或者没有人占有的财物，不可能成为盗窃罪的对象。刑法上的占有，是指一种对财物的事实上的支配关系。但这种事实上的支配关系，并不是一种纯事实的判断，而是一种规范的判断，也就是说要以一般人的观念为基准进行判断。不能以为对占有的判断必须分两步走：第一步是事实的判断，第二步是规范的判断。第一步事实的判断是没有任何意义的。应当将所有的事实作为判断资料，再按照社会的一般观念来判断有无占有以及由谁占有。也就是说，关于占有可以分两类讨论：一类是占有的有无，有人占有的财物，行为人拿走了，就是盗窃；另一类是占有的归属，自己占有的和没有人占有的他人财物是侵占罪的保护对象，他人占有的财物是盗窃罪的保护对象。就占有有无的判断，需要将财物自身的特征、财物所处的场所状况、权利人在时间上及场所上与财物的接近性、权利人发现财物的难易程度，以及权利人的认识与对财物采取的措施等作为判断资料，再根据社会的一般观念进行判断。就占有的归属而言，要将财物自身的特征（如是否属于封缄物）、不同权利人对财物的支配程度、不同权利人之间的关系等作为判断资料，再根据社会的一般观念进行判断。具体而言：

（1）他人土地上的财物由他人占有。例如，高尔夫球场里的球，即使是打球的人抛弃的，也由高尔夫球场的管理者占有。又如，游客丢进北京香山公园的水池中的硬币，由香山公园管理者占有和所有。

（2）明显属于他人支配、管理的财物，即使他人短暂遗忘或者短暂离开，只要财物处于他人支配力所能及的范围，或者说只要他人可以没有障碍地取回财物，也应认定为他人占有的财物。不能认为只要是被害人心理上遗忘的财物就是刑法上的遗忘物。被害人忘记放在某个地方的财物是不是遗忘物，或者说是不是依然由被害人占有，要根据被害人离开财物的时间、距离、场所等进行综合判断。如果离开的时间短暂、距离不长，还是要认定为被害人占有。特别要注意的是，在判断财物是遗忘物还是他人占有的财物时，应以行为人取得财物时被害人在时间上、空间上与财物的距离作为判断资料，而不是以被害人事后想起来的时间为基准进行判断。

（3）即使原占有者丧失了占有，当该财物转移为建筑物的管理者或者第三人占有时，也应认定为他人占有的财物。例如，旅客遗忘在旅馆房间的财物，储户遗忘在银行网点大厅内的现金，顾客遗忘在他人摊位上的财物，客人遗忘在主人家的财物，乘客遗忘在实名制的高铁车厢内座位上的财物，都不是遗忘物，而是有人占有的财物。

（4）对于乘客遗忘在出租车上的财物，若是乘客刚下车，司机发现后一踩油门开走的，司机的行为成立盗窃罪；在乘客下车一段时间后司机发现了乘客忘在车上的财物，司机占为己有的，成立侵占罪；后一乘客拿走前一乘客忘在出租车上的财物的，成立盗窃罪。

（5）市民遗忘在城市公交车、地铁、人民广场等人来人往的公共场所的财物，即使时间很短、距离很近，也会被认为是遗忘物。

（6）死者没有意志，不可能占有财物。取走死者身上的财物的，如果是行为人出于抢劫的故意杀人后取财的，成立抢劫罪；出于其他目的杀人后产生取财的意思，进而取走死者身上的财物的，在户外成立侵占罪，在有人支配的场所（如被害人家里、旅馆房间）成立盗窃罪；他人取走死者身上的财物，也依死亡的场所不同而分别成立侵占罪或者盗窃罪。

（7）在共同占有的场合，任何一方将财物据为己有的，都构成盗窃罪。例如，夫妻一方将共同占有的财物变卖，据为己有的，构成盗窃罪。又如，甲同学与乙同学合买一双皮鞋，约定每周一、三、五甲同学穿，每周二、四、六乙同学穿，周日皮鞋休息。后甲或者乙变卖皮鞋据为己有的，构成盗窃罪。再如，丙保管单位保险柜的钥匙，丁掌握保险柜的密码，丙偷窥密码打开保险柜取走保险柜中的现金，或者丁偷配钥匙打开保险柜取走保险柜中的现金，均构成盗窃罪。

（8）关于存款的占有，张明楷教授认为，"存款"具有不同含义：一是存款人对银行享有的债权，二是存款债权所指向的现金。存款人占有（享有）存款债权，因此行为人利用技术手段将他人的存款债权转移于自己账户中的，成立对存款债权的盗窃罪。至于存款债权所指向的现金，则由银行管理者占有，而不是由存款人占有，因此，持卡人从自动柜员机取出他人错误汇的款的，成立针对银行现金的盗窃罪。又如，捡拾他人银行卡后在自动柜员机取出 2 万元现金的，成立针对银行现金的盗窃罪，银行是被害人，但银行将损失转嫁给存款人，于是最终的受害人是存款人。不能跳过中间的环节，认为存款人是 2 万元现金的占有者与被害人。[①]

本书不赞成张明楷教授将存款分为存款债权与存款债权指向的现金的观点。本书认为，存款就是存款，无论取现，还是转账、刷卡消费，持卡人损失的都是存款，持卡人始终是被害人。上述区分论至少存在三点问题：第一，捡拾他人银行卡后在自动柜员机上不取现而是直接转账（还债、付水电燃气费、转到自己的银行卡上）的，区分论无法说明"谁是被害人"与"损失的是什么"。应该说，无论行为人取现，还是转账、刷卡消费，持卡人损失的都是存款。第二，若认为盗用他人银行卡取现，银行是现金的被害人，持卡人是所谓的最终被害人，但持卡人毕竟没有损失现金，而行为人得到的只是现金，这将直接导致持卡人不能作为被害人要求行为人返还和退赔。这恐怕不利于对持卡人的利益的保护。第三，在现代社会，所谓金融财富，其实不过是金融数字，人们普遍不用现金支付而用微信、支付宝支付就说明了这一点。人们是将年终奖放在自家保险箱里，还是存入银行，其对年终奖的占有都是一样的，而且从使用便捷的角度讲，存入银行里更符合自己的利益。这说明，在少量存在现金交易的社会，存款和现金几乎没有区别。所以，不应区分所谓存款债权与存款债权指向的现金。无论行为人怎么处分他人的存款，持卡人损失的始终是存款，持卡人始终是被害人。认为银行是被害人，除了维护所谓的"素材同一性"，毫无意义。就盗窃存款这种财产性利益而言，不应严格要求占有的转移，只要行为人所获得的利益与被害人所损失的利益具有对应关系即可。行为人无论是转账、刷卡消费，还是取现，所获得的利益与持卡人所损失的利益都具有对应关系。例如，在柜员机中存入假币，取得存款债权，虽然没有所谓严格意义上的占有转移，但行为人所获得的利益与银行所损失的利益之间无疑具有对应关系，故而成立盗窃罪，也说明了这一点。

总之，对于存款这种财产性利益而言，不应严格坚持占有的转移与"素材的同一性"。只要行为人所获得的利益与被害人所损失的利益具有对应关系就可以了。

（9）在有上下主从关系的场合，一般由上位者占有，下位者只是辅助占有者，下位者拿走相关财物的，构成盗窃罪。如果上位者与下位者之间具有高度的信赖关系，下位者被授予某种程度的处分权，则应承认下位者的占有，下位者任

---

① 张明楷.刑法学.6 版.北京：法律出版社，2021：1234.张明楷.侵犯人身罪与侵犯财产罪.北京：北京大学出版社，2021：183，184.

意处分财物的，就构成（职务）侵占罪，而不是盗窃罪。

（10）关于封缄物的占有，一般主张区分说，认为内容物归委托人占有，外包装归受托人占有。问题在于，一方面认为内容物归委托人占有，另一方面又认为邮寄人偷回包裹的，又构成盗窃罪。这恐怕引发疑问。此外，什么样的物才能被评价为封缄物？这涉及盗窃与侵占的区分。应该说，只有为了保护隐私、不想让他人知道里面装的是什么、不想让他人利用的物才是封缄物，如邮政、快递、集装箱运输的财物。单纯为了防止破损、便于运输而予以包装的物品，不是封缄物，如冰箱、彩电、家具、啤酒、水果、汽车等。

（11）一般来说，他人（尤其是所有权人）手提、肩背的财物，处于他人的直接支配下，属于他人占有的财物，但如果第三人手提、肩背只是表现为对他人占有的辅助，则并没有占有财物，行为人拿走的，构成盗窃罪。例如，秘书或者助理拿着上司的包，火车站站台服务员帮助乘客搬运行李，都只是辅助占有，行为人拿走的，构成盗窃罪。

（12）只要是在他人的事实支配领域内（他人支配的空间内）的财物，即使他人没有现实地握有或者监视，甚至想不起来这个物品的存在，也属于他人占有的财物。例如，他人住宅内、车内、信箱内的财物，属于他人占有。又如，即使客人穿着宾馆提供的睡衣，睡衣也由宾馆主人占有。再如，顾客试穿在身上的衣服，由店主或者店员占有，而不是由顾客占有。

（13）虽然表面上处于他人支配领域之外，但存在可以推知由他人事实上支配的状态时，也属于他人占有的财物。例如，他人门前停放的未上锁的自行车，停在路边的未上锁的汽车，他人果园里的果实，耕地里的作物，他人鱼池中的水产品，他人挂在门上、窗户上的任何财物，大学生在图书馆、食堂用于占座的钱包、手提电脑、书包，出租房衣柜里的财物，沉船上的货物，地震后倒塌的房子里的财物，主人饲养的具有回到原处的能力或习性的宠物、牲畜，都是有人占有的财物，非法占为己有的，构成盗窃罪，而不是侵占罪。

（14）在封闭的特定空间内，只要所有权人、占有人在场，原则上应认定为由所有权人、占有人占有，而不是由场所的管理者占有。例如，飞机上乘客手提的行李，不管其放在何处，都由乘客占有。又如，提着包到别人家里做客，将包放在主人的沙发上，即使客人陪主人外出散步，包也由客人占有。再如，乘客将行李箱放在高铁两节车厢连接处的大件行李处，行李也归该乘客占有。

（15）关于运输中的财物（非封缄物）的占有。所有权人安排了押运员的，财物由所有权人或者押运人占有。在没有安排押运的场合，需要根据运输距离、财物的种类（特别是移动的难易程度）、所有权人是否控制行车路线等事实来进行判断。运输距离越短、财物的移动难度越大、所有权人对行车路线的控制力越强，就越容易认定为由所有权人占有，而不是由运输司机占有。私家车上的财物，由私家车主占有，而不是由受雇开车的司机占有。

5. 卡车在高速路收费站冲卡或者从收费站附近找缺口开出而逃费的，如何处理？

案 4：甲将某高速公路围栏砸出一个车辆可以平稳驶出的缺口，向由此缺口走的车辆收取费用，但所收费用明显低于正规收费处的费用。一个晚上，甲共收取过路费 2 万多元（这些车辆本应向正规收费处缴纳过路费 20 余万元）。

本案中，司机从高速公路缺口处将车开出，逃缴过路费。如果认为存在财产性利益的占有转移，则甲和司机构成盗窃罪的共犯。如果认为高速公路还存在收费权，财产性利益并未转移，则不构成盗窃罪。本书倾向于认为，只要行为人取得的利益与被害人所遭受的财产损失之间具有对应关系，就能肯定占有的转移，构成盗窃罪，本案中甲与司机构成盗窃罪的共犯。

关于高速逃费案件，实践中存在盗窃、抢夺、诈骗的定性分歧。张明楷教授认为：高速逃费既不构成诈骗罪、抢夺罪，也不构成盗窃罪。理由在于：盗窃罪中的转移占有，是指将狭义财物或者财产性利益，从被害人那里转移到自己或者第三人这里。高速逃费行为虽然使行为人获得了利益，也就是事实上没有缴纳过路费，但不存在一个具体利益的转移。也就是说，高速公路管理者依然对行为人享有债权，即使不知道行为人逃到哪里去了，但从现在的高速公路的监控摄像可以知道什么车逃费了，即使不知道是什么车，也还是要承认高速公路管理者对行为人享有债权。如果说行为人转移了利益，转移了什么利益呢？我觉得没有转移利益。这不是财产性利益能否成为盗窃对象的问题，而是行为是否转移了财产性利益的问题。与认定为盗窃、诈骗、抢夺罪等罪相比，认定为故意毁坏财物罪的障碍更小。①

本书认为，高速逃费应被认定为盗窃。张明楷教授一方面认为财产性利益可以成为盗窃的对象，另一方面又对盗窃财产性利益坚持严格的占有转移。这可能引发疑问。国外立法一般只承认对财产性利益的抢劫、诈骗与恐吓，而不承认对财产性利益的盗窃，一个可能的考量就是，在抢劫、诈骗、恐吓罪（我国的敲诈

---

① 张明楷. 侵犯人身罪与侵犯财产罪. 北京：北京大学出版社，2021：190. 张明楷. 刑法学. 6 版. 北京：法律出版社，2021：1344.

勒索罪）中，存在被害人的配合，因而能够认定财产性利益的占有转移，而盗窃罪中不存在被害人的配合，所以难以认定财产性利益的占有转移。我们不能一方面承认对财产性利益的盗窃，另一方面又像要狭义的盗窃财物那样严格要求占有的转移。换言之，我们若承认对财产性利益的盗窃，则对财产性利益的占有转移就应该进行缓和的解释，只要行为人取得的利益与被害人丧失的利益或者被害人所遭受的财产损失之间具有对应关系即可。事实上，我们承认在自动柜员机上存入假币就是盗窃了银行的存款债权，侵入银行计算机系统给自己的账户增加存款，虽然并不存在一个债权的占有转移，但还是构成盗窃罪，其实就是肯定了对财产性利益的占有转移的缓和解释。对于高速逃费行为，事实上必须承认高速公路管理者存在财产损失，而财产损失就是逃费行为造成的，即行为人取得的免交过路费的利益与高速公路丧失的收费权之间具有对应关系。张明楷教授认为虽然高速公路管理者"不知道行为人逃到哪里去了"，也"不知道什么车逃费了"，但"高速公路管理者依然对行为人享有债权"，可是，事实上这种债权很难实现，或者说实现的成本很高，正如在餐馆吃饭不付钱，一旦客人离开就很难再要回餐费。所以，还是应认为行为人逃费与高速公路管理者所遭受的财产损失之间具有对应关系，应肯定财产性利益的占有转移，肯定盗窃罪的成立。行为人明显不是出于毁弃的意图，而是具有利用的意思，认为构成毁弃罪——故意毁坏财物罪，更显牵强。

6. 《刑法》第 265 条的规定是注意规定还是法律拟制？

《刑法》第 265 条规定，盗打电话的，定盗窃罪。打电话其实是享受电信公司提供的电信服务，属于一种财产性利益。财产性利益本来就是盗窃罪的保护对象，所以从这个角度讲，本条是注意规定。通说认为盗窃罪是转移占有的犯罪。行为人盗打电话后，只是应当付电话费而没有付费而已，并不存在一个占有转移的问题。从这个意义讲，该条是将不符合盗窃行为特征的行为拟制为盗窃行为，所以又是一种法律拟制。不过，如果就对财产性利益的占有转移进行缓和的解释，只要行为人获得的利益与被害人遭受的财产损失之间具有对应关系或者因果关系，就能肯定财产性利益的占有转移而构成盗窃罪，认为该条并没有拟制盗窃行为，只是一种注意规定，也是可能的。

7. 虚拟财产能否成为盗窃罪的对象？

这涉及三个问题：第一，虚拟财产的范围如何确定？第二，虚拟财产是否具有盗窃罪对象的特征？第三，盗窃虚拟财产时数额如何计算？

对于第一个问题，一般认为 Q 币、U 币、游戏币、游戏玩家的武器装备等属于虚拟财产，但不宜认为手机靓号、座机号码、电子邮件账号属于虚拟财产。

对于第二个问题，应该认为虚拟财产也具有盗窃对象的三个特征——价值性、管理可能性、转移的可能性，所以可以成为盗窃的对象。

对于第三个问题，要按照虚拟财产与法益主体的不同类型分别判断：（1）盗窃用户从网络服务提供商或者第三人那里明码实价购买的虚拟财产，按照购买价格计算盗窃数额；（2）盗窃用户购买后通过大量投入而升级的虚拟财产，可以按照市场平均价确定虚拟财产的数额；（3）行为人从网络公司非法获取或者网络公司职员职务侵占的网络服务提供商的虚拟财产，若按照官方价格计算，可能达到数额巨大甚至特别巨大。由于这种虚拟财产具有无限复制的特点，所以不宜按照数额量刑，在达到盗窃罪的入罪条件（数额较大或者特殊盗窃）后，可以考虑按情节量刑而不按数额量刑，应尽量避免与特别严重情节对应的法定刑的适用。

8. 盗窃欠条的，构成犯罪吗？

案 5：甲到一个包工头家里偷东西，发现除了一叠总额为 10 万元的欠条外，没有什么值钱的东西。俗话说，贼不走空。甲于是拿走这些欠条后一一联系债务人，提出只要债务人付一半的欠款，就可以将欠条还给债务人。

本案中，不能认为债务人是被害人，应认为被害人是包工头。包工头丢失了 10 万元的欠条，导致 10 万元的债权没能实现。若认为欠条也是盗窃罪的保护对象，就可以肯定甲的行为构成盗窃罪，盗窃金额就是 10 万元。本书持这种主张。

如果欠条是唯一的债权凭证，被害人丧失欠条就意味着丧失了胜诉权并且使债权成为自然债权，故应认为欠条本身具有价值，可以成为财产犯罪的保护对象。采取特殊盗窃的方式（如入户盗窃）窃取欠条的，成立针对欠条本身的盗窃罪。盗窃他人钱包后发现里边有欠条而丢弃的，可以认定为针对欠条的故意毁坏财物罪（属于"其他严重情节"）。债务人以任何方式窃回欠条，并且导致被害人（债权人）没有实现债权而遭受财产损失的，应认定为对欠条的盗窃罪，并且按照欠条所记载的欠款金额计算盗窃数额。他人盗窃欠条后与债务人"勾兑"欠条的，构成盗窃罪，盗窃数额为欠条所记载的欠款金额。

9. 盗窃他人超市购物卡用完后还回去的，构成盗窃罪吗？

成立取得罪必须具有非法占有的目的。关于非法占有的对象，刑法理论上存在所谓物质理论、价值理论与结合理论（综合理论）。物质理论认为，非法占有的是财物本身。按照物质理论，用完他人超市购物卡后还回去的，因为财物本身没有损失，故不构成盗窃罪。价值理论认为，非法占有的是他人财物的价值。按照价值理论，用完他人电话卡后还回去的，因为消耗了其中的价值，构成盗窃罪。结合理论认为，只要行为人具有非法占有他人的财物本身或者财物价值的意思，就具有非法占有目的。结合理论其实是择一理论。按照择一理论，用完他人购物卡后还回去的，因为消耗了购物卡中的价值，成立盗窃罪。

应该说，结合理论具有合理性。非法占有目的中的占有对象既包括财物本身，也包括财产性利益。其中的财物，不仅包括财物本身，也包括附着于财物的经济价值。行为人窃取被害人的超市购物卡后，使用该购物卡购买商品归自己所有，之后将购物卡还给被害人的，行为人就购物卡的经济价值具有非法占有目的，因而构成盗窃罪。行为人盗窃他人福利彩票刮开后发现没有中奖而将福利彩票还回去的，也因为刮开行为消耗了福利彩票的价值，应肯定盗窃罪的成立。

10. 财产犯罪的判断步骤是什么？

财产犯罪纷繁复杂，我们在认定财产犯罪时应遵循一定的步骤：第一步是确定谁是被害人。第二步是判断被害人损失的财产的具体内容是什么，是商品、现金还是债权。第三步是判断具体损失结果是由什么行为或者在哪一环节造成的。第四步是判断造成财产损失的行为符合什么犯罪的构成要件。一般来说，对财产犯罪只要按照这个步骤进行判断，基本上都能得出正确的结论。

11. 行为人是否需要认识到盗窃对象的价值？

普通盗窃的对象是数额较大的财物，意味着价值低廉的财物不是盗窃罪的对象。行为人只有认识到所盗窃的对象是数额较大的财物，才具有盗窃罪的故意。换句话说，如果行为人没有认识到所盗窃的对象是数额较大的财物，即误以为是价值低廉的财物，即便客观上盗窃的是数额较大（价值较大）的财物，也不能成立故意的盗窃罪。如果行为人以为是数额较大的财物而盗窃，实际上是价值低廉的财物的，属于盗窃罪的对象不能犯，不成立盗窃罪（包括未遂）。倘若行为人以数额较大的财物为盗窃目标，客观上也有盗窃数额较大财物的可能性，实际上仅盗得价值低廉的财物的，成立盗窃罪基本犯的未遂。

作为盗窃罪加重犯对象的数额（特别）巨大的财物，是客观要素，也要求行为人认识到。也就是说，只有行为人认识到所盗窃的对象是数额（特别）巨大的财物，即价值不菲的财物，客观上盗窃了数额（特别）巨大的财物，才能成立盗窃罪的加重犯，适用加重犯的法定刑。如果行为人误以为所盗窃的对象是数额较大的财物，事实上是数额（特别）巨大的财物，不能成立加重犯的既遂，只能成立基本犯的既遂。

12. 本想盗窃国宝结果仅盗得赝品的，成立盗窃罪加重犯的未遂吗？

我国刑法理论通说和司法实践一直承认盗窃罪加重犯的未遂。张明楷教授认为：盗窃罪加重犯中的数额（特别）巨大和（特别）严重情节是量刑规则，不存在加重犯的未遂问题。行为人以数额（特别）巨大的财物为盗窃目标，因为意志以外的原因仅盗得数额较大的财物的，成立盗窃罪基本犯的既遂，适用盗窃罪基本犯的法定刑；若数额较大的财物都未盗得，则成立盗窃罪基本犯的未遂，适用盗窃罪基本犯的法定刑，同时适用刑法总则关于未遂犯的处罚规定。如果行为人潜入银行、博物馆等意图盗窃数额巨大或者特别巨大的财物，虽然未能得逞，但行为本身属于情节严重或者情节特别严重的，则应适用情节严重或者情节特别严重的法定刑，同时适用关于未遂犯的处罚规定。[①]

本书不赞成张明楷教授上述关于不存在盗窃数额（特别）巨大的未遂的观点，而赞同存在盗窃罪加重犯未遂的通说和实践中的做法。只要行为人主观上以数额（特别）巨大的财物为盗窃目标，客观上也已经接近数额（特别）巨大的财物，因为意志以外的原因未得逞的，成立盗窃罪数额（特别）巨大的未遂，适用盗窃罪的加重法定刑，同时适用《刑法》总则关于未遂犯的处罚规定。理由在于：根据客观的未遂犯论，既然行为人主观上以数额（特别）巨大的财物为盗窃目标，如价值连城的国宝，客观上也已经接近数额（特别）巨大的财物，就已经对盗窃罪加重犯所保护的法益形成具体、现实、紧迫的危险，没有理由不成立盗窃罪加重犯的未遂。此其一。其二，既然认为盗窃罪的数额（特别）巨大与（特别）严重情节都是所谓量刑规则而没有未遂，就不应认为意图盗窃国宝而未得逞的，不能成立盗窃数额（特别）巨大的未遂，却可以成立盗窃罪的（特别）严重情节的未遂。其三，认为以数额（特别）巨大的财物为盗窃目标，因为意志以外的原因未盗得财物的，仅成立盗窃罪的基本犯的未遂，将导致行为人以数额较大的财物为盗窃目标，因为意志以外的原因未得逞的，与以数额（特别）巨大的财物为盗窃目标，因为意志以外的原因未盗得财物的，均成立盗窃罪基本犯的未遂。这就如同将杀人未遂与故意伤害未遂作等同评价，而有失罪刑均衡。

13. 特殊盗窃身份证、银行卡、钥匙等主观价值较大的财物，构成盗窃罪吗？

刑法在数额基本犯之外规定特殊盗窃，就是为了扩大盗窃罪的处罚范围。成

---

① 张明楷. 刑法学. 6版. 北京：法律出版社，2021：1259-1260.

立多次盗窃、入户盗窃、携带凶器盗窃、扒窃，不要求数额较大，因而客观价值不大但主观价值较大的财物，如护照、身份证、银行卡、存折、房间钥匙、车钥匙、学历证书、儿时的照片、中学时的情书等，可以成为特殊盗窃的对象。

14. 受过行政处罚的盗窃次数能否被计算在多"次"盗窃之内？

如果认为受过行政处罚的盗窃次数不应被计算在多"次"盗窃之内，可能会形成不合理的结论。例如，甲一共盗窃了四次，每次盗窃价值一两百元的财物。假如甲选择自首，主动交代了两次，受到了罚款的处罚，后来两次也案发，但由于只有两次，不构成盗窃罪。如果甲一次性全部交代了，当然构成盗窃罪。这恐怕不公平。又如，乙一共盗窃四次，被公安机关全部发现，当然构成盗窃罪。丙盗窃两次后被发现，受到了拘留 10 天的行政处罚，拘留期满回家后又盗窃了两次，因为未处理的只有两次，不构成盗窃罪。很显然，丙比乙更值得受到刑罚处罚。可见，受过行政处罚的盗窃次数也应被计算在多"次"盗窃之内，只是先前受到的罚款处罚可以折抵罚金、行政拘留处罚可以折抵拘役或者有期徒刑，甚至还可以撤销以前的行政处罚决定。

15. 对多"次"盗窃，应像对多"次"抢劫一样，进行限制解释吗？

由于多次抢劫成立抢劫罪的加重犯，适用的法定刑是 10 年以上有期徒刑、无期徒刑或者死刑，法定刑很重，所以理论与实践都主张对多"次"抢劫进行限制解释。但多次盗窃只是盗窃罪的入罪条件。刑法在数额犯之外增设多次盗窃，就是为了扩大盗窃罪的处罚范围，所以如果对多次盗窃进行限制解释，就违背了刑法的宗旨。在一个市场连续盗窃三位被害人的财物的，就是多次盗窃。多次盗窃同一个被害人的不同财物的，也是多次盗窃。在一栋办公楼内进入多个单间办公室盗窃的，也能被认定为多次盗窃。在一个地方多次偷外卖、快递的，也能被评价为多次盗窃。

16. 多次盗窃有未遂、中止吗？

多次盗窃不以每次盗窃既遂为前提。成立多次盗窃，也不要求行为人实施的每一次盗窃行为均已构成盗窃罪。反过来说，如果盗窃数额较大既遂，则不应评价为多"次"盗窃，而应单独评价。也就是说，成立多次盗窃就是以不构成盗窃数额较大的既遂为前提的。可以认为，我国刑法之所以规定多次盗窃，是出于两方面考虑：一是我国司法实践中一般不处罚数额较大的未遂，但行为人多次盗窃未遂的，无论违法性还是有责性，都较重，而值得科处刑罚；二是一般只有数额较大的财物才是盗窃罪的保护对象，但行为人多次以一定价值的财物（不是价值低廉的财物）为目标进行盗窃，事实上也盗得一定价值的财物的，由于是多次实施，无论从违法性、有责性，还是从预防犯罪的必要性看，都值得科处刑罚。所以，多次盗窃应限于两种情形：一是以数额较大的财物为盗窃目标而未遂的，二是以一定价值的财物为目标盗窃既遂的。也就是说，既不是数额较大的未遂，也不是以一定价值的财物为盗窃目标的既遂，就不能被认定为多次盗窃中的"次"。

张明楷教授认为，三次以上盗窃均未遂的，成立多次盗窃的未遂，应当适用关于未遂犯的处罚规定。[①] 本书认为，既然把多"次"盗窃限定为以数额较大的财物为盗窃目标的未遂和以一定价值的财物为盗窃目标的既遂，就应认为"多次盗窃"相当于张明楷教授所称的量刑规则，只有成不成立的问题，而没有未遂与中止的问题。

17. 两次盗窃一次抢夺，能否被认定为"多次盗窃"？

由于盗窃罪是转移占有的夺取罪的兜底性犯罪，抢夺行为也完全符合盗窃行为的特征，所以对于两次盗窃一次抢夺的，完全可以评价为"多次盗窃"。

18. "入户盗窃"是"户内盗窃"吗？

入户抢劫的法定刑很重，而入户盗窃只是成立盗窃罪的基本犯，法定刑较轻。刑法在数额基本犯之外增设入户盗窃，就是为了扩大盗窃罪的处罚范围。所以，不应像对"入户抢劫"那样限制"入户盗窃"的成立范围。

首先，对入户盗窃的目的不应进行限制，可以将入户盗窃理解为"进入户内盗窃"或者"户内盗窃"。也就是说，合法入户后在户内实施盗窃的，也能被认定为入户盗窃，因为"户内盗窃"同样侵害了住宅的安宁。当然，根据责任主义的要求，行为人在实施盗窃时必须认识到是在"户"内盗窃。例如，农村有人家办红白喜事，行为人吃完酒席后不离开而是躲在被害人家里，等夜深人静时出来实施盗窃的，也成立入户盗窃。

其次，对入户的方式不应进行限制。不管以什么方式入户，只要是在户内实施盗窃，就成立入户盗窃。

最后，对入户盗窃中的"户"的范围不应限制，其可以比入户抢劫中的"户"的范围宽。例如，进入学生宿舍盗窃，可以被评价为入户盗窃，但进入学生宿舍抢劫的，却不宜被认定为入户抢劫。

---

① 张明楷. 刑法学. 6 版. 北京：法律出版社，2021：1243.

19. 携带溜门撬锁的工具盗窃，构成"携带凶器盗窃"吗？

携带凶器盗窃，是指将凶器置于身上或者身边附近而盗窃他人财物。由于随身携带，因而具有随时利用的可能性。在共同犯罪的场合，一个人携带了凶器，其他参与人知情的，所有人都是携带凶器盗窃。凶器是指在性质上或者用法上，足以杀伤他人的器物。对此，应综合以下几方面因素进行判断：（1）物品的杀伤机能的高低；（2）物品供杀伤他人使用的盖然性程度；（3）根据一般社会观念，该物品所具有的对生命、身体的危险感的程度；（4）物品被携带的可能性大小。

《盗窃解释》指出，携带枪支、爆炸物、管制刀具等国家禁止个人携带的器械盗窃，或者为了实施违法犯罪携带其他足以危害他人人身安全的器械盗窃的，应当认定为"携带凶器盗窃"。张明楷教授认为，这一规定不当缩小了盗窃罪中凶器的范围。[①]

本书认为，《盗窃解释》对携带"凶器"盗窃的理解基本上是合适的。因为相对于《刑法》第 267 条第 2 款规定的"携带凶器抢夺的定抢劫罪"而言，携带凶器盗窃中使用凶器的概率更低，或者说使用凶器的可能性更小，所以携带凶器盗窃中的"凶器"应该更像凶器，范围应该更小。张明楷教授认为，盗窃所用的一些工具（如老虎钳、扳手等），也应当被评价为凶器。[②] 本书对于将"凶器"扩大到包括溜门撬锁的工具抱有疑问。若认为携带溜门撬锁的工具进行盗窃的都是携带凶器盗窃，恐怕只有赤身裸体进行盗窃才不属于携带凶器盗窃了。另外，既然是"携带"凶器盗窃，就不应是一种纯客观事实，应要求行为人主观上认识到自己随身携带了凶器（以排除"职业佩戴"的情形），而且要求行为人有对被害人使用凶器的意思。

20. 趁他人上厕所拿走其电动车上的财物，是"扒窃"吗？

《盗窃解释》将"扒窃"界定为"在公共场所或者公共交通工具上盗窃他人随身携带的财物"。"扒窃"入刑，不是因为其侵犯了所谓"贴身禁忌"，而是因为立法者试图通过"入户盗窃"和"扒窃"编织一个严密的保护公民私有财产的法网。公民的财物一般分为位于家里的财物和出门在外随身携带的必需品。家里的财物是"入户盗窃"的对象，出门在外随身携带的财物是"扒窃"的对象。至于单位的单间办公室里的财物，是普通盗窃的对象。应该说，携带凶器不是对扒

---

① 张明楷．刑法学．6 版．北京：法律出版社，2021：1245.
② 张明楷．刑法学．6 版．北京：法律出版社，2021：1245.

窃的要求；扒窃的财物不限于体积微小的财物；并不要求扒窃具有技术性；扒窃不要求行为人具有惯常性；扒窃不需要秘密窃取。

所谓随身携带，是指将财物放在身上或者身边附近。乘坐高铁时放在车厢里的财物，都是随身携带的财物。不管是放在座位下面、头顶的行李架上，还是放在两节车厢之间的专门用于放置大件行李的地方。乘坐飞机时除托运的行李以外的行李，都是随身携带的行李。从他人衣服口袋里或者包内取走财物是扒窃，将他人随身携带的包整体拿走的也是扒窃。也就是说，只要是出门在外随身携带的生活必需品（手机、少量现金、钥匙、身份证、护照等），都是扒窃的对象。他人把电动车停在公共厕所外边，忘记取走电动车上的包而进去上厕所，行为人趁机拿走包的，也是扒窃，因为这个包也是被害人出门在外随身携带的财物。被害人骑电动车下班回家，在等红绿灯时只顾盯着信号灯，行为人偷偷地将他放在两脚中间的包拿走的，也是扒窃。参加会议期间被害人中途上厕所，行为人趁机拿走其放在会议室的桌子上的手机的，也是扒窃。

21. 曾因盗窃受过刑事处罚或者一年内曾因盗窃受过行政处罚的，其"数额较大"的标准可以按照通常标准的 50% 确定的司法解释规定，有无问题？

这个规定出自《盗窃解释》，该司法解释规定存在问题。曾经受过刑事处罚和行政处罚，只是表明行为人再犯罪的可能性较大即特殊预防必要性较大的预防要素，不是反映不法程度的责任要素，将预防要素作为责任要素看待，混淆了预防刑和责任刑情节，明显不当。从具体层面来说，这样的规定会导致诸多不公平的现象。例如，曾因盗窃受过刑事处罚，其后盗窃数额达到规定标准的 50% 的，成立盗窃罪，而曾因杀人、放火、强奸、抢劫受过刑事处罚后再盗窃的，其盗窃数额仅达到规定标准的 50% 的，不成立盗窃罪。再如，一年内曾因盗窃受过行政处罚，再次盗窃的数额达到规定标准的 50% 的，构成盗窃罪，但一年内曾因抢劫、诈骗受过行政处罚，再次盗窃的数额达到规定标准的 50% 的，不成立盗窃罪。这显然有违刑法的公平正义。

22. 如何认定盗窃罪的着手？

刑法中的着手是一个规范的概念，只有对某罪所保护的法益形成具体、现实、紧迫的危险时才是着手。行为具有转移财物占有的紧迫危险时，才是盗窃罪的着手。具体而言，需要就不同行为类型进行判断。一般来说，被害人占有越紧密的财物，着手的认定可能越要晚一些，相反，被害人的占有越松弛的时候，着手的认定就可能越早一些。例如，进入无人看守的仓库盗窃的，进入仓库时就是着手，甚至开始撬门开窗时就是着手。入户盗窃的，行为人进入后开始物色财物时才是着手，而不是进入户内时就是着手。扒窃他人口袋里的财物的，接触口袋外侧就是着手。于顺手牵羊式的盗窃，只有接触财物时，才是着手。盗窃他人放在高铁行李架或者飞机行李架上的财物时，也以接触财物为着手。可见，因为盗窃罪的实行行为是转移财物的占有，所以盗窃罪的着手可以存在于实行行为之前，而不是实行行为的起点。

23. 客人将主人的金戒指藏在浴缸下面等下次来时再拿走，成立盗窃既遂吗？

案 6：某日，卡车司机把装有贵重金属的车停在马路边后去小店买冷饮，甲趁卡车司机不注意，就把卡车上的贵重金属掀下来，推到马路边上的水沟里，准备晚上再捞回去。但下午连续几小时的暴雨将贵重金属冲走了，晚上甲没有捞到贵重金属。

本案中，甲将卡车上的贵重金属推到路边的水沟里时，被害人就失去了对财物的控制，应当认定盗窃既遂。

德、日刑法理论通说认为，行为人建立了新的占有就是盗窃既遂。关于盗窃罪的既遂标准，我国刑法理论上有所谓接触说、转移说、隐匿说、失控说、控制说（取得说）、失控加控制说等各种学说。应该认为，只要行为人取得（控制）了财物，就是盗窃既遂。一般来说，只要被害人丧失了对财物事实上的支配，就应认定行为人取得了财物。所以，关于行为人是否建立了新的支配关系，可从正反两方面进行判断。也就是说，除从正面判断行为人是否无障碍地占有了财物外，还可以同时从反面判断：在当时的情况下，被害人对自己财物的支配是否没有任何障碍？如果没有任何障碍，就表明行为人还没有建立新的占有；反之，则表明行为人建立了新的占有。

具体而言：

首先，如果被害人想继续占有存在物理障碍的，当然可以说行为人建立了新的占有。例如，将被害人的财物转移到自己汽车的后备厢里的，成立盗窃既遂。

其次，虽然难以判断行为人是否建立了新的占有，但只有行为人知道财物在何处，被害人不知道财物在何处的，被害人想继续占有存在障碍就很明显了。例如，住家保姆将主人的名表藏在浴缸下面、粮桶里，因为只有住家保姆知道名表在何处，而且住家保姆可以自由出入主人家里，其随时可以取走被藏匿的名表，所以可以认为住家保姆已经取得对主人之名表的占有。不过，张明楷教授认为：

假设行为人到被害人家里做客时，将被害人的金戒指藏在浴缸下面，想等下次来时再拿走。被害人根本不知道金戒指在何处，继续占有的障碍很大，事实上也只有行为人知道金戒指在何处，应当认定行为人已经建立了新的占有。[①] 本书认为，虽然只有行为人知道被害人的金戒指藏在何处，但金戒指毕竟还处于被害人独立支配的空间内，而且行为人只是偶尔到被害人家做客，跟住家保姆藏匿主人财物不同，很难认为行为人支配了金戒指，所以不宜认定为盗窃既遂。

最后，虽然被害人知道财物在何处，但存在人格领域的障碍时，应认定盗窃既遂。例如，行为人将商场的财物揣进自己兜里，即使被害人知道这一点，但由于被害人不可能没有障碍地把手伸进行为人的口袋里，所以要认定行为人的行为构成盗窃既遂。一般来说，就体积很小的财物（如金戒指）而言，行为人将财物夹在腋下、放入口袋、藏入怀中时，就属于将其置于个人专属领域，必须认定为盗窃既遂。在超市，如果行为人将小商品装入了自己的口袋，即使没有经过收银台，也构成盗窃既遂。但如果是大件商品，如冰箱、彩电，只有过了收银台才是盗窃既遂。

24. 窃取价值低廉的财物，是成立盗窃既遂还是未遂？

刑法中财产犯罪的保护对象必须是具有一定价值的财物。如果行为人主观上以数额较大的财物为盗窃目标，客观上也有盗窃数额较大财物的可能性，只是碰巧现场仅有价值低廉的财物，不管行为人拿不拿走该财物，都是成立盗窃罪的未遂。如果客观上没有盗窃数额较大财物的可能性，则是对象不能犯，不成立盗窃罪。行为人以数额（特别）巨大的财物为盗窃目标，如盗窃银行金库，金库中只有两三百元，不管行为人拿不拿走这两三百元，都是成立盗窃数额（特别）巨大财物的未遂。

25. 《盗窃解释》规定："盗窃既有既遂，又有未遂，分别达到不同量刑幅度的，依照处罚较重的规定处罚；达到同一量刑幅度的，以盗窃罪既遂处罚"，该规定有无问题？

应该说，本打算盗窃数额（特别）巨大的财物，如盗窃银行金库，结果因为意志以外的原因，仅盗得价值几千元的财物的，就可谓既有既遂也有未遂，成立盗窃数额（特别）巨大的未遂和盗窃罪基本犯的既遂，想象竞合，从一重处罚。但如果行为人多次盗窃，比如今天盗窃既遂，明天盗窃未遂，盗窃张三既遂，盗

---

① 张明楷. 侵犯人身罪与侵犯财产罪. 北京：北京大学出版社，2021：208.

窃李四未遂，则因为存在数个行为，数次符合同一犯罪构成，应当以同种数罪并罚，而不应从一重处罚，否则，就与今天盗窃既遂，明天诈骗未遂，只能数罪并罚的处罚不协调。当然，行为人今天盗窃张三电脑未遂，明天盗窃该电脑既遂的，由于仅侵害了一个法益，成立包括的一罪，以盗窃既遂处罚。质言之，所谓盗窃既有既遂又有未遂而从一重处罚的，应仅限于一次盗窃和针对同一对象的盗窃。多次针对不同对象进行盗窃的，不应从一重处罚，而应同种数罪并罚。

26. 盗窃限于秘密窃取吗？

我国刑法理论通说认为，盗窃行为限于秘密窃取，但只要行为人自认为是秘密窃取即可。也就是说，即便客观上是公然盗窃，只要行为人自以为是在秘密窃取，也不影响盗窃罪的认定。这种观点很奇怪：既然秘密窃取是客观要素，根据构成要件的故意规制机能，当然需要行为人主观上认识到是在秘密窃取。或者说，行为人主观上认识的就是客观事实，主、客观必须统一。通说导致行为人主观上完全可以认识到客观并不存在的事实，如客观上是公开盗窃，但主观也上无须认识到是公开盗窃，只要认识到客观上并不存在的事实——秘密窃取，就可以了，也就是主、客观可以不一致。这显然存在问题。根据责任主义和构成要件原理，如果认为盗窃只能是秘密窃取，客观上就必须是秘密窃取，主观上也必须认识到是秘密窃取。客观上不是秘密窃取的，就不符合盗窃罪的客观要件，就不能成立盗窃罪的既遂。

通说将盗窃限于秘密窃取，可能是认为公开盗窃的就是抢夺。其实，公开盗窃并不等于抢夺，抢夺必须是当场直接夺取他人紧密占有的数额较大的公私财物的行为。盗窃与抢夺的区别并不在于是秘密还是公开，而是在于行为对象和行为方式不同。

总之，通说将盗窃限于秘密窃取，既不符合常识，也不符合构成要件原理，不能自圆其说，不具有合理性。只要是违反被害人的意志，将他人占有下的财物转移为自己或者第三人占有的，就是盗窃。公开盗窃的，也是盗窃。

27. 《盗窃解释》规定："盗窃记名的有价支付凭证、有价证券、有价票证，已经兑现的，按照兑现部分的财物价值计算盗窃数额；没有兑现，但失主无法通过挂失、补领、补办手续等方式避免损失的，按照给失主造成的实际损失计算盗窃数额"，该规定有无问题？

这个司法解释规定存在问题。盗窃记名的有价支付凭证，比如存折，行为人不使用的，不可能给被害人造成财产损失，所以仅成立针对存折本身的盗窃罪

（如入户盗窃）。若行为人在银行柜台冒名使用，则成立诈骗罪，与针对存折本身的（特殊）盗窃罪数罪并罚。司法解释与通说一样，错在以为事后使用存折的行为是前行为盗窃存折行为的延伸，是所谓从行为。其实，真正给被害人造成财产损失的，不是盗窃存折的行为，而是盗窃后使用存折的行为。所以评价的重心不是取得存折的行为，而是利用存折的行为。

没有兑现，比如行为人丢弃有价支付凭证，但失主无法通过挂失、补领、补办手续等方式避免损失的，由于行为人没有利用的意思，不能认定为作为取得罪的盗窃罪，而只能评价为作为毁弃罪的故意毁坏财物罪。

28. 2007 年 1 月 15 日"两高"《关于办理盗窃油气、破坏油气设备等刑事案件具体应用法律若干问题的解释》规定："盗窃油气同时构成盗窃罪和破坏易燃易爆设备罪的，依照刑法处罚较重的规定定罪处罚"，该规定有无问题？

这个司法解释规定也存在问题。行为人在输油管道上打孔就已构成破坏易燃易爆设备罪既遂，之后盗油的，又成立盗窃罪，由于存在两个行为，侵害了两个法益，应当数罪并罚。正如，破坏他人价值昂贵的防盗门入户盗窃的，也应以故意毁坏财物罪与盗窃罪数罪并罚；砸坏豪车玻璃，窃得里面的一部手机的，应以故意毁坏财物罪与盗窃罪数罪并罚；割掉秦始皇的兵马俑的头颅之后拿走的，成立故意损毁文物罪与盗窃罪，实行数罪并罚。

盗割电线的，从一重处罚的司法解释规定也存在问题。盗割正在使用中的电线，成立破坏电力设备罪既遂，之后拿走割下的电线的，成立盗窃罪。由于存在两个行为，侵害了两个法益，也应当数罪并罚。

29. 能否认为只要多次盗窃的最后一次处于追诉期限内，就认为整个没有超过追诉时效？

张明楷教授认为，只要多次盗窃的最后一次处于追诉期限内，就应当追诉。[①]

本书认为上述观点存在问题。虽然多次盗窃可以构成盗窃罪，但并不是最后一次单独构成盗窃罪。也就是说，单独来看，每一次都不构成犯罪（盗窃未遂除外）。而《刑法》第 89 条规定的"追诉期限从犯罪之日起计算"，是指从犯罪成立之日起计算。虽然最后一次盗窃是多次盗窃的成立之日，但不是"犯罪"成立之日。正如多次销售伪劣产品，加上最后一次的销售金额，累计销售金额达到 5 万元的，虽然最后一次销售在追诉期限内，但如果前面的几次销售

---

① 张明楷. 刑法学. 6 版. 北京：法律出版社，2021：1242.

行为超过了追诉期限，就不能以最后一次销售未超过追诉期限为由，而整体追究销售伪劣产品罪的刑事责任。质言之，多次盗窃、多次抢劫、集合犯不是继续犯，追诉期限不能从所谓"犯罪终了之日起计算"，而应该每一次单独计算。

例如，甲分别于 2017 年 5 月 1 日盗窃 300 元财物、2017 年 10 月 1 日盗窃 200 元财物、2018 年 2 月 1 日盗窃 400 元财物，2023 年 1 月 10 日案发。虽然也符合相关司法解释所规定的"二年内盗窃三次以上的，应当认定为多次盗窃"的要求，但在 2023 年 1 月 10 日案发时，只有最后一次盗窃在追诉时效期限内，前两次均已超过 5 年的追诉时效期限，而最后一次并不单独构成盗窃罪，所以不能以盗窃罪进行追诉。

30. 多次盗窃同一对象终于既遂，如三次盗窃价值几百元的自行车，属于"多次盗窃"吗？

多次盗窃入刑，不只是因为多次实施犯罪反映了行为人人身危险性大，而且是因为多次盗窃的不法程度重。多次盗窃同一物品最终既遂，也只是侵害一个法益，与多次盗窃不同被害人或者多次盗窃同一被害人的不同财物，在不法程度上存在明显差异。所以，应将多次盗窃限定为多次盗窃不同被害人的财物或者盗窃同一被害人的不同财物，多次盗窃同一对象最终既遂的（前两次未遂，第三次既遂）的，不宜认定为多次盗窃。

31. 非法进入后发现是"户"仍然盗窃的，属于"入户盗窃"吗？

本书认为，入户盗窃就是进入户内盗窃，就是在户内盗窃。不管是合法入户还是非法入户，只要盗窃时认识到在户内而实施盗窃的，就是入户盗窃。

32. 从超市扔出商品，被不相识的过路人捡走的，成立盗窃罪吗？

虽然盗窃罪的非法占有目的，也包括使第三人非法占有的目的，但第三人一定是与行为人有比较密切的关系的，即能将第三人占有等同评价为行为人占有，否则，只能否认存在利用的意思而成立故意毁坏财物罪。从超市扔出商品，被不相识的过路人捡走的，应认定行为人没有利用的意思，只有毁坏的意思，不成立盗窃罪，而是成立故意毁坏财物罪。

33. 如何定性盗用他人微信、支付宝的行为？

实践中经常发生盗用他人的微信、支付宝购物付款，或者将他人的微信、支付宝中的"钱"转到自己的微信、支付宝中的案件。实务中对这类案件定性十分混乱：有定盗窃的，有定诈骗的，还有定信用卡诈骗罪的。对这类案件可以分以下几种情形进行讨论。

（1）直接用别人的微信、支付宝扫码付款的，就相当于拿着别人的钱包付款，当然成立盗窃罪。因为商家根本不关心是不是本人使用，不能认为是受骗人，不成立诈骗罪。

（2）行为人发现他人的微信、支付宝本身没有余额，但微信、支付宝绑定了储蓄卡，于是通过他人的微信、支付宝，直接将"钱"转入自己的微信、支付宝的，应当认定为盗窃罪，不能认定为信用卡诈骗罪。虽然"钱"源于他人的储蓄卡，但行为人并没有使用他人的银行卡账号和密码，没有冒用他人信用卡，所以不能成立信用卡诈骗罪。由于没有欺骗自然人，也不成立诈骗罪。

（3）行为人发现他人的微信、支付宝里没有余额，但微信、支付宝绑定了储蓄卡，于是先将他人储蓄卡里的"钱"转入他人的微信、支付宝账户，然后再将他人微信、支付宝账户中的"钱"转入自己的微信、支付宝的，同样只成立盗窃罪。行为人虽然使用了他人的储蓄卡，但使用行为只是使他人储蓄卡中的钱转入他人的微信、支付宝账户，相当于将他人左口袋中的钱转入右口袋，他人并没有遭受财产损失。使他人遭受财产损失的是从他人的微信、支付宝账户转出"钱"的行为，这一行为当然构成盗窃罪。

（4）行为人发现他人的微信、支付宝里没有余额，也没有绑定储蓄卡，于是就将他人的储蓄卡与他人的微信、支付宝绑定，再通过他人的微信、支付宝将"钱"转入自己的微信、支付宝中的，也不构成信用卡诈骗罪，而是构成盗窃罪。因为将他人的储蓄卡与他人的微信、支付宝绑定并不是犯罪行为，使他人遭受财产损失的是将他人的微信、支付宝账户的"钱"转入自己的微信、支付宝中的行为，所以成立盗窃罪。

（5）行为人将他人的储蓄卡与自己的微信或者支付宝绑定，然后再使用微信或者支付宝付款的，也应当认定为盗窃罪。因为单纯将他人的储蓄卡与自己的微信、支付宝绑定的行为，不能使他人遭受财产损失，只有使用微信、支付宝付款的行为才使他人遭受财产损失，但此时并未使用他人的储蓄卡的账号和密码，因而不构成信用卡诈骗罪，只能成立盗窃罪。

（6）行为人利用他人的手机在商场购物付款时，由于微信或者支付宝没有余额或者余额不足，需要选择微信或者支付宝绑定的储蓄卡支付货款时，行为人选定了其中的储蓄卡的，由于使用了他人的储蓄卡的账号和密码，冒用了他人银行卡，应认定为信用卡诈骗罪。

第三节　诈骗罪

第二百六十六条　**【诈骗罪】**诈骗公私财物，数额较大的，处三年以下有期徒刑、拘役或者管制，并处或者单处罚金；数额巨大或者有其他严重情节的，处三年以上十年以下有期徒刑，并处罚金；数额特别巨大或者有其他特别严重情节的，处十年以上有期徒刑或者无期徒刑，并处罚金或者没收财产。本法另有规定的，依照规定。

疑难问题

1. 诈骗罪的构造是什么？

在刑法上，不是有欺骗行为且取得了财物，就一定构成诈骗罪。所谓诈骗罪，是指以非法占有为目的，使用欺骗方法，骗取数额较大的公私财物的行为。诈骗罪（既遂）的基本构造，是所谓"诈骗五步走"：（1）行为人实施欺骗行为→（2）对方（受骗者即财产处分者）产生或继续维持、强化错误认识→（3）对方基于错误认识处分财产→（4）行为人或第三人取得财产→（5）被害人遭受财产损失。简单地讲就是：欺骗行为→错误认识→处分财产→取得财产→财产损失。具体而言：

第一步：行为人实施欺骗行为。

欺骗行为必须是足以使对方陷入处分财产的错误认识的行为。例如，行为人欺骗老人家说"你家儿子在前面马路上被车撞了"，老人家慌里慌张地不锁家门就出去了，行为人趁机拿走其家里的财物。行为人虽然也实施了欺骗行为，老人家也陷入了错误认识，但并没有陷入处分财产的错误认识，其不锁门就出去，只是导致其对自己财产的占有出现弛缓，并没有将自己家里的财产转移给行为人占有的意思，所以行为人的行为不是构成诈骗罪，而是构成"违反被害人的意志，将他人占有下的财物转移给自己或者第三人占有"的盗窃罪。

第二步：受骗者陷入错误认识。

行为人的欺骗行为使受骗者陷入错误认识。这里的错误认识必须是处分财产的错误认识，而不是任何错误认识。例如，行为人假装让营业员将真金项链拿给自己看，趁营业员不注意，用自己事先准备好的镀金项链调换真金项链，然后将镀金项链"退还"给营业员。应该说，营业员只是将真金项链拿给行为人看一下，并不是把真金项链处分给行为人，并没有陷入处分金项链的错误认识，行为人是趁营业员不注意转移真金项链，"退还"镀金项链的行为只是为了掩盖盗窃犯罪事实，所以不构成诈骗罪，而是构成盗窃罪。又如，行为人假装试穿名贵西服，趁营业员不注意穿着西服溜走的，营业员也没有陷入处分财产的错误认识，没有将西服转移给行为人占有，所以该行为是构成盗窃罪，而不是诈骗罪。

既然是让受骗者产生或者继续维持或者强化错误认识，就说明受骗者必须是具有一定认识能力的自然人。由于幼儿和严重精神病患者根本没有正常的认识能力，谈不上错误认识，所以，欺骗幼儿和严重精神病患者，使其交付财物的，不是诈骗，而是盗窃。机器没有意识，不可能产生错误认识。机器不会受骗，这是常识，也是全世界刑法理论和实务的共识。捡到他人的储蓄卡后在自动柜员机上取款的，不是诈骗，而是盗窃。只有在银行柜台或者特殊商户那对着自然人冒用他人的信用卡的，才能成立（信用卡）诈骗罪。

第三步：受骗者基于错误认识处分财产。

受骗者必须是对财产具有处分权限或者处于可以处分被害人财产的地位的自然人，但不需要是财物的所有权人或占有人。例如，行为人欺骗住家保姆说"你家主人让我来取他的爱马仕西服到我们店里干洗"，住家保姆虽然不是西服的所有权人和占有人，但按照社会的一般观念，在主人不在家时，其与主人处于同一阵营，具有处分主人西服的权限，所以该行为构成诈骗罪，而不是盗窃罪的间接正犯。这里的"处分"财产，是指转移财产的占有，而不是转移财产的所有。所谓"借物诈骗"，就是行为人以借为名实施诈骗。受骗者在处分财产时必须有处分的意识，也就是必须认识到自己是在将某种财产转移给他人占有，但不要求受骗者对财产的数量、价格等有明确的认识。或者说，正是行为人的欺骗，才使受骗者对财产的数量、价格等产生错误认识。例如，将便宜照相机与贵重照相机的包装盒调换，使营业员按照便宜照相机的价格进行结账的，构成诈骗罪。又如，拿出照相机包装盒中的泡沫，使一个盒子里装入两部照相机，让营业员以一部照相机的价格进行结账的，也是诈骗罪。

第四步：行为人或第三者取得财产。

受骗者处分财产的结果就是使行为人或第三者取得财产。行为人或第三者取得的财产与被害人处分的财产必须具有同一性，即两者必须是同一种东西。这在理论上被称为"素材的同一性"。就狭义财物（有体物和无体物）而言，行为人所取得的财物必须是被害人所丧失的财物，而就财产性利益而言，只要行为人所取得的利益与被害人所丧失的利益，或者说行为人所取得的利益与被害人所遭受的财产损失之间具有对应关系即可。例如，行为人欺骗被害人说："你手上的这个古董是赝品，不值钱，不如 1 万元卖给我吧！"被害人信以为真，将价值百万元的古董以 1 万元的价格卖给行为人。行为人通过欺骗手段所取得的古董就是被害人因为受骗所丧失的古董，具有同一性。又如，行为人欺骗被害人，使其答应免除 10 万元的债务，虽然没有所谓债权的转移，但行为人所获得的免除 10 万元债务的利益就是被害人所丧失的 10 万元债权，二者之间具有对应关系，所以依然成立（财产性利益）的诈骗罪。

第五步：被害人遭受财产损失。

一般来说，行为人的取得了财产，被害人就遭受了财产损失。行为人在取得被害人的财产的同时，也提供了相当的对价或者商品的，如果被害人的交易目的落空（此即所谓"目的失败论"），也会认为存在财产损失。例如，行为人将普通白菜冒充有机白菜，即便按照普通白菜价格销售，但如果被害人只吃有机白菜，则被害人的交易目的落空，也会认为被害人存在财产损失（此即实质的个别财产损失说）。当然，如果被害人没有一定要吃有机白菜，则可以认为没有财产损失。又如，行为人将混纺羊毛衫冒充纯羊毛衫，但以混纺羊毛衫的价格销售，如果被害人只穿纯羊毛衫，则被害人的交易目的落空，存在财产损失。当然，如果被害人对穿羊毛衫没有讲究，也可以认为被害人没有财产损失。此外，对这里的财产损失一定要结合法益来考虑，如果被害人没有经济利益的损失，也可以认为不存在财产损失。例如，店家声明禁止不满 18 周岁的人购买烟酒，17 岁的行为人冒充成年人购买烟酒的，由于店家没有经济利益的损失，也可以认为不存在财产损失。但如果行为人除经济目的之外还追求重要的社会目的，则可能认为存在财产损失。例如，在疫情期间，一人只能购买一盒口罩，行为人冒用他人的身份购买多盒口罩。如果认为，让每个人都有口罩使用是店家的一个重要的社会目的，则可以认为店家存在财产损失，行为人欺骗店家多买口罩，可能构成诈骗罪。

2. 如何评价诈骗罪中的财产损失？

案 1：甲未通过国家统一法律职业资格考试且认为准备国家统一法律职业资格考试太辛苦，决定持假证从事律师业务，花 6 000 元私刻了一个律师事务所的公章，制作了律师执业证。随后，以律师身份从事诉讼活动，先后收取了 21 个人的代理费、辩护费，总共 10 万余元。后来，甲的虚假律师身份被发现。

本案中，如果甲收了代理费、辩护费后输了官司，被害人肯定有财产损失，构成诈骗罪当无疑问。但如果赢了官司，就很难说被害人存在财产损失，而难以将甲的行为评价为诈骗罪。

根据成立犯罪是否要求造成整体财产损失，国外刑法理论将财产犯罪分为对个别财产的犯罪和对整体财产的犯罪。所谓对个别财产的犯罪，是指只要行为使被害人丧失了个别或特定财产，即使该行为同时使被害人获得了相应的利益，也成立犯罪。例如，欺骗他人等价交换限量版手机，即便被害人获得了相应的对价，但由于受骗而丧失限量版手机的，也会认为存在财产损失。所谓对整体财产的犯罪，是指对被害人的财产状况整体进行侵害，使其整体财产状况恶化的犯罪。据此，如果以欺骗手段让对方等价交换限量版手机，由于被害人的整体财产并没有减少，所以认为没有财产损失。虽然德国刑法理论认为诈骗罪是对整体财产的犯罪，但其实质上与依日本的实质的个别财产损失说得出的结论差异不大。我国的财产犯罪，都是对个别财产的犯罪，但也不能简单地认为个别财产的丧失就是财产损失。

诈骗罪是对个别财产的犯罪。判断诈骗有无导致财产损失时，不能把损失的财产与取得的财产作为整体，合起来相互折抵，综合评价。例如，行为人将普通白菜冒充有机白菜，但按照普通白菜5元的价格出售。由于被害人用普通白菜的价格购买到了普通白菜，所以从被害人的整体财产来看并没有财产损失。但判断诈骗罪中的财产损失时要考虑是否存在个别财产的损失。具体到卖白菜这个例子，被害人因为被欺骗而没有买到想买的有机白菜（被害人只吃有机白菜，不吃普通白菜），却还为这个错误支付了金钱。这就意味着被害人存在财产损失，财产损失数额就是5元钱。又如，行为人欺骗被害人说"你患了严重的肝病，必须吃药"，没患肝病的被害人只好掏出90元购买了行为人推销的市场价为100元的治肝病的药。虽然被害人花90元购买了本来也值这个钱的治肝病的药，整体财产没有损失，但被害人未患肝病，本来无须购买这个药品，无须支出90元，所以90元的支出就是个别财产的损失。

当然，如果认为只要被害人基于错误认识处分了财产，被害人就有财产损失，那就把财产损失过于形式化了，会造成处罚范围过宽。例如，店家只卖酒给成年人，17周岁的行为人谎称自己已满18岁要买酒，店家上当了，将酒卖给行为人。对于本案，如果过于形式化地理解财产损失，就会认为店家存在个别财产的损失。但店家要卖酒，也按正常价格卖出去了，而且店家也没有遭受交易上的其他不利，所以从法益保护的角度看，店家其实并没有什么损失。

判断个别财产的丧失能不能被评价为诈骗罪中的财产损失，不能只拿被害人交付的财物以及其得到的财物的客观金钱价值进行比较，还应联系被害人的交易目的、社会目的，财产对被害人的利用可能性等进行综合判断。一个基本标准是，被害人所认识到的"财产交换"有没有实现，以及被害人处分财产想要实现的"目的"有没有达成。简言之，就是被害人的交易目的是否实现。例如，一个教授看不懂日文书，行为人欺骗这位教授说自己手中的日文书是中文书，教授花钱买下了这些日文书。对于看不懂日文书的教授而言，日文书对其毫无价值。所以这位教授的交易目的落空了，其为此支付的金钱就是财产损失，行为人的行为构成诈骗罪。

财产是实现社会目的的重要手段。如果社会目的没有实现，也可能认为存在财产损失。例如，演唱会主办者声称"演唱会门票的全部收入将捐献给地震灾区"，但其实并未捐献给地震灾区，而是据为己有。虽然观众享受了音乐，也认识到用于购买门票的金钱的丧失，但观众交付金钱的社会目的没有实现，所以还是应当认为观众存在财产损失。

需要指出的是，即便被害人是出于不法原因将财物交付给行为人，也不影响对财产损失的认定。也就是说，基于不法原因给付的仍然成立诈骗罪。因为不法原因在前，被害人给付在后，所给付的财物本身是合法的，如果没有行为人的欺骗，被害人就不会交付金钱，所以还是认为存在财产损失。例如，谎称能替人除掉仇人而骗取他人 10 万元的杀人酬金，这里的 10 万元就是财产损失。又如，行为人将面粉冒充海洛因卖给吸毒者。这种情况下，虽然吸毒者给行为人金钱是为了购买海洛因，性质上属于基于不法原因的给付，但吸毒者的钱也是值得刑法保护的，法律上依然会认为购买毒品者遭受了财产损失，行为人的行为构成诈骗罪。也就是说，虽然对于不法原因的给付在民法上不会支持其返还请求权，但在刑法上还是应该承认存在财产损失，即欺骗他人，使其作出基于不法原因的给付的，还是构成诈骗罪。

通过欺骗行为免除非法债务的，不应当认为被害人存在财产损失，相反，通过欺骗方法免除合法债务的，应当认定被害人存在财产损失。例如，雇用杀人者在职业杀手杀人后采用欺骗手段让职业杀手不再向其催讨杀人酬金的，就是通过欺骗行为免除非法债务。按照法律的财产说，会认为不存在财产损失，不成立诈骗罪。又如，行为人赌博欠债后，使用欺骗手段让对方免除其赌债的，也是通过欺骗行为免除非法债务，也不认为对方存在财产损失，不构成诈骗罪。行为人在餐馆点菜吃饭后，采用欺骗手段使餐馆老板免除其支付餐费的义务的，属于通过欺骗方法免除合法债务，应当认为餐馆老板存在财产损失，行为人的行为构成诈骗罪。行为人乘坐出租车到达目的地后，本应支付出租车费，但行为人采用欺骗手段让出租车司机免除其支付出租车费的义务的，也属于通过欺骗方法免除合法债务，应当认为对方存在财产损失，行为人的行为构成诈骗罪。

计算诈骗罪中的财产损失或者诈骗数额时，不能扣除行为人已支付的对价（如金钱、商品等），除非所支付的对价也能部分满足行为人的需求。因为诈骗罪中的财产损失并不是整体财产的损失，而是个别财产的损失，所以不需要将失去的财产与获得的所谓补偿互相抵消。判断诈骗数额时，单纯看行为人骗走的财产数额是多少就行了。例如，甲用盗窃来的车辆作质押向乙借款 10 万元。不能认为诈骗的数额是 10 万元借款减去所质押的车辆的价值，而应认为诈骗数额就是 10 万元。又如，行为人将 4 部手机冒充 10 部手机出售而收取了 10 部手机的钱，由于交付的 4 部手机正是被害人所需要的，所以在计算财产损失时应扣除实际交付的 4 部手机的钱款，即只有 6 部手机的钱款才是财产损失。再如，行为人用装有 1 000 元真币和 9 000 元假币的一叠钱购买他人价值 1 万元的手机，由于其中的 1 000 元真币也能满足被害人的需求，所以被害人的财产损失只有 9 000 元，而不是 1 万元。

总之，在判断诈骗罪中的财产损失，也就是被害人有无财产损失时，不能简单地损益相抵，而应个别判断。在个别判断时，要考虑交换目的有没有实现，而不能认为只要交易价格相当或相差不大，就没有财产损失。

3. 基于违法的劳务、无效的请求权、违法的占有、违法目的的预付款，能成立诈骗罪吗？

违法的劳务，是指提供的劳务本身不受法律保护，不应获得相应对价。例如，甲跟乙说："如果你把丙的车毁坏了，我给你 5 万块钱。"乙信以为真，就把丙的车毁坏了，但甲没有给乙钱。根据法律的财产说，甲的行为是不可能构成诈骗罪的，因为乙毁坏丙的车辆这一劳务本身就违法，不受法律保护，不应取得报酬。根据经济的财产说，就可能得出甲的行为构成诈骗罪的结论，因为劳务虽然不合法，但还是要看是否影响经济利益，如果乙的经济利益减少了，还是可以认定甲的行为成立诈骗罪。在我国，不可能认定甲的行为成立诈骗罪，相反，甲构成故意毁坏财物罪的教唆犯。又如，行为人向职业杀手虚假承诺"你帮我除掉仇人，我给你 100 万元"，待职业杀手除掉其仇人后，行为人赖账。根据法律的财产说，由于杀人是违法劳务，不应取得相应报酬，职业杀手索要杀人酬金的请求权在民法上也不会得到支持，所以行为人的行为不构成诈骗罪，只构成故意杀人罪的教唆犯。

所谓无效的请求权，是指这种请求权在民法上无效，不会得到支持。例如，甲与乙约定盗窃后五五分成。甲入户盗窃，乙为其在门口望风。甲盗得 2 万元后谎称仅盗得 5 000 元而分给乙 2 500 元。按照法律的财产说，因为乙的 7 500 元的分赃请求权得不到民法上的支持，属于无效请求权，所以甲的行为不构成诈骗罪。但按照经济的财产说，因为乙有财产损失，所以甲的行为构成诈骗罪。当然，依经济的财产说也可能以无效的请求权没有经济价值为由，而否认诈骗罪的成立。

所谓违法的占有，是指占有本身是不受法律保护的。例如，行为人从盗窃犯那里骗走赃物。根据法律的财产说、本权说，就可能因为占有本身是违法的而否认诈骗罪的成立。但根据经济的财产说，由于被骗走赃物的盗窃犯存在财产损失，因而能够肯定诈骗罪的成立。应该说，即便是违法的占有，只要不是相对于被害人行使权利的行为而言，这种占有本身也是值得保护的法益，侵害这种占有的，也能构成财产犯罪，所以从盗窃犯那里骗走赃物的，也能构成诈骗罪。

所谓违法目的的预付款，是指基于不法原因给付的预付款。例如，行为人没有杀人的意思，却对雇凶者谎称："我能替你除掉仇人，你先预付我 10 万元，待事成之后你再给我 10 万元。"行为人拿到 10 万元之后逃之夭夭。按照法律的财产说，由于雇凶者的预付款返还请求权肯定得不到法院的支持，所以行为人骗取杀人预付款的行为不构成诈骗罪。但按照经济的财产说，由于雇凶者存在财产损失，行为人的行为当然成立诈骗罪。

4. 何谓欺骗行为？

案 2：假设某税务人员每天在菜市场收税，某日该税务人员没有来，甲就身穿税务人员的制服，坐在税务人员收税的老地方，很多商贩误以为甲是新来的税务员，就把税款交给了甲。

本案中，甲身穿税务人员的制服，让人误以为其是收税的税务人员而向其交税，属于举动诈骗，构成诈骗罪。

欺骗行为是诈骗罪的实行行为，是诈骗罪的核心。欺骗行为的实质是使他人产生处分财产的错误认识，而不是任何意义上的欺骗行为。欺骗行为让受骗人产生一个与客观真实不相符合的观念，这个观念必须是处分财产的观念，而不是别的什么观念。行为人使用谎言或者诡计，如突然说"外边下雨了"，使他人分散注意力，从而对财物的占有出现弛缓，行为人乘机将他人的财物拿走的，虽然被害人也可谓受骗了，但这不可能是诈骗罪中的欺骗行为。

就同一行为对象而言，不可能既是诈骗也是盗窃，即不可能存在所谓盗骗交织的现象。我国刑法理论通说习惯于使用"盗骗交织"这一概念，认为某个行为既是盗窃也是诈骗，或者既有盗窃也有诈骗。如何区分呢？就看行为"主要是盗呢，还是主要是骗"，主要是盗的就是盗窃罪，主要是骗的就是诈骗罪。其实除想象竞合外，一个行为不可能既是盗窃行为（不存在处分行为），又是诈骗行为（存在处分行为）。区分盗窃与诈骗，就是要看是否存在处分行为：存在处分行为的是诈骗，不存在处分行为的是盗窃。

欺骗行为首先表现为就事实进行欺骗，其中的事实不仅包括客观事实，而且包括规则与主观心理事实。例如，装着要付钱的样子在餐馆点菜吃饭，就是隐瞒了不付餐费的内心想法。又如，所谓"借钱诈骗"，就是隐瞒了不还钱的内心意思。

行为人既可能就过去已经发生的事实进行欺骗，也可以就现在的事实进行欺骗，甚至还能就将来的事实进行欺骗。例如，谎称某年某月某日会发生日全食，而欺骗他人购买望远镜的，可谓就将来的事实进行欺骗，还是会构成诈骗罪。又如，谎称某个地方会通地铁而骗他人买该地段的房子的，也属于就将来的事实进行欺骗，成立诈骗罪。

与事实不同的是价值。行为人既可以就事实进行欺骗，也可以就价值进行欺骗。当然这种价值判断不能是抽象的，而应是非常具体的。例如，只是说股票会涨、房产会升值、保健品能延年益寿，则因为比较抽象，不可能构成诈骗罪。但如果谎称某保健品能治疗肝癌，则因为非常具体，可能构成诈骗罪。总之，越抽象越不可能构成诈骗罪，越具体就越可能构成诈骗罪。

欺骗行为可以是语言、文字、举动等。举动包括明示的举动、默示的举动。例如，行为人到餐馆点菜吃饭、叫出租车、穿着税务人员制服在菜市场收税，都可谓举动诈骗。不作为也能构成诈骗罪，当然，前提是行为人负有说明真相的义务。例如，顾客把手机样机当真机要求购买，店主佯装不知，将样机按照真机的价钱出售的，就是不作为的诈骗。又如，出售贵重工艺品的人，将有重大瑕疵的工艺品放在商店的橱窗里，原本只是起展示作用，不是用来出售的。顾客看中了这个工艺品要求购买，店主佯装不知而按照没有瑕疵的工艺品的价格卖给被害人。顾客不知道有瑕疵而提出购买这个工艺品时，店主就有义务告诉顾客，否则就属于不作为的欺骗行为，构成诈骗罪。

5. 为什么成立诈骗罪要具备直接性要件？

成立诈骗罪必须具备直接性要件，旨在强调处分行为和被害人的财产损失之间具有因果性，是为了区分诈骗罪与盗窃罪。所谓直接性要件，就是指不需要行为人实施进一步的行为，也不需要不属于被害人阵营的第三者实施进一步的行为，行为人就能取得财物，就能造成被害人的财产损失。

首先，不需要行为人的进一步行为，就可以造成被害人的财产损失，否则就不成立诈骗罪，而是成立盗窃罪。例如，将被害人骗出家门，然后趁机拿走被害人家里的财物的，不成立诈骗罪，而是成立盗窃罪，因为直接使被害人遭受财产损失的，不是将被害人骗出家门的行为，而是趁机进入被害人家里拿走财物的行为。又如，行为人欺骗被害人说火车停站一刻钟，被害人将行李放在座位上后下火车，安心地在站台吸烟，结果因为火车实际停站时间只有两分钟，被害人未能上车，行为人趁机拿走被害人放在座位上的财物。应该说，使被害人遭受财产损失的不是骗被害人下车的行为，而是在被害人不能上车时趁机拿走其行李的行为，所以不成立诈骗罪，而是成立盗窃罪。

其次，不需要不属于被害人阵营的第三者的行为。如果需要属于行为人阵营或者与被害人没有关系的人的进一步行为，就不符合直接性要件，就不成立诈骗罪，而是成立盗窃罪。例如，甲欺骗乙，谎称可以为其维修电脑，乙没有同意，甲于是又欺骗自己的员工丙，让其从乙的办公室取走乙的电脑的。使被害人乙遭受财产损失的，不是乙的处分行为，而是不明真相的丙上门取走乙电脑的行为，所以不符合直接性要件，不成立诈骗罪，而是成立盗窃罪的间接正犯。反之，如果欺骗行为经由属于被害人阵营的第三者的行为导致被害人遭受财产损失的，则不影响诈骗罪的成立。例如，行为人对店主谎称需要购买十台电脑，于是店主安排员工送货上门的，依然符合直接性要件，成立诈骗罪。

6. 能否承认"机器被骗"？

"机器不能被骗"，这是常识，也是全世界刑法理论的共识。但我国刑法理论上与实务中还是有人认为机器可以被骗。如果认为机器可以被骗，则打开房门智能锁拿走房间里的财物，打开汽车智能锁开走汽车的，都可能成立诈骗罪。机器没有意识，没有判断能力，符合机器或者系统设置的条件，就能提供相应的服务。捡拾他人银行卡后在自动柜员机取款，只要输入的密码正确，就能取款。即便是持卡人很着急地对自动柜员机说"大哥，这张卡真的是我的，我取钱急用，求您让我取点钱，行不行"，只要持卡人输入的密码不正确，自动柜员机也不会满足其取款请求。但如果捡拾他人银行卡的人到银行柜台对银行工作人员说同样的话，银行工作人员会说"好的，您稍等"，结果警察一会儿就来把行为人拷走了。持卡人忘记密码,持本人身份证、银行卡,对银行柜台的工作人员说同样的话,银行柜台的工作人员一定会很有人情味,核对身份证后让持卡人重置密码并让其取款。这说明,上当受骗的永远只能是有意识的自然人,不能是机器。

理论上有人认为,自动柜员机既不是机器,也不是人,而是机器人,捡拾他人银行卡后在自动柜员机上取款的,成立(信用卡)诈骗罪。由此毁坏自动柜员机的,到底成立故意杀"人"罪呢,还是成立故意毁坏"财物"罪呢?显然该观点回答不了此问题。认为自动柜员机既不是机器也不是人,只是在玩文字游戏而已,毫无意义。

7. 如何把握诈骗罪的处分行为与处分意思(意识)?

这涉及盗窃罪与诈骗罪的关系。也就是说,盗窃罪与诈骗罪的区别就在于有无处分行为。可以肯定的是,成立诈骗罪,要求受骗者有处分行为。所谓处分行为就是转移占有。盗窃罪是盗取罪,是行为人自己转移占有,或者将他人作为工具转移占有(盗窃罪的间接正犯)。而诈骗罪,是行为人实施欺骗行为使对方陷入处分财产的错误认识,然后基于错误认识将财产转移给行为人或者第三者占有。在这个意义上讲,诈骗也可谓盗窃罪的间接正犯。盗窃罪的转移占有是直接的,而诈骗罪的转移占有介入了被害人的行为。

成立诈骗罪除了要有处分行为,是否还要有处分的意识或者意思?对此,在国内外理论上和实践中都有争议。在德国,因为狭义的财物(有体物和无体物)既是盗窃罪的对象也是诈骗罪的对象,所以当对象是狭义的财物时,要求具有处分意思:具有处分意思的,是诈骗罪;不具有处分意思的,是盗窃罪。也就是说,是否具有处分意思只是关系到此罪与彼罪的区分,不会导致无罪。而由于财产性利益只是诈骗罪的对象,不是盗窃罪的对象,所以当对象是财产性利益时,不要求具有处分意思,也就是说,不管是否具有处分意思都成立诈骗罪。之所以如此,是因为如果当对象是财产性利益时也要求具有处分意思,没有处分意思的,不能成立诈骗罪,也不能成立盗窃罪(因为财产性利益不是盗窃罪的对象),从而形成处罚漏洞。在日本,也因为财产性利益只是诈骗罪的对象,不是盗窃罪的对象,所以当对象是财产性利益时,即便要求具有所谓的处分意思,对处分意思的要求也非常缓和。只要被害人认识到财产外形的转移,即便没有认识到具体财物的存在,也认为具有处分意思,而成立诈骗罪。可见,无论是处分意思不要说,还是处分意思必要说,都不会容忍明显的处罚漏洞。

在我国,财产性利益不仅是诈骗罪的对象,还是盗窃罪的对象,所以,是否具有处分意思，不关系到罪与非罪的界限，只是关系到此罪与彼罪的区分。也就是说，不是诈骗，也至少可以成立盗窃罪。所以在我国，坚持处分意思必要说，不会形成处罚漏洞。为了区分盗窃与诈骗，可以要求具有处分意思，问题仅在于对处分意思的要求应严格还是缓和：严格要求处分意思的，盗窃罪的范围就宽一些；对处分意思的要求缓和一些的，诈骗罪的范围就宽一些。仅此而已。

8. 应否区分所谓种类的认识错误与数量的认识错误？

张明楷教授主张诈骗罪的处分意思必要说，认为当对种类认识错误时没有处分意思而成立盗窃罪，只有对数量认识错误时才具有处分意思而成立诈骗罪。具体而言：

（1）在受骗者没有认识到财产的真实价值（价格）但认识到处分了该财产时，应认为具有处分意思，成立诈骗罪。例如，甲将便宜牙膏的价格条形码与贵重牙膏的价格条形码予以更换，使店员将贵重牙膏以便宜牙膏的价格"出售"给甲（"价格条形码案"）的，店员客观上处分了贵重牙膏，但他没有意识到所处分的是贵重牙膏，应认定具有处分意思，甲的行为成立诈骗罪。

（2）在受骗者没有认识到财产（或财物）的数量但认识到处分了一定的财产时，也宜认定为具有处分意思，构成诈骗罪。例如，乙将一个照相机包装盒里的泡沫取出来，使一个包装盒里装了两部照相机，然后拿着装有两部照相机的一个包装盒去付款（"照相机案"），店员以为包装盒里只装有一部照相机，故仅收取了一部照相机的货款。店员认识到自己将包装盒里的"财物"处分给了乙，具有处分意思，乙的行为成立诈骗罪。

（3）在受骗者没有意识到财产的种类而将财产转移给行为人时，不宜认定具有处分意思，不成立诈骗罪，而是成立盗窃罪。例如，丙在商超购物时，偷偷将一箱方便面中取出一袋方便面后，将几块手表塞进方便面箱子里，然后拿着方便面箱子付款，店员没有发现方便面箱子里的手表，只收取了一箱方便面的货款（"方便面案"）。店员虽然认识到自己将方便面箱子里的"财物"处分给了丙，但没有认识到处分了方便面之外的手表，应当认为店员没有处分手表的意思，不构成诈骗罪。这相当于丙偷偷将手表揣进自己的口袋里带出商场，构成盗窃罪。

（4）在受骗者没有认识到财产的性质而将财产转移给行为人时，也不宜认定具有处分意思，不构成诈骗罪。例如，丁发现被害人的一本名为《诈骗罪研究》的书中夹有一张贵重的清代邮票，便特意讨要这本书。被害人在没有意识到该书夹有贵重邮票的情况下，将书送给丁。丁将其中的邮票据为己有（"清代邮票案"）。被害人客观上也有处分邮票的行为，但主观上没有处分邮票的意思。丁的行为成立盗窃罪，因为丁实际上是以要书为名行盗窃之实。[①]

本书认为，不应区分所谓种类的认识错误与数量的认识错误，只要受骗者认识到了财产外形的转移，不管是否认识到所转移的财产的性质或者种类，都应肯定受骗者具有处分行为和处分意思，都成立诈骗罪。无论是种类的认识错误还是数量的认识错误，都是因为行为人的欺骗所以受骗者产生了处分财产的错误认识，并基于错误认错误而作出转移财产占有的决定。此其一。其二，对于超市和商场而言，其实它们并不关心卖出了什么商品，而只关心是否收回了相应的货款。也就是说，它们关心的只是货款，而不会去关心卖出了什么商品。就"价格条形码案"而言，如果更换了价格条形码的两种牙膏价格一样，或者将牙膏与剃须膏的价格条形码互换，只要价格一样，商家就不会有财产损失，不应认为构成诈骗罪。就"照相机案"而言，如果行为人将价格只有贵重照相机一半的两部便宜照相机装进一个贵重照相机的盒子里结账，商场也没有损失货款，也不会认为构成诈骗罪。就"方便面案"而言，假定一箱方便面值两千元，行为人取出方便面，将一块价值两千元的手表装进方便面盒子里结账，商场货款也没有损失，也不应认为构成诈骗罪。张明楷教授只是将这种情形比喻为行为人将贵重物品揣进口袋里带出商场，因为存在人格领域的障碍，的确成立盗窃罪。但打这种比方并不恰当，因为行为人毕竟是将贵重物品塞进方便面盒子里后大摇大摆地在收银台结账后离开，存在商场收银员的处分行为，而不是揣进兜里带出商场。其三，"清代邮票案"中被害人之所以愿意将夹有清代邮票的书送给行为人，也是因为受到行为人的欺骗。受骗者认识到了财产外形的转移，之所以没有认识到所转移的财产的性质或种类，也正是因为受到行为人的欺骗。所以将这种行为认定为诈骗，也符合一般人的观念。其四，所谓种类的认识错误与数量的认识错误，其实并没有明晰的界限。我们可以认为贵重照相机与录音机属于同一种类——电子产品；也可以认为牙膏与牙刷属于同一种类——洗漱用品。

总之，没有必要将问题人为地复杂化，只要被害人因为受欺骗而作出将财物转移给行为人的决定，或者说只要认识到财产外形的转移，无论是对财物价格、数量认识错误，还是对财产性质、种类认识错误，都应肯定被害人有处分意思，

---

① 张明楷．刑法学．6版．北京：法律出版社，2021：1308．张明楷．诈骗犯罪论．北京：法律出版社，2021：234-238．

都应肯定诈骗罪的成立。

9. 骗他人写下欠条，成立诈骗罪既遂吗？

行为人甲欺骗乙，让乙给自己写下一张欠 10 万元的欠条。如果乙果真将 10 万元现金还给了甲，当然成立诈骗罪既遂。问题是：若甲仅仅取得了乙书写的欠条，是否能成立诈骗罪的既遂？在国外，学者一般认为已经成立对财产性利益的诈骗既遂，因为欺骗他人，使他人写下欠条就是使他人背负了债务，而行为人获得了相应的债权。本书认为，欺骗他人，让他人写下欠条就成立对财产性利益的诈骗既遂，如果兑现了欠条，则成立包括的一罪，以财物诈骗罪的既遂论处。

10. 受骗者对行为人的欺骗行为产生怀疑后仍然处分财产的，能否认定成立诈骗既遂？

对此，多数人持肯定说，认为即便受骗者对行为人的欺骗行为有所怀疑但还是处分财产的，不影响诈骗罪既遂的认定。少数研究被害人教义学的学者认为不构成诈骗既遂，理由是被害人自己都不保护自己的财产，刑法当然就不保护了。有人冒充孙中山、张学良、末代皇帝溥仪行骗，居然还有人相信。应该说，否定说给被害人增加了不必要的负担。按照这种观点，被害人出门时不锁门，小偷入户盗窃的；漂亮少女夏天穿超短裙和性感的黑丝袜走在大街上被人强奸的，被害人也要自我答责。这恐怕难以被人接受。本书赞成肯定说。

11. 2011 年 3 月 1 日"两高"《关于办理诈骗刑事案件具体应用法律若干问题的解释》规定："诈骗既有既遂，又有未遂，分别达到不同量刑幅度的，依照处罚较重的规定处罚；达到同一量刑幅度的，以诈骗罪既遂处罚"，该规定有无问题？

行为人今天对张三诈骗既遂，明天对李四诈骗未遂，由于存在两个行为，两次符合同一犯罪构成，为了和今天盗窃既遂、明天诈骗未遂应数罪并罚的处罚相协调，应当实行同种数罪并罚。也就是说，所谓"诈骗既有既遂又有未遂从一重处罚"，应限于实施一次诈骗的情形。例如，甲以 100 万元的价格与乙签订房屋买卖合同，盗卖其父母的房屋，在收到乙支付的首付款 20 万元后案发。诈骗既遂的金额为 20 万元，属于诈骗数额巨大；诈骗未遂的金额为 80 万元，系诈骗数额特别巨大，从一重处罚的结果就是按诈骗数额特别巨大的未遂处罚。

12. 司法实践中对利用伪基站设备发送所谓诈骗短信案，简单地根据所发送的短信条数认定成立诈骗罪（未遂）的做法，有无问题？

2016 年 12 月 19 日"两高"、公安部《关于办理电信网络诈骗等刑事案件适用法律若干问题的意见》规定，发送诈骗信息 5 000 条以上和 50 000 条以上的，应当分别认定为诈骗罪的"其他严重情节"（未遂）和"其他特别严重情节"（未遂）。

司法实践中，这种简单地以发送诈骗信息的条数来认定诈骗罪的"其他严重情节""其他特别严重情节"未遂的做法，没有考虑到诈骗短信的内容能否被认定为诈骗罪的着手。也就是说，被认定为诈骗罪的"其他严重情节"和"其他特别严重情节"的未遂，前提就是能够认定行为人已经着手了诈骗。如果不能认定已经着手诈骗，就不能认定为诈骗罪的既遂，而可能只是诈骗预备。例如，行为人所发送的诈骗短信的内容为"恭喜您获得银行积分，请登录中国工商银行网站兑现积分，网址是……"，被害人信以为真，按照行为人的要求登录该网站。该网站实际上为钓鱼网站。在被害人登录钓鱼网站输入个人姓名、银行卡号、密码时，行为人从后台获取这些信息，后利用被害人的银行卡信息资料通过赌博网站等充值套现，转移被害人的存款债权。应该说，行为人所发送的诈骗短信的内容，还没有产生转移被害人财产的具体、现实、紧迫的危险，不能被认定为诈骗罪的着手，不具备诈骗罪的直接性要件，还只是诈骗罪的预备。使被害人遭受财产损失的行为是从钓鱼网站后台获取被害人的银行卡信息资料后的利用行为，而这个行为并非诈骗，而是"违反被害人的意志，将他人占有下的财物转移为自己或者第三者占有"的盗窃行为，应构成盗窃罪既遂，与诈骗罪的预备成立包括的一罪，以盗窃罪既遂定罪处罚。

总之，只有所发送的诈骗短信的内容具有使被害人转移，处分财产的具体、现实、紧迫的危险，能够被认定为诈骗罪的着手时，才能根据所发送的诈骗短信的条数认定诈骗罪"其他严重情节"或"其他特别严重情节"的未遂，否则，只能认定为诈骗罪的预备，对后续的行为根据性质认定为盗窃等罪。

13. 如何定性赌博诈骗？

赌博诈骗，是指形似赌博的行为，赌博的输赢原本没有偶然性，但行为人伪装具有偶然性，诱使对方参与赌博，从而不法取得对方财物的行为。我国司法实践曾经认为赌博诈骗不构成诈骗罪，只构成赌博罪。应该说，由于输赢不再具有偶然性，也就是输赢由一方控制而失去了博戏的性质，故该行为属于诈骗。即使认为输家是基于不法原因交付财物，也不影响诈骗罪的成立，因为行为人设置不法原因在前，被害人交付财物在后，被害人交付的财产本身是合法的。对于赌博诈骗仅认定为侵害社会法益的赌博罪或者开设赌场罪，没有评价被害人所遭受的财产损失，故不妥当。从法益保护角度考虑，应将赌博诈骗行为认定为诈骗罪。

14. 如何定性所谓"偷电案"？

"偷电案"中其实存在两种情形：一种情形是，行为人一开始就打算用电不付钱，绕过电表私接一根电线，或者用电后拨回电表指针使电表度数减少，使抄表人员误以为行为人只用了少量的电。由于行为人一开始就具有非法占有目的，用电的过程就是偷电的过程，用完电就成立盗窃罪的既遂。之后回拨电表指针欺骗抄表员，只是事后掩盖盗窃事实的行为，虽然也有诈骗财产性利益的性质，但评价为包括的一罪，以盗窃罪定罪处罚即可。另一种情形是，行为人正常用电后一查电表发现电表读数惊人（比如夏天日夜开空调），于是萌生少付电费的念头，将电表指针往回拨，使抄表人员误以为行为人只用了少量的电而少收电费。这种情形属于骗免债务，成立对财产性利益的诈骗罪。所以，不能简单地认为"偷电案"就只能构成盗窃罪。

15. 将三甲医院的实名制挂号高价倒卖给需要的患者，能构成诈骗罪吗？

三甲医院的号显然是有价值的。行为人冒充患者挂三甲医院的号，三甲医院基于错误认识给其挂号，虽然三甲医院没有经济利益的损失，但三甲医院的号只能给需要的病人，行为人冒充患者挂号使三甲医院所追求的重要社会目的落空，根据"目的失败论"，应认为三甲医院存在财产损失，应认定该冒充行为构成诈骗罪。应该说，因为买号的患者没有受欺骗，不是诈骗罪中的受骗者和被害人，所以成立的是针对三甲医院的诈骗罪，不是针对买号的患者的诈骗罪。

16. 行为人谎称出卖苹果手机给他人，先将真机给他人看，然后在交付时偷换成价值几百元但也可以使用的廉价手机，是否构成诈骗罪？

行为人将廉价手机冒充真机交付，成立诈骗罪，诈骗金额就是被害人交付的购买真机的款项。由于廉价手机不能满足被害人的需要，所以廉价手机的价格不应从诈骗数额中扣除。

17. 应否承认三角诈骗？

通常诈骗都是二者间的诈骗，受骗者（财产处分人）和被害人（财产受损失者）是同一个人。例如，甲欺骗乙说，"你手上这幅画是赝品，不值钱，5 000元卖给我吧"。乙信以为真，将价值连城的名画以5 000元的价格卖给甲。乙是受骗者（财产处分者），也是被害人（财产受损失者）。由于只存在甲乙二人，所以成立二者间诈骗。但除此之外，还存在受骗者和被害人不是同一人的情形。例如，甲欺骗乙的代理人丙，丙受骗，将乙的财物处分给甲。丙是受骗者（财产处分者），乙是被害人，但乙没有受骗。又如，张三伪造李四欠其一百万元的欠条到法院打官司，"糊涂法官"王五判决李四向张三支付一百万元。法官王五受骗，但没有被害，李四是被害人但没有被骗。法官王五基于法官的地位有作出判决处分李四的财产的权力。也就是说，受骗者具有处分他人财产的权限。这就是三角诈骗。

无论在英美还是在德日，刑法理论从未限制诈骗罪的受骗者与被害人必须是同一人。三角诈骗完全符合诈骗罪的构造（欺骗行为→认识错误→处分财产→取得财产→财产损失）。我国《刑法》分则规定的"冒用他人的汇票、本票、支票"、"冒用他人信用卡"、在银行柜台冒用他人存折以及贷款诈骗等，其实都是三角诈骗。三角诈骗既是客观存在的现象，也是诈骗罪的一种具体的行为方式，是《刑法》规定应当以诈骗罪论处的情形。"诉讼诈骗"和"代理人被骗"，都是三角诈骗的典型。认为诈骗仅限于二者间诈骗，是人们犯了"将熟悉当必须"的错误。我们不能以二者间诈骗的事实为根据形成某种错误理论，比如行为人只能对被害人实施欺骗行为，然后再将这个错误的理论作为绝对真理，并以此否认三角诈骗。

18. 如何区分三角诈骗与盗窃罪的间接正犯？

案3：甲男、乙女关系亲密。乙有一车，停放于住处的公共车库。依照惯例，车主将第二把钥匙交给车库管理员，以便车主在遗忘钥匙时，也可以将车开出。甲曾获得乙的同意，向管理员拿钥匙开车。其后，管理员知道甲乙二人关系，认为乙同意甲取车，又多次将钥匙交给甲。某日，甲未得乙同意，向管理员谎称乙同意出借汽车。甲取得钥匙后，开走乙车，据为己有。

本案中，按照阵营说，由于车库管理员与乙处于同一阵营，车库管理员具有处分乙之汽车的权限或者处于可以处分乙之汽车的地位，甲欺骗车库管理员取车，构成诈骗罪。

案4：甲经常出入超市，发现购物者付款后，总是丢弃发票或收据。某日，甲在超市捡到乙的购物收据，要求乙把所购之物交还。超市报警，警察无法分辨真相，要求乙交出所购物品给甲，因为甲有购物凭证。事后有人指出，甲曾在其他超市，使用同一手段，多次获得不法财物。

本案中，如果认为警察具有财产处分权限，甲欺骗了警察，使警察处分了乙的财物，则甲的行为构成诈骗罪。如果认为警察没有处分权限，则可能认为构成敲诈勒索罪。

案5：黄某见钟某正在超市自助寄存柜处存包，便暗中记下其所存包的特征。待钟某进入超市购物后，黄某利用作废的密码条，找到超市自助寄存柜值班保安张某，谎称其自助寄存柜打不开，要求其将钟某存包的柜门打开。黄某准确说出柜内存放物品的种类及特征，张某打开自助寄存柜进行物品核对，发现与黄某所述一致，于是离开。黄某遂将钟某存放在该柜内的一个男式单肩挎包及包内物品、人民币6 700元拿走。经鉴定，黄某取走的物品共计价值人民币1.7万余元。

本案中，超市保安既不占有寄存柜中的财物，也没有处分钟某之财产的权限，其只是被黄某利用的工具，黄某的行为成立盗窃罪的间接正犯，不构成诈骗罪。

欺骗代理人获得被代理人的财物，欺骗法官获得有利于自己的判决的，成立三角诈骗。而欺骗小孩子让其爬到别人家的阳台上帮忙取衣服，欺骗三轮车夫将别人的摩托车拖到指定的地点的，都是将他人作为工具加以利用的盗窃罪的间接正犯。欺骗住家保姆拿走主人的西服去"干洗"的，虽然一般认为成立三角诈骗，但在说理上并不那么容易。

很显然，受骗者是否具有处分被害人之财产的权限或地位，成为区分诈骗罪与盗窃罪的间接正犯的关键。问题在于，根据何种标准认定受骗者在事实上具有处分被害人之财产的权限或地位。对此，国外有阵营说和授权说或权限说的分歧。阵营说认为，以受骗者是与行为人的关系密切还是与被害人的关系密切为区分标准，换言之，以受骗者是属于行为人阵营还是属于被害人阵营为标准进行区分：如果受骗者属于被害人阵营，则成立诈骗罪；反之，则成立盗窃罪。而授权说或权限说认为，受骗者在被害人概括性授权范围内处分财产时，肯定其行为属于处分行为，因而行为人的行为构成诈骗罪；反之，受骗者处分财产的范围超出了被害人的概括性授权时，则不属于处分行为，因而行为人的行为成立盗窃罪。

张明楷教授认为阵营说存在问题：一是在某些情况下判断受骗者是否与被害人属于同一阵营并不容易；二是诉讼诈骗属于典型的三角诈骗，但中立的法官并不属于任何一方的阵营。权限说具有合理性，只有当受骗者具有处分被害人财产的权限或者处于可以处分被害人之财产的地位时，才成立三角诈骗。判断受骗者事实上是否具有处分被害人之财产的权限或地位，并非仅仅看其是否属于被害人阵营或是否接近被害人的立场，还需要考虑其他因素。例如，受骗者是不是被害人之财物的辅助占有者，受骗者转移财产的行为（排除被骗的因素）是否得到社会一般观念的认可，受骗者是否经常为被害人转移财产，如此等等。①

应该说，阵营说虽然在说明诉讼诈骗成立三角诈骗上存在缺陷，但所谓"阵营"其实也考虑了一般人的观念。张明楷教授的权限说也很抽象，其实际主张的是一种综合说。本书主张以阵营说为基础的考虑社会的一般观念的综合说。

19. 诈骗罪与民事欺诈是什么关系？

很多学者一直在孜孜不倦地区分诈骗罪与民事欺诈。其实诈骗罪与民事欺诈之间并非对立关系，而是包容关系，就像男人和人、汽车和财物。区分诈骗罪与民事欺诈，就像区分男人与人、汽车与财物一样，没有意义。成立诈骗罪的也都属于民事欺诈。所谓诈骗罪与民事欺诈的界限，就是区分诈骗罪与不构成诈骗罪的民事欺诈，也就是依一定的标准或者根据从民事欺诈中挑选出构成诈骗罪的部分。而挑选的标准或者根据就是诈骗罪的构成要件。对于符合诈骗罪构成要件的行为，无须再去讨论是否属于民事欺诈。从这一个意义上看，所谓"民刑交织""民刑界分"，都是伪概念、假命题。

20. 如何区分诈骗与侵占？

诈骗与侵占的关键区别在于，行为人非法占有目的是产生于转移占有之前还是之后。行为人出于非法占有的目的欺骗他人，使其将财物转移给自己或者第三者占有的，成立诈骗罪；在取得财物占有之后产生非法占有目的（不法所有目的），使用欺骗手段不予归还的，成立侵占罪。例如，行为人借骑别人摩托车之后，发现摩托车很好骑而不想归还，谎称被盗而不归还的，成立侵占罪。如果行为人一开始就不打算归还而"借"用他人摩托车的，则属于"借物诈骗"，构成诈骗罪。

21. 谎称被盗不归还或者毁掉受委托保管的财物，是成立侵占罪，还是成立诈骗罪、故意毁坏财物罪？

张明楷教授认为，谎称受委托保管的财物被盗而不归还的，后面的欺骗行为所获得的是财产性利益（返还请求权），因而不属于不可罚的事后行为，而是成立包括的一罪，应从一重，以诈骗罪论处。②

本书认为，谎称受委托保管的财物被盗而不归还的，成立侵占罪，而不是诈骗罪；毁坏受委托保管的财物的，成立侵占罪，而不是故意毁坏财物罪。这是因为：

---

① 张明楷. 刑法学. 6 版. 北京：法律出版社，2021：1314 - 1315.
② 张明楷. 刑法学. 6 版. 北京：法律出版社，2021：1325 - 1326.

无论毁坏受委托保管的财物还是谎称被盗不归还，被害人都只是丧失了委托保管的财物。比如，行为人将受委托保管的苹果是吃掉，还是卖掉，抑或毁掉，结果都是一样，都是使被害人丧失委托保管的财物。此其一。其二，立法者特意将侵占罪的法定刑设置得比夺取罪和毁弃罪轻，是因为违法性（不夺取占有）、有责性（期待可能性）较弱。如果将谎称被盗而不归还的以及毁掉受委托保管的财物的，以所谓包括的一罪认定为法定刑较重的诈骗罪、故意毁坏财物罪，就有违立法旨意。总之，只要不归还受委托保管的财物，无论是谎称被盗还是毁掉，都仅成立侵占罪。

22. 学生因为学生证丢失来不及补办，而使用伪造的学生证购买半价火车票的，成立诈骗罪吗？

不构成诈骗罪，因为铁路部门并没有财产损失。

23. 甲向乙出借 10 万元但没有让乙打欠条，到期后甲伪造欠条向法院起诉，让乙归还 10 万元的，成立诈骗罪、虚假诉讼罪吗？

既不构成诈骗罪，也不构成虚假诉讼罪。因为乙本来就欠甲 10 万元，乙并没有财产损失，所以不构成诈骗罪；乙本来就欠甲钱，甲并没有以捏造的事实提起民事诉讼，所以也不成立虚假诉讼罪。

24. 行为人在经过收费站时，假装掏钱付费，在收费人员提前打开栏杆时突然逃走的，成立诈骗罪吗？

即便可以认为收费人员提前打开栏杆属于处分行为，但难以认为收费人员具有处分意识，所以不能构成诈骗罪。因没有当场直接夺取他人紧密占有的数额较大的财物，故也不能成立抢夺罪。冲卡逃费的，行为人事实上获得了免交过路费这种财产性利益，而对于财产性利益不应像对狭义的财物那样严格要求占有的转移，只要行为人所获得的利益与被害人所丧失的利益或者所遭受的财产损失之间具有对应关系即可，所以可以认为冲卡逃费行为构成对财产性利益的盗窃罪。

25. 何谓新类型的三角诈骗？

案 6：甲将超市的收款二维码换成自己的二维码，顾客在超市购物后扫码付"钱"，结果"钱"都进了甲的"口袋"。

本案中，顾客扫码行为可谓处分行为，其处分的是自己的财产，但使超市遭受财产损失。按照交易规则，超市无权要求顾客再次付款，所以遭受财产损失的是超市。若认为甲的行为构成诈骗，则是一种新类型的三角诈骗。

传统的三角诈骗中，受骗者处分的是他人的财产，而新类型的三角诈骗中，受骗者处分的是自己的财产，却使他人遭受财产损失。受骗者存在错误认识，但不是民法上的过错。按照交易规则，商家无权要求顾客再次付款，所以遭受财产损失的是商家而不是顾客。质言之，所谓新类型的三角诈骗，就是受骗者处分自己的财产却使他人遭受财产损失。这种新类型的三角诈骗既没有改变受骗者，受骗者依然是具有处分财产的权限或者地位的人，也没有改变被害人和行为人，所以应当认为这种类型也属于三角诈骗，也成立诈骗罪。

26. 如何定性所谓"买短乘长案"？

行为人购买的是从北京到石家庄的火车票，却坐到了广州。这就是"买短乘长"。如果广州站出口有查票人员，行为人隐瞒了逃票的事实出站，就是以举动欺骗了出站口的查票人员，构成诈骗罪。如果出站口没有查票人员，则可以认为行为人窃取了运输服务这种财产性利益，构成盗窃罪。

27. 把买树人带到他人山上盗卖他人林木的，是成立盗窃与诈骗的想象竞合，还是应数罪并罚？

一般认为这种情形下成立针对树木主人的盗窃罪和针对买树人的诈骗罪，属于想象竞合，应从一重处罚。其实，将买树人带到他人山上伐倒树木后运走，与行为人自己将树木伐倒后运到集市上出售没有本质不同，所以，在规范性意义上应认为存在两个行为，有两个被害人，侵害了两个法益，应认定成立盗窃罪与诈骗罪，实行数罪并罚。

28. 盗窃后向不知情的他人销售赃物的，构成几个犯罪？

盗窃他人财物的，构成盗窃罪。向不知情的他人销售赃物的，构成诈骗罪。存在两个行为、两个被害人，侵害了两个法益，应当实行数罪并罚。

29. 伪造证件盗卖他人不动产的，如何处理？

伪造证件盗卖他人不动产的，成立针对不动产权人的盗窃罪和针对买房人的诈骗罪。由于只有一个行为，可以认为成立想象竞合，从一重处罚。

30. 窃取他人所有的财物后，利用所盗窃的财物骗取财物所有者的其他财物的，如何处理？

案7：甲盗窃富人乙视为儿子的宠物狗后，乙贴出悬赏1万元的告示。甲欺骗乙捡到了其"儿子"，于是领取了1万元赏金。

本案中，如果认为甲具有利用的意思，则针对宠物狗构成盗窃罪。甲欺骗乙领取赏金的行为构成诈骗罪。由于被害人实际上只有一项财产损失，所以可以认为成立包括的一罪，以诈骗罪定罪处罚。

窃取他人财物后，利用所盗窃的财物骗取其他财物的案件，如果认为行为人具有利用的意思，则窃取财物的行为构成盗窃罪，换取其他财物的行为，另构成诈骗罪。被害人实际上仅遭受一个财产损失，成立包括的一罪，以诈骗罪定罪处罚即可。但如果认为行为人没有利用的意思，则只需评价为诈骗罪。

31. 持卡人将自己的储蓄卡交给他人使用（无电信诈骗的通谋），在他人实施电信诈骗后，通过挂失从银行柜台领取现金的，如何处理？

持卡人将储蓄卡交给他人后，就不再是银行卡中存款的占有人（名义人并不当然占有存款）。持卡人明知卡中存款不归自己占有和所有，还通过欺骗银行职员的方式办理挂失并取款的，构成诈骗罪。如果明知卡中存款是犯罪所得，还能成立掩饰、隐瞒犯罪所得罪，与诈骗罪之间形成想象竞合，从一重处罚。

32. 诈骗犯骗取他人的存款债权后，又从银行柜台或者自动取款机中取出现金的，另成立诈骗罪、盗窃罪吗？

诈骗犯骗取他人存款债权（被害人汇钱），就成立诈骗罪既遂。由于卡中存款是犯罪所得，不是自己合法占有和所有的存款，所以诈骗犯从自动柜员机取现的，另外成立盗窃罪。在银行柜台隐瞒真相取现的，构成诈骗罪，若是他人名义的银行卡，构成信用卡诈骗罪。由于存在不同的行为、不同的被害人，侵害了不同的法益，所以应与前面构成的诈骗罪实行数罪并罚。

33. 如何定性所谓"调包案件"？

对于所谓"调包案件"，应根据"调包"时被害人是否有处分财产的行为与意识认定行为的性质，如果在行为人"调包"时被害人仍然继续占有着自己的财物或者已经合法占有对方的财物，行为人采取"调包"方法取得财物的，就应当认定为盗窃罪；如果行为人"调包"后交付的，也可能构成诈骗罪。例如，甲欺骗被害人可以将面值十元的钞票变成面值百元的钞票，于是被害人将200张十元的钞票交给行为人"变"。行为人趁被害人不注意，将2 000元钞票调换成一包废纸，告诉被害人拿回家后拆开看。被害人将2 000元交给行为人时，被害人始终占有该笔钱，没有将该笔钱转移给行为人占有的意思，即没有处分行为和处分意思，行为人趁被害人不注意"调包"，转移占有的，成立盗窃罪而不是诈骗罪。又如，行为人将一部手机以3 000元的价格卖给被害人，假装说要取出手机中的SIM卡，而趁机"调包"的，还是成立盗窃罪。因为按照社会的一般观念，被害人付钱后手机就归被害人占有，行为人趁机"调包"，属于夺取了被害人的占有，构成盗窃罪。再如，行为人将真机给被害人看后谈好以 3 000 元的价格成交，被害人付钱后，行为人交付时趁被害人不注意将真机调换成样机交给被害人。应该说，使被害人遭受财产损失的，是将样机冒充真机交付的行为，这种行为属于诈骗行为，构成诈骗罪。

34. 能否认为有"套路"就是"套路贷"，就是诈骗？

司法实践中，往往认为只要有"套路"就是"套路贷"，就是诈骗罪。其实，"套路贷"并非法定概念，刑法中也没有所谓"套路贷"的犯罪构成。不能以"套路贷"概念取代刑法规定的犯罪构成。所谓的"套路贷"，并不当然构成诈骗罪。在所谓"套路贷"案件中，不能因为借款人声称没有仔细看合同或说明，就认为其受骗；也不能因为存在所谓阴阳合同，就认定出借人的行为构成诈骗罪。总之，在所谓"套路贷"案件中，只能依刑法规定进行判断，只有行为完全符合诈骗罪犯罪构成的，才能认定成立诈骗罪。

35. 在所谓"套路贷"确实构成诈骗罪的情况下，能否将本金和合法利息认定为诈骗数额，能否将本金作为犯罪工具予以没收？

即便所谓"套路贷"确实构成诈骗罪，也应认为：由于本金和合法利息本来就是借款人应当支付的钱款，不能被认为属于被害人的财产损失，不应将其计入诈骗数额，也不能将本金作为所谓犯罪工具予以没收。

第四节　抢夺罪

第二百六十七条　【抢夺罪】抢夺公私财物，数额较大的，或者多次抢夺的，处三年以下有期徒刑、拘役或者管制，并处或者单处罚金；数额巨大或者有其他严重情节的，处三年以上十年以下有期徒刑，并处罚金；数额特别巨大或者有其他特别严重情节的，处十年以上有期徒刑或者无期徒刑，并处罚金或者没收财产。

【抢劫罪】携带凶器抢夺的，依照本法第二百六十三条的规定定罪处罚。

疑难问题

1. 如何理解《刑法》第 267 条第 2 款关于携带凶器抢夺定抢劫罪的规定？

案1：背着杀猪刀的屠夫甲在回家的路上，看到一个体面人提着包在前面走。

甲趁其不备，夺包就跑。

本案中，屠夫虽然客观上携带了凶器，但考虑到其职业因素，很难说其在实施抢夺时有准备使用凶器的意识，所以不能适用《刑法》第 267 条第 2 款认定为抢劫罪，只能认定为抢夺罪。

案 2：李某站在地铁门边的位置，等车门快要关的时候，突然夺走刚上车的乘客的手机后下车。由于车门关闭，乘客在车内无法下车。但李某在站台上被保安抓住了，保安当时发现李某的衣服里还藏有一把匕首。

本案中，李某客观上携带了凶器，但因为其选择在乘客刚上车时实施抢夺，很难说其有对乘客使用凶器的意识，所以不能认定为携带凶器抢夺定抢劫罪，只能认定为抢夺罪。

依《刑法》第 267 条第 2 款的规定，携带凶器抢夺的，定抢劫罪。该规定是法律拟制，不是注意规定。理由是：抢夺罪与抢劫罪的关系很清楚，刑法完全没有必要设置注意规定。此其一。其二，单纯携带凶器抢夺的，原本只构成抢夺罪，并不符合抢劫罪的构成要件，现在却要按抢劫罪定罪处罚，说明本款规定属于法律拟制，而不是注意规定。其三，抢夺他人财物时，他人是可以立即发觉的，而发觉之后的第一反应当然是夺回财物，可是行为人携带了凶器，并且具有随时使用凶器的意识，因而与抢劫罪的不法程度相当，具有进行法律拟制的实质基础。

2000 年 11 月 22 日最高法《关于审理抢劫案件具体应用法律若干问题的解释》指出，"携带凶器抢夺"是指行为人随身携带枪支、爆炸物、管制刀具等国家禁止个人携带的器械进行抢夺，或者为了实施犯罪而携带其他器械进行抢夺的行为。应该说，将"凶器"限定为"器械"，限制了"凶器"的范围。只要是可以用于杀伤他人的物品，都可能是这里的"凶器"。例如，行为人在实施抢夺前随手捡起路边的一块砖头握在手上，然后实施抢夺，也不失为携带"凶器"抢夺，因为即便是一块砖头，也能一下拍晕被害人。

既然携带凶器抢夺定抢劫罪的规定是法律拟制，就不需要行为人实际对人使用或者显示、暗示凶器，因为如果实际对人使用或者显示、暗示凶器，就属于实施了暴力或以暴力相威胁，从而构成抢劫罪了。所谓携带凶器，是指在日常生活的住宅或者居室以外的场所，将凶器带在身上或者置于身边附近，将其置于现实的支配之下的行为。携带凶器，强调的是一种事实上的支配，行为人随时可以使用自己所携带的凶器。手持凶器、怀中藏着凶器、将凶器置于衣服口袋、将凶器置于随身的手提包等容器中的行为无疑属于携带凶器。使随从者实施这些行为的，也属于携带凶器。"携带"既可以表现为行为人事先准备好凶器，出门后便一直携带，然后伺机抢夺，也可以表现为行为人在抢夺之前于现场或现场附近获得凶器，然后乘机抢夺。

为了使"携带凶器抢夺"与普通抢劫罪的法益侵害性相当，还应要求两点：第一，携带凶器具有随时可能使用或当场能够及时使用的特点，即客观上必须具有随时使用的可能性。第二，行为人在主观上必须具有准备使用的意识。"准备使用的意识"包括两种情况：一是行为人在抢夺前为了使用而携带该凶器。二是行为人出于其他目的携带可能用于杀伤或者威胁他人的凶器，在现场意识到自己带有凶器，进而实施抢夺行为。例如，行为人在买完菜刀回家的路上临时起意实施抢夺，必须在实施抢夺时意识到自己身上带有菜刀，才能被认定为"携带凶器抢夺"。又如，走村串户的屠夫、木匠、泥瓦匠等因职业需要而佩戴具有一定杀伤力的用法上的凶器，只有在准备实施抢夺时意识到自己带有凶器，才能被认定为"携带凶器抢夺"。

总之，只有客观上携带有随时使用可能的凶器，主观上具有准备使用凶器的意识，才能认定为"携带凶器抢夺"而定抢劫罪。反之，如果行为人并不是为了杀伤或者威胁而携带某种物品，实施抢夺时也没有准备使用的意识，则不宜适用《刑法》第267条第2款关于携带凶器抢夺定抢劫罪的规定，只能认定构成抢夺罪。

2. 抢夺罪与抢劫罪之间是对立关系吗？

不应将抢夺罪与抢劫罪之间的关系看作一种对立关系，不能说"成立抢夺罪，只能是对物暴力行为，不能包含对人暴力行为"，因为对物暴力行为也可能包含了对人的暴力。即使实施了对人暴力的行为，只要暴力行为没有压制被害人的反抗，还是不能成立抢劫罪，而只能成立抢夺罪或者盗窃罪。抢夺罪与抢劫罪之间是一种包容关系，只要对他人紧密占有的财物实施了具有致人死伤可能性的对物暴力，就成立抢夺罪；如果这种对物暴力的行为压制了被害人的反抗，还成立抢劫罪。二者之间的区别主要在于两点：第一，抢夺罪采用的是具有致人死伤可能性的对物暴力的方式，而抢劫罪采取的是对人暴力的方法；第二，抢劫罪中的暴力必须足以压制被害人的反抗，而抢夺罪不需要。

3. 如何定性"飞车抢夺案"？

对于"飞车抢夺案"，除了极少数情况，通常应认定为抢劫罪，因为当行为人骑着摩托车或者开着汽车抢夺他人，尤其是行人身上或者手中的财物时，由于速度很快，他人猝不及防，不仅属于对物暴力的行为，更是具有相当危险性的对人暴力的行为。只有当飞车抢夺所夺取的是他人放在自行车、电动车的前面或者后面的篮筐里的财物，而且财物与自行车、电动车、人没有系在一起时，也就是说，抢夺财物不会直接导致自行车、电动车翻倒或者人跌倒时，才可能认定为抢夺罪。如果被害人的包被系在自行车、电动车上，或者被挽在手臂上，被背在肩上，对于飞车抢夺的行为也必须认定为抢劫。例如，行为人骑着摩托车夺取被害人的手提包时，由于被害人紧抓着手提包不放，行为人将被害人拖拽几十米，被害人才松手的，飞车抢夺行为明显压制住了被害人的反抗，当然构成抢劫罪。

4. 如何界分抢夺罪与盗窃罪？

案3：某公司出纳李某在从银行取款回单位的路上，一不小心，高跟鞋鞋跟卡在下水道盖子上致脚踝扭伤，动弹不得，惯性致装钱的包飞到十米开外的地方。这时王某碰巧路过，同情地看了李某一眼后捡上包从容离去。

本案中，被害人装钱的包已经与被害人的身体分离，不管王某怎么用力，都不可导致李某受伤，所以其行为不属于当场直接夺取他人紧密占有的财物，不构成抢夺罪，只能构成盗窃罪。

案4：乙在20层的高楼晾晒衣物时不小心将衣物掉落在一楼，甲碰巧经过，当着乙的面捡走衣物扬长而去。

本案中的对象不是紧密占有的财物，甲也没有采用对物暴力的方式，所以不构成抢夺罪，只能构成盗窃罪。

我国刑法理论通说认为：抢夺是"乘人不备""夺了就跑"，盗窃是秘密窃取。抢夺与盗窃的区别在于是公开还是秘密，是"乘人不备"还是"乘人有备"，是"夺了就跑"还是"夺了不跑"。其实，盗窃与抢夺的区别并非秘密还是公开。公开盗窃普遍存在，不能认为公开的就是抢夺。通说所谓自认为是秘密窃取就是盗窃，其实也是肯定了公开盗窃。盗窃一般也是"乘人不备"，也是"盗了就跑"。抢夺也可以"乘人有备"，也可以"夺了不跑"。所以，从是秘密还是公开，是否"乘人不备"与"夺了就跑"，是无法区分抢夺与盗窃的。

应该说，可从以下三个方面区分抢夺与盗窃。首先，既然是"夺"，抢夺的对象必须是被害人紧密占有的财物，包括被害人放在自行车、电动车上的财物，如果财物已经完全离开了被害人的身体与交通工具，行为人取得该财物的，无论如何都不是抢夺，只能是公开盗窃。其次，既然针对的是紧密占有的财物，行为人必须采取迅速的、严重的或者说强力的对物暴力的方式夺取占有。扒窃虽然也是针对紧密占有的财物，行为也可能很迅速，但不可能属于严重的对物暴力，而是比较平和的。最后，既然是夺取紧密占有的财物，对物暴力就有致人伤亡的可能性。在实质上说，只有可能致人伤亡的行为，才可能被评价为抢夺行为。

总之，抢夺与盗窃的区别不在于秘密还是公开，也不在于是否"乘人不备"与"夺了就跑"，而在于是否针对他人紧密占有的财物，是否采用对物暴力的方式，以及对物暴力是否具有致人伤亡的可能性。

5. 抢夺致人重伤、死亡的，能被认定为"其他严重情节"与"其他特别严重情节"吗？

依据 2013 年 11 月 11 日"两高"《关于办理抢夺刑事案件适用法律若干问题的解释》的规定，抢夺导致他人重伤或者他人自杀的，应当认定为抢夺罪的"其他严重情节"；导致他人死亡的，应当认定为"其他特别严重情节"。

应该说，相对于以前认为抢夺致人重伤、死亡的，不能被认定为抢夺罪的"其他严重情节"与"其他特别严重情节"，只能作为想象竞合处理而言，现行司法解释之规定有所进步，但仍不妥当。如果抢夺数额不大，也不是多次抢夺，行为根本不构成抢夺罪，因为抢夺致人重伤，就认定为抢夺罪的"其他严重情节"，而判处 3 年以上 10 年以下有期徒刑，明显罪刑不相适应；过失致人重伤罪的法定刑只有 3 年以下有期徒刑；因为抢夺致人死亡，就认定为"其他特别严重情节"，而判处 10 年以下有期徒刑或者无期徒刑，也远高于过失致人死亡罪的 3 年以上 7 年以下有期徒刑，而明显罪刑失衡；将被害人自杀归属于抢夺，判处 3 年以上 10 年以下有期徒刑，也不符合缓和的结果归属原理和罪刑相适应原则。

关于对抢夺致人重伤、死亡的评价，本书提出如下解决方案：第一，抢夺致人重伤、死亡的，可以认定为抢夺罪的"其他严重情节"与"其他特别严重情节"。第二，将抢夺致人重伤、死亡评价为抢夺罪加重犯的前提是行为已经构成抢夺罪，即抢夺数额较大或者多次抢夺。行为不构成抢夺罪的，只能单独认定为过失致人重伤罪与过失致人死亡罪。第三，抢夺致人重伤、死亡的只能在数额所对应的法定刑幅度基础上提升一个法定刑幅度，即抢夺数额较大或者多次抢夺，无论致人重伤还是死亡，均只认定为"其他严重情节"，处 3 年以上 10 年以下有期徒刑；抢夺数额巨大又致人重伤、死亡的，认定为"其他特别严重情节"，处 10 年以上有期徒刑或者无期徒刑。第四，不应将被害人自杀结果归属于抢夺行为，不能认定为"其他严重情节"，只能在抢夺罪基本犯中从重处罚。

6. 对于具有"曾因抢劫、抢夺或者聚众哄抢受过刑事处罚"以及"一年内曾因抢夺或者哄抢受过行政处罚"情节的，"数额较大"的标准按照通常标准的 50%确定的司法解释规定，有无问题？

这个规定出自 2013 年 11 月 11 日"两高"《关于办理抢夺刑事案件适用法律若干问题的解释》，这个司法解释规定存在问题。首先，曾经受过刑事处罚或者行政处罚，只是表明行为人再犯罪可能性即特别预防必要性较大的预防要素，不是反映不法加重的要素。而作为抢夺罪基本犯成立条件的"数额较大"，只能是客观方面的反映法益侵害程度即不法程度的要素。将再犯罪可能性较大作为不法内容看待，是混淆了预防要素、预防刑情节与责任要素、责任刑情节，明显不当。其次，这种规定会导致不协调的处理结果。曾因抢夺、聚众哄抢受过刑事处罚、行政处罚的，数额达到规定标准的 50%的，构成抢夺罪，而曾因盗窃、诈骗、敲诈勒索受过刑事处罚、行政处罚的，数额达到规定标准的 50%的，不构成抢夺罪。这明显不协调。

7. 携带凶器抢夺，为窝藏赃物、抗拒抓捕或者毁灭罪证，而当场使用凶器致人重伤、死亡的，如何处理？

由于携带凶器抢夺本身就能被评价为抢劫罪，为窝藏赃物、抗拒抓捕或者毁灭罪证而当场使用凶器致人重伤、死亡的，既可以认定为事后抢劫致人重伤、死亡一罪，也可以认定为抢劫罪（携带凶器抢夺）与故意杀人罪、故意伤害罪、过失致人死亡罪、过失致人重伤罪，实行数罪并罚。按照处罚更重的评价进行处理即可。

8. 如何定性"高速冲卡逃费案"？

案 5：甲不想付高额过路费，开着卡车冲破高速路出口关卡后逃走。

本案中甲的行为不是夺取，不构成抢夺罪。可以认为甲盗窃了财产性利益，其行为构成盗窃罪。

关于高速冲卡逃费，实践中有认定为抢夺罪的。应该说，这种行为不属于当场直接夺取他人紧密占有的财物，不是抢夺，不能被认定为抢夺罪。对于"高速冲卡逃费案"，张明楷教授认为也不构成盗窃罪，因为行为人没有将收费站的任何财物（包括债权）转移为自己或者第三者占有。如果承认财产性利益可以成为故意毁坏财物罪的保护对象，并认为毁坏是指使他人财物的价值减少或者丧失的一切行为，或许可以对上述行为以故意毁坏财物罪论处。如果认为骗取财产性利益时不需要对方具有处分意识，则能认定上述行为构成诈骗罪，因为在这样的场合，行为人的举止表明其将要交付通行费（举动的虚假表示），收费员也误以为其会交费，而不是乘机逃杆，因而没有阻止（不作为的处分行为）。如果行为人明确告诉收费员自己将不交费，收费员就会阻止。[①]

本书认为，将"高速冲卡逃费案"定性为故意毁坏财物罪不妥，因为行为人明显具有利用意思（逃缴通行费），而故意毁坏财物罪是不具有利用意思的毁弃罪。将冲卡逃费认定为诈骗罪也不妥，因为收费员并没有处分行为和处分意识，在行为人交付通行费之前，收费员是不可能放其通行的。行为人冲卡时，收费员不是不阻止，而是根本就来不及阻止。相对而言，对"高速冲卡逃费案"认定构成盗窃罪可能更合适，因为对于盗窃财产性利益的，不应像对于盗窃狭义的财物那样严格要求财物的占有转移，只要行为人违反被害人的意志所获得的利益与被害人所丧失的利益之间具有对应关系，就可以肯定财产性利益的占有转移。行为人冲卡逃费，事实上获得了免交通行费这种财产性利益，而高速公路管理者事实上丧失了通行费请求权，二者之间具有对应关系，所以应认定构成盗窃罪。

第五节　侵占罪

第二百七十条　**【侵占罪】**将代为保管的他人财物非法占为己有，数额较大，拒不退还的，处二年以下有期徒刑、拘役或者罚金；数额巨大或者有其他严重情节的，处二年以上五年以下有期徒刑，并处罚金。

将他人的遗忘物或者埋藏物非法占为己有，数额较大，拒不交出的，依照前款的规定处罚。

本条罪，告诉的才处理。

疑难问题

1. 何谓"代为保管"？

案1：甲在火车快要到站时，因尿急要上厕所，便请邻座的乙帮忙看管一下座位上的行李。结果，乙趁甲上厕所之机，拿着甲的行李下了车。

本案中，似乎乙在为甲"代为保管"着行李，但按照社会的一般观念，甲临

---

① 张明楷.刑法学.6版.北京：法律出版社，2021：1301.

时上厕所并没有将行李转移给乙占有，乙顶多是甲的行李的一时辅助占有者甲。乙是通过夺取占有的方式取得甲的行李的，构成盗窃罪，而不是侵占罪。

案2：上游发大水，一头耕牛沿河漂流到丙的家门口，丙顺手牵上来，宰吃了这头耕牛。

本案中，这头耕牛可谓漂流物。《刑法》第270条关于侵占罪的对象只规定了"代为保管的他人财物"、"遗忘物"与"埋藏物"，而没有规定漂流物。如果认为漂流物属于代为保管的他人财物或者遗忘物，则丙的行为构成侵占罪。

案3：邮政人员因为粗心大意，误将张三的邮件投到李四家的信箱里。李四发现后据为己有。

本案中，张三的邮件偶然被李四占有，如果认为误投的邮件属于代为保管的他人财物或者遗忘物，则李四将偶然占有的他人财物据为己有，构成侵占罪。

案4：家住二十楼的王某在阳台晾晒的价值一万元的高档衬衣，因为没有夹紧而飘落到一楼陈某的院子里。陈某拾起后洗熨干净穿在自己身上。

本案中，王某所有的这件高档衬衣属于飘落物，如果认为飘落物也是代为保管的他人财物或者遗忘物，则陈某将偶然占有的他人财物据为己有，构成侵占罪。

根据《刑法》第270条第1款的规定，将代为保管的他人财物非法占为己有，数额较大，拒不退还的，构成侵占罪。一般而言，盗窃罪是将他人占有的财物转移为自己或者第三人占有。委托物侵占是将自己受委托占有的财物据为己有，脱离占有物侵占是将偶然占有的财物或者没有人占有的财物据为己有。我国刑法规定的是遗忘物埋藏物侵占、代为保管的财物侵占、职务侵占、侵吞型贪污四种情形。

我国现行《刑法》虽然将侵占罪的对象分为"代为保管的他人财物"与"遗忘物、埋藏物"，但我国《刑法》第270条第2款仅明文列举了"遗忘物"和"埋藏物"，没有关于"其他脱离占有的他人财物"的规定，致使漂流物、飘落物、误投的包裹等脱离占有物无所依归。但我国《刑法》第270条两款规定的法定刑完全一样，并没有将《刑法》第270条第1款解释为委托物侵占、将第2款解释为脱离占有物侵占的法律基础。

本书认为，所谓"代为保管"，就是指不是通过盗窃、诈骗、抢夺、抢劫等手段非法取得占有，即占有本身是合法的，系合法占有。无论是受委托占有，还是占有遗忘物、埋藏物、漂流物、飘落物、误投的包裹等，行为人基于无因管理而取得占有的，都可谓"代为保管"。张明楷教授主张将"遗忘物"规范性地解释为脱离占有物，即认为凡是"非基于他人本意而脱离他人占有，偶然（不是基于委托关系）由行为人占有或者占有人不明的财物"，都是"遗忘物"①。

应该说，与其将其他脱离占有物解释为"遗忘物"，还不如直接认定为"代为保管的他人财物"。因为行为人取得脱离占有物都不是通过非法方式取得的，不是夺取他人的占有，而是基于无因管理取得占有。对于误投到自己邮箱的信件和飘落到自家院子里的衣物，行为人都是基于偶然原因占有了他人财物。至于漂流物、马路上的遗忘物，行为人完全有权基于无因管理而占有，只是不能据为己有，不能像所有权人那样进行处分。

侵占罪的特点就是行为人将自己占有下的他人所有的财物，不法转变为自己所有，就是"易占有为所有"。只有当行为人对财物的看管意味着占有该财物，并且具有处分该财物的可能性时，才属于侵占罪中的"代为保管"。换言之，所谓"代为保管"，其实就是意味着对他人的财物具有支配力。无论是基于委托而占有，还是基于无因管理而占有，只要不是通过非法取得而占有，都可谓侵占罪中的"代为保管"。

2. 《刑法》第 270 条第 2 款关于遗忘物、埋藏物的规定，是注意规定吗？

张明楷教授指出：《刑法》第 270 条中的遗忘物、埋藏物，是不是也属于代为保管的财物呢？这样解释并非不可能。如果这样解释的话，《刑法》第 270 条第 2 款只不过是一种注意规定。但我不愿意这样解释。其一，代为保管强调的是委托人与受托人之间的关系，保管是基于委托人的委托，而《民法典》规定的保管不是基于委托人的请托，只是法律规定而已。其二，现在的解释也要为将来的立法修改作铺垫，因为遗忘物埋藏物侵占的法定刑应当低于委托物侵占的法定刑，我们现在强调二者是不同的侵占类型，有利于将来修改法定刑。如果我们现在强调第 270 条第 2 款是注意规定，将来的立法就不一定修改法定刑了。②

应该说，张明楷教授的上述观点很有见地。但是，我国现行《刑法》规定的代为保管物侵占的法定刑与遗忘物埋藏物侵占的法定刑完全一样，而且对于遗忘物埋藏物侵占缺乏兜底性规定，致使漂流物、飘落物等其他脱离占有物没有归属。按照社会的一般观念，与其将其他脱离占有物解释为"遗忘物"，还不如统一解释为"代为保管的他人财物"，因为基于无因管理的占有也可谓"代为保管"。我们解释的文本依据只能是现行《刑法》的规定，而不是应然的刑法规定。

---

① 张明楷. 刑法学. 6 版. 北京：法律出版社，2021：1266.
② 张明楷. 侵犯人身罪与侵犯财产罪. 北京：北京大学出版社，2021：225 - 226.

总之，《刑法》第 270 条第 2 款规定只是一种注意规定。不仅遗忘物、埋藏物属于代为保管的他人财物，而且邮局误投的邮件、飘落到楼下的衣物、河流中的漂流物、被偷走的东西、野外死者身上的财物等，都是"代为保管的他人财物"。质言之，只要不是通过非法取得而占有的他人财物，都可谓"代为保管的他人财物"。

3. 应否区分遗忘物与遗失物？

我国刑法理论通说认为，遗忘物与遗失物是不同的概念，遗失物是指所有权人或者持有人因为疏忽，偶然将其持有的财物失落在某处，以致脱离了自己的控制。其与遗忘物的不同主要在于，遗忘物的物主一经回忆较容易找回遗忘物，而遗失物的物主则很难知道遗失物在什么地方，故难以找回。刑法只规定侵占遗忘物，而未规定侵占遗失物。而且我国《民法典》第 314 条也只规定"拾得遗失物，应当返还权利人"①。

本书认为，不应区分遗忘物与遗失物。理由在于：首先，区分论导致行为是否成立犯罪取决于被害人记忆力的强弱，当被害人起先不知财物失落于何处，后经回忆知道财物所在位置时，行为人的行为即由无罪变为有罪。这让人难以接受。其次，区分论所称的没有脱离物主控制、物主离开时间很短的所谓遗忘物，其实是他人占有的财物，是盗窃罪的对象，而不是侵占罪的对象，可见，区分论导致侵占罪与盗窃罪相混淆。再次，从《民法典》仅规定"拾得遗失物，应当返还权利人"而没有规定遗忘物，得不出"刑法只规定侵占遗忘物，而未规定侵占遗失物"的结论。或者说，刑法规定的遗忘物就是遗失物。最后，区分遗失物与遗忘物是相当困难，甚至是不可能的。即使可以明确区分，从实质上说，对侵占遗失物数额较大的行为，也有必要以刑法进行规制。

4. 何谓"遗忘物""埋藏物"？

案 5：张三于 2022 年除夕夜在逛街时发现地上有他人失落的一个钱包，趁人不注意，悄悄捡起来揣进兜里。回家后打开发现里边有 2 万元现金，喜出望外，据为己有。

本案中，在人来人往的大街上遗落的钱包系遗忘物，张三将遗忘物据为己有，构成侵占罪。

案 6：甲有座老宅子，其父亲在生前就跟他说过，老宅子的某个地方有太爷

---

① 高铭暄，马克昌．刑法学．10 版．北京：北京大学出版社，高等教育出版社，2022：515.

爷藏的一些金元宝，但不知道具体位置。甲后来将老宅子卖给乙，但同时约定：如果以后发现老宅子里藏着的金元宝，应当归甲所有。乙后来在翻修老宅子时果然发现了一些金元宝，乙把数量较多的金元宝据为己有，只是将少量的金元宝交给了甲。

本案中，老宅子里藏着的金元宝属于乙占有甲所有的埋藏物，乙发现后据为己有，构成侵占罪。

张明楷教授将"遗忘物"规范性地理解为脱离占有物——非基于他人本意而脱离他人占有，偶然（不是基于委托关系）由行为人占有或者占有人不明的财物。本书认为，按照社会的一般观念理解"遗忘物"就可以了，其他不能被归为遗忘物、埋藏物的脱离占有物，如误投的信件、漂流物、飘落物、被偷走的东西、野外死者身上的财物等，直接归为"代为保管的他人财物"。

埋藏物，是指埋于地下或者藏于他物之中，他人（包括国家、单位）所有但并未占有，而偶然由行为人发现的财物。埋藏物必须是他人所有而且事后所有权人明确的财物，不是抛弃物、无主物。在既不属于国家所有又所有权人不明的情况下，根据事实存疑时有利于被告人的原则，不能排除所有权人就是行为人的，不得以侵占罪论处。在占有明确的情况下，如他人有意埋藏于特定地下，且具有占有意思的财物，属于他人占有的财物，不是埋藏物，取走的，构成盗窃罪，不是侵占罪。地震期间埋藏于倒塌的房屋下面的财物，不是埋藏物，而是原物主占有的财物，行为人擅自取走的，构成盗窃罪，而不是侵占罪。

5. 误以为是遗忘物而拿走的，如何处理？

案7（2003年司法考试第19题）：某游戏厅早上8点刚开门，甲就进入游戏厅玩耍，发现6号游戏机上有一个手机，甲马上把手机装进自己的口袋，然后逃离。事后查明，该手机是游戏厅老板在打扫房间时顺手放在游戏机上的。甲被抓后称其以为该手机是其他顾客遗忘的财物。[①]

本案中，甲误以为是遗忘物，其实就算是其他顾客在前一天晚上落下的，由于打烊之后游戏厅里的财物归封闭空间的管理者即游戏厅老板占有，所以是有人占有的财物，不是脱离占有物。甲的认识错误系涵摄的错误、归类的错误、评价的错误，不影响犯罪故意的认定，应成立盗窃罪，而不是侵占罪。

案8（2004年司法考试第88题）：乙在乘坐长途公共汽车时，误以为司机座位后的提包为身边的丙所有（实为司机所有）；丙在中途下车时，乙误以为丙忘

① 官方公布的答案是甲的行为成立盗窃罪。

了拿走提包。为了非法占有该提包内的财物（内有司机为他人代购的 13 部手机，价值 2.6 万元），乙提前下车，并将提包拿走。①

本案中，乙的行为虽然在客观上属于盗窃，但其在主观上只有侵占的故意，而且这种误认是有一定根据的，故按照抽象的事实认识错误的处理原则，乙的行为应成立侵占罪既遂。

案 9（"梁某拾金案"）：深圳机场清洁工梁某看到一个小纸箱在行李车上无人看管，以为是乘客丢弃的，就顺手把小纸箱当作丢弃物清理到清洁车中，推到机场一无障碍洗手间内放置。后同事打开查看，发现里面是一包包黄金首饰。梁某获知后并未上交，而是在下午下班时带回了家。后查明，梁某拿走的是某珠宝公司王某携带的重 14 公斤、内装价值 261 万元黄金首饰的纸箱。王某因机场不予办理托运而暂时离开纸箱去其他柜台找值班主任咨询，回来后未见纸箱即以被盗报案。公安人员得知是梁某拿走了纸箱后，到梁某家中追回了纸箱并带走了梁某。

本案中，梁某误以为是抛弃物，没有侵财犯罪的故意，虽然在客观上实现的是盗窃的事实，也不能认定为盗窃罪等财产犯罪，只能作无罪处理。

刑法理论一般认为，行为人将他人占有的财物当作遗忘物而取走的，系主观上出于侵占的故意，客观上实现的是盗窃的事实，属于抽象的事实认识错误，应当在构成要件重合的限度内成立轻罪——侵占罪既遂。但在说理上有分歧。张明楷教授将"遗忘"物看作是表面的构成要素，即便事实上属于他人占有的财物，也属于"遗忘物"②。德国是通过修改刑法将侵占罪设置成取得罪的兜底性罪名来解决认识错误问题。本书认为，可以将侵占罪理解为具有利用意思的取得罪的兜底性犯罪，只要侵占所有权又具有利用的意思，就至少构成侵占罪；如果符合处罚更重的罪名如盗窃罪等，则以更重的罪名进行评价。误以为是遗忘物实际上是有人占有的财物的，行为人有侵占他人所有和利用的意思，完全满足了取得罪的最低限度——侵占罪的要求，可以侵占罪既遂进行评价。

6. 不法所有目的非常明显，还要等到"拒不退还""拒不交出"，才构成侵占罪吗？

案 10：邻居计划出远门旅游半年，委托甲照看家里的鸡鸭猪狗牛羊。结果等邻居一出门，甲今天宰鸡，明天杀鸭，后天烹狗。不到两个月，邻居委托甲照看的鸡鸭猪狗牛羊就统统进到甲的肚子里了。

---

① 官方公布的答案是乙的行为成立侵占罪。

② 张明楷. 刑法学. 6 版. 北京：法律出版社，2021：1267.

本案中，行为人非法占有目的非常明显，如果认为只有等到邻居回来向其讨要鸡鸭猪狗牛羊时，因为食物已经消化而无法"退还""交出"时，才成立犯罪，可能就太晚了。应该说，甲宰吃了邻居的鸡鸭猪狗牛羊，就已成立侵占罪的既遂。

我国刑法理论与实务认为，即便行为人非法占有目的（不法所有目的）非常明显，也只有等到被害人催要时拒不退还、拒不交出的，才能成立侵占罪。应该说，这种看法和做法是错误的。

本书认为，"非法占为己有"与"拒不退还"和"拒不交出"表达的是一个含义，就是将自己占有的他人财物变为自己所有的财物。"拒不退还"与"拒不交出"只是对"非法占为己有"的强调，而不是与"非法占为己有"相并列的独立要素，或者说，"拒不退还"与"拒不交出"只是对"非法占为己有"的判断资料和补充说明。也就是，只有在不能得出行为人已经将他人财物非法占为己有的结论时，才需要通过拒不退还、拒不交出进行补充判断。例如，甲让乙将一个价值1万元的上锁的行李箱带给丙，可是乙一直将行李箱搁在自己家里，没有进行任何处理。在这种情况下，由于不能得出乙已经将行李箱非法占为己有的结论，只有当甲或丙向乙催要行李箱，而乙拒不交出时，乙才成立侵占罪。在国外，刑法理论认为，只要行为人有变占有为所有的意思，如开始找买家，就已经成立侵占罪的既遂，而无须等到实际卖出委托保管物时才既遂。

7. 如何区分侵占罪与盗窃罪？

案11：某日凌晨，郑某因醉酒将其驾驶的价值373 380元的轿车停放在路边机动车道上，未拔钥匙，亦未关车窗。当日6时，出租车司机韦某途经此地，发现了此情况。约一小时后，韦某驾车再次途经此路段，发现该车仍然停放在原处。于是韦某潜入郑某车中，发现未拔钥匙，便将车开走并藏匿于某医院停车场。随后韦某将存放在郑某车中的手机、皮鞋及美元供自己使用和挥霍，还对车辆进行了维修，更换了车牌。关于本案，一审法院和二审法院均以盗窃罪定罪处罚。本案控、辩、审三方的争议焦点就在于涉案车辆是否为遗忘物。

本案中，由于车辆是体积很大、价格昂贵的财物，所以即便车门未关、钥匙未拔，社会的一般观念也会认为车辆还在车主的占有之下，而不是遗忘物。韦某将该车据为己有的，属于违反被害人的意志将他人占有下的财物转移为自己或者第三者占有，构成盗窃。法院认定构成盗窃罪而不是侵占罪，是正确的。

盗窃罪是转移占有、夺取占有的犯罪，侵占罪是不转移占有的犯罪。二者的关键区别在于财物占有的归属。他人占有的财物只能是盗窃罪的对象，自己受委托占有和脱离占有的财物是侵占罪的对象。而是否属于他人占有的财物，只能根据社会的一般观念，在考虑财物的体积大小、价值高低、物主离开的时间长短、距离远近、支配控制力大小等因素后进行判断。

8. 为何侵占罪的法定刑轻于盗窃罪的法定刑？

一是因为侵占罪是将自己占有下的他人财物变为自己所有，没有夺取占有，在违法性上比夺取占有的盗窃罪轻。二是由于将自己占有下的财物变为自己所有，期待可能性较低，有责性较轻。

9. 侵吞受委托保管的赃物，以及截留贿赂款，成立侵占罪吗？

张明楷教授认为：侵吞受委托保管的赃物或者销赃款的，不成立侵占罪，只能成立赃物犯罪。截留贿赂款的，因为对方没有财物返还请求权，不能认为行为人侵占了他人的财物；由于财产在行为人占有之下，不能认为该财物已经属于国家财产，所以不能成立侵占罪。[①]

本书认为：骗取不法原因给付物（例如杀人酬金）的，成立诈骗罪；侵吞不法原因给付物（如截留贿赂款、侵吞受委托保管的赃物）的，成立侵占罪。张明楷教授肯定诈骗罪否定侵占罪的理由是，"由于诈骗行为在前，被害人的不法原因给付在后，没有行为人的诈骗行为被害人就不会处分财产，故被害人的财产损害是由行为人的诈骗行为造成的，这就说明行为侵害了他人财产，当然成立诈骗罪"[②]。

其实，无论是骗取杀人酬金，还是截留贿赂款，对方都没有返还请求权，也就是在民法上其返还请求权都不会获得支持。但刑法上肯定财产犯罪的成立并非要保护其返还请求权，保护雇凶杀人者、委托转交贿赂者的财产权，而是要维护财产秩序，因为无论是骗取的杀人酬金，还是侵吞的贿赂款，最终都会被追缴后上缴国库，而不会返还给杀人酬金和贿赂款的提供者。此其一。其二，我国《刑法》第 270 条第 1 款所规定的侵占罪，并非国外的委托物侵占罪，委托信任关系不是其所保护的法益，故不能以侵吞受委托保管的赃物的行为没有侵害受法律保护的委托信任关系为由，否认侵占罪的成立。其三，从经济的财产说角度看，无论是骗取杀人酬金，还是截留贿赂款、侵吞受委托保管的赃物或者销赃款，他人

---

① 张明楷 . 刑法学 . 6 版 . 北京：法律出版社，2021：1263.
② 张明楷 . 刑法学 . 6 版 . 北京：法律出版社，2021：1310.

都存在经济利益上的损失，所以值得刑法保护，应肯定诈骗罪、侵占罪的成立。

总之，即便侵害他人基于不法原因给付的没有返还请求权的财物，也应肯定他人存在财产损失，从经济的财产说和维护财产秩序的角度，应当肯定诈骗罪和侵占罪的成立。

10. 银行卡名义人通过挂失取出他人存款的，如何定罪？

案12：甲与乙外出打工，同住一室。由于乙为未成年人，乙的父母托付甲照顾乙。甲将自己的身份证借给乙使用，乙冒用甲的姓名进入一家公司工作，公司用这张身份证给乙办理了银行卡用于发放工资。乙将身份证还给甲，并将银行卡交给甲保管。甲在保管期间瞒着乙到银行将其中的大部分存款转入自己的银行卡。

本案中，甲虽然是银行卡的名义人，但不是卡中存款的实际占有人和所有人。甲在银行柜台转账，侵害了乙对存款的占有和所有，构成诈骗罪。

张明楷教授认为，银行卡名义人当然占有着卡中的存款。[①] 本书认为，银行卡的名义人并不当然占有和所有卡中的存款。在金融法上，只是为了交易的便捷而推定银行卡名义人占有存款，但如果有充分的证据表明名义人并非存款的实际权利人，应当能够推翻这种推定，卡中存款由实际权利人占有和所有。例如，甲同学借乙同学的身份证办一张银行卡，自己设置密码和保管银行卡。虽然乙是银行卡的名义人，但卡中的存款并不归其占有和所有，乙若持本人身份证挂失取款的，构成诈骗罪。上述案12中，虽然成年人甲保管着自己名义的银行卡，但银行卡的密码是乙设置的，卡中的存款是乙的工资，乙才是存款的实际权利人。乙借用甲的身份证办理银行卡，然后将工资存入银行卡，就相当于租用甲的房子存放东西，即便甲手上有房间钥匙（银行卡），也不能认为房间里的财物归甲占有。又如，从前丙欠村里3万元提留款，在村干部向其讨要时，丙将内有3万元存款的存折交给村干部并告知存折密码。后来丙打听到村里还未支取存折中的钱，于是利用自己的身份证到银行挂失取款。很显然，虽然丙是存折名义人，但丙既然将存折交给村干部抵债，存折中的存款就不再归其占有和所有，其在银行挂失取款，构成诈骗罪，而不是侵占罪。

总之，银行卡名义人只是推定的存款权利人，若有证据表明名义人并非存款的实际权利人，其非法支取存款的，构成盗窃、诈骗罪，而不是侵占罪。

---

① 张明楷. 张明楷刑法学讲义. 北京：新星出版社，2021：441.

11. 对于"错误汇款案""错误记账案",如何定性?

案 13:甲本打算将 10 万元汇给丙,但误把账号写成乙的账号。乙发现自己的账号多出了 10 万元,顿感"天上掉馅饼",于是,通过自动柜员机取现 2 万元,再通过自动柜员机转账 2 万元还债,然后又去银行柜台取现 6 万元。

本案中,即便是错误汇款,也应认为乙占有了错汇的存款,但因为不是存款的所有权人不能处分,其擅自处分的,成立变占有为所有的侵占罪,而不是夺取占有的盗窃、诈骗罪。

关于错误汇款和银行错误记账,在德国因为民法规定了债权取得的无因性,故而肯定行为人取得了债权,行为人加以处分的,仅属于民法上的不当得利。在日本,主要有(脱离占有物)侵占罪说与夺取罪说(盗窃、诈骗罪)的分歧,夺取罪说是日本刑法理论通说与判例的立场。

张明楷教授主张夺取罪说,认为在自动柜员机上取款的构成盗窃罪,在银行柜台取款的,构成诈骗罪。其理由是:其一,我国民法并没有肯定债权取得的无因性。其二,不能认为错误汇款人已经丧失了自己的民事权利,换言之,错误汇款人完全有权要求相关机关或银行保护自己的权利。其三,不能肯定行为人已经取得了债权,即使行为人没有义务向错误汇款人说明情况,也不能据此认为行为人取得了银行债权。其四,行为人从自动柜员机取款时,相当于没有取款的实际权限却取款,可以认为违反了银行管理者的意志;行为人从银行柜台取款时,如果说明真相,则银行职员不会将现金交付给行为人,所以说行为人对银行职员实施了欺骗行为。其五,如果从现金的角度来说,现金原本是银行占有的,行为人最终取得的也是现金,所以,认定行为人对现金成立盗窃罪或者诈骗罪,完全符合"素材的同一性"要求。在中国将上述行为认定为侵占行为不合适。如果认定为侵占行为,就意味着行为人占有了债权,但对债权并不所有,可是,行为人取得的是现金。如果说,将上述行为认定为侵占,那就意味着即使行为人不取款,但只要不将汇款返还他人,就构成侵占罪。在目前这样认定不大可能。而且,即使有这种可能,也不能直接否认后面的取款行为构成盗窃罪或者诈骗罪。[①]

本书主张侵占罪说,认为名义人占有但不所有错误汇款和银行错误记账款,名义人处分存款的,是变占有为所有,构成侵占罪,而不是构成夺取占有的盗窃、诈骗罪。上述夺取罪说的理由并不成立。

首先,卡中多出的存款,就像楼上飘落的衣物、邮局误投到信箱里的信件一

---

① 张明楷. 侵犯人身罪与侵犯财产罪. 北京:北京大学出版社,2021:236.

样，应肯定行为人占有了存款，其不返还给错误汇款人和银行的，应成立侵占罪。肯定行为人占有错汇、错记的存款，并不是否认错汇人和银行的返还请求权。错汇人和银行有权请求返还，行为人拒不返还的，可以成立侵占罪。

其次，处分错误汇款和处分飘落物、误投的信件的违法性和有责性上相当，相反，将其作为夺取占有的盗窃、诈骗罪处理，在违法性和有责性的评价上明显过重。

再次，对于存款无须分为存款债权和存款指向的银行现金，因为行为人是在自动柜员机上取现，还是转账，对存款的侵害没有不同。不能为强调"素材的同一性"，而认为从自动柜员机取款是盗取了银行的现金。其实银行根本就没有财产损失（就错误汇款而言），甚至都不会关心行为人支取存款。不能认为行为人从自动柜员机上取现的，因为行为人得到了现金而银行丧失了现金，故而具有所谓"素材的同一性"，但如果行为人直接在自动柜员机转账还债的，虽然同样侵害了债权，却很难说有所谓的"素材的同一性"。

又次，夺取罪说是日本刑法理论通说和判例的立场，可能与其脱离占有物侵占罪的法定刑只有一年惩役有关。若认为行为人的行为构成侵占罪，也只能成立法定刑只有一年惩役的脱离占有物侵占罪，显得过于轻纵犯罪。但依我国刑法规定，成立脱离占有物侵占的，也是处法定最高刑 5 年有期徒刑的，故而完全不轻纵犯罪。

最后，我们只是肯定行为人对错汇和错记的存款具有占有权，没有肯定其有所有权。肯定成立侵占而否认成立盗窃、诈骗，是从一般常识和实际的违法性有责性程度进行衡量的。无论行为人拒不返还存款还是处分存款，都只是侵害了他人对于存款的所有权，所以成立侵占罪。

12. 如何处理所谓"财物所有权保留"的案件？

对于所谓分期付款的所有权保留的案件，一般要考虑未还款项的比例以及行为人是否继续还款。如果尾款不多，行为人还在继续还款，不可能认定为侵占罪。但如果尾款较多，行为人出卖财物后并不还款，则应当认定为侵占罪，只不过计算侵占数额时可以扣除已经还款的那一部分。

13. 如何处理所谓不动产"二重买卖"案件？

所谓"二重买卖"，就是"一女嫁二郎"。在国外如日本，在房屋买卖合同成立时不动产所有权就转移了。在中国，只有过户了房产的所有权才转移。甲收到乙的购买款后，又把房子卖给丙并办理了过户手续的，丙没有损失，甲不返还乙的购房款的，可能构成侵占罪。如果甲将房子卖给乙并办理房屋过户手续后，又把房子卖给丙并收取丙的购房款，则甲骗取的是购房款，构成诈骗罪。

14. 民法上的"金钱的占有即所有"，适用于刑法上侵占罪的认定吗？

民法上强调"金钱谁占有谁所有"，是为了交易的便捷。但在刑法上不能简单以"金钱谁占有谁所有"为由，而否认财产犯罪的成立。对于密封的金钱（封缄物）和指定用途的金钱，应该认为行为人只是占有并不所有，行为人没有填补的意思和能力而动用的，可以成立侵占罪。对于既没封缄也没有指定用途的金钱，行为人动用的，在国外不成立侵占罪而可以成立背任罪，但我国刑法没有规定背任罪，所以，如果行为人拒不退坏的，只能认定为侵占罪。

15. 行为人在加油站加满油后发现没有带钱就开车逃走的，如何处理？

如果行为人一开始就不打算付钱而加油，构成诈骗或者盗窃罪。在加满油后产生不付钱的意思而溜走的，由于油已经在行为人的车的油箱里，所以应肯定油归其占有但由不所有，行为人不付钱就开走的，构成侵占罪。

第六节　职务侵占罪

第二百七十一条（第1款）　**【职务侵占罪】**公司、企业或者其他单位的工作人员，利用职务上的便利，将本单位财物非法占为己有，数额较大的，处三年以下有期徒刑或者拘役，并处罚金；数额巨大的，处三年以上十年以下有期徒刑，并处罚金；数额特别巨大的，处十年以上有期徒刑或者无期徒刑，并处罚金。

疑难问题

1. 职务侵占罪的本质是什么？

国外刑法关于侵占犯罪一般规定有脱离占有物侵占、委托物侵占与业务侵占三个罪名，法定刑依次升高。脱离占有物侵占，是将"非基于他人本意脱离他人占有，偶然（不是基于委托关系）由行为人占有或者占有人不明"的脱离占有的他人财物据为己有。其违法性和有责性最轻，所以法定刑最低。而委托物侵占，是将委托占有的他人财物据为己有，除侵害了所有权外，还侵害了委托信任关系，所以相对于脱离占有物侵占，违法性较重，法定刑也相对较高。而业务侵占,是将基于业务所占有的他人财物据为己有,因为具有业务性、违法性、有责性较重和一般预防的必要性较大,所以相对于脱离占有物侵占和委托物侵占,法定刑最高。我国《刑法》关于侵占犯罪,规定了遗忘物埋藏物侵占(第270条第2款)、委托物侵占(第270条第1款,本书不赞成)、职务侵占(第271条)和侵吞型贪污(第382条)。

从侵占犯罪的罪名体系可以看出,我国的职务侵占罪其实就是国外的业务侵占罪,旨在规制单位人员将基于职务或者业务而占有的本单位财物据为己有的行为,保护本单位的财产,单位是被害人。单位人员占有单位财物具有持续性、业务性,将本来基于职务或者业务而占有的本单位财物据为己有,具有严重的背任性质。正是因为职务侵占具有业务性和背任性,所以其法定刑高于脱离占有物侵占和委托物侵占的法定刑。职务侵占罪的本质,就是将自己基于职务或者业务而占有的本单位财物据为己有。

2. 何谓职务侵占罪中的"利用职务上的便利"?

案1:2005年4月起,童某、葛某串通江苏京沪高速公路某收费站收费员张某、胡某及个体运输业主刘某等人,合谋利用张某、胡某的职务便利,调换通行卡偷逃道路通行费。童某、葛某、刘某上高速公路服务区守候,游说过往车辆调换IC卡(通常是长途换短途或大车换小车),以达到偷逃通行费的目的。半年时间内,上述犯罪嫌疑人换卡140余次,偷逃通行费共计36万余元。车主按照其偷逃费用的约三分之一付给童某等人"手续费"10万余元。

本案中,作为高速公路收费站收费员的张某、胡某基于职务支配、控制本单位的收费,其利用职务上的便利,将本应由单位收取的确定性收益据为己有,侵害了本单位的财产,构成职务侵占罪。童某、葛某、刘某等人与张某、胡某构成职务侵占罪的共犯。

案2:甲是公司的销售人员,公司的销售货款通常是由具体负责销售的人员在买方公司以现金方式结算后,带回公司上交财务部门。甲没有将带回的10万元货款上交财务部门,而是全部据为己有。

本案中,虽然这10万元货款还未到单位的账上,但也属于单位确定的收益,因而可以成为职务侵占罪保护的对象。甲作为单位的销售人员,收回了自己负责的销售业务的货款,但将自己基于职务或者业务而占有的本单位货款据为己有,构成职务侵占罪。

案3:企业采购员乙为本单位采购了一批产品,A企业让他提供销售单位的账号，但他把自己的账号提供上去，于是 A 企业将货款打到了他的账号上。

对于本案，很多人认为采购员的行为构成职务侵占罪。其实，A 企业只是让乙提供销售单位的账号，乙并没有基于职务或者业务占有该笔货款，其不是将自己基于职务或者业务而占有的本单位财物据为己有，而是通过欺骗手段让本单位将该笔货款处分给了自己，所以不成立职务侵占罪，而是成立诈骗罪。

《刑法》分则中有不少罪名中有"利用职务上的便利"的规定。由于各罪所保护的法益和行为方式不同，利用职务上的便利的含义也未必一致。职务侵占罪中的"利用职务上的便利"，并不是指据为己有的行为（将财物拿回家）需要利用职务上的便利，而是指行为人基于职务或者业务占有了本单位所有的财物。或者说，所谓利用职务上的便利，旨在强调所侵害的对象是其基于职务或者业务而占有的本单位财物，而不是其他状态下的财物。质言之，行为人基于职务或者业务占有了本单位的财物，却将该财物据为己有，就成立职务侵占罪。

3. 应否区分所谓职务之便与工作之便？

案 4：吴某在担任中国农业银行某办事处某营业所储蓄员期间，掌握了储户权某的存折密码。××××年 5 月 29 日，吴某将窃得的旧存折填上权某的姓名和账号，又通过电脑查出权某的存款余额并填写在存折上。5 月 30 日，吴某持该存折在某网点冒领权某存款 26 000 元。次日，吴某以同样方法在其他多个网点冒领存款 168 000 元。法院认为，关于本案，从主体看，吴某虽系全民所有制企业银行的职工，是合同制工人，但不具有管理职权，也不具有国家工作人员身份，其从事的工作是劳务性质的。从侵犯的客体来看，吴某所侵犯的不是他人财产所有权和国家的金融票据管理制度，因为储户一旦将钱存入银行，银行就负有保管责任，如果该款项被人冒领，银行就必须全额赔偿，而事实上，吴某所在的储蓄所已将被吴某冒领的存款全部赔偿，因此其侵犯的是本单位的财产所有权和单位的管理制度。在客观方面看，吴某从秘密窃取本单位的存折，到掌握权某的账号、密码及通过电脑查得存款的余额，然后填写存折的内容，这一系列的行为均利用的是其作为储蓄员的便利条件。因此，吴某的行为符合职务侵占罪的全部构成要件。法院最终以职务侵占罪判处吴某 6 年有期徒刑。

本案中，吴某"掌握权某的账号、密码及通过电脑查得存款的余额"，虽然可谓利用了工作之便，但其所冒领的存款并不是其基于储蓄员身份而占有的本单位财物。即便"吴某所在的储蓄所已将被吴某冒领的存款全部赔偿"，也不能得出其所冒领的存款就是其基于职务或者业务而占有的本单位财物的结论。所以，无论在犯罪主体方面，还是在行为对象、行为方式方面，都不符合职务侵占罪的特征，不能构成职务侵占罪。其是通过欺骗银行职员的手段冒领他人存款，系"使用伪造的银行结算凭证"进行诈骗，构成金融凭证诈骗罪。

案5：王某在某工厂做出纳，其利用这种便利条件，进入工厂车间，偷了工厂的一些原材料去变卖。

本案中，王某作为工厂的出纳，基于职务占有了工厂的现金，但没有占有工厂车间的原材料。其能偷走车间的原材料与其出纳的职权没有任何关系。事实上，他只是利用了自己是工厂员工的工作机会进出车间。所以，王某的行为应该成立盗窃罪，而不是职务侵占罪。如果王某将其作为工厂出纳所保管的现金据为己有，即便不是用自己所保管的钥匙打开，而是下班后半夜潜入单位的会计室撬开其所保管的装有现金的抽屉，也是将自己基于职务或者业务而占有的本单位财物据为己有，故而成立职务侵占罪。

我国刑法理论与实务习惯于区分所谓利用职务之便与利用工作之便，应该说根源在于对职务侵占罪中的"利用职务上的便利"缺乏正确的把握。职务侵占罪中所谓利用职务上的便利，强调的是行为人对单位财物的支配和控制，行为人利用的是自己基于职务所具有的决定或者处置单位财物的权利和职权，而不是工作机会。或者说，职务侵占的对象，不是一般委托占有的他人财物，不是脱离占有的他人财物，也不是他人占有的财物，而是自己基于职务或者业务而占有的本单位所有的财物。行为人将自己基于职务或者业务而占有的本单位所有的财物占为己有或者使第三人所有的行为，就构成职务侵占罪。

只要准确把握了职务侵占罪中的"利用职务上的便利"的含义，就无须区分所谓利用职务之便与利用工作之便。即便坚持区分利用职务之便与利用工作之便，也应从财物的占有关系或者状态角度去把握。

4. 何谓"本单位财物"？

案6：某网络服务公司的员工甲私自将自己负责管理的公司游戏币、游戏装备等卖给玩家，获利百万元。

本案中，甲基于职务占有了本公司的游戏币。游戏币因具有价值性、管理可能性和转移可能性而属于财产犯罪的保护对象。甲将自己基于职务而占有的本单位财物转移给第三人（玩家）所有，构成职务侵占罪。只是考虑到游戏币具有可以无限复制的特点，虽然行为人获利百万元，也不宜认定为职务侵占的数额特别巨大。

案7：A公司享有B公司40％的股份，甲全权代理A公司参与B公司的管理，但甲在管理过程中利用职务上的便利，将A公司的股份转移到自己个人名下。

本案中，股份属于财产性利益，是职务侵占罪所保护的单位财物。甲将自己基于职务而占有的本单位股份据为己有，成立职务侵占罪。

案8：张三是受彩票发行机构委托，在彩票投注站销售福利彩票的非国家工作人员。其以不交纳彩票投注金的方式擅自打印出价值五十余万元的彩票归自己所有。后来因为中奖很少，无力偿还单位彩票投注金而案发。法院认定其行为构成挪用资金罪。

本案中，乙作为彩票投注站的承包者，基于职务占有了福利彩票。其将基于职务而占有的彩票发行机构的彩票据为己有，应构成职务侵占罪。其并没有挪用单位现存的资金，所以不成立挪用资金罪。

作为职务侵占罪保护对象的"本单位财物"，既包括单位现存的财物，也包括单位确定的收益（如收回的货款）；既包括狭义的财物（有体物和无体物），也包括债权、股权等财产性利益。将基于职务而占有的本单位股份据为己有，彩票投注站承包者不交纳彩票投注金擅自打出彩票归自己所有，网络服务公司运营经理将公司的游戏装备贩卖给游戏玩家的，都构成职务侵占罪。公司销售人员将收回的公司货款据为己有的，也构成职务侵占罪。

既不是针对单位现存的财物，也不是单位确定的收益的，不可能构成职务侵占罪。例如，行为人利用职务上的便利将原本可以由单位承揽的业务变为由个人承揽，利用业余时间完成承揽合同获取利益的，不能成立职务侵占罪，因为业务并不是单位现存的财物，也不是单位确定的收益。

5. 职务侵占行为包括所谓利用职务上的便利的窃取、骗取吗？

案9：刘某原系某电力公司员工，负责保卫、巡逻和看管公司施工的电缆线。××××年5月26日，刘某利用看管施工电缆线的职务之便，趁公司工作人员检查线路和吃饭之时，将电缆线偷运到废品收购站，销赃得款4 000元。法院认为，刘某以非法占有为目的，利用职务便利，采取窃取、侵吞等手段，将本单位保管和使用中的电缆线变卖后，将所得款项非法据为己有，数额较大，已构成职务侵占罪。

本案中，刘某作为电力公司员工，只是"负责保卫、巡逻和看管公司施工的电缆线"，并未基于职务而占有公司的电缆线。其将自己并不占有的本单位财物据为己有，应构成盗窃罪。

我国刑法理论通说一直认为，职务侵占罪的手段包括所谓利用职务之便的窃取、骗取。[①]

本书认为，职务侵占行为只能包括侵吞一种情形，即将自己基于职务或者业务而占有的本单位所有的财物占为己有或者使第三人所有，不包括所谓利用职务上的便利窃取、骗取本单位财物的行为，除非《刑法》有特别规定（如《刑法》第 183 条第 1 款）。理由在于以下几点。

首先，通说的主张没有法律根据，有违罪刑法定原则。《刑法》第 382 条明文规定，"国家工作人员利用职务上的便利，侵吞、窃取、骗取或者以其他手段非法占有公共财物的，是贪污罪"。而《刑法》第 271 条第 1 款关于职务侵占罪的表述是"公司、企业或者其他单位的工作人员，利用职务上的便利，将本单位财物非法占为己有"，并未像贪污罪那样明文规定"窃取、骗取"两种手段。既然两个罪对行为方式的表述明显不同，刑法理论通说认为"职务侵占罪与贪污罪的构成要件一样，只是行为主体与行为对象不同"，就是一种想当然，有违罪刑法定原则。

其次，在司法实践中，所谓窃取、骗取本单位财物的情形，基本上都是利用所谓工作之便，而不是利用职务之便，因为如果行为人已经基于职务占有、支配了本单位的财物，根本没有必要再去实施所谓窃取、骗取行为。仓库保管员本来就占有本单位财物，根本无须监守自盗，所谓监守自盗，其实就是侵吞。单位出纳本来就管理着单位现金，其无须通过窃取、骗取手段就能将单位现金占为己有。

再次，通说的观点会导致罪刑失衡的结果。在《刑法修正案（十一）》颁布之前，职务侵占罪的法定刑低于盗窃、诈骗罪的法定刑。《刑法修正案（十一）》虽然将职务侵占罪的法定刑提高到与盗窃、诈骗罪的法定刑持平，但从司法实践来看，职务侵占罪的定罪起点（3 万元）还是远远高于盗窃、诈骗罪的定罪起点（两三千元），实际量刑也会轻于盗窃、诈骗罪的实际量刑。所谓利用职务上的便利窃取、骗取本单位财物，因为侵害了占有，而在法益侵害性上明显重于狭义的侵占行为，却不轻于通常的盗窃、诈骗罪。所以，没有理由将利用职务上的便利实施的窃取、骗取行为认定为处罚相对较轻的职务侵占罪。事实上，只有对这样的行为以盗窃罪、诈骗罪论处，才能实现罪刑均衡。

---

① 高铭暄，马克昌. 刑法学. 10 版. 北京：北京大学出版社，高等教育出版社，2022：517.

最后，通说的主张将导致犯罪之间界限模糊和实务中对职务侵占犯罪案件定性混乱。本来职务侵占罪作为业务侵占罪，与侵占罪、侵吞型贪污形成法定刑层次分明的不转移占有的侵占罪群，与转移占有的盗窃、诈骗等夺取罪之间界限清晰。也就是说，侵占犯罪的保护对象是自己已经占有或者脱离占有的他人财物，而盗窃、诈骗等夺取罪的保护对象是他人占有的财物。对自己占有下的财物只能实施侵占，不可能实施盗窃、诈骗；对他人占有下的财物，只可能实施盗窃、诈骗，不可能进行侵占。可是，正因为通说的主张，实务中对职务侵占类案件的定性混乱不堪，严重损害了法制的统一性。

6. 如何区分职务侵占罪与盗窃、诈骗罪？

案 10：某公司生产线上的职工方某利用当班之机，在长达一个月的时间里几乎每天窃取生产线上的铜质半成品若干，并藏于衣兜内，于下班时窃离公司，然后，以废铜价格销赃。经查，方某的职责是对流经其岗位的半成品按规定的工艺予以加工，然后将加工完毕的半成品经流水线移交下道工序。

本案中，方某只是生产车间流水线上的工人，即使其将半成品握在手上，也不能认为其占有半成品。其将半成品据为己有，属于夺取占有的盗窃罪，不是将基于职务或者业务而占有的本单位财物据为己有的职务侵占罪。

职务侵占罪作为不转移占有和变占有为所有的侵占类犯罪，是将自己基于职务或者业务而占有的本单位所有的财物据为己有。盗窃、诈骗罪是侵害他人占有和转移财产占有的夺取罪。区分职务侵占罪与盗窃、诈骗罪的关键在于确定财物的占有归属或者占有状态，即他人占有下的财物只能是盗窃、诈骗罪的对象，自己基于职务或者业务而占有的本单位财物只能是职务侵占罪的对象。这和侵占罪与盗窃罪的区别一样，关键在于判断财物的占有归属。

7. 如何界分侵占罪、职务侵占罪与侵吞型贪污罪？

我国刑法设置了法定刑依次升高的侵占罪、职务侵占罪与侵吞型贪污罪的侵占罪群。法定刑的差异反映了违法性、有责性的程度不同和构成要件的差异。普通侵占罪之所以法定刑最低，是因为侵占的对象系偶然受委托保管的他人财物或者脱离占有的他人财物，行为不具有业务性、反复性、持续性。而职务侵占罪，可谓业务侵占，其主体是公司、企业或者其他单位的工作人员，侵占的对象是基于职务或者业务而占有的本单位财物，行为具有业务性、持续性、反复性、背任性，所以在违法性、有责性和一般预防的必要性上重于或者大于侵占罪。而侵吞型贪污罪，可谓公务侵占，其主体是国家工作人员，行为对象是国家工作人员主管、管理下的公共财物，或者说国家工作人员基于公务而占有的公共财物。相对而言，其违法性、有责性最重和一般预防的必要性最大。

8. 公司领导指使单位出纳将 100 万元现金给自己私用的，构成职务侵占罪吗？

公司领导虽然不直接基于职务或者业务占有本单位的财物，但其对基于职务或者业务直接占有本单位的财物的出纳的职务行为具有支配、控制权，从而相当于主管本单位财物。所以，公司领导与出纳可成立职务侵占罪的共同正犯。从单位出纳不得不听命于公司领导而缺乏期待可能性的角度考虑，认为出纳的行为不构成犯罪，公司领导成立职务侵占罪的单独正犯，也是可能的。

9. 本罪中的"单位"与单位犯罪中的"单位"有无区别？

本罪中的"单位"是被害人，是法律保护的对象，不是犯罪主体。职务侵占罪中的犯罪主体是单位中的工作人员。而单位犯罪中的"单位"，是犯罪主体，必须具有独立承受罚金的能力，所以作为犯罪主体的单位，必须具有独立的财产或者经费。

10. 一人公司、合伙企业、个体工商户是否系职务侵占罪中的"公司、企业或者其他单位"？

2008 年 6 月 17 日最高法研究室《关于对通过虚假验资骗取工商营业执照的"三无"企业能否成为职务侵占罪客体问题征求意见的复函》指出，私营、独资等公司、企业、事业单位只有具有法人资格才属于我国刑法中所指的单位，其财产权才能成为职务侵占罪的客体。也就是说，是否具有法人资格，是私营、独资等公司、企业、单位能否成为职务侵占罪中的"单位"的关键。

本书认为：职务侵占罪的立法目的在于，通过打击单位人员的背任行为来保护单位的财产。职务侵占罪中的单位是被害人，是法律保护的对象，不是犯罪主体，不需要具有承担刑事责任的能力。根据平等保护市场经济主体的要求，不具有法人资格的合伙企业、个体工商户的财产，也应受到刑法保护。合伙企业、个体工商户和一人公司的雇员，侵占其基于职务或者业务而占有的本单位财物的，也侵害了单位的财产，也具有背任性，也值得科处刑罚。当然，一人公司的股东将公司财产据为己有的，不宜认定为职务侵占罪，因为职务侵占罪所保护的是本单位的财产，而没有将其他单位或者个人的财产作为保护对象，而一人公司的财产实际上就是股东的财产。对于形式上有多个股东，但实际出资人只有一人，其他股东都是挂名的企业中，实际出资人将公私财产据为己有的，也不宜认定构成职务侵占罪。

第七节　敲诈勒索罪

第二百七十四条　**【敲诈勒索罪】**敲诈勒索公私财物，数额较大或者多次敲诈勒索的，处三年以下有期徒刑、拘役或者管制，并处或者单处罚金；数额巨大或者有其他严重情节的，处三年以上十年以下有期徒刑，并处罚金；数额特别巨大或者有其他特别严重情节的，处十年以上有期徒刑，并处罚金。

疑难问题

1. 如何理解敲诈勒索罪的构造？

案1：衣衫褴褛、蓬头垢面、身材矮小的甲，在胡同口持水果刀威胁路过的乙，要求其交出钱财。乙一眼就认出了对方是其小学同班同学，甲没有认出乙。乙"看破不说破"，乖乖地将身上的3 000元钱悉数交给甲。

本案中，虽然甲实施了恐吓行为，也获得了财物，但因为乙不是基于恐惧心理处分财物，而是基于怜悯交付财物，所以只是成立敲诈勒索罪的未遂。

敲诈勒索罪的构造，即敲诈勒索罪（既遂）的基本结构是：对他人实施敲诈勒索行为（恐吓行为）→对方产生恐惧心理→对方基于恐惧心理处分财产→行为人或第三者取得财产→被害人遭受财产损失。所谓敲诈勒索，是指向对方实施一定暴力或者胁迫（恐吓），要求其处分财产的行为。暴力、胁迫行为无须达到足以压制他人反抗的程度，否则构成抢劫罪。敲诈勒索罪中的胁迫，是指以恶害相通告，使对方产生恐惧心理。恶害的种类不受限制，包括对被害人（广义）的生命、身体、自由、名誉等进行胁迫。单纯以损毁名誉、毁坏财产相威胁的，也可以构成敲诈勒索罪，但不能构成抢劫罪。与诈骗罪一样，既存在二者间的敲诈勒索，也存在三角敲诈勒索，即被胁迫者与被害人不是同一人，但被胁迫者必须具有处分被害人财产的权能或地位。行为人所通告的被加害对象，既可以是交付财物的被害人，也可以是与被害人有密切关系的第三人。

并不是只要行为人实施了敲诈勒索行为，被害人也交付了财物，就成立敲诈勒索罪的既遂。如果胁迫行为没有使对方产生恐惧心理，对方只是基于怜悯或者其他原因交付财物的，只能成立敲诈勒索罪的未遂。胁迫行为使对方产生了恐惧心理，对方报警后，警察为了抓捕行为人而让对方前往约定地点交付财物的，由于行为人不是基于恐惧心理交付财物，而是为了协助警察抓捕罪犯而交付财物，前面的恐惧心理与后面的交付财物之间没有因果关系，所以即使由于警察的失误，行为人取得了财物，也还是只能认定为敲诈勒索罪的未遂与侵占罪。

2. 如何处理敲诈勒索罪与抢劫罪的关系？

案 2：甲背着炸药进入银行，威胁银行工作人员说："我包里装着炸药，马上给我 20 万元现金，否则我就立即引爆。"银行职员按甲的要求交出 20 万元现金。

本案中，甲当场实施了足以压制对方反抗的暴力性胁迫，要求对方当场交付财物，符合了抢劫罪的"两个当场"的要求，构成抢劫罪。

案 3：乙当场痛打了丙一顿后，要求丙在三天内筹齐 100 万元送到某个地点。

本案中，虽然乙当场实施了足以压制丙的反抗的暴力，但不是当场劫取财物，而是要求三天后交付财物，丙有足够的机会选择报警，所以，只能认定为敲诈勒索罪。

敲诈勒索罪与抢劫罪之间不是对立关系，而是包容竞合关系。区分敲诈勒索罪与抢劫罪的关键在于行为是否足以压制被害人的反抗，但不能说"抢劫罪是以足以压制他人反抗程度的暴力、胁迫手段强取财物，敲诈勒索只能是以没有达到足以压制他人反抗程度的暴力、胁迫取得财物"。如果这样描述二者之间的关系，当暴力、胁迫手段是否足以压制对方反抗难以查明时，既不能成立抢劫罪（因为不能证明暴力、胁迫手段已经达到了足以压制他人反抗的程度），也不能成立敲诈勒索罪（因为不能证明暴力、胁迫手段没有达到足以压制他人反抗的程度），结果是无罪。而连轻罪敲诈勒索罪都不能成立的原因，居然是行为人可能实施了足以压制他人反抗的暴力、胁迫行为。这显然不合理。所以只能说"敲诈勒索罪的成立，不要求暴力、胁迫手段达到足以压制他人反抗的程度；如果暴力、胁迫手段达到足以压制他人反抗的程度，则以抢劫罪论处"。

关于抢劫罪，传统观点坚持两个"当场"，即当场实施暴力或者以暴力相威胁和当场劫取财物，只是声明日后兑现胁迫的内容或者要求日后交付财物的，均只成立敲诈勒索罪。但张明楷教授认为，行为人对被害人实施了足以压制其反抗的暴力、胁迫后，迫使日后交付财物的行为，宜认定为抢劫罪。[①]

本书认为，应当坚持"两个当场"，不符合"两个当场"要求的，宜认定为敲诈勒索罪。之所以抢劫罪的法定刑远重于敲诈勒索罪的法定刑（前者的最高刑是死刑，后者的是 15 年有期徒刑），就是因为当场实施暴力或者以加害生命、身体、自由相威胁压制了被害人反抗而当场劫取财物，被害人没有选择的余地，没

---

① 张明楷.刑法学.6 版.北京：法律出版社，2021：1334-1335.

有寻求公力救济的机会。如果声明日后兑现暴力胁迫的内容,如扬言"不给钱就三天后烧掉你家房子",或者责令三天内筹集 100 万元交付,危险就不现实、紧迫,被害人有充分的机会寻求公力救济。再者,《刑法修正案(八)》已经将敲诈勒索罪的法定最高刑由 10 年有期徒刑提高到了 15 年有期徒刑。虽然抢劫罪的法定最高刑是死刑,但从死刑配置原理考虑,抢劫罪的死刑只能适用于抢劫故意杀人的情形,也就是说,除抢劫杀人外,抢劫罪所能适用的最高刑就是无期徒刑,从而与敲诈勒索罪的最高刑就差一档。质言之,对于不满足"两个当场"要求的恐吓行为,以敲诈勒索罪进行评价,也能做到罪刑相适应。

3. 如何处理敲诈勒索罪与绑架罪的关系?

一般认为:只要出于勒索财物的目的绑架他人就成立绑架罪的既遂,无须实施勒索财物的行为和实际勒索到财物。但考虑到绑架罪的法定刑很重,绑架并勒索财物的,也无须另定敲诈勒索罪,以绑架罪一罪进行评价就能做到罪刑相适应。

4. 如何处理敲诈勒索罪与诈骗罪之间的关系?

案 4:甲是典型的"啃爹族",不上班挣钱,整天找老爸乙要钱花。乙很是生气,就不想给甲钱花。于是甲与丙合谋,自编自导了一出自己被绑架的闹剧。在朋友丙拨通乙的电话后,甲在电话中哭喊:"老爸,我被一伙人绑架了,快来救我呀!"老爸到底还是心疼儿子的,按"绑匪"要求交付了 50 万元赎金。

本案中,由于并没有人被绑架,不能被评价为绑架罪。甲谎称被绑架,既是恐吓行为,又是欺骗行为。乙既陷入错误认识又产生了恐惧心理,既基于错误认识又基于恐惧心理处分财产,故甲、丙的行为既成立诈骗罪,又成立敲诈勒索罪,系想象竞合,从一重处罚。

敲诈勒索罪与诈骗罪在构造上相似。前者的构造是:恐吓行为→恐惧心理→处分财产→取得财产→财产损失。后者的构造是:欺骗行为→认识错误→处分财产→取得财产→财产损失。二者可能形成想象竞合关系。从理论上讲,二罪的关系大致有以下几种情形:

(1)行为人实施欺骗行为,对方陷入错误认识并产生恐惧心理,但主要是基于错误认识处分财产的,成立诈骗罪;

(2)行为人实施恐吓行为,对方产生恐惧心理并陷入错误认识,但主要是基于恐惧心理处分财产的,成立敲诈勒索罪;

(3)行为同时具有欺骗与恐吓性质,对方仅陷入错误认识,没有产生恐惧心理，基于错误认识处分财产的，成立诈骗罪；

（4）行为同时具有恐吓和欺骗性质，对方仅产生恐惧心理，没有陷入错误认识，基于恐惧心理处分财产的，成立敲诈勒索罪；

（5）行为同时具有欺骗和恐吓性质，对方既陷入错误认识又产生恐惧心理，既基于错误认识又基于恐惧心理处分财产的，成立诈骗罪与敲诈勒索罪的想象竞合，从一重处罚。

5. 如何区分权利行使与敲诈勒索罪？

案 5：甲于生日当天在蛋糕店订购了生日蛋糕，但在吃蛋糕时发现蛋糕里有一枚铁钉。甲来到蛋糕店，要求店主给自己 50 万元的补偿，否则就向法院起诉，向媒体反映蛋糕的问题。

本案中，甲确实在蛋糕中吃出了铁钉，以向法院起诉和向媒体反映相威胁索要 50 万元，可谓权利行使行为，手段和目的均具有正当性，至于赔偿数额，则取决于双方的商谈，所以甲的行为不构成敲诈勒索罪。

一般来说，行使民事权利的行为，阻却敲诈勒索罪的违法性，即不构成敲诈勒索罪。这里的民事权利，应限于法定的民事权利，或者说是具有民法根据的民事权利，而不是行为人自己主张的道德权利，如所谓的青春损失费。也就是说，并不是只要自认为有权利的情形都属于行使权利，只有行使法律认可的权利时，才属于行使权利。财产罪的认定，一方面要保护法益，另一方面要维护法治国家的原理。如果承认基于所谓道德观念主张的权利，就明显不符合法治国家的原理。虽然法治的核心是限制国家机关的权力，但公民也应当尽可能通过法律途径解决争端，如果原本不存在法律上的争端，或者说行为人原本就不享有法律上的权利，通过胁迫方式索要自己主张的债务的，不阻却敲诈勒索罪的构成要件符合性与违法性，只是有没有可能阻却责任的问题。例如，行为人误以为自己主张的是法律上的权利的，可以排除敲诈勒索罪的故意，但不能排除行为的违法性。

总之，是权利行使行为还是敲诈勒索，关键是看手段是否正当和目的是否合理。没有合法、正当根据而索要财物，就侵害了他人的财产权，就可能构成敲诈勒索罪。

6. 以向司法机关告发他人的犯罪事实相威胁，构成敲诈勒索罪吗？

案 6：甲在楼道发现背着蛇皮袋、神情慌张的乙，估摸着是小偷。甲以扭送乙到公安局相威胁，要求乙将盗窃的财物分一半给他。乙害怕，只好同意甲的要求。

本案中，虽然扭送小偷到公安局是合法行为，但以扭送小偷到公安机关相威胁，还是侵害了小偷的财产权（小偷对赃物的占有值得法律保护），所以构成敲诈勒索罪。

成立敲诈勒索罪要求"以恶害相通告"，但并不要求恶害的实现本身具有违法性。扭送犯罪嫌疑人，以及向司法机关告发他人的犯罪事实，都是合法行为，但不能以此相威胁，索要他人财物，因为这种行为还是侵害了他人的财产权。可以说，凡是没有正当根据地索取财物，都可能构成敲诈勒索罪。例如，甲得知乙犯了抢劫罪后，以向警察告发相威胁，要求乙交出所抢劫的财物，乙害怕，将所抢劫的财物悉数交给甲的，对甲应认定为敲诈勒索罪。不能因为甲通告的行为内容本身是合法的，就认为甲实施了合法行为。其实，甲事实上并没有实施合法行为，因为本案中客观上并不存在任何合法行为。而且，告发行为不是敲诈勒索罪的构成要件行为。又如，行为人发现脱逃的死刑犯丙，以扭送至司法机关相威胁，要求丙或者其家属交付财物的，也能构成敲诈勒索罪或者绑架罪。

7. 以胁迫手段取得对方不法占有的自己所有的财物，构成敲诈勒索罪吗？

行为人的不法占有相对于所有权人行使权利的行为而言，不是财产犯罪所保护的法益，所有权人以胁迫手段取得对方不法占有的自己所有的财物的，不构成敲诈勒索罪，但如果对方不法占有自己的 A 财物，而所有权人以胁迫手段取得对方的 B 财物，则不妨碍敲诈勒索罪的成立。例如，张三盗窃了李四的电视机，李四摸清情况后，胁迫张三归还电视机的，不可能构成犯罪，但如果李四胁迫张三交出手提电脑的，则构成敲诈勒索罪。

8. 债权人以胁迫手段实现债权的，构成敲诈勒索罪吗？

关于债权人为了救济自己的债权，对债务人实行胁迫，是否构成犯罪，国外有无罪说、胁迫罪说和恐吓罪说三种观点。我国刑法没有规定胁迫罪，对于以胁迫方式行使到期债权的行为只能以无罪论处。既然是索要到期债权，只要没有超出债权的范围，说明客观上没有侵害对方的财产权，对方没有财产损失，行为人主观上也没有非法占有目的，当然不能构成敲诈勒索罪。当然，这样认定是有前提的：一是行为人所实施的手段行为本身不构成其他犯罪。比如，不能通过非法拘禁、故意伤害等方式实现债权，否则构成非法拘禁罪、故意伤害罪。二是必须是确定的到期债权，而且没有超出债权的范围。债务人一方具有期限的利益、清算的利益等值得保护的利益，或者债权的内容未确定，债务人在民事诉讼中存在可主张的正当利益，对方使用胁迫手段取得财物的，或者以胁迫手段获取的财物明显超出确定的债权范围的，依然可能成立敲诈勒索罪。

9. 以胁迫手段行使损害赔偿权，是否构成犯罪？

只要有损害赔偿请求权，或者说有索取损害赔偿的合法根据，即便使用了胁迫手段，也因为没有侵犯对方的财产权，原则上都不成立敲诈勒索罪。行为人在定制的生日蛋糕里吃出苍蝇，以向媒体反映或者向法院起诉相要挟，即使行为人要求赔偿的数额巨大，甚至特别巨大，也不应认定为敲诈勒索罪，因为行为人的手段和目的都是正当的。至于最终赔偿的数额，取决于双方的商谈。当然，如果行为人以损害商家的生命、身体、财产等相要挟，而且要求的赔偿数额明显超过应当赔偿的数额，就应该以敲诈勒索罪论处，因为此时行为人的手段不具有正当性，目的也超出了赔偿的范围。如果不是吃出了苍蝇、铁钉，而是行为人自己放进去苍蝇、铁钉，而以此相要挟，当然构成敲诈勒索罪。

10. 以上访相威胁，索要财物的，成立敲诈勒索罪吗？

案 7：甲承包的土地被征收后一直没有得到合理的补偿，于是甲上访。政府派人将甲找回来，甲说如果不给予合理补偿就一直上访。政府就给了甲一笔钱。

本案中，由于甲有上访的合理诉求，主观上没有非法占有目的，客观上也没有侵犯对方的财产权，所以不应认定为敲诈勒索罪。

行为人以向有关部门反映权利受侵害的事实相威胁，有关部门主动提出给予赔偿或补偿，行为人接受赔偿或者补偿的，无论如何都不能成立犯罪，因为这种情形下不存在符合任何犯罪构成要件的事实，不存在任何客观不法与主观责任。在司法实践中，应当坚决杜绝"先主动补偿，后科处刑罚"的做法。也就是说，只要行为人有合理的诉求，即便行为人以上访相要挟，也不应认定为任何犯罪。当然，如果行为人没有上访的合理诉求，却以上访相要挟，索要所谓赔偿或者补偿，则应成立敲诈勒索罪。

11. 如何定性冒充警察抓赌、抓嫖案件？

冒充警察抓赌、抓嫖的，首先构成招摇撞骗罪，然后还可能触犯敲诈勒索罪、抢劫罪与诈骗罪，招摇撞骗罪与后三个犯罪之间是想象竞合关系。例如，几名行为人带着手铐等工具，进入赌场后冒充警察，要求参赌人员原地不动，并交出桌上与身上的所有现金，否则就采取强制措施，带到派出所，给予行政拘留处分的。这一行为同时触犯招摇撞骗罪、敲诈勒索罪与诈骗罪，属于想象竞合，从一重处罚。如果参赌人员识破行为人的身份，进而反抗，而行为人对之实施暴力，进而取得财物，则应以抢劫罪定罪处罚。当然，即使参赌、嫖娼人员没有识破行为人的身份，但行为人使用暴力、胁迫手段压制参赌、嫖娼人员反抗而取得财物的，也可能构成抢劫罪。例如，几名行为人带着仿真手枪，进入宾馆房间后冒充警察，将仿真手枪指向嫖娼人员，要求嫖娼人员交出钱财的，也应认定为抢劫罪。

12. 如何定性所谓"碰瓷"案？

对于所谓"碰瓷"案，可以分两种情形处理：一是被害人不认为自己违章了，相反，认识到行为人在"碰瓷"，但由于对方人多势众或者其他恐吓行为被害人赔偿的，应当认定为敲诈勒索罪。例如，四五个人坐在一辆车上，在晚上向外地车辆"碰瓷"，然后下车胁迫对方。被害人没有喝酒，头脑很清醒，一看对方人很多，又是晚上，连报警的机会都没有，只好妥协。对于这种情形只能认定为敲诈勒索罪。二是被害人没有认识到行为人是在"碰瓷"，相反，误以为自己违章了而老老实实赔钱的，就应认定为诈骗罪。例如，行为人深夜在酒吧饮酒后出来驾车，右转弯时与直行车相撞。行为人因为喝了一些酒，头脑不清醒，误以为自己违章撞人了，就老老实实赔了行为人一些钱。这种情形下就应该定诈骗罪。

13. 对于具有"曾因敲诈勒索受过刑事处罚"与"一年内曾因敲诈勒索受过行政处罚"情节的，数额较大按照规定标准的 50% 确定的司法解释规定，有无问题？

这个规定出自 2013 年 4 月 23 日"两高"《关于办理敲诈勒索刑事案件适用法律若干问题的解释》，这个司法解释规定存在问题。曾经受过刑事处罚或行政处罚，只是反映行为人再犯罪可能性即特殊预防必要性较大，不能反映不法程度提高。上述规定混淆了预防要素和反映不法程度的责任要素，显然是错误的。

14. 以胁迫手段迫使对方借款给自己使用的，构成犯罪吗？

张明楷教授认为：以胁迫手段迫使他人借款给自己使用的，如果没有归还的意思，成立敲诈勒索罪；如果仅具有归还本金的意思，则对与利息对应的财产性利益成立敲诈勒索罪；如果具有还本付息的意思，则宜认定为强迫交易罪。[①]

本书认为，即便行为人具有还本付息的意思，以胁迫手段强迫他人借款给自己使用的，也能构成敲诈勒索罪，而不是强迫交易罪，因为：一是金钱的使用本身就是一种重要的财产性利益，强迫他人借款给自己使用，也严重侵害了对方对金钱的占有、收益、收益权。二是敲诈勒索罪是对个别财产的犯罪，不是对整体

① 张明楷.刑法学.6版.北京：法律出版社，2021：1332.

财产的犯罪，强迫借钱也导致对方个别财产的丧失，因而存在财产损失。三是强迫交易罪只保护市场主体平等、自愿、公平进行交易的市场经济秩序，并不保护他人的财产。而强迫他人借款给自己使用，由于对方系个人，而不是专司借贷的金融机构，所以并未侵害所谓平等、自愿、公平交易的市场经济秩序，而是侵害了他人的财产权。即便勉强认为还构成强迫交易罪，也不可否认构成敲诈勒索罪，从一重处罚，也应以敲诈勒索罪定罪处罚。

15. 如何定性盗窃车牌后要求车主赎回的案件？

案 8：甲盗窃了 20 多人的车牌，分别给车主打电话，让每位车主出 100 元将车牌赎回。考虑到去车管所办车牌还需要交费，而且程序烦琐，车主纷纷出 100 元将车牌赎回。甲从中渔利 2 000 余元。

本案中，车主并没有害怕，只是觉得重新办车牌麻烦，故而答应甲给钱的要求。该行为不符合敲诈勒索罪的构造，不构成敲诈勒索罪。车牌也具有财产价值，多次盗窃车牌的，可以构成盗窃罪。

实践中，一些地方的司法机关将这类案件认定为敲诈勒索罪，还有的定寻衅滋事罪。应该说这些都是有问题的，因为被害人的车牌已经被盗，不可能有更严重的恶害，行为人并没有以恶害相通告，被害人也不会产生恐惧心理。被害人只是产生了一定的困惑，觉得到车管所重新办理车牌费时费力，故而答应给钱索回车牌而已。应当认为，不给钱就不恢复原状的通告，一般不能构成敲诈勒索罪中的胁迫，胁迫必须是将要对被害人施加恶害。车牌已经失去了，不归还，不能算将要对被害人施加恶害，所以盗窃车牌案不符合敲诈勒索罪的构造，不构成敲诈勒索罪。由于车牌也具有一定的财产价值，多次盗窃的，可以认定为盗窃罪。如果认为车牌是国家机关证件，也可以评价为盗窃国家机关证件罪。

16. 如何处理盗窃、拾得他人物品后索要金钱的案件？

案 9：甲盗窃了乙的包，包里没有什么现金，都是重要证件和文件。甲向乙声称：如果不交付 5 万元，就销毁证件和文件。

本案中，甲以毁坏重要证件和文件相威胁，让被害人产生了恐惧心理，可以在盗窃罪之外，另外认定敲诈勒索罪，由于只有一个财产损失，可以认定为包括的一罪，从一重处罚。

对于捡拾他人的财物后，单纯向失主索要赏金的，仅成立侵占罪。但如果以损坏其中的重要证件或者文件资料相威胁，则应另外认定为敲诈勒索罪。由于只有一个财产损失，可以作为包括的一罪处理，从一重处罚。

17. 行为人以恐吓手段要求对方履行高利贷、赌债等法律不予保护的债务的，成立敲诈勒索罪吗？

案 10：乙女借高利贷，周利息为 30％。出借方甲要求乙女手持身份证拍裸照，并将裸照交给甲。当乙女不能按期还款时，甲就以在网上公布裸照相要挟，迫使乙女还本付高息。

本案中，周利息达到 30％，显然借贷属于高利贷。由于高利贷不受法律保护，行为人胁迫乙女偿还非法债务，侵害了乙女的财产权，构成敲诈勒索罪。

由于高利贷、赌债等不受法律保护，属于非法债务，所以行为人以恐吓手段要求对方偿还高利贷、赌债等非法债务的，能构成敲诈勒索罪。

第八节　故意毁坏财物罪

第二百七十五条　**【故意毁坏财物罪】**故意毁坏公私财物，数额较大或者有其他严重情节的，处三年以下有期徒刑、拘役或者罚金；数额巨大或者有其他特别严重情节的，处三年以上七年以下有期徒刑。

疑难问题

1. "毁坏"的本质是什么？

案 1：某机票代购公司的员工甲与经理乙有矛盾，就想报复乙。甲知道公司购买机票系统登录账户，就利用该账户向某外国航空公司预订了 60 张机票，直到飞机起飞时，甲既没有退票也没有付款。根据合同约定，该机票代购公司向外国航空公司赔偿了 7 万元。

本案中，甲虽然没有物理性地毁坏本公司的任何财物，但通过非法预订机票使本公司遭受违约赔偿损失，可以认定为故意毁坏财物罪。

案 2：甲女与乙女原本是闺蜜，但甲女嫉妒乙女人长得漂亮、老公又是高富帅，于是趁一起炒股之机，偷窥乙女股票账号和密码。某日甲女进入乙女股票账号系统，采取高进低出的方式，致使乙女损失数万元。法院认定构成故意毁坏财物罪。

本案中，甲女虽然没有毁坏纸质的股票，但通过高进低出的非法操作使乙女遭受财产损失，应当构成故意毁坏财物罪。法院的判决是正确的。

案 3：甲是做水产品生意的老板乙的司机，负责带着乙把水产品从杭州下属的一个县运输到杭州。有一天，甲向乙提出想带女友随车到杭州玩一玩，但被老板乙拒绝了。甲觉得在女友面前丢了面子，就对乙怀恨在心，想找机会报复回来。于是，在某次从杭州返程的途中，趁乙睡着，甲找出乙藏在驾驶室工具箱里的9万元现金，一把扔出了窗外。

本案中，甲虽然没有利用老板的现金，但扔掉老板的现金，无疑损害了老板对现金的占有和利用，应认定为故意毁坏财物罪。

关于"毁坏"的本质，刑法理论上存在不同的学说，比较有影响的是物理的毁损说与效用侵害说两种学说。物理的毁损说认为，从物理上破坏、毁损财物的一部或者全部，因而侵害财物的本来的效用的行为，才是毁坏。理由是，毁弃、损坏概念的本来含义，不在于有形的作用、有形力的行使这种手段、方法自身的有形，而在于通过这样的方法物质性地破坏、毁损财物的全部或者部分，从而造成侵害财物的效用的结果。效用侵害说认为，凡是有害财物的效用的行为，都属于毁坏。理由在于：本罪的核心就是损害财物的效用，财物的效用的减失（减弱或者丧失）与对财物的物质性的破坏，在反价值性上是完全等同的，都是导致财物不能使用。

一般认为，物理的毁损说不当缩小了本罪的处罚范围，故而不可取。本书赞成效用侵害说，因为财产都是用来使用、满足人的需要的，损害财物的效用，或者使财物的功用不能有效发挥，就应认为给对方造成了财产上的损失。从财产保护的角度考虑，凡是侵害了他人财产，而行为人又没有利用意思的，都值得以故意毁坏财物罪进行评价，否则会形成处罚漏洞，不利于对财产法益的保护。

总之，毁坏的本质就是妨碍他人对财物的利用。凡是有害财物的效用，使对方遭受财产损失，而行为人又没有利用意思的，都可谓毁坏，都值得以故意毁坏财物罪科处刑罚。

2. 为何财产犯罪中独有故意毁坏财物罪将"数额较大"与"其他严重情节"并列规定为基本犯的成立条件？

财产犯罪中的取得罪的行为人具有利用的意思，可谓损人利己，行为人所获得的财产数额通常就是被害人所损失的财产数额，所以取得罪基本犯的成立条件一般都是"数额较大"。而以故意毁坏财物罪为典型的毁弃罪的行为人没有利用的意思，可谓损人不利己，即便财物本身没有被从物理上毁坏，但也可能妨碍财物效用的发挥，妨碍他人对财产的利用。例如，将他人的鸟笼中的鸟放飞，将他人的鱼池的闸门打开让鱼游走，将他人的金戒指丢进大海，为了防止被害人报警而将被害人手机拿走藏起来，将马路上的窨井盖移开，将路上的红绿灯转个方向，将交通标志牌放倒，将他人机器拆开，在他人饭钵中撒尿，高进低抛他人股票，将他人分门别类的纽扣打乱，将大学图书馆分门别类的图书打乱等，都可谓虽然财产本身未必被毁坏，却严重妨碍了他人对财产的利用，所以可以被评价为"其他严重情节"，而构成故意毁坏财物罪。

3. "毁坏财物"有哪些表现形式？

只要是有损财物效用的行为，都应该属于毁坏。具体说来，毁坏财物有以下一些表现形式。

第一，通过对财物施加有形力，导致财物的完整性受到明显的毁损，或者使财物受到物理性的毁损。例如，砸坏他人的电脑，摔碎他人的茶杯，杀害他人饲养的宠物，都是毁坏财物。

第二，通过对财物施加有形力，导致财物的效用减弱或者丧失。例如，拆散他人的机器，关闭探照灯，给车胎放气，都是毁坏。将粪便放到他人煮饭用的锅里，他人因为心理、感情上的因素不愿意再使用该锅的，也应认定为毁坏。对于被告人为了使交通监控摄像头不能确认自己的机动车，就在车上装了数个反射镜，导致监控摄像头在开启闪光灯时过度曝光，不能拍下他的车牌及其身份，德国巴伐利亚州高等法院认定为故意毁坏财物罪，因为这导致监控摄像头对他的车不能起到应有的作用。

第三，混合行为，即将不同性质的财物混合在一起，导致不同性质的财物不可能再分开或者分开需要花费劳动力的行为。例如，将柴油与汽油混合在一起，将食油与柴油混合在一起，将他人分门别类装在不同箩筐里的不同颜色、型号、大小的纽扣全部混在一起，将他人分装在不同缸里的玉米、大米、面粉、豌豆、绿豆等全部混在一起，将大学生食堂分装在不同盆里的各种菜肴全部混在一口缸里，将大学图书馆编目的几百万本图书全部打乱，这些都是毁坏。

第四，剥夺财物占有行为，即行为人没有非法占有目的，但剥夺了他人对财物的占有。隐匿行为就是如此。由于行为人没有利用的意思，不能定盗窃罪，但这种行为无疑妨碍了他人对财物的利用，或者说有损财物的效用，应当认定为毁坏财物。例如，抢劫犯为防止被害人报警，而拿走被害人的手机后扔掉；诈骗犯为防止警察查他与被害人之间的聊天记录，而拿走他人的手机藏起来；在法考前一周将他人的法考辅导资料藏起来，待法考结束后归还；等等，应该说都是毁坏。

第五，外观改变行为。对于比较重大的外观改变，应当认定为毁坏。例如，在美术作品、艺术作品、文化作品、建筑物外墙、人行天桥、马路上贴小广告，都是毁坏。盗窃马路上的窨井盖的行为，如果不构成盗窃罪，也不危害公共安全的，完全可以认定为故意毁坏财物罪，因为这一行为不只是改变了道路的外观，而且使道路的使用价值减损。

第六，物品消耗行为。消耗他人物品的行为，部分成立盗窃罪，部分成立故意毁坏财物罪。例如，喝他人的酒，吃他人的鱼，燃放他人的鞭炮等，应当认定为盗窃罪。但向他人的传真机发送大量他人不需要的广告，消耗了他人大量的传真纸与油墨的，不能以被害人的传真机与油墨本来就是用于消耗的为由，否认故意毁坏财物罪的成立。

第七，间接的物质侵害。例如，行为人在被害人的物品上泼洒油漆，不仅被害人清洗花费劳动力，而且清洗行为必然导致物品本身的毁损，而介入被害人的清洗行为很正常，所以应认定为毁坏财物。当然，如果清洗很简单，也不损害物品本身，可以不认定为毁坏，如在金属雕塑上泼洒清水。

第八，对财物缺乏直接有形作用的毁坏行为。例如，将他人的戒指扔进大海，把他人的鸟笼打开让鸟飞走，把他人的鱼塘挖开让鱼游进大河，这类行为不是直接作用于财物本身，但存在间接作用或者影响，故可以被认定为毁坏。没有对财物本身施加影响的，不是毁坏。例如，为了防止他人开车而将他人拘禁起来，不能认定为故意毁坏财物罪。

第九，导致他人财产性利益减少的行为。例如，撕毁他人作为唯一债权凭证的欠条，扔掉他人有价支付凭证而导致他人不能通过挂失等手段避免损失，贱卖他人财物，毁掉增值税专用发票，都属于毁坏。

4. 故意毁坏财物罪与盗窃罪之间是对立关系吗？

案4：甲从家住七楼的被害人家里搬出彩电，准备从六楼与七楼之间的楼梯过道窗户扔出去时被抓获。

本案中，如果不考虑行为人有无利用的意思，就无法确定甲的行为是故意毁坏财物还是盗窃。甲从被害人家里搬出彩电，是准备从六楼和七楼之间的楼梯过道扔出去，可见，甲有出于毁弃的意思，没有利用的意思，所以成立故意毁坏财物罪的未遂。

案5：张三教唆李四去毁坏王五家价值昂贵的家电，但李四觉得毁之可惜，临时决定将王五的家电搬回家自己使用。

本案中，张三教唆李四毁坏，李四没有毁坏，而是加以利用。如果认为故意毁坏财物罪与盗窃罪之间是对立关系，构成要件没有重合的部分，则张三的行为是教唆故意毁坏财物罪的未遂，不值得处罚。可是，被教唆者李四实施了更严重的犯罪——盗窃罪，教唆者反而不构成犯罪。这恐怕不合适。所以应从规范性意义上把握二者之间的关系，二者的构成要件在故意毁坏财物部分重合，根据部分犯罪共同说，张三的行为成立故意毁坏财物罪教唆的既遂，李四的行为成立盗窃罪既遂。

根据是否具有利用的意思，财产犯罪可以被分为毁弃罪（故意毁坏财物罪和破坏生产经营）和取得罪。只要不具有利用意思的，都可谓毁坏。至于利用的含义，并非指按照财物的经济用途或者本来的用法使用，只要具有享用财物某种可能的用途的意思，就具有利用的意思。燃放他人鞭炮，不是毁坏，而是盗窃。

虽然毁弃罪与取得罪的关键区别在于是否具有利用的意思，但不能认为二者之间是对立关系。以作为毁弃罪典型的故意毁坏财物罪为例：从规范性意义上讲，凡是妨碍他人对财物的利用，或者说凡是侵害所有权的，都符合毁坏的本质要求，都满足了故意毁坏财物罪构成要件的最低要求。所以说，可以认为故意毁坏财物罪是整个财产犯罪的兜底性犯罪。盗窃罪作为取得罪的典型，无疑也是妨碍了他人对财产的利用，侵害了他人的财产所有权。只是盗窃行为人在侵害所有权之外，还具有利用的意思，因而盗窃更值得谴责，一般预防的必要性更大。所以，盗窃罪并不缺少故意毁坏财物罪的构成要素，只是在满足故意毁坏财物罪构成要素的基础上，还多了一个利用意思，致使有责性和一般预防必要性增大。质言之，在规范性意义上，盗窃罪与故意毁坏财物罪之间是包容关系、高低度行为的关系。教唆他人故意毁坏财物，他人实际实施了盗窃的，二人应在故意毁坏财物罪的范围内成立共犯，教唆者成立故意毁坏财物罪教唆的既遂，被教唆者成立盗窃罪的既遂。

5. 为何故意毁坏财物罪的法定刑远低于盗窃罪的法定刑？

毁坏财物后一般不可能再追缴返还，所以从违法性来看，故意毁坏财物罪比盗窃罪要重。但在任何国家，故意毁坏财物罪的法定刑都比盗窃罪的法定刑要轻，这是因为盗窃罪中行为人具有利用的意思，致使非难可能性更高和一般预防的必要性更大。

6. 依据 2008 年 6 月 25 日最高检、公安部《关于公安机关管辖的刑事案件立案追诉标准的规定（一）》的规定，"纠集三人以上公然毁坏公私财物的"，即属于"其他严重情节"而应立案的规定，合理吗？

应该说，纠集三人以上公然毁坏公私财物，并没有增强行为的违法性，只是可能增大一般预防的必要性。而作为故意毁坏财物罪成立条件之一的"其他严重情节"，应是反映法益侵害程度，即反映对他人利用财物的妨碍程度或者对财物的效用的侵害程度的情节。所以，上述规定混淆了预防要素与责任要素，而明显不当。

第九节　拒不支付劳动报酬罪

第二百七十六条之一　**【拒不支付劳动报酬罪】**以转移财产、逃匿等方法逃避支付劳动者的劳动报酬或者有能力支付而不支付劳动者的劳动报酬，数额较大，经政府有关部门责令支付仍不支付的，处三年以下有期徒刑或者拘役，并处或者单处罚金；造成严重后果的，处三年以上七年以下有期徒刑，并处罚金。

单位犯前款罪的，对单位判处罚金，并对其直接负责的主管人员和其他直接责任人员，依照前款的规定处罚。

有前两款行为，尚未造成严重后果，在提起公诉前支付劳动者的劳动报酬，并依法承担相应赔偿责任的，可以减轻或者免除处罚。

疑难问题

1. 大学校长不给大学教授发工资，能构成拒不支付劳动报酬罪吗？

我国社会有很多弱势群体，如农民工，他们背井离乡，远赴外地打工，生活艰苦，辛苦挣得的微薄收入既是年迈父母的医疗费用，又是儿女的学费、生活费。然而有的不讲诚信的老板不支付打工人的工钱。这种行为固然属于不履行民事义务的债务违约行为，但民事官司旷日持久、费钱费时，而农民工还等着这些"救命钱"回家过年。设置拒不支付劳动报酬罪，就是为了保护如农民工之类的劳动者的劳动报酬权益。

虽然大学校长一年不给大学教授发工资，也会造成大学教授生活困难，但大学教授不能算是社会弱势群体，一般来说不是拒不支付劳动报酬罪的保护对象。

2. "经政府有关部门责令支付仍不支付",是构成要件要素还是客观处罚条件?

应该说,经政府有关部门责令支付仍不支付,并没有增强违法性,所以宜将该要素看作是发动刑罚的条件即客观处罚条件。当然,即便视为客观处罚条件,也应要求行为人认识到经政府有关部门责令支付。从这个意义上讲,讨论其是构成要件要素还是客观处罚条件,可能意义不大。

3. 行为人没有认识到"责令支付文书"的存在,或者认为不应支付,是事实认识错误还是法律认识错误?

经责令支付仍不支付是犯罪成立条件,行为人有正当理由没有认识到"责令支付文书"的存在,应属于事实认识错误,阻却犯罪故意,不构成本罪。至于认为不应支付,也是对客观事实的认识错误,也应阻却犯罪的故意,不成立本罪。

4. 2013 年 1 月 16 日最高法《关于审理拒不支付劳动报酬刑事案件适用法律若干问题的解释》规定因行为人逃匿而无法送达"责令支付文书"的,按照一定方式送达后即视为"经政府有关部门责令支付"。但若没有逃匿又确实没有收到"责令支付文书"而不支付的,成立犯罪吗?

由于"经政府有关部门责令支付仍不支付"是犯罪成立条件,因而行为人没有逃匿又确有正当理由没有收到"责令支付文书"的,应认为没有犯罪故意,不成立本罪。

5. 虽然逃匿,但确实没有支付能力的,还构成犯罪吗?

从《刑法》第 276 条之一的条文表述看,本罪存在两种行为类型:一是"以转移财产、逃匿等方法逃避支付劳动者的劳动报酬",二是"有能力支付而不支付劳动者的劳动报酬"。看似这两种行为类型之间是一种并列关系,其实是一种包含关系,或者说前者只是后者的一种常见情形,就如绑架罪中"以勒索财物为目的绑架他人"只是"绑架他人作为人质"的一种常见情形,犯罪预备中的"准备工具",也只是"制造条件"的一种常见情形,窝藏罪中"提供隐藏处所、财物"只是"帮助其逃匿"的常见情形。也就是说,本来只规定后一种行为类型即可,只是因为前面的情形比较常见,予以规定,提醒司法工作人员注意而已。所以,即便是以"转移财产、逃匿等方法逃避支付劳动者的劳动报酬",也必须满足"有能力支付而不支付劳动者的劳动报酬",才构成犯罪。不能望文生义地认为,只要行为人逃匿了,即使没有能力支付,也构成本罪,因为不作为犯罪以行为人具有作为的可能性即能够履行义务为前提。

6. 行为人不支付劳动报酬，由政府有关部门责令后仍不支付，后来经法院判决支付劳动报酬，行为人仍不执行判决、裁定的，是本罪与拒不执行判决、裁定罪的想象竞合，还是应数罪并罚？

张明楷教授认为是想象竞合。[①] 但本书认为，应当数罪并罚。因为拒不支付劳动报酬罪已经成立了，该罪所侵害的法益是劳动者的劳动报酬权。而拒不执行判决、裁定罪所侵害的法益是法院判决、裁定的权威性。而行为人事实上存在两个不作为，侵害了两个法益，还是有可能认定存在数罪而实行数罪并罚的。

---

① 张明楷. 刑法学. 6 版. 北京：法律出版社，2021：1348.

第五章 妨害社会管理秩序罪

第一节 妨害公务罪

第二百七十七条（第1款～第4款） 【妨害公务罪】以暴力、威胁方法阻碍国家机关工作人员依法执行职务的，处三年以下有期徒刑、拘役、管制或者罚金。

以暴力、威胁方法阻碍全国人民代表大会和地方各级人民代表大会代表依法执行代表职务的，依照前款的规定处罚。

在自然灾害和突发事件中，以暴力、威胁方法阻碍红十字会工作人员依法履行职责的，依照第一款的规定处罚。

故意阻碍国家安全机关、公安机关依法执行国家安全工作任务，未使用暴力、威胁方法，造成严重后果的，依照第一款的规定处罚。

疑难问题

1. 以一个妨害公务罪罪名概括多种行为类型，妥当吗？

罪名就是犯罪名称，是对具体犯罪的本质的或主要特征的高度概括。罪名应该反映犯罪构成要件之间的区别，应当具有高度的识别性。以前"两高"没有统一发文确定罪名时，学界还讨论具体条文应该如何确定罪名，但自从"两高"统一发文确定罪名后，学界就基本上不再讨论具体条文的命名了。应该说，"两高"对很多罪名的确定并不妥当。例如本条，条文规定了四种行为类型，涉及四种行为对象——国家机关工作人员、人大代表、红十字会工作人员、国家安全机关工作人员，以及两种行为方式——暴力、威胁方法和未使用暴力、威胁方法，造成严重后果。所以，本条应该确定为四个罪名：妨害公务罪，妨害人大代表执行职务罪，妨害红十字会工作人员履行职责罪，妨害国家安全机关工作人员执行任务罪。

2. 妨害公务罪的法益是什么？

妨害公务罪所保护的法益是公务，是依法执行的公务，或者说是公务的依法执行。妨害公务罪的行为客体与保护客体不一致。行为客体是国家机关工作人员，保护客体即法益是公务。也就是说，设立妨害公务罪，不是旨在保护国家机关工作人员的人身安全，而在于保护公务的顺畅执行。

3. 本罪是抽象危险犯、具体危险犯还是实害犯？

案1：甲去某洗浴中心做按摩时，警察接到关于卖淫嫖娼的举报后进入房间，要求甲出示身份证件。甲没有带身份证，警察就让甲报身份证号。甲报的身份证号有误，警察更加怀疑甲有嫖娼行为，但甲确实没有嫖娼。这个时候甲就想逃跑，警察不让甲逃跑，甲便踢了警察两脚。

本案中，由于甲并没有嫖娼，从实体上看，警察的行为不能谓为"依法执行职务"。妨碍公务罪的行为并不是单纯的暴力、威胁，而是以暴力、威胁方法阻碍公务的依法执行。对于依法执行公务的对方（即被执行者，如被逮捕者）实施的一般暴力、威胁行为，因为没有期待可能性，不应认定为妨害公务罪。当然，更不能将依法执行公务的对方所实施的摆脱、挣脱行为认定为妨害公务罪。本案中，由于甲并没有嫖娼，其只是本能地想逃跑，遭警察阻拦而踢了警察两脚，该行为既缺乏期待可能性，也不足以阻碍公务的执行，所以，不宜将甲的行为认定为妨害公务罪，更不能认定为袭警罪。

关于本罪是抽象危险犯、具体危险犯还是实害犯，域外立法与刑法理论有不同认识。如《日本刑法》第95条第1项规定："当公务员执行职务之际，对其实施暴行或胁迫的，处三年以下惩役、监禁或五十万日元以下罚金。"日本刑法理论认为本罪是抽象危险犯。日本的判例也认为本罪是抽象危险犯。

可以肯定的是，《日本刑法》第95条第1项的表述只是要求行为人在公务员执行职务之际对其实施暴力或者胁迫，并没有要求对职务的执行造成任何妨害。在此意义上说，肯定日本的妨害执行公务罪属于抽象危险犯，在文理上没有疑问。尽管如此，日本刑法理论普遍认为，如果从法益保护的角度来说，即使承认本罪是抽象危险犯，也有理由要求暴行、胁迫达到足以妨害职务执行的程度。不仅如此，还有学者明确指出本罪是具体危险犯。例如曾根威彦教授就认为，虽然不一定要求暴力、胁迫行为现实地产生妨害职务执行的结果，但应认为以产生这种危险为必要。[1]

不难看出，即使《日本刑法》第 95 条第 1 项将妨害执行公务罪规定为抽象危险犯，但由于本罪的保护法益是公务，而不是公务员的身体安全与意志自由，所以，有理由要求暴力、胁迫行为达到足以妨害执行公务的程度。特别是在《日本刑法》已经规定了暴行罪与胁迫罪的立法体例之下，如果行为人的行为对公务员的职务行为没有任何妨碍，仅因对公务员实施暴行、胁迫，就认定为法定刑重于暴行罪、胁迫罪的妨害执行公务罪，就明显不公平。正因为如此，一部分日本学者实际上将妨害执行公务罪解释为具体危险犯，只是不要求产生公务的执行已经被妨害的实害结果。

我国《刑法》第 277 条第 1 款的表述与《日本刑法》第 95 条第 1 项的表述明显不同，从第 277 条第 1 款的规定可以看出，"以暴力、威胁方法"是手段行为，"阻碍国家机关工作人员依法执行职务"是目的行为与结果。在构成要件表述明显不同的情况下，我们不可以像我国台湾地区学者那样解释妨害公务罪的构成要件，也不能像日本部分学者那样将妨害公务罪理解为抽象危险犯。在我国《刑法》第 277 第 1 款的规定中，描述构成要件行为的动词不是只有"暴力、威胁"，还有"阻碍"。"阻碍"既是对行为的表述，同时也包含了结果内容。对依法执行职务形成了"阻碍"，意味着给国家机关工作人员依法执行职务设置了障碍，导致执行职务更为困难，但不要求客观上导致国家机关工作人员的职务不可能执行。所以，在我国，妨害公务罪是具体危险犯，而不是抽象危险犯。换言之，在《日本刑法》第 95 条第 1 项将妨害执行公务罪规定为抽象危险犯的立法例之下，刑法理论中的有力学说也强调进行实质性判断，要求暴力、威胁行为达到"足以妨害"公务的程度，那么，在我国《刑法》明文要求"阻碍国家机关工作人员依法执行职务"的立法例之下，更有理由要求行为必须产生导致职务不能或者明显难以执行的具体危险。

通过上述比较可以发现，在规定了暴行罪、胁迫罪的日本刑法中，由于妨害执行公务罪的法定刑只是略高于暴行罪、胁迫罪的法定刑，所以，只要针对公务员实施的暴力、胁迫具有妨害职务执行的抽象危险，就可以说明妨害执行公务罪法定刑的合理性。即便如此，有力的观点也要求暴力、胁迫达到足以妨害公务的程度，以免去对公务员特殊保护之嫌。而在我国刑法没有规定暴行罪、胁迫罪的情形下，如果将妨害公务罪理解为抽象危险犯，无异于对国家机关工作人员的人身实行明显高于一般人的特殊保护，似有不当。只有将妨害公务罪理解为具体危险犯，才能为妨害公务罪提供妥当、合理的根据。

4. 能否将我国妨害公务罪的构成要件理解为"在国家机关工作人员依法执行职务时，对之实施暴力或者威胁"？

由于我国《刑法》第 277 条第 1 款规定的妨害公务罪是具体危险犯，所以，如果行为并不明显阻碍国家机关工作人员依法执行职务的，就不应认定为犯罪，否则会造成处罚的不公平。换言之，不能将第 277 条第 1 款的构成要件理解为"在国家机关工作人员依法执行职务时，对之实施暴力或者威胁"，而应理解为通过使用暴力、威胁方法使国家机关工作人员不能或者难以依法执行职务。所以，一方面，行为人所阻碍的只能是具体的职务行为，否则不可能产生妨害依法执行职务的具体危险。例如，在国家机关工作人员参加一般性会议的过程中，行为人对之实施暴力或者威胁的，不应认定为妨害公务罪。另一方面，只有正在执行职务的行为，以及准备立即着手执行职务的行为，才是妨害公务罪的阻碍对象。反之，如果职务行为已经执行完毕或者国家工作人员正在中途休息时，行为人的暴力、威胁行为不可能成立妨害公务罪。例如，在市场监督管理人员调查个体商贩是否正在销售伪劣产品时，行为人对市场监督管理人员实施暴力，导致调查行为不能或者难以进行的，成立妨害公务罪。但在市场监督管理人员作出处理决定后准备返回单位时，行为人对市场监督管理人员实施暴力的，由于该公务已经执行完毕，对行为人的行为不能认定为妨害公务罪，只能按《治安管理处罚法》处罚。

5. 阻碍貌似合法实际上违法的公务，构成本罪吗？

妨害公务罪中的"公务"必须是正在依法执行的职务。如果正在执行的职务是违法的，阻止它以维护自己正当权益的行为，既缺乏违法性，也不具有期待可能性，不应认为构成本罪。

6. 阻碍烟草公司、供电局、卫生院等单位中的工作人员执行行政执法职务的，构成妨害公务罪吗？

虽然这些单位不是国家机关，这些单位的工作人员也不是国家机关工作人员，但他们也可能基于法律的规定，实际执行行政执法职务。当这类人员在依法实际执行行政执法职务时，使用暴力、威胁方法进行阻碍的，也能构成妨害公务罪。

7. 何谓"依法执行职务"？

成立妨害公务罪，要求暴力、威胁方法阻碍国家机关工作人员正在"依法执行职务"。具体而言，符合以下条件的才能认为是"依法执行职务"。

第一，国家机关工作人员所实施的必须是其抽象的职务权限或一般的职务权限范围内的行为。如果超出了这种权限，就不能认定为依法执行职务。税务人员的一般职务权限是征税，其抓小偷的行为，就超出了一般职务权限，不能谓为"依法执行职务"，对之进行阻碍的，不构成妨害公务罪。

第二，执行职务的主体必须具有实施职务行为的具体职务权限。国家机关工作人员仅有抽象的职务权限或者一般的职务权限还不够，还必须具有执行某个职务的具体职务权限。例如，虽然执行死刑是司法警察的一般职务权限，但并非所有司法警察都有这种具体的职务权限，只有被指定负责执行死刑的司法警察才有这种权限。虽然税务人员有征税的权限，但税务机关中负责维护计算机系统安全的技术人员征税的行为，就不能认为是在依法执行职务。虽然警察有拘留逮捕现行犯的一般的职务权限，但公安局的户籍警拘留、逮捕现行犯的行为，就不能认为是在依法执行职务。

第三，职务行为必须符合法律规定的重要条件、方式和程序。例如，虽然警察有逮捕犯罪嫌疑人的职务权限，但只有符合刑事诉讼法规定的有关逮捕的条件、方式与程序，才能认为是依法执行职务。对非法逮捕进行阻碍的，不可能构成妨害公务罪。

只有同时具备上述三个条件，才能认为是依法执行职务。其中前两个条件是保证职务行为实质上或者内容上合法的条件，第三个条件是保证职务行为形式上合法的条件。

8. 对国家机关工作人员的职务行为合法性的认识错误，是事实认识错误还是法律认识错误，是否阻却故意？

在司法实践中，可能会遇到行为人对公务行为的合法性产生认识错误的情况。例如，行政执法人员追缴违法所得时，行为人误以为其拿走的是他人合法所有的财物，于是以暴力、威胁方法进行阻碍。又如，警察出示证件后对现行犯实施先行拘留时，行为人误以为对方出示的证件是虚假的，认为对方是假警察，而对其实施暴力行为进行阻碍。由于国家机关工作人员依法执行职务这一要素属于妨害公务罪的客观构成要件要素，根据客观要素的故意规制机能和责任主义原理，对它产生的认识错误应当属于构成要件的认识错误，即事实认识错误，阻却犯罪故意，不成立本罪。

张明楷教授认为，以警察先行拘留现行犯为例，如果行为人误认为警察拘留了守法公民而以暴力、威胁进行阻碍的，明显属于事实认识错误，不成立本罪。如果误认为警察先行拘留现行犯是违法的而以暴力、威胁方法阻碍的，表面上属于法律认识错误，实际上是一种事实认识错误。一方面，行为人误认为国家机关工作人员在实施非法行为；另一方面，行为人误以为自己阻碍非法行为的行为具有合法性，即对自己的行为的社会意义具有不正确理解，没有认识到自己的行为的危害结果。在这种情况下，如果认定为法律认识错误，进而将行为人的行为认定为犯罪，显然不合适。例如，警察出示了逮捕证，但行为人误以为警察没有出示或者以为警察出示的是伪造的逮捕证而对警察实施暴力的，明显属于事实认识错误。①

本书认为，从保护公务和人权保障相平衡考虑，将"误认为警察先行拘留现行犯是违法的而以暴力、威胁方法阻碍"和"误以为警察出示的是伪造的逮捕证而对警察实施暴力"，看作是法律评价的错误、涵摄的错误，而不是事实认识错误，不阻却犯罪故意为妥，否则，任何人都可以误以为阻碍的是非法行为而不具有犯罪故意为由出罪，妨害公务罪就没有成立的余地了。

当然，行为人主观上是否认识错误，需要根据当时的具体情况来判断，不能只以行为人的陈述为依据。是不是依法执行职务，属于规范的评价要素，行为人只需要认识到作为评价基础的事实就可以了。例如，只要行为人认识到警察在持逮捕证逮捕嫌疑人，就可以认定行为人认识到了警察在"依法"执行职务。

9. 是应以行为时还是以裁判时为基准判断职务行为的合法性？

案2：甲向市场监督管理部门举报乙生产、销售伪劣产品，市场监督管理人员依法将乙作为违法人员进行查处时，乙用暴力、威胁的方法阻碍市场监督管理人员的查处行为，于是就因涉嫌妨害公务罪被捕了。但法院在审理时发现，甲指认错误，乙并没有实施生产、销售伪劣产品的违法行为。

本案中，甲指认错误，如果以法院裁判时作为职务行为合法与否的判断基准，那么市场监督管理人员将乙作为违法人员进行查处的行为就是不合法的，乙阻碍市场监督管理人员的查处行为就不成立犯罪。但如果以行为时作为判断基准，那么市场监督管理人员的查处行为就具有合法性，以暴力、威胁方法阻碍查处的行为就有可能成立妨害公务罪。本书主张裁判时基准说，本案中市场监督管理人员的查处行为不是在依法执行职务，乙对之进行阻碍的，不构成妨害公务罪。

---

① 张明楷.刑法学.6版.北京：法律出版社，2021：1353-1354.

妨害公务罪成立的前提是国家机关工作人员在"依法执行职务"。关于职务行为合法性的判断时点，存在行为时基准说与裁判时基准说的争议。行为时基准说旨在保护行为时的正当职务行为，而裁判时基准说旨在保护结果（结局）上属于客观公正的职务行为。前者偏向于保护公务，后者偏向于人权保障。本书认为裁判时基准说具有合理性，即对于以裁判时为基准判明的不合法行为进行阻碍的，不成立妨害公务罪。理由是：首先，并不是只要程序合法就是合法职务行为，我们还应考虑这种职务行为是否侵害了被执行人的合法权益，否则就违反了刑法的人权保障机能。其次，认为将客观上没有实施违法行为的人当作实施了违法行为的人予以查处是合法的，很难让人接受。上述案2中，即便市场监督管理人员可能没有责任，事后不会被内部追责，也不能说他的行为就是合法的。再次，在我国目前法治社会尚未完全建成，国家机关和国家机关工作人员违法行政的现象还存在，在强大的政府面前，应允许民众享有一定的反抗权。最后，被执行人为了摆脱查处而对国家机关工作人员实施暴力、威胁行为，并没有妨害公务罪的故意和期待可能性，因为被执行人不认为自己反抗的是合法的职务行为，也不能期待他忍受非法的职务行为。一言以蔽之，国家机关工作人员违法在先，不能期待被执行人俯首听命、束手就擒。

10. 趁警察上厕所时进行袭击的，构成本罪吗？

案3：甲乙二人因为琐事发生口角，进而相互斗殴。警察到现场后将甲乙二人带到派出所并进行了相关处理后，甲乙离开了派出所。甲在离开时认为警察处理不公平，朝警察的小腿踢了一脚后逃跑，但被警察抓回。

本案中，警察当时的公务已经履行完毕，甲的行为不可能阻碍警察执行公务。即使警察立即还要处理其他事项，也由于甲只是踢了警察一脚，没有造成任何伤害，根本不可能影响警察处理其他事项，所以不构成妨害公务罪。

成立妨害公务罪的前提必须是以暴力、威胁方法阻碍正在依法执行的公务，也就是执行职务已经开始、尚未终了。从保护依法执行职务的角度考虑，执行职务不仅包括正在执行职务，而且包括将要开始执行职务的准备过程，以及与执行职务密切联系的待机状态。就一体性或连续性的职务行为而言，不能将其分割、分段考虑，进而分别判断其开始与终了，而应从整体上认定其职务行为的开始与终了，即使外观上暂时中断或偶尔停止，如拘押犯罪嫌疑人的警察临时上厕所，也应认为是在执行职务的执行过程中。行为人趁拘押犯罪嫌疑人的警察喝水、上厕所之际进行袭击的，也属于妨害公务。

11. 妨害公务罪与故意伤害罪、故意杀人罪之间是什么关系？

妨害公务罪与故意伤害罪、故意杀人罪之间是竞合关系，从一重处罚即可。

12. "未使用暴力、威胁方法"，是真正的构成要件要素吗？

《刑法》第 277 条第 4 款中的"未使用暴力、威胁方法"，并不为违法性与有责性提供根据，因而只是表面的构成要件要素，不是真正的构成要件要素。当行为人故意阻碍国家安全机关、公安机关依法执行国家安全工作任务，不能查明行为人是否使用了暴力、威胁方法时，也能认定本款犯罪的成立。行为人以暴力、威胁方法阻碍国家安全机关、公安机关依法执行国家安全工作任务的，不管有没有造成严重后果，都能构成《刑法》第 277 条第 1 款规定的妨害公务罪。只有在没有使用暴力、威胁方法时，才需要造成严重后果，方能成立《刑法》第 277 条第 4 款规定的犯罪。

第二节　袭警罪

第二百七十七条（第 5 款）　【袭警罪】暴力袭击正在依法执行职务的人民警察的，处三年以下有期徒刑、拘役或者管制；使用枪支、管制刀具，或者以驾驶机动车撞击等手段，严重危及其人身安全的，处三年以上七年以下有期徒刑。

疑难问题

1. 为何单独设立袭警罪这一罪名？

警察属于国家机关工作人员的一种类型。警察职务的特殊性在于打击刑事犯罪和处置社会治安紧急事态。刑法设立袭警罪，不是为了保护训练有素的人民警察的人身安全，而是为了保障警察打击刑事犯罪和处置社会治安紧急事态的职务活动的顺畅进行。

2. 误以为对方是假警察而实施暴力袭击，构成袭警罪吗？

袭警罪是指使用暴力袭击正在依法执行职务的人民警察的行为。只有直接针对警察人身实施暴力袭击的行为，才能被认定为袭警罪。如果暴力袭警完全不影响警察执行职务，就不成立袭警罪。例如，行为人因为对警察关于交通违章行为的处理不服而踢警察一脚后驾车逃走，由于公务已经处理完毕，行为人不可能再对警察执行职务产生影响，因而不能将其行为认定为袭警罪。又如，警察在路边与人聊天时，行为人打了警察一拳后逃走，由于警察此时没有正在执行公务，行为人不可能影响公务的执行，所以也不成立袭警罪。

袭警罪所妨害的必须是警察合法的职务行为。对职务行为合法性的判断，不应当以执行职务的警察是否确信自己的行为合法为依据，而应当由法院通过对法律、法规进行解释作出客观判断。在判断警察职务行为的合法性时，要重视刑法的人权保障机能，站在裁判时进行判断。对于裁判时判明的不合法行为进行妨害的，不成立袭警罪。因为袭警罪中的职务行为是否合法，并不是就国家机关内部是否应当追责而言的，而是必须同时考虑相对于被执行人而言是否合法，否则就忽视了刑法的人权保障机能。

由于警察依法执行职务属于袭警罪的客观构成要件要素，根据客观构成要件的故意规制机能和责任主义原理，对警察职务行为的合法性的错误认识属于事实认识错误，可以阻却故意，不成立袭警罪。警察先行拘留现行犯时，行为人误以为警察拘留了守法公民而以暴力进行阻碍，以及警察出示了逮捕证，但行为人误以为警察没有出示，或者以为警察出示的是伪造的逮捕证，进而对其实施暴力袭击的，均属于没有认识到自己行为的社会意义与危害结果，没有袭警罪的故意，不成立袭警罪。但是，如果行为人认识到警察正持逮捕证逮捕犯罪嫌疑人，且对警察和逮捕证的真实性并无疑问，就可以认定行为人认识到了警察在"依法"执行公务，进而可以认定行为人存在袭警罪的故意。因为"依法"执行公务属于法律的评价要素，所以只要行为人认识到作为评价基础的事实，即真正的警察在持真实的逮捕证逮捕犯罪嫌疑人，一般就能认定行为人认识到了规范的构成要件要素——警察在"依法"执行公务。

如果被执行方实施的只是一般的暴力行为，因为没有期待可能性，不宜被认定为袭警罪。被执行方实施的只是摆脱、挣脱行为，即使形成了对警察的暴力，也不宜认定为袭警罪。例如，张三在进行核酸检测时插队，警察制止并劝他排队，但他不听，之后警察将张三带离队伍时，张三抓挠警察，对此不宜认定为袭警罪。

成立袭警罪，要求行为人必须认识到执行职务的是真警察。如果行为人误以为对方是假警察，或者因为对方身着便衣且没有显示身份而使用暴力，此时虽然客观上有袭警行为，但由于行为人主观上没有认识到自己在袭击警察，因此没有袭警的故意，不成立袭警罪。

3. 袭警罪与妨害公务罪之间是什么关系？

由于《刑法》第 277 条第 5 款的法定刑重于第 277 条第 1 款的法定刑，所以，袭警罪的成立以行为符合第 1 款的规定为前提。除此之外,第 5 款必须存在表明不法增加(更重)或者责任增加(更重)的要素。从法条表述来看,第 277 条第 5 款有两个特别之处:其一是行为对象仅限于人民警察,行为妨害的是警察职务;其二是行为手段仅限于暴力袭击。这两个特征依然符合第 1 款规定的构成要件。但是,这两个只是形式上的特征。如果从实质上说,难以认为第一个特征表明行为的不法增加。一方面,从法益保护的角度来说,由于我国警察职务的内容较多,故难以一概认为警察的职务行为比其他国家机关工作人员的职务行为更为重要;而且警察在处理有关犯罪的事务时,第三人的妨害行为,即使没有使用暴力、威胁手段,通常也可能成立更严重的犯罪。另一方面,从行为的对象来说,不能认为受到特殊训练的警察的身体反而更加需要刑法的保护。所以,只有认为袭警罪中"暴力袭击"的构成标准高于第 1 款的暴力要求,因而对警察执行职务的阻碍程度更为严重时,才可以认为行为人的不法程度重于第 1 款。换言之,袭警罪构成要件中作为特别要素的"暴力袭击"对警察职务的阻碍更为严重,使袭警罪的不法程度重于妨害公务罪的。

总之,应当认为《刑法》第 277 条的第 5 款与第 1 款是特别关系,即第 5 款是特别法条(第 5 款后段加重法定刑的适用,以行为同时符合第 1 款的规定与第 5 款的前段规定为前提)。

4. 袭警罪是抽象危险犯还是具体危险犯?成立本罪以阻碍人民警察依法执行职务为前提吗?

诚然,我国《刑法》第 277 条第 5 款是对抽象危险犯的表述(没有"阻碍人民警察依法执行职务"的表述),但由于我国《刑法》第 277 条第 1 款规定的是具体危险犯,而第 5 款是第 1 款的特别条款,作为特别条款的第 5 款,其适用必须以符合普通条款为前提,而抽象危险犯不可能符合具体危险犯的构成要件,所以,第 5 款的适用以阻碍人民警察依法执行职务为前提,袭警罪是具体危险犯。换言之,只要承认第 5 款是第 1 款的特别条款,就必须增加不成文的构成要件要素——"阻碍人民警察依法执行职务"。倘若行为人虽然对警察实施暴力,但并没有阻碍警察依法执行职务,就不成立袭警罪,亦不成立妨害公务罪,对其只能给予治安处罚。

5. 能否将袭警罪理解为"在人民警察依法执行职务时,对之实施暴力袭击"?

妨害公务罪是具体危险犯,只有暴力袭击方法足以阻碍人民警察依法执行职务时，才可能成立袭警罪。若将袭警罪理解为"在人民警察依法执行职务时，对之实施暴力袭击"，就是将袭警罪作为抽象危险犯进行把握了，这会导致处罚过于提前和处罚范围过大。应当将袭警罪理解为"以暴力袭击方法阻碍人民警察依法执行职务"，或者说，"以暴力袭击方法使人民警察不能或者难以依法执行职务"。

6. 如何处理使用威胁方法阻碍警察执行职务的行为？

由于《刑法》第 277 条第 5 款所规定的袭警罪的手段限于"暴力袭击"，因此使用威胁方法阻碍人民警察执行职务的，不可能成立袭警罪。不管是在大陆法系国家，还是在英美法系国家，以威胁方法阻碍警察执行职务的，都成立犯罪。与其他国家相比，我国警察处理的事务更多，既然如此，就没有理由不处罚使用威胁方法阻碍警察执行职务的行为。由于《刑法》第 277 条第 5 款是第 1 款的特别条款，所以，暴力袭击警察阻碍了警察职务的执行的，才成立袭警罪。以威胁方法阻碍警察依法执行职务的，不成立袭警罪，但可能成立妨害公务罪。不管是暴力袭击还是使用威胁方法，都需要判断客观行为是否产生了妨害公务的具体危险，而不能将针对警察执行职务的袭警罪与妨害公务罪视为抽象的危险犯。由于袭警罪的特别条款规定的是加重构成要件，所以需要判断袭警行为是否符合加重的构成要件。

7. 如何认定"暴力袭击"人民警察？

"暴力袭击"正在依法执行职务的人民警察，是袭警罪的构成要件要素，正是这一要素使袭警罪的不法程度重于妨害公务罪的。袭警罪的暴力不应当包括间接暴力，换言之，袭警罪中的暴力袭击仅限于积极对警察的身体实施暴力（直接暴力），而且必须具有突然性。行为人对依法执行职务的人民警察实施间接暴力的，仅成立妨害公务罪（以阻碍职务的执行为前提），而不成立袭警罪。如果行为人对警察实施直接暴力，但不具有突然性，也只成立妨害公务罪。此外，对警察行为的单纯抵抗不属于"暴力袭警"，不成立袭警罪，也不成立妨害公务罪。

在《刑法修正案（十一）》增设袭警罪之前，2020 年 1 月 10 日"两高"、公安部《关于依法惩治袭警违法犯罪行为的指导意见》规定，对正在依法执行职务的民警实施下列行为的，属于《刑法》第 277 条第 5 款规定的"暴力袭击正在依法执行职务的人民警察"：（1）实施撕咬、踢打、抱摔、投掷等，对民警人身进行攻击的；（2）实施打砸、毁坏、抢夺民警正在使用的警用车辆、警械等警用装备，对民警人身进行攻击的。这一解释显然是按妨害公务罪的构成要件解释"暴力袭警"的。在本书看来，如果后一种情形仅是对物暴力或者间接暴力，则不能认定为袭警罪，而只可能认定为妨害公务罪。因为在《刑法修正案（十一）》之前，暴力袭警只是妨害公务罪的从重处罚情节，而非独立犯罪，所以，对警察实施广义的暴力即有可能构成妨害公务罪。但在袭警罪成为独立犯罪，且在法定刑上高于妨害公务罪的立法例之下，便不能继续按《刑法修正案（十一）》之前的规定解释袭警罪的构成要件。

总之，我国《刑法》第277条第5款中的"暴力袭击"警察应限于狭义的直接暴力，即不应当包括间接暴力。暴力袭击的对象是警察本身，而不是物或者第三人，因此，即使对物暴力或对第三人的暴力对警察产生了影响力，但没有直接作用于警察的身体的，不能被评价为暴力袭击。不仅如此，暴力袭击还必须具有突然性，否则，也不应被认定为袭警罪。

8. 暴力袭击坐在公安局办证窗口后的户籍警的，能构成袭警罪吗？

没有理由认为，暴力袭击公安局办证窗口后的户籍警，与暴力袭击税务局办税窗口后的税务人员和民政局婚姻登记窗口后的民政人员，对公务的妨碍有什么不同。之所以将暴力袭警独立入罪并规定重于妨害公务罪的法定刑，是因为有的警察的职务行为具有特殊性，如刑警和治安警察，其职务就是打击刑事犯罪和维护社会治安，处置危及公共安全和公民重大人身、财产安全的社会紧急事态。因此，本书倾向于将袭警罪中的"人民警察"限定为刑警和一线治安民警。

9. 袭警罪加重犯中的"枪支"能包括假枪、空枪吗？

袭警罪加重犯规定，使用枪支、管制刀具，或者以驾驶机动车撞击等手段，严重危及其人身安全的，处3年以上7年以下有期徒刑。由于使用假枪和空枪不可能实际严重危及其人身安全，所以不可能成立袭警罪的加重犯。

10. 暴力袭击辅警的，能构成袭警罪吗？

虽然公安机关的非正式人员也可以成为妨害公务罪的对象，但根据《关于规范公安机关警务辅助人员管理工作的意见》的规定，辅警不能独立出警。辅警独立出警，是违法的，不属于"依法"执行职务，对之进行阻碍的，不能成立妨害公务罪和袭警罪。但如果辅警是在正式警察的带领下出警，则由于其从事的是公务，可以成为袭警罪的对象。

第三节　招摇撞骗罪

第二百七十九条　**【招摇撞骗罪】**冒充国家机关工作人员招摇撞骗的，处三年以下有期徒刑、拘役、管制或者剥夺政治权利；情节严重的，处三年以上十年以下有期徒刑。

冒充人民警察招摇撞骗的，依照前款的规定从重处罚。

疑难问题

1. 本罪所保护的法益是什么？

一般认为，本罪所保护的法益是国家机关的公共信赖，或者说是国家机关的形象。但是，以暴力、威胁方法妨害公务的，最高刑尚且只有 3 年有期徒刑，暴力袭警的，也至多判处 7 年有期徒刑；而单纯国家机关的公共信赖（国家机关的形象）却以最高刑为 10 年有期徒刑的法定刑进行保护，这不无疑问。虽然一般认为招摇撞骗罪主要骗的不是财产，而是所谓美丽的爱情、地位等，但从司法实践来看，其骗取的基本上还是财产，或者主要还是为了骗取财产。因此，本书认为，招摇撞骗罪所保护的主要法益是国家机关的公共信赖，次要法益是公民的财产。

2. 何谓招摇撞骗？

招摇撞骗是指冒充国家机关工作人员的身份进行欺骗的行为。其主要表现为3 种情形：一是非国家机关工作人员冒充国家机关工作人员（包括离职的国家机关工作人员冒充在职的国家机关工作人员），如普通人冒充警察"抓赌、抓嫖"；二是此种国家机关工作人员冒充彼种国家机关工作人员，如警察冒充法官；三是职务低的国家机关工作人员冒充职务高的国家机关工作人员（也不能绝对排除相反的情形），如科长冒充局长。

3. 冒充已被撤销的国家机关的工作人员，足以使对方信以为真的，构成本罪吗？

冒充已被撤销的国家机关的工作人员，如冒充已被撤销的机械工业部的官员行骗，足以使对方信以为真的，也会损害国家机关的公共信赖，所以也可能构成招摇撞骗罪。

4. 本罪与诈骗罪之间是什么关系？

关于本罪与诈骗罪之间的关系，有观点认为是法条竞合，也有观点认为属于想象竞合。但不管是法条竞合还是想象竞合，二者一致认为应当从一重处罚。本书认为，招摇撞骗罪所侵害的主要法益是国家机关的公共信赖，次要法益是他人的财产，当行为对次要法益的侵害超出了根据行为对主要法益的侵害所配置的法定刑所能评价的范畴时，即根据本来的犯罪进行评价难以做到罪刑相适应时，就应该根据行为对次要法益的侵害所触犯的罪名定罪处罚。就如保险诈骗数额特别巨大的财物，以保险诈骗罪的最高刑15年有期徒刑进行评价，难以做到罪刑相适应时，就应该以诈骗罪进行评价。招摇撞骗的财物数额较大或者巨大，以招摇撞骗罪进行评价能够做到罪刑相适应时，就认定为招摇撞骗罪。招摇撞骗数额特别巨大的财物，就应以诈骗罪进行评价，最重可以判处无期徒刑。

5. 为何本罪的法定刑轻于诈骗罪的？

本罪侵犯的主要法益是国家机关的公共信赖，次要法益是他人的财产。刑法配置法定刑考虑的是行为对主要法益的侵害程度和犯罪的常态。本罪的主要法益是国家机关的公共信赖，常态案件是骗取数额不大的财物，所以配置10年有期徒刑一般就能做到罪刑相适应。立法者当然想到招摇撞骗可能骗取数额特别巨大的财物，但立法者认为司法工作人员会充分运用竞合原理从一重处罚而实现罪刑相适应。如果考虑到行为对次要法益可能的侵害程度，考虑到非常态案件，则几乎所有的罪名都需要配置从管制到死刑的刑罚。这无疑是司法资源的浪费，也容易导致普遍的轻罪重判而罪刑不相适应。

6. 应否将招摇撞骗罪限定为骗取数额不大的财物？

曾经有观点认为，考虑到招摇撞骗罪的法定最高刑只有10年有期徒刑，应将招摇撞骗罪的对象限定为财物以外的内容，即便包括骗取财物，也应限于骗取数额不大的财物。本书认为，单纯国家机关的公共信赖不值得配置10年有期徒刑，本罪除保护国家机关的公共信赖外还保护他人的财产，不必将招摇撞骗罪的对象限定为数额不大的财物，只要承认招摇撞骗罪与诈骗罪之间是竞合关系，竞合时从一重处罚即可。

7. 冒充联合国官员到监狱"捞人"的，能构成招摇撞骗罪吗？

招摇撞骗罪中所冒充的对象必须是中国国家机关工作人员。冒充非中国国家机关的工作人员的，不能构成招摇撞骗罪，只能构成诈骗罪或者其他犯罪。例如，行为人冒充所谓联合国官员到监狱"捞人"的，不能构成招摇撞骗罪。

第四节　伪造、变造、买卖国家机关公文、证件、印章罪

第二百八十条　**【伪造、变造、买卖国家机关公文、证件、印章罪】【盗窃、抢夺、毁灭国家机关公文、证件、印章罪】**伪造、变造、买卖或者盗窃、抢夺、毁灭国家机关的公文、证件、印章的，处三年以下有期徒刑、拘役、管制或者剥夺政治权利，并处罚金；情节严重的，处三年以上十年以下有期徒刑，并处罚金。

【伪造公司、企业、事业单位、人民团体印章罪】伪造公司、企业、事业单位、人民团体的印章的，处三年以下有期徒刑、拘役、管制或者剥夺政治权利，并处罚金。

············

疑难问题

1. 伪造、变造、买卖国家机关公文、证件、印章罪所保护的法益是什么？

案1：2014年3月份，犯罪嫌疑人甲向乙女允诺可以帮其办理用电审批手续。甲明知"刻章李"（另案处理）在制作假印章，仍授意其模仿环保执法中队工作人员A、B及街道办事处副主任C的签名，伪造"某街道办事处"印章盖在乙女的两份政府环境整治区域客户用电申请审批表上。事后，甲向乙女索要人民币4 000元。

本案中，不管是甲让"刻章李"刻了"某街道办事处"印章（印形），还是甲让"刻章李"在审批表上盖上了"某街道办事处"的印章（印影），都构成伪造国家机关印章罪。

伪造、变造、买卖国家机关公文、证件、印章罪的保护法益是公文、证件、印章的公共信用。只要伪造、变造了应当由国家机关制作的公文、证件、印章，即便这个国家机关并不真实存在，如中华人民共和国内务部，也会侵害整个国家机关公文、证件、印章的公共信用，也值得科处刑罚。

2. 我国文书印章伪造类犯罪是否存在明显的立法疏漏？

张明楷教授指出，"伪造、变造国家机关公文、证件、印章罪的大量出现，

与使用这些公文、证件、印章密不可分。每次全国人大法工委征求刑法修正案意见时，笔者都提出要增设使用伪造、变造的国家机关公文、证件、印章罪，以及使用伪造、变造的身份证件罪。在现实生活中，使用伪造、变造的国家机关公文、证件、印章、身份证的行为服务于其他很多犯罪，比如合同诈骗的过程中一般会涉及使用伪造的国家机关公文、印章等的情形。在不能认定行为构成合同诈骗罪或其他犯罪的情况下，往往可以肯定行为人使用了伪造、变造的国家机关公文、证件、印章、身份证。另一方面，实践中，也很难查清楚这些伪造、变造的公文、证件、印章、身份证的来源，也就很难认定伪造、变造国家机关公文、证件、印章等罪。如果增设了使用伪造、变造的国家机关公文、证件、印章罪，使用伪造、变造的身份证罪以及使用伪造的公司、企业印章罪等，就完全可以将上述行为（使用伪造的身份证——引者注）认定为犯罪。增设了这样的犯罪后，就很可能不会有这么多伪造、变造国家机关公文、证件、印章、身份证的行为了"[①]。

应该说，上述建议很有见地。我国现行《刑法》关于文书、印章伪造类犯罪的规定至少存在以下立法疏漏：（1）仅规定了伪造、变造、买卖国家机关公文、证件、印章罪，没有规定使用国家机关公文、证件、印章犯罪；（2）仅规定了伪造公司、企业、事业单位、人民团体印章罪，没有规定伪造公司、企业、事业单位、人民团体、其他单位文书、证件犯罪和使用公司、企业、事业单位、人民团体、其他单位文书、证件、印章犯罪；（3）没有规定伪造私文书、印章犯罪和使用私文书、印章犯罪。

只有增设了上述犯罪，完善我国文书、印章伪造类犯罪的立法，才能做到疏而不漏。

3. 是使用伪造的文书危害性大，还是伪造文书的危害性大？

应该说，伪造公文、证件、印章对公文、证件、印章的公共信用的侵害还只是抽象危险，而使用伪造的文书、证件、印章，才实际侵害了文书、证件、印章的公共信用，其危害性当然比伪造行为更大。我国一些立法者以为，由于伪造公文、证件、印章是源头，只要遏制住了源头，就能遏制住文书、印章伪造类犯罪。其实，相对于伪造，使用者才位于明处，才更容易查处。没有人敢使用伪造的文书、证件、印章，自然就不会有人伪造文书、证件、印章。

4. 何谓"公文""证件""印章"？

所谓文书，是指使用文字或者代替文字的符号制作的，具有某种程度的持续

---

① 张明楷. 刑法的私塾. 北京：北京大学出版社，2014：536-537.

存在状态，表达意思或者观念的文件（广义的文件）。所谓证件，一般是指有权制作的国家机关颁发的，用以证实身份、权利义务关系或者其他事项的凭证。空白护照也属于证件。所谓印章，包括印形和印影，印章旨在证明人和单位的同一性。

由于国家机关公文、证件、印章都受到刑法保护，所以区分国家机关公文、证件与印章意义不大。但对于公司、企业、事业单位、人民团体而言，《刑法》仅规定了伪造印章，没有规定伪造文书、证件和买卖文书、证件。因此，区分公司、企业、事业单位、人民团体印章与公司、企业、事业单位、人民团体文书、证件，就很有实践意义。

5. 如何把握专用章与省略文书的界限？

印章既包括表示国家机关名称的印章，也包括国家机关用以表示某种特殊用途的专用章。但专用章与省略文书的界限是微妙的。由于对于公司、企业、事业单位、人民团体而言，《刑法》只保护印章，不保护文书，因此区分印章与省略文书尤其重要。简单地讲，重在证明人和单位的同一性的，是印章；重在表达一定的意思或者观念的，是省略文书。由于邮戳不仅显示了信件处理时间，而且表明了处理信件的主体（邮政局），所以其属于印章。但法院在判决书上所加盖的"本件与原本核对无异"的正本核对章，重在表达意思，而不是重在证明人和单位的同一性，故属于省略文书，而不属于印章。

考虑到我国刑法规定的不完善，可以相对性地把握省略文书和印章。对于国家机关而言，如市场监督管理局等部门加盖的"检验合格""验收合格"章，无论认为其属于公文还是印章，都能进行刑法规制。但对于非国家机关加盖的这类印记，由于其不只是表达一定的意思或者观念，还表明是由特定主体作出的决定，所以本书倾向于将其看作是印章，可以伪造公司、企业、事业单位、人民团体印章罪进行规制。

6. 公文、证件原本的复印件是否属于公文、证件？

案2：甲将盖有国家机关印章的公文扫描到电脑中后，对公文的发文号与发文时间进行了修改，然后用彩色打印机打印出来后提交给相关部门，用于证明某个事项。

本案中，由于甲并没有在真实的公文上进行篡改，所以不是变造，只能是伪造国家机关公文、印章。甲没有制作权限，即使甲制造出来的公文与真实的公文在上一模一样，也是在伪造国家机关公文。现在，甲制作了与国家机关所制作的公文内容不完全一样的公文，当然更应当认定为伪造，同时，甲还在虚假的公文上印上了国家机关的印章，所以，甲的行为构成伪造国家机关公文、印章罪。

关于公文、证件原本的复印件是否属于公文、证件，理论上存在争议。例如，A 去办事时，对方让 A 提供身份证复印件，A 提供了一个虚假的身份证复印件。A 的行为是否构成使用虚假身份证件罪？又如，在某些场合，对方需要先看身份证原件，随后还要行为人提供一个身份证复印件，行为人给对方看了一下真实的身份证，但提交的复印件是伪造的身份证的复印件。这种情况能不能认定为使用伪造的身份证件？

本书认为，伪造公文、证件的复印件的行为，也属于伪造公文、证件。理由在于：一是复印件在内容、字迹、形状等各方面都是原本的再现，强有力地证明了原本的客观性与真实性。二是在伪造公文、证件时，不可能伪造原本，只能是伪造应当由国家机关制作的公文、证件。至于是以复印形式伪造，还是以其他方式伪造，不影响伪造的成立。三是复印件具有证明力，以复印件的方式伪造、变造公文、证件的行为，也侵害了公文、证件的公共信用。

7. 将公文的复印件进行篡改后再进行复印的行为，是否属于伪造公文？

将公文的复印件进行篡改后再进行复印的，只要使对方相信原本的存在，就侵害了公文的公共信用，所以也属于伪造公文。

8. 本罪中的"印章"，是指印形还是印影？

应该说，印章既包括印形，也包括印影。印形，指的是有体物，就是固定了国家机关名称等内容并可以通过一定方式表示在其他物体上的图章。印影，是指印形加盖在纸张等物体上所呈现的形象。伪造印章不限于伪造印形，就是说伪造印章不限于刻出一枚印章，而是同时包括在文书上描绘出印章的形象。比如，用细笔蘸上印泥后在文书上描绘一个"某街道办事处"的印章的，也是伪造印章。从法益保护的角度来说，伪造印形的行为对法益的侵害未必大于伪造印影的行为。行为人伪造印形或者私刻了图章，根本不使用，充其量只有侵害法益的抽象危险。但是，如果行为人在有证明意义的文书上伪造了印影，就直接侵害了印章的公共信用。

9. 盗盖真实的印章，是不是伪造印章？

印章包括印形和印影，主要是印影。盗盖他人真实的印章，由于违背了印章所有人的真实意志（相当于伪造签名），不能证明人和单位的同一性，应属于伪造印章（印影）。

10. 用捡到的伪造的印章盖印，是不是伪造印章？

用捡到的伪造的印章盖印，形成的就是伪造的印影，因而属于伪造印章。

11. 如何把握伪造、变造含义的相对性？

《刑法》分则有多个条文规定了伪造和变造。伪造、变造的含义具有相对性，不同条文，甚至同一条文的不同款项之间的含义也不一致。最广义的伪造，包括了变造。其中的伪造包括有形伪造和无形伪造，变造包括有形变造和无形变造。狭义的伪造不包括变造，但伪造包括有形伪造和无形伪造，如《刑法》第 170 条的伪造货币罪。最狭义的伪造，可能只包括有形伪造、变造，或者只限于无形伪造、变造。例如，《刑法》第 412 条第 1 款商检徇私舞弊罪中的伪造，就是无形伪造，只能由国家商检部门、商检机构的工作人员实施。非国家商检部门、商检机构的工作人员伪造商检结果的，不能成立商检徇私舞弊罪，只能成立第 280 条第 1 款的伪造国家机关公文罪。

《刑法》第 280 条第 1 款中的伪造不包括变造，但伪造本身包括有形伪造和无形伪造。第 2 款伪造公司、企业、事业单位、人民团体印章罪中的"伪造"，从理论上讲包括变造（至于事实上能否变造印章，则是另一回事），同时，伪造包括有形伪造和无形伪造。

12. 是有形伪造、变造危害性大，还是无形伪造、变造危害性大？

案 3：有的城市实行居住证制度，只有取得居住证，人们才能买房、买车。但是，要想拥有居住证，就需要符合相关条件（比如，要缴纳一定年限的所得税等）。甲企业则专门做这方面的假材料。如乙想办理居住证，甲企业为乙出具相关的证明材料（如证明乙是甲企业的员工，工作了多少年，缴纳了多少税等），然后就到社保局为乙办理居住证，一个居住证收费 20 万元。

本案中，如果居住证上有虚假信息，如用人单位，则能肯定居住证是（无形）伪造的，甲企业就是无形伪造居住证的间接正犯。也就是说，甲企业通过使用虚假材料，利用了不知情的社保局工作人员，使社保局工作人员制作了内容虚假的居住证。所以，甲企业构成伪造国家机关证件罪的间接正犯。甲企业还同时构成提供虚假证明文件罪，想象竞合，从一重处罚。如果居住证上没有虚假信息，甲企业的行为仅成立提供虚假证明文件罪。

有形伪造公文、证件，是指没有制作权限的人，冒用国家机关名义制作公文、证件。例如，街面上的"办证刻章"广告，就属于这一类。而无形伪造公文、证件，是指有制作权限的人，制作与事实不符（包括部分不符）的虚假公文、证件。例如，国家机关中具有制作、上报各种统计数据权限的人员，制作、上报虚假统计数据的，构成伪造国家机关公文罪。伪造印章，是指没有权限而制作国家机关的印章的印形（私刻公章），或者在纸张、文书或者其他物体上表示出足以使一般人误认为是真实印章的印影（如用红笔描绘公章印影）。变造，则是指对真实的国家机关公文、证件、印章进行加工，改变其非本质内容的行为，如果改变了公文、证件、印章的本质部分，则应认定为伪造。

无形伪造、变造国家机关公文、证件，是指由有制作权限的国家机关工作人员制作的形式真实、内容虚假的公文、证件，比起没有制作权限的人制作的所谓有形伪造，其更具有迷惑性，更容易让人相信，严重损害国家机关的公信力，所以无形伪造、变造公文、证件的危害性更大。可是，我国刑法理论通说和实务界，误以为伪造、变造国家机关公文、证件仅限于有形伪造、变造国家机关公文、证件，而忽视对严重损害国家机关的公信力和公文、证件的公共信用的无形伪造、变造国家机关公文、证件犯罪的打击。

13. 保管国家机关印章的人，出具内容虚假并加盖国家机关印章的公文、证件的行为，构成伪造国家机关公文、证件、印章罪吗？

虽然行为人保管着真实印章，但未经单位领导同意擅自加盖印章的，属于伪造印章（印影），也能构成伪造国家机关公文、证件、印章罪。得到领导同意盖章的，构成伪造国家机关公文、证件罪。

14. 我国目前理论界与实务界有关伪造犯罪的认识误区何在？

我国目前理论界与实务界有关伪造犯罪的认识误区，体现在以下几个方面：一是误以为伪造、变造仅限于有形伪造、变造，而忽视了对无形伪造、变造犯罪的打击；二是误以为印章仅指印形（有体的图章），而忽视对伪造印影行为的查处和打击；三是误以为只要图章本身是真实的，就不是伪造印章，没有将盗盖、擅盖真实图章的行为，作为伪造印章犯罪进行查处；四是误以为伪造犯罪的危害性重于使用伪造的文书、证件、印章的犯罪。

15. 应否要求所伪造的公文、证件、印章与原本（原物）没有任何区别？

不应要求所伪造的公文、证件、印章与原本（原物）没有任何区别。事实上，二者总是有一定区别的。只要使人误以为是国家机关制作的公文、证件、印章，就会侵害公文、证件、印章的公共信用，就值得科处刑罚。

16. 没有制作权的人擅自制作非真实的国家机关印章的行为，是否成立伪造国家机关印章罪？

即便制作了非真实的国家机关印章，如中华人民共和国工业部、北京市南城区人民检察院、江苏省高级人民检察院、南京市人民检查院，只要印章所显示的是国家机关，就会损害整个国家机关印章的公共信用，所以宜认定为伪造国家机关印章罪。

17. 成立伪造国家机关公文、证件、印章罪，行为人是否必须以行使为目的？

我国刑法并没有规定必须以行使为目的，不过，只有当行为人认识到所伪造的公文、证件、印章可能被人使用时，才宜认定为犯罪。

18. 伪造、变造、买卖国家机关的公文、证件、印章后，又利用该公文、证件、印章实施其他犯罪的，如何处理？

一般认为是牵连犯，从一重处罚。但本书认为，如果所伪造、变造、买卖的国家机关公文、证件、印章系一次性使用完毕，行为人手上不再保留的，可以作为牵连犯以一罪论处。但如果不是一次性使用，如伪造公文、证件、印章后反复使用的，则还是存在数罪并罚的可能性的。

19. 本罪与非法经营罪之间是什么关系？

如果是将买卖进出口许可证、进出口原产地证明以及其他法律、行政法规规定的经营许可证或者批准文件作为经营行为，即持续反复实施、买进卖出，则成立非法经营罪与买卖国家机关公文、证件罪的想象竞合，从一重处罚。但如果不是经营行为，只是偶尔买卖，或者只卖不买，或者只买不卖，则仅成立买卖国家机关公文、证件罪。

20. 伪造、变造、买卖民用机动车号牌的行为，是否成立伪造、变造、买卖国家机关证件罪？

案4：甲的驾驶技术很差。为了在违反交通规则的情况下不被查出，他用胶布粘住了自己汽车牌照的部分号码。

本案中，如果认为民用机动车牌照是国家机关证件，则行为人用胶布粘住汽车牌照的部分号码，就是伪造国家机关证件，构成伪造国家机关证件罪。

张明楷教授认为，由于《刑法》第280条第1款和第375条第1款将警用车车牌、军用车车牌归为警察专用标志和军用标志。如果将民用机动车牌照认定为国家机关证件，那么，对伪造、买卖民用机动车牌照的行为的处罚反而重于伪造、买卖警用机动车号牌、武装部队车辆号牌的，因而明显不当。所以，对于伪造、变造、变卖民用机动车号牌的行为，不能认定为本罪。①

本书不赞同上述观点。不能否认，民用机动车号牌是国家机关（公安局交警大队）制作颁发的证明车辆身份的证件。可以考虑为了与伪造、买卖警用车车牌和军用车车牌的处罚相协调，对于伪造、买卖民用机动车号牌的行为，虽认定构成伪造、买卖国家机关证件罪，但不能判处高于 3 年有期徒刑的刑罚。

21. 买卖伪造、变造的国家机关公文、证件、印章的行为，是否成立买卖国家机关公文、证件、印章罪？

由于"买卖"与"伪造、变造"并列规定，所以可以认为，买卖伪造、变造的国家机关公文、证件、印章，也能成立买卖国家机关公文、证件、印章罪。

22. 胜诉一方出卖民事判决书的行为，构成买卖国家机关公文罪吗？

胜诉一方出卖民事判决书的，虽然其形式上是在出卖国家机关公文，但实际上是转让债权，没有侵害民事判决书本身的公共信用，行为人也没有损害国家机关公文的公共信用的故意，所以不构成买卖国家机关公文罪。

23. 保管公司、企业印章的人，擅自盖章，构成伪造企业印章罪吗？

保管公司、企业印章的人擅自盖章，因为违背了单位的意志，可以认为是伪造印影，构成伪造公司、企业印章罪。

24. 公司、企业的股东在发生纠纷情况下，为了控制公司、企业而私刻公司、企业印章的，构成犯罪吗？

由于该行为也损害了公司、企业印章的公共信用，属于伪造印章，不能排除伪造公司、企业印章罪的成立。

25. 有关明知是伪造高等院校印章制作的学历、学位证明而贩卖的，以伪造事业单位印章罪的共犯论处的司法解释规定，有无问题？

该规定出自 2001 年 7 月 3 日"两高"《关于办理伪造、贩卖伪造的高等院校学历、学位证明刑事案件如何适用法律问题的解释》，该司法解释规定存在问题。根据共犯原理，只有在既遂之前参与的，才可能成立共犯。行为人事先没有与伪

---

① 张明楷.刑法学.6 版.北京：法律出版社，2021：1362.

造学历的人通谋，伪造印章行为已经既遂，此时参与的，不可能成立伪造事业单位印章罪的共犯。

第五节　非法获取计算机信息系统数据罪

第二百八十五条　【非法侵入计算机信息系统罪】违反国家规定，侵入国家事务、国防建设、尖端科学技术领域的计算机信息系统的，处三年以下有期徒刑或者拘役。

【非法获取计算机信息系统数据、非法控制计算机信息系统罪】违反国家规定，侵入前款规定以外的计算机信息系统或者采用其他技术手段，获取该计算机信息系统中存储、处理或者传输的数据，或者对该计算机信息系统实施非法控制，情节严重的，处三年以下有期徒刑或者拘役，并处或者单处罚金；情节特别严重的，处三年以上七年以下有期徒刑，并处罚金。

⋯⋯⋯⋯⋯

单位犯前三款罪的，对单位判处罚金，并对其直接负责的主管人员和其他直接责任人员，依照各该款的规定处罚。

[疑难问题]

1. 非法获取计算机信息系统数据罪保护的法益或者立法目的是什么？

《网络安全法》第 27 条规定：任何个人和组织不得从事非法侵入他人网络、干扰他人网络正常功能、窃取网络数据等危害网络安全活动；不得提供专门用于从事侵入网络、干扰网络正常功能及防护措施、窃取网络数据等危害网络安全活动的程序、工具；明知他人从事危害网络安全的活动的，不得为其提供技术支持、广告推广、支付结算等帮助。据此可以认为，非法获取计算机信息系统数据罪所保护的法益是网络数据安全。虽然我国《刑法》规定有为境外窃取、刺探国家秘密、情报罪，侵犯商业秘密罪，侵犯公民个人信息罪，非法获取国家秘密罪，非法获取军事秘密罪等一系列关于非法获取数据信息的罪名，但这些数据信息传统上大多保存在纸质载体上，而在如今的互联网时代，这些数据信息大多以网络数据的形式呈现。窃取他人网络数据信息与窃取他人纸质载体上的数据信息没有什么不同。所以，在互联网时代，网络数据的安全就上升为值得刑法保护的法益。

2. "前款规定以外"，是真正的构成要件要素吗？非法侵入国家事务等的计算机信息系统获取数据的，构成非法获取计算机信息系统数据罪吗？

"前款规定以外"，并不为违法性提供根据，所以其并不是真正的构成要件要素，而是划分界限的表面的构成要件要素。因为，行为人虽然侵入了国家事务、国防建设、尖端科学技术领域的计算机信息系统，但误以为只是侵入普通的计算机信息系统进而获取相关数据的，不可能无罪。虽然不能认定为非法侵入计算机信息系统罪，但完全可以和应当认定为非法获取计算机信息系统数据罪。此外，行为人非法侵入国家事务、国防建设、尖端科学技术领域的计算机信息系统后获取该计算机信息系统中存储、处理或者传输的数据的，既成立非法侵入计算机系统罪，也成立非法获取计算机信息系统数据罪，从一重以非法获取计算机信息系统数据罪定罪处罚。如果将"前款规定以外"理解为真正的构成要件要素，这种情形下只能成立法定刑相对较低的非法侵入计算机信息系统罪，导致法条之间的不协调与处罚的不均衡。

3. 非法获取计算机信息系统数据罪与盗窃罪、非法获取国家秘密罪、侵犯商业秘密罪、侵犯公民个人信息罪等罪之间是什么关系？

由于计算机信息系统中所存储、处理或者传输的数据信息，可能涉及国家秘密、商业秘密、公民个人信息，还可能具有财产属性，如网游公司的游戏币，因而本罪与非法获取国家秘密罪、侵犯商业秘密罪、侵犯公民个人信息罪、盗窃罪等罪之间可能形成竞合，从一重处罚即可。

4. 以违法所得数额作为立案和量刑标准的司法解释规定，有无问题？

该规定出自 2011 年 8 月 1 日"两高"《关于办理危害计算机信息系统安全刑事案件应用法律若干问题的解释》。违法所得数额与法益侵害程度并不是正相关的关系。也就是说，没有违法所得或者违法所得数额不大，并不意味着法益侵害程度就轻；反之，违法所得数额大，也并非意味着法益侵害程度就重。如果所非法获取的数据并不重要，即便行为人违法所得数额超过了 5 000 元，也不宜以非法获取计算机信息系统数据罪定罪处罚。若所获取的数据很重要，即便违法所得数额不到 5 000 元，也能以非法获取计算机信息系统数据罪定罪处罚。也就是说，由于本罪是侵害网络数据安全的犯罪，应当根据所获取的网络数据的重要程度和行为对网络数据安全的破坏程度，认定是否"情节严重"，而不是简单地根据行为人违法所得的数额大小认定"情节严重"与否。

5. 非法获取计算机信息系统数据、非法控制计算机信息系统罪，是选择性罪名吗？

张明楷教授认为，《刑法》第285条第2款是选择性罪名。① 这大概也是通说的观点。我国刑法理论通说一直认为，并列规定的罪名就是选择性罪名，而选择性罪名是不能数罪并罚的。应该说，这种观点一方面过于扩大了选择性罪名的成立范围，另一方面又错误地认为选择性罪名不能数罪并罚。

《刑法》第285条第2款规定了非法获取计算机信息系统数据罪与非法控制计算机信息系统罪。由于行为方式和行为对象不同，行为人既非法获取计算机信息系统数据，又非法控制计算机信息系统的，没有理由不数罪并罚。

第六节　破坏计算机信息系统罪

第二百八十六条　**【破坏计算机信息系统罪】**违反国家规定，对计算机信息系统功能进行删除、修改、增加、干扰，造成计算机信息系统不能正常运行，后果严重的，处五年以下有期徒刑或者拘役；后果特别严重的，处五年以上有期徒刑。

违反国家规定，对计算机信息系统中存储、处理或者传输的数据和应用程序进行删除、修改、增加的操作，后果严重的，依照前款的规定处罚。

故意制作、传播计算机病毒等破坏性程序，影响计算机系统正常运行，后果严重的，依照第一款的规定处罚。

单位犯前三款罪的，对单位判处罚金，并对其直接负责的主管人员和其他直接责任人员，依照第一款的规定处罚。

> **疑难问题**

1. 本罪保护的法益和立法目的是什么？

本罪保护的法益和立法目的在于保护计算机信息系统的安全。行为只有造成了计算机信息系统本身不能正常运行，或者影响到计算机系统的正常运行的，才能认为破坏了计算机信息系统，才侵害到本罪所保护的法益，才能以本罪定罪科刑。反过来说，凡是行为没有造成计算机信息系统不能正常运行或者影响计算机

---

① 张明楷. 刑法学. 6版. 北京：法律出版社，2021：1372.

系统正常运行的，都没有侵害本罪所保护的法益，不符合本罪的构成要件，不构成本罪。

2. 《刑法》第 286 条第 2 款规定的行为类型破坏了计算机信息系统吗？

《刑法》第 286 条第 2 款规定的是，对计算机信息系统中存储、处理或者传输的数据和应用程序进行删除、修改、增加的操作。这种行为显然通常并不会造成计算机信息系统不能正常运行或者影响计算机系统正常运行。也就是说，该款规定的行为类型明显不同于本条第 1 款和第 3 款规定的行为类型。但"两高"依然将 3 个条款均确定为"破坏计算机信息系统罪"一个罪名，名不副实。也就是说，对第 2 款应当单独确定罪名，如非法操作数据、应用程序罪，成立该款犯罪不以破坏计算机信息系统为条件，只要行为人对他人计算机信息系统的数据和应用程序进行了非法的删除、修改、增加的操作，就能构成犯罪。

3. 本罪何以成为"口袋罪"？

本罪成为"口袋罪"，可能有以下几方面的原因：其一，"两高"将行为类型存在明显差异的第 2 款规定的犯罪也以"破坏计算机信息系统罪"进行命名。其二，理论界和实务界没有认识到本罪的本质是破坏计算机信息系统本身，结果必须是造成计算机信息系统不能正常运行或者影响计算机系统正常运行。其三，对"造成计算机系统不能正常运行"和"影响计算机系统正常运行"的判断具有专业性，而并非所有司法工作人员都具备这方面的技术素养。

4. 有关针对环境质量监测系统实施干扰采样，致使监测数据严重失真的以破坏计算机信息系统罪论处的司法解释规定，以及用棉纱等物品堵塞环境监测采样设备干扰采样，致使监测数据严重失真的构成破坏计算机信息系统罪的指导性案例，有无问题？

该规定出自 2016 年 12 月 23 日"两高"《关于办理环境污染刑事案件适用法律若干问题的解释》（以下简称《2016 年环境污染案件解释》）。应该说，这种规定和做法误解了破坏计算机信息系统罪的构成要件和本质，明显是错误的。用棉纱等物品堵塞环境监测设备干扰采样的行为，既没有对计算机信息系统功能进行删除、修改、增加、干扰，也没有对计算机信息系统中存储、处理或者传输的数据和应用程序进行删除、修改、增加的操作，只是对需要由计算机进行处理分析的外部判断资料进行了干扰，而不是对计算机信息系统本身进行破坏，计算机信息系统本身仍然能够正常运行，正如使用假币不等于破坏验钞机、在自动柜员机存假币不等于破坏自动柜员机一样。若是计算机信息系统本身遭受破坏，就只有通过对计算机信息系统采取修复、恢复等措施，计算机信息系统才能正常运行。空气采样器虽是环境空气质量监测系统的重要组成部分，但不是计算机信息系统本身的组成部分。用棉纱等物品堵塞环境监测采样设备干扰采样，只是使空气采样器本身不能获取正常的数据。因而即使不对计算机系统采取任何修复、恢复措施，只要不再从外部干扰空气采样器，计算机信息系统所提供的数据也会完全恢复正常。

总之，这种方法只是影响了环境监测设备获取正常的数据，不可能破坏计算机信息系统本身，而造成计算机信息系统不能正常运行的结果，所以不能构成破坏计算机信息系统罪。

5. 如何处理破坏计算机信息系统罪与非法控制计算机信息系统罪的关系？

若只是单纯控制计算机信息系统，并不破坏计算机信息系统本身的运行的，仅成立非法控制计算机信息系统罪。如果既非法控制计算机信息系统，又破坏计算机信息系统的正常运行的，则应当视具体案情作为包括的一罪或者想象竞合，从一重处罚。

第七节　非法利用信息网络罪

第二百八十七条之一　**【非法利用信息网络罪】**利用信息网络实施下列行为之一，情节严重的，处三年以下有期徒刑或者拘役，并处或者单处罚金：

（一）设立用于实施诈骗、传授犯罪方法、制作或者销售违禁物品、管制物品等违法犯罪活动的网站、通讯群组的；

（二）发布有关制作或者销售毒品、枪支、淫秽物品等违禁物品、管制物品或者其他违法犯罪信息的；

（三）为实施诈骗等违法犯罪活动发布信息的。

单位犯前款罪的，对单位判处罚金，并对其直接负责的主管人员和其他直接责任人员，依照第一款的规定处罚。

有前两款行为，同时构成其他犯罪的，依照处罚较重的规定定罪处罚。

疑难问题

1. 本罪保护的法益与立法目的是什么？

案1：谭某在网络上从事为他人发送"刷单获取佣金"的诈骗信息业务，

向不特定淘宝用户发送招募刷单信息，每 100 人添加招募信息中的 QQ 号，谭某即可从上家处获取 5 000 元。法院认为，谭某的行为构成非法利用信息网络罪。

本案中，行为人为实施诈骗活动发布信息，既成立非法利用信息网络罪，也成立诈骗罪的预备犯，一般以非法利用信息网络罪论处。法院认定构成非法利用信息网络罪是正确的。

案 2：一个网站专门发布新闻说，有几个人长期吃霸王餐被抓。这个新闻出来之后，另一个网站就有一个专栏教人们怎么吃霸王餐，其中提到要选择什么样的时间、什么样的餐馆、什么样的店主等，讲得很详细。

应该说，一开始就有吃饭不付钱的想法而在餐馆点菜吃饭的，成立诈骗罪，诈骗的对象是食物。吃完饭后老板要求行为人付款，行为人拒不付款，对老板实施暴力的，成立免除债务的财产性利益抢劫罪，由于老板只有一个财产损失，故后面的抢劫罪与前面的诈骗罪成立包括的一罪，以抢劫罪一罪定罪处罚即可。既然吃霸王餐是犯罪行为，那么教他人怎么吃霸王餐就是传授犯罪方法。本案中，某个网站利用信息网络传授犯罪方法，就应该成立非法利用信息网络罪与传授犯罪方法罪的想象竞合，从一重处罚。

在互联网时代，通过信息网络发布违法犯罪信息具有快捷、扩散广泛的特点。非法利用信息网络罪可谓预备行为的实行化或者预备犯的既遂犯化，其所保护的主要法益是网络信息的安全，次要法益为与所发布的犯罪信息相应的犯罪所保护的法益（如诈骗罪所保护的财产法益）。本罪的立法目的就在于防止行为人利用信息网络发布违法犯罪信息，而将犯罪预备行为提升为实行行为，实现对法益的提前保护。

2. 本罪的设立在立法论上有无问题？

张明楷教授最近指出：增设的非法利用信息网络罪缺乏必要性。一方面，对于发布一般违法行为信息的，明显不能以犯罪论处；另一方面，对于发布犯罪信息的，如果有处罚的必要，也可以相关犯罪的预备犯进行处罚。[①]

的确，虽然根据《刑法》第 22 条的规定原则上处罚所有犯罪的预备犯，但实际上处罚预备犯属于例外。从非法利用信息网络罪的条文表述看，似乎发布一般违法行为的信息，也就是一般违法行为的预备都作为犯罪处罚了，而过于扩大了刑法处罚范围。所以，如果不将本罪中的发布违法犯罪信息限定解释为发布犯

---

① 张明楷. 集体法益的刑法保护. 法学评论，2023（1）.

罪信息，也就是能评价为相应犯罪的预备行为，就会过于扩张刑法的处罚范围。因而，从立法论上讲，非法利用信息网络罪的设立缺乏合理性。

3. 本罪客观行为的核心是什么？

本罪客观行为的核心就是发布违法犯罪信息，系相应犯罪的预备行为。

4. 本罪何以成为"口袋罪"？

本罪成为"口袋罪"的原因在于：一则，如今几乎任何犯罪都可以通过网络实施，包括杀人，于是司法实践中案件只要与网络相关，公安机关就先以非法利用信息网络罪进行拘留，然后再找罪名申请批准逮捕。所以，从判决书上总能看到，拘留涉嫌的罪名、逮捕涉嫌的罪名、起诉的罪名以及判决的罪名都不一样。二则，司法实践中没有限制违法犯罪信息的范围，将发布违法活动的信息的行为也作为犯罪处理了。三则，本来本罪与相应犯罪的预备犯是竞合关系，从一重通常应以相应犯罪的预备犯和共犯进行评价，但实践中往往以本罪的认定代替了相应犯罪预备和共犯的认定。

5. 是否应对"违法犯罪"进行限制解释？

案3：甲是吸毒人员，在网络上发布教人如何制作简易吸毒工具，如何吸食毒品的视频。

应该说，制作吸毒工具与吸毒本身不是犯罪行为。倘若认为非法利用信息网络罪中的"违法犯罪信息"包括违法行为信息，则甲的行为构成非法利用信息网络罪。但若认为本罪中的"违法犯罪信息"仅限于犯罪活动，或者只有当利用信息网络实施的行为，至少是某种具体犯罪的预备行为时，才可能认定为非法利用信息网络罪，则甲不构成非法利用信息网络罪。本书持后一种立场，认为本案中甲的行为不构成非法利用信息网络罪。

本罪中的3种行为类型都有"违法犯罪"的表述。何谓"违法犯罪"，或者应否对"违法犯罪信息"进行限定，理论界和实务界有3种观点。

第一种观点认为，应当按照条文的规定，将违法犯罪信息理解为违法活动信息和犯罪活动信息。应该说，认为发布违法活动信息也能构成犯罪，必然导致本罪的处罚范围过于宽泛，不符合刑法的谦抑性精神。

第二种观点是司法解释的立场。2019年10月21日"两高"《关于办理非法利用信息网络、帮助信息网络犯罪活动等刑事案件适用法律若干问题的解释》指出，本罪中的"违法犯罪"，包括犯罪行为和属于刑法分则规定的行为类型但尚未构成犯罪的违法行为。应该说，即使是刑法分则规定的行为类型，如果没有满足构成要件的行为次数、行为程度、结果等要素，其仍然只是一般违法行为，并不会因为属于刑法分则规定的行为类型，而与一般违法行为产生本质与程度的区别。事实上，《刑法》分则与《治安管理处罚法》所规定的很多行为类型就完全一样。所以，这一解释同样会导致利用信息网络实施一般违法行为的也构成犯罪，依然会造成处罚的不协调。

第三种观点认为，只有设立的网站、通讯群组是为了实行犯罪且情节严重的，才能构成犯罪；只有制作或者销售某些物品的信息，是为了实行刑法分则规定的非法买卖枪支、弹药、贩卖毒品、贩卖淫秽物品，非法经营等犯罪且情节严重的，才构成犯罪；只有发布违法信息属于相应犯罪的预备行为，而且情节严重时，才能成立本罪。简言之，为实施一般违法活动而发布信息的，不应当以犯罪论处，即应将"违法犯罪活动"限制解释为"犯罪"活动。理由是，只能从预备行为的实行行为化或者预备犯的既遂犯化的角度来理解本条规定。也就是说，本条规定的实质是将部分犯罪的预备行为提升为实行行为，完成了预备行为的就视为犯罪既遂。这样理解也与《刑法》第 22 条关于犯罪预备的处罚规定相协调。也就是说，虽然《刑法》第 22 条规定原则上处罚预备犯，但实际上处罚预备犯属于例外，只有情节严重的预备犯才可能受刑罚处罚。《刑法》第 287 条之一的规定虽然将预备行为提升为实行行为，但该行为并不是像实行行为那样有造成法益侵害的紧迫危险，实际上依然是预备犯，而且法条将情节严重规定为构成要件要素。①

本书认为，将"违法犯罪活动"限制解释为"犯罪"活动，认为为实施一般违法活动而发布信息的不应当以犯罪论处的第三种观点，具有相当的合理性。应该说，我国《刑法》分则中的预备行为实行行为化或者预备犯的既遂犯化的罪名并不少见。例如，策划分裂国家、武装叛乱、武装暴乱、颠覆国家政权，原本只是预备行为，但《刑法》第 103、104、105 条直接将之规定为实行行为并以既遂犯进行处罚。又如，伪造货币行为，就对货币的公共信用的侵害而言还只是具有抽象危险，还属于预备行为，但《刑法》第 170 条直接将其规定为实行行为和以既遂犯进行处罚。再如，制造毒品行为，对毒品犯罪所保护的法益——公众健康的侵害而言，也还只是具有抽象危险，但《刑法》第 347 条直接将之上升为实行行为并以既遂犯进行处罚。可见，立法者为了保护重大法益不受侵害，往往采用预备行为实行行为化和预备犯既遂犯化的形式，实现法益保护的早期化、刑事处

---

① 张明楷．刑法学．6 版．北京：法律出版社，2021：1381.

罚的防线前移化。就非法利用信息网络罪而言，由于我国虽然原则上处罚所有故意犯罪的预备犯，但实践中一般仅处罚杀人、放火、抢劫、强奸等极少数犯罪的预备犯。而利用网络发布犯罪信息，为实施犯罪做准备的行为，由于网络的快速传播性的特点，相对于通过传统手段传送信息，其危害性要大得多。所以，为了严厉打击利用信息网络为实施犯罪做准备的行为和实现预备犯处罚范围的明确化，立法者特意规定，对利用信息网络发布犯罪信息，为犯罪做准备的行为，直接提升为实行行为和作为既遂犯进行处罚。

6. 利用信息网络发布招嫖信息、组织通过视频吸毒、驾照销分、微信群"讲经"，构成本罪吗？

案 4：2016 年 6 月左右，被告人黄某某建立名为"穆斯林礼拜"的百人微信群，通过语音在该微信群中教他人做礼拜并讲解《古兰经》的内容。法院认为，黄某某构成非法利用信息网络罪。

本案中，或许在小型微信群教他人做礼拜和讲解《古兰经》违反有关宗教活动管理规定，但绝不是犯罪行为。法院将利用网络发布这种信息的行为认定为非法利用信息网络罪，是因对非法利用信息网络罪构成要件存在误解。

在我国，卖淫嫖娼、吸毒、驾照销分、在微信群"讲经"都只是一般违法行为。利用网络发布一般违法活动的信息，不是相应犯罪的预备行为，不值得科处刑罚，不构成非法利用信息网络罪。

7. 单纯设立网站、通讯群组，不发布信息的，值得作为犯罪处理吗？

一般认为《刑法》第 287 条之一规定了 3 种行为类型：（1）设立网站、通讯群组；（2）发布违法犯罪信息；（3）为实施诈骗等违法犯罪活动发布信息。其实，本罪的核心就是发布违法犯罪信息，第（2）项与第（3）项其实是重复的，而第（1）项设立网站和通讯群组只是为发布违法犯罪信息做准备，相当于预备的预备。对预备犯的处罚本来就具有例外性，而预备的预备，如为购买杀人的工具而打工挣钱，为实施爆炸犯罪而到炮兵学院旁听学习制作爆炸物的技术，由于其对法益的侵害只有抽象的危险，而根本就不值得科处刑罚。如前所述，应将发布违法犯罪信息限制解释为发布犯罪信息和相应犯罪的预备行为。如果一个网站或者通讯群组没有实际发布违法犯罪信息，也难以认定为设立用于实施诈骗、传授犯罪方法等违法犯罪活动的网站、通讯群组。正如没有实际实施犯罪活动、恐怖活动，也很难认定为黑社会性质组织、恐怖组织一样。所以，单纯设立网站、通讯群组，没有实际发布违法犯罪信息的，不应作为非法利用信息网络罪处罚。

8. 如何理解"同时构成其他犯罪"？

本条第 3 款关于"同时构成其他犯罪的，依照处罚较重的规定定罪处罚"的规定，与《刑法》分则其他条款中的这种规定一样，都只是注意规定，旨在提醒司法工作人员注意，行为构成本罪同时又符合其他犯罪构成要件的，应按照竞合论原理，从一重处罚。

9. 本罪与帮助信息网络犯罪活动罪之间是什么关系？

案 5：郑某开发设立云网络交易平台，在明知他人进行公民个人信息账号交易的情况下，仍将上述交易平台提供给他人使用，并收取交易手续费以牟取利益。法院认为，根据 2017 年 5 月 8 日"两高"《关于办理侵犯公民个人信息刑事案件适用法律若干问题的解释》关于"设立用于实施非法获取、出售或者提供公民个人信息违法犯罪活动的网站、通讯群组，情节严重的，应当依照刑法第二百八十七条之一的规定，以非法利用信息网络罪定罪处罚"的规定，郑某的行为应为非法利用信息网络罪，而非帮助信息网络犯罪活动罪。

本案中，郑某开发设立云网络交易平台，提供给他人用于侵犯公民个人信息的犯罪活动，属于明知他人利用信息网络实施犯罪，而为其提供技术支持等帮助，应成立帮助信息网络犯罪活动罪。行为人虽然设立了网站、通讯群组，但这种预备的预备行为，不值得以非法利用信息网络罪进行处罚。

应该说，非法利用信息网络罪是预备行为的实行行为化，而帮助信息网络犯罪活动罪是帮助犯的正犯化。一个是预备行为，另一个是帮助行为。但有时帮助行为也是预备行为，例如为他人提供杀人的工具，就可谓既是预备行为又是帮助行为。所以，非法利用信息网络罪与帮助信息网络犯罪活动罪之间虽然有区别，但也可能发生竞合，竞合时从一重处罚即可。

10. 设立组织他人吸毒等违法犯罪活动的网站、通讯群组即构成非法利用信息网络罪的司法解释规定，有无问题？

该规定出自 2016 年 4 月 6 日最高法《关于审理毒品犯罪案件适用法律若干问题的解释》，上述司法解释规定存在问题。因为在我国，吸毒只是一般违法行为，组织他人吸毒也不可能构成犯罪。而设立实施一般违法活动的网站、通讯群组，也不能作为犯罪处理。

第八节　帮助信息网络犯罪活动罪

第二百八十七条之二　**【帮助信息网络犯罪活动罪】**明知他人利用信息网络实施犯罪，为其犯罪提供互联网接入、服务器托管、网络存储、通讯传输等技术支持，或者提供广告推广、支付结算等帮助，情节严重的，处三年以下有期徒刑或者拘役，并处或者单处罚金。

单位犯前款罪的，对单位判处罚金，并对其直接负责的主管人员和其他直接责任人员，依照第一款的规定处罚。

有前两款行为，同时构成其他犯罪的，依照处罚较重的规定定罪处罚。

疑难问题

1. 本罪的立法目的是什么？

案1：汪某成立创赢集团，吸引有投资意向的被害人在其架设的金融网站开展虚假外汇、证券等金融产品交易。万某通过网络招聘入职集团，担任技术部开发组工程师，负责集团旗下的某金融平台的编码、维护工作。法院认为，万某的行为构成帮助信息网络犯罪活动罪。

本案中，虽然万某从事的是金融平台的编码、维护的技术性工作，但其是专门为他人实施的诈骗、非法经营犯罪提供技术支持的，是犯罪有机体的一部分，其行为构成帮助信息网络犯罪活动罪，同时还成立诈骗、非法经营罪的共犯，形成想象竞合，从一重处罚，而不是仅成立帮助信息网络犯罪活动罪（以下简称帮信罪）。

案2：廖某将自己的支付宝账号以及两张银行卡提供给他人用于资金转账。在明知对方资金可能涉及违法犯罪活动的情况下，为规避银行卡被冻结风险，注销旧卡办理新卡，又将新卡提供给对方。法院认为，廖某的行为构成帮信罪。

本案中，廖某明知他人利用信息网络实施犯罪，还为其提供银行卡用于资金转账，构成帮信罪。

信息网络共同犯罪具有三个重要特点：一是跨地域性，行为主体完全可能不在同一个城市，乃至不在同一个国家，甚至不知行为主体藏身何处，行为主体之间可能互不相识；二是匿名性，各共犯人只是分担部分行为，而且正犯行为和帮助行为都具有隐蔽性、匿名性；三是片面共犯性，在主观上各共犯人的意思联络具有不确定性或者不明确性，而且在许多情况下，部分共犯人表现为一种间接故意的心理状态。这三个特点导致司法实践中经常出现只能抓住帮助者，而不能抓获正犯的现象。既然不能抓获正犯，自然也就无从得知正犯是否达到刑事责任年龄，精神是否正常，是否具有犯罪故意。按照我国传统的共同犯罪理论——极端从属性说，倘若没有查明正犯是谁，就不可能知道正犯是否达到刑事责任年龄，是否具有刑事责任能力，是否具有故意，以及帮助者与正犯是否具有共同的犯罪故意，因而不可能认定实施帮助行为的人与正犯构成共同犯罪。可以说，我国立法机关正是以传统共犯理论为根据增设帮信罪的。

由于网络共同犯罪的上述特点，实践中催生了专门为他人实施网络犯罪提供技术支持和广告推广、支付结算等帮助的"黑灰产业链"。正是因应网络共同犯罪的特点，以及斩断"黑灰产业链"的需要，立法者特意增设了专门为他人利用信息网络实施犯罪提供技术支持等帮助的帮信罪。

2. 在立法论上，本罪有设立的必要吗？

我国立法者是基于网络共同犯罪的特点和传统的共同犯罪理论增设本罪的。不过，张明楷教授认为，只要正犯的行为符合构成要件并且违法，不管正犯是否具有责任，即不管正犯是否具有责任能力以及是否具有故意，只要帮助行为与正犯不法具有因果性，而且只要帮助者明知正犯的行为及其结果，并且希望或者放任这种结果的发生，就可以认定其成立帮助犯。也就是说，只要现有证据表明正犯利用信息网络实施符合构成要件的不法行为，根据共犯的限制从属性原理和因果共犯论，实施帮助行为的人就能成立帮助犯。至于究竟是谁、是否被抓获、是否具有责任能力、是否具有故意，都不影响帮助犯的成立。换言之，既然他人即正犯利用信息网络实施犯罪，知情而提供帮助的人就构成了共犯。既然正犯所侵犯的法益都受到了刑法的保护，就没有必要另外再规定一个侵犯集体法益的犯罪。在此意义上说，即使不增设帮信罪，也完全能够妥当处理所有的帮助行为。换言之，从立法论上讲，增设本罪是没有必要的。①

应该说，上述观点有一定道理。按照限制从属性说，即便没有抓获正犯，不知正犯是否达到刑事责任年龄、是否具有责任能力、是否具有故意，只要能够查明他人接受行为人所提供的技术支持等帮助，利用信息网络实施了符合构成要件的不法行为，也能肯定帮助犯的成立。不过，由于现实中为他人利用信息网络实

---

① 张明楷. 刑法学. 6版. 北京：法律出版社，2021：1383. 张明楷. 张明楷刑法学讲义. 北京：新星出版社，2021：568. 张明楷. 集体法益的刑法保护. 法学评论，2023（1）.

施犯罪提供技术支持、支付结算等帮助的，基本已经形成"黑灰产业链"，全部作为共犯处罚也不现实，设立本罪旨在斩断"黑灰产业链"。所以说，立法设计的初衷还是好的，如果既充分运用本罪打击"黑灰产业链"，又充分运用共同犯罪原理认定共犯，是能够有效保护法益的。仅认定成立本罪，不再认定成立相关犯罪的共犯，是司法实践适用的偏差，不是本罪的增设所造成的。

3. 能认为本罪的增设封堵了中立帮助行为的出罪通道吗？

理论上有观点认为，帮助信息网络犯罪活动罪是将中立帮助行为正犯化，该罪的增设封堵了中立帮助行为的出罪通道。应该说，这种观点存在问题。

所谓中立的帮助行为，是指外观上无害、客观上促进了他人犯罪的行为。一般来说，由于中立的帮助行为具有业务性、中立性、日常性、非追求犯罪目的性、非针对特定对象性、反复性、持续性，本身具有正当的用途，或者说主要用于正当的用途，而不是专门用于违法犯罪活动，所以，中立的帮助行为通常不应被评价为犯罪，不应作为共犯处罚。帮信罪只是将不具有中立性、业务性，而专门用于违法犯罪活动，深度参与了他人的违法犯罪活动的帮助行为上升为正犯行为，例如，专门为他人制作钓鱼网站，为他人设计提供赌博软件、非法经营软件的行为。即便增设了本罪，也不可能将中国电信、中国移动、中国联通、微软公司的提供基础设施和技术服务等行为作为犯罪处理。所以，不能简单地认为，本罪就是中立帮助行为的正犯化，此罪的增设封堵了中立帮助行为的出罪通道。

4. 实践中只要符合本罪构成要件就不再认定成立诈骗等罪共犯的做法，是否妥当？

案3：佘某经营某麻将手机游戏，基于软件自身的积分计算功能，他人能够非常方便地利用其进行赌博。法院认为，佘某在明知存在赌博等违法犯罪的情况下，仍继续提供技术支持，获利巨大，构成帮信罪。

本案中，佘某提供的是专门用于赌博的软件，其还参与了分赃，不能认为佘某的行为是中立帮助行为，而应认定为开设赌场的帮助行为，应成立帮信罪和开设赌场罪共犯，想象竞合，从一重处罚，而不是仅成立帮信罪一罪。

帮信罪的增设，并不意味着对原本成立其他犯罪的共犯的行为也只能以帮信罪最重判处3年有期徒刑。《刑法》第287条之二第3款还明文规定，"有前两款行为，同时构成其他犯罪的，依照处罚较重的规定定罪处罚"。也就是说，为他人利用信息网络实施犯罪，如诈骗罪、非法经营罪、开设赌场罪、传播淫秽物品牟利罪等，提供技术支持等帮助的，在成立本罪的同时，还成立诈骗等罪的共犯，从一重处罚。在司法实践中，不认定其他犯罪的共犯而仅认定为本罪的做法，有违立法本意，有悖法益保护和罪刑相适应原则。

5. 本罪究竟是帮助犯的正犯化还是帮助犯的量刑规则？

由于本罪规定有独立的罪状和法定刑，所以理论界大多认为本罪是帮助犯的正犯化。但张明楷教授坚持认为，本罪不是帮助犯的正犯化，而是帮助犯的量刑规则。

张明楷教授认为，刑法分则针对某些帮助行为单独设置了独立法定刑的，包含三种情形：帮助犯的绝对正犯化、帮助犯的相对正犯化和帮助犯的量刑规则。帮助犯的绝对正犯化就是我们通常所说的帮助犯的正犯化，是指帮助犯被分则条文提升为正犯，成立独立的罪名，与其他正犯没有区别，如《刑法》第120条之一规定的帮助恐怖活动罪。按照共犯的限制从属性原理，只有当正犯实施了符合构成要件的不法行为时，才能将帮助犯作为共犯处罚。但帮助犯被绝对正犯化后，哪怕被帮助的正犯没有实施符合构成要件的不法行为，帮助犯的帮助行为也能成立犯罪。因为原本的帮助行为已经被提升为正犯行为，也就不用再依赖其他正犯成立犯罪了。而且，对这种帮助行为进行教唆、帮助的，还能成立本罪的教唆、帮助犯。此外，从量刑的角度来说，帮助犯被绝对正犯化后，就不能再适用刑法总则关于从犯"应当从轻、减轻处罚或者免除处罚"的规定，而要直接适用刑法分则条文规定的法定刑。

帮助犯的相对正犯化，是指对帮助犯是否被提升为正犯不能一概而论，而要独立判断帮助行为是否值得科处正犯的刑罚。也就是说，在这种情况下，帮助犯既可能被正犯化，也可能不被正犯化，比如《刑法》第358条第4款规定的协助组织卖淫罪。

所谓帮助犯的量刑规则，是指刑法分则没有把这种帮助犯提升为正犯，只是为它规定了独立的法定刑，从而使它不再适用刑法总则关于从犯的处罚规定，而是直接适用刑法分则条文规定的独立的法定刑。比如，《刑法》第244条规定了强迫劳动罪，其中第2款规定，"明知他人实施前款行为，为其招募、运送人员或者有其他协助强迫他人劳动的，依照前款的规定处罚"。该第2款的规定就是帮助犯的量刑规则。也就是说，该款规定，对强迫劳动罪的帮助犯，不再适用总则关于从犯的量刑规定。既然这类帮助犯没有被提升为正犯，那它的成立就还要符合共犯的实行从属性原理，只有当他人实施了强迫劳动的行为，才能处罚这种帮助行为。而且，教唆他人帮助招募、运送的，也仅成立帮助犯，不成立教唆犯；单纯帮助他人招募、运送的，而没有对正犯结果起作用的，就不受处罚。

帮信罪既不是帮助犯的绝对正犯化，也不是帮助犯的相对正犯化，充其量只能说是帮助犯的量刑规则。没有通过正犯行为造成法益侵害结果的单纯提供互联网技术支持的行为，不成立帮助信息网络犯罪活动罪。反过来，帮助行为要成立本罪，还是要符合共犯的从属性原理，也就是说，只有当正犯实施了网络犯罪活动的不法行为时，才能将提供互联网技术支持的帮助行为认定为本罪。所以结论就是，本罪不是帮助犯的正犯化，而且帮助犯的量刑规则。[①]

本书认为，所谓帮助犯的正犯化与帮助犯的量刑规则之争的焦点在于，成立本罪，是否需要查明他人利用其提供的技术支持等帮助着手实行了犯罪。质言之，即是否需要遵循共犯的实行从属性原则，证明正犯已经着手实行了犯罪。或者说，行为人所提供的技术支持帮助，对他人利用信息网络实施犯罪是否起到了作用。其实，本罪条文表述得很清楚，明知他人利用信息网络实施犯罪，为其提供互联网接入等技术支持或者广告推广、支付结算等帮助，情节严重的，才成立本罪。如果他人没有实际利用信息网络实施犯罪，单纯的技术支持、广告推广、支付结算这类帮助行为，是不可能单独侵害法益的，或者说即使侵害法益，也没有达到值得科处刑罚程度的法益侵害性。成立本罪，要求"情节严重"。他人没有利用其帮助实行犯罪的，帮助行为本身不可能达到"情节严重"的程度。因此，与其争论本罪是帮助犯的正犯化，还是帮助犯的量刑规则，还不如坚持共犯的实行从属性原理，要求查明他人接受行为人提供的技术支持等帮助着手实行了诈骗、非法经营等网络犯罪活动，否则不能成立本罪。

6. 成立本罪，是否要求他人已经利用信息网络着手实行了犯罪？

有观点认为，本条中的"明知他人利用信息网络实施犯罪"，包括实施预备犯罪。本书认为，一般犯罪的预备犯根本不被处罚，为他人预备犯罪提供帮助就更不会被处罚。所以，从实质违法性和共犯的实行从属性角度考虑，应将本罪中的"利用信息网络实施犯罪"限制解释为"利用信息网络实行犯罪"，即只有他人利用行为人提供的技术支持等帮助着手实行了犯罪，才能成立本罪。

7. 如何把握本罪与不可罚的中立帮助行为的界限？

案4：冷某在其开设的淘宝店铺上出租上海铁通等固定电话号码，在明知有

---

① 张明楷. 张明楷刑法学讲义. 北京：新星出版社，2021：568-571.

租用者从事诈骗等违法活动的情况下，仍提供呼叫转接（固定电话绑定指定手机号码）及充值话费等通讯服务。法院认为冷某的行为构成帮信罪。

本案中，冷某提供的通讯传输服务，是国家明令禁止的改号呼叫转接服务。由于这种通讯传输服务本身就是违法的，明知他人租用后用于犯罪，仍提供出租服务，行为符合了帮信罪活动罪的构成要件，构成帮信罪。法院认定构成帮信罪是正确的。

案5：被告人曾某在家中开设"黑网吧"，对上网人员不进行任何登记，且无人在场管理，不使用任何视频监控管理设备，同时，提供上网方式明显异常。被害人刘某被他人在该"黑网吧"内使用 QQ 实施诈骗 32 997.24 元，判决认定曾某构成帮信罪。

本案中，被告人曾某开设网吧只是提供上网服务，至于上网者利用上网服务实施犯罪，应该说超出了提供上网服务的人的答责的范围。曾某的行为应属于不可罚的中立帮助行为。

本罪与不可罚的中立帮助行为的区别或者界限在于：行为本身是否违反了相关法律法规或者行业的禁止性规定，该行为是专门或者主要用于违法犯罪活动，还是本身有正当的用途，以及行为人对他人犯罪的参与程度。凡是违反了法律法规或者行业的禁止性规定，主要用于违法犯罪目的，深度参与了他人犯罪活动的，就不再是不可罚的中立的帮助行为，而是可罚的帮助犯。

8. 本罪中的"明知"，是注意规定还是特别规定？

有人纠缠于"明知"是确知还是相对具体的明知。其实，本条中的"明知"他人利用信息网络实施犯罪，旨在提醒司法工作人员本罪只能由故意构成，所以只是一种注意规定，并没有什么特殊的含义。无论是《刑法》第 14 条中的"明知"，还是《刑法》分则故意犯罪条文中规定的"明知"，都是指知道、认识到、预见到，包括"确切知道"、"知道可能"和"明知可能"，不能包括"应当知道"和"可能知道"、"可能明知"。

9. 本罪何以成为"口袋罪"？

张明楷教授认为，即使不增设帮助信息网络犯罪活动罪，也完全能够妥当处理所有的帮助行为。事实上，最终认定为本罪的情形应当极为罕见。当然，也不能完全否认可以成立本罪的情形。例如，甲以为乙利用信息网络实施诈骗犯罪，为其提供了互联网接入等技术支持，但是，乙事实上利用信息网络实施了传播淫秽物品犯罪。甲不可能成立传播淫秽物品罪的共犯，也不可能成立诈骗罪的共犯，但成立本罪。[①] 在张明楷教授看来，由于成立本罪也同时成立相关犯罪的共犯，所以本罪只有在出现认识错误这种极为罕见的情形下才可能得到适用。可事实上，本罪却成为公认的"口袋罪"。

本罪成为"口袋罪"的原因，大致可能有以下几个方面：其一，司法实务部门误解了立法本意，同时完全忽视本条第3款关于"同时构成其他犯罪的，依照处罚较重的规定定罪处罚"的规定，将本应成立诈骗、非法经营罪、传播淫秽物品牟利罪等重罪共犯的行为，都仅认定成立法定最高刑只有3年有期徒刑的本罪。其二，将本罪看作帮助犯的正犯化，没有坚持共犯的实行从属性原理，没有查明他人是否利用其提供的技术支持等帮助着手实行了犯罪，就认定成立本罪了。其三，误以为本罪是将中立的帮助行为正犯化，将不可罚的中立的帮助行为也作为本罪处理了。

10. 如何理解"同时构成其他犯罪"？

《刑法》第287条之二第3款规定，"有前两款行为，同时构成其他犯罪的，依照处罚较重的规定定罪处罚"。

本书认为，该规定旨在提醒司法工作人员，在竞合时，无论法条竞合还是想象竞合，都应当从一重处罚，所以其是一种注意规定，并没有什么特别的意义。当然，竞合的前提是只有一个行为。如果存在数个行为，侵害了数个法益，则应当数罪并罚。例如，行为人提供银行卡，发现卡中进账后，明知是他人犯罪所得，还在银行柜台办理挂失取款的。由于存在两个行为，侵害了两个法益，应当以本罪和诈骗罪数罪并罚。

11. 是否需要将"其他犯罪"限定为法定刑高于帮信罪的犯罪？

张明楷教授指出，为避免以本罪处罚比作为其他犯罪的共同正犯处罚还要重的罪刑不相适应现象，应将本条第3款中的"同时构成其他犯罪"，限制解释为法定刑高于本罪法定刑的犯罪，而不包括法定刑低于本罪的犯罪，如虚假广告罪。[②]

本书认为，这种限制解释完全没有必要。因为如果行为人是为他人利用信息网络实施虚假广告罪这类轻罪提供技术支持等帮助，也很难认定达到了本罪中"情节严重"的要求，而成立帮信罪。

---

① 张明楷. 刑法学. 6版. 北京：法律出版社，2021：1383-1384.
② 张明楷. 刑法学. 6版. 北京：法律出版社，2021：1386.

12. 如何把握本罪与拒不履行信息网络安全管理义务罪、非法利用信息网络罪的关系？

本罪规制的是相关犯罪的帮助行为，非法利用信息网络罪规制的是相关犯罪的预备，而拒不履行信息网络安全管理义务罪规制的是处于技术优势地位的网络平台服务提供者的不作为。但这三个犯罪之间不是对立关系，而是可能发生竞合，竞合时从一重处罚即可。

第九节 高空抛物罪

第二百九十一条之二 【高空抛物罪】从建筑物或者其他高空抛掷物品，情节严重的，处一年以下有期徒刑、拘役或者管制，并处或者单处罚金。

有前款行为，同时构成其他犯罪的，依照处罚较重的规定定罪处罚。

疑难问题

1. 本罪的保护法益是什么？

案1：张三抱着砸着谁谁倒霉的心理从高楼的窗户往下扔了一块砖头，不巧真的砸中了一名行人，并将其砸成重伤。

本案中，张三有伤害的故意，也实施了伤害行为，所以成立故意伤害罪和高空抛物罪，想象竞合，从一重处罚。

2019年10月21日最高法《关于依法妥善审理高空抛物、坠物案件的意见》曾经将高空抛物行为解释为以危险方法危害公共安全罪。由于以危险方法危害公共安全侵害的是不特定并且多数人的人身、财产安全，而高空抛物行为一般来说不会像放火、爆炸、决水、投放危险物质那样，具有结果和危害范围的难以控制性，或者说危险的不特定扩大性，所以将高空抛物行为评价为以危险方法危害公共安全罪是不妥当的。《刑法修正案（十一）》没有将本罪设置在危害公共安全罪一章，而是置于《刑法》分则第六章"妨害社会管理秩序罪"第一节"扰乱公共秩序罪"中的第291条聚众扰乱公共场所秩序、交通秩序罪之后，这说明在立法者看来，高空抛物行为主要侵害的不是公共安全，而是有关公民头顶上的安全的公共场所秩序。所以不需要所抛掷的物品具有致人死伤的可能性，只要扰乱公共场所秩序、破坏公众生活的安宁，就可能构成本罪。

2. 之前规定按照以危险方法危害公共安全罪定罪处罚的司法解释，还能适用吗？

2019 年 10 月 21 日最高法《关于依法妥善审理高空抛物、坠物案件的意见》指出，故意从高空抛弃物品，尚未造成严重后果的，但足以危害公共安全的，依照《刑法》第 114 条规定的以危险方法危害公共安全罪定罪处罚。很显然，该司法解释明知高空抛物行为不会危害公共安全，而有意地用"足以危害公共安全"替代了《刑法》第 11 条规定的"危害公共安全"，将仅存在所谓造成危险的危险即抽象危险的行为，也认定为作为具体危险犯的以危险方法危害公共安全罪，而过于扩大了以危险方法危害公共安全罪的适用范围。这明显属于类推解释，而违反罪刑法定原则。所以本罪增设后，上述司法解释规定不能继续适用。

3. 将该罪置于"危害公共安全罪"章，还是"妨害社会管理秩序罪"一章，就对其构成要件的解释和处罚范围有无影响？

行为是危害公共安全还是妨害社会管理秩序，对其构成要件的解释和处罚范围的确定具有重要的影响。《刑法修正案（十一）》将高空抛物罪置于"妨害社会管理秩序罪"一章，说明本罪所侵害的法益不是公共安全，而是公共场所秩序和公众生活的安宁。只要是在公共场所的建筑物或者高空抛掷物品，无论物品大小、轻重，原则上都可能成立本罪。

4. 从高空撒尿、抛弃未吃完的方便面盒子，构成本罪吗？

本罪是扰乱公共场所秩序、破坏公众生活安宁的犯罪，所以从高空丢弃任何物品原则上都值得科处刑罚，如从高空撒尿和抛掷未吃完的方便面盒子，都值得科处刑罚。当然，从高空丢下一张餐巾纸、一副手帕，由于很轻，也比较干净，所以该类行为不值得作为犯罪论处。但如果抛弃一包餐巾纸，则还是有可能作为犯罪处理的。从地面向上抛掷物品，使物品从高空坠落的，由于不属于高空抛物，而不成立高空抛物罪。

5. 如何理解适用本条第 2 款？

本条第 2 款关于"同时构成其他犯罪的，依照处罚较重的规定定罪处罚"的规定，旨在提醒司法工作人员：高空抛物的行为可能同时构成故意杀人罪、故意伤害罪、放火罪、爆炸罪等犯罪，属于想象竞合，从一重处罚。所以是一种注意规定。需要指出的是，一般来说，高空抛物行为人都至少具有杀人、伤害的间接故意，所以高空抛物的，一般都能同时构成故意杀人罪、故意伤害罪的既遂或者未遂（以存在致人死伤的具体危险为前提），而不是仅成立高空抛物罪。

6. 在 10 楼浇花时不小心碰下去一个花盆，构成本罪吗？

高空抛物罪的责任形式是故意，过失不构成本罪。在 10 楼浇花时不小心碰下去一个花盆的，不成立高空抛物罪，只可能成立过失致人死亡罪、过失致人重伤罪。

第十节　聚众斗殴罪

第二百九十二条　**【聚众斗殴罪】**聚众斗殴的，对首要分子和其他积极参加的，处三年以下有期徒刑、拘役或者管制；有下列情形之一的，对首要分子和其他积极参加的，处三年以上十年以下有期徒刑：

（一）多次聚众斗殴的；

（二）聚众斗殴人数多，规模大，社会影响恶劣的；

（三）在公共场所或者交通要道聚众斗殴，造成社会秩序严重混乱的；

（四）持械聚众斗殴的。

【故意伤害罪】【故意杀人罪】聚众斗殴，致人重伤、死亡的，依照本法第二百三十四条、第二百三十二条的规定定罪处罚。

疑难问题

1. 本罪所保护的法益是什么？

本罪属于《刑法》分则第六章"妨害社会管理秩序罪"第一节"扰乱公共秩序罪"中的罪名，因此本罪所保护的法益应当是公共秩序。对于没有扰乱公共秩序的行为，例如两个人之间的互殴，或者在非公共场所斗殴，都不能成立聚众斗殴罪。

2. 聚众斗殴罪是"聚众＋斗殴"的复行为犯吗？

案 1：两伙人本来都在烧烤摊吃夜宵，因为一言不合而打了起来，但他们并没有在斗殴前先纠集众人。

如果认为聚众斗殴罪是复行为犯，本案中的两伙人只有斗殴行为而无聚众行为，就不能构成聚众斗殴罪。这恐怕不合适。

案 2：村民得知自己村子的人打算和邻村的人打群架，于是偷偷召集了很多兄弟来到自己的村子，但最后完全没有打起来。

如果认为聚众也是聚众斗殴罪的实行行为，则本案中的村民由于已经实施了聚众行为，就可能被认定为聚众斗殴罪的着手甚至既遂。这恐怕不妥当。

理论界和实践界有观点认为，要成立聚众斗殴，必须先纠集众人，再结伙斗殴。也就是说，聚众斗殴罪是复行为犯，必须包括"聚众"和"斗殴"两个行为。如果这种观点正确，那么只斗殴不聚众的，如案1中两伙人的行为，就不能构成聚众斗殴罪，以及只聚众不斗殴的，如案2中村民的行为，也可能被认定为聚众斗殴罪的着手甚至既遂，这可能不当扩大了本罪的处罚范围。应当认为，聚众斗殴罪不是所谓复行为犯，而是单行为犯。理由在于：

第一，应从规范的视角认识《刑法》分则所规定的行为。聚众是状语，是指斗殴的方式，强调"聚众"，旨在将不扰乱公共秩序的一两人之间的互殴排除在外。聚众斗殴意味着多人聚集在一起斗殴，故并不要求在斗殴之前具有聚众的行为。双方数人临时起意斗殴的，如案1，完全可能成立聚众斗殴罪。即使在斗殴之前有人实施了纠集众人的行为，如案2中村民的行为，这也只是聚众斗殴罪的预备行为，不能认为聚众斗殴罪已经着手甚至既遂。

第二，如果认为聚众斗殴罪是复行为犯，就难以认为没有实施聚众而只是单纯参加聚众斗殴的积极参加者也能成立聚众斗殴罪。首要分子也可能只是实施了纠集众人的聚众行为，而没有实施斗殴行为，如果认为聚众斗殴罪是复行为犯，则可能认为只实施了纠集众人而没有实施斗殴行为的首要分子也不构成聚众斗殴罪。这样认定显然有悖立法本意。

第三，如果认为聚众斗殴罪是复行为犯，则意味着开始实施纠集他人即聚众的行为，就已经开始着手实行本罪，进而成立聚众斗殴罪的未遂甚至既遂，导致本罪的处罚范围过大。

总之，聚众斗殴罪不是"聚众＋斗殴"的复行为犯，而是只有斗殴这一个实行行为的单行为犯。没有纠集众人临时起意斗殴的，也能成立聚众斗殴罪。只是聚众的，仅成立聚众斗殴罪的预备。

3. 聚众斗殴致人重伤、死亡以故意伤害、杀人罪定罪处罚的规定，是注意规定还是法律拟制？

案3：甲旁观两方的斗殴行为，发现其中一方的成员A为免遭殴打而逃离现场，于是甲捡起一块石头猛砸A的头部，导致A死亡。

本案中，甲不是聚众斗殴的首要分子和积极参加者，只是聚众斗殴现场的旁观者。对甲实施的杀人行为，不能适用《刑法》第292条第2款的规定，而应直接适用《刑法》第232条的规定，将甲的行为认定为故意杀人罪。

《刑法》第292条第2款规定，聚众斗殴致人重伤、死亡的，依照故意伤害罪、故意杀人罪定罪处罚。对此规定，我国刑法理论通说和司法实践认为，本款是注意规定。也就是说，只有当斗殴人员对他人重伤、死亡的结果具有故意时，才能将其行为认定为故意伤害罪与故意杀人罪。

本书认为，上述注意规定说存在问题，应当认为本款规定属于法律拟制，即只要斗殴人员对他人重伤、死亡的结果具有预见可能性，且客观上致人重伤、死亡的，即便行为人主观上没有伤害、杀人的故意，也能将其行为认定为故意伤害罪与故意杀人罪。理由如下：

首先，这里没有进行注意规定的必要。斗殴中行为人出于伤害、杀人的故意伤害、杀死对方的，当然另行成立故意伤害罪、故意杀人罪。这一点根本无须提醒司法工作人员注意。

其次，如果理解为注意规定，会导致处罚的不协调。甲故意重伤他人的，以故意伤害罪判处3年以上10年以下有期徒刑的刑罚，而乙在斗殴中萌生伤害的故意进而致人重伤的，如果与甲一样，仅认定为故意伤害罪一罪，适用相同的法定刑，那么聚众斗殴的事实就没有得到评价。这显然违反全面评价和罪刑相适应原则。斗殴中萌生伤害、杀人的故意进而实施伤害、杀人行为的，如果伤害、杀人之外的斗殴行为构成聚众斗殴罪，就应当以故意伤害罪、故意杀人罪与聚众斗殴罪数罪并罚，而不是仅成立故意伤害罪、故意杀人罪。一般参加者或旁观者的行为导致他人重伤、死亡的，不适用该款规定，而应根据其行为所符合的犯罪构成来认定。

最后，聚众斗殴致人重伤、死亡按照故意伤害罪、故意杀人罪定罪处罚，相当于聚众斗殴罪的一个刑档。也就是说，聚众斗殴罪有3个刑档：3年以下、3年以上10年以下、伤害杀人刑罚。聚众斗殴致人重伤、死亡的，通常说明聚众斗殴规模大，手段残忍，场面血腥，对公共秩序破坏严重。所以，即便斗殴中过失致人重伤、死亡，也有提升聚众斗殴罪法定刑的理由。

4. 在荒无人烟的地方聚众斗殴，构成本罪吗？

聚众斗殴罪是侵害社会法益扰乱公共秩序的犯罪，一群人在荒无人烟的地方聚众斗殴的，由于不能被不特定或多数人感知到，不可能扰乱公共秩序，没有侵害法益，不构成聚众斗殴罪。

5. 1人与3人斗殴，构成本罪吗？

张明楷教授认为，一方1人或2人，另一方3人以上进行斗殴，一人与对方多人相约斗殴的，都可能构成聚众斗殴罪。[1]

本书认为，既然是聚"众"斗殴，可能还是限定为每一方至少 2 人以上，双方至少 4 人以上为宜。一方一人"单挑"对方多人的，不宜认定为聚众斗殴罪。

6. "众"包括没有达到刑事责任年龄、不具有刑事责任能力的人吗？

聚众斗殴罪是扰乱社会秩序的犯罪。"众"，包括没有达到刑事责任年龄、不具有刑事责任能力的人（只是不承担刑事责任而已）。例如，双方各 3 人斗殴，且双方都有两人没有达到刑事责任年龄，这种情况也能认定为聚众斗殴罪。当然，只有达到刑事责任年龄的人才可能承担刑事责任。

7. "聚众斗殴"，能否分为"聚众斗"与"聚众殴"？

案 4：双方约定各出 5 人赤手空拳"干架"。不曾想，对方来了一卡车手拿刀枪棍棒的凶神恶煞般的彪形大汉。这一方一看势头不对，脚底抹油，抱头鼠窜，对方则穷追猛打。

如果认为聚众斗殴仅限于"聚众斗"，不包括"聚众殴"，则因为本案只有"聚众殴"，而不能构成聚众斗殴罪。

应该说，由于聚众斗殴罪是扰乱公共秩序的犯罪，不是保护公民个人人身权的犯罪，因此即便是"聚众殴"，即多众一方单纯攻击对方身体，对方只是逃命，也会严重扰乱公共秩序，所以也宜评价为聚众斗殴罪。当然，单纯被攻击的一方不成立聚众斗殴罪。

8. 能认为聚众斗殴无防卫吗？

案 5：双方约定赤手空拳斗殴，但一方的甲突然掏出利刃刺向对方的乙的要害部位，乙恰好是跆拳道九段，瞬间夺刀反刺死甲。

如果认为聚众斗殴无防卫，则乙的行为不属于正当防卫，其行为构成故意杀人罪。

应当认为，在聚众斗殴中也是可能成立正当防卫的。例如，在聚众斗殴中，如果一方明确表示希望停止，但对方继续实施暴力的，则这一方可以实施正当防卫进行反击。虽然聚众斗殴过程中原则上可以成立正当防卫，但在具体案件中究竟能否成立正当防卫，需要从防卫行为开始之时，分别判断前行为（斗殴行为）是否成立犯罪，以及后行为（防卫行为）是否符合正当防卫的成立条件，然后按照《刑法》第 20 条关于正当防卫的规定进行处理。

---

[1]　张明楷.刑法学，6 版.北京：法律出版社，2021：1394.

9. 成立本罪是否要求行为人具有所谓流氓动机?

虽然聚众斗殴罪源于1979年《刑法》第160条规定的流氓罪,但在现行《刑法》中,成立本罪不要求行为人具有流氓动机,因为行为人是否具有流氓动机,不影响对于其行为是否扰乱公共秩序的评价。另外,只要行为人对聚众斗殴行为及其结果具有故意,即便没有流氓动机,其行为也值得以刑罚进行谴责。何况,流氓动机的判断不具有确定性,将流氓动机作为本罪的主观要素,要么会不当地限制本罪的处罚范围,要么会导致处罚范围的不确定。

10. 聚众斗殴导致首要分子受伤的,其承担故意伤害罪的刑事责任吗?

聚众斗殴罪是扰乱公共秩序,不是侵害公民个人人身权的犯罪。《刑法》第292条第2款关于聚众斗殴致人重伤、死亡以故意伤害罪、故意杀人罪定罪处罚的规定,相当于聚众斗殴罪的一个刑档。换句话说,虽然以故意伤害罪、故意杀人罪定罪处罚,但只是一种拟制的故意伤害罪、故意杀人罪,并不是真正的侵害人身权的故意伤害罪、故意杀人罪。所以,聚众斗殴导致首要分子受重伤的,其本人仍应承担故意伤害罪的刑事责任。

根据责任主义原理,聚众斗殴致人重伤、死亡,包括导致几方人员重伤、死亡的,只应对首要分子和直接造成重伤、死亡的斗殴者认定为故意伤害罪、故意杀人罪,对其他参与者则不能认定为故意伤害罪、故意杀人罪,只能认定为聚众斗殴罪。在不能查明重伤、死亡原因的情况下,也不能将所有的斗殴者均认定为故意伤害罪与故意杀人罪,只能对双方的首要分子以故意伤害罪、故意杀人罪论处。

11. 对于聚众斗殴的一般参加者,能以共犯论处吗?

聚众斗殴罪只处罚首要分子和积极参加者。根据多众犯原理,对于刑法没有规定处罚的一般参加者,既不能成立聚众斗殴罪的正犯,也不能根据《刑法》总则关于共犯的处罚规定认定为聚众斗殴罪的共犯。对一般参加者在斗殴中致人伤害、死亡的,只能根据其行为所符合的犯罪构成来认定,如故意伤害罪、故意杀人罪、过失致人重伤罪、过失致人死亡罪。

12. 何谓"持械聚众斗殴"?

"持械聚众斗殴",是指使用"械"进行斗殴,而不是指携带"械"进行斗殴。考虑到聚众斗殴的特点,立法者特意用"械",而不是用"凶器",说明这种物品不需要有很大杀伤力,只要斗殴中能够"活跃"现场气氛即可。所以可以认为"械"的范围比凶器的广,一根树枝,一块砖头,都可谓"械"。张明楷教授把聚众斗殴罪中的"械"理解为凶器，认为包括性质上的凶器与用法上的凶器。[①]本书对此观点存在疑问。"械"应该比"凶器"的范围广。凡是能够用于斗殴的，都可能被认定为持械聚众斗殴中的"械"。

在斗殴过程中显示"械"的，也应当认定为持械聚众斗殴。甲、乙双方斗殴时，只有一方人员持械的，另一方成员不能认定为持械聚众斗殴。一方有部分成员持械，未持械的成员知道己方人员持械的，也应承担持械聚众斗殴的刑事责任。不明知其他成员持械的，不得认定为持械聚众斗殴。

13. 导致多人重伤、死亡的，是成立一个故意伤害罪、故意杀人罪还是应数罪并罚？

张明楷教授认为，聚众斗殴致数人重伤的，因为侵害了数个个人专属法益，应以数个故意伤害罪实行数罪并罚。[②]

本书不赞同上述看法。聚众斗殴罪是扰乱公共秩序的犯罪，不是侵害公民人身权的犯罪，相当于侵害集体法益的犯罪。聚众斗殴致人重伤死亡以故意伤害罪、故意杀人罪定罪处罚的规定相当于聚众斗殴罪的第3个刑档。所以，聚众斗殴致数人重伤的，也还是只能认定为一个故意伤害罪，而不是数个故意伤害罪。

14. 双方各自仅一人动手的，构成本罪吗？

张明楷教授认为，双方相约在公共场所斗殴，但在双方多人到达现场后，双方均只有一个人动手与对方互殴的，也可能构成聚众斗殴罪。[③]

本书不赞成上述看法。即便双方相约多人聚众斗殴，但由于聚众斗殴罪的实行行为只有"斗殴"，现场只有一个人斗殴，就不是聚众性斗殴，就没有扰乱公共秩序，不宜认定为聚众斗殴罪。

第十一节　寻衅滋事罪

第二百九十三条　**【寻衅滋事罪】**有下列寻衅滋事行为之一，破坏社会秩序的，处五年以下有期徒刑、拘役或者管制：

（一）随意殴打他人，情节恶劣的；

---

① 张明楷．刑法学．6版．北京：法律出版社，2021：1396.
② 张明楷．刑法学．6版．北京：法律出版社，2021：1397.
③ 张明楷．刑法学．6版．北京：法律出版社，2021：1394.

（二）追逐、拦截、辱骂、恐吓他人，情节恶劣的；

（三）强拿硬要或者任意损毁、占用公私财物，情节严重的；

（四）在公共场所起哄闹事，造成公共场所秩序严重混乱的。

纠集他人多次实施前款行为，严重破坏社会秩序的，处五年以上十年以下有期徒刑，可以并处罚金。

疑难问题

1. 本罪的保护法益和立法目的是什么？

案1：被告人为博取眼球、提高收视率，在直播时，多次使用手机随意拨打110报警电话，进行骚扰谩骂，引发大量网友围观评论。被告人被控寻衅滋事罪。

本案中，被告人虽然实施了谩骂行为，但没有达到情节恶劣的程度。被告人的行为不符合寻衅滋事罪的任何一种行为类型，故被告人的行为不构成寻衅滋事罪。被控寻衅滋事罪应该是整体评价的结果。整体评价不会指出被告人的行为触犯的是哪一项，引用法条也是整体引用。应该说这种做法是有违反罪刑法定原则之嫌的。因为虽然"两高"用寻衅滋事罪概括了《刑法》第293条的构成要件，但其实该条规定了4种行为类型，或者说该条规定了4种犯罪构成。也就是说，我们完全可以将《刑法》第293条看作4个罪名和构成要件。

案2：地铁站台上人特别多，甲将没喝完的豆浆等垃圾随意往人群中扔。

本案中，甲在地铁的站台上向人群扔垃圾，后果可想而知，可以认为造成公共场所秩序严重混乱。起哄闹事也不一定需要用语言，在站台上向人群扔垃圾的行为也属于起哄闹事。因此，甲的行为属于"在公共场所起哄闹事，造成公共场所秩序严重混乱"，构成寻衅滋事罪。

案3：甲女在城市打工时认识了乙男，甲女在与乙男交往后才知道乙男有家室，甲女遂想与乙男断绝关系，但乙男不同意，总是纠缠甲女。甲女为躲避乙男的纠缠，到其他城市打工。乙男找不到甲女，就开始骚扰甲女的家人，平日里给甲女的家里打骚扰电话，闯入甲女家砸东西，甚至在除夕夜将花圈放在甲女的家门口。

本案中，乙男侵入甲女的家中砸东西，可以认定为非法侵入住宅罪。由于寻衅滋事罪是扰乱公共秩序的犯罪，所以乙男的行为难以被评价为寻衅滋事罪。

案4：张三认为生产口罩的利润巨大，于是准备投建口罩厂。因为缺乏资金，张三向李四借款1000万元，约定月息2分、借期1年。但是，后来市场上口罩出现了供大于求的情况，张三的口罩厂不仅没赚钱，还亏了钱。于是张三产生了不还钱的想法，并在借款到期后，以李四出借的是高利贷为由拒绝还钱。之后，李四多次到张三的工厂和家里讨债，并多次通过短信、微信、电话或当面辱骂张三"不还钱你断子绝孙""臭不要脸""不得好死"等，但张三拒绝还款。

本案中，虽然债权人李四实施了辱骂行为，但他是通过短信、微信、电话或者当面进行辱骂的，针对的是特定的债务人张三。从寻衅滋事罪所保护的法益来看，不能将这种行为认定为寻衅滋事罪。而且，李四也不是为了寻求刺激、发泄情绪、逞强耍横而无事生非。一方面，个人偶尔放高利贷的行为最多也就涉及民法上不保护其高息的问题，并非刑事违法行为。另一方面，李四是否放高利贷与其讨债行为是否构成寻衅滋事罪是两个独立的问题，不能因为他放了高利贷，就将其讨债行为评价为寻衅滋事罪。如果将讨债行为认定为犯罪，必然会助长"老赖"行为，也会鼓励一些人实施借款诈骗行为。这明显不符合刑罚目的，也会使刑事司法丧失合理性和合法性。所以，司法机关不仅不能将这样的讨债行为认定为犯罪，还要特别警惕"老赖"恶人先告状的情况。总之，催收合法债务，以及催收高利放贷中的本金与合法利息，不应当认定为催收非法债务罪与寻衅滋事罪。行为人以非法拘禁方式催收合法债务的，只能认定为非法拘禁罪，而不得认定为寻衅滋事罪。

寻衅滋事罪是《刑法》分则第六章"妨害社会管理秩序罪"的第一节"扰乱公共秩序罪"中的罪名，其不仅项前有"破坏社会秩序"的规定，而且项中也有"造成公共场所秩序严重混乱"与"严重破坏社会秩序"的规定。这说明，本罪所保护的法益是社会秩序和公共秩序，只有破坏了社会秩序和公共秩序的行为才能成立寻衅滋事罪。本罪的立法目的就是旨在保护社会秩序和公共秩序，而不是保护公民个人的人身、财产权。

虽然可以认为寻衅滋事罪所保护的法益是社会秩序和公共秩序，但诚如张明楷教授所言，公共秩序和社会秩序都是十分抽象的概念，如果一个罪保护的法益过于抽象，必然会导致对构成要件的解释缺乏实质的限制，从而使构成要件丧失应有的机能。所以，应当联系寻衅滋事罪的 4 种具体行为类型来确定它保护的法益。①

为发挥法益对构成要件解释的指导机能，必须尽可能明确具体个罪所保护的

---

① 张明楷.张明楷刑法学讲义.北京：新星出版社，2021：582.

法益。就寻衅滋事罪而言，由于其规定了构成各异的 4 种行为类型，所以很难概括出一种能同时适用于 4 种行为类型的法益。

就第一种随意殴打型寻衅滋事罪而言（随意殴打他人，情节恶劣的），其所保护的法益是公民在公共生活、公共活动中的身体安全。所以，随意殴打家庭成员，或者基于特殊原因在私人场所殴打特定个人的，就不构成本罪。

就第二种追逐拦截辱骂恐吓型寻衅滋事罪而言（追逐、拦截、辱骂、恐吓他人，情节恶劣的），其所保护的法益是公民在公共生活、公共活动中的行动自由、名誉与意思活动自由。因此，在没有多人在场的情况下，辱骂特定个人的，不属于本罪中的辱骂他人；通过电话、微信、短信或者私下当面恐吓特定个人的，不属于本罪中的恐吓他人。

就第三种强拿硬要损毁占用型寻衅滋事罪而言（强拿硬要或者任意损毁、占用公私财物，情节严重的），其所保护的法益是与财产有关的社会生活的安宁或平稳，不是单纯保护公民个人的财产权。例如，行为人多次使用轻微暴力或者胁迫手段，在自由市场任意损毁他人的小商品，导致他人被迫放弃商品经营、情节严重的，成立本罪。但如果行为人为了报复而冲进他人家里一次性地损毁了他人的多件物品的，则只能成立非法侵入住宅罪和故意毁坏财物罪，而不能成立本罪。

就第四种起哄闹事型寻衅滋事罪而言（在公共场所起哄闹事，造成公共场所秩序严重混乱的），其所保护的法益是不特定人或者多数人在公共场所从事活动的自由与安全。所以，在非公共场所，如在特定人的办公室起哄闹事的，一般也不能认定为本罪。

2. 如何理解寻衅滋事罪的各种具体行为类型？

《刑法》第 293 条寻衅滋事罪规定了四种行为类型和一种加重类型。

第一，随意殴打他人，情节恶劣的行为。

既然是"随意"殴打，就不是一般的殴打，而且必须是情节恶劣的随意殴打行为。随意，就是不合常理，不可理喻，就是殴打的理由、对象、方式等明显异常。也就是说，一般人不能接受其殴打行为。从行为人的角度来看，其殴打他人没有任何自我控制。例如，中学老师几十年前曾在课堂上对行为人进行罚站，行为人毕业几十年后当众把这个老师痛打一顿，这就是随意殴打。

第二，追逐、拦截、辱骂、恐吓他人，情节恶劣的行为。

追逐，一般是指妨碍他人停留在一定场所。拦截，一般是指阻止他人随意转移场所的行为。这两种行为都是妨碍他人行动自由的行为。辱骂，是指以言语对他人进行轻蔑的价值判断，不限于针对特定个人，也包括针对一群人、一类人进行的谩骂。恐吓，其实就是胁迫，是以恶害相通告的行为。实施这些行为必须扰乱公共秩序，在非公共场所针对特定个人实施这些行为的，一般不能认定为寻衅滋事罪。

第三，强拿硬要或者任意损毁、占用公私财物，情节严重的行为。

所谓强拿硬要，是指违背他人意志（不是心甘情愿地赠与），强行取得他人财物的行为，既可以表现为夺取财物，也可以表现为迫使他人交付财物。这里的财物也包括财产性利益。例如：乘坐出租车后迫使对方免除车费的行为，就属于强拿硬要；吃霸王餐后迫使餐厅老板免除其支付餐费，也是强拿硬要。强拿硬要行为虽然有一定的强制性，但不要求达到足以压制对方反抗的程度。若达到了这种程度，可直接认定为抢劫罪。损毁公私财物，是指使公私财物的使用价值减少或者丧失的一切行为，跟故意毁坏财物罪中"毁坏"的含义相同，应坚持"效用侵害说"。占用公私财物，是指不当、非法使用公私财物的一切行为。占用公私财物的行为必须具有不正当性，但并不要求行为人具有非法占有目的。也就是说，不管有没有返还财物的意思，都属于这里的占用公私财物。值得注意的是，"任意"，不仅是对损毁公私财物的限制，而且是对占用公私财物的限制。"任意"与"随意"的意义接近，但其程度低于"随意"的要求，就是指肆意、恣意，侧重于说明行为不具有合法根据与理由。

第四，在公共场所起哄闹事，造成公共场所秩序严重混乱的。

所谓公共场所，是指不特定人或者多数人可以自由出入的场所。起哄闹事行为，应该是具有煽动性、蔓延性、扩展性的行为，而不是单纯影响公共场所局部活动的行为。例如，两人在电影院为争座位而相互斗殴的行为，就不能被评价为起哄闹事。"起哄"和"闹事"之间其实可以用顿号分开，或者说起哄就是闹事，就是在众人面前挑起一种事端。"起哄"并不限于言语形式。向人群扔垃圾、扔一条蛇、扔燃放的鞭炮，都能造成现场秩序严重混乱，都属于起哄闹事。在司法实践中，起哄闹事的一般是多人，但本罪的成立并不要求有多人实施，一两个人实施的，也可能成立本罪。

第五，纠集他人多次实施前款行为，严重破坏社会秩序的。

这是对寻衅滋事罪加重犯的规定。该规定其实就是对多次寻衅滋事的纠集者（通常是首要分子）加重处罚。对单纯多次参加他人纠集的寻衅滋事行为的，不能作为加重犯处罚，但可能作为寻衅滋事罪同种数罪并罚。

3. 何谓"随意"与"任意"？能否以是否"事出有因"来判断是否随意？

案 5：甲随意扇断臂的残疾人乙耳光，乙随即咬住了甲的手指。甲把手指拉出来的时候，将乙的两颗门牙拉掉（轻伤），甲的手指也受轻微伤。

本案中，甲随意打残疾人耳光，若造成恶劣社会影响，可以成立寻衅滋事罪。但甲对残疾人的门牙脱落没有故意，只有过失，如果要定寻衅滋事罪，也不能把过失行为造成的结果评价进来。也就是说，即使要认定为寻衅滋事罪，也只能看前面随意打残疾人耳光的行为本身是否属于情节恶劣，而不能将后面导致残疾人门牙脱落的情节评价进来。

随意，就是随心所欲，就是违背常理，不可理喻。司法实践中常常以是否事出有因来判断是否随意，认为事出有因的就不是随意，事出无因的就是随意。应该说这种理解是不对的。例如，他人善意批评行为人，行为人却把他人打了一顿。又如，他人辱骂了行为人一次，行为人却打了他人三顿。再如，现场只有一个人让行为人难堪，行为人却把现场的每个人都揍了一顿。这些行为虽然都可谓事出有因，但无疑属于随意。所谓"任意"损毁、占用公私财物，强调的是没有合法根据或者理由。对任意的要求要比随意的低一些。随意可谓任意，但任意未必就是随意。

4. 本罪与故意伤害罪、故意杀人罪、抢劫罪、敲诈勒索罪等犯罪之间是什么关系？

案 6：A、B、C 三人半夜喝醉酒后在街上闲逛，三人看到甲后，上前无故殴打：C 捡起路边石块砸了甲的头部，甲的手机掉到地上后，B 将甲的手机拿走了，又从甲的身上搜走了 70 元。事后经鉴定甲的手机价值 531 元，甲没有受伤。

本案中，C 捡起路边石块砸甲头部的行为，能够被评价为"持凶器随意殴打他人"，所以成立寻衅滋事罪。可以认为三人的暴力行为已经压制住了甲的反抗，只要甲知道自己的手机掉在地上而被 B 拿在手上，并且三人仍然在对甲实施暴力或者以暴力相威胁，就可以评价为抢劫。但如果甲不知道手机掉在地上被 B 拿走，或者三人后来根本就没有继续对甲实施暴力或者暴力相威胁，就不能认定为抢劫罪，只能将 B 拿走甲手机的行为认定为盗窃罪。综合全案，应该将 A、B、C 三人的行为认定为一个抢劫罪，量刑轻缓一些即可。因为 A、B、C 三个人的暴力行为并不是很严重，也没拿多少钱，以寻衅滋事罪与抢劫罪实行数罪并罚，可能过重。

我国刑法理论和司法实践一直非常注重不同犯罪之间的界限，并且习惯于找出此罪与彼罪之间的关键区别，但这常常会带来一些问题。比如，为了区分强拿硬要型寻衅滋事罪和敲诈勒索罪、抢劫罪，就要求强拿硬要必须是出于流氓动机。这其实是为了区分此罪和彼罪而在法定的构成要件之外添加了"流氓动机"这一新的要素。这样做，既不能得出合理的结论，也不符合刑法的规定。其实，与其强调不同犯罪之间的区别，不如注重犯罪之间的竞合。这样更有助于解决争议问题。也就是说，要特别关注各个罪的构成要件内容。

寻衅滋事罪与相关犯罪之间，并没有明确的界限，而是存在广泛的竞合。例如：随意殴打型寻衅滋事，可能同时构成故意伤害罪、故意杀人罪；追逐拦截辱骂恐吓型寻衅滋事，可能同时构成非法拘禁罪、侮辱罪、过失致人死亡罪、过失致人重伤罪；强拿硬要损毁占用型寻衅滋事，可能同时构成抢劫罪、敲诈勒索罪、故意毁坏财物罪、侵占罪、盗窃罪、聚众哄抢罪；起哄闹事型寻衅滋事，可能同时构成聚众扰乱公共场所秩序、交通秩序罪。

5. 成立本罪，是否需要具有特定目的或流氓动机？

虽然流氓罪已被废除二十多年，但流氓罪的观念还残存在不少学者和实务人士的头脑中。例如，根据司法解释的规定，只有当行为人为寻求刺激、发泄情绪、逞强耍横、无事生非，实施上述法条中规定的行为时，才可能成立寻衅滋事罪。刑法理论也认为，要是不强调成立寻衅滋事罪必须出于流氓动机，就无法区分寻衅滋事罪与抢劫、敲诈勒索、故意伤害等罪。其实，寻衅滋事罪与抢劫、敲诈勒索、故意伤害等罪之间并不是对立关系，而是竞合关系。只要使用暴力或者以暴力相威胁的强拿硬要行为足以压制被害人的反抗，就既成立寻衅滋事罪，也成立抢劫罪。只要随意殴打他人的行为造成他人伤害结果，就既成立寻衅滋事罪，也成立故意伤害罪。同时构成时，系想象竞合，从一重处罚即可。再者，不要求行为人主观上必须出于流氓动机，并不意味着不要求行为人主观上具有故意，因而不会导致客观归罪。

6. 对在公共场所追逐、拦截、辱骂妇女的，是成立强制猥亵、侮辱罪还是本罪？

我国刑法理论界与实务界习惯于认为，在公共场所追逐、拦截、辱骂妇女的，成立强制猥亵、侮辱罪。言外之意是，在公共场所追逐、拦截、辱骂成年男子的，构成寻衅滋事罪，但追逐、拦截、辱骂妇女的，则成立强制猥亵、侮辱罪。也就是追逐、拦截、辱骂的对象性别不同，则构成的犯罪也不同。但当行为人不知对象是男是女而只管追逐、拦截、辱骂时，则不知道如何处理了。强制猥亵、侮辱罪是侵害妇女的性行为的自己决定权的犯罪。如果追逐、拦截、辱骂行为没有侵害妇女的性行为的自己决定权，则不可能构成强制猥亵、侮辱罪。其实，无论追逐、拦截、辱骂的对象是男还是女，只要侵害他人的性行为的自己决定权，都能同时构成强制猥亵罪与寻衅滋事罪，从一重处罚即可。不侵害他人的性行为的自己决定权的，则仅成立寻衅滋事罪、侮辱罪。

7. 对在网上造谣，能否认定为"在公共场所起哄闹事，造成公共场所秩序严重混乱"而构成本罪？

案 7：被告人因对法院民事判决不满，利用信息网络大量发布有关判决不公、法官构成民事枉法裁判罪之类的信息。法院认定被告人构成寻衅滋事罪。

本案中，被告人利用信息网络发布信息，如果认为网络空间不是公共场所，则不能认定被告人的行为构成寻衅滋事罪。本书认为，被告人的行为不构成寻衅滋事罪。

2013 年 9 月 6 日"两高"《关于办理利用信息网络实施诽谤等刑事案件适用法律若干问题的解释》（以下简称《网络诽谤解释》）第 5 条第 2 款规定，编造虚假信息，或者明知是编造的虚假信息，在信息网络上散布，或者组织、指使人员在信息网络上散布，起哄闹事，造成公共秩序严重混乱的，依照《刑法》第 293 条 1 款第 4 项的规定，以寻衅滋事罪定罪处罚。

学界对上述将网络空间看作公共场所的司法解释观点基本上持批评态度。例如，张明楷教授认为："公共场所"是公众（不特定人或者多数人）可以在其中活动的场地、处所，或者说，是公众可以自由出入的场所。这里的"自由出入"并不是指言论的自由出入，而是指身体的自由出入。此其一。其二，司法解释其实是用"公共空间"这一上位概念替换了"公共场所"这一下位概念，正如用"他人"替换强奸罪中的"妇女"这一概念一样，属于典型的类推解释。其三，在《刑法修正案（九）》增设了编造、故意传播虚假信息罪，并且将虚假信息的内容限定为虚假的险情、疫情、灾情、警情之后，应该认为编造或者传播除此之外的虚假信息的行为，不构成犯罪。可以认为，在《网络诽谤解释》施行一段时间后，立法机关仍然增设编造、故意传播虚假信息罪，明显旨在否定《网络诽谤解释》第 5 条第 2 款的规定，所以，该款规定应当自动失效。①

本书认为，上述批评意见基本上是可以接受的。不过，在网络发布虚假信息

---

① 张明楷. 刑法学. 6 版. 北京：法律出版社，2021：1400 - 1401.

不能构成寻衅滋事罪，不是因为网络空间不能被评价为公共场所。网络空间可以是公共场所。比如，故意在网络空间，以焚烧、毁损、涂划、践踏等方式侮辱国旗、国徽，或者故意篡改国歌歌词、曲谱，以歪曲、贬损方式奏唱国歌的，无疑属于在"公共场合"侮辱国旗、国徽、国歌，而构成侮辱国旗、国徽、国歌罪。通过网络直播私密空间的强奸过程，也能评价为"在公共场所当众强奸妇女、奸淫幼女"。所以，网上造谣不能被认定为寻衅滋事罪，并不是因为网络空间不是公共场所，而是因为，为了保护公民的网络言论自由，应将寻衅滋事罪中的"公共场所"限定为物理空间的公共场所，不包括网络空间。微信群和朋友圈属于公共场所，但在微信群、朋友圈发言的，无论如何不能被评价为"在公共场所起哄闹事"，不能构成寻衅滋事罪。

8. 对寻衅滋事罪的几种行为类型能否进行综合评价？

寻衅滋事罪规定有四种行为类型，但在现实生活中，可能出现行为人实施了两种以上行为，但每一种行为都没有达到情节严重或者情节恶劣的程度的情形。对此能否进行综合评价认定为寻衅滋事罪，是实践中经常遇到的问题。

应该说，当行为人实施了《刑法》第293条第1款所列举的多项行为，虽然各项行为本身并未达到情节严重、情节恶劣等要求，但经过规范评价（而不是单纯的累加事实），可以认定行为人达到了其中一项要求时（符合其中一项的构成要件），仍然可以认定为寻衅滋事罪。例如：行为人一次随意殴打他人，没有达到情节恶劣的程度；一次使用暴力追逐拦截他人，也没有达到情节恶劣的程度；一次使用暴力强拿硬要他人财物，仍没有达到情节严重的程度。可以认为，行为人三次使用暴力随意殴打了他人，达到了情节恶劣的程度，而肯定寻衅滋事罪的成立。但如果追逐拦截和强拿硬要都没有殴打他人的情节，则虽然有三次行为，也不能综合评价为随意殴打他人情节恶劣，而构成寻衅滋事罪。

9. 本罪是否为伤害罪的未遂犯？是否需要殴打行为具有造成伤害结果的危险性？

实践中因为不处罚故意伤害罪的未遂犯，而将故意伤害未遂的行为认定为寻衅滋事罪。应该说，这是错误的做法。本罪并非故意伤害罪的未遂犯。也就是说，本罪中的殴打行为并不需要具有造成伤害结果的危险性。如果本罪中的殴打行为具有致人生理机能侵害的危险性，则同时成立寻衅滋事罪和故意伤害罪的既遂或者未遂，属于想象竞合，从一重处罚即可。

10. 2018 年 1 月 16 日 "两高" 公安部、司法部《关于办理黑恶势力犯罪案件若干问题的指导意见》（以下简称《指导意见》）规定 "二年内多次实施不同种类寻衅滋事行为的，应当追究刑事责任"，有无问题？

上述司法解释规定其实是一种整体评价的思维方式。虽然行为人在两年内多次实施不同种类的寻衅滋事行为，但如果不符合寻衅滋事罪的任何一种行为类型成立犯罪的条件，也不能综合评价为其中一种行为类型，则行为不符合寻衅滋事罪的构成要件，不能认定为寻衅滋事罪。

第十二节　催收非法债务罪

第二百九十三条之一　**【催收非法债务罪】**有下列情形之一，催收高利放贷等产生的非法债务，情节严重的，处三年以下有期徒刑、拘役或者管制，并处或者单处罚金：

（一）使用暴力、胁迫方法的；

（二）限制他人人身自由或者侵入他人住宅的；

（三）恐吓、跟踪、骚扰他人的。

疑难问题

1. 本罪的增设有无法理上的问题？

如果说行为人采用暴力、胁迫等手段催收的是被害人没有偿还义务的非法债务，理当可以以抢劫、敲诈勒索罪等财产罪进行规制，而根本不需要增设本罪，否则就会造成明显的不协调：民法不保护非法债务，刑法却保护非法债务。另外，在以往的司法实践中，对采取非法拘禁方式催收合法债务的行为以非法拘禁罪论处，而对以采取跟踪、骚扰等方式催收合法债务的行为却以更重的寻衅滋事罪论处，不仅导致寻衅滋事罪的适用范围无限扩张，而且造成刑法的适用明显不协调。克服这种不协调现象，或许是立法机关增设催收非法债务罪的动机所在。然而，如果认为本罪的 "非法债务" 是指法律不予保护的债务，即债务本身非法，则会造成本罪与抢劫、敲诈勒索等罪之间的不协调。也就是说，不管如何理解催收非法债务罪的成立条件，都难以正确处理催收非法债务罪与抢劫、敲诈勒索罪等财产罪之间的关系。

2. 本罪的保护法益和立法目的是什么？

本罪属于《刑法》分则第六章"妨害社会管理秩序罪"的第一节"扰乱公共秩序罪"的罪名，所以从形式上看，本罪所保护的法益是公共秩序。不过，张明楷教授撰文指出：应对催收非法债务罪所保护的法益进行补正解释，认为公共秩序、社会秩序以及合法、正当的民间借贷秩序，都不应是催收非法债务罪的保护法益；根据《刑法》第 293 条之一对构成要件行为的表述，催收非法债务罪的保护法益只能是个人法益，即个人的人身权利，主要内容是身体、人身自由、住宅不受侵犯的权利，以及意思决定自由与住宅权；也不认为财产法益是本罪的保护法益，因为如果认为本罪的保护法益包括财产法益，使本罪包括了财产罪的内容，则难以说明本罪的既遂标准。关于本罪的立法目的，张明楷教授认为：由于本罪属于侵犯人身权利的犯罪，所以，应当将本罪置于《刑法》分则第四章。换言之，由于《刑法》分则第四章没有规定暴行罪、胁迫罪、恐吓罪、跟踪罪等侵犯人身权利的犯罪，这才导致《刑法》增设催收非法债务罪。反之，如果我国《刑法》分则像德国、日本等国刑法那样规定上述侵犯人身权利的犯罪，则完全不需要增设催收非法债务罪。[①]

虽然立法的本意或许在于，为维护社会稳定，杜绝以暴力、胁迫、限制他人人身自由、侵入他人住宅、恐吓、跟踪、骚扰等非法方式催收高利贷、赌债等非法债务，但其既然是非法债务，行为人以非法方式催收债务，就不仅仅是手段不当，目的也不当，所以就不能单纯对讨债的手段进行评价，还应对其目的行为进行评价，即由于行为人具有非法占有目的，而应成立抢劫、敲诈勒索等财产罪。而且，以非法拘禁手段催收合法债务的，按照《刑法》第 238 条第 3 款关于"为索取债务非法扣押、拘禁他人的，依照前两款的规定处罚"的规定，成立非法拘禁罪。而催收非法债务罪的增设，意味着以非法拘禁方式催收合法债务的，构成非法拘禁罪，而以暴力、胁迫、限制人身自由、恐吓、跟踪、骚扰等并不构成刑法分则所规定的犯罪的方式催收非法债务的，反而仅构成法定最高刑为 3 年有期徒刑的催收非法债务罪，也就是变相地肯定了刑法保护非法债务。

本书倾向于认为，应将本罪所保护的法益进行补正解释，认为本罪是保护公民个人人身权的犯罪。由于我国《刑法》所规定的故意伤害、故意杀人、非法拘禁、非法侵入住宅等人身犯罪的成立，都有量的要求，而我国《刑法》并没有如我国民国和其他国家那样规定有暴行罪、胁迫罪、跟踪罪，这导致对公民的人身

[①] 张明楷. 催收非法债务罪的另类解释. 政法论坛，2022（2）.

权保护不力。所以，为维护社会稳定，保护公民的人身权，对于以非法手段催收非法债务的，也应以本罪论处。至于是否另外构成抢劫、敲诈勒索罪等财产犯罪，按照犯罪构成和罪数原理处理即可。质言之，设立本罪就是旨在扩大人身犯罪的处罚范围。将非法债务限定为"高利放贷等非法行为产生的合法本息或合法债务"，认为以暴力、胁迫等手段催收合法债务，尚不构成非法拘禁罪等犯罪的，就以本罪论处的观点，也存在问题。因为，既然是合法债务，催收合法债务就是行使权利的行为，若行使权利的手段不当，只需根据手段行为进行评价。既然手段行为不构成非法拘禁罪等犯罪，就不应当作为犯罪处理，否则，同样违反了法秩序统一性和刑法的谦抑性原理。

其实，《刑法》分则中这种设置轻罪但并不排斥重罪成立的立法例，并不少见。例如，关于危险驾驶罪、帮助信息网络犯罪活动罪、高空抛物罪：实施危险驾驶行为，可能同时成立交通肇事罪、以危险方法危害公共安全罪等罪；帮助信息网络犯罪活动的，通常还成立诈骗罪、非法经营罪、开设赌场罪、传播淫秽物品牟利罪、侵犯公民个人信息罪等相关犯罪的共犯；高空抛物的，还可能同时成立故意杀人罪、故意伤害罪等罪。所以在我国，并不能完全否认这种立法例的合理性。

3. 何谓"高利放贷等产生的非法债务"？

张明楷教授曾经认为，本罪中的"非法债务"，应仅限于因高利贷和赌博产生的非法债务，不应包括其他非法债务。[1] 但张明楷教授又撰文指出，"催收高利放贷等产生的非法债务"，是指催收高利放贷等非法行为产生的合法本息或合法债务，而不是指催收超出合法本息或合法债务等法律不予保护的债务；赌债、毒债等违法行为产生的债务不属于本罪中的债务；对以暴力、胁迫等方法催收法律不予保护的债务的行为，应以抢劫、敲诈勒索等财产罪追究刑事责任。[2]

应该说，从法秩序统一性原理和犯罪之间的协调考虑，作出上述解释具有相当的合理性。不过，本书认为，既然条文表述的是"非法债务"，还是应当将催收的对象限定于高利放贷产生的民法不予支持的高额利息以及赌债等法律不予保护的债务。至于催收高利放贷产生的合法本息，因为属于合法债务，只有以《刑法》分则所规定的犯罪手段进行催收，如非法拘禁、绑架、非法侵入住宅、伤害、杀人等，才能根据其手段认定为相应犯罪。至于以本罪所规定的手段催收非

---

① 张明楷. 刑法学. 6 版. 北京：法律出版社，2021：1405.
② 张明楷. 催收非法债务罪的另类解释. 政法论坛，2022（2）.

法债务的，是否同时构成抢劫、敲诈勒索罪等其他财产犯罪，按照犯罪构成和罪数原理处理即可。也就是说，成立本罪并没有排除抢劫等罪的成立。设立本罪，就是要降低人身犯罪的入罪门槛，就是要告诉人们，不能以非法手段催收债务。

4. 催收非法债务罪是复行为犯还是单行为犯？

从本罪的条文表述来看，本条规定的三类行为属于手段行为，而"催收高利放贷等产生的非法债务"是目的行为。但这并不意味着本罪的构成要件行为是"手段行为＋目的行为"的所谓复行为犯，相反，应当认为，本罪是单行为犯，只要行为人以催收高利放贷等产生的非法债务为目的，对"债务人"实施暴力、胁迫、跟踪等行为，情节严重的，就足以成立本罪的既遂。在此意义上说，"催收高利放贷等产生的非法债务"本身并不是构成要件行为，而是行为目的，或者说是主观的超过要素。

5. 本罪与故意伤害罪、非法拘禁罪、敲诈勒索罪、抢劫罪、寻衅滋事罪、非法侵入住宅罪等罪之间是什么关系？

由于张明楷教授将"催收高利放贷等产生的非法债务"限缩解释为"催收高利放贷等非法行为产生的合法本息或合法债务"，所以其认为：对行为人以暴力、胁迫等手段催收高利放贷中的合法本息的，以催收非法债务罪论处，对行为人以暴力、胁迫等手段催收高利放贷中的高息部分的，以抢劫罪、敲诈勒索罪等罪论处，才能实现法秩序的统一性；如果行为人采取非法拘禁的方式催收基于高利放贷所产生的合法本息，拘禁行为达到非法拘禁罪的成立标准的，属于包括的一罪；如果行为人为催收基于高利放贷所产生的合法本息所实施的非法侵入住宅罪，同时达到催收非法债务罪的成立标准的，属于包括的一罪，从一重处罚；如果采取非法限制人身自由或者侵入他人住宅方式催收基于高利放贷产生的合法本息后，又采取暴力、胁迫方式或者限制人身自由或侵入住宅方式催收高于合法本息的高额利息的，则另构成抢劫、敲诈勒索等罪，应当实行数罪并罚；既然以非法拘禁方式催收合法债务的也仅成立非法拘禁罪，最高处 3 年以下有期徒刑，那么，对以暴力、胁迫、跟踪、恐吓等手段更为轻微的方式催收基于高利放贷产生的合法本息的行为，就不能科处更高的刑罚，但如果将这种行为认定为法定刑更高的寻衅滋事罪，就明显导致刑法适用的不协调，违反罪刑相适应原则，所以，对符合催收非法债务罪构成要件的行为，不得以寻衅滋事罪论处。[①]

[①] 张明楷. 催收非法债务罪的另类解释. 政法论坛，2022（2）.

本书认为：本罪中的非法债务应限于高利放贷产生的不受民法保护的高额利息和赌债等法律不予保护的非法债务；行为人使用暴力、胁迫、限制人身自由、侵入住宅、恐吓、跟踪、骚扰等方法进行催收，同时构成故意伤害、杀人、非法拘禁、抢劫、敲诈勒索罪等犯罪的，属于想象竞合，从一重处罚；催收的方法不构成故意伤害、非法拘禁等犯罪的，只能认定成立催收非法债务罪，不能认定同时成立寻衅滋事罪。

6. 如何把握本罪与正当行使权利、合法讨债的界限？

这关键是看所催收的债务本身是否受法律保护，是否为合法债务。对于催收合法债务的，只能根据手段行为进行评价，认定为非法拘禁、故意伤害等犯罪，不能认定为本罪和寻衅滋事罪。催收非法债务的，构成催收非法债务罪，同时可能构成故意伤害罪、非法拘禁罪、非法侵入住宅罪、抢劫罪、敲诈勒索罪等罪而从一重处罚，不能构成寻衅滋事罪。

7. 催收高利放贷中的本金与合法利息，构成本罪吗？

催收高利放贷中的合法本息，不构成本罪，只能根据手段的性质，认定成立非法拘禁罪等罪，但不构成寻衅滋事罪。

第十三节　组织、领导、参加黑社会性质组织罪

第二百九十四条　【组织、领导、参加黑社会性质组织罪】组织、领导黑社会性质的组织的，处七年以上有期徒刑，并处没收财产；积极参加的，处三年以上七年以下有期徒刑，可以并处罚金或者没收财产；其他参加的，处三年以下有期徒刑、拘役、管制或者剥夺政治权利，可以并处罚金。

⋯⋯⋯⋯⋯⋯

犯前三款罪又有其他犯罪行为的，依照数罪并罚的规定处罚。

黑社会性质的组织应当同时具备以下特征：

（一）形成较稳定的犯罪组织，人数较多，有明确的组织者、领导者，骨干成员基本固定；

（二）有组织地通过违法犯罪活动或者其他手段获取经济利益，具有一定的经济实力，以支持该组织的活动；

（三）以暴力、威胁或者其他手段，有组织地多次进行违法犯罪活动，为非

作恶，欺压、残害群众；

（四）通过实施违法犯罪活动，或者利用国家工作人员的包庇或者纵容，称霸一方，在一定区域或者行业内，形成非法控制或者重大影响，严重破坏经济、社会生活秩序。

疑难问题

1. 从立法论上讲，组织、领导、参加黑社会性质组织罪有存在的必要吗？

司法实践中，有关黑社会性质组织犯罪的认定极其混乱。由于立法本身缺乏对于黑社会性质组织的明确界定，司法实践在认定组织性质时顺序颠倒，虽然第294条第5款描述了黑社会性质组织的四个特征，却因欠缺内部的逻辑联系，不仅难以实现准确指导，还造成了适用上的混乱，导致司法实践在认定黑社会性质组织时的形式化、扩大化。体现在组织性质的认定上，司法机关将一些并不符合黑社会性质组织实质特征的犯罪集团和团伙，甚至只是在生产经营过程中实施过违法犯罪行为的民营企业，认定为黑社会性质组织，将一些群体性事件中所实施的不法行为作为本罪来处理；体现在裁判说理上，并未按照黑社会性质组织的特征进行判断和梳理，而只是在列举了行为人实施的违法犯罪事实后，便"综上所述"概括地定性为黑社会性质组织犯罪处理，致使该罪的适用出现严重的"口袋化"倾向。

诚如张明楷教授所言，组织、领导、参加黑社会性质组织罪没有存在的必要性。例如，现行《刑法》废除了旧《刑法》中的反革命集团罪，也没有增设组织、领导、参加危害国家安全集团罪，既然如此，就没有必要设立组织、领导、参加黑社会性质组织罪。再如，即便存在杀人集团、抢劫集团，组织、领导者也只是对杀人、抢劫负责，而不会对组织、领导集团本身承担任何责任。从司法实践来看，黑社会性质组织通常实施的只是聚众斗殴、寻衅滋事、敲诈勒索等行为。随着寻衅滋事罪、敲诈勒索罪法定刑的提高，将组织、领导、参加黑社会性质组织罪作为独立罪名就丧失了意义。更为重要的是，无论如何都难以准确描述黑社会性质组织。现行《刑法》的不严谨、不准确的描述，以及其他各种原因，导致本罪容易成为"口袋罪"。设立一个犯罪却不能明确划定该罪的处罚范围时，就不得设立此罪。①

应该说，我国现行《刑法》分则所规定的罪名足以规制所谓黑社会性质组织

---

① 张明楷. 刑法学. 5 版. 北京：法律出版社，2016：1072.

所实施的犯罪活动，所以，从立法论上讲，该罪没有存在的必要性。

2. 组织、领导、参加黑社会性质组织罪的实质和立法目的是什么？

司法实践表明，成立黑社会性质组织的前提是存在有组织地实施违法犯罪活动。司法工作人员在判断的时候，也是遵循先审查所实施的违法犯罪活动，据此判断是否符合黑社会性质组织的特征，再认定是否构罪的逻辑思路。既然如此，应当承认，本罪的实质就是组织、领导、参加黑社会性质组织的活动。正如组织、领导传销活动罪，其实也是组织、领导传销组织，只是"两高"在确定该条的罪名时可能觉得"组织、领导传销组织罪"有点别扭，而"取名"为组织、领导传销活动罪。没有实施任何传销活动的，不可能被认定为传销组织。同样，没有实施任何违法犯罪活动的，也不可能被认定为黑社会性质组织。

所以，本罪的实质就是组织、领导、参加具有黑社会性质的组织的违法犯罪活动，而这对于参加者和组织、领导者意义也有所不同。应该认为，前者只是参与实施组织的具体违法犯罪活动，而后者除组织、领导、实施具体的违法犯罪活动外，还为组织本身的存在和发展"操心"，而这种组织的存在本身就对社会存在威胁，所以政府要通过对组织者、领导者的打击以达到取缔这种黑社会性质的组织的目的。这正是本罪的立法目的或者价值之所在。

3. 组织、领导、参加黑社会性质组织罪是所谓的举动犯吗？

我国刑法理论通说认为，组织、领导、参加黑社会性质组织罪是将预备性质的行为提升为实行行为的所谓举动犯，行为人一着手实行即构成既遂。[①]

应该说，将组织、领导、参加黑社会性质组织罪认定为举动犯，显然不合适。无论是组织、领导还是参加，都会有一个过程，不可能喊一声"我来也"，或者"喝碗鸡血"宣誓一下，就值得作为犯罪而且是犯罪既遂处罚了。其实在国外，举动犯和行为犯是一个概念。我国刑法理论通说却在行为犯概念之外杜撰出一个一着手实行就既遂的所谓举动犯概念，应该说是有问题的。认为参加黑社会性质组织罪是"行为与结果同时发生，行为与结果发生之间不存在时空间隔"的行为犯，基本上可以成立，但应认识到，"参加"行为的法益侵害性就源自其参与实施组织的具体违法犯罪活动。也就是说，剔除其所参与实施的具体违法犯罪活动，其参加的违法性将无从体现。所以，参加黑社会性质组织与其所实施的犯罪活动不应实行并罚，二者之间是想象竞合关系，应当从一重。从理论上讲，只

---

① 高铭暄，马克昌.刑法学.10版.北京：北京大学出版社，高等教育出版社，2022：147.

有多次参与实施不构成犯罪的违法活动，才有可能单独评价为参加黑社会性质组织罪，但也只是有可能，一般来说不应认为值得科处刑罚。

组织、领导黑社会性质组织罪，还可谓是一种准抽象危险犯。也就是说，该罪的处罚根据就在于，组织、领导这种组织会对社会管理秩序、公共安全、普通民众的人身财产安全形成持续性的威胁。但这种威胁又不像盗窃、持有枪支这种只要实施一定的行为，按照人们一般的生活经验就能得出具有危险性的结论的犯罪，而是需要在个案中具体判断是否具备了四个特征。所以其既不是盗窃枪支这类抽象危险犯，也不是放火这类具体危险犯，而是类似破坏交通工具罪之类的准抽象危险犯。

4. 如何把握组织、领导、参加黑社会性质组织罪与不可罚的中立帮助行为的界限？

为所谓黑社会性质的组织提供洗衣、做饭等日常生活服务的，是中立的帮助行为，不应被认定为参加黑社会性质组织罪。司法实践中，对主观上没有加入黑社会性质组织的意愿，受雇到黑社会性质组织开办的公司、企业、社团工作，未参与或者仅参与少量黑社会性质组织的违法犯罪活动的人员，其行为一般也没有作为犯罪论处。

5. 如何认定黑社会性质组织的组织特征？

黑社会性质组织的成立需同时具备组织特征、经济特征、行为特征、非法控制特征，它们分别对应《刑法》第 294 条第 5 款的 4 项规定。该 4 项规定看起来清楚、明白，但在理论上和实践中争议很大。该罪沦为"口袋罪"，也是因为对这 4 个特征的把握不准。因此，要想收缩这个罪的"口袋"，也应从这 4 个特征入手。

对黑社会性质组织的"组织特征"，可从如下几方面进行审查判断。

（1）审查犯罪组织的目的性。

相较于普通的共犯犯罪组织实施犯罪，黑社会性质的组织实施违法犯罪并非为了实现成员个体的利益，而是以组织利益为目的，旨在维系组织的稳定，实现组织的发展。

（2）审查核心成员的稳定性。

黑社会性质组织有其自身结构上的稳定性，这种稳定性就源自其核心成员的相对固定。无论组织对外表现的形态如何，总有一个"大脑"在控制着组织的运转和发展。因此，不管表面上有多么松散，只要组织存在稳定的核心和主要成员，相互关系牢固，就不妨碍对组织特征的认定。

（3）审查犯罪组织内部的组织性、纪律性。

犯罪组织的严格的内部纪律，是区别一般犯罪组织与黑社会性质组织的关键标准，也是证成黑社会性质组织的组织特征的重要依据。从实践经验来看，如果缺少严格的内部纪律，犯罪组织就不能构建严密的组织结构，而涣散的组织又是难以发展壮大的。显然，黑社会性质组织作为一种拥有较强犯罪能力的组织，必然有其内部的严格纪律，否则难以在一定时期内维持组织内部的稳定和外部的发展。因此，在认定是否黑社会性质组织时，可以审查组织是否存在一定的内部纪律、规约。

除以上三个审查方向外，在判断组织特征时，还应当重视犯罪组织内部的分配机制。相较于一般犯罪组织的实行犯罪后直接分赃，黑社会性质组织往往体现出更稳定的、目标更长远的分配机制。黑社会性质组织在分配犯罪所得时，对成员个体，会按照其地位、贡献大小分配利益。在此之外，为了组织的维持和发展，也会预留一定的"发展基金"。

实务中肯定组织特征的判例如：在"王某等人黑社会性质组织案"中，该组织有明显的组织者、领导者，以及数十名基本稳定的成员，形成了一定规模。组织层级脉络清晰，通过以上带下的模式进行管理。组织有成员共同遵守的纪律，如服从命令、互相包庇等，用以约束成员的行为，故其符合组织特征。[①]

否定组织特征的判例如：1）在"张生等故意杀人、敲诈勒索、组织卖淫案"中，涉案村委会是依法选举产生的，具有合法性。另外，该村委会并非以实施违法犯罪为目的成立的，现有证据也不能够证明其成立后主要实施违法犯罪活动，故不符合组织特征。[②]

2）在"孙某国等人黑社会性质组织案"中，涉案人员中长期为孙某国工作的只有司机曲某文一人，其他人在孙某国手下工作了一段时间后陆续离开。依据案件事实，孙某国等人实施违法犯罪时内部无明显层级区分和职责分工，也没有成文或不成文的内部纪律规定，故不符合组织特征。[③]

3）在"牛某贤等人黑社会性质组织案"中，涉案人均不属于组织成员，也

---

① 最高人民法院刑事审判第一、第二、第三、第四、第五庭. 刑事审判参考：总第 74 集. 北京：法律出版社，2010：131.

② 最高人民法院刑事审判第一、第二、第三、第四、第五庭. 刑事审判参考：总第 74 集. 北京：法律出版社，2010：108.

③ 最高人民法院（2016）最高法刑再 2 号刑事判决书.

没有明确的上下级关系和职责分工，不存在稳定组织体系。另外，该犯罪团伙未有类似帮规的内部纪律规定，虽有牛某贤要求雇员交纳"保证金"，但不能将其视为一种帮规，充其量只是一种管理的手段，故不符合组织特征。[①]

4）在"麦某某等人黑社会性质组织案"中，林某某雇佣或临时叫来的帮忙人员是可以随时离开的，未形成稳定组织结构。而且，其也未使用黑社会性质组织常用的管理手段，故该团体不符合组织特征。[②]

5）在"胡某某等人黑社会性质组织案"中，胡某某、张某某、何某某之间是正常的工作关系，3人与其他人也未结成较为固定的组织，人与人之间呈现松散性，成员之间无规约、无组织纪律、无控制属性。胡某某等3人属于公司职工，犯罪核心成员属性不明显，外围成员不固定，故不符合组织特征。[③]

6）在"焦某某等人黑社会性质组织案"中，被告人焦某某等五人之间没有组织所应当具备的比较明确的层级和职责分工，不能把其他被告人平时听从被告人焦某某以及在赌博犯罪过程中的分工理解成黑社会性质组织分工，其人员组织也并不稳定，也不存在内部纪律规定，因此不符合组织特征。[④]

以上判例基本上都是从组织的人员、层级、结构和纪律等方面判断是否符合组织特征的。

6. 如何理解黑社会性质组织的经济特征？

首先应当明确，经济特征中的"'其他手段'应是指不正当手段"[⑤]。将公司正常生产经营牟利用于证成黑社会性质组织的经济特征的实践做法是错误的。而之所以强调经济特征，是因为只有黑社会性质组织具备一定的经济实力才能"凝聚人心"以持续对抗社会，也就是形成利用经济利益支持犯罪组织形成非法控制状态和通过非法控制状态获取非法经济利益，这样一种"良性循环状态"。

从《刑法》规定看，经济特征有两点重要内涵：一是必须通过违法犯罪活动或其他手段完成前期的财富积累，实现一定的经济实力；二是其所获取的经济利益必须反哺黑社会性质组织本身，使组织得以存续发展壮大。

对于经济特征，应从以下几方面进行审查判断。

---

① 最高人民法院刑事审判第一、第二、第三、第四、第五庭．刑事审判参考：总第107集．北京：法律出版社，2017：95-96.

② 福建省泉州市中级人民法院（2014）泉刑再终字第1号刑事判决书．

③ 河南省南阳市宛城区人民法院（2013）南宛刑初字第652号刑事判决书．

④ 河南省焦作市中站区人民法院（2010）站刑初字第86号刑事判决书．

⑤ 张明楷．刑法学．6版．北京：法律出版社，2021：1406.

（1）是否存在有组织的违法犯罪活动或者其他手段。

首先应当判断实施违法犯罪活动的主体，区分有组织地实施的组织活动与成员在组织之外单独实施的个人行为。然后判断实施违法犯罪活动的目的，是出于维护组织的利益还是成员个人的利益。

（2）是否获取经济利益。

首先判断是否攫取了经济利益，再确定其是归组织还是归个人。对那些组织成员通过违法犯罪活动取得，但并非归组织所有，也没有被用于组织的维护、发展的经济利益，不应被认定为组织所获取的经济利益。

（3）是否具有一定的经济实力。

虽然"经济实力"不宜量化，但应认为如果没有经济来源，黑社会性质组织与社会之间的对抗就难以为继。如果黑社会性质组织失去了经济上的基础、条件，就难以认定其具备了"经济实力"的要求。

（4）所获经济利益是否用于支持该组织活动。

一般应从三方面进行判断：第一，考察获取的经济利益是否用于组织日常的维持，如用于作案经费、成员的工资、伤亡成员的医治、丧葬费用等。第二，考察获取的经济利益中用于维持、发展组织的费用所占的比重，若这一比重显著较低，甚至没有，则难以认定该组织的经济特征。第三，考察所获取的经济利益的客观效用。如果所获取的经济利益实际上并没有促进维持和发展组织，则并不符合经济特征。从司法实践看，支持方式主要有：1）为受伤的组织成员提供医疗费；2）提供收益分红、工资入股；3）发工资、统一食宿、请客吃饭；4）行贿；5）帮助犯罪组织成员逃匿，逃避司法机关处罚；6）发过年费、吃年夜饭；7）为犯罪行为提供工具；8）给被关押的犯罪人员上账，为其家属支付生活费；9）提供资金垫付；10）给实施违法犯罪行为的人员奖励；11）替被违法犯罪行为侵犯的被害人提供医疗费。

实务中肯定经济特征的判例如在"王某等组织、领导、参加黑社会性质组织案"中，首先，为了壮大自身经济实力，进一步实施非法控制，行为人通过不法手段设立经济实体。其次，组织拥有上千万元的经济实力。最后，该组织在攫取经济利益后，将其用于组织的维持和发展，一方面，通过建设某某药业公司，欲达到组织长久稳固发展的目标，另一方面，将所获取的经济利益部分发放给组织成员，谋求组织的稳定，故具备经济特征。①

否定经济特征的判例如：1）在"麦某某等人黑社会性质组织案"中，所获取的经济利益归林某某等人所有，而其他人员，像林某某雇佣来的人，并没有被纳入收益分配机制中。也就是说，获取的经济利益并未被用于所谓的组织。而且案中经济利益的用途还包括解决人员惹起的纠纷，给予被害人经济赔偿，可见其不具备经济特征。[①]

2）在"王某等人黑社会性质组织案"中，仅通过车队成某获得一定数量的经济利益，车队成立两年来可计算的会费收入数额较小，"米某分部"每人每次收取几十元会费，"奥斯卡分部"和"VIPROOM车队"仅收取过一次会费，不足以支撑该犯罪集团的发展壮大，亦未有组织地通过对乘客实施敲诈勒索、强迫交易行为牟取额外的经济利益，故不符合经济特征。[②]

3）在"孙某国等人黑社会性质组织案"中，首先，行为人实施违法犯罪活动，并非出于所谓的组织存续的需要。其次，无论是其名下经营的公司还是其他财产情况，已有证据都难以证实孙某国已经具备相当的经济实力。最后，在与其他人员的经济关系上，孙某国与其他被告人之间属于雇佣关系，其每月仅发放千元左右的工资给这些员工。至于其弟孙某东，依据已有证据，难以证明孙某东之后成立的公司与孙某国的公司有经济往来，故不具备经济特征。[③]

4）在"牛某贤等人黑社会性质组织案"中，首先，开设赌场所获取的经济利益是要进行分配的，并非尽归行为人所有。其次，这一收益的一部分用于支付雇工的工资，而并不是以此控制、稳定所谓组织的成员，形成与社会对抗的力量。再次，牛某贤通过开设赌场前后获利几十万元，并不具备相当的经济实力。最后，在用途上，本案中所获取的经济利益并非用于实施其他违法犯罪活动，也没有用于稳定、维持、发展所谓组织，而是基本上用于个人及其家庭。因此，现有证据不能认定具备经济特征。[④]

综上，实践中也是从经济利益的来源、经济实力的大小、经济利益的去向几个方面来判断经济特征具备与否。

7. 如何把握黑社会性质组织的行为特征？

黑社会性质组织的行为特征可以被简要归结为：暴力性、组织性、多次性、

---

① 福建省泉州市中级人民法院（2014）泉刑再终字第1号刑事判决书.

② 浙江省温州市中级人民法院（2019）浙03刑终200号刑事判决书.

③ 最高人民法院（2016）最高法刑再2号刑事判决书.

④ 最高人民法院刑事审判第一、第二、第三、第四、第五庭. 刑事审判参考：总第107集. 北京：法律出版社，2017：96-97.

残害性。

认定行为特征，可从以下几个方面进行审查。

（1）是否采取暴力、威胁或者其他手段。

暴力、威胁是黑社会性质组织实施违法犯罪活动的基本手段。虽然有观点认为，非暴力性的行为，甚至是"软暴力"，都是符合行为特征对于手段上的要求的，但是，应当认为，在认定行为特征时，至少应有组织实施的部分活动能够体现为暴力、威胁的手段。

（2）是否有组织地多次实施违法犯罪活动。

违法犯罪活动必须是有组织地实施的，并且有多次。《指导意见》第 10 条第 2 款规定了 6 种黑社会性质组织实施违法犯罪活动的情形：1）为该组织争夺势力范围、打击竞争对手、形成强势地位、谋取经济利益、树立非法权威、扩大非法影响、寻求非法保护、增强犯罪能力等实施的；2）按照该组织的纪律规约、组织惯例实施的；3）组织者、领导者直接组织、策划、指挥、参与实施的；4）由组织成员以组织名义实施，并得到组织者、领导者认可或者默许的；5）多名组织成员为逞强争霸、插手纠纷、报复他人、替人行凶、非法敛财而共同实施，并得到组织者、领导者认可或者默许的；6）其他应当认定为黑社会性质组织实施的。可见，要么是按照组织的纪律规约、惯例实施，要么是系组织者、领导者亲自组织、谋划、指挥、参与实施，要么是得到组织者、领导者的认可或者默许，否则不应认定为黑社会性质组织实施的违法犯罪活动，而只能认定为组织成员的个人行为。

实务中肯定行为特征的判例如：在"王某等人黑社会性质组织案"中，行为人为了维护、追求组织及其成员的利益，有组织地实施了故意杀人等一系列违法犯罪活动，欺压、蹂躏群众，既满足暴力手段的要求，也具备有组织多次实施违法犯罪活动的条件，因此具有行为特征。[①]

否定行为特征的判例如：1）在"麦某某等人黑社会性质组织案"中，实施的主要活动包括拦截、跟踪部分反抗的人员，虽然也有辱骂、威胁、围攻司机的行为发生，但主要是通过领导出面协调解决纠纷，其暴力性不明显，故不符合行为特征。[②]

2）在"王某等人黑社会性质组织案"中，王某等人实施寻衅滋事行为的暴

---

① 最高人民法院刑事审判第一、第二、第三、第四、第五庭 . 刑事审判参考：总第 74 集 . 北京：法律出版社，2010：132.

② 福建省泉州市中级人民法院（2014）泉刑再终字第 1 号刑事判决书 .

力性极低，也没有相关的"软暴力"行径。相关受害司机不再来涉案区域排队的主要心理状态是不想浪费时间，而非受到心理强制。而且，行为人实施的违法犯罪活动中，只有 1 起达到罪量的要求，构成犯罪，其他行为都不能构成犯罪，故不符合行为特征。[1]

3）在"孙某国等人黑社会性质组织案"中，行为人实施的违法犯罪活动的对象不是与其没有关系的普通群众，而多是与其在经济上有联系的人。而且，在其实施的犯罪中，少有伤害后果。另外，在行为人实施的犯罪中，已有部分犯罪人受过处罚，故不符合行为特征。[2]

4）在"牛某贤等人黑社会性质组织案"中，虽然行为人实施了 3 起犯罪，表面上看属于"多次实施违法犯罪活动"，但是一方面，这 3 起犯罪不具有关联性，时间间隔较久，只有开设赌场犯罪持续了一定时间；另一方面，这 3 起犯罪主要意在图财。可见，这几次犯罪活动并不能达到残害性的要求，故不具备行为特征。[3]

综上，实务中从违法犯罪活动的次数、暴力程度、行为对象、起因、后果、影响等方面判断是否符合黑社会性质组织的行为特征。

8. 如何判断黑社会性质组织的非法控制特征？

黑社会性质组织的严重危害性就在于其对社会的严重对抗性，因此非法控制特征是黑社会性质组织的本质特征。对"非法控制特征"认定的核心在于判断行为是否形成了非法控制或者重大影响，而"非法控制"和"重大影响"的实质都是支配，强调的都是犯罪行为对一定区域或者特定行业的社会关系的控制力、支配力和影响力，只是在控制程度上有所不同。应该说，之所以 2002 年《关于〈中华人民共和国刑法〉第二百九十四条第一款的解释》和 2011 年《刑法修正案（八）》将"非法控制"与"重大影响"并列规定，是因为当时国家还没有将"恶势力"犯罪纳入司法文件中，立法机关担心若强调只有达到非法控制的程度才能作为黑社会性质组织进行打击，可能不利于对黑恶势力犯罪的打击，所以降低要求，只要造成"重大影响"就可作为黑社会性质组织对待。但自从 2018 年国家开展扫黑除恶专项斗争以来，"两高"陆续出台了多个规范打击恶势力犯罪的司法文件，因此即便将只是形成"重大影响"而未达到"非法控制"程度的恶势力犯罪组织不作为黑社会性质组织对待，而作为恶势力犯罪组织或者团伙处理，也

---

[1]　浙江省温州市中级人民法院（2019）浙 03 刑终 200 号刑事判决书．

[2]　最高人民法院（2016）最高法刑再 2 号刑事判决书．

[3]　最高人民法院刑事审判第一、第二、第三、第四、第五庭．刑事审判参考：总第 107 集．北京：法律出版社，2017：97.

能有效地打击此类犯罪。所以本着"打准打实""不拔高认定"的精神，应将非法控制特征作为黑社会性质组织认定的硬性标准。

对于非法控制特征，可从以下几方面进行审查判断。

（1）是否具有称霸一方、对抗社会的目的性。

黑社会性质组织在目的上不是单纯地追求经济利益，还有对社会秩序的非法控制的目标，二者之间属于相互依赖、相互促进的关系，在二者的动态转化中，黑社会性质组织才会不断发展。谋求对社会秩序的非法控制也是区分黑社会性质组织与其他犯罪组织的主要根据。因此，要重视考察组织的目的内容。

（2）非法影响是否涵盖一定区域或一定行业。

目前法律法规对于"一定区域"和"一定行业"没有明确的界定。司法实践中确定的"一定区域"一般是某级行政区域，也就是说，对"一定区域"，不仅有空间上的要求，还强调区域的社会功能。而"一定行业"，指在一定区域内存在的同类生产经营活动。虽然理论界和实务界认为，所谓非法控制的"一定行业"，其既包括合法行业，也包括非法行业，但这是有问题的。"一定行业"不应包括"非法行业"，理由在于，就非法行业而言不存在需要动用刑法进行保护的合法的经济、生活秩序的问题，也就是说根本就不存在合法控制（生产、经营）的可能，而只能予以取缔。

（3）是否达到非法控制或者重大影响。

《指导意见》第11条第2款规定了8种可谓达到非法控制或者重大影响的情形：1）致使在一定区域内生活或者在一定行业内从事生产、经营的多名群众，合法利益遭受犯罪或严重违法活动侵害后，不敢通过正当途径举报、控告的；2）对一定行业的生产、经营形成垄断，或者对涉及一定行业的准入、经营、竞争等经济活动形成重要影响的；3）插手民间纠纷、经济纠纷，在相关区域或者行业内造成严重影响的；4）干扰、破坏他人正常生产、经营、生活，并在相关区域或者行业内造成严重影响的；5）干扰、破坏公司、企业、事业单位及社会团体的正常生产，经营、工作秩序，在相关区域、行业内造成严重影响，或者致使其不能正常生产、经营、工作的；6）多次干扰、破坏党和国家机关、行业管理部门以及村委会、居委会等基层群众自治组织的工作秩序，或者致使上述单位、组织的职能不能正常行使的；7）利用组织的势力、影响，帮助组织成员或他人获取政治地位，或者在党政机关、基层群众自治组织中担任一定职务的；8）其他形成非法控制或者重大影响，严重破坏经济、社会生活秩序的情形。可见司法实践中，主要是从压制群众反抗的程度，对行业垄断、控制的程度，对相关区域和行业造成的影响的严重程度，对社会秩序以及社会管理体制的干扰、破坏程度等方面考察是否达到"非法控制"或"重大影响"。

实务中肯定非法控制特征的判例如：1）在"张某超等人黑社会性质组织案"中，张某超等人实施了一系列违法犯罪活动对群众进行欺压，当地群众利益遭受严重侵害，但又慑于该组织的打击报复而不敢举报、控告；该组织还通过实施违法犯罪活动垄断当地的生猪屠宰等行业，同时禁止当地百姓从外地采购。可见，该组织实施的违法犯罪活动已经严重影响到了当地的社会生活，对当地的一些行业形成了非法控制，具备了非法控制特征。①

2）在"刘某勇等人黑社会性质组织案"中，刘某勇等人利用不法手段，对仙桃市的生猪屠宰等行业形成了垄断，迫使其他企业产品退出市场，给诸多经营者造成了严重损失。该组织的干扰甚至导致相关部门不能进行正常管理。由此可以判断，该组织不仅非法控制了当地诸多行业，还严重干扰了政府部门的管理职权的行使，已经具备了非法控制特征。②

否定非法控制特征的判例如：1）在"张某生等人黑社会性质组织案"中，中社村村委会获取的经济利益基本用于村集体和行为人组成的小团体，并未对一定的行业造成垄断，也未见其实施不法控制的企图，故该组织不具备非法控制的特征。③

2）在"麦某某等人黑社会性质组织案"中，行为人利用行贿手段获得项目施工领导的支持，在没有合法授权的情形下，收取管理费用，但并未对一定行业形成垄断，也没有在当地形成非法控制，达到重大影响的程度，故不具备非法控制特征。④

3）在"王某等人黑社会性质组织案"中，王某等人建立的车队通过插队占位的违法行为在温州市区多个娱乐场所门口控制了夜间出租车排队营运秩序。但受侵害的出租车司机并没有不敢举报、控告，相反在两年内上百次通过寻求公安、交警和交通运输管理部门介入等正当途径维护权益。可见其客观上并未达到对相关行业的非法控制的程度，故不具备非法控制特征。⑤

---

① 最高人民法院刑事审判第一、第二、第三、第四、第五庭 . 刑事审判参考：总第 74 集 . 北京：法律出版社，2010：49.

② 最高人民法院刑事审判第一、第二、第三、第四、第五庭 . 刑事审判参考：总第 74 集 . 北京：法律出版社，2010：59.

③ 最高人民法院刑事审判第一、第二、第三、第四、第五庭 . 刑事审判参考：总第 74 集 . 北京：法律出版社，2010：109.

④ 福建省泉州市中级人民法院（2014）泉刑再终字第 1 号刑事判决书 .

⑤ 浙江省温州市中级人民法院（2019）浙 03 刑终 200 号刑事判决书 .

4）在"孙某国等人黑社会性质组织案"中，孙某国等人实施违法犯罪活动并不具有对当地钢材行业形成垄断，在当地形成非法控制的意图。客观上，孙某国等人也并未造成当地钢材市场的垄断，已有证据也不能够证明其在当地形成了非法控制，故不符合非法控制特征。[①]

5）在"牛某贤等人黑社会性质组织案"中，虽然牛某贤等人通过开设赌场获取了一定的经济利益，但并无证据能够证明其对当地的赌场形成了控制，而且，其所实施的犯罪具有随机性，并未对当地群众形成心理强制。总之，该团伙并未在当地形成非法控制或造成严重破坏，故不具备非法控制特征。[②]

综上，实务中主要从是否对一定区域内生活的普通民众形成压制，使其不敢反抗，以及是否对一定行业形成垄断和对抗政府的管理控制等方面，判断案涉组织是否符合非法控制特征。

9. 适用本罪应如何避免重复评价？

应该说，黑社会性质组织罪条款中数罪并罚的规定有悖刑法上的禁止重复评价原则。[③] 数罪并罚说在德国也曾得到广泛的支持。理由在于，作为这种组织成员资格的可罚性，并不包括其为这个组织所实施的犯罪行为。但后来德国有判例反对这种立场，主张应作为想象竞合犯处理。德国罗克辛教授也对想象竞合说立场表示支持，理由是，其作为这种组织成员资格的可罚性，正是体现在其为这个组织所实施的具体犯罪活动上，剔除其所实施的具体犯罪行为，参加行为根本就不具备可罚的基础。

本书认为：对参加者而言，如果其只是参与实施一般违法活动，不值得以参加黑社会性质组织罪定罪处罚，而实施犯罪活动的，应该评价成立参加黑社会性质组织罪与所实施的具体犯罪的想象竞合犯，从一重处罚即可。对组织者、领导者而言，如果所谓的组织仅实施违法活动，不可能被评价为黑社会性质组织。也就是说，只有多次实施了不同的犯罪活动（多个罪名），才有可能被评价为黑社会性质组织，所以这时既以组织、领导黑社会性质组织罪论处，又另外定罪，并且实行并罚，还是有重复评价的嫌疑。因此，本书提出一个折中方案：只有组织者、领导者在实施已达罪量要求的犯罪之外，还实施了未达罪量，尤其是通常并不处罚的性质一般的犯罪的未遂，如盗窃、诈骗数额较大的未遂，这时可考虑将这些

---

① 最高人民法院（2016）最高法刑再2号刑事判决书.

② 最高人民法院刑事审判第一、第二、第三、第四、第五庭.刑事审判参考：总第107集.北京：法律出版社，2017：97.

③ 张明楷.刑法学.6版.北京：法律出版社，2021：1407.

因未达罪量而本来不处罚的"犯罪"（定性意义上）行为，评价为黑社会性质组织的行为特征，若同时具备其他特征，就可以评价为组织、领导黑社会性质组织罪，而与另外实施的具体犯罪数罪并罚。之所以这样处理，是考虑到，既然立法上没有废除组织、领导、参加黑社会性质组织罪这个罪名，不得已只能尽量限缩其适用。

10. 对参加者实施的犯罪活动，是想象竞合从一重还是应数罪并罚？

参加黑社会性质组织罪是一种犯罪活动，其犯罪性就体现在参加者所实施的具体违法犯罪活动上。也就是说，如果参加者不实施具体的违法犯罪活动，其行为不可能被认定为参加黑社会性质组织罪。质言之，参加黑社会性质组织罪的实质，是参加黑社会性质组织的违法犯罪活动。所以，对参加者而言，要么认定为参加黑社会性质组织罪，要么根据其实施的具体犯罪活动进行认定，二者系想象竞合关系，而不应数罪并罚。

11. 《刑法》第 294 条第 4 款数罪并罚的规定，是注意规定还是法律拟制？

应该说，《刑法》分则中关于数罪并罚的规定，都是注意规定，是数罪并罚，还是评价为某个犯罪的加重犯，取决于何种处理能实现罪刑相适应。也就是说，不管《刑法》分则条文中有无数罪并罚的规定，都应以罪刑相适应原则去指导处理罪数问题，而不应机械地适用数罪并罚的规定。即便组织、领导、参加黑社会性质组织罪条款中存在数罪并罚的规定，为了实现罪刑相适应和避免重复评价，对于参加者，只能认定成立参加黑社会性质组织罪与其所实施的具体犯罪的想象竞合，从一重处罚，而不能数罪并罚。

12. 所谓黑社会性质组织所犯的全部罪行，是指黑社会性质组织成员所犯的全部罪行吗？

对于黑社会性质组织的组织者、领导者，应当按照其所组织、领导的黑社会性质组织所犯的全部罪刑处罚。但所谓黑社会性质组织所犯的全部罪行，并不是指黑社会性质组织成员所犯的全部罪行，而是限于组织、领导者所组织、发动、指挥的全部罪行。

第十四节　开设赌场罪

第三百零三条　**【赌博罪】**以营利为目的，聚众赌博或者以赌博为业的，处三年以下有期徒刑、拘役或者管制，并处罚金。

【开设赌场罪】开设赌场的，处五年以下有期徒刑、拘役或者管制，并处罚金；情节严重的，处五年以上十年以下有期徒刑，并处罚金。

············

疑难问题

1. 赌博犯罪所保护的法益是什么？

案1：某宾馆设有一娱乐厅，住店的客人凭房卡花 300 元可以买一张门票，门票可换成 3 000 个游戏币，用于参加赌博活动：输光后可凭房卡继续购买门票；赢了，宾馆则将客人赢的游戏币变成积分，在店内消费。没有在宾馆入住的人，不能购买门票和进入娱乐厅。

应该说，本案就是在开设赌场，只不过跟一般的开设赌场不一样。一般的开设赌场，不会限制赌徒进入，赌徒也可以一直赌下去，赢了也可以把钱拿走。本案中参与赌博的人，只能是入住宾馆的人，而且几乎不可能一直赌下去，除非是常年住宾馆的人，参与赌博的人也拿不走所赢的钱，只能在宾馆消费。但是，这些都不影响开设赌场罪的成立。

国家为什么禁止赌博，或者说赌博犯罪所保护的法益是什么？有观点认为，赌博犯罪所侵犯的是社会的善良风俗；有观点主张，赌博犯罪所侵犯的是勤奋的国民生活方式；有观点提出，赌博犯罪的本质是导致"二次犯罪"危险；有观点声称，赌博犯罪的本质是导致他人的财产危险。应该说，单纯违反伦理道德的行为不可能成为刑法规制的对象，而且我国《刑法》将赌博犯罪规定在"扰乱公共秩序罪"中，所以应当认为我国赌博犯罪所保护的法益，是以劳动或其他合法行为取得财产这一国民健全的经济生活方式与秩序。

2. 开设赌场罪是单行为犯还是复合行为犯？

案2：几个朋友相约在不固定的几个地点赌博，赌债数额巨大。为了避免被警察抓获，几人专门请李某来结算赌资，并给予其好处费，李某不参与赌博，但放贷给参与赌博的人。

本案中，不能认定李某的行为成立开设赌场罪，因为他没有支配他人参与赌博的场所与空间。李某只是赌博罪的共犯，而不可能成为赌博罪的正犯。因为他本人并没有聚众赌博或者以赌博为业。在赌场向参加赌博的人发放贷款的，一般可能成立赌博罪的共犯。如果开设赌场的人知道行为人在赌场放贷并且同意的，或者说与开设赌场的人共谋，对赌场的维持起到作用的，其才能被认定为开设赌场罪的共犯。本案中没有人开设赌场，李某也就不能成为开设赌场罪的共犯。

开设赌场，可谓经营赌场，行为人不仅提供赌博的场所或者空间，而且支配或者控制赌博场所或者空间。所以，开设赌场行为属于复合行为，而不是单一行为。

3. 开设的赌场，是否包括网络空间？

虽然我国刑法理论通说不承认网络空间是公共场所，但普遍认为可以在网络空间开设赌场。

4. 有关具有国家工作人员身份的人员实施赌博犯罪从重处罚的司法解释规定，有无问题？

该规定存在问题。该规定出自 2005 年 5 月 11 日"两高"《关于办理赌博刑事案件具体应用法律若干问题的解释》。国家工作人员其实只是一种普通职业。只要国家工作人员没有利用职权实施犯罪，就不可能增强行为的不法性。

5. 将为赌博、开设赌场提供帮助的，全部作为共犯处罚，有无问题？

为赌博、开设赌场提供的日常生活和业务性质的服务，属于中立的帮助行为，一般不应作为共犯处罚。司法实践中，对于受雇为赌场从事接送参赌人员、望风看场、发牌坐庄、兑换筹码等活动的人员，除参与赌场利润分成或者领取高额固定工资者以外，一般不追究刑事责任，可由公安机关依法给予治安管理处罚。

6. 实施赌博诈骗的，是成立诈骗罪还是赌博罪？

赌博应是就偶然的输赢以财物进行赌事或者博戏的行为。如果对于一方当事人而言，胜败的结果已经确定，则不能称为赌博。设置圈套引诱他人"赌博"，使用欺骗方法获取钱财，胜负并不取决于偶然的，不符合赌博的特征，相反完全符合诈骗罪的犯罪构成。这就是人们所称的"赌博诈骗"。如果该行为人的其他赌博行为已构成赌博罪，则应将赌博罪与诈骗罪实行并罚。虽然赌博诈骗属于不法原因给付，但毕竟是行为人设置不法原因在前，对方给付财物在后，对方所交付的财产本身是合法的，所以不影响诈骗罪的成立。

第十五节　伪证罪

第三百零五条　【伪证罪】在刑事诉讼中，证人、鉴定人、记录人、翻译人对与案件有重要关系的情节，故意作虚假证明、鉴定、记录、翻译，意图陷害他人或者隐匿罪证的，处三年以下有期徒刑或者拘役；情节严重的，处三年以上七年以下有期徒刑。

疑难问题

1. 本罪所保护的法益是什么？

伪证罪属于《刑法》分则第六章"妨害社会管理秩序罪"中第二节"妨害司法罪"中的罪名，而不属于"侵犯公民人身权利、民主权利罪"罪名。所以，伪证罪保护的法益不是公民的人身权，而是刑事诉讼中的证明过程的客观真实性（纯洁性），这可谓阻挡层法益，而刑事诉讼的客观公正性，可谓背后层法益。

2. 伪证罪行为主体中的"证人"，是否包括被害人？

刑法具有从属性，也具有独立性，并不完全从属于其他部门法。虽然在刑事诉讼法中，证人证言与被害人陈述是并列的证据种类，但这并不意味着只能按照刑事诉讼法的规定解释刑法概念，被害人完全可能作虚假供述而损害刑事诉讼中的证明过程的客观真实性。所以伪证罪行为主体中的"证人"包括被害人，被害人违背事实作虚假供述的，也能构成伪证罪。

3. 伪证罪的行为主体是否包括监察机关在办理职务犯罪过程中的证人、鉴定人、记录人、翻译人？

《监察法》出台后，监察委员会事实上取代以前检察院的反贪局而成为职务犯罪案件的侦查机关，所以，伪证罪的行为主体包括监察委员会办理职务犯罪过程中的证人、鉴定人、记录人、翻译人。

4. 在排除非法证据和涉及自首、立功认定等场合，相关的侦查、监管、检察人员是否属于本罪中的"证人"？

由于在排除非法证据和涉及自首、立功认定等场合，相关的侦查、监管、检察人员也是了解案件情况的人，所以也应属于伪证罪行为主体中的证人。例如，监管人员知道某项对案件有重要关系的口供系刑讯逼供所得应予排除，但监管人员在法庭上作伪证，谎称侦查人员没有进行刑讯逼供的，也符合本罪的构成要件（可能同时触犯其他罪名）。

5. 不作为能成立伪证罪吗？

从理论上讲，伪证行为并不限于作为，证人在陈述过程中，对自己记忆中的事项的全部或者部分保持沉默，使整体上的陈述成为虚假陈述时，可以成立不作为的伪证罪；但单纯保持沉默而不作任何陈述的行为，不成立伪证罪。

6. 证人拒不作证的，能成立伪证罪吗？

虽然刑事诉讼法规定凡是知道案件情况的人都有作证的义务，但如果知道案件情况却拒不作证的，即使具有隐匿罪证的意图，也不能认定为伪证罪。因为不作证并不符合"作虚假证明"的构成要件。

7. 本罪是抽象危险犯、具体危险犯还是实害犯？

如果认为本罪所保护的法益是刑事诉讼中的证明过程的客观真实性（纯洁性），则本罪就是实害犯。因为只要证人、鉴定人、记录人、翻译人对于案件有重要关系的情节作虚假证明、鉴定、记录和翻译，其就侵害了证明过程的客观真实性。但如果认为本罪所保护的法益是刑事诉讼的客观公正性，那么本罪就是抽象危险犯。也就是说，只要证人、鉴定人、记录人、翻译人对与案件有重要关系的情节作虚假证明、鉴定、记录和翻译，具有损害刑事诉讼的客观公正性的危险，就成立犯罪。本书认为，伪证罪是抽象危险犯。不过，这两种法益并非对立关系，只不过前者是阻挡层法益，后者是背后层法益。

8. 应否将"在刑事诉讼中"扩大解释到立案前？

成立伪证罪，要求必须是在刑事诉讼中作虚假的证明、鉴定、记录、翻译。也就是说，一般是在立案侦查后、审判终结前的过程中作伪证，但对"刑事诉讼"应略作扩大解释。例如，公安机关对于伤害案件在决定立案前往往先作伤情鉴定。在此阶段，鉴定人如将轻微伤鉴定为重伤，而导致被错误立案侦查的，宜认定为伪证罪。

9. 如何区分伪证罪与诬告陷害罪？

案1：2015年8月15日，吸毒人员梁某打电话给犯罪嫌疑人甘某，要求甘某帮他买200块钱的冰毒。当天晚上甘某跟她的男朋友夏某以及万某等人在一起玩，甘某就从夏某那里拿了一小包冰毒卖给吸毒人员梁某。梁某就把200元交给夏某了。第二天早晨，警察抓获了吸毒人员梁某，问其所吸冰毒是从哪里买的。梁某说是从甘某那儿买的，甘某被抓获后，警察问毒品是从哪里来的，甘某前两次都说是从万某那里获得的，因为夏某是她的男朋友，她就没有说出夏某来，于是公安机关在网上通缉了万某。8月29日，警察对万某的车辆、住处进行搜查，发现有5个用于分装毒品的透明袋，车上还有吸毒工具，对万某手机进行检查，还发现他帮助夏某贩卖了 30 克冰毒,因此公安机关对万某采取了拘留措施。被拘留之后,万某不承认自己出卖毒品给甘某,而且说梁某吸食的毒品是甘某从夏某那里获得的。后来在警察第三次问甘某时,甘某才交代确实是从夏某那里买了之后卖给梁某的。

本案中,甘某、夏某、万某三人的行为显然均构成贩卖毒品罪。由于甘某不是主动告发,而是在被警察抓获之后才说是从万某那里购买毒品的,所以甘某的行为不能成立诬告陷害罪。关于甘某不交代出夏某的行为,由于不交代不等于作假证明,所以甘某的行为也不能成立包庇罪。在夏某贩卖毒品罪的刑事诉讼中,甘某是证人,因为她明明是从夏某那里得到的毒品,她当然能证明夏某贩卖毒品的事实,所以她是夏某贩毒案的证人,其向警察作了不是从夏某而是从万某那里购买毒品的虚假证言,所以甘某的行为构成伪证罪。

伪证罪的实行行为发生在刑事诉讼中,也就是立案侦查后、审判终结前的过程中。而诬告陷害罪的实行行为发生在刑事诉讼前,是因为行为人的虚假告发而启动刑事追诉程序。换言之,在刑事诉讼前虚假告发,意图使他人受刑事追究的,成立诬告陷害罪,在进入刑事诉讼后作虚假证明的,成立伪证罪。

10. 犯罪嫌疑人、被告人教唆证人等为自己作伪证的,是否成立伪证罪的教唆犯?

犯罪嫌疑人、被告人自己作虚假供述不成立犯罪,是因为缺乏期待可能性。其作为正犯(实行犯)实施的,不成立犯罪,而教唆是比实行更轻的参与形式(教唆犯、帮助犯是二次的责任),故教唆他人为自己作伪证的,不应以伪证罪的教唆犯论处(被教唆者作伪证的,成立伪证罪)。当然,如果犯罪嫌疑人、被告人以暴力、威胁、贿买等方法指使他人作伪证,由于并不缺乏期待可能性,所以成立《刑法》第 307 条第 1 款的妨害作证罪。犯罪嫌疑人、被告人在作虚假供述时,声称无辜的人是同案犯,因此启动对他人的追诉程序的,应当认定其行为构成诬告陷害罪。

11. 证人按照司法工作人员的要求作伪证的,能成立伪证罪吗?

证人按照办案人员的要求作伪证的,即使其明知是伪证而作出的,由于缺乏期待可能性,对证人也不能以伪证罪论处,但应当追究办案人员的伪证罪的教唆犯与徇私枉法罪的正犯的刑事责任,从一重处罚。

12. 侦查人员未事先告知证人作伪证的法律后果,证人作虚假证明的,能成立伪证罪吗?

刑事诉讼法规定,司法工作人员在调查取证前应告知证人作伪证的法律后果。如果侦查人员虽然出示了工作证件，但没有就案件性质作必要说明，没有告知证人应当如实提供证据、证言和有意作伪证或隐匿证据要负的法律责任，证人作虚假证明的，不应当以伪证罪论处，但可能追究侦查人员渎职罪的刑事责任。

13. 诬告陷害导致他人被立案侦查，然后在刑事诉讼中故意作虚假证明，意图陷害他人的，是成立一罪还是数罪并罚？

张明楷教授认为，行为人诬告陷害导致他人被立案侦查，然后在刑事诉讼中故意作虚假证明，意图陷害他人的，虽然其是出于一个意图，但由于实施了两个行为，具有数个故意，且侵害了两个不同的法益，故应当实行数罪并罚。[①]

本书认为，虽然存在两个行为，也可谓侵害了两个不同的法益，但毕竟行为人追求实现的是陷害他人的一个意图，相当于"做戏做全套"。虽然妨害司法罪是侵害国家法益的犯罪，但其中也有"意图陷害他人"，而国家法益和社会法益最终都可以为还原为个人法益，所以，将其作为包括的一罪从一重处罚，可能更合适。

14. 如何认定伪证罪的既遂？

伪证罪是抽象危险犯，只要伪证行为具有损害刑事诉讼的客观公正性的危险，就能认定成立伪证罪的既遂。证人在一次询问程序中所作的陈述或证明是一个统一的证言，应将其作为一个整体来观察。因此，一次讯问程序中的陈述全部终了时，就是伪证罪的既遂。即使证人起先作了虚假证明，但如果在整体的陈述终了之前对前面的虚假证明进行订正的，不应以伪证罪论处。

15. 本想作伪证却说出真相（歪打正着）的，能构成伪证罪吗？

案2：张三目睹了王五和赵六共同抢劫的行为，因此作为证人被公安机关询问。不过，张三想借机栽赃陷害自己的情敌李四，于是在作证时对警察说谎，说自己看到了李四指挥王五和赵六实施抢劫。本来张三以为自己说的是谎话，可公安机关最后查明，王五和赵六抢劫的确是受到了李四的指使。

本案中，虽然张三有作伪证的故意，但因为其陈述内容符合客观事实，没有误导审判的危险，没有侵害法益，不构成伪证罪。

成立伪证罪，要求行为人必须作了虚假的证明、鉴定、记录和翻译，但关于什么是"虚假"，存在主观说和客观说的争议。主观说认为：证人应当原封不动地陈述自己的记忆与实际体验，而对证人证言的真实性、可靠性进行判断是法官

---

① 张明楷. 刑法学. 6版. 北京：法律出版社，2021：1421.

的任务。因此，按照自己的记忆与实际体验陈述的，即使陈述内容与客观事实不相符合，也不是虚假的，相反，不按照自己的记忆与实际体验陈述的，即使陈述内容与客观事实相符合，也是虚假的。按照主观说，上述案 2 中张三的行为就成立伪证罪，因为其没有看到李四指使他人抢劫，却谎称自己看到了。

客观说认为：只有当陈述内容与客观事实不相符合时，才是虚假的。按照客观说，上述案 2 中张三的行为就不成立伪证罪，因为他虽然没有根据自己的记忆和实际体验来陈述，但所说内容却与客观事实相符合。

本书认为，客观说具有合理性，只有当证言既违反证人的记忆和实际体验，又不符合客观事实时，才是虚假的。如果证言违反证人的记忆与实际体验，虽然证人有作伪证的故意，却符合客观事实，就不可能妨害司法活动，不成立伪证罪；如果证言符合证人的记忆和实际体验，却与客观事实不相符合，但由于证人没有作伪证的故意，所以也不能成立伪证罪。

16. 配偶、直系亲属作伪证的，能成立伪证罪吗？

我国自古以来就有"亲亲相容隐"的传统。应该认为，配偶、直系亲属作伪证的，因为缺乏期待可能性，不应认定为伪证罪。当然，配偶、直系亲属以暴力、威胁、贿买等方法指使他人作伪证的，可以成立妨害作证罪。

第十六节　妨害作证罪

第三百零七条　**【妨害作证罪】**以暴力、威胁、贿买等方法阻止证人作证或者指使他人作伪证的，处三年以下有期徒刑或者拘役；情节严重的，处三年以上七年以下有期徒刑。

…………

司法工作人员犯前两款罪的，从重处罚。

疑难问题

1. 在民事诉讼、行政诉讼中妨害作证的，能构成妨害作证罪吗？

我国刑法理论通说认为，本罪既可能发生在刑事诉讼中，也可能发生在民事诉讼或行政诉讼中。[①]

---

① 高铭暄，马克昌.刑法学.10 版.北京：北京大学出版社，高等教育出版社，2022：564.

本书认为，本罪只能发生在刑事诉讼中。理由是：既然伪证罪仅限于刑事诉讼中，就没有理由认为妨害作证罪可以发生在其他诉讼领域；若认为本罪可以发生在民事诉讼、行政诉讼中，将会导致指使他人在民事诉讼、行政诉讼中作伪证的成立犯罪，而在民事诉讼、行政诉讼中作伪证的行为本身不成立犯罪的不协调的局面。

2. 何谓妨害作证罪中的"证人"与"他人"？

案1：某地发生了一起盗窃案，在两名公安人员进行现场勘验、检验时，被告人周某以暴力相威胁阻止二人进行现场勘验、检验。

本案中，由于勘验、检查人员也是了解案件情况的证人，所以以暴力、威胁方法阻止勘验、检查人员进行勘验、检验的，也是阻止证人作证，可以成立妨害作证罪与妨害公务罪的想象竞合，从一重处罚。

虽然证人证言、被害人陈述、鉴定意见、勘验检查笔录属于不同的证据种类，但由于凡是了解案件真实情况的人都可谓证人，所以关于妨害作证罪中的"证人"与"他人"，不应限于狭义的证人，其还包括被害人、鉴定人、翻译人（限于对证人证言、被害人陈述的翻译）、勘验、检查人员。当然，指使根本不了解案件情况的人作伪证的，也能成立本罪。

3. 妨害作证罪所保护的法益包括公民依法作证的权利吗？

妨害作证包括指使他人作伪证，而指使他人作伪证，就未必侵害了公民依法作证的权利，相反，被指使者还可能构成伪证罪。所以，不能认为本罪所保护的法益还包括公民依法作证的权利。

4. 指使根本不了解案情的人作伪证的，成立妨害作证罪吗？

虽然一般来说，只有了解案件真实情况的人才是刑事诉讼法上的证人，但指使根本不了解案件情况的人作伪证，也会妨碍司法活动，所以也能成立妨害作证罪。

5. "指使他人作伪证"，要求"以暴力、威胁、贿买等方法"吗？

案2：甲以受贿罪被定罪判刑，刑满释放后，甲想通过审判监督程序改判自己无罪，于是找到当初的行贿人A、B，要求他们证明自己并没有受贿，A、B同意后写好了证言并进行了公证。在检察院重新调查时，A、B称证言是应甲的要求，碍于情面写下的。但是，甲对A、B并未使用暴力、胁迫、贿买等手段。

本案中，甲的行为不构成妨害作证罪。首先，甲并没有"以暴力、威胁、贿买等方法阻止证人作证或者指使他人作伪证"。《刑法》第307条第1款中的"等方法"，也必须是与"暴力、威胁、贿买"相当的方法。甲只是反复劝说 A、B 二人，这样的行为与"暴力、威胁、贿买"方法不相当。其次，对于甲来说，也可以认为缺乏期待可能性。所以，本案的关键在于 A、B 二人的行为是否成立帮助伪造证据罪。本案中 A、B 二人的行为的确属于帮助伪造证据，但因为检察机关来调查时，他们立即说明了真相，没有严重妨害司法，所以二人行为的情节并不严重，不应当作为犯罪处理。

以暴力、威胁、贿买等方法，不仅是对阻止证人作证的行为方式的限定，也是对指使他人作伪证的行为方式的限定。所以，"指使他人作伪证"，也要求"以暴力、威胁、贿买等方法"。

6. "指使他人作伪证"型妨害作证罪，是否可谓伪证罪教唆犯的正犯化？

指使他人作伪证既成立妨害作证罪，也是伪证罪的教唆犯，所以本罪可谓伪证罪教唆犯的正犯化。

7. "等方法"，是否包括唆使、嘱托、请求、引诱等方法？

由于以唆使、嘱托、请求、引诱等方法指使他人作伪证，与以贿买方法指使他人作伪证，并无实质区别，所以妨害作证罪中的"等方法"，是指与暴力、威胁、贿买方法一样，引起他人作伪证的方法，包括唆使、嘱托、请求、引诱等。

8. 本犯实施妨害作证行为的，是否成立妨害作证罪？

由于对本犯自己作虚假供述缺乏期待可能性，不构成犯罪，而教唆是比实行犯责任更轻的参与形式，所以本犯采取一般的嘱托、请求、劝诱等方法阻止证人作证或者指使他人作伪证的，因缺乏期待可能性，而不能构成妨害作证罪。但如果本犯采取暴力、威胁、贿买等方法阻止证人作证或者指使他人作伪证的，由于并不缺乏期待可能性，宜认定为妨害作证罪（但可以从轻处罚）。

9. 教唆本犯作虚假供述的，成立犯罪吗？

由于本犯自己作虚假供述的不构成犯罪，加之本犯也不是证人，所以，根据共犯的从属性原理和混合惹起说，教唆本犯作虚假供述的，也不成立犯罪。

10. 共犯人阻止同案犯作供述或者指使同案犯作虚假供述的行为，是否成立妨害作证罪？

由于同案犯的供述对于其他共犯人而言，属于证人证言，因此共犯人采取暴力、威胁、贿买等方法阻止同案犯作供述或者指使同案犯作虚假供述的，可能构成妨害作证罪。但如果采取一般性的请求、劝诱方法阻止同案犯作供述或者指使同案犯作虚假供述的，则因为缺乏期待可能性，而不宜以犯罪论处。

11. 同案犯之间的串供行为，构成妨害作证罪吗？

由于对同案犯之间的串供行为缺乏期待可能性，因而不宜认定为妨害作证罪。

12. 妨害作证罪的既遂标准是什么？

只有客观上阻止了证人作证或者使他人作了伪证的，才成立妨害作证罪的既遂。如果行为人虽然以暴力、威胁、贿买等方法阻止证人作证或者指使他人作伪证，但证人依然作证或者未作伪证的，其行为仅成立为妨害作证罪的未遂。

第十七节　帮助毁灭、伪造证据罪

第三百零七条　**【妨害作证罪】**以暴力、威胁、贿买等方法阻止证人作证或者指使他人作伪证的，处三年以下有期徒刑或者拘役；情节严重的，处三年以上七年以下有期徒刑。

【帮助毁灭、伪造证据罪】帮助当事人毁灭、伪造证据，情节严重的，处三年以下有期徒刑或者拘役。

司法工作人员犯前两款罪的，从重处罚。

疑难问题

1. 帮助民事诉讼、行政诉讼中的当事人毁灭、伪造证据，构成帮助毁灭、伪造证据罪吗？

我国刑法理论通说认为，本罪中的当事人，不仅指刑事诉讼中的当事人，也包括民事诉讼和行政诉讼中的当事人。也就是说，帮助民事诉讼、行政诉讼中的当事人毁灭、伪造证据的，也能构成帮助毁灭、伪造证据罪。[①]

本书认为，本罪应仅限于帮助毁灭、伪造刑事诉讼证据。在民事诉讼、行政诉讼中，行为人帮助当事人毁灭、伪造证据的，不构成任何犯罪。本罪的法定最高刑只有 3 年，明显属于轻罪。如果认为本罪中的证据包括民事诉讼和行政诉讼的证据，则明显与伪证罪仅限于刑事诉讼，以及在民事诉讼、行政诉讼中作伪证不构成犯罪不协调。

---

① 高铭暄，马克昌．刑法学．10 版．北京：北京大学出版社，高等教育出版社，2022：564.

2. 帮助毁灭、伪造证据罪中的"帮助"，是什么含义？

案1：余某因酒后毁坏了银行的自动柜员机而被刑事拘留，余某的妻子托刘某帮忙把余某"捞出来"，余某并不知情。第二天，刘某找到负责自动柜员机的工程师邱某，问维修自动柜员机需要多少钱。邱某如实地开出一张维修价值为14 300元的定审单后，刘某向银行赔了14 300元。之后，刘某又请邱某出具一张3 000元的定审单，将该定审单和赔付证明提交给公安机关。余某因毁坏财物的价值没有达到5 000元被释放。后案发。

本案中，邱某不是证人，其行为不能成立伪证罪。其受刘某之托，为余某伪造证据，应与刘某构成帮助伪造证据罪的共犯。

本罪中的"帮助"，不是共犯意义上的帮助。"帮助"一词含有为当事人毁灭、伪造证据的意思。或者说，刑法条文使用"帮助"一词，旨在表明刑事诉讼活动中的当事人毁灭、伪造自己刑事案件的证据，因为缺乏期待可能性而不能成立本罪，同时表明行为人是为当事人毁灭、伪造证据。

3. 帮助毁灭、伪造证据罪有哪些行为类型？

由于本罪中的"帮助"不是共犯意义上的帮助，并旨在将本犯自己毁灭、伪造证据的行为因为缺乏期待可能性而排除在犯罪之外，所以可以认为，"帮助"毁灭、伪造证据包括以下情形：一是行为人单独为当事人毁灭、伪造证据。二是行为人与当事人共同毁灭、伪造证据。在这种情况下，行为人构成本罪，当事人并不成立本罪的共犯。三是行为人为当事人自己毁灭、伪造证据提供各种便利条件，或者向当事人传授毁灭、伪造证据的方法。这可谓"帮助"当事人毁灭、伪造证据。在这种情况下，当事人不构成犯罪，行为人也并不是帮助犯，而是正犯。从这个意义上讲，本罪可谓帮助犯的正犯化。四是行为人唆使当事人自己毁灭、伪造证据。在这种情况下，当事人的行为不构成犯罪，行为人也并不是教唆犯，而是正犯。

4. 毁灭、伪造自己刑事案件的证据，构成犯罪吗？

由于毁灭、伪造自己刑事案件的证据的行为缺乏期待可能性，所以其不应构成犯罪。《刑法》第307条第2款规定"帮助当事人毁灭、伪造证据"，就是旨在将本犯毁灭、伪造自己刑事案件的证据的行为排除在犯罪之外。

5. 误以为是自己刑事案件的证据而毁灭、伪造，或者相反，构成帮助毁灭、伪造证据罪吗？

由于对本犯毁灭、伪造自己刑事案件的证据的行为缺乏期待可能性，所以误以为是自己刑事案件的证据而毁灭、伪造的，因为没有帮助当事人毁灭、伪造证据的意思，即缺乏犯罪的故意，因而不构成帮助毁灭、伪造证据罪。相反，误以为是他人刑事案件的证据而毁灭、伪造，但事实上是自己刑事案件的证据的，行为人虽然有帮助毁灭、伪造证据罪的故意，但没有帮助当事人毁灭、伪造证据的客观事实，所以不构成帮助毁灭、伪造证据罪。

6. 行为人毁灭、伪造自己作为被告的刑事案件的证据，该证据同时也是共犯人的证据，是否成立帮助毁灭、伪造证据罪？

当行为人与其他人均为案件当事人时，如果行为人所毁灭、伪造的证据在客观上仅对（或者主要对）其他当事人起作用，或者行为人主观上专门（或者主要）为了其他人而毁灭、伪造证据，则因为并不缺乏期待可能性，应认定为毁灭、伪造其他当事人的证据，构成帮助毁灭、伪造证据罪。相反，如果所毁灭、伪造的证据仅对（或者主要对）自己起作用，或者行为人主观上专门（或者主要）为了自己而毁灭、伪造证据，则因为缺乏期待可能性，而不能成立帮助毁灭、伪造证据罪。

7. 本犯教唆他人帮助毁灭、伪造证据，以及他人教唆本犯毁灭、伪造证据，如何处理？

本犯自己毁灭、伪造证据的，因为缺乏期待可能性而不成立犯罪。本犯教唆他人帮助毁灭、伪造证据的，同样缺乏期待可能性，故也不能成立犯罪。他人教唆本犯毁灭、伪造证据，虽然被教唆者（本犯）不成立犯罪，但教唆本犯毁灭、伪造证据，可以评价为"帮助"当事人毁灭、伪造证据，而成立帮助毁灭、伪造证据罪。

8. 经当事人同意，帮助其毁灭无罪证据或者伪造不利于当事人的证据的，是否阻却违法性？

应该认为，该种行为并不阻却违法性。因为帮助毁灭、伪造证据罪是妨害司法的犯罪，不是侵害个人可以承诺放弃的个人法益的犯罪，而且，在刑事诉讼中，公诉方也有义务收集被告人无罪、罪轻的证据，所以即使经过犯罪嫌疑人、被告人同意，帮助其毁灭无罪证据或者伪造不利于当事人的证据，这也会侵害刑事司法中的证明过程的客观真实性，进而可能妨害刑事司法的客观公正性，应当认定为帮助毁灭、伪造证据罪。

9. 帮助毁灭、伪造证据罪中的证据，是否限于狭义的、已经查证属实的、作为定案根据的证据，还是也包括证据材料？

对本罪中的"证据"应作扩大解释，即包括证据与证据资料，而不能仅限于狭义的、已经查证属实的、作为定案根据的证据。

10. 藏匿、杀害证人的，如何处理？

藏匿、杀害证人的，属于阻止证人作证，应成立妨害作证罪，而不是帮助毁灭证据罪。

11. 隐匿证据的行为，是否属于毁灭证据？

根据效用侵害说，隐匿属于"毁灭"。所谓毁灭证据，并不限于从物理上使证据消失，而是包括妨碍证据显现，使证据的证明价值减少、丧失的一切行为。因此，隐匿证据也应属于毁灭证据。

12. 变造证据是否属于伪造证据？

刑法中伪造的含义具有相对性。当伪造与变造被并列规定或者单设罪名时，伪造不包括变造。但若仅规定伪造而不规定变造时，则伪造一般包括变造。而且，伪造和变造一般既包括有形伪造和有形变造，还包括无形伪造和无形变造。帮助伪造证据中的伪造也包括变造。变造证据是指对真正的证据进行加工，从而改变证据的证明价值的行为。不仅如此，变造证据还包括无形变造证据。例如，勘验、检查人员事后对勘验、检查笔录进行变更的，就可谓无形变造证据。

13. 司法工作人员是否需要利用职权实施才能被从重处罚？他人教唆司法工作人员实施的，也需要从重处罚吗？

《刑法》第 307 条第 3 款规定，司法工作人员犯妨害作证罪，帮助毁灭、伪造证据罪的，从重处罚。本书认为，由于只有当司法工作人员利用职权实施时，才能增加行为的违法性，所以只有司法工作人员利用职权实施的，才能从重处罚。普通人教唆司法工作人员利用职权帮助当事人毁灭、伪造证据的，只对司法工作人员从重处罚，对于普通人无须从重处罚。

14. 甲认为乙实施的杀人罪已过 20 年追诉时效不应再追诉，故而帮助乙毁灭了杀人的证据，但最高检认为乙必须追诉的，对甲的行为应否认定为帮助毁灭证据罪？

应当认为，这种认识错误属于事实认识错误，阻却犯罪的故意，不成立帮助毁灭证据罪。

15. 贪官子女尽情享用父母贪污受贿的款物的，构成帮助毁灭证据罪吗？

毫无疑问，贪官贪污受贿的款物是最重要的物证，子女明知是父母贪污受贿所得的款物而尽情享用的，应能构成帮助毁灭证据罪。

第十八节　虚假诉讼罪

第三百零七条之一　【虚假诉讼罪】以捏造的事实提起民事诉讼，妨害司法秩序或者严重侵害他人合法权益的，处三年以下有期徒刑、拘役或者管制，并处或者单处罚金；情节严重的，处三年以上七年以下有期徒刑，并处罚金。

单位犯前款罪的，对单位判处罚金，并对其直接负责的主管人员和其他直接责任人员，依照前款的规定处罚。

有第一款行为，非法占有他人财产或者逃避合法债务，又构成其他犯罪的，依照处罚较重的规定定罪从重处罚。

司法工作人员利用职权，与他人共同实施前三款行为的，从重处罚；同时构成其他犯罪的，依照处罚较重的规定定罪从重处罚。

疑难问题

1. 本罪所保护的法益是什么？

虽然虚假诉讼罪的罪状中存在"妨害司法秩序或者严重侵害他人合法权益"的表述，也应认为虚假诉讼罪作为"妨害司法罪"中的罪名，其所保护的主要法益只能是"司法秩序"，而"他人合法权益"至多是次要法益。正如他人林木的所有权、保险公司的财产权，分别是盗伐林木罪、保险诈骗罪所保护的次要法益。"他人合法权益"的表述，旨在限制虚假诉讼罪的处罚范围，是虚假诉讼行为实质违法性的重要判断资料，借此可以将单纯为了车辆、房地产过户，通过法院查询遗产数额等单纯违反政策性规定，浪费司法资源，妨害司法秩序，但并不侵害案外人合法权益的行为排除在虚假诉讼罪之外，而仅作为民事诉讼违法行为进行制裁。

2. 从立法论上讲，有必要将"严重侵害他人合法权益"规定为构成要件结果吗？

对于虚假诉讼罪罪状中"严重侵害他人合法权益"的表述，或可这样解释：该表述旨在限制虚假诉讼罪的处罚范围，将并不侵害案外人合法权益，只是违反政策性规定、单纯浪费司法资源、妨害司法秩序的虚假诉讼行为，排除在犯罪之外，也就是将"严重侵害他人合法权益"的表述，作为对虚假诉讼行为入罪的实质解释的根据。例如，在"汽车过户虚假诉讼案"、"房地产过户虚假诉讼案"以及"遗产查询虚假诉讼案"中，这类犯罪中的行为人追求的只是让法院调查取证，或者通过生效裁判使车辆、房地产强制过户的程序上的利益，虽然其可能破坏了相关的法律、政策的实施，浪费了司法资源，妨害了司法秩序，但并未侵害他人的合法权益，因此危害性不大，不具有实质违法性，不值得科处刑罚。

不过，应该认识到，所有虚假诉讼都妨害了司法秩序，不存在没有妨害司法秩序却严重侵害了他人合法权益的虚假诉讼行为，所以，从立法论上讲，完全可以删除"严重侵害他人合法权益"这一结果要件。

3. 本罪是复行为犯，实行行为是"捏造行为＋起诉行为"吗？

有人认为，以捏造的事实提起民事诉讼，可以转换成"在捏造事实的基础上提起诉讼"，言外之意是，还存在着捏造事实的行为。有人主张，虚假诉讼罪的客观行为包括两个：一是捏造事实，二是提起民事诉讼，二者结合构成了虚假诉讼罪的客观要件。

其实，学界普遍存在根据罪状的文字表述就断言某罪属于复行为犯的现象。例如：根据《刑法》第221条中"捏造并散布虚伪事实，损害他人的商业信誉、商品声誉"的表述，断言损害商业信誉、商品声誉罪的实行行为是"捏造＋散布"；根据第243条中"捏造事实诬告陷害他人"的表述，就认定诬告陷害罪的实行行为是"捏造＋诬告"；根据第246条中"捏造事实诽谤他人"的表述，就确定诽谤罪的实行行为是"捏造＋诽谤"；根据第291条之一中"编造爆炸威胁、生化威胁、放射威胁等恐怖信息，或者明知是编造的恐怖信息而故意传播""编造虚假的险情、疫情、灾情、警情，在信息网络或者其他媒体上传播"的表述，就肯定"编造"也是独立的实行行为；根据第292条中"聚众斗殴"的表述，就坚信聚众斗殴罪的实行行为系"聚众＋斗殴"；等等。殊不知，上述罪名均为单行为犯，"捏造""编造""聚众"均不是实行行为，实行行为只有"散布""诬告""诽谤""传播""斗殴"。

就虚假诉讼罪而言，"以捏造的事实提起民事诉讼"的表述，旨在说明行为人赖以提起民事诉讼的事实是捏造的、虚假的，而无论是自己捏造并提起，还是明知是他人捏造的事实而利用其提起民事诉讼，均不影响虚假诉讼罪的成立。如果认为只有利用自己捏造的事实提起民事诉讼才成立犯罪，反而不当缩小了处罚范围。

总之，"虚假诉讼罪并不是所谓的复行为犯，亦即，虚假诉讼行为并不是由捏造行为＋起诉行为所构成"[①]。

---

① 张明楷. 虚假诉讼罪的基本问题. 法学，2017（1）.

4. 以部分捏造的事实提起民事诉讼，构成虚假诉讼罪吗？

案1：周某向包某某借款 26 000 元，并在包某某事先打印好的、未写明具体借款金额的借条上签字。后包某某将借条中的借款金额填写成 10 万元并向法院提起民事诉讼。后案发。法院认定包某某的行为构成虚假诉讼罪。

本案中，包某某以部分捏造的案件事实提起民事诉讼，若认为虚假诉讼罪中的"捏造的事实"仅限于无中生有，不包括部分捏造或者部分虚假的情形，则本案中包某某的行为不构成虚假诉讼罪。本书认为，部分捏造也属于"捏造事实"，包某某的行为构成虚假诉讼罪。

2018 年 9 月 26 日"两高"《关于办理虚假诉讼刑事案件适用法律若干问题的解释》（以下简称《虚假诉讼案件解释》）第 1 条，将"以捏造的事实提起民事诉讼"限定为"捏造民事法律关系，虚构民事纠纷"；第 7 条规定，采取伪造证据等手段篡改案件事实，骗取人民法院裁判文书，构成犯罪的，依照《刑法》第 280 条、第 307 条等规定追究刑事责任。据此，理论界与实务界普遍认为：虚假诉讼罪仅限于"无中生有型"的捏造事实行为，即凭空捏造根本不存在的民事法律关系和因该民事法律关系产生民事纠纷的情形；如果存在真实的民事法律关系，行为人采取伪造证据等手段篡改案件事实，向人民法院提起民事诉讼的，不能认定为虚假诉讼罪，构成犯罪的，只能以伪造公司、企业、事业单位、人民团体印章罪或者妨害作证罪等罪名追究其刑事责任。

上述关于以部分捏造的事实提起民事诉讼不构成虚假诉讼罪的观点和实践做法，可能存在问题。以部分捏造的事实提起民事诉讼，同样侵害了司法过程的纯洁性和妨害了司法秩序。从妨害司法的角度来说，完全捏造民事法律关系的，往往容易判断；捏造部分事实的，司法机关反而更难以判断。比如，侵权行为原本已经过了时效，但行为人捏造事实，导致侵权行为没过时效的，可能没有理由不论以虚假诉讼罪。而且，就对他人合法权益的侵害而言，部分捏造甚至比完全捏造有过之而无不及。例如：甲实欠乙 1 万元，乙篡改欠条，向法院起诉甲偿还 100 万元；丙不欠丁钱，丁伪造 1 万元欠条，向法院起诉要求丙偿还 1 万元。乙的虚假诉讼行为，无论是对司法秩序的妨害，还是对他人合法权益的侵害，都并不轻于丁的。因此，没有理由认为，部分捏造事实的法益侵害性轻于全部捏造的，而不值得被作为虚假诉讼罪进行处罚。

事实上，在上述《虚假诉讼案件解释》出台之前，司法实践中对于部分捏造事实以及改变债务性质提起诉讼的案件，一直是作为虚假诉讼罪进行判处的。例如，被告人刘某某实际从杨某处借款 50 万元，后双方恶意串通，制作 5 张假借据，虚构刘某某欠杨某 360 万元债务及利息 165.4 万元的事实。杨某以此提起民事诉讼。后案发。法院认定构成虚假诉讼罪。① 又如，被告人为了获得优先受偿权，恶意串通，将工程款、货款等普通债务，虚构成公司职工的劳务报酬债务后申请劳动仲裁，并在仲裁调解协议达成后申请法院强制执行。后案发。法院认定，被告人以捏造的事实进行劳动仲裁，后以申请执行方式进入民事诉讼程序，妨害司法秩序，其行为构成虚假诉讼罪。②

总之，所谓"以捏造的事实"提起民事诉讼，既包括积极捏造，也包括隐瞒真相，既包括无中生有、完全捏造，也包括篡改事实、部分虚假，既包括利用自己捏造的事实提起民事诉讼，也包括利用他人捏造的事实提起民事诉讼。

5. 何谓提起"民事诉讼"？

案 2：被告人为了获得优先受偿权，恶意串通，将普通债务虚构成劳务报酬债务后申请劳动仲裁，并在达成仲裁调解协议后申请法院强制执行。后案发。法院认定其行为构成虚假诉讼罪。

本案中，被告人申请法院执行劳动仲裁调解协议，适用的是《民事诉讼法》，所以属于以捏造的事实提起民事诉讼，成立虚假诉讼罪。法院认定构成虚假诉讼罪是正确的。

案 3：行为人甲先通过伪造证据的办法骗得了一个仲裁机构作出的对他有利的裁决。因为仲裁裁决可以申请法院强制执行，甲以仲裁裁决为根据，向法院申请强制执行。

本案中，虽然申请仲裁适用的不是民事诉讼程序，但申请法院强制执行仲裁裁决适用的是民事诉讼程序。而甲所提交的仲裁裁决中包含了其所捏造的事实，所以还是可以认定甲以捏造的事实提起民事诉讼，构成虚假诉讼罪。

应该说，适用民事诉讼法所规定的程序提起的任何阶段、任何性质的诉讼，均可谓虚假诉讼罪中的"民事诉讼"，如提起一审普通程序（起诉）、二审程序（上诉）、简易程序、反诉、抗诉、申请执行、执行异议之诉、督促程序、审判监督程序以及特别程序等等。需要指出的是，虽然提起虚假的仲裁（包括劳动仲裁）和对债权文书的公证，不属于提起民事诉讼，但如果行为人利用虚假的事实提起仲裁、公证，导致仲裁、公证机构作出了错误的仲裁裁决书、公证文书后，

---

① 黑龙江省密山市人民法院（2017）黑 0382 刑初 133 号刑事判决书.
② 福建省三明市梅列区人民法院（2017）闽 0402 刑初 162 号刑事判决书.

凭此错误的仲裁裁决书、公证文书向法院申请强制执行的，由于最终适用了民事诉讼法规定的执行程序，因而仍然属于"以捏造的事实提起民事诉讼"，可能成立虚假诉讼罪。当然，如果错误的仲裁裁决书、公证文书的作出，不是因为行为人以捏造的事实提起所致，即不包括仲裁、公证过程中单纯隐瞒真相的情形，则即便行为人明知仲裁裁决书、公证文书存在错误，由于不是行为人主动的行为所引起，以此申请法院强制执行，不宜以虚假诉讼罪论处。此外，利用《民事诉讼法》针对第三人规定的救济措施，如以捏造的事实提起第三人撤销之诉、案外人执行异议之诉、案外人申请再审等程序的，同样可能成立虚假诉讼罪。

上述立场也得到了司法实践的肯定。例如，（1）被告人王某某为获得优先受偿权，将普通的债务纠纷编造成劳动报酬纠纷后申请劳动仲裁，然后其向法院申请执行仲裁调解书，法院立案执行。后案发。法院认为，被告人王某某虚构劳动报酬纠纷向劳动争议仲裁部门申请进行劳动争议仲裁，再向法院申请执行，属于以捏造的事实提起民事诉讼，妨害司法秩序，其行为构成虚假诉讼罪。①

（2）被告人胡某某与他人的民间借贷纠纷被两审法院判决败诉，其为阻止自己名下的健身房、房产、汽车被法院执行局强制拍卖，伙同陶某某签订虚假的租赁合同，然后以陶某某的名义向法院提出执行异议。在被法院裁定驳回后，其再次让陶某某以案外人身份向法院提出执行异议之诉，致使财产拍卖程序迟延。法院认为，被告人胡某某、陶某某二人共同故意以捏造的事实提起民事诉讼，妨害司法秩序，严重侵害他人合法权益，其二人行为已构成虚假诉讼罪。②

（3）被告人高某某作为鹏豪集团法定代表人，出具虚假的借款借据，虚构鹏豪集团向王某某等人借款的事实，借此向公证处申请具有强制执行力的公证。后王某某等人又以债务人不履行协议为由在公证处申请了执行证书，然后使用上述具有强制执行力的公证文书及执行证书，向法院申请强制执行，法院予以立案执行。后案发。法院认定高某某、王某某等人的行为构成虚假诉讼罪。③

（4）张某（另案处理）因合伙纠纷被起诉后，伙同被告人某某庆虚构已清偿部分合伙债务的事实提起反诉，并要求从原告起诉款项中扣除，得到了法院判决的支持。后案发。法院认为，被告人某某庆伙同他人以捏造的事实提起民事诉讼，妨害司法秩序，严重侵害他人合法权益，其行为构成虚假诉讼罪。④

---

① 福建省武平县人民法院（2017）闽 0824 刑初 292 号刑事判决书.
② 河南省新县人民法院（2018）豫 1523 刑初 31 号刑事判决书.
③ 陕西省西安市雁塔区人民法院（2016）陕 0113 刑初 942 号刑事判决书.
④ 浙江省德清县人民法院（2017）浙 0521 刑初 511 号刑事判决书.

6. 以捏造的事实"提起"民事诉讼与虚假应诉，有无不同？

案 4：被告人曹某起诉其子曹甲，要求法院将其已去世的妻子齐某霞名下的一套房产全部判归其所有。为此，被告人提交了伪造的关于"齐某明（其岳母）死亡时间和子女情况"的派出所证明材料，并且在开庭当日，对自称系"曹甲"本人的某年轻男子未提出异议，并认可其答辩内容。法院认为，被告人曹某伪造证据材料，在明知原审被告并非曹甲本人的情况下进行虚假诉讼，造成原审遗漏当事人、实体处理错误、案件再审，其行为已构成虚假诉讼罪。[①]

问题是，本案是属于以捏造的事实"提起"民事诉讼，还是属于诉讼过程中单纯提供伪造证据材料的情形？对原审被告人的身份的查明是法院的义务，还是原告人的责任？或者说，如果行为人所伪造的证据材料不是在起诉前提供，而是在案件受理后提供，是否影响案件的性质？本来刑法仅处罚帮助当事人毁灭、伪造证据的行为，而不处罚当事人本人毁灭、伪造证据的行为，倘若将起诉时提供伪造的证据材料的行为，均作为犯罪处理，就意味着变相处罚了当事人伪造证据的行为，而形成了不当的间接处罚。本案中，如果行为人起诉时只是对事实进行模糊描述（如起诉时根本不提其有岳母的事实），并不提供具体证明材料，待法院受理案件后再提供伪造的证明材料，又如何？想必很难认定行为人"以捏造的事实"提起民事诉讼。遗产之类的纠纷本就复杂，是非曲直，本需法院审理查明的，不能指望原告对案件事实及其法律适用问题事先有准确的把握。而且本着"有案必立，有理必诉"的立案原则，行为人即便不对案件事实进行具体描述，也完全可能引起法院受理案件。也就是说，行为人完全可以等到法院受理案件后，再将案件事实具体化（如被告人岳母的死亡时间）并提供相关的证据材料。此外，原告并没有义务审查被告的身份，关于被告人身份认证错误的责任，不能归咎于原告。可见，北京所谓首例虚假诉讼罪案件，到底属于以捏造的事实提起民事诉讼，还是属于在诉讼过程中提供伪造的证据，还存在问题。

应该说，以捏造的事实"提起"民事诉讼，不同于虚假应诉。前者强调以虚假的事实"启动"民事诉讼程序，后者表明在诉讼过程中存在伪造证据、虚假陈述、虚构事实或者隐瞒真相的情节。不应将在诉讼过程中提供伪造的证据材料、隐瞒真相进行虚假诉讼的行为，作为虚假诉讼罪处理，而变相处罚当事人毁灭、伪造证据的行为。

---

① 北京市丰台区人民法院（2017）京 0106 刑初 1402 号刑事判决书.

7. 原告起诉后以虚假的事实变更诉讼请求的，也能成立虚假诉讼罪吗？

张明楷教授认为：原告起诉后以虚假的事实变更诉讼请求的行为，也属于以捏造的事实"提起"民事诉讼，也能成立虚假诉讼罪。理由是，原告变更诉讼请求，意味着放弃原来的诉讼请求，提出新的诉讼请求；倘若认为变更诉讼请求不属于"提起"民事诉讼，则行为人完全可能以真实的事实起诉，待案件受理后再以虚假的事实变更诉讼请求，却不能以虚假诉讼罪论处，从而形成明显的处罚漏洞。①

从理论上讲，以捏造的事实变更诉讼请求可谓提起新的诉讼，有成立虚假诉讼罪的可能性。因为从民诉原理上讲，为了保证被告人的抗辩权，一般变更诉讼请求就相当于形成一个新的诉讼，法院事实上都会要求原告另行起诉，而以捏造的事实另行起诉，当然可能成立虚假诉讼罪。

8. 在民事诉讼中，单纯提供虚假证据反驳诉讼请求的，构成犯罪吗？

在民事诉讼中，单纯提供虚假证据反驳对方诉讼请求的，由于并没有"提起"一个民事诉讼程序，所以不能成立虚假诉讼罪。不过，作为民事诉讼中的被告提供虚假证据欺骗法官，导致法官作出了错误判决，进而非法占有他人财物或者逃避合法债务的，可能成立诈骗罪，但不成立虚假诉讼罪。

9. 如何认定本罪的既遂？

案5：邵某、王某借款100万元给周某，后以公司分家为由让周某出具两张50万元的借条以冲抵原100万元的借条，但未将原借条交还。后邵某、王某持三张借条起诉周某。开庭后，二人撤诉，法院裁定准许。法院认为，上述撤诉行为不构成犯罪中止。

本案中，关于邵某、王某提起虚假的民事诉讼，法院已经受理；法院受理，本罪就已既遂，犯罪既遂之后不能再中止。法院否定成立犯罪中止是正确的。

案6：被告人为了对公司财产获得优先受偿权，编造劳动报酬债务，申请劳动仲裁，然后向法院申请强制执行，法院作出执行裁定书。后被告人主动提出撤回强制执行申请。被告人辩称成立犯罪未遂。法院认为不构成犯罪未遂。

本案中，法院已经受理了其申请的强制执行劳动仲裁裁决，本罪已经既遂。在法院受理后撤诉的，不能成立犯罪未遂。法院否定成立犯罪未遂是正确的。

虚假诉讼罪属于行为犯，而行为犯是根据行为的完成或者进展程度判断既未

① 张明楷.虚假诉讼罪的基本问题.法学，2017（1）.

遂。若要求等到法院作出错误的判决才成立既遂，显然认定既遂过晚，而不利于保护司法秩序法益；倘若根据法院受理案件后是否进行了庭前准备、调查活动、开庭审理、采取了诉讼保全措施等实质的司法活动判断既未遂，则可能导致判断标准不明。相对而言，以法院受理案件作为既遂标准，则简单明了，便于操作。

不过可能有人担心，最高法已于2015年4月起改革了法院的案件受理制度，变立案审查制为立案登记制，坚持"有案必立，有诉必理"，这导致在立案阶段难以通过审查判断阻却虚假诉讼。也就是说，法院现行的立案登记制度极大降低了立案条件，倘若不考虑虚假诉讼的危害程度，则必然导致打击范围过广，造成刑法的肆意扩张。应该说，这种担心是不必要的，因为即便以虚假诉讼案件的受理为既遂标准，也需要对行为本身是否值得科处刑罚进行实质判断。正如盗窃他人车内价值300元的财物本身可能已经因取得而既遂，但是否值得以盗窃罪进行处罚，则是另外一回事。换言之，是否既遂，与行为本身是否值得科处刑罚不是一个层面的问题。就虚假诉讼罪而言，法院受理行为人提起的虚假诉讼，只是意味着行为本身已经既遂，但是否值得作为虚假诉讼罪进行处罚，还必须从诉讼标的的大小、虚假的程度、妨害司法秩序的严重程度、侵害或者威胁他人合法权益的性质及程度等方面进行综合的实质性判断。

10. 本罪是行为犯还是结果犯？

张明楷教授认为，就虚假诉讼行为对司法秩序的妨害而言，本罪是行为犯；但就对他人合法权益的侵害而言，本罪则是结果犯。[①]

本书认为，由于是否"严重侵害他人合法权益"，只是判断虚假诉讼行为是否严重"妨害司法秩序"，是否值得科处刑罚的一种资料，并不意味着只有实际产生严重侵害他人合法权益的结果才成立犯罪或者犯罪既遂。为了与其他妨害司法罪罪名相协调，体现其妨害司法的罪质，应当认为虚假诉讼罪属于行为犯。不过，关于虚假诉讼行为本身是否达到值得科处刑罚的程度，还需要进行实质判断。

11. 本罪第3款是注意规定还是法律拟制？

应该说，本罪第3款关于罪数的规定，是注意规定，旨在提醒司法工作人员注意，提起虚假诉讼同时构成诈骗罪等犯罪的，应当作为竞合从一重处罚。

12. 如果当事人一方与法官串通通过诉讼侵犯对方财产的，如何处理？

如果当事人一方与法官串通通过诉讼侵犯对方财产的，由于没有人受骗，不

---

① 张明楷. 虚假诉讼罪的基本问题. 法学，2017（1）.

属于诉讼诈骗，当事人构成虚假诉讼罪的正犯和民事枉法裁判罪的教唆犯，法官构成民事枉法裁判罪。另外，由于侵犯了对方的财产，所以可以认为当事人和法官还构成"违反被害人的意志，将他人占有下的财物转移为自己或者第三者占有"的盗窃罪的共犯，想象竞合，从一重处罚。

13.《民事诉讼法》中的虚假诉讼以当事人之间的恶意串通为前提，刑法上的虚假诉讼罪也以当事人之间的恶意串通为前提吗?

《民事诉讼法》中的虚假诉讼以当事人之间的恶意串通为前提，但是刑法上的虚假诉讼罪，并不以当事人之间的恶意串通为前提，因为：一方面，从刑法规定看，只要行为人以捏造的事实提起民事诉讼，就符合了虚假诉讼罪的构成要件。另一方面，当事人之间没有恶意串通，一方当事人以捏造的事实单方面提起民事诉讼的，也会妨害司法秩序和侵害他人的合法权益。所以说，不管是妨害司法秩序事实还是严重侵害他人合法权益，都不以当事人之间的恶意串通为前提。

14. 行为人提出的事实是真实的，但理由是虚假的，构成本罪吗?

任何民事诉讼的提起，都需要有事实和理由。所谓事实，是指作为诉讼标的的法律关系发生、变更或者消灭的事实，如合同纠纷中，合同签订、履行的时间、地点、合同内容等属于事实。而理由，是指提出诉讼的原因与法律依据，如要求对方赔偿，是因为对方侵害自己的人身造成了损害赔偿；要求承担违约责任，是因为对方迟延交付货物。很显然，理由只是一种价值判断，而不是事实本身。而虚假诉讼罪规定的是以捏造的"事实"提起民事诉讼。只要行为人提出的事实是真实的，即使理由是虚假的，也不可能构成本罪。

第十九节 窝藏罪

第三百一十条 **【窝藏、包庇罪】**明知是犯罪的人而为其提供隐藏处所、财物，帮助其逃匿或者作假证明包庇的，处三年以下有期徒刑、拘役或者管制；情节严重的，处三年以上十年以下有期徒刑。

犯前款罪，事前通谋的，以共同犯罪论处。

疑难问题

1. 窝藏罪所保护的法益是什么?

案1：甲雇乙开车拉运木材，甲自己驾车跟在乙后拉运木材。乙将迎面骑摩托车过来的行人撞死。甲与乙将死者的尸体移到路边，与乙一同驾车开往搬运点。

本案中，如果在乙撞死人以后，甲将乙载在自己的车上离开了现场，则可以认定甲的行为构成窝藏罪；如果案发当时，乙执意要留在现场，甲最终说服乙离开了现场，则也可以认定甲的行为构成窝藏罪。但是本案中，很难说将死者尸体搬离马路就是帮助逃匿的行为，因为尸体摆在马路中间，对甲和乙能不能顺利离开现场并不产生影响。所以，本案如果无法进一步查清到底是不是甲要求乙离开现场的，就不能轻易将甲的行为认定为窝藏罪。

窝藏罪属于妨害司法罪一节的罪名，窝藏行为的特点是妨害公安或司法机关发现犯罪的人，或者说使公安或司法机关不能或难以发现犯罪的人，从而侵害犯罪侦查、刑事审判、刑罚执行等刑事司法秩序。简单地讲，本犯所保护的法益是刑事司法秩序。行为不可能侵犯犯罪侦查、刑事审判、刑罚执行等刑事司法秩序的，不能作为窝藏罪处理。

2. 何谓"犯罪的人"？

"犯罪的人"本来是个规范的概念，是指被判决有罪的人，但对本罪中的"犯罪的人"只能从普通用语上进行理解，即所谓规范用语的普通化。关于"犯罪的人"，有三种理解：一是真正犯罪的人，即被判决有罪的人；二是客观上看犯罪嫌疑很大的人；三是作为犯罪嫌疑人而被列为立案侦查对象的人。应该说第三种观点基本上是合理的。除已被公安、司法机关依法作为犯罪嫌疑人、被告人列为立案侦查、起诉对象的人外，"犯罪的人"还包括暂时没有被公安、司法机关作为犯罪嫌疑人，但确实实施了犯罪行为，因而将要作为犯罪嫌疑人、被告人被公安、司法机关侦查、起诉的人。当然，已被法院判决有罪的人即已决犯，也属于本罪中的"犯罪的人"，窝藏脱逃的已决犯的，成立窝藏罪。对于实施了符合构成要件的不法行为但没有达到刑事责任年龄、不具有刑事责任能力的人，虽然原则上也属于本罪中的"犯罪的人"，但联系本罪所保护的法益考虑，如果行为人已确定，案件事实清楚，公安、司法机关不可能展开刑事侦查与司法活动的，对这类"犯罪的人"实施窝藏行为的，不成立犯罪。例如，12周岁的甲抢劫了乙的财物，案件事实清楚，因为甲不满14周岁，所以公安机关不可能对其进行立案侦查，在这种情况下，窝藏甲的行为不成立窝藏罪。

3. 同时窝藏多名犯罪的人，构成一罪还是数罪？

2021年8月9日"两高"《关于办理窝藏、包庇刑事案件适用法律若干问题的解释》指出，多次窝藏犯罪的人，或者窝藏多名犯罪的人的，应当认定为本罪中的"情节严重"。应该说，这里"窝藏多名犯罪的人"，既包括先后窝藏多名犯罪的人，也包括一次同时窝藏多名犯罪的人。将同时窝藏多名犯罪的人认定为"情节严重"，作为窝藏罪的加重犯判处 3 年以上 10 年以下有期徒刑，还是可行的。

4. "提供隐藏处所、财物"与"帮助其逃匿"之间是什么关系？

二者不是并列关系，而是从属关系。或者说，"为犯罪的人提供隐藏处所、财物"与"帮助其逃匿"，不是手段行为与目的行为的关系，而是前者是后者的例示，前者是对最典型、最常见窝藏行为的列举。就如犯罪预备中的"准备工具"只是对"制造条件"的列举，"以勒索财物为目的绑架他人"也只是对"绑架他人作为人质"的列举。换句话说，帮助犯罪的人逃匿的方法行为并不限于为犯罪的人提供隐藏的处所、财物，还包括向犯罪的人通报侦查或者追捕的动静，向犯罪的人提供化装的用具或者虚假的身份证件，给犯罪的人指明逃跑的路线等。

5. 本罪中的"帮助"，是共犯意义上的帮助吗？

本罪中的"帮助"并非共犯意义上的帮助，使用"帮助"的表述，旨在强调本犯自己作案后逃匿因为缺乏期待可能性而不构成犯罪，只有帮助他人逃匿的才构成犯罪。本罪中的帮助不是共犯意义的帮助，所以不要求坚持共犯的实行从属性，不要求必须有正犯行为才成立犯罪。即使犯罪的人没打算逃匿，也没有逃匿，但行为人使犯罪的人昏迷后将其送至外地，或者劝诱、迫使犯罪的人逃匿的，也属于"帮助其逃匿"。不过，这种帮助应该限于直接使犯罪的人逃匿更容易的行为，而不是漫无边际的行为。例如，受已经逃匿到外地的犯罪的人之托，向犯罪的人的妻子提供金钱，使犯罪的人安心逃匿，或者向犯罪的人归还欠款，配偶单纯陪同潜逃并且在外地共同生活，向逃匿的犯罪的人提供管制刀具，犯罪的人意欲自首而行为人劝诱其不自首，等等，都不能成立窝藏罪。

6. 犯罪的人教唆他人对自己实施窝藏行为时，是否成立本罪？

本犯自己作案后逃匿，因为缺乏期待可能性而不成立犯罪，而教唆是比正犯责任更轻的参与形式，应该更加缺乏期待可能性，所以，犯罪的人教唆他人对自己实施窝藏行为的，不成立犯罪。

7. 他人教唆犯罪的人逃匿的，如何处理？

他人教唆犯罪的人逃匿，虽然被教唆的本犯因为缺乏期待可能性而不成立犯罪，但教唆本犯逃匿，并不缺乏期待可能性，所以可以评价为"帮助其逃匿"而成立窝藏罪。

8. 犯罪的人窝藏共犯的，如何处理？

犯罪的人窝藏共犯，如果专门是为了使共犯逃避法律责任而窝藏的，成立窝藏罪。反之，若专门是为了使本人或者既使本人也使共犯逃避法律责任而窝藏的，则不宜认定为本罪。

9. 犯罪的人的配偶、近亲属对犯罪的人实施窝藏行为的，构成犯罪吗？

我国自古以来就有"亲亲相容隐"的法制传统。犯罪的人的配偶、近亲属对犯罪的人实施窝藏行为的，由于缺乏期待可能性，不宜以本罪论处。

10. 嫌疑人确实无罪，行为人为使嫌疑人免受错误拘捕而窝藏的，构成犯罪吗？

如果嫌疑人确实无罪，行为人为使嫌疑人免受错误拘捕而窝藏的，由于行为并没有妨害司法，不宜以本罪论处。

11. 中途知情而继续窝藏的，构成窝藏罪吗？

理论上有观点认为，窝藏罪是继续犯，中途知情而继续窝藏的，构成窝藏罪。本书认为，窝藏罪不是侵害人身权的犯罪，难以认为窝藏期间法益每时每刻都受到同等程度的侵害，不能持续性肯定构成要件的符合性，所以，窝藏罪不是继续犯，而是状态犯，对于中途知情而继续窝藏的，不宜认定为窝藏罪。

12. 本罪第 2 款的规定是注意规定还是法律拟制？

本罪第 2 款"事前通谋的，以共犯论处"的规定，是注意规定，不是法律拟制。其旨在提醒司法工作人员注意，事前通谋的，因为与正犯行为和结果之间具有心理的因果性，应作为共犯处理。应该说，《刑法》分则条文中的共犯条款都是注意规定。而且，成立共犯也不限于"事前通谋"的情形，片面共犯也能成立共犯。由于本款是注意规定，所以在成立共犯的同时，并没有排除窝藏罪的成立。倘若事前通谋实施的犯罪较轻的，如虚假广告罪，则还应当以法定刑相对较重的窝藏罪进行评价。此外，还不能排除数罪并罚的可能性。例如，行为人与盗窃犯事前通谋，事后实施窝藏的，应该认为，既成立盗窃罪的共犯（心理的帮助），也成立窝藏罪。由于行为人实施了两个行为，侵害了两个法益，可以考虑实行数罪并罚。

13.《刑法》第 362 条，是注意规定还是法律拟制？

《刑法》第 362 条规定，旅馆业、饮食服务业、文化娱乐业、出租汽车业等单位的人员，在公安机关查处卖淫、嫖娼活动时，为违法犯罪分子通风报信，情节严重的，依照窝藏、包庇罪的规定定罪处罚。由于卖淫、嫖娼活动并不都是犯罪活动，卖淫、嫖娼分子并不都是"犯罪的人"，但对其进行窝藏的人都按照窝藏罪定罪处罚，所以该条规定是法律拟制，不是注意规定。不过，如果卖淫、嫖娼是犯罪活动，如组织、强迫卖淫的犯罪分子，由于窝藏这种人本来就构成窝藏罪，因而从这个角度讲，本条也是一种注意规定。所以可以认为，本条既是注意规定，又是法律拟制。

14. 单纯的知情不举，构成犯罪吗？

明知发生犯罪事实或者明知犯罪人的去向，而不主动向公安、司法机关举报的行为，属于单纯的知情不举行为，不成立犯罪。

第二十节　掩饰、隐瞒犯罪所得、犯罪所得收益罪

第三百一十二条　**【掩饰、隐瞒犯罪所得、犯罪所得收益罪】**明知是犯罪所得及其产生的收益而予以窝藏、转移、收购、代为销售或者以其他方法掩饰、隐瞒的，处三年以下有期徒刑、拘役或者管制，并处或者单处罚金；情节严重的，处三年以上七年以下有期徒刑，并处罚金。

单位犯前款罪的，对单位判处罚金，并对其直接负责的主管人员和其他直接责任人员，依照前款的规定处罚。

疑难问题

1. 本罪的性质和保护的法益是什么？

案1：甲注册了一个域名，其注册时在万维网上进行了登记，不久后乙把这个域名盗走了，盗走后也在万维网上进行了登记，但登记时使用了假名。甲报案后公安机关很久破不了案。公安人员可以在万维网上查到这个域名，但是密码被乙控制了，关键问题是不知道乙是谁。丙专门从事域名买卖生意，他觉得这个域名不错，而且乙也有意要出卖，丙就把这个域名买过来了，买价比较便宜（买价为 12.5 万元，市场价为 40 万元），丙买过来时用真名在万维网上进行了登记。

本案中，丙购买的域名可谓赃物，某行为也是收购行为。丙以明显低于市场价的价格购买该域名，也可以推定其主观上属于明知是犯罪所得而购买，具有犯罪故意。但是，丙购买的同时以真实姓名在万维网上登记了这个域名，公安机关

立即就发现了丙是域名的登记者，这客观上帮助公安机关查明了案件事实，而没有妨害司法，所以丙的行为并不符合掩饰、隐瞒犯罪所得罪的客观构成要件，不成立掩饰、隐瞒犯罪所得罪。

关于赃物犯罪的性质，国外刑法理论上存在追求权说、收益说、事后共犯说、违法状态维持说、物的包庇说和综合说等学说。应该说，由于我国赃物犯罪不是侵犯财产罪的罪名，而是妨害司法罪的罪名，所以，我国赃物犯罪的性质可以采取以违法状态维持说为基础同时考虑追缴权、追求权说的综合说。我国赃物犯罪所保护的法益是司法机关的正常活动。由于赃物具有证据的作用，掩饰、隐瞒犯罪所得及其产生的收益会妨害司法机关查处犯罪的活动，而且赃物最终都要被追缴、退赔、归还或者没收，所以，掩饰、隐瞒犯罪所得及其产生的收益，还会妨害司法机关对赃物的追缴、退赔、归还和没收，妨害国家的追缴权和被害人追求权的行使。因此，不妨害司法活动，不妨碍国家对犯罪所得及其收益的追缴、退赔、归还、没收的，就不可能构成赃物犯罪。

2. 如何理解本罪的构成要件行为？

本罪的构成要件行为包括窝藏、转移、收购、代为销售与其他方法。所谓窝藏，是指隐藏、保管等使司法机关难以发现赃物的行为。所谓转移，是指改变赃物的存放地点的行为。转移行为应达到足以妨害司法机关追缴赃物的程度，在同一房屋内转移赃物的，不宜认定为本罪，但从一个房间转移到另一个房间，不失为转移。将赃物藏匿在房间内隐蔽的地方，也可谓窝藏。接受犯罪人赠与的赃物，也可以评价窝藏、转移赃物。窝藏、转移必须基于本犯的意思，即为了本犯的利益。盗窃、抢劫、诈骗、抢夺赃物的，只能构成盗窃、抢劫、诈骗、抢夺罪，不可能构成本罪。收购，是指收买不特定的犯罪人的赃物或者购买大量的赃物的行为；对于购买特定的少量赃物自用的，一般不宜认定为犯罪，但购买他人犯罪所得的机动车等价值重大的财物的，应认定为收购赃物。代为销售，强调的是本犯自己销赃不构成本罪，是指替本犯有偿转让赃物的行为。为了本犯的利益而将赃物卖给本犯的被害人的，依然属于代为销售赃物。对在本犯与购买人之间进行斡旋的，也应认定为代为销售赃物。所谓其他方法，是指上述四种方法之外的，任何使司法机关难以发现赃物、难以追缴赃物或者难以分辨赃物性质的掩饰、隐瞒赃物的方法。例如，贪官子女使用父母贪污受贿的钱款购买房屋，或者采用其他方法消费父母贪污受贿的款物的，可能成立本罪。但由于挪用的公款不是犯罪所得，所以子女消费父母挪用的公款的，不宜认定为本罪。

3. 何谓"犯罪所得及其产生的收益"?

综合各国的刑法规定，特别没收的内容主要有以下几种：第一，组成犯罪行为之物。所谓组成犯罪行为之物，就是作为犯罪行为所不可缺少的要素的物。例如，赌博罪中的赌资、行贿罪中的贿赂款。第二，供犯罪行为所用之物（犯罪工具）。供犯罪行为所用之物，不是犯罪行为不可缺少的要素，只是行为人实施犯罪时所使用的物，包括已经供犯罪所用和将要供犯罪所用的物。例如，杀人用的枪支、走私集团所用的船只、无行医执照的人为了行医所准备的药品，都是供犯罪行为所用之物。第三，犯罪行为滋生之物。犯罪行为滋生之物，包括三种物：一是由犯罪行为所产生的物，即行为人实施犯罪前不存在这种物，正是行为人实施犯罪行为才制造出这种物。例如，伪造的货币、有价证券，就是犯罪行为滋生之物。二是犯罪行为所得之物，即行为人实施犯罪前原本存在，而行为人通过实施犯罪行为取得了该物。例如，赌博所赢的金钱、官员收受的贿赂、盗窃所得的财物，就是犯罪行为所得之物。三是作为犯罪行为的报酬而得到的物，受雇杀人的酬金就属于这一类。出售或交换这三类物而得到的金钱或财物，也属于应没收之物。第四，对社会有危险之物。这类物一般是违禁品或可能用作犯罪之物。[①]

本罪的行为对象是犯罪所得及其产生的收益（以下均简称"犯罪所得"或者"赃物"）。只要对犯罪所得或者犯罪所得产生的收益实施窝藏等行为即可，不必同时对犯罪所得及其产生的收益实施窝藏等行为。这里的犯罪所得，是指犯罪所得的赃物，即通过犯罪行为直接获得的财物，包括财产性利益，但不包括犯罪工具。其中的犯罪是指上游犯罪，既包括财产犯罪、经济犯罪，也包括其他可能获取财物的犯罪，如赌博罪、受贿罪、非法狩猎罪等。犯罪所得产生的收益，是指利用犯罪所得的赃物获得的利益，例如，对犯罪所得进行处理后得到的孳息和租金，把收受的贿赂存入银行后获得的利息，利用走私犯罪所得投资房地产所直接获取的利润，等等。

本罪是妨害司法、侵害国家追缴权和被害人物上追求权的犯罪，所以，犯罪所得及其产生的收益，限于应当追缴、退赔、归还、没收的财物、物品与财产性利益，其中包括虚拟财产。很显然，本罪的对象与特别没收的对象不完全一致。例如，组成犯罪行为之物（赌资、行贿款、挪用的公款）和供犯罪行为所用之物（犯罪工具），不是本罪的对象。对社会具有危险性之物除作为犯罪工具外，也可能成为本罪的对象，如盗窃的枪支、管制刀具、毒品、危险物质。犯罪行为所得

---

① 张明楷. 外国刑法纲要. 3 版. 北京：法律出版社，2020：360.

之物（赌博所赢的金钱、受贿款），以及作为犯罪的报酬而得到的财物（受雇杀人的酬金），都是本罪的对象。

有争议的是，由犯罪行为所产生的物是否为本罪的对象？张明楷教授认为，伪造的货币、制造的毒品不属于本罪中的赃物。[①] 本书认为，对于掩饰、隐瞒之物，凡是可能妨害司法（影响犯罪的证明查处）、影响追缴权、追求权的行使的，都应认定为本罪中的赃物。而窝藏、转移伪造的货币、制造的毒品，无疑会影响犯罪的证明查处（所伪造的货币、制造的毒品是最重要的物证），和妨害国家追缴权的行使，所以没有理由将其排除在本罪的对象之外。事实上，《刑法》第349条规定的窝藏、转移、隐瞒毒品罪中的"毒品"，应包括他人制造的毒品。所以本书认为，伪造的货币、金融票证、有价证券，制造的毒品，制作、复制的淫秽物品，生产的伪劣商品等，都属于本罪的对象。

张明楷教授认为，所收买的被拐卖的妇女、儿童，不是赃物，窝藏之不属于窝藏犯罪所得。[②] 本书认为，将人评价为赃物，只是为人们在观念上不能接受，但不可否认，窝藏被拐卖的妇女、儿童，无疑影响案件的证明查处和被拐卖的妇女、儿童的解救，所以应认定成立本罪。至于窝藏他人盗窃的欲制作标本以贩卖牟利的尸体的，当然属于窝藏犯罪所得。

4. 本犯窝藏、转移、销售赃物，是因为缺乏违法性，还是因为缺乏有责性而不作为犯罪处理？

应该说，本犯自己窝藏、转移、销售赃物，也会妨害司法，具有违法性，只是因为缺乏期待可能性而不具有有责性。换言之，本犯自己实施窝藏、转移、销售赃物行为的，也是符合本罪构成要件的不法行为。

5. 教唆、帮助本犯实施掩饰、隐瞒犯罪所得及其产生的收益的行为，是否成立本罪？

案2：张三为了窝藏自己盗窃所得的大型赃物，需要特殊工具分割赃物，或需要卡车转移赃物，李四知道真相但仍然给张三提供了特殊工具或卡车，使张三顺利窝藏、转移了赃物。

本案中，李四帮助本犯张三自己窝藏、转移赃物，由于本犯张三实施窝藏、转移赃物的行为，也是符合赃物犯罪构成要件的不法行为，根据共犯的限制从属

---

① 张明楷. 张明楷刑法学讲义. 北京：新星出版社，2021：610.
② 张明楷. 张明楷刑法学讲义. 北京：新星出版社，2021：610.

性原理，应肯定李四与张三构成赃物犯罪的共犯（违法性意义上的），李四是从犯，张三因为不具有有责性，而不将其行为作为犯罪处理。

由于本犯自己窝藏、转移、销售赃物的行为也是符合本罪构成要件的不法行为，而共犯是违法性意义上的，根据共犯的限制从属性原理，应认为教唆、帮助本犯实施掩饰、隐瞒犯罪所得及其收益的行为的，成立本罪的共犯。对于本犯，因不具有有责性而不将其行为作为犯罪处理，只处罚教唆、帮助者。例如，甲将他人的保险箱偷回家，但无法打开，乙知道真相后将开锁工具借给甲，使甲打开保险箱的，乙成立本罪的共犯。又如，丙盗窃珠宝店的珠宝后堆放在自己家里，丁知道后劝丙将珠宝转移到隐蔽的地方藏起来，丙照办。丁与丙成立本罪的共犯，丁是教唆犯，丙是正犯，但丙因不具有有责性而不将其行为作为犯罪处理。

6. 本罪是所谓选择性罪名吗？

张明楷教授认为，本罪是选择性罪名，主要是基于对对象的选择，对有的案件定掩饰、隐瞒犯罪所得罪，对有的案件定掩饰、隐瞒犯罪所得收益罪。就行为本身而言，如果要求必须选择其中之一，要么会给司法机关徒增负担，要么司法机关会随意选一个。所以，强调行为的选择是没有意义的。[①]

本书认为，将本罪认定为选择性罪名可能问题不大，但我国刑法理论通说认为选择性罪名不能数罪并罚，这样就可能导致罪刑不相适应。例如，甲窝藏他人犯罪所得，就够顶格判处 7 年有期徒刑，同时其又转移他人犯罪所得产生的收益，这也够顶格判处 7 年有期徒刑。如果认为本罪是选择性罪名，同时认为选择性罪名不能数罪并罚，则显然会导致罪刑不相适应。所以，鉴于我国刑法理论通说固守选择性罪名不能数罪并罚的立场，或许将本罪看作并列罪名而不是选择性罪名会更好。

7. 《刑法修正案（十一）》将"自洗钱"入罪，是否意味着本犯自己窝藏、转移、销售赃物也构成犯罪？

自洗钱入罪是因为有刑法的明文规定。而关于赃物犯罪明确规定的是"明知是犯罪所得及其产生的收益而予以窝藏、转移……"，这说明本罪的犯罪主体不包括本犯。所以，本犯自己窝藏、转移、销售赃物的，因为缺乏期待可能性而不成立本罪。不过，问题在于如何区分洗钱罪与本罪。例如，受贿犯罪分子用银行卡取出受贿款，若认为这种行为属于洗钱行为，则行为人在受贿之外还成立洗钱罪，若认为这种行为不是洗钱行为，而是转移赃物的行为，则其仅成立受贿罪，

---

① 张明楷. 刑法的私塾：之三. 北京：北京大学出版社，2022：817.

不另外成立赃物犯罪。

8. 本犯教唆他人帮助窝藏、转移、销售赃物的，构成犯罪吗？

本犯作为正犯实施的行为不具有期待可能性，作为教唆犯实施的行为则更没有期待可能性，所以本犯教唆他人帮助窝藏、转移、销售赃物的，本犯不构成犯罪，被教唆者构成赃物犯罪。

9. 教唆、帮助他人盗窃后收购赃物的，成立本罪吗？

在日本，只有本犯自己不构成赃物犯罪，教唆、帮助本犯后收购赃物的，还是可以另外构成赃物犯罪。在我国，一般认为，事前通谋的，仅成立本犯的共犯，事后收购赃物的，也不另外成立赃物犯罪。所以，教唆、帮助他人盗窃后收购赃物的，只构成盗窃罪的共犯，不另外构成赃物犯罪。

10. 掩饰、隐瞒犯罪所得及其收益所取得的财物与财产性利益的，还可以再成立掩饰、隐瞒犯罪所得、犯罪所得收益罪吗？

案3：甲收购了别人盗窃的原油，之后又把原油交给知情的乙加工成柴油后出售。

本案中，甲收购他人盗窃的原油，就盗窃的原油构成赃物犯罪，而乙加工原油赃物，也构成赃物犯罪。

由于我国刑法对本罪的上游犯罪没有规定，所以本罪也能成为上游犯罪，也就是说，对掩饰、隐瞒犯罪所得及其收益所取得的财物与财产性利益，还可以再成立掩饰、隐瞒犯罪所得、犯罪所得收益罪，如案3。

11. 没有达到刑事法定年龄，不具有刑事责任能力的人实施符合构成要件的不法行为（如盗窃）所取得的财物，能否被认定为"犯罪"所得？

张明楷教授认为，如果行为人已确定，案件事实清楚，窝藏等行为并不妨害刑事司法活动的，则不宜认定为犯罪。[①]

本书则认为，即便行为人已确定，案件事实清楚，窝藏、转移赃物的，也会妨害追缴权、追求权的实现，也值得以本罪论处。

12. 2015年5月29日最高法《关于审理掩饰、隐瞒犯罪所得、犯罪所得收益刑事案件适用法律若干问题的解释》（已被修改）曾经规定，掩饰、隐瞒犯罪所得及其产生的收益价值在3 000元以上的，应予立案。此规定有无问题？

这种将赃物犯罪看作是财产犯罪的规定，明显不当。因为，如果本犯不构成

[①] 张明楷.刑法学.6版.北京：法律出版社，2021：1446.

犯罪，即使行为人掩饰、隐瞒犯罪所得及其产生的收益价值在 3 000 元以上，如职务侵占 2 万元财物，也不应以本罪论处；反之，倘若本犯构成犯罪，即使行为人掩饰、隐瞒犯罪所得及其产生的收益价值没有达到 3 000 元，如抢劫价值 300 元的财物，也应以本罪论处。换言之，倘若认为，本条规定的 3 000 元以上是以上游行为构成犯罪为前提的，那么，本条规定不当缩小了处罚范围。例如，掩饰、隐瞒他人抢劫所得的财物，即使其价值没有达到 3 000 元以上，如价值 300 元，也应以本罪论处。该规定还会违反罪刑法定原则，导致本罪处罚范围的不当扩大。例如，虽然掩饰、隐瞒他人职务侵占的价值 2 万元的财物（是既遂，不是未遂），赃物价值超过了 3 000 元，也不能以本罪论处，因为该财物根本就不是"犯罪"所得。

13. 掩饰、隐瞒犯罪所得及其产生的收益价值，总额达到 10 万元以上即为"情节严重"的司法解释规定，有无问题？

2021 年 4 月 13 日最高法《关于审理掩饰、隐瞒犯罪所得、犯罪所得收益刑事案件适用法律若干问题的解释》指出，掩饰、隐瞒犯罪所得及其产生的收益价值，总额达到 10 万元以上的，应当认定为本罪的"情节严重"。该规定存在问题。由于集资诈骗成立犯罪的数额标准为 10 万元以上，因此该规定会导致掩饰、隐瞒集资诈骗犯罪所得及其收益的行为，要么不成立犯罪，要么就属于情节严重。说到底，该司法解释还是将赃物犯罪看作财产犯罪了，而没有认识到本罪作为妨害司法罪的本质。

14. 数人单独实施的普通盗窃行为均未达到数额较大标准，但收购者总共收购的数额超过盗窃罪数额较大起点的，能否被认定为收购"犯罪所得"？

既然没有达到普通盗窃行为成立犯罪的数额较大的标准，所盗窃的财物就不是"犯罪"所得，收购这种财物的，就不属于收购犯罪所得。因为赃物犯罪是与本犯相关联的犯罪，如果没有本犯，就没有掩饰、隐瞒犯罪所得罪。不过，如果本犯成立值得处罚的未遂犯，如行为人本打算盗窃数额巨大的财物，但因为意志以外的原因，仅盗得数额不大的财物，收购这种赃物的，也会妨害司法，所以也成立本罪。

总的来说，"犯罪所得及其产生的收益"中的"犯罪"，是指既遂，或者说虽然未遂但已终结的犯罪，而且是值得处罚的未遂犯。行为人在既遂前故意参与的，应该认定为本犯的共犯，而不是赃物犯罪。

15. 犯罪人取得赃物后死亡的，该赃物是否为犯罪所得？

该赃物也是犯罪所得。因为即便犯罪人已经死亡，也存在对案件的查处以及对赃物的追缴、没收、返还等问题。

16. 所盗财物通过改装等与原物丧失了同一性的，本犯销售赃物后所得到的现金，或者本犯将所盗的一种货币兑换成另一种货币的，是否属于犯罪"所得"？

虽然可能认为不属于犯罪"所得"，但无疑属于犯罪所得产生的收益，其所以仍然是赃物犯罪的对象。

17. 没有妨害司法的行为，如对官员所收受的房屋进行装修，公司技术人员对公司收购的他人盗窃的原油的质量进行鉴定的行为，构成本罪吗？

本罪是妨害司法的犯罪，对官员受贿的房屋进行装修和技术人员对盗窃的原油质量进行鉴定，并没有妨害司法和对赃物的追缴、返还、没收，所以，不构成本罪。

18. "应当知道"是"明知"吗？

本罪中规定"明知"，旨在强调过失不构成犯罪和本犯不构成本罪。应该说，明知，是指知道、认识到、预见到，包括确知和知道可能，不包括可能明知和可能知道，也不包括"应当知道"。"应当知道"是赃物，无论如何都不属于"明知"是赃物，否则便否认了过失与故意的区别；如果将"应当知道"是赃物的情形也认定为赃物犯罪，则意味着处罚过失赃物犯罪，但刑法并没有规定过失赃物犯罪，相反，刑法明文要求行为人"明知"是赃物。当然，为了避免放纵犯罪，不宜对"明知"作出过于狭窄的限定。

可以采用推定的方法认定"明知"。例如，以下情形可以推定行为人明知是赃物：商定在秘密地点交付财物；以明显低于市场的价格进行收购；对方交付的是个人不可能持有的公用设施器材或其他零部件，但又没有单位证明的；购买没有合法有效的来历凭证，或者发动机号、车辆识别代号有明显更改痕迹且没有合法证明的机动车；等等。当然，既然是推定就可能出错，应允许行为人提出辩解。

19. 本罪与洗钱罪，窝藏毒品、毒赃罪之间是什么关系？

洗钱是破坏金融管理秩序的犯罪，本罪是妨害司法的犯罪。一般认为本罪与洗钱罪的区别主要体现在以下几个方面：首先，二者所保护的法益不同。本罪所保护的法益是所谓国家司法机关的正常活动。而洗钱罪所保护的法益是国家的金融管理秩序，只有当行为主体是金融机构及其工作人员，或者行为人利用金融机构或利用金融领域的相关活动（手段）时，才能成立洗钱罪。虽然洗钱行为通常都会妨害司法，但《刑法》规定洗钱罪是为了保护金融管理秩序。

其次，二者的上游犯罪的范围不同。本罪的上游犯罪没有限制，其可以是任何存在犯罪所得及其收益的犯罪；而洗钱罪的上游犯罪仅限于毒品犯罪、黑社会性质的组织犯罪、恐怖活动犯罪、走私犯罪、贪污贿赂犯罪、破坏金融管理秩序犯罪和金融诈骗犯罪。

最后，二者的行为对象也不完全相同。本罪针对的是犯罪所得及其产生的收益本身；而洗钱罪针对的是犯罪所得及其收益的来源和性质。

窝藏毒品、毒脏罪可谓本罪的特别法条，窝藏、转移、隐瞒的是毒品和毒品犯罪所得的财物的，成立窝藏毒品、毒脏罪，但如果不构成窝藏毒品、毒脏罪，如窝藏、转移、隐瞒毒品犯罪所得产生的收益的，还是只能认定为本罪。

20. 行为人侵吞所保管的赃物或者销赃款的，如何处理？

张明楷教授认为，行为人将替本犯窝藏的赃物据为己有的，仅构成本罪，不另成立侵占罪。[①]

本书认为，我国《刑法》第270条第1款规定的侵占罪并不属于委托物侵占罪，成立侵占罪无须侵害委托信任关系。而且，即使认为侵吞受委托保管的赃物、侵吞销赃款，不是侵吞委托物，至少也是侵占脱离占有物。也就是说，无论如何都不能否认侵吞受委托保管的赃物和销赃款的行为构成侵占罪，与赃物犯罪形成想象竞合，从一重处罚。

21. 既遂之前参与本罪的，成立本罪吗？

本罪在传统上属于事后共犯，因此，只有在本犯既遂之后参与的，才能成立本罪，既遂之前参与的应成立本犯的共犯。也就是说，是成立本罪还是本犯的共犯，关键看是在本犯既遂之前参与，还是在本犯既遂之后参与。既遂之前参与的，成立本犯的共犯，如事前通谋事后收购赃物的，成立本犯的共犯；在本犯既遂之后参与的，单独成立本罪。

22. 本罪是继续犯吗？追诉时效如何计算？

张明楷教授认为：行为人不知是赃物而保管的，不成立犯罪；但知道真相后继续保管的，成立本罪。[②]

本书认为，本罪是状态犯，不是继续犯，中途知情继续保管的，不成立犯罪。上述认为中途知情后继续保管的成立本罪的观点，大概是将本罪看作继续犯了。本罪不是侵害人身法益的犯罪，难以认为保管期间法益每时每刻都受到同等

---

① 张明楷.刑法学.6版.北京：法律出版社，2021：1450.
② 张明楷.刑法学.6版.北京：法律出版社，2021：1448.

程度的侵害，难以持续性地肯定构成要件的符合性，所以不能认为本罪是继续犯。本罪只是状态犯。若认为本罪是继续犯，就会与作为状态犯的盗窃罪等取得罪不协调。盗窃他人一台价值几千元的彩电，五年后就不能再追诉，而受托保管他人盗窃的彩电的，却只要不归还、不被查获，则时效永远不开始计算。这恐怕不合适。所以，本罪是状态犯，追诉时效应从窝藏、转移、收购、代为销售之日起开始计算。

23. 销赃构成诈骗罪吗？

刑法不承认赃物的善意取得。盗窃犯隐瞒真相销售赃物的，另外构成诈骗罪；代为销售赃物的犯罪人隐瞒真相销赃的，构成本罪和诈骗罪的想象竞合，从一重处罚；第三人明知是赃物而购买的，可能成立赃物犯罪（收购赃物），出售方的行为不构成诈骗罪。

24. 如何追究电信诈骗取款人的刑事责任？

如果不知道是犯罪所得，而帮助他人取款的，不构成本罪。如果知道是犯罪所得而偶尔帮助取款的，构成本罪。如果长期帮助他人取款，则应认为行为人与电信诈骗犯之间已经形成了一种默契，行为人的取款行为与诈骗行为和结果之间具有心理的甚至物理的因果性，应当成立诈骗罪的共犯。

25. 被害人在法律上没有追求权的物品，如被盗的管制刀具，可以成为本罪的对象吗？

由于赃物是最重要的物证，而且是追缴、没收的对象。所以，即便是被害人在法律上没有追求权的物品，如被盗的管制刀具，也可以成为本罪的对象。

26. 行为没有达到立案追诉所要求的数额标准，如盗窃 500 元、职务侵占 2 万元、集资诈骗 9 万元，是否属于犯罪所得？

本罪的对象是犯罪所得及其产生的收益，所以只有掩饰、隐瞒"犯罪"所得及其产生的收益的，才能成立本罪。盗窃的 500 元、职务侵占的 2 万元、集资诈骗的 9 万元，由于不是"犯罪"所得，不能成为本罪的对象。当然，虽然没有达到数额较大的要求，但也可成立值得处罚的未遂犯，例如行为人本打算职务侵占 100 万元的财物，客观上也可能侵占 100 万元的财物，因为意志以外的原因仅侵占 2 万元的财物，这种财物也是犯罪所得。此外，虽然集资诈骗 9 万元，不是集资诈骗犯罪所得，但属于诈骗犯罪所得，所以还是可以成为本罪对象的。

27. 他人通过污染环境的手段生产或者制造的物品，是否属于犯罪所得？

虽然污染环境行为本身构成犯罪，如非法焚烧电路板提炼出铝锭，但提炼铝锭的行为本身并不是犯罪，只是在提炼铝锭的过程中违反国家规定污染了环境而构成污染环境罪，但不能将提炼的铝锭本身认定为犯罪所得。

28. 子女使用父母贪污的公款购买房屋或者采用其他方式消费父母贪污的公款的，构成本罪吗？

子女明知是父母贪污的公款而用之购买房屋，或者采用其他方式消费父母贪污的公款的，也属于掩饰、隐瞒犯罪所得，妨害司法的行为，应当认定为本罪。

29. 子女消费父母挪用的公款的，构成本罪吗？

由于挪用的公款可谓犯罪行为组成之物，不是犯罪所得，子女消费该公款的，不构成本罪，可能构成帮助毁灭证据罪。

30. 本罪是妨害司法的犯罪，能否根据实施掩饰、隐瞒行为的人获利多少，掩饰、隐瞒的财产数额大小确定罪与非罪、罪轻与罪重的标准？

本罪不是财产犯罪，而是妨害司法的犯罪，不应根据行为人获利多少和所掩饰、隐瞒的财产数额大小确定罪与非罪、罪轻与罪重的标准，而应根据行为对刑事司法活动本身的妨害程度，如本犯的性质和法定刑的轻重，对追缴权、追求权实现的妨害程度等，评价本罪的严重程度。

31. 乙盗窃了他人价值 5 000 元的财物，而甲仅窝藏了其中价值 1 000 元的财物，甲构成本罪吗？

由于赃物是最重要的物证，而且是追缴、返还、没收的对象，所以，即便仅窝藏了其中价值 1 000 元的财物，也属于窝藏犯罪所得，构成本罪。

第二十一节　拒不执行判决、裁定罪

第三百一十三条　【拒不执行判决、裁定罪】对人民法院的判决、裁定有能力执行而拒不执行，情节严重的，处三年以下有期徒刑、拘役或者罚金；情节特别严重的，处三年以上七年以下有期徒刑，并处罚金。

单位犯前款罪的，对单位判处罚金，并对其直接负责的主管人员和其他直接责任人员，依照前款的规定处罚。

疑难问题

1. 拒不执行判决、裁定的行为必须发生在什么时间？

有能力执行而拒不执行判决、裁定的时间应从判决、裁定发生法律效力时开始起算。行为人在判决、裁定生效之前实施隐藏、转移财产等行为的，不应以本罪论处。行为人在执行立案之后实施隐藏、转移财产等行为的，应以本案论处。

2. 行为人在判决、裁定生效后，执行立案之前实施隐藏、转移财产等行为的，能否被认定为本罪？

能够被认定为本罪，理由在于：一方面，判决、裁定生效后，行为人便产生了执行判决、裁定的义务，此时实施隐藏、转移财产等行为的，必然妨碍了判决、裁定的执行，因而妨害了司法。另一方面，如果这种情形不以犯罪论处，必然导致本罪形同虚设。

3. 本罪是继续犯吗？追诉时效如何计算？

本罪是真正不作为犯。理论上有观点认为，不作为犯都是继续犯。本书认为，不作为犯只存在作为义务的判断问题，不能认为不作为犯的情形中法益每时每刻都受到同等程度的侵害，不能持续性地肯定构成要件的符合性，所以不能认为不作为犯是继续犯。拒不执行判决、裁定罪作为不作为犯，只存在作为义务的判断问题，不宜将其作为继续犯看待。追诉时效应从行为人产生作为义务成立拒不执行判决、裁定之日起计算。

4. 行为人单纯不执行刑事判决的，是否成立本罪？

拒不执行可谓不作为犯，但由于本罪的成立以情节严重为要件，所以，只有当国家机关执行判决、裁定的内容时，行为人拒不执行的，才应以本罪论处。例如，行为人单纯不缴纳罚金的，或者危险驾驶的行为人被外地法院判处拘役后，不主动回审判地服刑的，均不成立本罪。

5. 行为人单纯不遵守管制规定的，成立本罪吗？在管制期间逃往外地摆脱管制的呢？

行为人单纯不遵守管制规定的，不成立本罪，但在管制期间逃往外地摆脱管制的，可能成立本罪。

第二十二节　组织他人偷越国（边）境罪

第三百一十八条　**【组织他人偷越国（边）境罪】**组织他人偷越国（边）境的，处二年以上七年以下有期徒刑，并处罚金；有下列情形之一的，处七年以上有期徒刑或者无期徒刑，并处罚金或者没收财产：

（一）组织他人偷越国（边）境集团的首要分子；

（二）多次组织他人偷越国（边）境或者组织他人偷越国（边）境人数众多的；

（三）造成被组织人重伤、死亡的；

（四）剥夺或者限制被组织人人身自由的；

（五）以暴力、威胁方法抗拒检查的；

（六）违法所得数额巨大的；

（七）有其他特别严重情节的。

犯前款罪，对被组织人有杀害、伤害、强奸、拐卖等犯罪行为，或者对检查人员有杀害、伤害等犯罪行为的，依照数罪并罚的规定处罚。

疑难问题

1. 本罪所保护的法益是什么？妨害国（边）境管理罪还有存在的必要吗？

案1：赵某为某公司经理，为了营利，制作虚假公司文书，证明7名出境人员为其公司人员，并出具财产（担保）证明，为其办理旅游签证，使7名人员得以出境。法院认定赵某构成组织他人偷越国（边）境罪。

本案中，虽然7名出境人员是通过使用虚假的出境事由骗取的出境证件出境的，但因为出境证件本身是真实的，持该签证出境的行为不属于偷越国（边）境。既然被"组织"者的行为不属于偷越国（边）境，赵某这种所谓的组织者，其行为当然也就不能成立组织他人偷越国（边）境罪。

一般认为，本罪保护的法益是所谓出入境管理秩序。而随着我国关于公民出境的观念和政策发生重大变化，限制公民出境的观念与做法已一去不复返。司法机关应当顺应社会生活的变化，确立与时代发展相适应的刑法观念，合理确定处罚范围，正确认定出入境相关的犯罪。

2. 被组织人构成共犯吗?

从理论上讲,被组织人可谓片面的共犯。如果片面的对向犯既不是法益的承受者(法律保护的对象),也不缺乏期待可能性,是有可能与受处罚的一方成立共犯的。但本罪只处罚组织者,不处罚被组织者,所以被组织者不成立本罪的共犯,只可能单独成立偷越国(边)境罪。

3. 本罪既遂的标准是什么?

被组织者非法出境或者入境,是本罪既遂的标志。

4. 本罪成立的前提是什么?

成立本罪,以被组织者的行为属于偷越国(边)境为前提〔不要求被组织者的行为构成偷越国(边)境罪,但其行为至少属于违反出入境管理法的偷越国(边)境的行为〕。换言之,如果被组织者出入境行为不属于偷越国(边)境,就不能认定组织者的行为构成组织偷越国(边)境罪。

5. 组织"使用以虚假的出入境事由、隐瞒真实身份、冒用他人身份证等方式骗取的出入境证件"的人出入国(边)境的,构成本罪吗?

2012年12月12日"两高"《关于办理妨害国(边)境管理刑事案件应用法律若干问题的解释》(以下简称《办理越境案件解释》)指出,使用以虚假的出入境事由、隐瞒真实身份、冒用他人身份证件等方式骗取的出入境证件出入国(边)境的,属于偷越国(边)境行为。这种规定显然违反《出境入境管理法》的规定。应该说,只要行为人使用的出入境证件本身是真实的,而不是伪造、变造、无效的,使用这种真实的出入境证件出入境,就不是偷越国(边)境,组织这种人出入国(边)境的,当然也不能成立组织他人偷越国(边)境罪。

6.《刑法》第318条第1款第3项"造成被组织人重伤",包括故意重伤吗?第2款的数罪并罚规定是注意规定还是法律拟制?

《刑法》分则中有关数罪并罚的条款都是注意规定。也就是说,不管有没有这种数罪并罚的规定,都应该根据犯罪构成及罪数原理和罪刑相适应原则,确定是以一罪论处还是数罪并罚。质言之,分则中的数罪并罚条款是完全可以删除的。比如,按照本条第2款的规定,故意造成被组织人重伤的,似乎应该以本罪的基本犯(处2年以上7年以下有期徒刑)与故意(重)伤害罪(处3年以上10年以下有期徒刑)数罪并罚,最重判处17年有期徒刑。可是,过失造成被组织人重伤的,成立本罪的加重犯,能处7年以上有期徒刑或者无期徒刑。数罪并罚的结果就是，故意重伤被组织人比过失重伤被组织人的处罚还要轻。本书认为，《刑法》第318条第1款第3项中的"造成被组织人重伤"，既包括过失造成被组织人重伤，也包括故意造成被组织人重伤。也就是说，故意重伤被组织人的，应该评价为本罪的加重犯，而不是以本罪的基本犯与故意（重）伤害罪数罪并罚。这说明，不能机械地理解适用《刑法》分则中的数罪并罚条款，是否数罪并罚，还要考虑是否罪刑相适应、处罚是否协调。

7. 对剥夺被组织人人身自由以及以暴力、威胁方法抗拒检查的，除评价为组织他人偷越国（边）境罪的加重犯外，是否还应按照《刑法》第318条第2款的规定，以组织他人偷越国（边）境罪与非法拘禁罪、妨害公务罪数罪并罚？

若既评价为本罪的加重犯，又数罪并罚，就违反了禁止重复评价原则，所以说，评价为本罪的加重犯后就不应当再数罪并罚了。

8.《办理越境案件解释》中关于领导、策划、指挥他人偷越国（边）境或者在首要分子指挥下，实施拉拢、引诱、介绍他人偷越国（边）境等行为的，应当认定为组织他人偷越国（边）境的规定，是否对"组织"的解释过于宽泛，应否将本罪中的"组织"限定为集团性、职业性的组织行为？

很显然，本罪仅处罚组织行为。而在所谓首要分子指挥下实施拉拢、引诱、介绍他人偷越国（边）境等行为，显然难以被评价为"组织"行为。所以，该司法解释对"组织"的解释过于宽泛，而不当扩大了本罪的处罚范围。可以考虑将本罪中的"组织"，限定为集团性、职业性的组织行为。

第二十三节　妨害传染病防治罪

第三百三十条　**【妨害传染病防治罪】**违反传染病防治法的规定，有下列情形之一，引起甲类传染病以及依法确定采取甲类传染病预防、控制措施的传染病传播或者有传播严重危险的，处三年以下有期徒刑或者拘役；后果特别严重的，处三年以上七年以下有期徒刑：

（一）供水单位供应的饮用水不符合国家规定的卫生标准的；

（二）拒绝按照疾病预防控制机构提出的卫生要求，对传染病病原体污染的污水、污物、场所和物品进行消毒处理的；

（三）准许或者纵容传染病病人、病原携带者和疑似传染病病人从事国务院卫生行政部门规定禁止从事的易使该传染病扩散的工作的；

（四）出售、运输疫区中被传染病病原体污染或者可能被传染病病原体污染的物品，未进行消毒处理的；

（五）拒绝执行县级以上人民政府、疾病预防控制机构依照传染病防治法提出的预防、控制措施的。

单位犯前款罪的，对单位判处罚金，并对其直接负责的主管人员和其他直接责任人员，依照前款的规定处罚。

甲类传染病的范围，依照《中华人民共和国传染病防治法》和国务院有关规定确定。

疑难问题

1. 本罪是具体危险犯还是实害犯？

从"引起甲类传染病以及依法确定采取甲类传染病预防、控制措施的传染病传播"的表述来看，本罪是实害犯，但从"有传播严重危险"来看，本罪就是具体危险犯。也就是说，本罪既是实害犯，也是具体危险犯，行为只有引起甲类传染病传播的具体危险的，才能成立本罪。

2. 如何判断"有传播严重危险"？

"有传播严重危险"，表明本罪是具体危险犯。未遂犯都是具体危险犯。所以可以认为，所谓"有传播严重危险"，就是必须形成甲类传染病传播的具体、现实、紧迫的危险，而不只是抽象危险，才能成立本罪。

3. 已经引起传播与有传播严重危险，在量刑上应否区别对待？

已经引起传播是实害，有传播严重危险只是形成了传播的具体危险，二者法益侵害程度不同，所以在量刑上应区别对待。

4. 本罪是仅适用于客观上已感染的人，还是也可适用于虽有感染风险但实际上未感染的人？

因为只有客观上已感染的人，才有引起传播的具体危险，所以本罪仅适用于客观上已感染的人，而不适用于虽有感染风险但实际上未感染的人。

5. 本罪的责任形式是什么？

我国刑法理论通说在确定分则具体罪名的责任形式时，忽视了《刑法》第15

条第 2 款关于"过失犯罪，法律有规定的才负刑事责任"的规定，例如，关于本罪的责任形式，通说教科书认为，本罪的主观方面是过失。[①]

过失犯罪的，必须是法律有规定的才负刑事责任。但从《刑法》第 330 条关于妨害传染病防治罪的条文表述中根本找不到"法律有规定"，所以通说认为本罪的责任形式是过失，有违罪刑法定原则。既然没有"法律有规定"，就只能承认本罪的责任形式是故意，即行为人明知自己的行为具有引起甲类传染病传播的具体危险，并希望或者放任这种危险的发生。

6. 本罪未设置兜底条款，是否属于立法疏漏？

明确性是罪刑法定原则的基本要求，本罪有被滥用的危险，本罪未设置兜底条款，不是立法疏漏，而是立法者有意而为之。

7. 本罪与以危险方法危害公共安全罪、故意伤害罪、故意杀人罪等罪之间是什么关系？

本罪与以危险方法危害公共安全罪、故意伤害罪、故意杀人罪等罪之间可能存在竞合，竞合时从一重处罚。但认定竞合时应当特别慎重，一般来说评价为本罪就可以了。

8. 如果县级以上人民政府、疾病预防控制机构提出的预防、控制措施并不符合《传染病防治法》的规定，拒绝执行这种预防、控制措施的行为，构成本罪吗？

如果县级以上人民政府、疾病预防控制机构提出的预防、控制措施并不符合《传染病防治法》的规定，则拒绝执行的行为不构成犯罪。

第二十四节　非法行医罪

第三百三十六条（第 1 款）　**【非法行医罪】** 未取得医生执业资格的人非法行医，情节严重的，处三年以下有期徒刑、拘役或者管制，并处或者单处罚金；严重损害就诊人身体健康的，处三年以上十年以下有期徒刑，并处罚金；造成就诊人死亡的，处十年以上有期徒刑，并处罚金。

[①] 高铭暄，马克昌. 刑法学. 10 版. 北京：北京大学出版社，高等教育出版社，2022：584.

疑难问题

1. 本罪所保护的法益是什么?

本罪是《刑法》分则第六章"妨害社会管理秩序罪"的第五节"危害公共卫生罪"中的罪名,所以本罪首先侵犯的是公共卫生,其次是医疗管理秩序。也就是说,本罪所保护的法益是公共卫生,而不是患者个体的生命健康权。

2. 作为本罪主体的"未取得医生执业资格的人",是仅指未取得执业医师资格,还是既包括未取得执业医师资格,也包括取得了执业医师资格但没有取得执业证书的人?

案1:从2008年11月至2013年10月,某幼儿园的负责人孙某为了增加幼儿园的收入,以预防感冒为由,冒用其他医疗机构的名称,购进54 600片"病毒灵",于换季期间给幼儿服用。喂药的保健医生只持有医师资格证,并未取得医生执业资格证。

本案中,幼儿园的保健医生给幼儿喂药是在预防疾病,属于"从事医疗活动"或者"行医"。"病毒灵"是一种只有具有医生执业资格的人才能开具和使用的处方药。该保健医生虽有医师资格但没有取得医生执业资格证,却对那么多幼儿使用处方药,应当认定为非法行医,构成非法行医罪。

本罪的主体是"未取得医生执业资格的人"。根据《执业医师法》以及相关法规的规定,只有通过了医师资格考试,取得了医师资格,并且经医师注册取得执业证书后,方可从事医师执业活动。所以,本罪中的"未取得医生执业资格",既包括未取得执业医师资格,也包括虽然取得了执业医师资格但没有取得执业证书的人。正如,只有既通过国家统一法律职业资格考试,又取得律师执业证书的人才能从事律师业务一样。也就是说,只有同时具有医师资格和取得执业证书,才属于取得了"医生执业资格。"

3. 有关只要行为人取得了医师资格,即使没有取得执业许可,也不可能构成非法行医罪的司法解释规定,有无问题?

2008年6月25日最高检、公安部《关于公安机关管辖的刑事案件立案追诉标准的规定(一)》(以下简称《2008年解释》)规定,"未取得医生执业资格的人非法行医"包括下列两种情形:(1)未取得或者以非法手段取得医师资格从事医疗活动的;(2)个人未取得"医疗机构执业许可证"开办医疗机构的。但2016年12月16日修正后的最高法《关于审理非法行医刑事案件具体应用法律若干问题的解释》（以下简称《2016年解释》）关于何谓"未取得医生执业资格的人非法行医"，删除了《2008年解释》中"个人未取得'医疗机构执业许可证'开办医疗机构"的规定。也就是说，在《2016年解释》看来，只要行为人正当取得了医师资格，即使没有取得执业许可，也不可能构成非法行医罪。换句话说，取得了医师资格的医学院的学生寒暑假回家就可以利用自己掌握的医学知识给老乡做手术了。正如认为只要通过了国家统一法律职业资格考试就可以接案子、打官司一样。很显然，《2008年解释》关于本罪主体的规定更具有合理性，而《2016年解释》不要求取得执业许可是错误的。

4. 如何认定非法"行医"？

案2：偏僻山村的一名孕妇因为意外突然要生产，但因离县城太远，来不及过去。正好隔壁邻居老王出于个人爱好学过一些妇科医术，情急之下，老王为孕妇接生，但由于他医术不精，孕妇难产死亡。

本案中，老王给人接生只是很偶然的一次行为，不具有业务性、职业性，故其行为不能成立非法行医罪，只可能成立过失致人死亡罪。

非法行医罪中的"行医"具有两个基本特征：第一，行医是指从事医疗业务。而医疗业务是只有医生才能从事的业务，即医疗行为。如果未取得医生资格的人不是根据医学知识与技能从事医疗、预防与保健行为，就不能认定为非法行医。例如，利用封建迷信给人治病导致他人重伤、死亡的，由于其从事的不是医疗行为，所以不成立非法行医罪，只能成立《刑法》第300条第2款规定的组织、利用迷信致人重伤、死亡罪。第二，行医是指以实施医疗行为为职业的业务行为。所谓业务，是指基于社会生活中的地位而反复、继续从事的事务。偶尔一次实施医疗行为的，不属于本罪中的行医，不成立非法行医罪，可能成立过失致人重伤罪、过失致人死亡罪。

在认定一个行为是否属于行医时，应当根据行为人的行为方式、样态、时间、场所等进行判断。首先，只要性质上是要反复、继续实施的，或者行为人以反复、继续实施的意思从事医疗、预防、保健活动的，第一次行医就属于行医活动，首次诊疗活动中被查获，也属于非法行医。其次，行医虽然是一种业务行为，但并不要求行为人将其作为唯一的职业，也不要求行医行为具有不间断性。例如，行为人工作日上班、周末非法行医，或者白天非法行医、晚上开网约车的，都属于非法行医。

之所以认定本罪的行医必须满足上述要求，一是因为本罪属于职业犯，其构成要件就包括反复从事非法行医行为；二是因为本罪属于危害公共卫生的犯罪。如果行为人只是针对特定的个人偶然从事医疗行为，就不可能危害公共卫生，只有当行为人将行医作为一种业务活动而反复、继续实施的，才可能危害公共卫生。

5. 司法解释规定以非法手段取得医师资格从事医疗活动的，属于"未取得医生执业资格的人非法行医"，有无问题？

《2008 年解释》与《2016 年解释》都规定了，"以非法手段取得医师资格从事医疗活动的"属于"未取得医生执业资格的人非法行医"。但本书认为，对是否取得医师资格只能进行形式判断，不能进行实质判断。例如，在医师资格考试时找人替考并在通过考试后取得医师资格，由于医师资格证本身是真实的，就不能认为是"未取得医师资格证"而属于无证行医。正如在国家统一法律职业资格考试时作弊通过考试并取得律师资格执业不能被认为是非法执业，在驾校考试时作弊取得驾驶证驾车不能被认定为无证驾驶一样。质言之，只要资格证本身是真实的，就不能认为是无证行医、非法行医。

医生执业许可，应属于一种控制性许可，不是特殊许可。只要取得了医生执业许可后行医的，就不属于"未取得医生执业资格的人非法行医"，不成立非法行医罪，只能成立医疗事故罪。

6. 没有取得医生执业资格的人确实医治了很多疑难杂症，但同时也导致个别患者死亡的，能构成非法行医罪吗？

对此也应认定为非法行医罪。因为，行为人未取得医师执业资格而行医，本身就具有非法性，不能以其医治了许多疑难杂症为由肯定行为的合法性，此其一。其二，也不能因为其医治了许多疑难杂症，而否认其造成患者死亡的事实。其三，即使医生治愈了成千上万的患者，也不能否认偶然因为过失导致患者死亡的事实，而应成立医疗事故罪。与此相比，未取得医生执业资格的人非法行医致人死亡的，更没有理由不认定为非法行医罪。

7. 牙科医生为患者做阑尾炎手术，导致患者死亡的，是构成医疗事故罪还是非法行医罪？

根据《执业医师法》的规定，医师经注册后，只能按照注册的执业类别，从事相应的医疗、预防、保健业务。对违反该规定行医的，如牙医给患者做阑尾炎手术导致患者死亡的，属于非法行医，构成非法行医罪，不构成医疗事故罪。不仅如此，医生不借助医院的设备、人力而私自给人动手术致人死亡的，也是成立非法行医罪,而不是医疗事故罪。例如,医生下班回家给邻居动手术导致邻居死亡的,除非符合紧急避险的条件,否则也成立非法行医罪,而不是医疗事故罪。所以说,《刑法》第336条第1款所规定的"未取得医生执业资格",可以解释为未取得特定类型、特定医疗机构的医生执业资格。

8. 本罪可谓消极身份犯,具有医生执业资格的人教唆、帮助没有取得医生执业资格的人非法行医的,如何处理?

本罪的主体是"未取得医生执业资格的人",因而本罪可谓消极身份犯。具有医生执业资格的人教唆、帮助未取得医生执业资格的人非法行医的,可以成立非法行医罪的共犯。例如,具有医生执业资格的人聘请没有取得医生执业资格的人与自己共同行医的,可以成立非法行医罪的共犯。又如,具有医生执业资格的医院负责人,雇请没有取得医生执业资格的人行医的,成立非法行医罪的共犯。

9. 本罪是典型的职业犯、集合犯,持续非法行医的,是认定一罪还是数罪?

与赌博罪一样,本罪属于职业犯,持续非法行医的,也仅成立非法行医罪一罪。

10. 没有医生执业资格但经患者同意而治病的,构成本罪吗?

案3:李四听闻张三在当地医治好了很多疑难杂症患者,于是花重金请张三到自己所在之处为自己治病。但是,张三诚恳地告知李四自己并非科班毕业的医生,没有受过正规训练,也没有相关的证书,治病全靠一本家传的医书。听到张三有家传医书,李四更加深信张三能治好自己,于是满口承诺:"您放心治,治好了我给重金答谢,治不好我也不会怪你。"就这样,张三按照医书配制草药为李四医治,结果导致李四身体抽搐,终生半身不遂。

本案中,虽然李四请求张三为自己治病,但他的承诺是无效的,不能阻却张三行医行为的违法性,张三的行为依然成立非法行医罪。

被害人承诺不能阻却非法行医行为的违法性。首先,承诺必须有效才能阻却行为的违法性。非法行医侵害的是公共卫生这一社会法益,而任何个人对社会法益都没有承诺的权限。其次,对治疗行为的承诺只能是一种具体的承诺,而且这种承诺只是对医疗行为本身的承诺,不包括对死伤结果的承诺。最后,一般认为对生命和危及生命重大健康的承诺是无效的。所以说,非法行医导致患者伤亡的行为,不可能因为被害人的承诺而阻却违法性。

11. 非法行医行为同时触犯生产、销售、提供劣药、假药犯罪，诈骗犯罪的，如何处理？

非法行医行为可能同时触犯生产、销售、提供假药、劣药罪与诈骗罪，形成竞合关系，从一重处罚。

12. 未取得医生执业资格的人免费为他人行医，情节严重的，构成本罪吗？

成立本罪不要求以营利为目的。不以营利为目的，免费行医的，也能构成非法行医罪。

第二十五节　污染环境罪

第三百三十八条　**【污染环境罪】**违反国家规定，排放、倾倒或者处置有放射性的废物、含传染病病原体的废物、有毒物质或者其他有害物质，严重污染环境的，处三年以下有期徒刑或者拘役，并处或者单处罚金；情节严重的，处三年以上七年以下有期徒刑，并处罚金；有下列情形之一的，处七年以上有期徒刑，并处罚金：

（一）在饮用水水源保护区、自然保护地核心保护区等依法确定的重点保护区域排放、倾倒、处置有放射性的废物、含传染病病原体的废物、有毒物质，情节特别严重的；

（二）向国家确定的重要江河、湖泊水域排放、倾倒、处置有放射性的废物、含传染病病原体的废物、有毒物质，情节特别严重的；

（三）致使大量永久基本农田基本功能丧失或者遭受永久性破坏的；

（四）致使多人重伤、严重疾病，或者致人严重残疾、死亡的。

有前款行为，同时构成其他犯罪的，依照处罚较重的规定定罪处罚。

疑难问题

1. 本罪的保护法益是什么？

案1：甲是一家造纸厂的厂长，这几年生意不好，为了节约成本，他私自拆除了工厂里的污水净化设备，把造纸厂的污水直接排放到一块荒芜了很久的空地上。他觉得这里既不住人，也不种地，往这里排放污水最多只会污染土壤，不会带来什么严重的危害。可他没想到，这块地下面是城镇居民饮用水的地下水水源。污水导致地下水被污染，进而导致很多城镇居民中毒。

本案中，甲对土壤被严重污染这个基本结果有认识并持放任态度，所以，虽然他对人身侵害结果没有认识和持放任态度，但这并不影响认定其行为成立污染环境罪。

关于污染环境罪保护的法益，理论上存在三种立场和学说。

第一种是所谓生态中心主义的法益论，也叫环境中心主义的法益论。这种学说认为，污染环境罪保护的法益就是生态学的环境本身，比如水、土壤、大气以及动物、植物等其他环境利益。这种学说有利于保护环境，符合社会发展的需要，但不符合我国的现状和《刑法》的规定。首先，我国刑法并不禁止对危害人类的物种、生物等进行灭杀的行为，也不禁止捕杀食用鸡、鸭、猪、牛、羊等普通飞禽走兽、鱼类和砍伐利用普通林木等植物，虽然这些动植物也是环境的一部分。其次，在一些地区，为了确保粮食产量和发展经济，也会实施一定的破坏环境的开发行为。如果按照生态中心主义的法益论，就会认为这种行为也成立污染环境罪。可是，我国的现状和《刑法》的规定并不支持这么做。

第二种是所谓人类中心主义的法益论。这种学说认为，本罪保护的法益是人的生命、身体和健康。这种学说也明显不符合我国现行《刑法》的规定。因为捕杀一只大熊猫，或者盗伐、滥伐一片林木的行为，并不会对任何人的生命、身体和健康造成任何威胁，却仍然可能构成犯罪。

第三种是所谓生态的人类中心主义的法益论。这种学说认为，水、大气、土壤、植物、动物作为独立的生态学的法益，应当得到认可，但只有当环境作为人基本的生活基础而发挥机能时，它才值得保护。应该说，这种学说克服了前面两种学说的缺陷，也符合我国现行《刑法》的规定。我国《刑法》第 338 条规定的污染环境罪中的"严重污染环境"，既包括行为给环境本身造成严重污染，也包括行为因为污染环境而给人的生命、身体、健康造成严重危险以及实害的情形。

总之，关于污染环境罪保护的法益，应该采取生态的人类中心主义的法益论。也就是说，只要生态学的法益与人类中心的法益不相抵触，就需要对生态学的法益予以保护。

2. 如何理解"严重污染环境"?

应该说，之所以《刑法修正案（八）》将本罪的成立条件由 1997 年《刑法》

第 338 条规定的"造成重大环境污染事故，致使公私财产遭受重大损失或者人身伤亡的严重后果"，修改为"严重污染环境"，就是为了降低入罪门槛，扩大处罚范围。如果认为"严重污染环境"还是指造成环境污染的严重后果，则修改就失去了意义。其实，所谓"严重污染环境"，是指对于非法排放、倾倒、处置有毒有害物质的，从排放物的性质，排放的地点、方式、数量，排放造成的后果等方面综合来看超出了环境的承受能力，旨在将公民乱扔垃圾、工厂少量排污等没有超出环境自我净化能力的污染环境行为排除在犯罪之外。

3. 本罪是行为犯、结果犯、危险犯还是实害犯？

张明楷教授认为：就对环境本身的危害来说，它既包括行为犯也包括结果犯，就对人的生命、身体、健康等法益的危害来说，它只能是结果犯；相对于生态学的环境法益来说，本罪就是实害犯，相对于人类中心的法益来说，本罪就是危险犯。总结一下，如果采取生态的人类中心的法益论，那么相对于不同的法益来说，本罪既可能是行为犯也可能是结果犯，既可能是危险犯也可能是实害犯。①

本书认为，污染环境罪属于一种准抽象危险犯。"严重污染环境"，既是对排放、倾倒、处置的对象——有放射性的废物、含传染病病原体的废物、有毒物质或者其他有害物质的毒害程度的要求，也是对非法排放、倾倒、处置行为本身的限定。《2016 年环境污染案件解释》第 1 条第 2 项规定，"非法排放、倾倒、处置危险废物三吨以上的"，才属于"严重污染环境"，就是对行为本身的要求；第 3 项要求，"排放、倾倒、处置含铅、汞、镉、铬、砷、铊、锑的污染物，超过国家或者地方污染物排放标准三倍以上的"，才属于"严重污染环境"，是对所排放的对象的毒害性程度的限定。也就是说，污染环境罪中的"严重污染环境"，相当于破坏交通工具罪，破坏交通设施罪，生产、销售不符合安全标准的食品罪中的"足以"，以及非法制造、买卖、运输、储存、盗窃、抢夺、抢劫危险物质罪中的"危害公共安全"的要素规定。因为现实生活中，无论企业还是个人，都不同程度地排放、倾倒、处置了具有一定放射性的废物、含传染病病原体的废物、有毒物质或者其他有害物质，但只要不超过国家规定的排污标准，一般认为没有超出环境本身的自净能力，不足以造成严重污染环境的后果，故而不值得以污染环境罪科处刑罚。《2016 年环境污染案件解释》第 1 条前 5 项规定，在一定地点，超过一定数量，超过排污标准，或者以一定的方式排放、倾倒、处置毒害性物质，即成立污染环境罪。其中，要么是对排放、倾倒、处置行为本身的限定，要

---

① 张明楷. 张明楷刑法学讲义. 北京：新星出版社，2021：627 - 628.

么是对所排放、倾倒、处置的对象的毒害程度的要求。《2016 年环境污染案件解释》第 1 条的第 11 至 17 项，也是通过对人身、财产损失程度的描述，使排放、倾倒、处置有毒有害物质达到值得科处刑罚的"严重污染环境"的程度。

从司法实践看，只要在一定地点、以一定方式、超过一定数量或者超过排污标准，排放、倾倒或者处置可能严重污染环境的放射性的废物、含传染病病原体的废物、有毒物质或者其他有害物质，即成立污染环境罪。例如：超过国家标准排放含有铬、锌等重金属的电镀加工的废水①；违规填埋电镀污泥②；将超过国家标准的含有毒害性物质的工业废液、废物直接排放、倾倒于河流、土壤中③；非法对医疗废物进行碎粉、分拣④；等等，直接认定成立污染环境罪。

4. 本罪的罪过（责任）形式是什么？

案 2：甲公司在未报经环保部门批准的情况下擅自进行增产技术改造并试生产。在试生产过程中，由于设备不能正常运行，使没有经过完全处理的含氨氮的工艺冷凝液直接排放，造成沱江干流发生特大水污染事故。法院认定构成重大环境污染事故罪。

本案中，行为人对违法排污行为和结果在主观上是出于过失的态度，按照1997 年《刑法》的规定构成重大环境污染事故罪，按照现在的《刑法》规定，也能成立污染环境罪。

案 3：卓某某在改造浴池过程中，私自将原有的锅炉排烟通道由向上排烟改为向下水道排烟，致使锅炉排放的废气溢进戴某卫生间，致其死亡。法院认定，卓某某能够预见行为会发生严重污染环境的后果但轻信能避免，其行为构成污染环境罪。

本案中，行为人对违法排污行为是故意的，对造成他人死亡的结果是过失的，法院认定构成污染环境罪。

案 4：被告人林某、易某将电镀废水未经任何处理直接排放至河道内。林某辩称："因污染环境罪为过失犯罪，故不构成共同犯罪。"法院认为，污染环境罪

---

① 浙江省乐清市人民法院（2014）温乐刑初字第 615 号刑事判决书．广东省深圳市宝安区人民法院（2014）深宝法龙刑初字第 324 号刑事判决书．江苏省泰州市姜堰区人民法院（2014）泰姜环刑初字第 0001 号刑事判决书．

② 江苏省太仓市人民法院（2013）太刑初字第 0617 号刑事判决书．

③ 山东省鄄城县人民法院（2014）鄄刑初字第 135 号刑事判决书．广东省茂名市茂南区人民法院（2014）茂南法刑初字第 163 号刑事判决书．江苏省淮安市中级人民法院（2014）淮中环刑终字第 0001 号刑事判决书．

④ 江苏省宿迁市宿城区人民法院（2014）宿城生刑初字第 0006 号刑事判决书．

的过失是指行为人对造成环境污染等严重后果的心理态度。至于行为人排放危险废物的行为，属于直接故意。

本案中，法院以行为人排污是直接故意，对造成环境污染后果是过失为由，认定行为构成污染环境罪。

关于污染环境罪的罪过形式，理论上有过失说、故意说、双重罪过说等各种学说，实践认定也十分混乱，或者有意回避罪过形式问题。

由于原重大环境污染事故罪中存在"造成重大环境污染事故"的表述，刑法理论通说认为该罪是过失犯罪。《刑法修正案（八）》将《刑法》第338条中的"造成重大环境污染事故，致使公私财产遭受重大损失或者人身伤亡的严重后果"，修改为"严重污染环境"，罪名也相应变更为污染环境罪后，有力学说认为污染环境罪是故意犯罪。不过，无论是重大环境污染事故罪还是污染环境罪，在罪过形式上均存在过失说、故意说以及双重罪过说之争。罪过形式之争的实质在于，是根据行为人对排污行为的态度还是对环境污染结果的态度确定罪过形式。

本书认为，故意说导致原本可以重大环境污染事故罪规制的过失排污的情形，反而不能构成环境污染犯罪，有违修法初衷；过失说导致难以合理评价普遍存在的故意排污的情形；双重罪过说导致在个案中仍需具体确定罪过形式，而徒增司法成本。为严密治理环境污染的刑事法网，提高打击环境污染犯罪的效率，应当认为，污染环境罪的罪过形式为模糊罪过，即无论是故意排污，还是过失泄漏污染物，不管对严重污染环境的结果具有认识并持希望或者放任态度，还是应当预见因为疏忽大意而没有预见或者已经预见而轻信能够避免，均成立污染环境罪。

应该说，严格区分故意与过失的传统观点已经不能适应法定犯时代的要求。法定犯中"造成严重后果""造成重大损失"之类的规定，是我国"立法定性又定量"立法模式，以及刑罚与行政处罚二元处罚模式的特殊体现，旨在限制刑罚处罚范围。由于法定犯的罪过在伦理谴责上远比自然犯淡薄，对结果的态度即罪过形式对于量刑的意义日趋减小，因此对于法定犯而言，不应纠缠于行为人对结果的态度，而应认为对结果具有模糊罪过即可。如果行为通常是故意实施，或者说没有必要处罚过失行为的情形，则可以认为罪过形式为结果型模糊罪过，例如非法出租、出借枪支罪，丢失枪支不报罪，违法发放贷款罪，妨害传染病防治罪，擅自进口固体废物罪等。倘若出于重大公共利益的考虑，认为有必要处罚过失实施的情形，则可以认为罪过形式为行为与结果型模糊罪过，例如污染环境罪、滥用职权罪、玩忽职守罪。

5. 如何认定本罪的既遂、未遂与中止?

污染环境罪是否存在未遂、中止等未完成形态，取决于对"严重污染环境"及罪过形式的理解。倘若认为"严重污染环境"是指造成人身、财产损害的实际结果，则只是实施了排污行为，在造成上述实际损害结果之前，尚不能认定成立污染环境罪既遂。但如果认为污染环境罪是故意犯罪，而且认为所谓"严重污染环境"是对行为本身的性质、进展程度及所排放对象的毒害性程度的要求，则只要在特定区域排放、排放超过 3 吨以上、超标 3 倍以上排放、以特定方式排放、2 年内受过 2 次以上行政处罚后又排放，以及造成《2016 年环境污染案件解释》第 1 条第 11～17 项所规定的实际后果的，即成立犯罪既遂，在此之前均有成立犯罪未遂与中止的余地；如果认为污染环境罪系过失犯罪，则没有犯罪未遂和中止成立的余地。

司法实践中存在涉及污染环境罪未完成形态认定的判决。例如：(1) 上诉人将含有有毒有害物质的洗车废水直接排放至渗坑及地表，辩称成立犯罪中止。法院认为，上诉人在未采取任何防渗防漏措施的情况下，将洗车废水直接排放至渗坑及地表近一年，严重污染土壤和地下水，构成污染环境罪既遂。[①] (2) 被告人指使他人运输倾倒电镀污泥，在运输途中被查获。被告人辩称其行为属于未实行终了的未遂。法院认定，被告人的犯罪由于其意志以外的原因未能得逞，成立污染环境罪未遂。[②] (3) 被告人运输废酸正准备倾倒时被查获，法院认定成立污染环境罪未遂。[③] (4) 被告人辩称，收购医疗废物后仅将医疗废物装袋贮存尚未进行破碎、加工等处置行为，属于犯罪未遂。法院则认为，是否对存放的医疗废物进行处理，不影响污染环境罪既遂的认定。[④] (5) 被告人辩称将电镀废水存储于加工点后的土坑，尚未排向河流即被抓获，应认定为犯罪未遂。法院认为，被告人明知电镀废水有毒害性而非法排放的行为已经完成，经检测铜含量超过国家排放标准 3 倍以上，实际的犯罪结果已经产生，应当属于犯罪既遂而不是犯罪未遂。[⑤]

不过，司法实践中更多判决对是否成立未遂与中止不予回应，例如：(1) 被告等人欲合伙焚烧垃圾赚钱，购得电线皮、塑料粒等工业垃圾 45 余吨，其中 27

---

① 山东省淄博市中级人民法院（2014）淄刑一终字第 53 号刑事裁定书.
② 广东省深圳市龙岗区人民法院（2014）深龙法刑初字第 2178 号刑事判决书.
③ 河北省新乐市人民法院（2015）新刑公初字第 192 号刑事判决书.
④ 山东省潍坊市坊子区人民法院（2014）坊刑初字第 202 号刑事判决书.
⑤ 浙江省苍南县人民法院（2014）温苍刑初字第 658 号刑事判决书.

吨工业垃圾已倾倒在空地上进行焚烧，后被查获。法院未就未焚烧的 18 吨垃圾认定为未遂。[1]（2）被告人雇佣他人运输倾倒废水，他人正准备往雨水管网中排放时被当场查获，法院未认定成立未遂。[2]（3）被告等人非法运输、加工、排放、处置废旧医疗废物，查获的医疗废物共计 23.6 吨，其中已处置医疗废物 2.1 吨，未处置医疗废物 21.5 吨，法院对于未处置的部分未认定为未遂。[3]（4）被告人魏某某在明知张某某没有处理危险废物资质的情况下，在 2013 年 5 月至 2014 年 5月期间，多次让张某某将公司 100 余吨固体危险废物运出公司倾倒。2014 年 6月，被告人魏某某意识到事情的严重性，又让张某某将该固体危险废物运回公司并按规定交由具有资质的公司作无害化处理。法院未认定成立犯罪中止，只是认为二被告人在案发后对固体危险废物及时进行了处置，积极消除污染，依法可以从轻处罚。[4]

本书认为：如果被告人的行为已经对环境造成了污染，如在加工、处置、焚烧医疗废物、工业垃圾之前，随意堆放而形成泄露、渗透，或者将工业废水先存储在水池、土坑中拟集中排放到外环境，因水池、土坑无防渗措施而造成泄露、渗透的，则应认为已经既遂；如果倾倒固体废物后在造成环境不利改变前及时清除的，则可能成立犯罪中止，但如在清除前已造成环境污染的，则只能认定成立既遂；正在排放、倾倒、处置时被查获，未污染环境的，应当认定成立未遂；排放、倾倒、处置过程中被查获，已经排放、倾倒、处置的部分认定为既遂，未及排放、倾倒、处置的部分应认定成立未遂，对全案酌情从轻处罚；准备倾倒而在运输途中被查获的，属于污染环境罪的预备，一般不值得处罚。

6. 该罪的追诉时效如何计算？

非法排放、倾倒、处置有可能严重污染环境的危险废物时，因已成立污染环境罪而应开始计算基本犯的追诉期限。但如果污染环境的严重后果在多年之后才发生的，则应当作为"情节严重"的污染环境罪的情节加重犯开始计算追诉期限。也就是说，即便滞后多年方才显现污染环境的严重后果，也可认为并未超过污染环境罪情节加重犯的追诉时效，而能追究行为人污染环境罪的刑事责任。正如，对工程重大安全事故罪的追诉期限，应从多年后发生的墙倒屋塌安全事故发生之日，起算追诉期限。

---

[1] 浙江省台州市中级人民法院（2016）浙 10 刑终第 33 号刑事裁定书.
[2] 河北省石家庄市中级人民法院（2016）冀 01 刑终第 150 号刑事裁定书.
[3] 河北省阜平县人民法院（2014）阜刑初字第 109 号刑事判决书.
[4] 安徽省广德县人民法院（2014）广刑初字第 00209 号刑事判决书.

7. 如何以中立帮助行为理论为指导确定环境犯罪的主体范围？

案 5：黄某系 A 公司的法定代表人，雇请刘某从事不锈钢拉管酸洗工作，刘某将酸洗后未经处理的废水直接排入公司外的泥土里。法院认为，二人构成污染环境罪的共犯。

本案中，刘某只是受雇从事不锈钢拉管酸洗工作的工人，其对犯罪事实不存在支配控制作用，对其进行处罚起不到预防犯罪的作用，不应将其认定为直接责任人员追究刑事责任。

2019 年 2 月 20 日"两高"、公安部、司法部、生态环境部《关于办理环境污染刑事案件有关问题座谈会纪要》虽然主张限制单位犯罪中直接责任人员的处罚范围，但未明确限制处罚的根据，不具有可操作性。中立帮助行为理论可为限制单位犯罪中直接责任人员以及共犯的处罚范围提供理论根据（所谓中立帮助行为，是指外观上无害、客观上促进了他人犯罪的情形）。受雇（聘）在污染企业中从事生产、加工、排污的工人，其行为具有业务中立性的一面，角色随时可以被替换，对犯罪的支配力较弱，而且难以期待行为人冒着失业的风险而违抗雇主或者领导的指令，处罚这类人员难以实现预防犯罪的刑罚目的，因而不宜追究这类人员的刑事责任。

受雇运输、倾倒污染物的司机、押运员，由于其直接支配了犯罪进程，而且行为本身仅服务于犯罪的目的，因而应评价为犯罪。为污染企业运输提供生产、加工所需原材料的行为，以及为污染企业安装、调试设备，讲授生产、制造工艺，由于行为具有促进生产的一面而属于正当业务行为，不应评价为犯罪。将场地、设备出租给污染企业使用的，由于不负有法益保护义务和危险源监督义务，而完全属于污染企业自我答责的领域，不应承担共犯的责任。只有实际控制、管理公司、企业的投资者，才值得科处刑罚。

是否作为共犯或者单位犯罪中的直接责任人员进行处罚，应考虑罪名法定刑的高低，违法性的总量大小，对犯罪支配的程度，期待可能性的高低，预防犯罪必要性的大小等因素。在非法采矿犯罪中受雇（聘）开船、使用机器、采矿、记账、开票的人员，通常不值得以犯罪论处。有权出售林木的人，不应承担非法采伐犯罪共犯的责任。受雇非法采伐林木的伐木工，通常不值得被处罚，但明知系盗伐他人所有的林木而参与盗伐的，则应成立盗伐林木罪的共犯。受雇非法捕捞水产品、狩猎的人，通常不值得被科处刑罚，但如果明知所猎捕、杀害的可能是国家重点保护的珍贵、濒危野生动物，仍受雇进行猎捕、杀害的，则可能成立危害珍贵、濒危野生动物罪的共犯。

8. 如何理解《刑法》第 338 条第 2 款"同时"构成其他犯罪？

《刑法》分则中关于"同时构成其他犯罪的，依照处罚较重的规定定罪处罚"的规定，都是注意规定，旨在提醒司法工作人员注意，无论是法条竞合还是想象竞合，竞合时从一重处罚即可。

9. 如何看待"江苏盐城 2·20 水污染案"？如何区分本罪与投放危险物质罪？

该案的基本案情是：被告人胡某标、丁某生，作为盐城市环保部门认定的"废水不外排"企业——标新化工有限公司的法定代表人及生产负责人，在 2007 年 11 月底至 2009 年 2 月 16 日期间，明知该公司生产过程中所产生的废水含有苯、酚类有毒物质，仍将大量废水排放至该公司北侧的五支河内，任其流经蟒蛇河污染盐城市区城西、越河自来水厂取水口，导致盐城市区 20 多万居民饮用水停水长达 66 小时 40 分钟，造成直接经济损失人民币 543.21 万元。法院认为："胡某标、丁某生明知其公司在生产过程中所产生的废水含有毒害性物质，仍然直接或间接地向其公司周边的河道大量排放，放任危害不特定多数人的生命、健康和公私财产安全结果的发生，使公私财产遭受重大损失，构成投放危险物质罪，且属共同犯罪。"[①]

司法实践中，对类似故意排放有毒有害物质造成重大人身、财产损失的案件，定性并不统一，除个别定性为投放危险物质罪外，《刑法修正案（八）》前多认定为重大环境污染事故罪，之后基本上认定为污染环境罪。例如：（1）被告人魏某某将含有二氯乙烷等毒性物质的盐酸废液、亚硫酸钠废液 270 余吨倾倒入张泾河内，致使张泾河水质受到污染，造成直接经济损失 169 189 元，一、二审法院均认定构成投放危险物质罪。[②]（2）被告人吴某等将氯气罐中残存的氯气排入水中，水中的氯气散发到空气中致使淮阴县果林场营西村小学 204 名师生中毒，花去医疗费 8 万余元，同时造成当地 127.9 亩农作物受损和一头猪被毒死，直接经济损失价值达 9 万余元，法院认定构成重大环境污染事故罪。[③]（3）被告人王某伙同其妻子门某，多次帮助他人经由私自铺设的管道将废硫酸等化工废料排放

---

① 李玉生. 江苏省高级人民法院公报：2010 年第 2 辑. 北京：法律出版社，2010：27.
② 上海市第一中级人民法院（2013）沪一中刑终字第 185 号刑事裁定书.
③ 最高人民法院刑事审判第一庭，第二庭. 刑事审判参考—2001 年第 4 辑. 北京：法律出版社，2001：40-41.

至市政排污管道内，导致三人因吸入硫化氢气体中毒死亡，法院认定构成污染环境罪。[①]（4）被告人王某等人，将含有有毒物质乙腈的脱硫液1 897吨排放到黄河内，严重危害到以黄河水作为饮用水水源的济南市、聊城市、德州市、淄博市、滨州市、东营市、青岛市等地区城乡居民的身体健康，一审法院认定构成投放危险物质罪，二审法院以控方未提供所投放的废液属有毒物质的证据为由，改判为污染环境罪。[②]

本书认为，界分污染环境罪与投放危险物质罪，只能从客观违法构成要件"着手"。

首先，二罪所保护的法益不同。环境污染的后果不同于投放危险物质的地方在于，其往往具有长期性、累积性、渐进性、潜伏性，而且严重污染环境并不必然危害公共安全，环境本身的损害也不等同于不特定的或者多数人的人身、财产损害。故而，污染环境罪所保护的环境法益不能等同于投放危险物质罪所保护的公共安全法益。

其次，排放对象不同。前者所排放、倾倒的是"有放射性的废物、含传染病病原体的废物、有毒物质或者其他有害物质"，而后者投放的是"毒害性、放射性、传染病病原体等物质"。对于化学品，科学上通常按其危害程度分为剧毒、有毒和有害三类。因此，大体上来说，《刑法》第338条所规定的污染环境罪中的"有毒物质"应该是专指污染物；而第114、115条所指的"毒害性"物质则专指剧毒物（从立法沿革看，投放危险物质罪的前身就是"投毒罪"）。简言之，二罪所排（投）放对象的毒害性程度存在显著差异。

再次，由于投放危险物质罪是与放火罪、决水罪、爆炸罪并列规定的罪名，根据同类解释的原理，应具有危害的相当性。放火、决水、爆炸对人体的危害具有瞬间的爆发性、蔓延性、难以控制性，而向河中排污，事实上都能够通过及时关闭水闸而避免大规模人身伤亡结果的发生。

最后，二罪"污染经由"或者说发挥作用的机理存在明显差异。投放危险物质罪通常是将毒物投入他人的茶杯、水缸，进而直接作用于人体，而污染环境罪系通过向土地、水体、大气排放、倾倒污染物，通过环境要素间接作用于人体。事实上，将100克砒霜投入他人茶杯，可能比将一吨砒霜倾入作为饮用水水源的河流在毒害性上有过之而无不及。所以，对向河流、大气、土壤排放、倾倒

[①] 山东省高级人民法院（2014）鲁刑一终字第65号刑事裁定书.

[②] 山东省菏泽市中级人民法院（2013）菏刑一终字第74号刑事判决书.

危险物质的，一般应认定为污染环境罪，但如果直接向公民的自来水管投放毒害性物质，则可能被认定为投放危险物质罪。故关于上述向河中排放、倾倒危险废物的"江苏盐城2·20水污染案"之类案件，以投放危险物质罪定性不够妥当。

综上，应从客观违法构成要件，即从保护的法益、所投物质的毒害性程度、行为本身的危险性、"污染经由"等方面，区分污染环境罪与投放危险物质罪。

10. 对因疏于管理发生污染物泄漏，即过失排污导致环境严重污染的情形，应当如何处理？

由于本罪的罪过形式是一种至少为过失的模糊罪过，对过失排污导致环境被严重污染的，也应认定为污染环境罪。

第二十六节　危害珍贵、濒危野生动物罪

第三百四十一条（第1款）　**【危害珍贵、濒危野生动物罪】**非法猎捕、杀害国家重点保护的珍贵、濒危野生动物的，或者非法收购、运输、出售国家重点保护的珍贵、濒危野生动物及其制品的，处5年以下有期徒刑或者拘役，并处罚金；情节严重的，处5年以上10年以下有期徒刑，并处罚金；情节特别严重的，处10年以上有期徒刑，并处罚金或者没收财产。

疑难问题

1. 本罪的保护法益是什么？动物园管理者未经林业主管部门批准，将发情的公老虎送往外地交配；居民搬家时运输祖传的野生动物制品；将收藏的象牙制品带到新加坡拍卖，拍卖不成后带回我国南京的，构成本罪吗？

本罪所保护的法益是国家的珍贵、濒危野生动物资源。行为没有侵害或者威胁国家的珍贵、濒危野生动物资源的，不能成立本罪。例如，动物园管理者未经林业主管部门批准，将突然发情的公老虎送往外地动物园与母老虎交配的，以及居民搬家时运输祖传或者年代久远的野生动物制品，抑或将祖传的象牙制品带到新加坡拍卖，拍卖不成又带回我国南京的，都因为没有侵害或者威胁国家的珍贵、濒危野生动物资源，不能认定成立本罪。

2. "两高"之前将第 1 款的罪名确定为"非法猎捕、杀害珍贵、濒危野生动物罪"与"非法收购、运输、出售珍贵、濒危野生动物、珍贵、濒危野生动物制品罪",现在修改为"危害珍贵、濒危野生动物罪",能否认为以前是选择性罪名而现在不是了? 选择性罪名与数罪并罚有关系吗?

我国刑法理论通说习惯于将存在行为、对象、后果、主体等并列规定的罪名称为选择性罪名,同时认为选择性罪名不能并罚。其实,是否为选择性罪名与应否数罪并罚没有关系。不能认为,以前"两高"将本条确定为两个罪名,就能够数罪并罚,例如行为人既非法猎捕大熊猫,又非法收购穿山甲的,就应该数罪并罚,而现在"两高"将本条确定为一个罪名,就不能数罪并罚了。其实,我国通说之所以坚持对选择性罪名不能数罪并罚,是因为我国《刑法》分则规定的罪名的法定刑较重,尤其当最高刑为无期徒刑、死刑时,即便不数罪并罚通常也能做到罪刑相适应。但当最高刑只为有期徒刑时,认为对选择性罪名一概不得数罪并罚,就可能导致罪刑不相适应。例如,假定根据行为人猎捕大熊猫的数量就能顶格判处 15 年有期徒刑,而另外实施的非法收购穿山甲的行为也够顶格判处 15 年有期徒刑。如果不数罪并罚,显然不能做到罪刑相适应。所以务必要抛弃选择性罪名不能数罪并罚的观念。是否数罪并罚,只能考虑犯罪构成的规定和是否罪刑相适应。

3. 人工驯养繁殖的动物是否属于危害珍贵、濒危野生动物罪的对象?

张明楷教授认为,关于人工繁殖的动物是否属于本罪对象,不可一概而论。需要根据人工繁殖的目的、难度、数量,动物的珍贵、濒危程度等进行判断。例如,人工繁殖的大熊猫,应是本罪的对象。但以食用为目的人工大量繁殖的动物,不是本罪的对象。①

本书认为,只要是人工繁殖的动物,自己进行捕杀、运输、加工、出售的,都没有破坏"野生"动物资源,都不应作为犯罪处理。

4. 上述犯罪与盗窃罪、故意毁坏财物罪之间是什么关系?

本罪与《刑法》第 114 条或者第 115 条规定之罪及盗窃罪、故意毁坏财物罪之间可能发生竞合,竞合时从一重处罚即可。

5. 砍掉东北虎的四肢,是危害珍贵、濒危野生动物还是故意毁坏财物?

张明楷教授认为,单纯故意伤害珍贵、濒危野生动物的,应以故意毁坏财物

---

① 张明楷.刑法学.6 版.北京:法律出版社,2021:1492.

罪论处。①

本书认为，即便只是伤害，如果使其丧失了野生动物资源的功能，或者说实质上破坏了珍贵、濒危野生动物资源，应认为不只是故意毁坏了财物构成故意毁坏财物罪，还破坏了珍贵、濒危野生资源，而构成危害珍贵、濒危野生动物罪。例如，砍掉了东北虎的四肢，使其"趴窝"成为残疾虎的，这无疑破坏了野生动物资源，应当成立危害珍贵、濒危野生动物罪。

6. 2022 年 4 月 6 日"两高"《关于办理破坏野生动物资源刑事案件适用法律若干问题的解释》认为以营利为目的的"加工"利用行为属于"出售"，是否有类推解释之嫌？

不能认为加工就是出售，正如不能说造房子就是在卖房子一样。司法解释将"加工"解释为出售行为，明显有类推解释之嫌。行为人在为他人实施有偿加工时，并没有出售动物与动物制品，只是出售了"劳动力"。当然，由于餐馆加工珍贵、濒危野生动物，就是用来出售给食客的，所以可以评价为出售。

7. 对非法猎捕、杀害珍贵、濒危野生动物或收购珍贵、濒危野生动物及其制品，又走私的，或者先走私入境，后实施杀害行为的，是应定一罪还是数罪并罚？

由于存在数个行为，也侵害了数个法益，应当数罪并罚。正如走私枪支进境后出售的，应当以走私武器罪与非法买卖枪支罪数罪并罚一样。

8. "及其"是或者还是并且的意思？

"及其"是或者的意思，不是并且的意思。单纯非法收购、运输、出售珍贵、濒危野生动物制品的，也能成立危害珍贵、濒危野生动物罪。

9. 在森林挖陷阱或布下天网，同时捕获普通野生动物和珍贵、濒危野生动物的，是成立一罪还是应数罪并罚？

由于普通野生动物和珍贵、濒危野生动物在刑法上属于不同罪名所保护的对象，行为人也认识到了这一点，所以，即便在自然意义上行为人只实施了一个行为，但在规范性意义上，也应认为存在数个行为，应当以非法狩猎罪和危害珍贵、濒危野生动物罪数罪并罚。

---

① 张明楷. 刑法学. 6 版. 北京：法律出版社，2021：1493.

10. 行为人捡到已经死亡的重点保护野生动物后制成标本，进而运输该标本的，是否成立危害珍贵、濒危野生动物罪?

由于野生动物已经死亡，行为人捡到后加工利用的，并没有侵害或者威胁国家的珍贵、濒危野生动物资源，不能认定成立危害珍贵、濒危野生动物罪。

第二十七节　非法占用农用地罪

第三百四十二条　**【非法占用农用地罪】** 违反土地管理法规，非法占用耕地、林地等农用地，改变被占用土地用途，数量较大，造成耕地、林地等农用地大量毁坏的，处五年以下有期徒刑或者拘役，并处或者单处罚金。

疑难问题

1. 本罪保护的法益是什么

本罪所保护的法益是农用地资源。没有实质改变农用地的用途，没有侵害农用地资源的，不能评价为非法占用农用地罪。

2. 本罪的实行行为是什么?

案 1：行为人以前占用耕地建造建筑物的行为，并不违法或者不构成犯罪（其中有两种情形：一种情形是在 1997 年以前就占用了耕地，另一种情形是以前占用的是建设用地，但后来政府将其变更为耕地，规划变更导致行为人占用了耕地），现在有关部门要求行为人拆除土地上的建筑物、恢复耕地，但行为人拒不拆除建筑物，或者在有关部门拆除的时候，行为人阻止拆除。

本案中，行为人以前将农用地改变为建设用地是合法的，只是后来规划变更，需要将建设用地再改为农用地，但行为人不将建设用地改变为农用地的，不能说他以前的行为是犯罪行为，只能判断他现在的不作为是否符合《刑法》第342 条规定的构成要件。本案中行为人没有将建设用地恢复为农用地的行为不符合"改变被占用的农用地用途"这一要求，不符合非法占用农用地的构成要件，故不构成非法占用农用地罪。如果行为人不拆除建筑物，政府可以安排人员强行拆除。如果行为人再以暴力、威胁方法进行妨碍的，可以认定为妨害公务罪。

应该认为，只要行为人改变了农用地的用途，就成立非法占用农用地罪。也就是说，本罪的构成要件行为即实行行为，是改变农用地的用途，而不是占用农用地。单纯的占用行为，如在别人的耕地上种庄稼，或者把别人的耕地围起来，如果没有改变农用地的性质，在我国还不一定构成犯罪。这种行为在国外可能构成侵夺不动产罪。简言之，非法占用农用地罪的实行行为，是改变农用地的用途，这才是核心。

3. 本罪可以由不作为构成吗？

虽然一般认为凡是可以由作为构成的犯罪都可以由不作为构成，但不真正不作为犯的不作为也要符合作为犯的法条表述。或者说，姑且不论成立不真正不作为犯要求不作为与作为必须具有等价性，不作为也必须与法条表述构成要件行为所使用的动词相符合，才能被认定构成犯罪。我们承认不作为的杀人，是因为不作为致人死亡的行为本身可以被评价为杀人行为。但不将建设用地改为农用地的不作为，如上述案1，不能被评价为改变了农用地的用途，或者说不能被评价为将农用地改变为建设用地。《刑法》第342条中的"改变被占用土地用途"，显然是指"改变被占用的农用地的用途"。没有将建设用地恢复为农用地的行为明显不符合"改变被占用的农用地的用途"这一要求。所以说，不能认为不作为也能成立非法占用农用地罪。

4. 本罪属于何种犯罪类型？

有观点认为，非法占用农用地罪是结果犯。[①] 很显然，认为本罪是结果犯的观点混淆了实害犯与结果犯。根据《刑法》第342条的规定，只有改变了被占用土地用途，造成耕地、林地等农用地大量毁坏的，才能成立非法占用农用地罪。也就是说，只有实际造成农用地被大量毁坏的法益侵害结果的，才成立本罪。所以，本罪是实害犯而不是结果犯。结果犯与实害犯不是一个概念，结果犯有未遂，如故意杀人罪，但实害犯没有未遂，只有成立和不成立的问题，如过失犯罪、滥用职权罪、骗取贷款罪、丢失枪支不报罪。

5. 何谓"占用"？在农用地上堆放东西，是否属于"占用"？

案2：行为人与农民签合同，租用农民的耕地种蔬菜。租用后，行为人在耕地上搭建温室，在里边种植无土栽培的蔬菜。公安机关认定行为人的行为构成非法占用农用地罪。

本案中，如果单纯从构成要件符合性的角度来说，或许公安机关以行为人在耕地上搭建了温室为由，认定行为人改变了耕地用途。但这只是形式上的改变，

---

① 张明楷. 刑法的私塾：之三. 北京：北京大学出版社，2022：826.

实质上并没有改变用途，以前是种蔬菜的，现在还是在种蔬菜。即使以前种小麦现在种蔬菜，也不能认定为改变了农用地用途。本案中，行为人的占用是合法的，也没有改变农用地的用途，更没有毁坏农用地，不具备非法占用农用地的任何一种构成要件要素。将本案认定为犯罪，肯定是不对的。

本罪中的"占用"，不在于"占"，而在于"用"，本质是改变被占用的农用地的用途。在他人土地上种庄稼，将他人的耕地围起来，都不能评价为非法占用农用地。在农用地上堆放东西，只要很容易清除，不会造成农用地毁坏的，也不能认定为非法占用农用地。

6. 如何认定"造成耕地、林地等农用地大量毁坏"？

造成耕地、林地等农用地大量毁坏，是本罪成立的条件。造成农用地大量毁坏，是指行为人非法占用农用地建窑、建坟、建房、挖沙、采石、采矿、取土、堆放固体废弃物或者进行其他非农业建设，造成基本农田5亩以上或者基本农田以外的农用地10亩以上种植条件严重毁坏或者严重污染。改变了所占用的土地用途还不等于毁坏，比如在农用地上建了塑料厂房，拉走厂房后第二天就可以种植庄稼的，不能认定为毁坏了农用地。改变用途和大量毁坏也是有区别的，改变用途有很多种情况，有的恢复起来很容易，有的恢复起来非常困难。不过，恢复的难度只是一种判断资料，不能完全按照恢复的难易程度来判断农用地是否被毁坏。

只要发生了大量农用地被毁坏的结果，犯罪就已经既遂了。如同伤害罪一样，不能因为事后恢复了身体健康就认定为行为人没有造成伤害。毁坏与否还是要按照农用地本来的用途来判断。比如，将耕地圈起来变成森林公园的，也应认定为毁坏了耕地。耕地改林地，开垦草原种植粮食作物、经济作物、林木的，也构成非法占用农用地罪。将建设用地改变为农用地的，不可能构成非法占用农用地罪。在耕地上建顶棚是否属于毁坏农用地，除了取决于建顶棚是否导致种植条件被破坏，还要考虑农用地原本的用途。农用地原本是种稻谷的，行为人搭建顶棚后养花的，应认为毁坏了农用地。

7. 本罪是否为继续犯？追诉时效如何计算？

案3：行为人在15年前与农民签合同租用农民的耕地，约定使用期限是30年。行为人后来在耕地上建厂房，这当然是非法的，但政府一直未干涉。厂房已经建了12年，现在政府要求行为人拆除厂房，行为人也拆除了，此时公安机关要追究行为人非法占用农用地的刑事责任。

如果认为本罪是状态犯，则行为在12年前就已经既遂，要从12年前开始计算追诉时效，如此便不能追诉。但如果认为本罪是继续犯，则行为一直持续到现在，追诉时效还没有开始计算，可以本罪进行追诉。

本罪是继续犯（持续犯）还是状态犯，直接关系到追诉时效的起算，在理论上和实务中都存在很大争议。

张明楷教授指出，判断行为是否在持续，就是看能否认为刑法分则规定的构成要件中的动词还在持续。例如，就非法占用农用地而言，要看行为人是不是一直在改变农用地的用途，如果不是，就只能认定为状态犯。行为人一直在占用农用地，但改变农用地的用途的行为并没有持续，如果12年前就毁坏了农用地，那么，结果在12年前就发生了，而不是持续在发生。如果上面的判断标准还不明确，还可以这样问：行为人的某个行为结束了吗？例如，在非法拘禁期间，拘禁行为结束了吗？回答是没有结束，所以非法拘禁罪是持续犯。在非法占用农用地罪中，我们可以这样问：改变农用地用途的行为结束了吗？回答当然是在12年前就结束了，所以本罪是状态犯。这样看来，应该认为非法占用农用地罪是状态犯，而不是继续犯。上述案3，行为在12年前就既遂了，要从12年前开始计算追诉时效，这样的话，该行为就不能被追诉了。①

本书认为，区分继续犯与状态犯，应从实质上进行判断。只有能够肯定法益每时每刻都受到同等程度的侵害，能够持续性地肯定构成要件符合性的，才能认为是继续犯，否则只能认为是状态犯。还有，通常只有侵害或者威胁人身权益的犯罪，才可能被认定为继续犯，如非法拘禁罪、非法侵入住宅罪、危险驾驶罪、非法持有枪支罪。不能过于扩大继续犯的范围，否则会和相关的状态犯的处理不协调。其实，完全可以将非法占用农用地罪看作是一种毁弃罪。而毁弃罪，是不可能被认为法益每时每刻都受到同等程度的侵害，不能被持续性地肯定构成要件符合性的。所以，应当认为非法占用农用地罪是状态犯，而不是继续犯，追诉时效应从犯罪成立之日起开始计算。

8. 在林地上种植农作物的，构成本罪吗？

只要非法改变了农用地的用途，造成了农用地的毁坏，就构成本罪。在林地上种植农作物，也是改变林地的用途，所以可以构成本罪。

9. 行为人违反土地管理法规，在农用地上建厂房，后来该农用地正常变更为建设用地的，如何处理？

行为人违反土地管理法规，在农用地上建厂房，就已经成立非法占用农用地

---

① 张明楷. 刑法的私塾: 之三. 北京: 北京大学出版社, 2022: 823-824.

的既遂。即便后来该农用地正常变更为建设用地，也不能改变对本来的犯罪行为性质的评价。当然，如果在行为人建厂房后农用地很快（如一个季度内）变更为建设用地的，则不宜认定为犯罪。

第二十八节 非法采矿罪

第三百四十三条（第1款） 【非法采矿罪】违反矿产资源法的规定，未取得采矿许可证擅自采矿，擅自进入国家规划矿区、对国民经济具有重要价值的矿区和他人矿区范围采矿，或者擅自开采国家规定实行保护性开采的特定矿种，情节严重的，处三年以下有期徒刑、拘役或者管制，并处或者单处罚金；情节特别严重的，处三年以上七年以下有期徒刑，并处罚金。

疑难问题

1. 本罪的法益和立法目的是什么？

本罪属于《刑法》分则第六章"妨害社会管理秩序罪"的第六节"破坏环境资源保护罪"的罪名，其保护的法益是国家的矿产资源。矿产资源由于具有不可再生的特点，故具有稀缺性。我国的矿产资源属于国家。刑法设立本罪，就是旨在保障国家的矿产资源能被持续性地开采利用，满足国家可持续发展的需要。如果擅自开采的是取之不尽、用之不竭的不具有稀缺性的矿产资源，如山上的普通岩石、河沙，不宜以本罪论处。

2. 《刑法修正案（八）》修改非法采矿罪条文时删除了"的"，意味着"未取得采矿许可证擅自采矿，擅自进入国家规划矿区、对国民经济具有重要价值的矿区和他人矿区范围采矿"，也需要"情节严重"才成立犯罪，但问题是，这两种行为类型与"擅自开采国家规定实行保护性开采的特定矿种"行为类型的法益侵害性是否相当？《刑法》分则条文中"或者"前面的"的"的功能是什么？

应该说，未取得采矿许可证擅自采矿和擅自进入国家规划矿区采矿、对国民经济具有重要价值的矿区和他人矿区范围采矿，属于盗采矿产资源，与擅自开采国家规定实行保护性开采的特定矿种这种有证采矿不同。1997年修订的《刑法》第343条第1款中，两种行为类型的表述都有"的"，明确区分了这两种非法采矿的行为类型，并设置了不同的犯罪成立条件。而《刑法修正案（八）》可谓"泼脏水，把孩子也泼出去了"，这是有问题的。即便是现在这种规定，实践中在定罪量刑标准的掌握上也应区分无证采矿和有证采矿，即有证采矿的定罪量刑的标准应相对高一些。

《刑法》分则中"或者"前面的"的"，是罪状表述完结的标志，意味着后面紧跟的应该是法律后果。如果"或者"前面没有"的"，则意味着到此为止行为还不值得被科处刑罚，还需要增添"情节严重""后果严重"等新的要素，才能达到犯罪的要求。所以，在阅读、适用《刑法》分则条文时，务必要注意《刑法》分则条文中"或者"前面是否有"的"的表述，从而对犯罪构成要件或者犯罪成立条件作出不同的解读。

3. 如何在确定非法采矿罪直接责任人员的范围时贯彻中立帮助行为的理念？司法解释规定，对受雇佣为非法采矿提供劳务的人员，除参与利润分成或者领取高额固定工资的以外，一般不以犯罪论处，但曾因非法采矿受过处罚的除外，有无问题？

该规定出自 2016 年 11 月 28 日"两高"《关于办理非法采矿、破坏性采矿刑事案件适用法律若干问题的解释》（以下简称《非法采矿案件解释》）。

案 1：甲非法开采矿产，乙受雇记账，非法获利 8 000 元，丙明知甲等人非法采矿，仍同意甲使用其购买的炮头机用于采矿。法院认定上述被告人均构成非法采矿罪。

本案中，乙只是受雇记账，丙只是同意他人使用其购买的炮头机采矿，应该说这些行为都属于中立帮助行为，不值得被科处刑罚。

案 2：被告人肖某、朱某荣密谋非法开采稀土资源，被告人肖某雇请被告人李某红负责开采技术、招聘工人、安排工作及日常生活的管理，李某红又雇请李某明等七人从事非法开采稀土活动。法院认定上述被告人均成立非法采矿罪。

本案中，李某红雇请李某明等七人从事非法开采活动，应该说这七人对犯罪过程没有支配作用，对其进行处罚不会达到预防犯罪的效果。因此，只处罚肖某、朱某荣和李某红三人就能实现刑罚的目的。

本书认为，非法采矿中受雇记账、开机器、采矿的工人的行为属于中立的帮助行为，将其作为犯罪处理，不会起到预防犯罪的作用，不能实现刑罚的目的，故一般应将这些人的行为排除在犯罪之外。司法解释将参与利润分成的人纳入处罚范围是正确的，但将领取所谓高额工资的人都作为罪犯处理还是存在问题的。因为即便是领取所谓高额工资的人，其对犯罪过程也未必具有支配作用，对其进行处罚也未必能达到预防犯罪的效果和实现刑罚的目的。所以对于非法采矿罪，一般只需要将投资者、经营管理者作为罪犯处理就可以了。

4.《非法采矿案件解释》规定，"非法开采的矿产品价值，根据销赃数额认定"，该规定有无问题？

销赃数额与行为的法益侵害程度并非正相关关系，根据销赃数额认定非法开采的矿产品价值，违反了"刑法应关注的不是利己，而是损人"的法益保护原则，不具有合理性。

5. 非法采矿罪与盗窃罪之间是什么关系？

从理论上讲，未取得采矿许可证采矿，以及擅自进入国家规划矿区、对国民经济具有重要价值的矿区和他人矿区范围采矿的，既是非法采矿行为，也是盗窃矿产资源的行为，成立非法采矿罪与盗窃罪的想象竞合，从一重处罚。但是，非法采矿行为毕竟不同于盗窃他人已经开采好堆放在平地上可以被直接运走卖掉的矿产资源的情形，就非法开采一般矿产资源而言，以非法采矿罪判处 7 年有期徒刑就能做到罪刑相适应，除非开采的是具有重大的市场价值而且极容易开采的矿产资源，才可能考虑以盗窃罪进行评价和判处更重的刑罚。

6. 行为人虽未取得采矿许可证，但地方政府要求或者同意行为人采矿并缴纳相关费用的，构成本罪吗？

对于行为人虽未取得采矿许可证，但地方政府要求或者同意行为人采矿并缴纳相关费用的，可以认为行为人缺乏违法性认识的可能性，或者认为地方政府的要求或者同意能够阻却违法性，而不宜认定为非法采矿罪。

7. 对于非法采矿造成重大伤亡事故的，如何处理？

对于非法采矿中造成重大伤亡事故的，可以认为成立想象竞合，从一重处罚。但如果另外可以单独评价为非法采矿罪的，还可能数罪并罚。

8. 对于非法采矿同时非法排放、倾倒、处置有害物质，严重污染环境的，如何处理？

对于非法采矿同时非法排放、倾倒、处置有害物质，严重污染环境的，可以认为存在两个行为，应当依照数罪并罚的规定处罚。

9. 非法采矿行为同时触犯非法占用农用地罪的，是按想象竞合还是数罪并罚处理？

张明楷教授认为，非法采矿同时触犯非法占用农用地罪的，按想象竞合处理。[①]

---

① 张明楷. 刑法学. 6 版. 北京：法律出版社，2021：1497.

本书认为，如果农用地的表层就是矿产资源，则的确非法采矿行为本身就是"非法占用农用地，改变被占用土地用途，造成农用地大量毁坏"的非法占用农用地行为，成立想象竞合，从一重处罚。但如果行为人首先破坏农用地土壤表层然后向下开采矿产资源，则应认为存在两个行为，侵害了两个法益，应当数罪并罚。

第二十九节　盗伐林木罪

第三百四十五条　**【盗伐林木罪】**盗伐森林或者其他林木，数量较大的，处三年以下有期徒刑、拘役或者管制，并处或者单处罚金；数量巨大的，处三年以上七年以下有期徒刑，并处罚金；数量特别巨大的，处七年以上有期徒刑，并处罚金。

【滥伐林木罪】违反森林法的规定，滥伐森林或者其他林木，数量较大的，处三年以下有期徒刑、拘役或者管制，并处或者单处罚金；数量巨大的，处三年以上七年以下有期徒刑，并处罚金。

············

疑难问题

1. 本罪保护的法益是什么?

案1：被告人韦某在某坡地种植了杉木林。2011 年 5 月，韦某的儿子覃某为筹集资金建房，计划砍伐韦某种植的杉木林，并对活立木进行剥皮。同年 7 月，覃某因病死亡，被剥皮的林木尚未得到处理。至同年 11 月，该片林木已经枯死。韦某在未办理林木采伐许可证的情况下，请村民砍伐该片杉木林（无证采伐的林地面积 10.8 亩，立木储蓄量为 51.251 4 立方米）。法院认为，韦某未经林业部门批准颁发采伐许可证，擅自采伐林木，构成滥伐林木罪。①

本案中，在林木已经枯死的情况下，即使没有取得采伐许可证而予以采伐的，也没有破坏森林资源。主张韦某的行为构成犯罪的观点，只是以行政法律、规章为根据，完全没有从刑法规定滥伐林木罪的目的进行独立判断，或者牵强地认为枯死树木具有经济价值或者水土保持价值。然而，及时清理山上死亡林木不仅可以缓解林木内树种间的竞争，促进植物群落演替，还可以遏制虫病传播，防

---

① 广西壮族自治区河池市金城江区人民法院（2013）金刑初字第 228 号刑事判决书.

止疫情的进一步扩散。既然如此，就不得将未取得采伐许可证而滥伐枯死树木的行为认定为滥伐林木罪。

盗伐林木罪属于《刑法》分则第六章"妨害社会管理秩序罪"的第六节"破坏环境资源保护罪"的罪名，其所保护的法益，除包括森林资源及其合理利用外，还包括国家、集体和他人对生长中的林木的所有权。所以，将国家、集体或者他人所有并且已经伐倒的树木窃为己有，偷伐他人房前屋后、田间地头、自留地上种植的零星树木，数额较大，以及盗伐他人已经枯死、病死的树木的，由于没有侵害森林资源，故不成立盗伐林木罪，而是成立盗窃罪。

2. 为何盗伐林木罪的法定刑高于滥伐林木罪的？

滥伐林木罪只侵害森林资源及其合理利用，而盗伐林木罪除侵害森林资源及其合理利用外，还侵害国家、集体和他人对生长中的林木的所有权。正是因为盗伐林木罪侵害了双重法益，所以其不法程度重于滥伐林木罪的，这就是盗伐林木罪的法定刑重于滥伐林木罪的法定刑的根据所在。

3. 如何区分盗伐林木罪与滥伐林木罪？2008 年 6 月 25 日最高检、公安部《关于公安机关管辖的刑事案件立案追诉标准的规定（一）》规定，超过林木采伐许可证规定的数量采伐他人所有的森林或者其他林木的，以滥伐林木罪定罪处罚。该司法解释规定，有无问题？

滥伐林木罪的保护法益是森林资源及其合理利用，盗伐林木罪的保护法益是森林资源及其合理利用以及国家、集体、他人对生长中的林木的财产所有权。所以，根据盗伐、滥伐林木罪的保护法益，从行为人所砍伐的林木由谁所有以及是否具有采伐许可证这两点，就可以合理确定对行为是以盗伐林木罪论处还是以滥伐林木罪论处。

具体而言，对于没有林木采伐许可证，而采伐他人所有的属于国家森林资源一部分的林木的，不管行为人是否具有非法占有目的，均应以盗伐林木罪论处；对于虽取得了林木采伐许可证，但超过林木采伐许可证规定的地点、数量、树种范围采伐他人所有的林木的，也应以盗伐林木罪论处。没有取得林木采伐许可证，采伐自己所有的属于国家森林资源一部分的林木的，仅成立滥伐林木罪；虽然取得了林木采伐许可证，但违反林木采伐许可证规定的地点、数量、树种、方式而采伐自己所有的林木的，也成立滥伐林木罪。

很显然，关于超过数量采伐他人所有的森林或者其他林木的以滥伐林木罪定罪处罚的司法解释规定，存在问题。超过林木采伐许可证规定的地点、数量、树种范围采伐他人所有的林木的，因为侵犯了他人的林木所有权，虽然也符合滥伐林木罪的构成要件，但由于具备了盗伐林木罪的特别要素，所以应以盗伐林木罪而不是滥伐林木罪论处。概言之，对于所谓"超出地点""超过数量""超出树种"的采伐行为而言，只能根据行为是否侵害了他人对林木的所有权，来决定最终对行为人以何罪追究刑事责任。

4. 本罪与盗窃罪之间是什么关系？

关于本罪与盗窃罪的关系，一般认为是特别关系的法条竞合。但张明楷教授认为，即使人们坚持认为盗窃罪与盗伐林木罪是法条竞合的特别关系，那么，按照不法的包容性的实质标准，这种特别关系也仅限于盗伐林木的财物价值（不法程度）没有超出 15 年有期徒刑程度的情形。换言之，当依据盗伐林木所造成的财产侵害程度需要判处无期徒刑时，其与盗窃罪之间便是想象竞合。这是因为，如果仅认定为法条竞合的特别关系，就没有对重大财产侵害这一不法内容进行充分评价，而仅认定为盗窃罪就没有评价对森林资源的侵害。只有认定为想象竞合，才能充分评价行为的不法性质与不法内容。①

本书认为，从盗伐林木罪的对象是生长中的林木来看，盗伐林木罪与盗窃罪之间是特别关系的法条竞合。但本书一直坚持认为，除非是具有减轻根据的封闭的特权条款，否则无论是法条竞合还是想象竞合，只要是竞合，从一重处罚即可。本节不认为两个罪名之间的关系可以一会儿是法条竞合，一会儿又是想象竞合。法条竞合基本上是一种逻辑关系，从条文表述中就可以看出二者之间的法条竞合关系。而想象竞合是因为偶然的案件事实才使两个罪名或者法条产生关系。从条文表述中完全能够看出盗伐林木罪与盗窃罪之间是特别关系的法条竞合。因为盗伐林木罪不是具有减轻根据的封闭的特权条款，所以即便肯定二者之间的法条竞合的特别关系，也可以从一重处罚，从而实现罪刑相适应。

5. 盗伐林木的数量没有达到盗伐林木罪的定罪标准但达到盗窃罪的定罪标准的，能否以盗窃罪定罪处罚？

案 2：2018 年 12 月 17 日上午 5 时许，被告人柴某、王某驾驶吉利牌金刚轿车到阳城县町店镇崦山自然保护区，王某负责望风，柴某用事先购买的油锯盗伐林区内柏树 5 棵，计蓄积 1.353 立方米，未转运，后返回县城。当日林区管护员

---

① 张明楷. 盗伐、滥伐林木罪的重要问题. 上海政法学院学报（法治论丛），2021（5）.

在巡查中发现被盗伐林木即安排人员蹲点守候。次日上午 5 时许，柴某、王某再次驾车来到崦山自然保护区，将所盗伐柏树抬至林区路边，计划择日转移。上午 7 时许，二人驾车返回时被林场工作人员查获。经鉴定，被盗伐林木价值 9 000 元。公诉机关认为，被告人柴某、王某以非法占有为目的，盗窃公私财物，数额较大，其行为触犯盗窃罪。法院也认为，被告人柴某、王某以非法占有为目的，盗伐自然保护区内的林木，数额较大，其行为均构成盗窃罪，但由于其意志以外的原因未得逞，属犯罪未遂。[①]

本案中，由于被告人采伐的林木没有达到 2 立方米，不符合盗伐林木罪的数量较大条件，但完全符合盗窃罪的成立要件，故法院认定为盗窃罪是完全合适的。但在认定为盗窃罪的情形下，就只能将行为人或第三者实际占有了所盗伐的林木作为既遂标准。

由于盗伐林木罪是侵害森林资源的犯罪，所以实践中以木材积达到 2 至 5 立方米以上或者盗伐幼树 100 至 200 株以上作为立案标准。而盗窃罪是侵害财产的犯罪，所以一般以财产价值达到 2 000 元以上作为立案标准。当盗伐林木木材积不到 2 立方米，只能说明行为对森林资源的侵害不值得以盗伐林木罪进行评价。但林木也是财产，也具有价值，盗伐林木的行为也符合盗窃罪的构成要件，所以当盗伐的林木的价值达到盗窃罪的立案标准时，就应该以盗窃罪定罪处罚。

6. 对于盗伐价值特别巨大的林木的，能否以盗窃罪定罪并最重判处无期徒刑？

案 3：张三看见村里最近种了不少自己没见过的树木，经常有人来收购，而且张三听到他们议论的价格相当不菲。于是张三起了贼心，趁着晚上，把村里承包经营的这片树林中长得很茂盛的那些树砍倒，准备自己弄走去卖。不过在他装车时，村里巡逻的人发现了他，然后报了案。经鉴定，张三所砍伐的树木的价值是 100 万元。

本案中，张三的行为既构成盗伐林木罪又构成盗窃罪，形成竞合，从一重处罚，应当以盗窃罪定罪并最重判处无期徒刑。

由于盗伐林木的行为也符合盗窃罪的构成要件，所以对于盗伐价值特别巨大的林木的，能够而且应该以盗窃罪定罪并最重判处无期徒刑。

---

① 山西省阳城县人民法院（2019）晋 0522 刑初 291 号刑事判决书．

7. 盗伐林木时被人发现，为窝藏赃物使用暴力，能否转化成抢劫？

盗伐林木的行为由于也符合盗窃罪的构成要件，所以也能被评价为"犯盗窃罪"，在盗伐林木时被人发现，为窝藏赃物使用暴力，也能够成立事后抢劫，定抢劫罪。

8. 盗伐林木，也需要以非法占有为目的吗？出于报复目的砍倒他人成片的林木而不取走的，是成立盗伐林木罪还是故意毁坏财物罪？

案 4：2016 年 3 月开始，被告人杨某某、张某某没有林木采伐许可证，且未经许可，共同在国家所有的某村石树顶山开荒种植沉香，经专业机构现场调查，林木被砍伐面积约 18 亩，蓄积量为 98 立方米。现场勘查可以证明，被砍伐的林木并没有被杨某某、张某某挪作他用，而是遗留在原地。公诉机关认为，两被告人"无视国家法律，违反森林法及相关规定，未经林业行政主管部门及法律规定的其他主管部门批准并核发采伐许可证，私自采伐国家所有的林木，破坏森林资源，数量较大，应当以滥伐林木罪追究刑事责任"。辩护人也认为两被告人的行为成立滥伐林木罪，但法院判决指出，"虽然控辩双方均认为两被告人的行为构成滥伐林木罪，但根据最高人民法院《解释》（2000 年 11 月 22 日最高法《关于审理破坏森林资源刑事案件具体应用法律若干问题的解释》——编者注）第 3 条之规定，以非法占有为目的，'擅自砍伐国家、集体、他人所有或者他人承包经营管理的森林或者其他林木的'，数量较大，构成盗伐林木罪。该《解释》（2000 年 11 月 22 日最高法《关于审理破坏森林资源刑事案件具体应用法律若干问题的解释》——编者注）第 5 条规定，未取得核发的林木采伐许可证，或者违反林木采伐许可规定的时间、数量等，任意采伐本单位所有或者本人所有的森林或者其他林木等行为，则构成滥伐林木罪。经查，涉案林木权属为国家，两被告人为在涉案地块种植沉香谋取非法利益，擅自砍伐国家所有的林木，并已实际非法占有，其是否出售牟利并不影响非法占有的认定，故两被告人的行为应构成盗伐林木罪"①。

很显然，公诉机关是按照《解释》（2000 年 11 月 22 日最高法《关于审理破坏森林资源刑事案件具体应用法律若干问题的解释》——编者注）规定起诉的，亦即，由于杨某某、张某某二人没有非法占有目的，不能认定为盗伐林木罪，故只能认定为滥伐林木罪。应该说，杨某某、张某某二人的行为也的确符合滥伐林

---

① 广东省深圳市南山区人民法院（2019）粤 0305 刑初 236 号刑事判决书.

木罪的成立条件，因为没有取得采伐许可证而采伐林木的行为，都属于滥伐林木。但是，其一，如果将杨某某、张某某二人的行为仅认定为滥伐林木罪，就没有评价其行为侵害了国家对林木的所有权这一不法内容，因而评价不全面。其二，倘若因为杨某某、张某某二人的行为没有非法占有目的而不符合《解释》（2000 年 11 月 22 日最高法《关于审理破坏森林资源刑事案件具体应用法律若干问题的解释》——编者注）第 5 条的规定，便仅认定行为人的行为构成故意毁坏财物罪，则仅评价了行为对国家财产的侵害，并没有评价行为对森林资源的侵害。其三，只有以盗伐林木罪论处，才能全面评价本案事实，实现罪刑的合理化。而要评价为盗伐林木罪，就不能将非法占有目的作为本罪的主观要素。上述一审判决认定行为人具有非法占有目的，并不符合客观事实，因为非法占有目的包括排除意思与利用意思，杨某某、张某某二人显然没有利用意思。

应该认为，虽然盗伐林木罪中也有"盗"，但盗伐林木罪所侵害的主要法益是森林资源，即便行为人没有利用伐倒的林木的意思，也侵害了森林资源。而盗窃罪是侵害财产的犯罪，为了与故意毁坏财物罪相区分，所以强调"非法占有目的"这一不成文的构成要件要素。而盗伐林木罪并不存在一个与"故意毁坏林木罪"相区分的问题，所以，只要违反了他人的意志砍伐了他人生长中的林木，就既侵害了森林资源，又侵害了他人正在生长中的林木的所有权，即便行为人没有非法占有目的（利用所伐倒的林木的意思），也因为其行为侵害了盗伐林木罪所保护的法益，而应认定成立盗伐林木罪的既遂。对于出于毁坏的目的（如报复的目的）砍伐他人所有的生长中的林木，若仅认定成立故意毁坏财物罪，虽然评价了行为对他人生长中的林木所有权的侵害，但遗漏了行为对森林资源的侵害的评价。若仅认定成立滥伐林木罪，虽然评价了行为对森林资源的侵害，但遗漏了对他人生长中的林木所有权侵害的评价。所以只有评价为盗伐林木罪，才能全面又不重复评价行为的法益侵害事实。

9. 盗伐林木罪的既遂标准是什么？

案 5：2014 年 8 月 7 日晚，被告人何甲、何乙、何丙携带大刀锯、卷尺等工具，来到婺源县大鄣山乡古坦村委会张溪村"破亭"山场盗伐该村委会村民洪丁所有的杉木，并将盗伐的杉木堆放在便于装车的山塝上。次日凌晨，何甲通知何某戊到山场运树，何某戊到山场后发现警车，便告知何甲等三人逃跑。现场遗留背包、大刀锯、手机、杉原木等物品。被告人何甲、何乙、何丙三人在"破亭"山场盗伐杉木原木材积 3.505 立方米。法院认为："被告人何甲、何乙、何丙以非法占有为目的，盗伐属于他人所有的林木，数量较大，三被告人的行为已构成盗伐林木罪……被告人何甲、何乙、何丙在盗伐婺源县大鄣山乡古坦村委会张溪村'破亭'山场杉木时，因意志以外的原因而未得逞，是犯罪未遂，可以比照既遂犯从轻处罚。"①

本案中，被告人已经采伐了林木，并且将所采伐的林木放在便于装车的山塝上。法院认定为盗伐林木罪未遂，只是因为被告人还没有将盗伐的林木运走。很显然，这一判决是将被告人运走所采伐的林木作为盗伐林木罪的既遂标准。这一判决存在问题。盗伐林木罪所侵害的法益是森林资源和他人生长中的林木的所有权，砍伐他人所有的林木，只要伐倒就侵害了这两个法益，所以本案应认定为既遂，而不是未遂。

案6：2015年4月26日、27日，被告人张某某与张某明相互邀约，雇佣龙某等二人到富民县罗免镇某某村后山、某田村小庙丫口山盗挖野生马樱花树。4月27日富民县森林公安局接到报警后赶到现场发现，被告人张某某与张某明将盗挖好的马樱花树49株，作案使用的皮卡车及锄头、铁锹等作案工具丢弃在现场后逃窜。经云南云林司法鉴定中心鉴定，被盗挖的49株马樱花树活立木材积（蓄积）共计6.718 9立方米，价值人民币150 820元。张某某的辩护人认为被告人张某某系盗伐林木罪未遂，但法院认定张某某构成犯罪既遂。②

本案中，虽然砍伐的林木未来得及运走，但既然已经伐倒，就侵害了森林资源和他人生长中的林木的所有权，所以不是未遂，而是既遂。法院认定成立盗伐林木罪既遂是正确的。

盗伐林木罪是侵害森林资源和他人生长中的林木所有权的犯罪，伐倒了林木，即便还没有来得及运走，也因为已经侵害了法益，所以应成立犯罪既遂。质言之，伐倒了他人所有的正在生长中的林木，就应成立盗伐林木罪的既遂。

10. 对于把买树人领到被害人的树前，让买树人伐倒运走的，如何处理？

虽然一般认为这种情形成立针对树木主人的盗窃罪和针对买树人的诈骗罪，属于想象竞合，应从一重处罚，但本书认为，这种情形和自己伐倒运到街上去卖没有什么本质区别，行为人不过是节省了两次转移的劳力，所以，从规范意义上讲，存在两个行为，应当以盗窃罪与诈骗罪数罪并罚。

---

① 江西省婺源县人民法院（2015）婺刑初字第58号刑事判决书.
② 云南省安宁市人民法院（2017）云0181刑初203号刑事判决书.

11. 1993 年 7 月 24 日最高法《关于滥伐自己所有权的林木其林木应如何处理的问题的批复》规定，滥伐属于自己所有的林木构成滥伐林木罪，所滥伐的林木不再是个人合法财产，而应当作为违法所得的财物予以追缴，有无问题？

案 7：2016 年 7 月 17 日至 19 日，在未办理林木采伐许可证的情况下，胡某某、赵某某雇佣多人一同砍伐徐某某、姜某某承包的树木，后胡某某、赵某某将这批树木卖予张某某，获取 37 500 元。现场伐根共 75 个，林木总蓄积量为 47.642 6 立方米。2016 年 7 月 18 日、19 日，张某某在胡某某、赵某某未提供林木采伐许可证的情况下，仍以 37 500 元的价格收购其树木并卖予他人。一审法院认定胡某某、赵某某等人的行为构成滥伐林木罪，但没有判决追缴被告人所滥伐的林木。一审宣判后，检察院提出抗诉，认为：被告人滥伐自己所有的林木，违反国家保护森林法规，破坏了国家的森林资源，所滥伐的林木不再是个人合法财产，应作为违法所得予以追缴。一审判决未依法追缴，适用法律确有错误。二审法院审理后驳回抗诉，维持原判，理由如下：首先，《刑法》第 64 条规定的违法所得是指行为人因实施违反刑事法律的行为，而取得的全部财物及其孳息，其重要的特征是该财物的来源必须违反刑事法律。在确定违法所得的范围时，应严格区分违法所得和合法财产的界限，注意保护不法行为人的合法财产。其次，依据《刑法》第 64 条规定，不得因追缴或者责令退赔违法所得而导致行为人双重受罚。对行为人尚未实施违反刑事法律行为即已依法取得的财物，不能界定为违法所得而进行追缴或者责令退赔。最后，刑法所规定的滥伐林木罪，与相近的盗伐林木罪中行为人非法占有国家、集体所有或者他人依法所有的林木有着明显的区别。森林法中对盗伐林木案件规定了没收盗伐的林木或者变卖所得，而没有作出没收滥伐林木或者变卖所得的规定。本案滥伐林木罪中的林木，不是行为人实施违反刑事法律行为而取得的财物，不能被界定为违法所得。①

应该说，本案不判决追缴所滥伐的林木，是完全正确的。未取得采伐许可证滥伐自己所有的林木，虽然也侵害了国家的森林资源，但并没有侵害他人的财产所有权。也就是说，虽然个人所有的林木是国家森林资源的一部分，但行为人滥伐后的林木已经不再是国家森林资源的一部分，而是其个人所有的财产，不是违法所得，不应予以追缴。

---

① 江苏省盐城市中级人民法院（2017）苏 09 刑终 307 号刑事裁定书.

12. 滥伐自己所有的枯死、病死树木的，构成滥伐林木罪吗？

既然是已经枯死、病死的树木，就不再具有涵养水源等生态功能，滥伐这种树木的行为不会侵害森林资源，所以不成立犯罪。

第三十节　走私、贩卖、运输、制造毒品罪

第三百四十七条　**【走私、贩卖、运输、制造毒品罪】**走私、贩卖、运输、制造毒品，无论数量多少，都应当追究刑事责任，予以刑事处罚。

走私、贩卖、运输、制造毒品，有下列情形之一的，处十五年有期徒刑、无期徒刑或者死刑，并处没收财产：

（一）走私、贩卖、运输、制造鸦片一千克以上、海洛因或者甲基苯丙胺五十克以上或者其他毒品数量大的；

（二）走私、贩卖、运输、制造毒品集团的首要分子；

（三）武装掩护走私、贩卖、运输、制造毒品的；

（四）以暴力抗拒检查、拘留、逮捕，情节严重的；

（五）参与有组织的国际贩毒活动的。

走私、贩卖、运输、制造鸦片二百克以上不满一千克、海洛因或者甲基苯丙胺十克以上不满五十克或者其他毒品数量较大的，处七年以上有期徒刑，并处罚金。

走私、贩卖、运输、制造鸦片不满二百克、海洛因或者甲基苯丙胺不满十克或者其他少量毒品的，处三年以下有期徒刑、拘役或者管制，并处罚金；情节严重的，处三年以上七年以下有期徒刑，并处罚金。

单位犯第二款、第三款、第四款罪的，对单位判处罚金，并对其直接负责的主管人员和其他直接责任人员，依照各该款的规定处罚。

利用、教唆未成年人走私、贩卖、运输、制造毒品，或者向未成年人出售毒品的，从重处罚。

对多次走私、贩卖、运输、制造毒品，未经处理的，毒品数量累计计算。

疑难问题

1. 毒品犯罪所保护的法益是什么？

我国刑法理论通说习惯于认为某个罪所保护的客体或者法益是某种管理制度

或者管理秩序，对毒品犯罪所保护的法益的理解也是如此。例如，我国刑法理论通说指出，走私、贩卖、运输、制造毒品罪的客体是国家对毒品的管理制度。①

认为毒品犯罪所保护的法益是国家对毒品的管理制度的通说观点，存在诸多问题：首先，通说并没有进一步解释"国家对毒品的管理制度"的具体内容，这种抽象性的表述并不能揭示《刑法》分则规定毒品犯罪的目的。其次，将"国家对毒品的管理制度"确定为毒品犯罪的保护法益，根本不能说明毒品犯罪的处罚范围。例如，吸毒行为也侵犯了国家对毒品的管理制度，但该行为并不成立犯罪。再次，将"国家对毒品的管理制度"确定为毒品犯罪的保护法益，根本不能对毒品犯罪构成要件的解释起到指导作用。例如，离开本罪的保护法益，就可能将"贩卖"解释为先购入再出售，也可能将单纯的购买行为解释为"贩卖"。然而，"国家对毒品的管理制度"这一内容，对"贩卖"的解释并不能起到指导作用。又次，将"国家对毒品的管理制度"确定为毒品犯罪的保护法益，根本不能说明各种具体犯罪在不法程度上的差异。例如，贩卖毒品的行为与非法种植毒品原植物的行为，在违反"国家对毒品的管理制度"方面，不存在任何差异，但这两种行为的法益侵害程度明显不同，因而法定刑相差悬殊。最后，将"国家对毒品的管理制度"确定为毒品犯罪的保护法益，导致对某些毒品犯罪既遂的认定过于提前。从逻辑上说，任何违反国家对毒品的管理制度的行为都是既遂。所以，司法实践中将为了出售而购买毒品的行为认定为贩卖毒品罪的实行行为乃至贩卖毒品罪的既遂，将购买、运输、携带、寄递麻黄碱进出境和采挖、收购麻黄草这种制造毒品罪的预备行为，也认定为制造毒品罪的既遂了。

可见，刑法理论通说将"国家对毒品的管理制度"确定为毒品犯罪的法益是毫无意义的。应当认为，毒品犯罪的保护法益是公众健康。

2. 吸食毒品的人明知毒品对自己有害仍然购买的，阻却贩卖毒品行为的违法性吗？

作为毒品犯罪的保护法益的公众健康，并不是指特定个人的身体健康，而是指作为社会法益的公众健康，个人承诺放弃无效。所以，即使吸毒者央求贩毒者卖给其毒品，也不能阻却贩卖毒品行为的违法性，不妨碍贩卖毒品罪的成立。

3. 认为贩卖是指明知是毒品而非法销售或者以贩卖为目的而非法收买的行为的司法解释规定，有无问题？

该规定出自 2012 年 5 月 16 日最高检、公安部《关于公安机关管辖的刑事案

---

① 高铭暄，马克昌 . 刑法学 . 10 版 . 北京：北京大学出版社，高等教育出版社，2022：604.

件立案追诉标准的规定（三）》。

案1：乙向甲购买毒品，甲声称要先收到钱才能向乙提供毒品。于是，乙给甲汇了1.2万元，甲用乙汇来的钱向丙购买了冰毒，还没有提供给乙就被公安抓获。

本案中，甲为了贩卖毒品而购买了毒品，还没有贩卖出去，司法实践中都认定为贩卖毒品罪的既遂，但本书认为仅成立贩卖毒品罪的预备和非法持有毒品罪的竞合，从一重处罚。

司法实践中之所以认为为了贩卖而购买毒品就成立贩卖毒品罪的既遂，应该是因为司法解释和指导案例一直秉持这种立场。例如，2012年5月16日最高检、公安部《关于公安机关管辖的刑事案件立案追诉标准的规定（三）》就《刑法》第347条的立案追诉标准规定，本条规定的"贩卖"是指明知是毒品而非法销售或者以贩卖为目的而非法收买的行为。又如，根据2022年6月21日最高检第三十七批指导性案例"马某某走私、贩卖毒品案"（检例第151号），行为人出于非法用途，以贩卖为目的非法购买国家管制的麻醉药品、精神药品的，应当认定为贩卖毒品罪既遂。

如果认为购买就是贩卖，或者说购买毒品也构成犯罪，那么立法者就应该像规定非法买卖枪支罪那样规定非法买卖毒品罪。但立法者并没有这样规定。这说明，贩卖毒品的实行行为就是出卖，为了贩卖而购买毒品的行为就只是贩卖毒品罪的预备行为（同时可能成立非法持有毒品罪），而不可能成立贩卖毒品罪的既遂。认为贩卖就是购买，从语法上也说不通，就如为了销售假药而购买假药的行为，不可能被评价为销售假药罪的既遂。当我们说"贩卖包括购买与出售"时，显然是指贩卖由购买与出售两个行为构成，而不是说只要有购买或者出售就属于贩卖。可是，一方面，如果说贩卖由购买与出售两个行为构成，那么，行为人出卖祖传的鸦片或者捡拾的毒品，就因为缺乏购买行为而不成立贩卖毒品罪了，这显然是行不通的。另一方面，如果说贩卖是购买或者出卖，就是直接将购买评价为贩卖了，或者将购买直接评价为出卖了，这显然是违背生活常识的。这样说的话，买卖双方都说不清是谁买谁卖了。而且，我国刑法显然不处罚购买毒品的行为。因此，贩卖毒品就是出卖毒品，为了贩卖而购买的，只能是贩卖毒品罪的预备行为。当然，购买了毒品后，同时也就持有了毒品，所以成立贩卖毒品罪的预备与非法持有毒品罪，从一重处罚。当然，有时还可能构成运输毒品罪的既遂犯。

4. 我国刑法为什么没有将吸毒的人购买毒品的行为规定为犯罪？

虽然贩卖毒品罪所保护的法益是公众健康这一社会法益，但具体的吸毒者才是真正的受害者。吸毒者是法律保护的对象，所以刑法没有将为了自己吸食而购买毒品的行为规定为犯罪，否则就是双重受害。

5. 购买毒品者能成立贩卖毒品罪的共犯吗？

自己购买毒品吸食是自害行为，按照片面对向犯原理，对于购买毒品自己吸食的，无论如何都不能作为贩卖毒品罪的共犯处理。但如果购买毒品不是用于自己吸食，则可能成立贩卖毒品罪的共犯。具体而言，只有当行为超出了购买行为的范畴，或者说对贩毒的正犯起到了超出购买范围的促进作用，才可能构成贩卖毒品罪的共犯。行为超出购买范围的促进作用包括成立贩卖毒品罪的教唆犯与帮助犯。大致而言，在对方没有出卖毒品的故意时，购毒者使他人产生出卖毒品的故意进而出卖毒品的，成立贩卖毒品罪的教唆犯；在贩毒者已有出卖毒品的犯意的情况下，购毒者的行为对贩毒者起到了超出购买范围的帮助作用的，成立贩卖毒品罪的帮助犯。

6. 如何评价所谓的"诱惑侦查""陷阱教唆""犯意引诱""双套引诱""数量引诱"？

对于这些情形，我国司法实务的立场只是从宽处罚，而不是不作为犯罪处理。例如，2008年12月1日最高法《全国部分法院审理毒品犯罪案件工作座谈会纪要》（以下简称《2008年纪要》）指出：行为人本没有实施毒品犯罪的主观意图，而是在特情诱惑和促成下形成犯意，进而实施毒品犯罪的，属于"犯意引诱"，对于"犯意引诱"，应当依法从轻处罚，无论涉案毒品数量多大，都不应判处死刑立即执行；行为人在特情既为其安排上线，又提供下线的双重引诱，即"双套引诱"下实施毒品犯罪的，处刑时可予以更大幅度的从宽处罚或者依法免予刑事处罚；行为人本来只有实施数量较小的毒品犯罪的故意，在特情引诱下实施了数量较大甚至达到实际掌握的死刑数量标准的毒品犯罪，属于"数量引诱"，对因"数量引诱"实施毒品犯罪的被告人，应当依法从轻处罚，即使毒品数量超过实际掌握的死刑数量标准，一般也不判处死刑立即执行。

一般认为：关于"诱惑侦查"或者"陷阱教唆"，对于对方已有犯罪的意图，警察（包括警察的线人）只是提供犯罪机会的，警察可以免责；他人本来没有犯罪的意图，在警察引诱下才实施犯罪的，不能免除警察教唆犯的责任。在德国，有学者对构成要件进行限缩解释，认为这个时候警察与线人的行为还不符合构成要件；也有学者认为这个时候警察与线人的行为符合构成要件，但由于是为了打击犯罪，可以成立紧急避险，进而给警察、线人脱罪。

应该说，只有当警察与线人是针对有毒品犯罪嫌疑的人进行"陷阱教唆"时，才可以说不符合构成要件或者是紧急避险。倘若警察与线人随意针对他人进行"陷阱教唆"，还是可能成立贩卖毒品罪的教唆犯的。张明楷教授认为，鉴于毒品犯罪的特殊性，在满足一定条件的前提下可以使用内线侦查方法"引诱"某些嫌疑人贩卖毒品。这里的一定条件如下：首先，使用通常的侦查方法无法取证查实。其次，"引诱"的对象必须是合理地被认为有毒品犯罪嫌疑的人。再次，"引诱"的目的只是取得证据。最后，"引诱"没有达到使对方失去自由意志的程度，通常采取的方法是，警察装扮成吸毒者或线人装扮成吸毒者与对方接触，提出购买毒品。如果采取教唆、强制、欺骗等手段，则不认为具有正当性。在上述条件下，警察或线人的行为不构成贩卖毒品罪的教唆犯或帮助犯，只有实施了贩卖毒品行为的人，才可能构成犯罪。张明楷教授还对上述《2008年纪要》的规定提出批评："这种做法意味着负有禁毒职责的国家机关工作人员可以直接诱惑或者安排他人诱惑没有毒品犯罪故意的人贩卖毒品，明显不当。本书的看法是，诱惑没有贩卖毒品故意的人贩卖毒品的，成立贩卖毒品罪的教唆犯。对其中的被'双套引诱'所实施的行为应认定为不能犯。"①

本书认为：首先，国家不能直接制造罪犯这一原则应当得到坚持。其次，可以参考片面对向犯的立法者意思说，如果对向犯的行为没有超出定型性的参与或者说最小限度的参与，对向犯的行为就不成立犯罪。就毒品犯罪的"诱惑侦查"而言，只有在对方已有贩卖毒品的意图，警察或者线人只是单纯提供机会的情况下，警察和线人的行为才不成立犯罪，贩毒者按照其实际贩卖的毒品数量承担贩卖毒品罪的刑事责任。如果对方没有贩卖毒品的意图，本来就不贩毒，或者虽然曾经贩毒但已打算"金盆洗手"，因为警察或者线人的极力引诱才又贩卖毒品的，则警察和线人成立贩卖毒品罪的教唆犯，贩毒者成立贩卖毒品罪。如果不追究警察和线人贩卖毒品罪教唆犯的刑事责任，则也不能追究贩毒者的刑事责任。最后，对于"数量引诱"的，相当于行为人本打算仅实施伤害，因他人怂恿其杀人而实施杀人行为，所以，除非同时追究警察或者线人所引诱数量的贩毒共犯的刑事责任，否则不能追究超出本来意图贩毒的数量的贩卖毒品罪的刑事责任，也就是只能追究行为人本来意图贩毒的数量的贩卖毒品罪的刑事责任。

---

① 张明楷. 刑法学. 6版. 北京：法律出版社，2021：1508.

7. 如何评价所谓代购毒品行为的性质？根据代购者有无牟利目的认定贩卖毒品罪与非法持有毒品罪的实务做法，有无问题？

案 2：甲经常为自己吸毒而购买毒品，一来二去与毒贩很熟悉。甲的一些朋友也吸毒，他们经常聚在娱乐场所内，想吸毒的时候就让甲去联系毒贩购买，买到后大家一同吸食。甲帮助朋友购买毒品三四次，每次都没有从中牟利，只是购买后和朋友一起吸食而已。

本案中，甲的行为不属于司法文件中的"居间介绍"，其只是为朋友购买毒品，没有超出购买的范畴，不成立贩卖毒品罪。如果甲每次购买的毒品数量较大，有可能在购买后吸食前这段时间构成非法持有毒品罪，但无论如何不能认定为贩卖毒品罪与运输毒品罪。

案 3：一天晚上，在宾馆房间住宿的吸毒人员乙，来到该宾馆丙住的另一个房间，给了丙 300 元让丙帮忙购买冰毒。丙接过钱出门买了 1 克冰毒，然后回到自己的房间，吸食了其中的一部分，之后才把剩下的冰毒拿到乙的房间交给了乙。这时，乙又邀请丙在自己的房间共同吸食丙买来的冰毒。

本案中，由于丙是有偿向乙交付毒品的，所以构成贩卖毒品罪。

案 4：张三、李四二人因为在同一场所被强制戒毒而相识。强制戒毒结束后，李四对张三说："以后要是有人想吸毒，你可以介绍到我这儿来，我有毒品。"张三当时既没有同意，也没表示反对。一年后，张三的朋友王五听说张三曾经吸过毒，就问张三有没有毒品，张三说自己没有，但可以帮忙问问。于是，张三想到了一年前李四跟自己说过的话，就联系了李四，李四回复说自己有毒品，20 克售价 1 万元。之后，张三把这个信息告诉了王五，王五利用微信转给张三 1 万元，张三再转给李四，李四收到钱后，通过货车司机把毒品先运送给张三，张三又开车将毒品送给了王五。

本案中，虽然难以确认张三究竟是在帮助贩卖还是帮助购买毒品，但从张三收钱转交又转交毒品来看，张三无疑是在有偿转让毒品，所以成立贩卖毒品罪。

对于所谓代购毒品的行为是成立贩卖毒品罪还是成立非法持有毒品罪，理论界与实务界争论不休。实务界一如既往地根据行为人有无牟利的目的分别认定为贩卖毒品罪与非法持有毒品罪。例如《2008 年纪要》指出：有证据证明行为人不以牟利为目的，为他人代购仅用于吸食的毒品，毒品数量超过《刑法》第 348 条规定的最低数量标准的，对托购者、代购者应以非法持有毒品罪定罪。代购者从中牟利，变相加价贩卖毒品的，对代购者应以贩卖毒品罪定罪。2015年5月18日最高法《全国法院毒品犯罪审判工作座谈会纪要》（以下简称《2015年纪要》）也指出，行为人为他人代购仅用于吸食的毒品，在交通、食宿等必要开销之外收取"介绍费""劳务费"，或者以贩卖为目的收取部分毒品作为酬劳的，应视为从中牟利，属于变相加价贩卖毒品，以贩卖毒品罪定罪处罚。

关于代购毒品的行为是否构成贩卖毒品罪，首先，不能以代购毒品行为是否牟利作为判断标准。这是因为：从我国《刑法》第347条贩卖毒品罪的法条表述来看，贩卖毒品罪的成立既不要求以牟利为目的，也不要求客观上必须牟利。从刑法的目的来看，判断代购毒品的行为是否成立犯罪，其实质根据在于这种行为是否危害公众健康。从证据上看，虽然代购者加价将毒品交付给吸毒者是比较典型的贩卖毒品行为，但事实上，很难证明代购者是否进行了加价交付。

其次，不能单纯从帮助贩卖还是帮助购买的角度来判断。因为在许多情况下，从客观上难以判断行为人是为了帮助贩卖还是为了帮助购买；在从客观上难以判断的情况下，根据行为人的主观想法判断是帮助贩卖还是帮助购买，必然会导致定罪的随意性。如上述案4，要想确认张三究竟是在帮助李四贩卖毒品还是在帮助王五购买毒品，其实是十分困难的，甚至是不可能的。既然如此，就难以据此来判断张三的行为是否构成贩卖毒品罪，只能从张三的行为是否属于有偿转让或者交付毒品来判断。

最后，根据代购者是否有偿地将毒品交付给他人，以及代购行为是否超出了购买范畴，来判断是否成立贩卖毒品罪的正犯或者共犯。只要行为人有偿地将毒品交付给他人，不管毒品来源于何处，也不管行为人是否以牟利为目的，以及客观上是否牟利，都属于贩卖毒品。贩卖不要求将对象交付给不特定人或者多数人，也不限于买进后再卖出，只要是有偿地转让或者出卖毒品，就是贩卖毒品。吸毒者直接将毒资交付给上家，代购者只是代为将毒品从上家转交给吸毒者，或者单纯为吸毒者指示、寻找上家，抑或是帮助吸毒者购买毒品但没有实施有偿交付毒品的行为。在这种情况下，代购者和吸毒者之间并不存在有偿的毒品交易，所以不能认为代购者对吸毒者贩卖了毒品，只能讨论代购者是否成立上家的贩卖毒品罪的共犯。

代购者是否成立上家的贩卖毒品罪的共犯，关键是看代购行为是否超出购买行为的范畴。例如，帮助卖家找买家的行为就超出了购买行为的范畴；帮助卖家与买家谈价的行为也超出了购买行为的范畴。如果只是帮助买家找卖家，还没有超出购买行为的范畴。单纯为吸毒者寻找、联系贩毒者的，仍属购买毒品的行为，不应当认定为贩卖毒品罪的共犯。但是，为贩毒者寻找、联系上游贩毒者或者下游吸毒者的，则成立贩卖毒品罪的共犯。我国刑法没有将购买毒品的行为规定为犯罪，所以为了自己吸食而购买毒品的行为人，不可能与上家构成贩卖毒品罪的共犯。既然如此，为了特定人吸食而无偿将毒品从贩毒者处转交给吸毒者的行为，也不可能成立贩卖毒品罪的共犯。之所以如此认定，是因为无论是为自己吸食而购买毒品，还是为了特定人吸食而代为转交毒品，对贩卖毒品的行为所起的作用都是相同的。

总之，关于代购毒品的行为，若能认定为有偿交付毒品，则应单独成立贩卖毒品罪的正犯；帮助卖家找买家，或者帮助卖家与买家谈价，以及为贩毒者寻找、联系上游贩毒者或者下游吸毒者的，成立贩卖毒品罪的共犯；单纯为吸毒者寻找、联系贩毒者，以及不接受转交毒资仅单纯转交毒品的，没有超出购买的范畴，不成立贩卖毒品罪。

8. 如何评价所谓居间介绍行为的性质？居间介绍与代购之争有意义吗？

案5：范某得知唐某能从上海买到毒品海洛因，遂一同前往上海。唐某联系毒贩购得海洛因后交给范某，二人正准备离开时被抓获。一审法院认为，唐某居间介绍买卖毒品，构成贩卖毒品罪。二审法院则认为，唐某仅是为了帮助吸毒者买毒品，不成立贩卖毒品罪的共犯，而是成立非法持有毒品罪。

本案中，即使认为不是居间介绍，而是代购毒品，唐某也因为有偿转让交付毒品，而应成立贩卖毒品罪的正犯。

司法实践中往往通过确定居间介绍与代购行为来判断代购行为是否构成贩卖毒品罪。其实，代购与居间介绍都不是刑法上的概念，代购也并非一律不构成贩卖毒品罪，居间介绍虽然一般能被评价为贩卖毒品罪的共犯，但单纯为购毒者寻觅和指示贩毒者的居间行为不一定成立贩卖毒品罪。所以，居间介绍与代购之争，既不是罪与非罪之争，也不是此罪与彼罪之争，而是毫无意义的争论。

民法上的居间包括媒介居间与报告居间（指示居间）。媒介居间，是指居间人为订约媒介，介绍双方订立合同，即斡旋于交易双方之间，从而促成双方的交易。很显然，媒介居间为贩毒者出卖毒品作出了贡献，因而成立贩卖毒品罪的共犯。报告居间，是指居间人为委托人报告订约机会，即居间人接受委托人的委托，寻觅及指示可与委托人订立合同的相对人，从而为委托人订约提供机会。可以肯定，在报告居间的场合，为贩毒者寻觅和指示购毒者的，也是帮助贩卖毒品，但是单纯为购毒者寻觅和指示贩毒者的居间行为，并不构成贩卖毒品罪的共犯。

9. 如何评价"互易毒品"行为的性质？

张明楷教授认为，吸食者相互之间交换毒品的，不宜认定为贩卖毒品罪，但贩毒者为了调剂各自的毒品种类与数量而相互交易毒品的，因为增加了危害公众健康的抽象危险，应认定为贩卖毒品罪。①

本书认为，即便是吸毒者相互之间交换毒品，也属于有偿交付毒品，也导致了毒品的扩散，所以不妨碍贩卖毒品罪的成立。

10. 用毒品换枪、用毒品抵债等行为构成贩卖毒品罪吗？

用毒品换枪、用毒品抵债，均属于有偿转让毒品，所以成立贩卖毒品罪。当然，用毒品换枪，还成立非法买卖枪支罪，属于想象竞合，从一重处罚，对方也成立非法买卖枪支罪。

11. 将毒品作为有偿服务（包括卖淫等性服务）的对价交付给对方的，构成贩卖毒品罪吗？

张明楷教授认为，将毒品作为有偿服务（包括卖淫等性服务）的对价交付给对方的，宜认定为贩卖毒品罪。②

本书认为：因为性服务没有对价，不能用来交换，所以将毒品作为嫖资支付的行为被评价为贩卖毒品罪可能存在问题。如果这种观点成立，那么将毒品作为彩礼送给丈母娘，用毒品行贿，用毒品买官，雇凶者用毒品支付杀人酬金的，都可能被评价为贩卖毒品罪。这恐怕不合适。

12. 如何认定走私、贩卖、运输、制造毒品罪的既、未遂与预备？

案6：被告人塔某携带1 500克海洛因，欲乘飞机前往广州，在机场内被查获。一审法院认定其构成运输毒品罪（未遂）。二审法院认为，"上诉人塔某将毒品带离藏匿地点，其行为已使毒品发生了位移并且已经起运，进入了运输的环节，构成运输毒品罪（既遂）"。

本案中，虽然被告人未能将毒品带到目的地广州，但其使毒品从家里转移到了机场，导致毒品的扩散，所以二审法院认定成立运输毒品罪既遂是正确的。

走私毒品可以分为输入毒品与输出毒品。关于输入毒品的既遂标准，应分陆路输入与海路、空路输入来讨论。对于陆路输入，应当以逾越国境线、使毒品进入我国领域内为既遂标准，这点没有争议。关于海路和空路输入的既遂，国外刑

---

① 张明楷. 刑法学. 6版. 北京：法律出版社，2021：1507.
② 张明楷. 刑法学. 6版. 北京：法律出版社，2021：1507.

法理论上存在"领海、领空说"、"登陆说"、"关税线说"、"搬出可能说"和"到达说"五种学说。"到达说"认为，装载毒品的船舶到达本国港口或航空器到达本国领土内时为既遂，否则为未遂。应该说，"到达说"基本上是合理的。不过，若航空器只是到达本国领空尚未着陆，由于毒品不是武器和核材料，只是在领空，还未威胁到生活在地面的国人的健康，所以还是应当在航空器着陆后才宜评价为走私毒品罪的既遂。

贩卖毒品罪的实行行为是贩卖，只有毒品实际上转移给了买方才能评价为既遂。至于转移毒品后行为人是否已经获取了利益，则并不影响贩卖毒品罪既遂的成立。毒品实际上没有转移，即使已达成转移的协议，或者已经获得了利益，也不宜认定为贩卖毒品罪的既遂。行为人以贩卖为目的购买了毒品但未能出售给他人的，宜认定为贩卖毒品罪的预备行为。

为了运输而开始搬运毒品的，是运输毒品罪的着手；由于行为人意志以外的原因未能使毒品离开原处或者说未能转移毒品存放地的，属于未遂；运输毒品行为使毒品离开了原处或者转移了存放地，即使没有到达目的地，也是运输毒品罪的既遂。

制造毒品罪应以实际上制造出毒品为既遂标准；着手制造毒品，没有实际上制造出毒品的，成立制造毒品罪的未遂；行为人以为自己所使用的原料与配料能够制造出毒品，但事实上未能制造出毒品的，视行为是否具有制造出毒品的具体危险，判断成立制造毒品罪的未遂犯和不能犯。

13. 《2015 年纪要》规定，对于从贩毒人员住所、车辆等处查获的毒品一般均应认定为其贩卖的毒品，合理吗？

案 7：被告人劳某卖出海洛因 47.5 克，同时从其身上缴获海洛因 371.5 克。法院认为，"劳某虽只卖出 47.5 克，但剩下的 371.5 克仍是在继续贩卖中，应认定劳某贩卖毒品 419 克，判处死刑"。

本案中，被告人劳某实际卖出海洛因仅 47.5 克，这是贩卖毒品罪既遂的数量。从其身上缴获的海洛因 371.5 克只能算是非法持有毒品罪的数量，不应将其计入贩卖毒品罪既遂的数量。应以贩卖毒品罪（47.5 克海洛因）与非法持有毒品罪（371.5 克海洛因）数罪并罚。

案 8：被告人丁某单独或指使他人贩卖海洛因 500 克，同时从其住处查获海洛因 11.5 克。最高法复核认为，"在丁某的租住处查获的海洛因，亦应计入丁某贩卖海洛因的数量"。

本案中，从被告人丁某住处查获的 11.5 克海洛因并非其实际贩卖出去的毒品，只能评价为非法持有毒品罪的数量，而不应一并计入贩卖毒品罪既遂的数量。应认定为贩卖毒品罪（500 克海洛因）与非法持有毒品罪（11.5 克海洛因），实行数罪并罚。

《2015 年纪要》指出：贩毒人员被抓获后，对于从其住所、车辆等处查获的毒品，一般均应认定为其贩卖的毒品。确有证据证明查获的毒品并非贩毒人员用于贩卖，其行为另构成非法持有毒品罪、窝藏毒品罪等其他犯罪的，依法定罪处罚。这个规定明显存在问题。

贩卖毒品罪的实行行为是贩卖，不是"购买＋贩卖"，也不是购买或者贩卖，只有毒品实际转移给了买方才能评价为既遂。对于从行为人身上、住所、车辆等处查获的毒品，即便查明是行为人准备用于贩卖的，也因为没有实际转移交付给买方而不能认定为贩卖毒品罪既遂。正如不可能将仓库中准备用于销售的伪劣产品数量一并计入销售伪劣产品罪既遂的数量一样。上述规定和实践做法，是违背常识和犯罪既遂原理的，应当予以纠正。

14. "以加工、提炼制毒物品制造毒品为目的，购买麻黄碱类复方制剂，或者运输、携带、寄递麻黄碱类复方制剂进出境的成立制造毒品罪"的司法解释规定，有无问题？

2012 年 6 月 18 日"两高"、公安部《关于办理走私、非法买卖麻黄碱类复方制剂等刑事案件适用法律若干问题的意见》指出，以加工、提炼制毒物品制造毒品为目的，购买麻黄碱类复方制剂，或者运输、携带、寄递麻黄碱类复方制剂进出境的，依照《刑法》第 347 条规定，以制造毒品罪定罪处罚。

应该说，这种行为只能评价为制造毒品罪的预备。如果上述司法解释所称的"以制造毒品罪定罪处罚"，是指以制造毒品罪的预备定罪处罚，则没有疑问；若是以制造毒品罪的未遂或者既遂处罚，就存在问题了。

15. 同行运输毒品的，当然成立运输毒品罪的共犯吗？

两人以上同行运输毒品，即便知道有人与其同行带有毒品，只要没有实施配合、掩护他人运输毒品的行为，都不能认定为运输毒品罪的共犯，不能将同行人携带的毒品数量计入本人运输毒品罪的数量。

16. 我国刑法没有分别规定输入毒品与输出毒品的法定刑，司法机关在量刑时对输入与输出两种行为应否区别对待？

应该说输入毒品和输出毒品的危害性是不一样的。有的国家如日本，就区别规定了输入毒品与输出毒品，输出毒品犯罪的法定刑低于输入毒品犯罪的法定刑。即便我国刑法没有区别规定输入毒品与输出毒品，在具体定罪量刑上也应区别对待，即对输出毒品的定罪量刑应适当轻于对输入毒品的。

17. 如何限制运输毒品罪的处罚范围？

案9：段某受托在物流货运站内领取装有毒品的邮件时被当场抓获。检察院指控构成转移毒品罪。一审法院认为构成非法持有毒品罪，二审法院改判为运输毒品罪，同时驳回关于成立未遂的上诉意见。

本案中，段某构成非法持有毒品罪，但其只是受托领取邮件，并没有"运输"毒品，所以不能认定成立运输毒品罪。

运输毒品罪是与走私、制造、贩卖毒品罪并列规定的罪名，适用同样的法定刑。所以，只有运输毒品的行为与走私、贩卖、制造毒品具有关联性，对国民健康造成了与走私、贩卖、制造毒品相当的抽象危险时，才宜认定为运输毒品罪，否则会导致罪刑之间不协调。换句话说，运输毒品与走私、贩卖、制造毒品的行为只是内部的分工不同而已，都是犯罪的有机组成部分。不能查明与走私、贩卖、制造毒品相关联的，即使转移了毒品，也不能认定成立运输毒品罪，只能认定为非法持有（动态持有）毒品罪。

18. 为了自己吸食而从外地购买毒品后带回居住地的，以及帮助吸毒者从外地代购毒品后带回吸毒者所在地的，构成运输毒品罪吗？

由于行为与走私、贩卖、制造毒品的行为不具有关联性，故不能认定为运输毒品罪，只可能认定为非法持有毒品罪。

19.《2015年纪要》指出："吸毒者在运输毒品过程中被查获，没有证据证明其是为了实施贩卖毒品等其他犯罪，毒品数量达到较大以上的，以运输毒品罪定罪处罚。""行为人为吸毒者代购毒品，在运输过程中被查获、没有证据证明托购者、代购者是为了实施贩卖毒品等其他犯罪，毒品数量达到较大以上的，对托购者、代购者以运输毒品罪的共犯论处。"这些规定妥当吗？

很显然，上述司法解释的制定者没有认识到运输毒品是与走私、贩卖、制造毒品并列规定、危害性相当、适用同样法定刑的事实，简单地认为带着毒品移动就是运输毒品罪。这样认定显然会导致罪刑不相适应。上述行为与走私、贩卖、制造毒品的行为没有关联，不成立运输毒品罪，只能成立非法持有毒品罪。

20. 制造毒品罪可谓典型的抽象危险犯，对于制造毒品后未及销售或者销售很少即案发的，能够判处死刑吗？行为人制造了 2 900 克的氯胺酮，仅销售30 克即案发的，能以制造、贩卖 2 900 克氯胺酮判处死刑吗？

相对于贩卖毒品罪而言，制造毒品罪对公众健康的危险更加抽象。所以，可以认为单纯制造毒品的，不宜判处死刑。之所以将制造毒品与走私、贩卖、运输毒品并列规定并配置死刑，是因为制造毒品的人通常都会实施贩毒行为。行为人虽然制造了 2 900 克的氯胺酮，但仅售出 30 克，不能简单地认定行为人制造、贩卖氯胺酮 2 900 克，而应认定为制造氯胺酮 2 900 克、贩卖氯胺酮 30 克，同种数罪并罚，应不至于判处死刑。

21.《2008 年纪要》认为"去除其他非毒品物质"不属于制造毒品的行为，合理吗？分装毒品是否属于制造毒品？

张明楷教授认为，"去除其他非毒品物质"的行为，应属于制造毒品；应对"制造"作广义解释，将分装毒品的行为包括在制造毒品之中，是比较合适的。[①]

本书认为：去除其他非毒品物质，就是提纯，的确能提高毒品的"口感"，会助推毒品的扩散，评价为制造毒品还是可行的。但将分装毒品（就是将毒品进行分割，并装入一定的容器，即所谓量的精制），并没有改变毒品的成分，评价为制造毒品可能有点牵强。

22. 明知不是毒品而欺骗他人说是毒品让其贩卖的，如何处理？

明知不是毒品而欺骗他人说是毒品让其贩卖的，成立诈骗罪（间接正犯）；贩卖者是其利用的工具，由于贩卖的不是毒品，贩卖者成立贩卖毒品的不能犯，不构成犯罪。

23. 理论通说与司法实践均认为，误将假毒品当作毒品贩卖的成立贩卖毒品罪的未遂，妥当吗？

根据客观的未遂犯论，只有具有侵害法益的具体危险的，才成立未遂犯。贩卖假毒品，显然不具有侵害公众健康的危险性，所以，不能成立贩卖毒品罪的未遂犯，只能成立不能犯。

24. 对毒品种类的认识错误阻却责任吗？

对毒品种类的认识错误不阻却故意，不影响犯罪既遂的成立。

---

① 张明楷. 刑法学. 6 版. 北京：法律出版社，2021：1509.

25. 成立贩卖毒品罪，要求以营利为目的吗？为了吸食而买进大量毒品，戒毒后低价将剩余毒品出卖的，构成贩卖毒品罪吗？

《刑法》第347条没有要求营利目的，事实上没有营利目的的贩毒行为也能侵害法益。所以，成立贩卖毒品罪，不要求行为人具有营利目的。行为人戒掉毒瘾后亏本卖掉手中的毒品，也成立贩卖毒品罪。

26. 对于饭店老板为吸引回头客而在菜中添加罂粟壳的，如何处理？

成立欺骗他人吸毒罪和生产、销售有毒、有害食品罪，想象竞合，从一重处罚。

27. 《刑法》第29条规定"教唆不满十八周岁的人犯罪的，应当从重处罚"，第347条规定"……教唆未成年人走私、贩卖、运输、制造毒品……从重处罚"，是否意味着教唆不满18周岁的人走私、贩卖、运输、制造毒品的犯罪分子具有两个从重处罚的情节？

这并不意味着教唆不满18周岁的人走私、贩卖、运输、制造毒品的犯罪分子具有两个从重处罚的情节，即《刑法》第347条规定只是对《刑法》第29条规定的重申，而不是说在《刑法》第29条从重处罚的基础上再根据该规定从重处罚。

28. 贩卖毒品的行为人主动交代"上家"的，是否构成立功？

在毒品犯罪中，毒品来源是否查明不影响本罪的认定。单纯交代自己贩毒的事实是自首与坦白的要求，而所谓交代"上家"，实际上属于揭发"上家"贩卖毒品的犯罪事实，当然属于立功。

29. 《2008年纪要》规定，盗窃、抢夺、抢劫毒品的不计犯罪数额，根据情节轻重予以定罪量刑，以及盗窃、抢夺、抢劫毒品后又实施其他毒品犯罪的，对盗窃罪、抢夺罪、抢劫罪和所犯的具体毒品犯罪分别定罪，依法数罪并罚，有无问题？

除特殊盗窃外，成立盗窃罪的基本犯还是需要满足"数额较大"的要求，而盗窃毒品未必就达到加重犯"有其他严重情节"的要求，所以还是要计"数额"，只是可以将盗窃罪中的"数额较大"理解为包括"数量较大"，或者按照毒品的黑市价值计算数额。盗窃毒品后贩卖的，的确应当数罪并罚。但盗窃毒品后持有的，因为来源很清楚，所以不必在盗窃罪之外另定非法持有毒品罪。所以上述司法解释的规定不够严谨。

30. "不满"，是必须具备的客观构成要件要素吗？

"不满"不是为违法性、有责性提供根据的要素，属于表面的构成要件要素、分界的要素。其实条文只需规定"走私、贩卖、运输、制造鸦片一千克以上""二百克以上""少量毒品"就可以了。

31. 《刑法》第 347 条第 7 款关于多次实施的毒品数量累计计算的规定，是注意规定还是法律拟制？

理论界与实务界均认为，不管有没有累计计算数额的规定，都应该累计计算，所以把这种数量累计计算的规定看作是注意规定。其实细究起来，没有明文规定累计计算数额的也累计计算数额的做法也不是没有疑问。因为数额累计计算，实际上相当于将多个轻伤累计成重伤、多个重伤累计成死亡，所以，对于通过累计计算达到判处无期徒刑甚至死刑的数量标准的，还是应当特别慎重，正如只要不是以特别残忍手段致人重伤造成严重残疾的，对于多个重伤的，无论如何不能判处无期徒刑和死刑一样，因为同种数罪并罚至多也就 20 年。

32. 2016 年 4 月 6 日最高法《关于审理毒品犯罪案件适用法律若干问题的解释》规定，国家工作人员走私、贩卖、运输、制造毒品的，应当认定为"情节严重"，有无问题？应否要求国家工作人员利用职务上的便利实施？

只要国家工作人员没有利用职务上的便利实施，就没有因为国家工作人员的身份而增加违法性与有责性。国家工作人员其实也就是一个普通职业，法律没有明文规定国家工作人员实施的应当从重处罚，司法解释却越俎代庖进行规定的，违反了《刑法》第 4 条"对任何人犯罪，在适用法律上一律平等"的平等适用刑法的原则。

33. 2002 年 4 月 4 日最高法《全国法院审理毒品犯罪案件工作座谈会纪要》（现已失效）曾经规定，同时构成累犯和毒品再犯的，只适用毒品再犯条款，不再援引累犯条款，以及《2008 年纪要》关于同时引用累犯条款与毒品再犯条款的规定，这些规定有问题吗？

本来《刑法》第 356 条是鉴于毒品犯罪的严重性才作出毒品再犯从重处罚的规定的，如果同时符合累犯和毒品再犯的适用条件，不引用累犯条款仅适用毒品再犯规定，意味着对符合累犯条件的毒品犯罪人可以适用缓刑、假释，而对其他犯罪的累犯反而不能适用缓刑、假释，这显然有失公允。所以，对于符合累犯条件的，必须适用总则关于累犯的条款，而不再适用（引用）《刑法》第 356 条。

质言之，《刑法》第 356 条应仅适用于不符合累犯条件的毒品再犯。

34. 对于不满 18 周岁的人实施毒品犯罪的，能适用毒品再犯规定从重处罚吗？

本着对未成年教育挽救的刑事政策精神，对于不满 18 周岁的人，既不得适用累犯规定从重处罚，也不得适用再犯规定从重处罚。

第三十一节　非法持有毒品罪

第三百四十八条　**【非法持有毒品罪】**非法持有鸦片一千克以上、海洛因或者甲基苯丙胺五十克以上或者其他毒品数量大的，处七年以上有期徒刑或者无期徒刑，并处罚金；非法持有鸦片二百克以上不满一千克、海洛因或者甲基苯丙胺十克以上不满五十克或者其他毒品数量较大的，处三年以下有期徒刑、拘役或者管制，并处罚金；情节严重的，处三年以上七年以下有期徒刑，并处罚金。

疑难问题

1. 持有型犯罪的正当化根据是什么？

持有型犯罪的正当化根据在于，国家为了保护重大的公共利益，防止出现处罚漏洞，在无法查清来源和去向时，改变证明事项，降低证明难度，将行为人控制某种物品的状态评价为犯罪。一旦查明来源或者去向，就应当按照所查明的来源或者去向进行评价，而没有持有型犯罪适用的余地。持有型犯罪改变了证明事项，降低了证明难度，是对被告人不利的，所以不能无限扩大持有型犯罪的处罚范围，也不能对其配置过高的法定刑。从刑法规定的持有型犯罪来看，对象主要限于枪支，假币，毒品，伪造的发票，宣扬恐怖主义、极端主义的物品，国家绝密/机密文件、资料、物品，官员来源不明的巨额财产等。

2. 如何认定"持有毒品"？

所谓持有毒品，是指行为人对毒品的事实上的支配。具体而言：第一，持有具体表现为直接占有、携有、藏有或者以其他方法支配毒品。第二，持有不要求物理上的握有，不要求行为人时时刻刻将毒品握在手中、放在身上和装在口袋里，只要行为人认识到它的存在，能够对之进行管理或者支配，就是持有。第三，持有时并不要求行为人是毒品的"所有者""占有者"，即使属于他人"所有""占有"的毒品，但事实上置于行为人的支配之下的，行为人即持有毒品，行为人是否知道"所有者""占有者"，不影响持有的成立。第四，持有并不要求直接持有，即介入第三者时，也不影响持有的成立。例如，行为人认为自己管理毒品不安全，将毒品委托给第三者保管时，行为人与第三者均持有该毒品，第三者为直接持有，行为人为间接持有。第五，持有不要求单独持有，二人以上共同持有毒品的，也成立本罪；持有也不要求具有排他性，完全可以由二人以上重叠持有。第六，持有是一种持续性行为，只有当毒品在一定时间内由行为人支配时，才构成持有；至于时间的长短，则并不影响持有的成立，只是一种量刑情节，但如果时间过短，不足以说明行为人事实上支配毒品的，则不能认定是持有。例如，行为人突然发现自己口袋里有一包疑似毒品的物品（事实上也是毒品），便立即扔掉或者冲入下水道的，不成立非法持有毒品罪。

3. 非法持有毒品罪的法定刑是否偏重？

持有型犯罪的正当化根据并不在于持有某种物品本身对法益具有抽象性危险，而是通过行为人持有某种物品的事实推定某种物品的来源或者去向非法。质言之，持有型犯罪就是一种犯罪的推定。倘若能够查清来源或者去向，必须按照所查明的来源或者去向进行评价，而没有持有型犯罪适用的余地。既然是推定，就可能出错。例如，1997 年《刑法》规定巨额财产来源不明罪的法定最高刑为 5 年有期徒刑，后来《刑法修正案（七）》将其法定最高刑提高到了 10 年有期徒刑。即便如此，还是有学者认为巨额财产来源不明罪法定刑太轻，因为有的贪官被查出来的来源不明的巨额财产能达到数十亿，进而主张进一步提高该罪的法定刑到无期徒刑，甚至死刑。倘若对存在来源不明的巨额财产的官员"依法"判处了死刑，后来查明其来源不是犯罪所得，而是情人赠与，则人死不能复生，就没有纠错的机会了。所以，本书认为：持有型犯罪的法定刑以不高于 7 年有期徒刑为宜。

4. 非法持有毒品罪存在预备与未遂吗？

案 1：余某筹措资金汇款购买毒品，由他人送货，在毒品尚未交到其手上时即被抓获。法院认为，"余某筹借毒资购买毒品，在购买过程中已经实际控制和支配该毒品，使该毒品处于自己的支配范围之内，构成非法持有毒品罪"。

本案中，法院认定"在购买过程中已经实际控制和支配该毒品，使该毒品处于自己的支配范围之内"，明显不符合事实。持有毒品必须是行为人对毒品的事实上的支配。毒品还未交付到行为人手上，如何能认定其"已经实施控制和支配、使该毒品处于自己的支配范围之内"？被告人余某只是筹资汇款，充其量评价为非法持有毒品罪的预备，何谈未遂，甚至既遂？所以，本案中余某的行为不构成犯罪。

案2：甲给乙打电话要购买毒品，乙就安排丙携带毒品到某市一个宾馆里去。第二天，甲去了宾馆之后，就将1万元现金交给了丙，但是，乙要求甲把钱汇到某个账户上。于是，甲、丙二人准备到银行将1万元汇到指定的账户上，此时公安人员来到了宾馆，从丙的房间搜出了毒品。

本案中，乙的行为肯定构成贩卖毒品罪，只是既遂还是未遂的问题。丙把毒品送到宾馆的某个房间，也可以认定为贩卖、运输毒品。由于持有型犯罪既遂需要一定的持续性，故刚拿到毒品就被抓获的，只能认定为非法持有毒品罪的未遂。本案中，甲还没有拿到毒品，不成立非法持有毒品罪的未遂，充其量只是非法持有毒品罪的预备。

持有是一种持续性行为，只有当毒品在一定时间内由行为人支配时，才构成持有毒品。订购数量较大的毒品，但还没有接收毒品的，不管是否支付了对价，都不能认定为非法持有毒品罪的未遂犯与既遂犯，充其量只能认定为非法持有毒品罪的预备犯。刚收到毒品就被抓获的，可以认定为非法持有毒品罪的未遂犯。

5. 如何区分运输毒品罪与非法持有毒品罪？吸毒者与代购毒品者在运输过程中被查获，没有证据证明是为了实施贩卖毒品等其他犯罪，毒品数量达到较大以上的，以运输毒品罪定罪处罚的准司法解释规定，有无问题？

该规定出自《2015年纪要》。

案3：在长沙的甲与在成都的乙电话联系购买400克海洛因，并约定采用邮寄的方式，甲在领取邮包准备离开收发室时被抓获。一、二审法院认为，甲构成运输毒品罪，判处死刑。最高法复核后认为，甲构成非法持有毒品罪，改判无期徒刑。

本案中，不能证明甲的行为与走私、贩卖、制造毒品有关联，其实际上也没有"运输"，肯定不能认定为运输毒品罪。甲刚领取到邮包就被抓获，还没有形成持续性支配，充其量评价为非法持有毒品罪的未遂。最高法复核改变罪名是正确的。

案4：被告人甲在攀枝花用17 500元购买海洛因133丸（545克）后吞服，乘坐火车过程中被查获。法院认为，甲的行为符合运输毒品罪的构成要件，是否自吸，不影响运输毒品罪的构成。

本案中，只要不能查明被告人的行为与走私、贩卖、制造毒品有关联，就不能认定为运输毒品罪，只能认定为非法持有毒品罪。

运输毒品的行为也表现为非法持有毒品。持有包括携带行为，而携带行为便可能表现为运输。例如实践中行为人利用自己的身体、衣服等将毒品从一个地方运到另一个地方，一方面实施了运输行为，另一方面也表现为非法持有的行为。但在这种情况下，不能将转移毒品的行为均认定为运输毒品罪，因为运输毒品罪是与走私、贩卖、制造毒品罪并列规定并适用相同法定刑的，只有查明行为与走私、贩卖、制造毒品有关联，行为的法益侵害性才与走私、贩卖、制造毒品的相当，才能认定为运输毒品罪。例如，行为人在外地出差期间购买了数量较大的毒品带回老家，如果不能查明其是打算用于贩卖的，就只能认定为非法持有毒品罪；若是打算用于贩卖的，则应认定为运输毒品罪。

《2015年纪要》指出：吸毒者在运输毒品过程中被查获，没有证据证明其是为了实施贩卖毒品等其他犯罪，毒品数量达到较大以上的，以运输毒品罪定罪处罚；行为人为吸毒者代购毒品，在运输过程中被查获，没有证据证明托购者、代购者是为了实施贩卖毒品等其他犯罪，毒品数量达到较大以上的，对托购者、代购者以运输毒品罪的共犯论处。

很显然，上述规定存在问题。无论是吸毒者还是代购毒品者，即便是在"运输"过程中被查获，只要不能查明其与走私、贩卖、制造毒品犯罪有关联，即不是因为走私、贩卖、制造毒品而运输，就不能认定为运输毒品罪，只能认定为非法持有毒品罪。

6. 如何认定共同持有？

案 5：情形一：甲、乙、丙三个人都是吸毒人员，约在一起向同一人购买冰毒，甲购买了 6 克冰毒，乙和丙各自购买了 2 克冰毒，加在一起就是 10 克冰毒。10 克冰毒都是分袋装的，一共 10 袋，由甲一起拿着放在身上，开车回来的路上被警察抓获了。情形二：如果三人将自己购买的毒品各自放在身上，但坐在同一辆车上，是否因为总共持有 10 克毒品，而成立非法持有毒品罪的共犯呢？情形三：如果三个人将毒品放在一个袋子里，然后将袋子放在车上，这种情形是否成立非法持有毒品罪呢？情形四：如果三个人都上了车，每个人都将自己购买的毒品放在自己的身边，都没有放在自己的口袋或者包里，但又不是集中放在一起的，是否构成非法持有毒品罪？

对于第一种情形，由于数量刚刚达到非法持有毒品罪的立案标准——10 克，甲肯定成立非法持有毒品罪。乙和丙将自己购买的毒品交给甲持有，促进了甲成立非法持有毒品罪，形成了共同持有关系，所以乙、丙与甲成立非法持有毒品罪的共犯，共同对非法持有的 10 克冰毒负责，均成立非法持有毒品罪。

对于第二种情形，每个人都是通过自己的身体或者口袋等来控制或者支配毒品的，由于每个人支配的毒品数量都没有达到定罪标准，所以都不构成犯罪。

对于第三种情形，可以认为甲、乙、丙三个人共同支配着毒品，三个人成立非法持有毒品罪的共同正犯，都对 10 克冰毒的持有负责，都成立非法持有毒品罪。

第四种情形跟第二种情形相似，虽然各人表面上是将毒品放在车上，但由于是放在自己身边，还是可以评价为每个人自己支配着各自购买的毒品，而不是共同支配，所以，均不构成非法持有毒品罪。

案 6：法院以被告人二人共同租住酒店一室为由，认定室内的海洛因系二人共同持有。

本案中，虽然被告人二人共同租住酒店一室，也不能就此认为二人对毒品形成了共同持有关系。如不能查明是谁持有的，就只能按照事实存疑时有利于被告人的原则，宣告无罪。

持有是一种状态，虽然也存在共同持有，但不能简单地根据对空间具有支配权就得出共同持有的结论。在学生宿舍、公民住宅、酒店房间发现毒品的，如果不能查明是谁支配、控制毒品，就只能按照事实存疑时有利于被告人的原则，认定无人持有，而不能认为空间的支配者共同持有。例如，在宿舍公共区域、家里的客厅发现了一包毒品，只要不能查明是谁将毒品带进来的，就不能认定为宿舍和家里的所有人共同持有毒品。

7. 非法持有毒品罪是继续犯吗？如何处理追诉时效问题？持有型犯罪均为继续犯吗？

虽然理论通说认为持有型犯罪都是继续犯，但考虑到与相关状态犯、即成犯的时效处理相协调，应当将继续犯限定为能评价法益每时每刻都受到同等程度的侵害、能够持续性地肯定构成要件的符合性的人身犯罪，如非法拘禁罪、绑架罪、非法侵入住宅罪、危险驾驶罪。对于持有型犯罪，只能认为非法持有枪支、弹药罪是继续犯，因为持有枪支、弹药会对公共安全存在持续性抽象危险。而对于非法持有毒品罪，虽然理论上认为其是抽象危险犯，但其实是一种推定型犯罪，难以认为非法持有毒品能如非法持有枪支一样，存在持续性的抽象危险。而且，如果认为非法持有毒品罪是继续犯，会形成贩卖 1 吨海洛因 20 年之后不再追诉，而捡到一小包海洛因追诉时效始终不开始计算的悖论。所以，本书认为，非法持有毒品罪不是继续犯，而是状态犯，追诉时效应从持有之日起开始计算。

8. 如何认定非法持有毒品罪的自首？

非法持有毒品罪也存在自首。只要行为人主动交代自己还持有毒品，就能认定为非法持有毒品罪的自首。

9. 如何处理持有型犯罪的既判力问题？

理论上有观点认为，成立持有型犯罪是因为行为人拒不说明来源，所以认定非法持有毒品罪之后即便最终查明了来源和去向，甚至来源或者去向是合法的，也不能改判。本书认为，持有型犯罪是一种推定型犯罪，不是没有说明来源的不作为犯罪。如果最终查明了来源和去向，就应当撤销原判，以查明的来源或者去向进行评价。

10. 应否将吸毒者排除在本罪主体之外？对于吸毒者与非吸毒者，在入罪和量刑标准上应否区别对待？

理论界与实务界均认为，即便是吸毒者，持有一定数量的毒品的，也能构成非法持有毒品罪。可是，非法持有毒品罪本来就是在不能查明来源和去向时才认定的罪名。既然来源很清楚（购买不构成犯罪），去向很明白（吸毒不构成犯罪），为什么还要定罪呢？这恐怕有疑问。可以说，处罚吸毒者的非法持有毒品行为，其实是在变相处罚购买毒品的行为。本书认为：如果来源与去向很清楚，就只能根据来源和去向进行评价，而不能认定为非法持有毒品罪。即便认定为非法持有毒品罪，对于吸毒者与非吸毒者也应在定罪量刑标准上区别对待，即对吸毒者持有毒品的定罪量刑标准应相对高些。

11. 误将头痛粉当作毒品持有的，构成本罪未遂吗？

持有假毒品，不可能威胁公众健康，所以应是不能犯，而不是未遂犯。

12. 成立本罪，是否要求行为人明知是毒品？

非法持有毒品罪是故意犯罪，毒品又是客观要素，根据责任主义的要求，行为人主观上必须明知是毒品而持有的，才能成立非法持有毒品罪。

13. 明知是毒品而盗窃后持有的，如何处理？不知是毒品而盗窃后明知是毒品而持有的，又该如何处理？

明知是毒品而盗窃后持有的，由于来源很清楚，所以不能在盗窃罪之外，另外认定非法持有毒品罪。如果不知是毒品而盗窃后明知是毒品而持有的，也因为来源很清楚，只能根据来源定盗窃罪，而不能另外认定非法持有毒品罪。张明楷教授认为：盗窃、抢夺、抢劫毒品后，应当分别以盗窃罪、抢夺罪或者抢劫罪定罪，不另认定为非法持有毒品罪。行为人盗窃财物的同时盗窃了毒品后，非法持有毒品的，应当以盗窃罪与非法持有毒品罪实行并罚。[①]

本书认为：即便在盗窃财物的同时盗窃毒品后持有毒品的，也因为来源清楚，只能根据来源进行评价，即定盗窃罪。事实上，毒品也可以成为盗窃罪的对象，甚至也可以按照毒品在黑市上的价值计算盗窃数额（成立盗窃罪的基本犯时，必须计算数额）。换言之，盗窃毒品后持有的，并不同于不明知是枪支而盗窃后持有的，可以在盗窃罪之外认定成立非法持有枪支罪，因为事后持枪行为对公共安全存在持续性危险，而非法持有毒品罪，只有在来源去向不清楚时才有适用的余地。

14. 购毒者接收贩毒者通过物流寄递方式交付的毒品，以及代收者明知是物流寄递的毒品而代收的，如何处理？

只要不能证明其行为与走私、贩卖、制造毒品有关联，都不能认定为运输毒品罪，只能认定成立非法持有毒品罪。

15. 有关国家工作人员非法持有毒品的应当认定为"情节严重"的司法解释规定，有无问题？

该规定出自 2016 年 4 月 6 日最高检《关于审理毒品犯罪案件适用法律若干问题的解释》。只要刑法条文没有明文规定国家工作人员实施的应当从重处罚，司法解释都无权作出这种规定，否则就是违反罪刑法定和平等适用刑法的原则。

16. 认定"情节严重"，是否以达到规定数量标准为前提？

《刑法》第 348 条规定：非法持有毒品数量较大的，处 3 年以下有期徒刑、拘役或者管制，并处罚金；情节严重的，处 3 年以上 7 年以下有期徒刑，并处罚金。很显然，认定成立"情节严重"，必须是在数量达到较大基础上又具备其他严重情节。如果认为认定"情节严重"，不要求数量较大，条文就会表述为"数量较大或者有其他严重情节"。所以，数量没有达到较大的，不可能认定成立非法持有毒品罪的"情节严重"。

---

① 张明楷. 刑法学. 6 版. 北京：法律出版社，2021：1520.

第三十二节 容留他人吸毒罪

第三百五十四条 **【容留他人吸毒罪】**容留他人吸食、注射毒品的，处三年以下有期徒刑、拘役或者管制，并处罚金。

疑难问题

1. 本罪的立法目的是什么？

国家禁止吸毒，相应地禁止任何人为吸毒者提供场所，尤其是宾馆、酒吧、舞厅、饭店等公共营业性场所，不得为吸毒者提供吸毒的场所。这就是本罪的立法目的。

2. 应否对本罪的适用进行目的性限缩？

按照共犯的从属性的原理，成立共犯的前提是正犯必须实施了符合构成要件的不法行为。但在我国，吸毒行为只是一般违法行为，不是犯罪。正如自杀不是犯罪，要处罚教唆、帮助自杀的行为，必须有刑法的明文规定。当然，我们可以将容留吸毒罪理解为共犯的正犯化。但是，毕竟吸毒只是一般违法行为，将帮助一般违法行为的行为评价为犯罪还是缺乏实质的合理性。所以本书主张对容留吸毒罪的场所进行限制解释，应仅限于宾馆、酒吧、舞厅、茶室、饭店等大型的公共娱乐消遣性场所，不应包括私人住宅、办公室、会议室、出租车、火车、汽车、轮船、飞机等公共交通工具。客人在私人住宅吸毒，主人不予制止的，不宜认定为犯罪。出租车司机不阻止乘客在车上吸毒的，不构成犯罪。房东不阻止房客在出租屋内吸毒的，也不构成犯罪。

3. 何谓"容留"？本罪是作为犯还是不作为犯？

案1：酒吧里张贴了"禁止吸毒"的标语，客人到酒吧房间后，服务员甲为客人提供相应的服务。在客人吸毒时，服务员甲放任不管，任由客人在房间吸毒。

本案中，如果甲是酒吧特定房间的固定服务员，酒吧的管理者也要求服务员禁止他人在房间吸毒的，则服务员还是可能构成容留吸毒罪的。

容留，是指允许他人在自己管理的场所吸食、注射毒品或者为他人吸食、注射毒品提供场所的行为。容留是一种作为，就是行为人将自己事先已经支配的场所提供给他人吸毒。所谓容许他人在自己支配的场所吸毒，就是将自己支配的场所提供给他人吸毒。不能认为，因为行为人支配了场所，所以行为人产生了作为义务。

4. 吸毒者唆使他人为自己提供吸毒场所的，成立本罪的教唆犯吗？

在我国吸毒不构成犯罪，容留吸毒罪规制的是为他人吸毒提供场所的行为。而之所以禁止为他人提供吸毒的场所，说到底还是因为要保护包括吸毒者在内的公众健康。也就是说，吸毒者实际上是法律保护的对象，所以根据片面对向犯原理，不应将吸毒者唆使他人为自己提供吸毒场所的行为，评价为容留吸毒罪的教唆犯。

5. 司法实践中对于行为人将身份证借给吸毒者，由吸毒者在宾馆开房后在房间吸毒的，认定构成容留吸毒罪，有疑问吗？

案 2：甲想在宾馆开房间吸毒，但又不想暴露自己，就跟乙商量借乙的身份证开房间吸毒，乙同意，于是甲用乙的身份证登记房间并吸毒。

本案中，乙并没有将自己事实上支配的场所提供给他人吸毒，不能认定成立容留吸毒罪。

应该认为，行为人将身份证借给吸毒者，由吸毒者在宾馆开房后在房间吸毒的，不成立容留吸毒罪，因为身份证并不等于宾馆房间，利用身份证支配宾馆房间还需要一定的程序和对价。按照社会的一般观念，不能认为用谁的身份证订了房间谁就支配了房间，开房间并拿着房卡的人，才是支配房间的人。所以，不能将提供身份证的行为直接评价为提供场所的行为。司法实践中将这种情形认定为犯罪，是错误的。

6. 一次容留多人吸毒的，是一罪还是数罪？

一次容留多人吸毒的，由于只有一个提供场所的行为，所以只能成立一罪。

7. 不制止共同居住者吸毒的，构成容留他人吸毒罪吗？

因为共同居住者都对房屋存在支配权，每个人都没有对房屋形成排他性支配，所以不制止同住者吸毒的，不构成犯罪。

第三十三节　组织卖淫罪

第三百五十八条　【组织卖淫罪】【强迫卖淫罪】组织、强迫他人卖淫的，处五年以上十年以下有期徒刑，并处罚金；情节严重的，处十年以上有期徒刑或者无期徒刑，并处罚金或者没收财产。

组织、强迫未成年人卖淫的，依照前款的规定从重处罚。

犯前两款罪，并有杀害、伤害、强奸、绑架等犯罪行为的，依照数罪并罚的规定处罚。

【协助组织卖淫罪】 为组织卖淫的人招募、运送人员或者有其他协助组织他人卖淫行为的，处五年以下有期徒刑，并处罚金；情节严重的，处五年以上十年以下有期徒刑，并处罚金。

疑难问题

1. 何谓"组织"卖淫？

所谓组织，是指以招募、雇佣、强迫、引诱、容留等手段，控制他人从事卖淫活动的行为。组织卖淫一般表现为两种情形：一是设置卖淫场所或者变相卖淫场所，控制卖淫者，招揽嫖娼者，俗称"开妓院"；二是没有固定的卖淫场所，通过控制卖淫人员，有组织地进行卖淫活动。组织的核心在于控制。所谓控制卖淫人员，是指通过对卖淫人员施加物理的或者心理的影响，进而左右卖淫人员的意志，使其难以摆脱行为人的影响。

2. 何谓组织"卖淫"？组织卖淫罪中的"卖淫"与《治安管理处罚法》中的"卖淫"的含义、范围一致吗？

组织卖淫罪中的"卖淫"，是指以营利为目的，满足不特定对方（不限于异性）的性欲的行为，包括与不特定的对方性交和实施类似性交的行为（口交、肛交之类性进入行为）。组织男性向男性实施肛交、口交，组织男性向女性实施性交、口交、肛交的，都成立本罪。但组织女性向女性实施所谓性交、口交、肛交等性进入行为，可能只是理论上可行，实际上很难实施。至于组织女性跟女性接吻或者互用物理阳具插入对方口腔、肛门、阴道等，可能还不值得以犯罪论处。

组织卖淫罪中的"卖淫"不同于《治安管理处罚法》中的"卖淫"。2001年2月28日公安部《关于对同性之间以钱财为媒介的性行为定性处理问题的批复》指出，根据《治安管理处罚条例》（现为《治安管理处罚法》）和全国人大常委会《关于严禁卖淫嫖娼的决定》的规定，不特定的异性之间或者同性之间以金钱、财物为媒介发生不正当性关系的行为，包括口淫、手淫、鸡奸等行为，都属于卖淫嫖娼行为，对行为人应当依法处理。

可见，刑法上的"卖淫"范围窄于《治安管理处罚法》中的"卖淫"的范围，仅限于性交、口交、肛交行为，不包括单纯为异性或者同性手淫和女性单纯用乳房摩擦男性生殖器（俗称"打飞机"）的行为。

3. 与特定的人发生性关系并有金钱给付的情形，属于"卖淫"吗？

卖淫的对象必须是不特定的。与特定的人发生性关系并有金钱给付的，不属于卖淫嫖娼。

4. 组织他人被特定人"包养"的，成立组织卖淫罪吗？

组织他人被特定人"包养"的，不应认定为组织卖淫罪。

5. 组织卖淫罪的既遂标准是什么？

只有被组织者实际实施了卖淫行为的，才能成立组织卖淫罪的既遂。

6. 成立组织卖淫罪，要求以营利为目的吗？

虽然卖淫以营利为目的，组织卖淫通常也以营利为目的，但《刑法》条文并未将营利目的规定为本罪的构成要件要素，所以，不应要求成立组织卖淫罪必须要以营利为目的。

7. 被组织的他人成立共犯吗？

组织他人卖淫可谓片面对向犯，被组织者虽然不能被认为是被害人和缺乏期待可能性，但从刑法仅规制组织卖淫行为来看，不宜将被组织者纳入处罚的范畴，包括共犯。

8. 如何处理协助组织卖淫罪与组织卖淫罪的关系？

简单地讲，除教唆犯之外，对组织卖淫罪的从犯均应认定为协助组织卖淫罪。也就说，组织卖淫罪只有正犯（包括共同正犯）和教唆犯之分，不存在正犯与帮助犯之分，因为对组织卖淫的帮助犯均应按协助组织卖淫罪论处。不过，组织卖淫罪的教唆犯不同于协助组织卖淫罪的教唆犯。

第三十四节　制作、复制、出版、贩卖、传播淫秽物品牟利罪

第三百六十三条（第 1 款）　**【制作、复制、出版、贩卖、传播淫秽物品牟**

利罪】以牟利为目的，制作、复制、出版、贩卖、传播淫秽物品的，处三年以下有期徒刑、拘役或者管制，并处罚金；情节严重的，处三年以上十年以下有期徒刑，并处罚金；情节特别严重的，处十年以上有期徒刑或者无期徒刑，并处罚金或者没收财产。

疑难问题

1. 本罪的法益是什么？

本罪的法益是所谓健全的性行为秩序，而这个秩序的一个重要内容是性行为的非公开化。传播淫秽物品的行为采公开淫秽物品的方式，违反性行为非公开化的原则，进而侵害了健全的性行为秩序。

2. 如何认定本罪的实行行为或者行为类型？五种行为类型的法益侵害性或者危险性相同吗？制作、复制是本罪的实行行为吗？

一般认为本罪规定了五个实行行为或者说五种行为类型。所谓制作，是指生产、录制、编写、绘画、印刷等创造、产生、形成淫秽物品的行为。所谓复制，是指通过翻印、翻拍、复印、转录等方式将原已存在的淫秽物品制作成一份或多份的行为，但从网络上下载淫秽物品后存入电脑的行为，不属于复制。复制也可谓制作。所谓出版，是指将淫秽作品编辑加工后，经过复制向公众发行的行为。所谓贩卖，是指有偿转让淫秽物品。其中的"转让"，既包括将淫秽物品的载体（有体物）转让给他人的行为，也包括有偿使他人观看、收听淫秽物品的行为。所谓传播，是指通过播放、陈列、在互联网上建立淫秽网站、网页等方式使淫秽物品让不特定人或者多数人感知以及通过出借、赠送等方式散布、流传淫秽物品。传播的方式形形色色，但其实质都是让不特定人或者多数人可以感知到（看到、听到）淫秽物品。其实，出版、贩卖也可谓传播。

由于淫秽物品本身不像枪支、弹药那样具有危险性，也不像毒品那样严重危害社会，所以，从立法论上讲，只需要规定传播一种实行行为就可以了。制作和复制淫秽物品的行为，充其量是传播淫秽物品的预备行为，根本不值得对其科处刑罚。甚至可以认为，制作、复制根本就不是本罪的实行行为，正如生产行为不是《刑法》第140、142、146、147、148条生产、销售伪劣产品罪，生产、销售、提供劣药罪，生产、销售不符合安全标准的产品罪，生产、销售伪劣农药、兽药、化肥、种子罪，生产、销售不符合卫生标准的化妆品罪的实行行为一样。在我国，只有重大犯罪的预备才受处罚，如故意杀人罪、放火罪、强奸罪、伪造货币罪、制造枪支罪、制造毒品罪的预备。所以，如果不能证明行为人制作、复制淫秽物品是为了出版、贩卖、传播，或者说行为人制作、复制淫秽物品的行为与出版、贩卖、传播淫秽物品行为有关联，就不应作为犯罪处理。即使将单纯制作、复制淫秽物品的行为作为犯罪处理，也因为其对法益只具有抽象性危险，而应在定罪量刑标准的掌握上显著高于出版、贩卖、传播淫秽物品的行为。

3. 制作、复制、出版、贩卖、传播淫秽物品牟利罪是所谓选择性罪名吗？制作淫秽音像制品、出版淫秽图书的，是应成立一罪还是应数罪并罚？

虽然理论界与实务界均认为本罪是所谓选择性罪名，但不能认为针对选择性罪名一定不能实行数罪并罚。司法解释只是规定各种淫秽物品的定罪量刑标准，但没有规定如何折算。假定行为人贩卖、传播的每一种淫秽物品的数量都达到了认定"情节严重"所需要的数量，如果不折算为其中一种淫秽物品，就只能以同种数罪并罚，而最重判处 20 年有期徒刑。行为人既制作淫秽音像制品，又出版淫秽图书的，是可以数罪并罚的。

4. 本罪是所谓的片面对向犯吗？不处罚片面对向犯的根据是什么？

本罪是典型的片面对向犯，仅处罚贩卖淫秽物品的行为，不处罚购买淫秽物品的行为。关于不处罚片面对向犯的根据，有所谓立法者意思说和实质说。但对于购买淫秽物品而言，何谓超过定型的最小限度的参与难以把握，也难以认为购买淫秽物品的人是被害人，还很难认为购买淫秽物品的行为缺乏期待可能性。之所以不处罚购买淫秽物品的行为，是因为行为人购买淫秽物品是为了自己观赏，不是用于扩散，不具有实质的违法性。

5. 制作、复制、出版之间如何区分？

可以将制作、复制看作出版的预备行为。出版其实就是传播。

6. 贩卖与传播如何区分？

贩卖其实也是传播，根本无须区分二者。二者的实质就是散布、扩散，让不特定人或者多数人可以感知到（看到、听到）淫秽物品。

7. 淫秽物品的内容是什么？淫秽物品的实质属性是什么？

淫秽物品的内容是，淫亵性地具体描绘性行为或露骨宣扬色情淫荡形象。淫秽物品的实质属性是，无端挑起人们的性欲和损害普通人的正常的性行为观念。

8. 认为淫秽电子信息和淫秽语音信息属于淫秽物品的司法解释规定，是否属于类推解释？

该规定出自 2004 年 9 月 3 日"两高"《关于办理利用互联网、移动通讯终端、声讯台制作、复制、出版、贩卖、传播淫秽电子信息刑事案件具体应用法律若干问题的解释（一）》。

例如：甲和乙领证后，甲在婚礼上播放了乙和乙的姐夫偷情的视频。原来甲早就知道乙背叛自己了，他之所以和乙领证，还和乙办婚礼，就是为了在婚礼上公布这件事，让乙蒙羞。

本案中，甲在婚礼上播放的是作为电子信息的淫秽视频。司法实践中都会将其作为淫秽物品对待，认定甲构成传播淫秽物品罪。

司法解释将淫秽电子信息和淫秽语音信息都认定为淫秽物品。虽然国外如日本、德国，也处罚传播淫秽电子信息的行为，但其一般都是通过修改法条，使淫秽电磁记录成为淫秽犯罪的对象。我国《刑法》第 363 条规定的是淫秽物品，而司法解释认为淫秽电子信息和淫秽语音信息属于淫秽物品，不得不说是不当的类推解释，应当通过修改刑法来解决这一问题。

9. 如何界分淫秽物品与科学艺术作品？

界分淫秽物品与科学艺术作品，应当坚持三个原则：一是整体性原则，二是客观性原则，三是关联性原则。如果一部作品中既有淫秽性的描写，又有科学艺术价值，判断它是不是淫秽物品，就要看性的描写是否露骨、详细，采取的是怎样的描写方法，在作品中的比重是不是表现作品的思想、艺术所必需，以及是不是能被作品的科学性、艺术性、思想性所缓和与淡化。

10. 本罪可以由不作为构成吗？

虽然理论上认为，凡是可以由作为构成的犯罪都可以由不作为构成，但只有不作为与作为具有等价性，而且是侵害重大法益的犯罪时，才宜处罚不真正不作为犯。很难认为具有消除淫秽物品的义务的人的不消除淫秽物品的不作为与作为的贩卖、传播行为具有等价性，而且难以认为贩卖、传播淫秽物品犯罪是侵害重大法益的犯罪。所以，本书认为不宜处罚不作为的传播淫秽物品的行为。

11. "深圳快播案"判决，有无问题？

快播公司免费提供相应程序，使用户均可发布包括淫秽视频在内的视频资源。具体方法是，"站长"选择要发布的视频文件，使用资源服务器程序生成链接，将链接放到网站上，即可通过快播公司中心调度服务器与点播用户分享该视频。为提高热点视频下载速度，快播公司还通过缓存调度服务器指令处于适当位置的缓存服务器抓取、存储热点视频。当用户再次点播该视频时，系统可自动从缓存服务器调取该视频。缓存服务器方便、加速了淫秽视频的下载、传播。法院判定构成传播淫秽物品牟利罪。

对于本案，张明楷教授支持法院的有罪判决，认为快播公司提供缓存服务，相当于展览厅的管理者，其行为至少属于陈列淫秽物品，而陈列本身就是传播淫秽物品的正犯行为。[①]

本书认为：将"拉拽"、缓存淫秽视频文件（事先根据视频文件的点击频次设定"拉拽"、缓存的标准）的行为，看作"陈列"淫秽物品的传播行为，明显混淆了虚拟空间的网络平台提供与现实空间的展览厅提供。现实空间的展览厅管理者对所展览的图片具有绝对的控制权。而网络空间的提供者，尤其是缓存服务提供者，对于所缓存的文件是否属于淫秽视频难以控制和识别，因为点击频次高未必就是淫秽视频文件，点击频次低也未必不是淫秽视频文件，而且缓存服务提供者不能控制、决定他人是否观看、谁可以观看，除非关闭整个网络空间。"深圳快播案"判决也承认，缓存服务器介入视频传播中，快播公司在主观上并没有对视频内容进行选择，而只是根据视频热度提供加速服务。质言之，快播所做的仅仅是对于高点击率文件做一个热度的编排，这一行为甚至并不需要通过人为的操作，仅需简单程序便可完成，而且也是播放行业内的通常做法。或许有人认为，既然知道缓存的对象可能包括淫秽视频文件，不实施"拉拽"、缓存，不就可以避免淫秽视频传播了吗？可是，"拉拽"、缓存视频文件的目的，仅在于提高传输的效率，使视频文件更为流畅地播放而已。正如不能因为有人用录像机播放淫秽录像带就禁止出售录像机，有人购买菜刀用于杀人就禁止出售菜刀一样，毕竟"拉拽"、缓存视频文件的行为还是有其积极功能的。所以说，不能将快播公司"拉拽"、缓存淫秽视频的行为，看作一种"作为"形式的传播。

快播公司既不存在可以评价犯罪的作为，也不存在与作为具有等价性的不作为；播放、缓存行为属于法律责任豁免的技术中立行为和不可罚的中立帮助行为；"深圳快播案"中关键证据缺失，已有电子证据存在鉴真缺陷；以有违罪刑

---

① 张明楷. 刑法的私塾：之二. 北京：北京大学出版社，2017：885.

法定原则的"共犯正犯化"解释为判决依据,存在明显的法律适用错误。因此,本书认为,应宣告快播公司及其主管人员的行为无罪。

12. 以牟利、传播为目的从境外走私淫秽物品后在境内贩卖、传播的,是定一罪还是数罪并罚?

张明楷教授虽然认为,这种情形存在两个行为,侵犯了两个不同的法益,但还是认为存在类型化的手段行为与目的行为的牵连关系,宜认定为牵连犯,从一重处罚。[①] 本书认为,既然这种情形存在两个行为,又侵犯了不同的法益,就没有理由不实行数罪并罚。

[①] 张明楷.刑法学.6版.北京:法律出版社,2021:1542.

第六章　贪污贿赂渎职罪

第一节　贪污罪

第三百八十二条　【贪污罪】国家工作人员利用职务上的便利，侵吞、窃取、骗取或者以其他手段非法占有公共财物的，是贪污罪。

受国家机关、国有公司、企业、事业单位、人民团体委托管理、经营国有财产的人员，利用职务上的便利，侵吞、窃取、骗取或者以其他手段非法占有国有财物的，以贪污论。

与前两款所列人员勾结，伙同贪污的，以共犯论处。

第三百八十三条　【贪污罪的处罚规定】对犯贪污罪的，根据情节轻重，分别依照下列规定处罚：

（一）贪污数额较大或者有其他较重情节的，处三年以下有期徒刑或者拘役，并处罚金。

（二）贪污数额巨大或者有其他严重情节的，处三年以上十年以下有期徒刑，并处罚金或者没收财产。

（三）贪污数额特别巨大或者有其他特别严重情节的，处十年以上有期徒刑或者无期徒刑，并处罚金或者没收财产；数额特别巨大，并使国家和人民利益遭受特别重大损失的，处无期徒刑或者死刑，并处没收财产。

对多次贪污未经处理的，按照累计贪污数额处罚。

犯第一款罪，在提起公诉前如实供述自己罪行、真诚悔罪、积极退赃，避免、减少损害结果的发生，有第一项规定情形的，可以从轻、减轻或者免除处罚；有第二项、第三项规定情形的，可以从轻处罚。

犯第一款罪，有第三项规定情形被判处死刑缓期执行的，人民法院根据犯罪情节等情况可以同时决定在其死刑缓期执行二年期满依法减为无期徒刑后，终身监禁，不得减刑、假释。

第三百九十四条 **【贪污罪】**国家工作人员在国内公务活动或者对外交往中接受礼物，依照国家规定应当交公而不交公，数额较大的，依照本法第三百八十二条、第三百八十三条的规定定罪处罚。

疑难问题

1. 贪污罪与受贿罪所保护的法益是什么？二者的罪质相同吗？

在 1979 年《刑法》中，贪污罪属于侵犯财产罪，贿赂罪属于渎职罪。由于贪污贿赂犯罪具有严重的法益侵害性，在 1997 年全面修订刑法典时，为了突出对贪污贿赂犯罪的处罚，将贪污犯罪与贿赂犯罪合并为一章进行规定。但即便如此，还是应当认为，贪污罪侵犯的主要法益还是财产，其次才是所谓职务行为的廉洁性，或者说我国的贪污罪可谓公务侵占（相对于委托物侵占、业务侵占而言）。而受贿罪是侵害职务行为的不可收买性的犯罪，是亵渎职务的犯罪，是典型的侵害国家法益的犯罪。贪污罪有被害人，所贪污的财物需要追缴后返还被害单位。而受贿罪没有被害人（索取贿赂的，同时构成敲诈勒索罪，此罪存在被害人），所收受的贿赂需要追缴后上缴国库。所以，二者的罪质可以说存在本质的不同，不能将贿赂犯罪作为财产犯罪进行理解和认定。

2. 所谓"积极退赃"，对于贪污罪与受贿罪量刑评价的意义相同吗？

贪污罪与受贿罪的罪质存在根本不同。理论界早已达成共识：由于贪污罪与受贿罪的罪质不同，理应设置不同的定罪量刑条件，单设处罚条款，而不是像现在这样共用一个处罚条款。即便现在这样共用一个处罚条款，也应认识到：贪污罪是侵犯财产的犯罪，"积极退赃"意味着积极挽回损失，降低违法程度，所以应当从宽处罚。但受贿罪不是侵犯财产的犯罪，而是亵渎职务、侵害职务行为的不可收买性的犯罪。一旦受贿，就侵害了法益，即便事后积极退赃，也不能降低其违法程度，只是表明行为人具有悔过之心和特殊预防必要性减少。所以，实践中就有关积极退赃情节，对贪污罪和受贿罪在量刑上作出同样的评价，是错误的。

3. 国家工作人员的本质是什么？是应坚持"身份论"还是"职责论"？

《刑法》第 93 条规定：国家工作人员是指国家机关中从事公务的人员。国有公司、企业、事业单位、人民团体中从事公务的人员和国家机关、国有公司、企业、事业单位委派到非国有公司、企业、事业单位、社会团体从事公务的人员，以及其他依照法律从事公务的人员，以国家工作人员论。

理论界与实务界普遍认为，"从事公务"是国家工作人员主体的本质特征。但何谓"从事公务"，理论界与实务界存在一定争议，例如认为：（1）是指依法履行职责的职务行为以及其他办理国家事务的行为；（2）是指依法进行的管理国家、社会或集体事务的职能活动；（3）是指在各级机关、国有公司、企业、事业单位、人民团体等单位中履行组织、领导、监督、管理等职责；等等。2003 年 11 月 13 日最高法《全国法院审理经济犯罪案件工作座谈会纪要》（以下简称《2003 年纪要》）指出，"从事公务，是指代表国家机关、国有公司、企业、事业单位、人民团体等履行组织、领导、监督、管理等职责。公务主要表现为与职权相联系的公共事务以及监督、管理国有财产的职务活动。如国家机关工作人员依法履行职责，国有公司的董事、经理、监事、会计、出纳人员等管理、监督国有财产等活动，属于从事公务。那些不具备职权内容的劳务活动、技术服务工作，如售货员、售票员等所从事的工作，一般不认为是公务"。

可见，无论是在理论上还是在实务中，有关公务的"关键词"无非是"组织""领导""监督""管理"，而且在对公务以及国家工作人员内涵的把握上，都强调"职权性"或者"管理性"。

在我国，国家工作人员范围非常广泛，不仅包括国家机关工作人员，还包括大量"以国家工作人员论"的准国家工作人员。应该说，所谓从事公务，就是指从事公共性事务、提供公共性服务、履行公共性职能。可以认为，只要是为了公共利益以公权力为依托而进行的管理和服务活动，都应被当作公务看待；所有与公共职能、公共服务有关的活动，也都应被当作公务活动予以认定。

关于国家工作人员，有从"身份论"到"公务论"的转变过程。以前实务中司法工作人员在认定贪污贿赂犯罪的主体时，总是在行为人有没有填写过国家人事部门制定的所谓干部履历表，是否属于国家干部编制，系干部还是合同制工人，是长期聘用的正式职工还是临时工等问题上纠缠不休。这被学者形象地称为"身份论""血统论"，即注重对行为人本身是否具有干部身份的资格判断。后来，"两高"在有关合同制民警、属于工人编制的乡镇工商所所长、企事业单位公安机构工作人员、狱医等一系列的司法解释文件中均指出，不管行为人是否具有干部身份或者编制，只要实际在依法执行公务、履行国家机关工作人员职责，就应被认定为国家机关工作人员。这被学者称为"公务论""职责论"。可见，关于国家工作人员的认定，我国司法实务中有从形式到实质、从"身份论"向"公务论"转变的过程。

既然公认国家工作人员的本质特征在于从事公务，那么不管行为人原来是什么身份，只要实际从事的是公务，就应认定为国家工作人员，故"公务论"具有合理性。

4. 贪污罪中"从事公务"的本质是什么？应否区分所谓公务与劳务？

贪污罪是侵犯公共财物的犯罪，其中"从事公务"的本质，是对公共财物的管理和支配。

公务是与私务（私人事务）相对应的概念，而非与劳务相对应。从本来意义上讲，公务也是一种劳务，所有国家工作人员都是在从事劳务，都是在以某种劳动的形式为社会提供服务的劳动者。质言之，单从行为人所从事的是公务还是劳务的角度，区分其行为是构成贪污罪还是其他犯罪，是不正确的，还必须结合行为人是否利用了职务上的便利，即行为人是否拥有并且利用了自己职务上主管、管理公共财物的职务或方便条件。因此，国有单位售货员、售票员等所从事的工作，通常包括对公款、公物的管理，这种管理公共财物的行为也应当是一种从事公务的行为。国有单位售货员、售票员等利用职务上的便利将公款、公物非法占为己有的，与通常的侵占罪、盗窃罪、诈骗罪还是不同的，应当以贪污罪定罪处罚。

5. 《刑法》第382条第2款是注意规定还是法律拟制？这类人员收受贿赂、挪用国有资金的，是成立受贿罪、挪用公款罪，还是非国家工作人员受贿罪、挪用资金罪？

刑法理论通说和实务中基本上都将该款看作是特殊规定或者说法律拟制，即受委托管理、经营国有财产的人员不是国家工作人员，其侵占国有财产的行为原本不构成贪污罪，因为该款的特殊规定才以贪污罪论。因此，这类人挪用国有资金的，不能成立挪用公款罪，而是成立挪用资金罪；这类人收受贿赂的，不能成立受贿罪，而是成立非国家工作人员受贿罪。

法律拟制说其实是传统的"身份论""血统论"的观点，但按照"公务论""职责论"，就必须承认，既然是受委托管理、经营国有财产，其所从事的就是公务，其就是国家工作人员，其利用管理、经营国有财产的便利将国有财产据为己有的，本来就成立贪污罪，所以，该款规定是注意规定。由此可以认为，这类人员挪用受委托管理、经营的国有资金的，应成立挪用公款罪，而不是挪用资金罪；这类人员在管理、经营国有财产的过程中，利用职务上的便利收受贿赂的，应该成立受贿罪，而不是非国家工作人员受贿罪。

本书主张注意规定说，认为这类人员挪用国有资金、收受贿赂的，应成立挪用公款罪、受贿罪，而不是挪用资金罪、非国家工作人员受贿罪。

6. 有司法解释规定"经国家出资企业中负有管理、监督国有资产职责的组织批准或者研究决定，代表其在国有控股、参股公司及其分支机构中从事组织、领导、监督、经营、管理工作的人员，应当认定为国家工作人员"，当这一规定适用于国有控股公司、国有参股公司时，如何认定国家工作人员？

应该说，该规定的依据是《刑法》第93条第2款关于"国家机关、国有公司、企业、事业单位委派到非国有公司、企业、事业单位、社会团体从事公务的人员……以国家工作人员论"的规定。但《刑法》第93条第2款中的"国有公司、企业"应限于国有独资公司、企业，而不应包括国有控制公司、国有参股公司。不过，上述司法解释即2010年11月26日"两高"《关于办理国家出资企业中职务犯罪案件具体应用法律若干问题的意见》指出，本意见所称"国家出资企业"，包括国家出资的国有独资公司、国有独资企业，以及国有资本控股公司、国有资本参股公司。问题是，国有控股、参股公司中的什么组织是负有管理、监督国有资产职责的组织？可能的回答是，国有资产监督管理机构、国有公司内部以及上级的党委、党政联席会。但国有控股、参股公司属于非公有制经济组织，其内部的党委只负责贯彻党的路线、方针、政策，不负责公司的经营管理，不是行政组织。所谓党政联席会，只是党的组织与行政组织联合举行的会议，也不是"组织"。在国家或者国有企业等国有单位出资后，按照公司法的规定，资产属于公司，国有单位不再享有公司财产，只是持有公司股份。既然如此，国有控股、参股公司中怎么会有"负责管理、监督国有资产职责的组织"？倘若其中的国有资产就是股份，在股份已经登记在其名下的情况下，国有出资者只能作为股东享有权利，不存在管理、监督国有资产的问题。例如，国家持有某股份制银行60％的股份，该股份制银行可谓国有控股公司。此时，该银行对其全部资产享有所有权，在该银行的各级领导者、管理者中，没有人可以代表国有投资单位负有管理、监督国有资产的职责。

所以，上述司法解释规定明显不当扩大了国家工作人员的范围。只有国家机关、国有独资公司、企业、事业单位可以通过正式委派的方式，参与到国有控股、参股（作为创始股东、发起人，不包括作为"散户"）公司的经营管理，履行国有资产保值增值的职责，从事公务的，属于国家工作人员。质言之，国有控股、参股公司无权通过委派人员到非国有公司、企业、事业单位、社会团体从事

"公务"的方式，使被委派人员取得国家工作人员的身份。

7. 如何理解《刑法》第 382 条第 3 款关于"伙同贪污的，以共犯论处"的规定？

理论上认为该规定是注意规定，即只要符合共同犯罪的成立条件，即使没有这种规定，也应以共犯论处。例如，虽然现行《刑法》没有规定"伙同受贿的，以共犯论处"，但是只要符合共犯的成立条件，如官员的家属伙同官员收受贿赂的，无疑成立受贿罪的共犯。本来 1988 年 1 月 21 日全国人民代表大会常务委员会《关于惩治贪污罪贿赂罪的补充规定》中同时规定了"伙同贪污的，以共犯论处"和"伙同受贿的，以共犯论处"，但 1997 年全面修订《刑法》时仅保留了"伙同贪污的，以共犯论处"，而没有强调"伙同受贿的，以共犯论处"，就导致有学者认为，因为《刑法》中没有"伙同受贿的，以共犯论处"的规定，所以伙同受贿的，如官员家属伙同官员受贿的，就不能再成立受贿罪共犯，不能处罚国家工作人员的家属（当时没有利用影响力受贿罪）。很显然，持这种观点的学者是把"伙同贪污的，以共犯论处"看作特殊规定或者法律拟制了。这种理解显然是错误的。不管有没有这种规定，只要符合《刑法》总则规定的共同犯罪的成立条件，都应以共同犯罪论处。不能说，《刑法》没有规定"伙同刑讯逼供的，以共犯论处"，对于非司法工作人员就不能以刑讯逼供罪共犯论处；《刑法》没有规定"伙同强奸的，以共犯论处"，妇女就不能成立强奸罪的共犯；等等。

有观点认为，伙同贪污的，只能以贪污罪的共犯论处。这可能存在问题。只要不固守罪名的从属性，即便成立共犯，也有分别定罪的可能性。例如，非国有公司、企业的工作人员伙同被委派到非国有公司、企业从事公务的人员贪污的，虽然成立共犯，但完全可能分别以职务侵占罪和贪污罪定罪处罚。所以说，从《刑法》第 382 条第 3 款关于"伙同贪污的，以共犯论处"的规定，得不出"伙同贪污的，一定以贪污罪共犯论处"的结论。

8. 如何处理所谓公司、企业或者其他单位的人员与国家工作人员共同非法占有本单位财物案件的定性问题？司法解释所持的"主犯决定说"立场，有无问题？

这属于共犯与身份问题。理论上有所谓"实行犯决定说""为主职权说""分别定罪说""主犯决定说""想象竞合说"等各种学说。我国司法实务中一直秉持"主犯决定说"。例如，《2003 年纪要》指出：对于在公司、企业或者其他单位中，非国家工作人员与国家工作人员勾结，分别利用各自的职务便利，共同将本单位财物非法占有的，应当尽量区分主从犯，依照主犯的犯罪性质定罪。司法实践中，如果根据案件的实际情况，各共同犯罪人在共同犯罪中的地位、作用相当，难以区分主从犯的，可以贪污罪定罪处罚。

"主犯决定说"显然存在问题，因为主从犯是在定罪之后量刑阶段要解决的问题，"主犯决定说"颠倒了定罪与量刑的顺序；而且认为难以区分主从犯的，可以贪污罪定罪处罚，意味着公司人员"很拼"时，成立法定刑相对较低的职务侵占罪，不够"努力"时，或者与国家工作人员"半斤八两"时，则成立法定刑相对较重的贪污罪。这显然有悖刑法的公平正义性。

张明楷教授也批评实务中所持的"主犯决定说"，认为：公司、企业或者其他单位的人员与国家工作人员相勾结，共同将本单位财物非法占为己有时，只要利用了国家工作人员的职务之便，所占有的财物为公共财物，就符合共同贪污的特征，应以贪污罪的共犯论处。况且，既然一般公民与国家工作人员勾结，利用国家工作人员的职务便利，共同非法占有公共财物的，能够成立贪污罪的共犯，那么，公司、企业或者其他单位的人员与国家工作人员相勾结，均利用了自己的职务之便，共同将该单位的公共财物非法占为己有时，更能成立贪污罪的共犯；否则会造成诸多不良后果。[1]

本书认为：即便存在"伙同贪污的，以共犯论处"的规定，也得不出伙同贪污的只能成立贪污罪共犯的结论。公司人员伙同国家工作人员共同侵占本单位财物的，应当分别定罪，即虽然成立共同犯罪，但对于公司人员应认定为职务侵占罪，对于国家工作人员应认定为贪污罪。这是因为：相对于公司人员而言，国家工作人员这种身份只是责任身份。根据违法是连带的、责任是个别的原理，应当分别评价。即使违法身份是连带的，对于不具有违法身份的人，虽然成立违法身份的共犯，也应减轻处罚。所以，只有分别定罪，才能与行为人的实际违法性和有责性相称。

9. 在《刑法修正案（九）》通过之后，2016 年 4 月 18 日"两高"《关于办理贪污贿赂刑事案件适用法律若干问题的解释》（以下简称《贪贿案件解释》）是不是将贪污罪、受贿罪的定罪数额起点确定得太高了？

在《刑法修正案（九）》通过之后，司法解释将贪污罪与受贿罪的立案标准（3 万元）确定得远远高于盗窃罪与诈骗罪的，导致前者作为寄生型犯罪比后者作

---

[1]　张明楷. 刑法学. 6 版. 北京：法律出版社，2021：1563.

为求生型犯罪的定罪量刑的标准还要高，从而有悖刑法的公平正义性。

10. 当下的刑事司法，是否应严格限制适用贪污罪中"利用职务上的便利的窃取、骗取公共财物"的成立范围？

《贪贿案件解释》确定的贪污罪的立案标准远远高于盗窃罪、诈骗罪的，导致对所谓利用职务上的便利窃取、骗取公共财物的行为的处罚远轻于对普通盗窃罪、诈骗罪的。为了保持处罚的协调性，应当严格限制所谓利用职务上的便利窃取、骗取公共财物的成立范围。

11. 何谓贪污罪中的"利用职务上的便利"？将所谓利用职务上主管、管理、经手公共财物的"方便条件"作为利用职务上的便利贪污的一种表现形式，妥当吗？

案1：被告人郑某曾在福建省兴业银行某市支行储蓄所任负责人，后调到磁灶分理处任复核员，但其住宿仍在储蓄所宿舍。郑某利用其在储蓄所住宿的便利，进入该所营业厅，并利用其掌握的柜员密码及负责人放于桌面的授权卡操作电脑，将银行10万元资金转入户名为朱某的存折中，后利用其担任磁灶分理处复核员的职务之便，将10万元取出。检察院以贪污罪起诉，一审法院认为，郑某进入储蓄所操作电脑并非利用职务之便，构成盗窃罪。而二审法院认为构成贪污罪。

本案中，郑某既然已经从储蓄所辞职，就不再占有支配储蓄所的资金，其不是利用所谓职务之便，而是利用所谓工作之便，违反被害人的意志将原本不属于自己占有的财物转变为自己占有，属于盗窃，而非贪污。

贪污罪主要是侵犯财产的犯罪，贪污罪中所谓"利用职务上的便利"，是指国家工作人员基于职务占有支配着公共财物，或者说管理、主管着公共财物，而非将公共财物据为己有时需要利用职务上的便利。例如，国有仓库的保管员将仓库里的财物拿回家，该行为根本无须利用职务上的便利，其训练一只小狗或者买一个智能机器人，就能帮他将自己保管的仓库里的财物拿回家。利用职务上的便利贪污，实质是指其所拿回家的公共财物事先在其基于职务占有支配之下。人们常说的管理公共财物，是指国家工作人员基于职务直接占有公共财物，如国有企业的出纳直接保管着单位的现金。所谓主管公共财物，是指国家工作人员虽然不直接占有公共财物，但其能够对直接占有公共财物的人员的职务行为进行支配，或者对具体占有财物的人而言处于领导、指示、支配的地位。如国有公司、企业的董事长、总经理、厂长、财务总监，虽然不直接占有单位的一钱一物，但却可以支配直接占有公共财物的人如会计、出纳的职务行为,指示其将公共财物转移为自己占有。

1999 年 9 月 16 日最高检《关于人民检察院直接受理立案侦查案件立案标准的规定(试行)》强调所谓的"方便条件",以及实践中区分所谓职务之便与工作之便,根源在于没有认识到贪污罪中"利用职务上的便利"这一要素的本质。贪污罪中"利用职务上的便利"这一要素的本质在于,所侵占的公共财物事先在国家工作人员基于职务占有支配之下,否则只能成立作为夺取罪的盗窃罪、诈骗罪。所以区分贪污罪与盗窃罪、诈骗罪的关键就在于,确定对象的占有归属,即国家工作人员基于职务占有支配下的公共财物是贪污罪的对象,否则就是盗窃罪、诈骗罪等夺取罪的对象。

12. "经手"的表述准确吗?

理论上与实务中都习惯于"经手"这种表述。应当认为,"经手"这种表述很不准确。因为"经手"公共财物未必占有支配着公共财物,而完全可能只是公共财物的占有辅助者。例如,国有企业流水线上的工人,也可谓"经手"公共财物,但其不可能占有公共财物。可以说,"经手"这个概念没有保留的必要,应从公共财物是否事先在国家工作人员的占有支配之下,来判断是成立贪污罪还是成立盗窃罪、诈骗罪。

13. 应否将贪污罪中"利用职务上的便利"限定在主管、管理公共财物的职务范围之内,以及将贪污罪的对象限定为行为人事先可以支配、管理的财物?

贪污罪可谓公务侵占,其本质就是国家工作人员将基于公务占有支配下的公共财物据为己有。应将贪污罪中"利用职务上的便利"限定为国家工作人员将自己主管、管理下的公共财物据为己有。所谓管理公共财物,是指国家工作人员基于公务或者职务直接占有着公共财物,如国有公司、企业的出纳、国有仓库的保管员、公交车的售票员、国有医院收费窗口的收费员等直接占有相应的公共财物。所谓主管公共财物,是指国家工作人员基于公务或者职务能够支配直接占有公共财物的人员的职务行为。质言之,只有国家工作人员基于职务直接管理(占有)公共财物,或者基于职务对公共财物享有支配权、决定权,或者对具体支配财物的人而言处于领导、指示、支配地位(主管),进而利用职务上的便利的,才能认定为贪污罪,否则,只能认定为盗窃罪、诈骗罪等夺取罪。

14. 有观点指出"某机关领导干部没有出差，却谎称自己出差开会，将子女外出旅游的收据向本单位报销差旅费，应以贪污罪论处"，这正确吗？

应该说，由于该领导干部所报销的差旅费事先并不在其占有支配之下，其是通过欺骗手段让具有差旅费处分权限的人将差旅费处分给他的，所以应成立诈骗罪，而不是贪污罪。

15. 何谓"侵吞""窃取""骗取"与"其他手段"？"监守自盗"是"窃取"吗？《刑法》第 394 条规定的情形是"侵吞"还是"其他手段"？

案 2：申某生系中国人民银行某市分行出纳，指使高某与其共同盗窃其与另一出纳员共同管理的保险柜内的现金，其将高某带至业务部后将自己保管的钥匙交给高某，指使高某撬开另一出纳员的办公桌抽屉取出钥匙，打开保险柜将 30 万元人民币装入旅行袋里，伪装被盗现场后逃离。法院认为，不能认定为贪污罪，只能认定为盗窃罪。

本案中，申某生作为中国人民银行某市分行的出纳，与本单位的另一出纳员共同占有着单位保险柜中的现金。国家工作人员利用职务上的便利将共同占有下的本单位财物非法据为己有的，应成立窃取型贪污罪。对于本案，申某生与高某构成贪污罪的共犯，而不是盗窃罪共犯。

贪污罪的实行行为或者行为类型包括侵吞、窃取、骗取与其他手段。

所谓侵吞，是指国家工作人员将自己占有、支配即管理、主管下的公共财物据为己有。侵吞与《刑法》第 270 条第 1 款中的所谓委托物"侵占"和《刑法》第 271 条第 1 款职务侵占罪中的"侵占"的含义一样，都是易占有为所有，所侵占的财物事先在其占有支配之下。

关于窃取，通说列举的是监守自盗。其实所谓监守自盗，还是将自己事先占有下的财物据为己有，是不转移占有的侵吞，而非夺取占有即转移占有的窃取。所谓窃取，就是盗窃，是指违反被害人的意志，将他人占有下的财物转移为自己或者第三人占有。至于贪污罪中的"窃取"，张明楷教授认为：所谓利用职务上的便利窃取公共财物，只有一种情形，就是当国家工作人员甲与国家工作人员乙共同占有公共财物时，甲或者乙利用职务上的便利窃取该财物的，才属于贪污罪中的"窃取"。例如，当单位保险柜需要同时使用钥匙与密码才能打开，而钥匙与密码由甲、乙二人分别掌管时，甲利用自己掌管的钥匙并猜中密码取得保险柜中的现金的，或者乙利用自己掌管的密码和私自配制的钥匙取得保险柜中的现金的，可以认定为利用职务上的便利窃取公共财物。除了共同占有的情形，其他情形都不可能被评价为利用职务上的便利盗窃。[1]

本书认为：由于贪污罪的实际定罪处刑都比盗窃罪的轻，而有违刑法的公平正义性，加之的确很难界定所谓利用职务上的便利的窃取，为了明确处罚范围，将夺取占有的行为都排除在贪污罪之外，将贪污罪中的"窃取"进行严格的限制解释，限定为侵犯共同占有一种情形，具有相当的合理性。这样解释，有助于将来修法时直接删掉贪污罪中的窃取的规定，将贪污罪限定为公务侵占一种情形，内涵清楚，外延明确，避免浪费司法资源。

关于贪污罪的"骗取"，传统观点认为国家工作人员谎报差旅费属于贪污罪中的骗取。但张明楷教授认为，谎报差旅费也属于诈骗，不应扩大骗取方式的贪污罪的成立范围，充其量只能将与《刑法》第183条第2款规定相当的行为类型认定为贪污罪。[2] 从而事实上将骗取型贪污罪解释掉了。

本书认为，由于司法解释将贪污罪的定罪处罚标准与诈骗罪的解释得不协调，加之很难界定所谓利用职务上的便利骗取的含义，所以还是应当严格限制骗取型贪污罪的成立范围，就是将其解释掉，即对于国家工作人员使用欺骗手段欺骗单位具有财产处分权限的人将公共财物处分给他的情形均认定为诈骗罪，从而将贪污罪限定为公共侵占一种情形。

至于贪污罪中的其他手段，虽然从逻辑上说，其他手段是指除侵吞、窃取、骗取以外的其他利用职务之便的手段，但事实上极为罕见。《刑法》第394条规定，国家工作人员在国内公务活动或者对外交往中接受礼物，依照国家规定应当交公而不交公，数额较大的，依照贪污罪定罪处罚。虽然有观点认为，该条规定的就是贪污罪中的"其他手段"，但实际上，这些礼物本来就在国家工作人员的占有之下，国家工作人员将其占有下的公共财物据为己有，还是侵吞，并非其他手段。

综上，虽然现行《刑法》规定贪污罪的客观行为除包括侵吞外，还包括窃取罪、骗取和其他手段，但由于很难界定这些行为类型，也难以与盗窃罪、诈骗罪相区分，所以应严格限制侵吞之外的贪污罪的成立范围，将贪污罪限定为侵吞一种情形，使贪污罪成为与普通侵占、业务侵占相对应的公务侵占。

16. 骗取自己事先并不占有或主管、管理的公共财物的，能成立贪污罪吗？

应将贪污罪限定为公务侵占一种情形。骗取自己事先并不占有或者主管、管

---

① 张明楷. 刑法学. 6版. 北京：法律出版社，2021：1558.
② 张明楷. 刑法学. 6版. 北京：法律出版社，2021：1557，1559.

理的公共财物的，应成立诈骗罪，而非贪污罪。

17.《刑法》第 183 条第 2 款关于国有保险公司工作人员和国有保险公司委派到非国有保险公司从事公务的人员编造保险事故骗取保险金的以贪污罪论处的规定，是注意规定还是法律拟制？

应将该款规定看作是一种法律拟制规定，也就是除此之外，所谓利用职务上的便利骗取公共财物的，都应认定成立诈骗罪，而非贪污罪。

18. 如何确定通过职务行为套取补偿款的行为性质？

案 3：某地政府出台了拨款补贴农民危房改造的政策。某村村支书甲等人以该村已去世村民乙的名义谎报需要改造 1 067 平方米危房。在得到政府补贴后，该村"两委"七名班子成员私自分掉了补贴款。法院对七人定了贪污罪。

本案中，村支书甲等人显然事先并不占有支配政府的农民危房改造补贴款，所以不能成立贪污罪，只能成立诈骗罪。

案 4：袁某系重庆市璧山县壁城街道干部，于 2006 年 9 月任某征地拆迁工作组组长。在对该组村民廖某家进行实际丈量和登记时，廖某将两个砖混结构房屋的产权证交给袁某，并告诉袁某这实际是一套住房，请求袁某帮忙按两个砖混结构房产证给予补偿，并许诺事后会表示感谢。袁某便多登记了一套 262 平方米的砖混房屋，园区办工作人员按照登记表与廖某签订了拆迁补偿协议。廖某多领取拆迁款 56 635.20 元后，分三次送给袁某 22 000 元。对于该案，检察院以贪污罪起诉，法院一审认定为受贿罪，二审认为构成贪污罪。

本案中，袁某显然事先并不占有支配补偿款，所以不能成立贪污罪，只能成立诈骗罪的共犯和滥用职权罪的想象竞合，同时成立受贿罪，实行数罪并罚。

司法实践中可能发生国家工作人员滥用职权，违规发放或者伙同、帮助他人从上级部门、本单位或者其他单位套取各种补偿款、专项资金等案件。从行为类型来看，有的国家工作人员直接违规将补偿款发放给他人；有的国家工作人员明知他人不符合补偿条件而作为中间环节签署、上报虚假证明文件，使他人骗取补偿款，但自己并不参与分赃；有的国家工作人员则与他人通谋，通过虚假手段非法获得部分骗取的补偿款。不可否认的是，对于通过职务行为套取补偿款的案件，不可能机械地统一认定为某一个犯罪（如贪污罪），但这并不意味着对于事实与性质相同的案件可以认定为不同的犯罪。然而，各地司法机关当下对事实与性质相同案件的定罪形形色色，量刑差异也很大。本书认为，产生这种情况的原因如下。

原因之一：对"利用职务上的便利"理解不当。

在司法解释就贪污罪规定的定罪量刑数额明显高于盗窃罪、诈骗罪的当下，扩大贪污罪范围和缩小盗窃罪、诈骗罪范围的做法，必然有损刑法的公平正义性。所以，应当适当限制贪污罪的适用范围，其中一个重要路径就是妥当理解和适用贪污罪中"利用职务上的便利"这一构成要件要素。

应当认为，利用职务上的便利，是指利用基于职务占有公共财物的权力（便利）或者支配基于职务占有公共财物的人员的职务行为的权力。不是利用这两种权力的行为，即使行为主体是国家工作人员，也不可能成立贪污罪的正犯。因此，贪污罪中的利用职务上的便利与公共财物并不是一种简单的相加关系，而是具有内在的关联性：只有国家工作人员基于职务占有了公共财物，或者对基于职务占有公共财物的人员而言处于领导、指示地位，能够支配该人员的职务行为，因而对公共财物享有支配权，进而利用了这种职务上的便利的，才能认定为贪污罪，否则，只能认定为盗窃罪、诈骗等罪。

概言之，在各种骗取补偿款的案件中，只有基于职务占有了补偿款（占有权）的国家工作人员，或者对基于职务占有补偿款的人员而言处于领导、指示地位，能够支配该人员的职务行为，因而对公共财物享有支配权的国家工作人员，才可能构成贪污罪（其他人员可以构成贪污罪的共犯）；国家工作人员即使滥用了职权，但只要不是利用对补偿款的占有权与支配权（处分权限），就不符合贪污罪中"利用职权上的便利"的构成要件，不成立贪污罪。

原因之二：对"非法占有目的"理解不当。

在司法实践中，有些判决虽然没有将不具有处分权限的国家工作人员滥用职权帮助他人骗取补偿款的行为认定为贪污罪，但却仅认定为滥用职权罪，而没有同时认定为诈骗罪的共犯或者共同正犯，其中一个重要原因便是国家工作人员没有将财产据为己有。换言之，在国家工作人员没有将公共财物据为己有的案件中，否认贪污罪、诈骗罪的成立，就是因为仅将财产罪（包括贪污罪）的"非法占有目的"理解为行为人本人占有，而不包括第三者占有。

概言之，贪污罪、诈骗罪中的非法占有目的不仅包括本人非法占有，而且包括使第三者（包括单位）非法占有，具有处分权限的国家工作人员将补偿款违规发放给他人的，即使没有分赃，也成立贪污罪，而不是仅构成滥用职权罪。不具有处分权限的国家工作人员滥用职权故意帮助他人骗取补偿款的，即使没有与正犯通谋、没有分赃，也成立诈骗罪的共犯（包括共同正犯）。

原因之三：对诈骗罪的构造理解不当。

诈骗罪的客观构造是：行为人实施欺骗行为→对方陷入或者继续维持认识错误→对方基于认识错误处分（或交付）财产→行为人取得或者使第三者取得财产→被害人遭受财产损失。可以肯定的是，成立诈骗罪，要求受骗者基于错误实施某种财产处分行为。其中的受骗者必须是具有处分财产权限的人，而不是任何人。换言之，如果受欺骗者不是具有处分财产权限的人，则行为人的行为构成盗窃罪的间接正犯或者其他犯罪。

欺骗行为只有作用于自然人，即作用于法人、国家机关中具有财产处分权限的自然人，才可能骗取法人、国家机关的财产。如果具有处分财产权限的国家工作人员知道真相却处分财产，则应当认定国家工作人员的行为构成贪污罪，其他参与人符合共犯成立条件的，应认定为贪污罪的共犯。反过来说，只有当具有处分权限的国家工作人员因为受骗而不知情，进而作出给予补偿的决定时，实施欺骗行为的人与其他提供帮助的国家工作人员的行为，才可能成立诈骗罪；具有处分权限的国家工作人员明知他人实施了欺骗行为却仍然将补偿款处分给他人的，国家工作人员成立贪污罪，实施欺骗行为且没有通谋的他人只能成立诈骗未遂。不难看出，只要国家机关工作人员明知他人以虚假手段骗取补偿款，却依然利用职务提供各种帮助的，不可能仅成立滥用职权罪，而是同时成立贪污罪（具有处分补偿款的权限时）或者诈骗罪（不具有处分补偿款的权限时）。

原因之四：对罪数与想象竞合理解不当。

国家工作人员帮助他人骗取补偿款的行为，大多同时触犯数个罪名，其中有的应当实行数罪并罚，有的应当按想象竞合处理。但是，各地司法机关一般都仅认定其中一个犯罪，而没有按数罪或者想象竞合处理。

总之，在通过国家工作人员的职务行为套骗补偿款的案件中，只有对补偿款具有处分权限的国家工作人员才能成立贪污罪的正犯；不具有处分权限的国家工作人员帮助他人骗取补偿款的，仅成立诈骗罪共犯与滥用职权罪的想象竞合。贪污罪、诈骗罪中的非法占有目的包括使第三者（含单位）非法占有，具有处分权限的国家工作人员故意将补偿款违规发放给他人的，即使没有分赃，也构成贪污罪；不具有处分权限的国家工作人员滥用职权故意帮助他人骗取补偿款的，即使没有与正犯通谋、没有分赃，也成立诈骗罪。具有处分权限的国家工作人员明知一般主体骗取补偿款或者与之通谋，违规将补偿款发放给一般主体的，国家工作人员的行为成立贪污罪，一般主体成立诈骗未遂（无通谋时）或者贪污罪的共犯（有通谋时）；在这种情形下，既不能对一般主体认定为诈骗既遂，也不能对国家工作人员仅认定为滥用职权罪。具有处分权限的国家工作人员违规决定将补偿款发放给他人，进而收受贿赂的，也应按贪污罪定罪处罚，收受贿赂的情节可谓共同贪污后的分赃行为，不必另行评价为受贿罪。不具有处分权限的国家工作人员帮助他人骗取补偿款的，不管是否分赃，均构成滥用职权罪与诈骗罪的想象竞合，从一重罪处罚；同时索取、收受贿赂的，可视为共同诈骗后的分赃行为，不必另行评价为受贿罪。

19. 贪污罪与滥用职权罪之间是什么关系？

应该说，国家工作人员利用职务上的便利将自己基于职务占有支配下的公共财物据为己有，也是一种滥用职权行为。所以，贪污罪与滥用职权罪之间是一种竞合关系，从一重通常应以贪污罪定罪处罚。但是，应当注意，不能认为贪污罪中的"非法占有目的"限于使自己非法占有，不包括使第三者非法占有；不能认为只要行为人没有使自己获利的，就没有满足贪污罪中的"非法占有目的"的要件，不能成立贪污罪，只能成立滥用职权罪。

20. 如何正确处理贪污罪与职务侵占罪、盗窃罪、诈骗罪之间的关系？

应该认为，贪污罪与职务侵占罪、盗窃罪、诈骗罪之间只是行为主体不同，可谓特别关系的法条竞合，竞合时从一重处罚即可。

21. 能将贪污罪的构造简单理解为"国家工作人员身份＋盗窃、骗取"吗？

不能简单地将贪污罪的构造理解为"国家工作人员身份＋盗窃、骗取"，而应将贪污罪的成立限定为国家工作人员基于职务占有支配（主管、管理）着公共财物，进而利用职务上的便利将公共财物据为己有或者第三者占有。事先不在国家工作人员占有支配下的财物不可能成为贪污罪的对象。不应当存在国家工作人员贪污上级政府的公共财物，此单位的国家工作人员贪污彼单位的公共财物的奇怪现象。

22. 普遍认为贪污罪与职务侵占罪只是主体不同与行为对象不同，其他方面完全相同，妥当吗？

认为贪污罪与职务侵占罪只是主体不同与行为对象不同，客观行为方式完全相同，此观点有误。因为《刑法》第 271 条第 1 款即职务侵占罪的条文根本没有像《刑法》第 382 条第 1 款即贪污罪的条文那样明文规定"窃取"与"骗取"，而只是规定"公司、企业或者其他单位的工作人员，利用职务上的便利，将本单位财物非法占为己有"。认为职务侵占罪的客观行为方式除包括侵占外，还包括"窃取"与"骗取"，明显是想当然。职务侵占罪紧跟在侵占罪之后进行规定，说明其规制的是一种将自己基于职务或者业务占有下的单位财物据为己有的业务侵占行为，而不可能包括所谓利用职务上的便利的窃取、骗取行为。

23. 如何认定贪污罪的既遂？

贪污罪是侵犯财产的犯罪，是国家工作人员将自己基于公务或者职务占有下的财物转据为己有的公务侵占行为，所以贪污罪跟职务侵占罪一样，行为人控制或者取得了财物，或者说将自己原本基于职务占有下的财物变为自己所有，就成立犯罪既遂。

24. 在共同贪污中，贪污数额泛指整个共同犯罪的数额吗？

在共同贪污中，贪污数额不是泛指整个共同犯罪的数额，也不是指分赃数额，而是指个人应当承担责任的数额。首要分子应对其组织、策划、指挥的整个犯罪集团的罪行承担责任。其他主犯和从犯，都只是对其所参与实施的贪污的数额负责。

25. "对多次贪污未经处理的，按照累计贪污数额处罚"的规定，是注意规定还是法律拟制？

理论上与实务中都将这种关于数额累计计算的规定看作是注意规定，也就是，不管有没有这种规定，对于多次实施某种经济犯罪、财产犯罪的都进行数额累计计算了，如受贿罪、诈骗罪、销售伪劣产品罪。但细究起来也不是没有问题。这种想当然地以为应当累计计算，其实相当于将多个轻伤累计成重伤，将多个重伤累计成死亡。对于多次实施某种犯罪，本来按照同种数罪并罚至多判处20年有期徒刑，但因为数额累计计算而达到判处无期徒刑甚至死刑的数额标准要求，恐怕就不合适了。所以本书的立场是，对于法律没有明文规定数额应当累计计算，通过数额累计计算才达到判处无期徒刑甚至死刑的数量标准要求的，应当特别慎重。

26. 贪污后将赃款赃物用于本单位公务支出或者社会捐赠的，影响贪污罪的认定吗？

应该说，贪污后将赃款赃物用于本单位公务支出或者社会捐赠的，只是犯罪既遂之后的处置行为，就如盗窃后将盗窃所得的金钱捐给"希望工程"，故该行为不应影响贪污罪的认定，只是在量刑时可以酌情考虑。

27.《贪贿案件解释》将受过党纪、政纪处分、刑事追究、赃款赃物用于非法活动、拒不交待赃款赃物去向、拒不配合追缴工作、造成恶劣影响认定为严重情节，有无问题？

曾经受过党纪、政纪处分和刑事追究的情节，不是提升贪污行为不法程度的情节，只是反映行为人再犯罪可能性大或特殊预防必要性大的预防情节。司法解释规定显然混淆了预防刑情节与责任刑情节，会导致量刑过重。将赃款赃物用于非法活动，拒不交待赃款赃物去向，以及拒不配合追缴工作，都是缺乏期待可能性的行为。所谓造成恶劣影响，缺乏评判标准，具有偶然性、随意性，而且在配置贪污罪的法定刑时已经考虑可能造成恶劣社会影响这一因素。

28.《刑法》第 383 条贪污罪处罚规定将"数额较大"与"其他较重情节"并列规定，可是《贪贿案件解释》要求成立"其他较重情节"，也要以达到一定数额为前提，这是否有违罪刑法定原则？

这的确有违反罪刑法定原则之嫌，但是贪污罪毕竟主要是侵犯财产的犯罪，要求认定"其他较重情节"，也要以达到一定数额为前提，具有合理性。

29.《贪贿案件解释》第 3 条第 2 款规定，贪污数额 150 万元以上不满 300 万元，具有"其他特别严重情节"的，依法判处 10 年以上有期徒刑、无期徒刑或者死刑的规定，有无问题？

上述规定存在问题，因为：《刑法》第 383 条第 1 款第 3 项规定贪污罪适用死刑的条件是贪污"数额特别巨大，并使国家和人民利益遭受特别重大损失"。即便行为人贪污数额在 150 万元以上，并具有"其他严重情节"，也未必就是"使国家和人民利益遭受特别重大损失"，未必达到贪污罪适用死刑的要求。

30.《贪贿案件解释》中的诸多"不满"的规定，是否纯属多余？

其实，无论是刑法条文还是司法解释中的"不满"的规定，并不是增加违法性或者有责性的因素，而是分界的要素，表面的构成要件要素，纯属多余，完全可以删除。也就是说，《贪贿案件解释》只需规定，3 万元以上为"数额较大"，20 万元以上为"数额巨大"，300 万元以上为"数额特别巨大"。

第二节　挪用公款罪

第三百八十四条　【挪用公款罪】国家工作人员利用职务上的便利，挪用公款归个人使用，进行非法活动的，或者挪用公款数额较大、进行营利活动的，或者挪用公款数额较大、超过三个月未还的，是挪用公款罪，处五年以下有期徒刑或者拘役；情节严重的，处五年以上有期徒刑。挪用公款数额巨大不退还的，处十年以上有期徒刑或者无期徒刑。

挪用用于救灾、抢险、防汛、优抚、扶贫、移民、救济款物归个人使用的，从重处罚。

疑难问题

1. 本罪的法益是什么？

本罪是贪污贿赂罪的罪名，但其本质还是财产犯罪。本罪所保护的法益是公款的占有权、使用权、收益权以及职务行为的廉洁性。

2. 何谓挪用公款罪的"利用职务上的便利"？

所谓利用职务上的便利，是指利用权力与地位所形成的主管、管理、经营公款或特定款物的便利条件实施挪用行为。或者说，所谓利用职务上的便利，旨在强调所挪用的公款事先在其基于公务或者职务占有支配之下。侵犯事先不在行为人占有支配下的公款，不能成立挪用公款罪，只能成立夺取占有的盗窃罪、诈骗罪。

3. 本罪的实行行为是"挪"，还是"挪十用"？本罪是单行为犯还是复行为犯？"挪而未用"，是成立挪用公款罪的既遂还是未遂？

本罪的实行行为是"挪"，而不是"挪＋用"。本罪是单行为犯，而不是复行为犯。所谓挪用，是指未经合法批准，或者违反财经纪律，擅自使公款脱离单位控制的行为。只要挪出了公款，使公款脱离了单位的控制，或者说将公款由单位支配控制变为自己控制支配，就侵害了法益而成立本罪的既遂。所谓"挪而未用"，也已经完成了挪的行为和侵害了法益，所以成立本罪的既遂，而不是未遂。

4. 何谓"挪用公款归个人使用"？挪用的本质是什么？相关解释规定有无问题？

所谓"挪用公款归个人使用"，强调的是将单位控制支配的公款变为自己控制支配，或者说使公款脱离单位的控制。不管挪出之后给"人"使用，还是其他单位使用，都不影响挪用的本质和法益侵害程度的评价。所以，司法解释和立法解释纠缠于是"人"使用还是单位使用，毫无意义。

5. 挪用公款罪是否仅限于将单位实际管理、控制的公款转移到单位之外？

案 1：某国有房地产公司的负责人甲个人欠乙 500 万元，乙不断地催促，但甲一时无钱归还。甲建议乙购买本单位的一套 500 万元住房但无须付款。乙同意后，甲让公司将房子交付给了乙，由甲负责付款。公司的财务账上显示的是甲欠公司 500 万元。

本案中，单位只是现实控制了住房，而没有现实控制 500 万元。甲并没有使单位现实控制的公款脱离单位的控制，所以甲的行为并不符合挪用公款罪的构成要件。将甲的行为认定为国有公司人员滥用职权罪，可能更合适。

挪用公款罪的对象必须是单位现实控制的公款。挪用公款罪的构成要件行为，应该是使单位现实控制的公款脱离单位的控制，或者说，挪用公款罪就是将单位实际管理、控制的公款转移到单位之外。

6. 本罪的三种用途是按行为的客观用途判断还是按行为人的主观想法判断？行为人挪出公款时原本打算用作购房首付，但后来发现股市行情不错就用于炒股了，该怎么认定？

对挪用公款罪的三种用途的认定，应根据客观的使用性质，而不是行为人挪出时的主观想法进行判断。之所以用途不同成立犯罪的条件就不同，是因为用途不同意味着可能导致单位丧失公款的危险程度不同。行为人挪出公款时本打算用于购房首付，但后来实际用于炒股的，应评价为进行营利活动。行为人挪出公款本打算用于炒股，但挪出后发现股市行情变化而将钱攥在手上的，应评价为进行其他活动。

7. 挪用公款"超过三个月未还"是犯罪的成立条件还是既遂条件？行为人原本打算挪出公款归个人使用 6 个月，但使用两个半月后被单位发现而追回的，是否成立挪用公款罪的未遂？

挪用公款"超过三个月未还"，应该是犯罪成立的条件，而不是犯罪既遂的条件。行为人原本打算挪出公款归个人使用 6 个月，但使用两个半月后被单位发现而追回的，因未超过 3 个月，不符合挪用公款罪的成立条件，不成立挪用公款罪，而不是成立挪用公款罪的未遂。

8. 挪用公款后存入银行，或者购买国库券，属于挪用公款进行营利活动吗？

1998 年 4 月 29 日最高法《关于审理挪用公款案件具体应用法律若干问题的

解释》（以下简称《挪用公款解释》）指出，挪用公款存入银行、购买国债的，属于挪用公款进行营利活动。

本书认为，上述规定存在问题。《刑法》第 384 条实际上是按照挪用公款可能导致单位丧失公款的危险程度规定三种类型的。也就是说，将公款用于非法活动，因为要被没收，所以单位丧失公款的危险程度最高；用于营利活动，因为投资有风险，所以也存在一定风险；而挪用公款用于非法活动和营利活动以外的其他活动，一般认为风险最低。所以，成立挪用公款罪的条件依次相应提高。挪用公款存入银行和购买国债，几乎没有风险，所以不应认定为进行营利活动，而应认定为进行其他活动。

9. 行为人挪出公款用于注册，验资后立即将公款归还给单位的，是属于挪用公款进行其他活动还是属于挪用公款进行营利活动？时间很短，比如一两天的，值得作为犯罪处理吗？

《2003 年纪要》指出，挪用公款归个人用于公司、企业注册资本验资证明的，应当认定为挪用公款进行营利活动。本书认为，虽然开办公司、企业都是为了进行营利活动，但如果挪用公款归个人用于公司、企业注册验资，只是短暂使用，例如一两天就迅速抽出资金归还到单位的，应属于《刑法》第 13 条但书所规定的"情节显著轻微危害不大的，不认为是犯罪"的情形，不应作为犯罪处理。

10. 挪用公款减少了单位的确定利益或者收益时，能将利益或者收益计入挪用公款的数额吗？

不应计入挪用公款的数额，但应予以追缴，退赔给被害单位。

11. 能否要求成立挪用公款罪必须具备"主观上没有非法占有目的"？挪用公款罪与贪污罪之间是否为对立关系？

案 2：被告人丁某是某区人民医院财务科住院部收费员，其于 2002 年 12 月至 2005 年 3 月间，采取预交款收据不交财务结账等方式挪用公款 326 473.63 元归个人使用，至诉讼时未还。一审法院认定构成挪用公款罪，二审法院改判为挪用资金罪。

本案中，丁某在长达两年多的时间里只挪不还，即便行为人具有归还的意思，其行为也严重妨碍了单位对公款的利用，所以应认定成立贪污罪，而不是挪用公款罪。

若认为成立贪污罪要求行为人主观上必须具有非法占有目的，而成立挪用公款罪要求行为人"主观上没有非法占有目的"，就将贪污罪与挪用公款罪描述成了一种对立关系。其实二者之间相当于盗窃与盗用的关系，不是对立关系，而是特别关系的法条竞合。也就是说，只要行为人挪出了公款，就至少成立挪用公款罪，若进而查明行为人具有非法占有目的或者说不具有归还的意图，就进而成立贪污罪。换句话说，贪污行为是完全符合挪用公款罪的构成要件的。在行为人挪出公款后是否具有归还的意图难以查明时，完全可以成立挪用公款罪。此外，行为人只挪不还，或者行为人挪出公款后进行挥霍，而严重妨碍了单位对公款的利用的，也应认定成立贪污罪。

12. 当国家工作人员个人决定以单位名义将公款供其他单位使用，谋取个人利益的表现是索取或者收受其他单位的财物，即同时构成受贿罪时，是否实行数罪并罚？

行为人挪出了公款就成立挪用公款罪的既遂，若收受贿赂的，另外成立受贿罪，应当数罪并罚。

13. 对于明知他人使用公款进行犯罪活动，而挪用公款给他人使用的，能否实行数罪并罚？

挪用公款罪的实行行为只有挪，挪出公款就成立挪用公款罪的既遂，若"用"的行为另外构成犯罪，则应与挪用公款罪数罪并罚。

14. 司法解释关于共犯成立范围的规定是否为特殊、封闭性的规定？

《挪用公款解释》指出，挪用公款给他人使用，使用人与挪用人共谋，指使或者参与策划取得挪用款的，以挪用公款罪的共犯定罪处罚。应该说，成立挪用公款罪的共犯并不限于这种情形。只要引起了他人挪用公款的犯意或者促进了他人挪用公款的行为，都可能成立挪用公款罪的共犯。不过，考虑到期待可能性，对于使用人只是单纯提出、要求借用公款的，不宜认定成立挪用公款罪的共犯。

15. 挪用公款罪是状态犯还是继续犯？追诉期限如何计算？

2003 年 9 月 22 日最高法《关于挪用公款犯罪如何计算追诉期限问题的批复》指出：挪用公款进行非法活动和营利活动的，追诉期限从挪用行为实施完毕之日起计算；挪用公款数额较大，超过 3 个月未还的，犯罪的追诉期限从挪用公款罪成立之日起计算。很显然，司法解释将挪用公款罪作为状态犯而不是继续犯看待，之所以如此，就是为了和作为状态犯的贪污罪追诉时效的处理相协调。但问题是，本来挪用公款进行非法活动和营利活动危害性更大（成立犯罪没有挪用时间的要求），却完全可能出现挪用公款进行非法活动和营利活动已经超过了追诉时效，而挪用公款进行其他活动还没有超过追诉时效的局面，因为后者的追诉期限是从挪用公款 3 个月之后才开始计算。这的确是个问题。所以，即便是挪用公款进行非法活动和营利活动，也宜从挪用公款 3 个月之后开始计算追诉期限。

16. 挪用公款罪未规定单位犯罪是否为立法疏漏？

有观点认为，挪用公款罪未规定单位犯罪是立法疏漏。其实，挪用公款罪的本质就是违反单位的意志将单位控制支配的公款置于个人的控制支配之下。如果没有违反单位的意志，如单位领导集体决定将公款借给其他单位或者个人使用，就没有侵害法益，不可能成立犯罪。所以，挪用公款罪与职务侵占罪一样，单位本身是被害人，单位不可能构成犯罪。挪用公款罪未规定单位犯罪，不是立法疏漏，而是立法者有意而为之。

17. 挪用公款罪的三种类型如何认定？如何进行转换、综合性评价？挪用公款存在不同用途的，如何处理？

案 3：甲第一次挪用公款 2 万元用于赌博，第二次挪用 3 万元用于购买股票，第三次挪用 4 万元进行其他活动，均超过 3 个月未还。

本案中，由于均超过 3 个月，所以可以将挪用公款用于非法活动和营利活动评价为其他活动，认定挪用公款进行其他活动的数额为 9 万元。

案 4：乙第一次挪用公款 1 万元用于赌博，第二次挪用公款 3 万元用于购买股票，前两次均在 3 个月内归还，第三次挪用公款 4 万元进行其他活动且超过 3 个月未还。

本案中，由于挪用公款进行非法活动和营利活动均在 3 个月内归还，所以不能将挪用公款进行非法活动和营利活动的数额计入挪用公款进行其他活动的数额。而挪用公款进行其他活动的数额只有 4 万元，达不到立案标准，所以，乙不构成犯罪。

根据举轻以明重的原则，挪用公款进行非法活动可以评价为挪用公款进行营利活动和其他活动，挪用公款进行营利活动可以评价为挪用公款进行其他活动。但将挪用公款进行非法活动评价为挪用公款进行营利活动的前提是，非法活动具有营利性质，如挪用公款进行赌博。挪用公款雇凶杀人的，因不具有营利性质，不能评价为进行营利活动。将挪用公款进行非法活动和营利活动评价为进行其他活动的前提，是挪用公款超过 3 个月。也就是说，若在 3 个月之内归还的，不能评价为挪用公款进行其他活动。

18. 司法解释中关于挪新还旧，即"多次挪用公款，并以后次挪用的公款归还前次挪用的公款，挪用公款数额以案发时未还的实际数额认定"的规定，是否合理？以挪用的公款归还，是刑法意义上的归还（退还）吗？

案 5：丙利用职务便利，于 2013 年 10 月至 2019 年 7 月间，以月初挪用月底归还的方式，先后 53 次挪用农经站代管金账户内同笔资金用于经营活动，累计数额 2 500 多万元（单次挪用最高数额为 226 万元）。法院认为，行为人反复多次挪用同笔公款，且均已归还，挪用公款罪的犯罪金额不应累计计算，而应当以同一时间段对公款实际造成法律上侵害的数额认定，以同一时间段内最高挪用数额确定。

本案中，丙挪用公款是进行营利活动。按照《刑法》第 384 条第 1 款的规定，挪用公款进行营利活动就成立挪用公款罪的既遂，所以即便月底归还，也不影响挪用公款罪既遂的认定。也就是说，应当累计每次挪用的数额，挪用公款的数额就是 2 500 多万元，而不是法院所认定的"以同一时间段对公款实际造成法律上侵害的数额认定，以同一时间段内最高挪用数额确定"。

《挪用公款解释》第 4 条规定，"多次挪用公款不还，挪用公款数额累计计算；多次挪用公款，并以后次挪用的公款归还前次挪用的公款，挪用公款数额以案发时未还的实际数额认定"。该解释不仅未能囊括多次挪用的各种复杂情形，而且导致在所谓"挪新还旧型"挪用公款案件中，只要案发前全部归还，就会得出挪用数额为零因而无罪的荒唐结论。对《挪用公款解释》第 4 条的规定应当进行合理的实质性的限制解释，而不能按字面含义理解适用。

首先，该第 4 条规定仅限于挪用公款进行其他活动，而不包括挪用公款进行非法活动与营利活动的情形。一方面，第 4 条的前段规定"多次挪用公款不还，挪用公款数额累计计算"。由于挪用公款进行非法活动与营利活动的，即使归还也构成犯罪，所以，多次挪用多次归还的，只要达到司法解释规定的数额，就构成挪用公款罪，并应当累计计算挪用数额。挪用公款进行其他活动只有不在 3 个月内归还的，才成立挪用公款罪。因此，第 4 条前段的规定显然不能包括挪用公款进行非法活动与营利活动的情形，否则就明显违反《刑法》第 384 条的规定。另一方面，第 4 条的后段规定表明归还就不计算数额之意，这显然也是仅指挪用公款进行其他活动，而不可能包括挪用公款进行非法活动与营利活动的情形。

其次，第 4 条的后段规定仅限于前次挪用公款进行其他活动没有超过 3 个月的情形。如果前次挪用时间超过了 3 个月，那么，由于已经符合了法定的构成要件，就没有理由不计算在挪用数额之内。

再次，对第 4 条后段中"挪用公款数额以案发时未还的实际数额认定"规定的适用，也必须考虑未归还的时间，而不是仅考虑数额。

最后，对于第 4 条后段中的"未还"不能仅作形式上的判断，而必须实质判断多少公款在多长时间内处于流失的危险状态。

虽然挪用公款进行其他活动在 3 个月内归还的不构成犯罪，但如果以再次挪用的本单位公款"归还"，则并不直接否认犯罪的成立。换言之，以挪用的公款归还，并不是刑法意义上的归还（退还）。

综上，对于《挪用公款解释》第 4 条的规定，应当根据《刑法》第 384 条所规定的挪用公款罪的构成要件与保护法益，从实质上进行限制解释，而不能按字面含义理解和适用。事实上，《挪用公款解释》第 4 条只是规定了部分情形，而没有规定所有情形，因此，对于司法解释没有规定的情形，司法机关应当直接根据《刑法》第 384 条的规定认定挪用数额，而不能牵强地适用第 4 条的规定。

19. 如何理解"挪用公款数额巨大不退还"？对于不退还，应否区分所谓主观上不想还与客观上不能还？

理论上与实务中均认为，所谓"不退还"，不是行为人主观上不想还，而是客观上不能还。但本书认为：不管主观上不想还，还是客观上不能还，只要长期不还，就严重妨碍了单位对公款的利用，都值得加重处罚。况且，是主观上不想还，还是客观上不能还，往往很难查明。通常情况下，行为人都会一口咬定"自己主观上是想还的"。所以，区分所谓"主观上不想还"与"客观上不能还"，毫无意义。

20. 对于数额较大不退还以及数额特别巨大不退还的，如何处理？对于挪用公款数额特别巨大但已退还的，如何处理？

对于挪用公款数额较大不退还的，可以评价为"情节严重"。对于挪用公款数额特别巨大不退还的，还是只能评价为"挪用公款数额巨大不退还"。挪用公款数额特别巨大但已退还的，不属于"挪用公款数额巨大不退还"，只能认定为挪用公款"情节严重"，处 5 年以上有期徒刑。

21. 司法实践中存在对挪用公款数额特别巨大的，适用"十年以上有期徒刑或者无期徒刑"的做法，妥当吗？

《刑法》第 384 条第 1 款规定的是"挪用公款数额巨大不退还的，处十年以上有期徒刑或者无期徒刑"。即便挪用公款数额特别巨大，只要归还了，就不属于"挪用公款数额巨大不退还"，从而不符合判处 10 年以上有期徒刑或者无期徒刑的条件。所以，实践中的上述做法是不妥当的。

22. 没有偿还能力而挪用的，是成立挪用公款罪还是成立贪污罪？

案 6：某年轻夫妇甲乙刚结婚，二人工资加起来约 3 000 元。甲上班一个多月后用单位的 70 余万元公款买了辆奔驰轿车供自己使用。甲一直强调其只是想挪用一下，到时候肯定会归还。办案人员据此认为甲并不具有非法占有目的。

本案中，年轻夫妇挪出 70 余万元买车，显然超出了其还款能力，应认为其具有非法占有目的，或者说有长期占用单位公款的意图，其行为属于贪污而不是挪用，构成贪污罪。

没有偿还能力而挪用，不管行为人如何声称其是想还的，都不能改变其会长期占用单位公款的事实，因其严重妨碍单位对公款的利用，应当认定为贪污罪，而不是挪用公款罪。

23. 如何处理挪用公款向贪污的转化？是否限于"携款潜逃"、"平账"、"截留收入不入账"以及"能而不还"的情形？

理论上与实务中都承认所谓挪用公款向贪污的转化。但本书认为：贪污罪不能由不作为构成；只要不能证明行为人在挪出公款时主观上就具有非法占有的目的或者说不归还的意图，挪出公款后不管什么原因不归还，都只需要认定为挪用公款罪。虽然贪污罪配置有死刑，但事实上很少适用。也就是说，即使认定为挪用公款罪而判处无期徒刑，也基本上能做到罪刑相适应。

24. 挪用公款后肆意挥霍的，是成立挪用公款罪还是贪污罪？

挪用公款后肆意挥霍的，说明其没有归还的意图，或者至少有长期占用公款的意思，应认定为贪污罪，而不是挪用公款罪。

25. 对于携带挪用的公款潜逃的，能否以挪用公款罪与贪污罪数罪并罚？

对于携带挪用的公款潜逃的，《挪用公款解释》认为，对其携带挪用的公款部分，以贪污罪定罪处罚。张明楷教授认为应当数罪并罚。[1] 本书认为，只要不能证明行为人挪出公款时就没有归还的意图，不管事后是什么原因不归还，都只需要评价为挪用公款罪，而无须评价为贪污罪。

① 张明楷.刑法学.6 版.北京：法律出版社，2021：1574.

26. 司法实践中，关于挪用公款归还个人欠款，根据欠款产生的原因，分别认定属于挪用公款的何种情形的做法，合理吗？

应该说，不管是什么原因造成的欠款，既然欠款已经形成，挪用公款归还欠款，对于单位公款流失的风险都没有差别。所以说司法实践中，关于挪用公款归还个人欠款，根据欠款产生的原因，分别认定属于何种用途的挪用公款，是没有道理的。

27. "超过三个月未还"，是强调未还，还是强调挪用时间超过 3 个月？

"超过三个月未还"，不是强调未还，而是强调挪用时间超过了 3 个月，或者说占用公款时间超过了 3 个月。

28. 应否承认不作为方式的挪用公款罪？

不作为方式的挪用公款罪与作为方式的挪用公款罪不具有等价性，不应承认不作为方式的挪用公款罪。国家工作人员未收回单位的应收款的，不符合挪用公款罪的构成要件，不构成挪用公款罪。国家工作人员出差前预支了一笔公款，按规定回单位后应立即报销，将没有用完的公款归还给单位，但其超过了 3 个月还没有报销的，也不可能将其认定为挪用公款罪。

29. 国家工作人员收回单位的应收款不上交单位而是自己使用的，构成挪用公款罪吗？

应该说，国家工作人员收回单位的应收款后虽然还未上交单位，但可以认为其基于职务占有了单位公款，其不上交单位而是自己使用的，应评价为挪用公款归个人使用，构成挪用公款罪。

30. 对于共同挪用公款，部分共犯人退还全部公款的，能否认为所有共犯人已经退还？

二人以上共同挪用公款，由其中部分共犯人全部退还的，都属于已经退还。

第三节　受贿罪

第三百八十五条　【受贿罪】国家工作人员利用职务上的便利，索取他人财物的，或者非法收受他人财物，为他人谋取利益的，是受贿罪。

国家工作人员在经济往来中，违反国家规定，收受各种名义的回扣、手续费，归个人所有的，以受贿论处。

第三百八十六条　【受贿罪的处罚规定】对犯受贿罪的，根据受贿所得数额及情节，依照本法第三百八十三条的规定处罚。索贿的从重处罚。

第三百八十八条　【斡旋受贿】国家工作人员利用本人职权或者地位形成的便利条件，通过其他国家工作人员职务上的行为，为请托人谋取不正当利益，索取请托人财物或者收受请托人财物的，以受贿论处。

疑难问题

1. 受贿罪所保护的法益是什么？有关受贿罪法益争论的焦点何在？

确定受贿罪的法益，必须能够说明对过去的职务行为的不正当报酬构成受贿罪、对公正的职务行为的不正当报酬构成受贿罪，以及斡旋受贿的行为构成犯罪。具体而言，有关受贿罪法益争论的焦点在于以下几个方面：（1）受贿罪是否必须与国家工作人员的职务行为具有关联性？（2）国家工作人员索取或者收受财物，但通过正当的职务行为为他人谋取合法利益的，是否成立受贿罪？（3）国家工作人员在实施职务行为后，索取或者收受相应对价的（所谓事后受财），是否成立受贿罪？（4）受贿罪的成立是否以国家工作人员为他人谋取利益为前提？（5）受贿罪的成立是否以国家工作人员违反职责为前提？（6）受贿罪的既遂标准是什么？（7）国家工作人员违背职责为行贿人谋取不正当利益，因而触犯《刑法》其他条文的，是成立一罪还是成立数罪？

国内外刑法理论关于普通受贿罪的保护法益，主要有职务行为的公正性说（其中有的学者主张包括国民对职务行为的公正性的信赖）和职务行为的不可收买性说。应该说，就我国现行《刑法》的规定来看，普通受贿罪的保护法益是国家工作人员职务行为的不可收买性以及国民对职务行为不可收买性的信赖。《刑法》对受贿罪的构成要件的描述，必须说明受贿行为侵犯了这种法益。而行为是否侵犯了这种法益，关键在于国家工作人员索取或者收受的财物，是否与其已经实施的、正在实施的、将来实施的或者许诺实施的职务行为之间具有对价关系，即国家工作人员所索取或者收受的财物是不是其职务行为（包括已经实施的、正在实施的、将来实施的或者许诺实施的）的不正当报酬。

很显然，按照受贿罪所保护的法益是职务行为的不可收买性的标准判断，对上述争议焦点（1）（2）（3）都必须持肯定回答，对（4）（5）必须持否定回答。至于（6），受贿罪应当以职务行为的不可收买性受到侵害为既遂标准。就收受贿赂而言，以取得财物为既遂标准；就索贿而言，只要实施了索取，不待取得财物，因为已经侵害了法益，就成立既遂。就（7）而言，因为成立受贿罪不要求为他人谋取利益，所以为他人谋取利益的行为构成犯罪的，应与受贿罪数罪并罚。

2. 贿赂的本质是什么？

贿赂的本质是对国家工作人员职务行为的不正当报酬。或者说，贿赂与赠与的本质区别就在于，贿赂是国家工作人员职务行为的对价，反映了权钱交易关系。

3. "为他人谋取利益"这一要素的功能是什么？

受贿罪的成立不以国家工作人员实际为他人谋取利益为前提，因为只要许诺（明示或暗示）为他人谋取利益，就满足了"为他人谋取利益"的要素要求。关于受贿罪中"为他人谋取利益"要素的性质，理论上有所谓主观说、客观说和新客观说等学说。应该说，"为他人谋取利益"不可能是主观要素，只能是客观要素。从条文表述看，只有实际为他人谋取了利益，才能满足受贿罪成立的要求。但为了严厉打击受贿犯罪，理论上与实务中均认为不需要实际为他人谋取利益，只要许诺为他人谋取利益，甚至明知他人有请托事项而收受财物的，就视为承诺为他人谋取利益。"为他人谋取利益"与"利用职务上的便利"要素的功能一样，都旨在说明或者强调，所索取或者收受的财物是国家工作人员职务行为的不正当报酬，财物与国家工作人员的职务行为具有关联性、对价性，具有权钱交易的性质。

4. "为他人谋取利益"中的"他人"，是否限于行贿人？

为他人谋取利益中的"他人"并不限于行贿人，行为人完全可能为了别人的利益去行贿，如企业老板为官员买官。

5. 所谓许诺为他人谋取利益，旨在强调什么？

所谓许诺为他人谋取利益，以及明知他人有请托事项而收受财物的视为承诺为他人谋取利益，都旨在强调所收受的财物与国家工作人员的职务行为之间具有关联性，是职务行为的不正当报酬，具有权钱交易的性质。

6. 受贿罪的成立是否以国家工作人员违反职责为前提？

受贿中的"为他人谋取利益"，既包括为他人谋取正当的利益，也包括为他人谋取不正当的利益。这是因为不管是谋取正当的利益还是谋取不正当的利益，或者说国家工作人员为他人谋取利益是否违反职责，只要国家工作人员索取或者收受了他人的财物，就侵害了国家工作人员职务行为的不可收买性，都成立受贿罪。所以说，受贿罪的成立不以国家工作人员违反职责为前提。

7. 国家工作人员索取或者收受财物，但通过正当的职务行为为他人谋取合法利益的，是否成立受贿罪？

国家工作人员索取或者收受财物，但通过正当的职务行为为他人谋取合法利益的，也会侵害国家工作人员职务行为的不可收买性或者无不正当报酬性，所以也成立受贿罪。

8. 贿赂是否必须与国家工作人员的职务行为具有关联性？

如果所索取或者收受的财物与国家工作人员的职务行为没有关联性，就没有利用职务上的便利，就不是贿赂，也就不能成立受贿罪。所以，成立受贿罪，必须查明所索取或者收受的财物与国家工作人员的职务行为具有关联性，否则不能认定成立受贿罪。

9. 受贿罪中的"利用职务上的便利"，究竟是什么含义？

应该说，就索取或者收受他人财物而言，根本无须利用职务上的便利。国家工作人员的家属、训练有素的鹦鹉、豢养的家犬、定制的智能机器人，都能完成这些动作。所以，受贿罪中所谓利用职务上的便利索取贿赂，无非是指他人有求于国家工作人员的职务行为，或者国家工作人员事实上正在或者已经实施了职务行为，而向他人索取财物，使该财物成为其将要实施的（或许诺实施的）、正在实施的或者已经实施的职务行为的不正当报酬，这种不正常报酬成为职务行为的对价。在收受贿赂的情形，所谓利用职务上的便利也表现为，国家工作人员许诺实施、将要实施、正在或者已经实施（包括放弃）职务行为，而收受行为人交付的财物，该财物成为许诺实施、将要实施、正在或者已经实施其职务行为的不正当报酬。

总之，无论索贿还是收受贿赂，所谓利用职务上的便利，都旨在强调财物与国家工作人员的职务行为之间存在关联性，存在对价关系，是国家工作人员职务行为的不正当报酬，而不是赠与。

10. 能否要求国家工作人员同时利用职务上的便利接收财物和为他人谋取利益？受贿罪与贪污罪、挪用公款罪中的"利用职务上的便利"的含义是否相同？

接收财物根本不需要利用职务上的便利，官员豢养的训练有素的家犬都可以帮他接收财物。而许诺为他人谋取利益，甚至明知他人有请托事项而收受财物的，都视为承诺为他人谋取利益，从而满足了成立受贿罪的为他人谋取利益的要件要求。所以，不能要求国家工作人员同时利用职务上的便利接收财物和为他人谋取利益。但也不能说，在收受贿赂的情况下，利用职务上的便利不是构成要件要素，因为只有所收受的财物与国家工作人员的职务行为有关联，是国家工作人员职务行为的不正常报酬，才是贿赂，才构成受贿罪，而这正是利用职务上的便利的体现。

《刑法》分则中有多个罪名规定了利用职务上的便利。应该说，由于各罪的法益、行为方式的差异性，利用职务上的便利的要素的含义或者功能也不一样。贪污罪与挪用公款罪主要是侵犯财产的犯罪，其构成要件中的利用职务上便利，旨在强调所贪污的公共财物、挪用的公款，事先在国家工作人员基于公务或者职务占有支配之下，说明对象的占有归属关系。

11. 国家工作人员在经济往来中收受回扣、手续费成立受贿罪，需要利用职务上的便利及为他人谋取利益吗？

虽然《刑法》第385条第2款没有强调"利用职务上的便利"与"为他人谋取利益"，但既然是"以受贿论"，当然要满足成立受贿罪的两个条件——利用职务上的便利与为他人谋取利益。

12. 国家工作人员在实施职务行为后，索取或者收受相应对价的（所谓事后受财），是否成立受贿罪？

应当认为，事后受财的也能成立受贿罪。这是因为：一则，受贿罪的本质就是权钱交易关系。事前有约定的事后受财与事前没有约定的事后受财，所收受的财物都是国家工作人员职务行为的不正当报酬，财物与职务行为之间形成了对价关系。二则，就主观故意而言，只要行为人认识到他人交付的财物是对自己职务行为的不正当报酬，就完全可能成立受贿罪。三则，所谓利用职务上的便利，只是说明财物与职务行为的关联性。国家工作人员在事后受财时，这一关联性依然存在。四则，从受贿罪的内部协调来考虑，也应肯定事后受财的行为成立受贿罪。

13. 国家工作人员在其离退休或者离职后收受请托人财物的，能构成受贿罪吗？

《2003年纪要》指出，国家工作人员利用职务上的便利为请托人谋取利益，并与请托人事先约定，在其离职后收受请托人财物的，以受贿罪定罪处罚。

应该说，司法解释的做法是稳妥的。行为人收受财物时不再是国家工作人员，人们不可能因为离职的国家工作人员收受财物而动摇对其将来职务行为公正性的信赖。只有事先有约定，才能认定成立受贿罪，因为约定行为就已经侵犯了国家工作人员职务行为的不可收买性，就动摇了国民对国家工作人员职务行为的公正性的信赖。

14. 受贿罪的既遂标准是什么？索取贿赂的，要实际取得财物才成立受贿罪的既遂吗？

我国传统观点认为，受贿罪以取得财物为既遂。应该说，就收受型受贿罪而言，以取得财物作为既遂的标准是合理的。但对于索取型受贿罪，则不能以取得财物为既遂。因为只要国家工作人员索要了贿赂，即便还未实际取得财物，行为也已侵犯了国家工作人员职务行为的不可收买性，所以也要认定成立受贿罪的既遂。在司法实践中，对于单纯利用职务上的便利索要贿赂，而没有现实地取得贿赂的行为，一般都没有认定为受贿罪，或者仅认定成立受贿罪未遂。原因就在于，司法机关将索取型受贿罪理解为索取并收受贿赂，实质的根源在于将受贿罪视为财产犯罪（对收受财物后及时退还的不以任何犯罪论处，也说明了这一点）。

15. 国家工作人违背职责为行贿人谋取不正当利益，因而触犯《刑法》其他条文的，是成立一罪还是成立数罪？

由于一般认为，成立受贿罪不要求国家工作人员实际为他人谋取利益，只要许诺为他人谋取利益就满足了受贿罪成立犯罪的要求，所以国家工作人员实际为他人谋取利益的行为，就超出了受贿罪构成要件评价的范畴。如果实际为他人谋取利益的行为构成犯罪的，就应当与受贿罪数罪并罚。

16. 外科手术医生收受病人家属红包，中小学老师收受学生家长财物，构成受贿罪吗？大学教授作为专家参加国家社科项目评审，收受课题申请人财物的，构成受贿罪吗？

外科手术医生只有技术，中小学老师只有知识，没有职权，所以外科手术医生收受病人家属红包，中小学老师收受学生家长财物的，不能成立受贿犯罪。只有医院负责药品采购，中小学负责教材、校服等采购的人员，才可能构成受贿犯罪。大学教授一般也不能构成受贿犯罪，因为其手中并没有职权。但如果是学院、学校的领导，则可能构成受贿犯罪。公立大学的教授受学校委托招收本科生、硕士研究生、博士研究生，以及大学教授受聘参评国家自然、社科基金项目的评审，则因为从事的是公务，有可能构成受贿罪。

17. 对于公司、企业人员伙同国家工作人员收受财物的，如何定性？

实践中一般按照所谓主犯的犯罪性质定罪。但主从犯是定罪之后量刑阶段解决的问题。主犯定罪说颠倒了定罪与量刑的关系。应该说，相对于公司、企业人员而言，国家工作人员是一种责任身份。根据违法是连带的、责任是个别的原理，对于公司、企业人员伙同国家工作人员收受贿赂的，应当分别定罪，即对公司、企业人员定非国家工作人员受贿罪，对国家工作人员定受贿罪。

18. 指使请托人向第三者提供贿赂的，构成受贿罪吗？

指使请托人向第三者提供贿赂的，同样侵犯了国家工作人员职务行为的不可收买性，所以也成立受贿罪。

19. 受贿罪是单行为犯还是复行为犯？

从《刑法》第 385 条第 1 款的条文表述来看，对于收受型受贿而言，要求收受他人财物和为他人谋取利益，似乎是两个行为，也就是所谓复行为犯。但理论上与实务中都认为，成立受贿罪并不需要实际为他人谋取利益，只要许诺为他人谋取利益即可，而且许诺可以是暗示的，在明知他人有具体的请托事项而收受他人财物的，也视为承诺为他人谋取利益。也就是说，理论上与实务中事实上将受贿罪中的"为他人谋取利益"这个要素解释掉了，从而使受贿罪事实上成为单行为犯，实行行为只有索取或者非法收受他人财物。

20. 如何把握受贿罪与接受正当馈赠的界限？

实践中，只要行贿人与受贿人具有某种远亲或者朋友关系，一般认定为赠与，而不认定为受贿罪。可奇怪的是，总是穷者向富者赠与、无权者向有权者赠与。司法实践的做法值得反思。[1] 人们送给官员钱财，显然不是因为官员人品特别高尚。

实践中的确存在以馈赠为名的行贿。区分贿赂与馈赠其实并不难，可以从以下几方面进行判断：（1）接受方与提供方是否存在亲友关系；（2）提供方是否有求于接受方的职务行为；（3）接受方是否许诺为提供方谋取利益，或者是否正在或者已经为提供方谋取利益；（4）所接受的财物是否超出了一般馈赠的数量与价值；（5）接受方是否利用了职务之便；（6）有无正当馈赠的适当理由；（7）接受与提供方式是否具有隐蔽性；等等。

---

① 张明楷. 刑法学. 6 版. 北京：法律出版社，2021：1606.

21. 如何区分斡旋受贿与普通受贿？

人们一般将《刑法》第 388 条规定的"以受贿论处"的受贿称为斡旋受贿。从条文表述来看，斡旋受贿与普通受贿的成立条件至少有三点不同：（1）前者利用的是本人职权或者地位形成的便利条件，通过其他国家工作人员职务上的行为为请托人谋取利益，后者是直接利用自己的职务行为为请托人谋取利益；（2）前者为请托人谋取的是不正当利益，后者只要求为请托人谋取利益，不论利益是否正当；（3）前者无论是索取贿赂还是收受贿赂都要求为请托人谋取利益，后者只有收受贿赂需要为请托人谋取利益。正因为成立条件不同，所以保护法益也存在差异。斡旋受贿的保护法益是被斡旋的国家工作人员的职务行为的公正性，以及国家工作人员（行为人）的职权与地位形成的便利条件的不可收买性。而普通受贿的保护法益是国家工作人员职务行为的不可收买性以及国民对国家工作人员职务行为不可收买性的信赖。斡旋受贿的本质是间接侵犯被斡旋的国家工作人员职务行为的公正性，直接侵害国家工作人员的职权与地位形成的便利条件的不可收买性。而普通受贿的本质就是权钱交易关系，直接侵害国家工作人员职务行为的不可收买性。

从理论上讲，斡旋受贿的实行行为除包括索取或者收受财物外，还包括斡旋行为。相应地，成立斡旋受贿的既遂，除要求实施索取或者收受请托人财物外，还要求实际实施了斡旋行为（向实际办事的国家工作人员转达请托事项）。但张明楷教授认为，国家工作人员接受请托（承诺实施斡旋行为）并索取、收受贿赂，但还没有从事斡旋行为的（要求有从事斡旋行为的意思），或者斡旋行为被拒绝的，以及斡旋行为成功的，都属于斡旋受贿的既遂。[①]

本书认为：既然是斡旋受贿，还是应该要求国家工作人员至少实际实施了斡旋行为，如果只要国家工作人员接受请托（承诺实施斡旋行为）并索取、收受贿赂，但还没有从事斡旋行为，就认为成立斡旋受贿的既遂，则斡旋受贿与普通受贿在行为方式和所保护的法益上就没有什么区别了。这恐怕不妥。所以，虽然不需要实际为请托人谋取到不正当利益，但至少实际实施了斡旋行为，转达了请托事项，才能侵害斡旋受贿所保护的法益，才值得以斡旋受贿的既遂进行评价。

22. 何谓斡旋受贿的"利用本人职权或者地位形成的便利条件"？以国家工作人员的立场实施的斡旋行为主要有哪些情形？

斡旋受贿不同于普通受贿，不是利用自己的职务行为为他人谋取利益，而是

[①]　张明楷. 刑法学. 6 版. 北京：法律出版社，2021：1598.

利用本人职权或者地位形成的便利条件，斡旋其他国家工作人员的职务行为为请托人谋取不正当利益，所以，并不要求行为人积极地利用其职权或者地位，只要立于国家工作人员的立场实施斡旋行为即可。一般来说，行为人与被其利用的国家工作人员之间在职务上虽然没有隶属、制约关系，但是行为人利用了本人职权或者地位产生的影响和一定的工作联系。具体而言，以国家工作人员的立场实施的斡旋行为主要有以下情形：（1）有威信的情形，就是国家工作人员利用其职务权限的背景所具有的事实上的势力，以及与特定的职务、地位相伴随的威信、声望，对其他公务员实施斡旋行为。如人大代表、部队首长等对行政官员的斡旋就属于这一类。（2）有公务关联的情形，如上下级法官、检察官之间，同级机关如教育局与税务局具有公务关联的国家工作人员之间。（3）有面子的情形，如单位同事之间。

如果国家工作人员利用本人职务上主管、负责、承办某项公共事务的职权，或者利用职务上有隶属、制约关系的其他国家工作人员的职权索取、收受贿赂的，应直接适用《刑法》第385条。另外，担任单位领导职务的国家工作人员通过不属于自己主管的下级部门的国家工作人员的职务为他人谋取利益的，也应直接适用《刑法》第385条。例如，副省长给不属于自己主管的部门的领导打招呼为他人谋取利益而收受财物的，成立普通受贿，而不是斡旋受贿。

23. 国家工作人员甲接受他人委托后，让国家工作人员乙要求国家工作人员丙为请托人谋取不正当利益的，属于斡旋受贿吗？

这种情形相当于间接斡旋，也成立斡旋受贿。

24. 即将转职的国家工作人员就自己主管的事项接受请托后，向新任职的国家工作人员实施斡旋行为的，成立斡旋受贿吗？

这种情形成立斡旋受贿，因为利用了其职权与地位所形成的便利条件。例如，某私企老板甲向税务局长乙行贿，希望减免纳税义务。由于乙次日就要转职到财政局工作，便在收下贿赂后向新任税务局长斡旋的，成立斡旋受贿。

25. 如何理解"收受请托人财物后及时退还或者上交的，不是受贿"的司法解释规定？

案1：某市市长甲利用职务便利为某工程队获取了利益，工程队长乙送给甲两瓶酒。甲收下后打开一看，内含50万元现金，甲立即给乙打电话让乙取回去，乙没有回来取。第二天甲又给乙打电话，但乙因有急事去了外地。等乙回到本市时，甲刚好去外地出差。甲在出差期间，放在家里的50万元现金被盗。甲便与常务副市长丙商量应该怎么办，丙示意甲不要告诉任何人，甲便没有报案，也没有向有关部门报告情况。后因该盗窃犯被抓获案发。

本案中，应认为甲没有受贿的故意，不成立受贿罪。不能认为甲没有报案就因此认为甲具有了受贿故意，因为这时所谓贿赂已经不存在了。再说，不报案也是人之常情，不具有期待可能性。

2007 年 7 月 8 日"两高"《关于办理受贿刑事案件适用法律若干问题的意见》（以下简称《办理受贿案件意见》）第 9 条第 1 款和第 2 款分别指出："国家工作人员收受请托人财物后及时退还或者上交的，不是受贿。""国家工作人员受贿后，因自身或者与其受贿有关联的人、事被查处，为掩饰犯罪而退还或者上交的，不影响认定受贿罪。"

应该说，《办理受贿案件意见》第 9 条第 1 款的规定只是为了说明，客观上虽然收受了他人财物，但主观上没有受贿故意的行为，不成立受贿罪。质言之，《办理受贿案件意见》的宗旨精神就是将不具有受贿故意的情形排除在受贿罪之外。因而，索取贿赂后退还或者上交的，依然成立受贿罪。因为索取财物的，明显具有受贿的故意，故不得适用《办理受贿案件意见》第 9 条第 1 款。另外，只要能够表明国家工作人员是没有受贿故意的退还与上交，都属于《办理受贿案件意见》第 9 条第 1 款规定的"及时"。所以只能从行为人是否具有受贿故意的角度判断是否"及时"，而不应当也不可能有一个具体明确的期限或者期间。

《办理受贿案件意见》第 9 条第 1 款与第 2 款之间不是对立关系。第 1 款只是列举了常见的不具有受贿故意的情形。虽然行为人客观上收到了他人财物，但行为人主观上不具有受贿的故意，即便不符合第 1 款的规定，也应认为不是受贿。同样，第 2 款也只是对常见的行为人具有受贿故意应当以受贿罪论处情形的列举，因此，只要行为人客观上利用职务上的便利收受了他人财物，财物与其职务具有对价关系，主观上具有受贿故意，即使不符合第 2 款的规定，也要直接根据《刑法》第 385 条的规定认定为受贿罪。

26. 客观上收受财物，主观上没有受贿故意的主要表现为哪些情形？

《办理受贿案件意见》第 9 条第 1 款只是对客观上收受财物但行为人主观上不具有受贿故意的情形的列举。实践中，客观上收受财物，主观上没有受贿故意的，主要表现为以下几种情形：（1）在请托人给付财物时，国家工作人员内心拒绝，但基于某种原因（重症卧床、在登机安检口）不能作出拒绝表示，或者作出拒绝表示不合适（碍于情面），事后及时退还或者上交；（2）国家工作人员明确拒绝请托人给付的财物，但请托人强行将财物留下，国家工作人员事后及时退还或者上交；（3）请托人将数额较大的财物伪装成价值微薄的小礼品送给国家工作人员，国家工作人员以为是小额礼品便接收。国家工作人员事后发现自己所接收的并非小礼品，而是数额较大的财物而退还或者上交；（4）请托人在国家工作人员不知情的情况下，暗地里将财物置于国家工作人员支配的场所（如将银行卡塞在沙发下面），国家工作人员发现后及时退还或者上交；等等。总之，只要能够说明国家工作人员没有受贿故意的，都应否定受贿罪的成立。

27. 不构成受贿罪的退还行为，可能构成帮助毁灭证据罪吗？

虽然国家工作人员收受请托人财物后及时退还的，因为不具有受贿故意，不构成受贿罪（但行贿人依然可能构成行贿罪），但由于所收受的财物，从刑法的角度而言是行贿罪的行为构成之物，从刑事诉讼法的角度而言是行贿罪的重要且关键的证据，所以，在国家工作人员客观上收受了请托人为谋取不正当利益给予的财物后，将该财物"及时"退还给行贿人的，意味着毁灭了请托人的行贿犯罪证据，可能构成帮助毁灭证据罪。质言之，受贿罪不是财产犯罪，国家工作人员收受请托人财物后及时退还给行贿人的，虽然不成立受贿罪，但完全可能构成帮助毁灭证据罪。

28. 贪污罪中的"积极退赃"与受贿罪中的"积极退赃"，意义一样吗？在应当没收的情况下行为人秘密退回给对方的，能否减轻或者免除处罚？

《刑法》第386条规定，对犯受贿罪的，根据受贿所得数额及情节，依照《刑法》第383条的规定处罚。而《刑法》第383条规定的是贪污罪的处罚条款，其第3款规定：行为人在提起公诉前积极退赃、避免、减少损害结果的发生，有第1项规定情形的，可以从轻、减轻或者免除处罚；有第2项、第3项规定情形的，可以从轻处罚。

问题是，贪污罪主要是侵犯财产的犯罪，行为人贪污后积极退赃的，的确避免、减少了损害结果的发生，但受贿罪不是侵犯财产的犯罪，而是侵犯国家工作人员职务行为的不可收买性的犯罪，即便事后行为人积极退赃，也不可能避免、减少损害结果的发生（就如拔出木门上的铁钉，坑洞依然存在）。而且，在行贿人主动给予国家工作人员以财物，没有被勒索（行贿人不是被害人）的情形，国家工作人员积极退赃，往往只是担心罪行败露而采取的措施，属于帮助毁灭证据，根本不能表明国家工作人员有悔改表现。所以说，不考虑受贿罪与贪污罪的罪质差异，无差别适用积极退赃的从宽量刑情节，是存在问题的。

29. 如何把握受贿罪与贪污罪之间的界限与竞合？

案2：阎某利用其担任江苏省体制改革委员会（以下简称"体改委"）副主任兼江苏省市场协会理事长的职务便利，以市场协会投资需要为名，向其下属的苏州商品交易所（以下简称"苏交所"）索要80万元的"赞助"。苏交所同意后，阎某为方便入账，指使钱某以市场协会的名义在银行开设了临时账户。在苏交所将80万元打入该账户后，阎某向体改委工会索要空白收据加盖市场协会公章，以借款为由填写内容后直接交苏交所入账。之后，阎某与钱某对该款予以私分。一审法院认为阎某构成受贿罪。二审法院则认为构成贪污罪。

本案中，一方面，所谓的80万元"赞助"款进入的是市场协会临时账户，阎某伙同钱某私分该款，应属于共同贪污。另一方面，所谓"赞助"，其实是索取贿赂，所以阎某还成立受贿罪。由于受贿罪的"收受他人财物"，既包括本人收受，也包括使第三者（包括单位）收受，就阎某受贿而言，80万元"赞助"款打入市场协会的临时账户时，受贿犯罪就已既遂。之后阎某伙同钱某从市场协会临时账户取出该款共同私分，则构成贪污罪。所以，应当认定成立贪污罪与受贿罪，实行数罪并罚。

对于贪污罪与受贿罪，刑法理论总是孜孜不倦地划清二者的界限。可事实上，受贿罪中"为他人谋取利益"的行为，往往也是损公肥私的行为，如"迂回贪污"。收受所谓回扣、手续费、返价款等名目繁多的"好处费"的行为，就受贿而言，系利用职务上的便利为他人谋取利益而索取、收受贿赂；而就贪污而言，又属于利用职务上的便利侵吞本单位财物的情形。因而，贪污与受贿之间原本就没有截然的界限，问题仅在于，行为同时符合贪污罪与受贿罪构成要件时，选择哪一个罪名更为妥当。

本书认为，虽然贪污罪与受贿罪的法定刑完全一样，但在发生竞合时，一般应以贪污罪定罪处罚。这是因为：一则，贪污的数额是被害单位所遭受财产损失的数额，通常高于对方实际给予行为人的"好处费"数额，故以贪污罪论处，通常能判处相对较重的刑罚。二则，贪污犯罪是存在具体被害人（单位）的犯罪，由于刑法终究是为保护个人人身、财产法益而存在的，认定为贪污罪，可以通过追缴、责令退赔等手段，最大限度地保护被害单位所实际遭受的财产损失。倘若认定为受贿罪，则不仅犯罪数额不能体现被害单位所实际遭受的财产损失数额，而且还会一分不留地予以追缴没收后上缴国库。三则，由于成立行贿罪要求"为谋取不正当利益"而且在被勒索时还可以免责，若案件以受贿罪定性，往往难以有效追究事先通谋的交易对方的刑事责任；倘若定性为贪污罪，则可以贪污共犯追究对方的刑事责任。

不过，如果单位取得相应财物没有合理的根据，而且行为人索要该笔款物后完全占为己有，即贪污数额与受贿数额一致时，为了避免单位"不当得利"，这时以受贿罪论处，可能更为合适。

30. 对于国家工作人员利用职务上的便利向请托人勒索财物的，应当如何处理？

国家工作人员索取贿赂的，可能同时构成受贿罪与敲诈勒索罪，二者是想象竞合关系。但考虑到敲诈勒索罪有被害人，即便认为成立受贿罪与敲诈勒索罪的想象竞合，也应将所索取的财物追缴后返还给被害人，而不是上缴国库。

31. 如何处理受贿罪与诈骗罪的关系？

国家工作人员就其职务范围内的事项作出为他人谋取利益的虚假承诺的，同时成立受贿罪与诈骗罪。国家工作人员在他人有求于自己的职务行为，谎称能为他人谋取利益（超出其职权范围）并主动要求对方提供财物的，也成立诈骗罪与受贿罪的想象竞合。国家工作人员的家属或者其他人，谎称能为他人办事，欺骗对方，获取财物的，成立诈骗罪。由于诈骗罪有被害人，即便成立受贿罪与诈骗罪的想象竞合，通常也应追缴所收受的财物后返还给被害人，而不是上缴国库。

32. 受贿罪的加重犯有未遂吗？误以为收到价值连城的名画，实则是赝品的，成立受贿罪加重犯的未遂、适用加重法定刑吗？

案3：行贿人甲花了500万元买了一幅字画送给国家工作人员乙，乙收下。甲、乙都以为该字画值500万元。但案发后经鉴定发现是赝品，只值3万元。

本案中，虽然乙以为收到了价值500万元的名画，但受贿罪不是财产犯罪，不能认为行为对受贿罪加重犯所保护的法益形成了具体、现实、紧迫的危险，所以不能认定成立受贿罪加重犯的未遂，只能认定成立受贿罪基本犯的既遂。

从理论上讲，受贿罪加重犯也有未遂。但问题是，只有对加重犯所保护的法益形成了具体、现实、紧迫的危险，才可能成立受贿罪加重犯的未遂，而受贿罪不是财产犯罪，即使行为人误以为收到了价值连城的名画，也不能认为因此就对受贿罪加重犯所保护的法益形成了具体、现实、紧迫的危险，所以不能成立受贿罪加重犯的未遂，而只能成立受贿罪基本犯的既遂（达到受贿罪基本犯的立案标准）或者未遂。

张明楷教授认为：请托人花 2 万元购买了赝品与标价 50 万元的相关"证书"送给官员，官员误以为是真品而收下的，也只能认定受贿数额是 2 万元。假如请托人事先受骗，误将赝品当作真品花 50 万元而购买，然后将赝品与相关"证书"（标价 50 万元）给予官员。案发后查明是赝品，经鉴定仅值 2 万元。对此，应不计算数额，仅按情节轻重处理，并且认定为受贿既遂。[①]

本书认为：即便是作为受贿罪加重犯成立条件的"其他严重情节"与"其他特别严重情节"，也必须是客观方面的反映法益侵害程度的要素。即便国家工作人员误以为收到了价值连城的名画，也不会因此增加受贿罪的不法程度（不会导致对国家工作人员职务行为的不可收买性的侵害的加重），所以不应评价为受贿罪加重犯的"其他严重情节"与"其他特别严重情节"，不能认定成立受贿罪加重犯的既遂，只能认定成立受贿罪基本犯的既遂（达到基本犯的立案标准）或者未遂。

33. 国家工作人员收受贿赂后，向对方回赠财物的，能从受贿数额中扣除吗？

受贿罪不是财产犯罪，收受贿赂就已经既遂，之后向对方回赠财物的数额，不应从受贿数额中扣除。

34. 对于"退还"后再索回或者收受的，受贿数额如何计算？

案 4：某房地产开发公司老板甲向国家工作人员乙行贿，双方签了购房合同，公司把价值 170 万元的房屋送给乙，并登记在乙的妻子名下。登记 4 个月之后，乙担心自己被查处，把房子又过户到甲名下。甲认为乙帮了自己不少忙，就又将一张存了 100 万的银行卡交给乙，乙收下。

本案中，甲将价值 170 万元的房屋登记在乙的妻子名下，受贿罪就已经既遂。之后乙收受内存 100 万的银行卡，应该认为成立新的受贿罪。故乙受贿数额是 270 万元。

对于国家工作人员收受贿赂后因风声紧"退还"给行贿人，等风声过后再索回或者收受的案件，例如丙收受 20 万元后，因担心被查处而悉数退还，风声过后又索回的，判断后一次索回是不是新的受贿行为，应当综合考虑对方的请托事项的多少（是否只有同一请托事项），请托事项是否已经完成（是否仍有其他请托事项），退回的财物与索回的财物是否具有同一性，在单位行贿的场合退回时

---

① 张明楷. 刑法学. 6 版. 北京：法律出版社，2021：1610.

的接收者与索回时的对象是否具有同一性等因素。如果得出肯定结论，就应当将前后两次受贿数额相加计算（在上例中认定为 40 万元）。

35.《贪贿案件解释》规定，具有较重情节，还要求受贿 1 万元以上，才构成受贿罪，是否违反刑法规定？

《贪贿案件解释》规定，"受贿数额在一万元以上不满三万元，具有前款第二项至第六项规定的情形之一，或者具有下列情形之一的，应当认定为刑法第三百八十三条第一款规定的'其他较重情节'"。而《刑法》第 383 条规定的是"贪污数额较大或者有其他较重情节的，处三年以下有期徒刑或者拘役，并处罚金"。也就是说，"数额较大"是与"其他较重情节"并列规定的，行为人只要具有"其他较重情节"就能构成贪污罪、受贿罪。《贪贿案件解释》的规定的确有违反罪刑法定原则之嫌。

本书认为：由于贪污罪主要是侵犯财产的犯罪，所以成立贪污罪的"其他较重情节"要求财物达到一定的数额，具有合理性。但受贿罪不是侵犯财产的犯罪，而是侵犯职务行为不可收买性的犯罪。即便受贿数额达不到 1 万元，也可能对国家工作人员职务行为不可收买性的侵害很严重。所以，认定成立受贿罪的"其他较重情节"，不应要求受贿数额必须达到 1 万元以上。

36.《贪贿案件解释》规定，曾受过党纪、政纪处分、刑事追究、赃款赃物用于非法活动、拒不交待赃款赃物取现、拒不配合追缴工作、造成恶劣影响，应当认定"较重情节""严重情节""特别严重情节"，妥当吗？

应该说，《刑法》分则中无论是作为基本犯成立条件的"情节严重"或者"其他严重情节"，还是作为加重犯成立条件的"情节特别严重"或者"其他特别严重情节"，都必须是客观方面的反映法益侵害程度的客观不法情节，即必须是责任刑情节。而曾受过党纪、政纪处分、刑事追究，将赃款赃物用于非法活动，以及拒不交待赃款赃物去向，拒不配合追缴工作，都不是表明受贿不法程度的事实，不属于有责的不法事实，不属于责任刑情节，而是表明再犯罪可能性大小即特殊预防必要性大小的预防情节。而预防刑情节只能在确定责任刑之后对预防刑的确定起作用。上述司法解释规定显然混淆了预防要素与责任要素、预防刑情节与责任刑情节，必然导致处刑过重。至于恶劣影响的评价不具有明确的标准，而具有随意性、偶然性。而且，在配置贪污受贿犯罪的法定刑时就已经考虑了恶劣社会影响的因素。所以，不应将造成恶劣社会影响评价为受贿罪的"严重情节"。

第四节　利用影响力受贿罪

第三百八十八条之一　**【利用影响力受贿罪】**国家工作人员的近亲属或者其他与该国家工作人员关系密切的人，通过该国家工作人员职务上的行为，或者利用该国家工作人员职权或者地位形成的便利条件，通过其他国家工作人员职务上的行为，为请托人谋取不正当利益，索取请托人财物或者收受请托人财物，数额较大或者有其他较重情节的，处三年以下有期徒刑或者拘役，并处罚金；数额巨大或者有其他严重情节的，处三年以上七年以下有期徒刑，并处罚金；数额特别巨大或者有其他特别严重情节的，处七年以上有期徒刑，并处罚金或者没收财产。

离职的国家工作人员或者其近亲属以及其他与其关系密切的人，利用该离职的国家工作人员原职权或者地位形成的便利条件实施前款行为的，依照前款的规定定罪处罚。

疑难问题

1. 为何要增设利用影响力受贿罪，或者说该罪的立法目的是什么？

案1：甲是某省移动公司副总经理，负责省移动公司相关业务。丙得知这一信息后，邀请甲的弟弟乙和自己一起成立了一家公司，给乙40％的股份，但乙并没有出资。丙要求乙通过甲把移动公司的业务做大，乙向甲说明后，甲表示同意。此后两三年，乙通过甲的关系拉了很多项目，分得利润92万元，但甲没有从中获得任何好处。

本案中，乙利用自己与甲的兄弟关系，通过甲的职务行为为自己和丙谋取利益，乙的行为成立利用影响力受贿罪，丙成立对有影响力的人行贿罪。如果甲知道乙没有出资却拥有公司40％的股份，还利用职务上的便利为乙、丙谋取利益，则甲成立受贿罪，乙成立利用影响力受贿罪的正犯和受贿罪的共犯，想象竞合，从一重处罚。如果丙知道甲、乙共同受贿的事实，则丙成立对有影响力的人行贿罪与行贿罪的想象竞合，从一重处罚。

案2：被告人陈某的丈夫杨某系新安电力集团副总经理，行贿人王某系电厂货物供应商。2009年5月，陈某与王某闲逛时称钱包被偷，王某当即送给陈某现金4 000元。2009年下半年，陈某又提出无钱装修新房，王某为了能得到杨某的

"照顾"，当即送给陈某一张内存 5 万元的银行卡。后又送给陈某 2 万元现金。法院认为陈某构成利用影响力受贿罪。

本案中，被告人陈某利用其丈夫杨某的职务为王某谋取利益，自己收受王某的财物，成立利用影响力受贿罪，王某成立对有影响力的人行贿罪。如果被告人陈某的丈夫杨某知道陈某收受了王某的财物还利用职务上的便利为王某谋取利益，则杨某成立受贿罪，陈某成立利用影响力受贿罪的正犯与受贿罪的共犯，想象竞合，从一重处罚。如果王某知道杨某知悉陈某收受了王某的财物还利用职务上便利为自己谋取利益，则王某同时成立对有影响力的人行贿罪与行贿罪的想象竞合，从一重处罚。

我国加入了《联合国反腐败公约》，公约要求处罚利用影响力受贿行为。传统上，只有国家工作人知道家属收受了他人财物还利用职务上的便利为他人谋取利益的，才能将国家工作人员的家属作为受贿罪的共犯处罚。但国家工作人员的家属为了"丢车保帅"，往往一口咬定国家工作人员不知情，国家工作人员也坚称自己不知道家属收钱了，则既不能追究国家工作人员受贿罪的刑事责任（因为不知情，没有受贿的故意），也不能单独追究国家工作人员家属的刑事责任，因为家属不具有国家工作人员的身份，不符合受贿罪的主体条件，结果对收钱的家属只能作无罪处理。这显然是一个很大的处罚漏洞，也无疑为官员及其家属逃避处罚指明了方向。正因为此，才增设利用影响力受贿罪，以在国家工作人员坚称不知情、家属也一口咬定国家工作人员不知道其索取或者收受了请托人财物的情况下，单独追究国家工作人员的近亲属以及其他与国家工作人员关系密切的人的刑事责任。

2. 本罪所保护的法益是什么？

本罪的主体不是国家工作人员，本罪规制的是国家工作人员的近亲属以及与该国家工作人员关系密切的人、离职的国家工作人员或者其近亲属以及其他与其关系密切的人，利用自己的影响力，通过在职的国家工作人的职务行为为请托人谋取不正当利益，而从中索取或者收受请托人财物的行为。所以本罪的保护法益包括了国家工作人员的职务行为的公正性，以及国民对国家工作人员职务行为不可收买性的信赖。

3. 何谓"关系密切的人"？"与国家工作人员关系密切的人"，等于"与国家工作人员关系好的人"吗？

一般来说，"关系密切的人"，是指与国家工作人员或者离职的国家工作人员具有共同利益关系的人，其中的共同利益不仅包括物质利益，而且包括其他方面的利益，例如，情人关系、恋人关系、前妻前夫关系、密切的上下级关系（如国家工作人员的秘书、司机等）、密切的姻亲或者血亲关系、同学关系、战友关系、师生关系等方面的利益。事实上，具体哪些人属于与国家工作人员关系密切的人，并不需要司法机关特别明确界定，而是由本罪的行为主体与国家工作人员的关系所决定的。换言之，客观上能够通过国家工作人员职务上的行为，或者利用国家工作人员职权或者地位形成的便利条件，通过其他国家工作人员职务上的行为，为请托人谋取不正当利益的人，基本上都是与国家工作人员关系密切的人。与离职的国家工作人员关系密切的人，也是如此。

不能认为，"与国家工作人员关系密切的人"就是"与国家工作人员关系好的人"。例如，掌握了国家工作人员隐私的人，也可能成为"与国家工作人员关系密切的人"。

4. 利用影响力受贿罪与普通受贿罪、斡旋受贿的成立条件有何不同？所保护的法益有无差异？

利用影响力受贿罪与普通受贿罪的成立条件有以下几点不同：（1）前者的行为主体是普通人，后者的是国家工作人员；（2）前者是通过与其关系密切的国家工作人员职务上的行为，或者利用该国家工作人员职权或者地位形成的便利条件，通过其他国家工作人员职务上的行为，为请托人谋取利益，后者是国家工作人员利用自己职务上的行为为请托人谋取利益；（3）前者谋取的是不正当利益，后者不限于谋取不正当利益，也包括谋取正当利益；（4）前者索取请托人财物的，需要为请托人谋取利益，后者索取请托人财物的不需要为请托人谋取利益；（5）前者不仅要实施索取或者收受请托人财物的行为，还要实施斡旋行为转达请托事项，后者只需要利用职务上的便利索取或者收受请托人财物。

利用影响力受贿罪与斡旋受贿（第388条）的成立条件主要有以下两点不同：（1）前者的行为主体是普通人，后者的行为主体是国家工作人员；（2）前者是利用自己对国家工作人员的影响力，后者利用的是本人职权或者地位形成的便利条件。

普通受贿罪的保护法益是国家工作人员职务行为的不可收买性以及国民对国家工作人员职务行为不可收买性的信赖。受贿罪的本质是侵犯了国家工作人员职务行为的不可收买性。斡旋受贿的保护法益是被斡旋的国家工作人员的职务行为的公正性，以及国家工作人员（行为人）的职权与地位形成的便利条件的不可收买性。斡旋受贿的本质是间接侵犯被斡旋的国家工作人员的职务行为的公正性，直接侵害国家工作人员的职权与地位形成的便利条件的不可收买性。利用影响力受贿罪的保护法益是国家工作人员的职务行为的公正性，以及国民对国家工作人员职务行为不可收买性的信赖。

5. 如何区分本罪与受贿罪共犯？二者能否竞合？

案 3：A 公司老板甲想得到领导乙的关照，就将公司的干股给乙的儿子丙。丙利用其父亲乙的影响力四处活动，乙此时并不知情。后来，在丙把干股兑换成 1 000 万元现金后，有关部门要对公司重大项目进行调整。由于该重大项目明显存在违规现象会受到查处，于是，丙就跟乙讲了真相，乙知道丙得到了 1 000 万元现金，便跟有关部门"打招呼"，不要调查该项目，有关部门没有对该公司项目进行调整。

本案中，在刚开始乙不知道丙收受了干股时，丙的行为成立利用影响力受贿罪，甲的行为构成对有影响力的人行贿罪，乙不构成犯罪。但后来乙知道丙收受了 1 000 万元，还"跟有关部门'打招呼'，不要调查该项目，有关部门没有对该公司项目进行调整"，乙与丙构成受贿罪的共犯，丙则成立利用影响力受贿罪的正犯与受贿罪共犯的想象竞合，从一重处罚。甲因为行贿行为已经完成，还是只成立对有影响力的人行贿罪。

本罪与受贿罪共犯的区别在于：国家工作人员是否知道关系密切的人索取或者收受了请托人财物，若知道，国家工作人员就与关系密切的人成立受贿罪共犯，关系密切的人则成立受贿罪共犯与利用影响力受贿罪的正犯的想象竞合，从一重处罚；若不知道，则国家工作人员不构成贿赂犯罪（可能构成渎职罪），关系密切的人构成利用影响力受贿罪。若请托人知道国家工作人员知悉关系密切的人索取或者收受了财物，即请托人知道共犯事实，则请托人成立行贿罪和对有影响力的人行贿罪的想象竞合，从一重处罚；若请托人不知道共犯事实，则请托人仅构成对有影响力的人行贿罪。

6. 本罪的实行行为和既遂标准是什么？收受财物后未转达请托事项，成立本罪的既遂吗？国家工作人员尚未许诺为请托人谋取不正当利益的，成立本罪吗？

本罪是复行为犯，实行行为为索取或者收受请托人财物并向国家工作人员实施斡旋行为，转达请托事项，也就是"收受财物＋斡旋行为"。只有行为人索取或者收受了请托人财物，向国家工作人员进行斡旋，国家工作人员许诺为请托人谋取不正当利益的，才能成立本罪的既遂。即使行为主体索取或者收受了请托人财物，但还没有实施斡旋行为，转达请托事项，或者实施了斡旋行为，转达了请托事项，但国家工作人员没有许诺为请托人谋取不正当利益的，只能成立本罪的未遂。本罪的成立不要求国家工作人员对行为主体的内容知情，也不需要国家工作人员实际利用自己的职务行为为请托人谋取了不正当利益。如果国家工作人员知道行为主体索取或者收受了请托人财物，还许诺为请托人谋取不正当利益的，则国家工作人员成立受贿罪，行为主体成立受贿罪的共犯和本罪的想象竞合，从一重处罚。

7. 本罪是实害犯还是危险犯？

如果认为只有当国家工作人员实施了为请托人谋取不正当利益的行为时，行为人才成立本罪，则本罪是实害犯；但若认为只需要国家工作人员许诺为请托人谋取不正当利益，行为人就成立本罪，本罪就是危险犯。应该说，本罪是危险犯，只要国家工作人员许诺为请托人谋取不正当利益，行为人就成立本罪的既遂。

8. 国家工作人员知情并许诺为请托人谋取不正当利益的，国家工作人员成立何罪？收受贿赂的人，成立何罪？

设立本罪的目的就是，弥补家属收受了财物而国家工作人员辩称不知情而形成的处罚漏洞。所以，如果国家工作人员知情并许诺为请托人谋取不正当利益的，则国家工作人员成立受贿罪。收受财物的人与国家工作人员成立受贿罪的共犯，同时成立利用影响力受贿罪，想象竞合，从一重处罚。

第五节　行贿罪

第三百八十九条　**【行贿罪】**为谋取不正当利益，给予国家工作人员以财物的，是行贿罪。

在经济往来中，违反国家规定，给予国家工作人员以财物，数额较大的，或者违反国家规定，给予国家工作人员以各种名义的回扣、手续费的，以行贿论处。

因被勒索给予国家工作人员以财物，没有获得不正当利益的，不是行贿。

第三百九十条　**【行贿罪的处罚规定】**对犯行贿罪的，处五年以下有期徒刑或者拘役，并处罚金；因行贿谋取不正当利益，情节严重的，或者使国家利益遭受重大损失的，处五年以上十年以下有期徒刑，并处罚金；情节特别严重的，或者使国家利益遭受特别重大损失的，处十年以上有期徒刑或者无期徒刑，并处罚金或者没收财产。

行贿人在被追诉前主动交待行贿行为的，可以从轻或者减轻处罚。其中，犯罪较轻的，对侦破重大案件起关键作用的，或者有重大立功表现的，可以减轻或者免除处罚。

疑难问题

1. 给予一盒普通的茶叶，也成立行贿罪吗？

应该说，虽然《刑法》第 390 条规定"对犯行贿罪的，处……"，但根据实质的违法性论，给予一盒普通的茶叶不可能成立行贿罪。何况，法益侵害性更为严重的受贿罪的成立尚且需要"数额较大或者有其他较重情节"。所以，《贪贿案件解释》也规定，只有行贿数额在 3 万元以上，或者行贿数额在 1 万元以上并且具有严重情节的，才能以行贿罪追究刑事责任。

2. "为谋取不正当利益"，是主观要素还是客观要素？

行贿罪构成要件的内容为，为谋取不正当利益而给予国家工作人员以财物，主要表现为以下几种情形：（1）行贿人与国家工作人员事先约定，以满足自己的要求为条件给予国家工作人员以财物；（2）在行为人有求于国家工作人员的职务行为时，由于国家工作人员的索取而给予国家工作人员以财物；（3）行为人为了利用国家工作人员的职务行为（包括利用国家工作人员职权或者地位形成的便利条件），主动给予国家工作人员以财物（包括向斡旋受贿者给予财物）；（4）在国家工作人员利用职务上的便利为自己谋取利益时或者为自己谋取利益之后，给予国家工作人员以财物，作为职务行为的报酬。

很显然，就前三种行贿情形而言，"为谋取不正当利益"只是主观要素，不要求国家工作人员实际为行贿人谋取了不正当利益。而对于第四种行贿情形而言，只要认为值得以行贿罪进行处罚，就应认为"为谋取不正当利益"是客观要素，因为谋取了不正当利益。第四种情形也具有值得科处刑罚的法益侵害性，实践中，对于获取了不正当利益的人，事后向国家工作人员行贿的，也会以行贿罪论处。所以，对于"为他人谋取利益"，虽然一般来说属于主观要素（为了谋取不正当利益），但对于获取了不正当利益之后给予国家工作人员以财物的行贿而言，则属于客观要素（因为谋取了不正当利益）。

3. 应否对"为谋取不正当利益"作限制解释？

案 1：行贿人虽然符合职务晋升的条件，但为了使自己先于他人晋升，而给予有关国家机关工作人员以财物。

本案中，行为人的行为属于谋取竞争优势，也属于"为谋取不正当利益"，应成立行贿罪。

案 2：国家工作人员乙要为国有事业单位购买 50 台电脑，与商店店主甲商量。甲既不想降低价格，又希望乙购买自己商店的电脑，便向乙支付了回扣。

本案中，在乙可能不购买甲的电脑，也可能以较低的价格购买其他商店的电脑的情况下，甲使乙决定以较高的价格购买本商店的电脑，就是一种不正当利益，所以应成立行贿罪。

国外刑法未要求成立行贿罪必须出于"为谋取不正当利益"的目的。也就是说，即便为谋取正当利益而行贿也值得科处刑罚。我国现行《刑法》的规定本来就缩小了行贿罪的处罚范围，如果再对"谋取不正当利益"作限制解释，则不当缩小了处罚范围。因此，谋取任何性质、任何形式的不正当利益的，都属于"谋取不正当利益"，而能成立行贿罪。

4. 《刑法》第 389 条第 2 款规定，是注意规定还是法律拟制？适用本款规定，是否要求"为谋取不正当利益"？

既然发生在其他领域的行贿犯罪的成立尚且要求"为谋取不正当利益"，如为买官而行贿，就没有理由对危害性相对较小的发生在经济往来中的行贿犯罪的成立反而不要求"为谋取不正当利益"。所以，本款规定只是注意规定，而不是法律拟制，对发生在经济往来中的行贿罪的成立，也要求"为谋取不正当利益"。

5. 能否将"因被勒索"限制解释为"严重的勒索"？

《刑法》第 389 条第 3 款关于"因被勒索给予国家工作人员以财物，没有获得不正当利益的，不是行贿"的规定，是对被告人有利的规定。对被告人有利的规定，不能进行限制解释，不能将"因被勒索"限制解释为"严重的勒索"。

6. 具有事后索回财物意思的，成立行贿罪吗？

即便行贿人具有事后索回财物的意思，也不影响行贿罪的成立。例如，甲为了获取某项工程，向国家工作人员乙交付 50 万元，打算获取工程后再索回。乙收受 50 万元后，将工程交给甲，甲完工后，以告发相要挟，要求乙退回 50 万元，乙担心甲告发，将 50 万元退还给甲。乙的行为肯定构成受贿罪既遂。甲的行为不仅成立行贿罪，而且另外成立敲诈勒索罪，应当数罪并罚。

7. 客观上属于正当利益，而行为人误以为是不正当利益的，成立行贿罪吗？

案 3：某企业原本应当获得国家的某项补贴，但企业负责人甲不知情，于是他以谋取不正当补贴的心理，向有关国家机关负责人乙提出请求，并送给乙 5 万元现金。乙随后发现甲的企业完全符合获得这项补贴的条件，甲的企业最后也获得了补贴。

本案中，甲的行为不符合行贿罪的主观要素，不成立行贿罪。当然，乙的行为依然成立受贿罪。

虽然"为谋取不正当利益"通常属于主观要素，但利益本身是否正当，则需要进行客观判断。如果客观上属于正当利益，而行为人误以为是不正当利益的，不能认定成立行贿罪。

8. "为谋取不正当利益"，限于为行贿人本人谋取不正当利益吗？

"为谋取不正当利益"，并不限于为行贿人本人谋取不正当利益，为第三人（包括单位）谋取不正当利益的，也成立行贿罪，如企业老板行贿为官员买官。

9. 行贿罪与受贿罪可谓对向犯，一定同时成立吗？

虽然行贿罪与受贿罪可谓对向犯，但并不意味着必须同时成立。完全有可能只成立受贿罪，而不成立行贿罪，如行为人为谋取正当利益而行贿，或者因被勒索给予国家工作人员以财物，但没有获得不正当利益的，都不成立行贿罪，而对方单独成立受贿罪。也完全有可能仅成立行贿罪而不成立受贿罪，如国家工作人员没有受贿故意，收到行贿人给予的财物后及时退还或者上交的。

10. 行为人事先通过国家工作人员的职务行为获取了不正当利益，后来被国家工作人员勒索并给予国家工作人员以财物的，成立行贿罪吗？

应该说，这种情况与行为人先被勒索给予国家工作人员财物，后谋取不正当利益，没有任何本质区别，而且这种行为也不符合《刑法》第 389 条第 3 款的规定。所以，这种情形也成立行贿罪。

11. 如何认定行贿罪的既、未遂？在检察机关、监察委控制下向国家工作人员交付财物的，成立行贿罪既遂吗？

应该说，只要国家工作人员客观上接收（占有）了财物，如财物已经放在国家工作人员家里或者办公室，财物已经转移至国家工作人员或其亲属控制之下，或者说行贿人已经失去了对财物的控制，行贿罪就已既遂。即使国家工作人员事后退回财物或者及时上交，也不影响行贿罪既遂的成立。如果国家工作人员还没有完全控制财物，如行为人送国家工作人员一张自己名义的银行卡，声称办完事后再告知银行卡的密码，由于国家工作人员还不能支配卡中的存款，所以不能认定成立行贿罪和受贿罪的既遂。如果行为人是在被检察机关控制下向国家工作人员交付财物的，则因为不可能既遂，只可能成立行贿罪和受贿罪的不能犯。

12. 如何认定行贿罪的罪数？

即便是行为人反复要求国家工作人员接受自己给予的财物，行为人也仅成立行贿罪，而不可能同时成立受贿罪的教唆犯。行贿人谋取不正当利益的行为本身构成犯罪，如因犯通过行贿让狱警释放自己的，构成脱逃罪，应当与行贿罪数罪并罚；狱警构成受贿罪与私放在押人员罪，应当数罪并罚。

13. 就未经许可而构成犯罪的行政犯而言，行贿人通过行贿取得许可后从事相应行为的，能被另外认定为犯罪吗？

应该说，就控制性许可而言，即便行为人通过行贿取得许可，也应认为取得了行政许可，不能成立未经许可而构成的犯罪。例如，甲通过行贿取得烟草专卖许可证后经营烟草，不成立非法经营罪。又如，乙通过行贿取得医生执业资格证后行医致人死亡的，不成立非法行医罪，而是成立医疗事故罪。再如，丙通过行贿交警大队队长取得驾驶证，驾车闯红灯致1人重伤，负事故全部或者主要责任的，不属于"无驾驶资格驾驶机动车辆"，不能以交通肇事罪定罪处罚。还如，丁通过行贿获准超额购买爆炸物品用于生产活动的，不能成立非法买卖爆炸物罪。但如果通过行贿取得特殊许可证，还是属于未获得许可而可能成立相应犯罪。例如，行为人通过行贿取得毒品种植许可证而种植毒品的，还是可能成立非法种植毒品原植物罪。又如，行为人通过行贿取得枪支制造、销售资格后制造、买卖枪支的，还是可能成立非法制造、买卖枪支罪。

14.《刑法修正案（九）》修改了受贿罪的主刑与附加刑，却只修改了行贿罪的附加刑，于是出现了行贿罪的前两档法定刑高于受贿罪的现象，这是否意味着为行贿与受贿同等处罚的"并重论"提供了法律依据？

"并重论"的根据之一是所谓"行贿是腐败的源头"。这是有疑问的。

首先，行贿罪与受贿罪虽然是对向犯，但不能据此认为行贿是腐败的源头。将行贿视为腐败的源头，实际上是有意或者无意地掩盖腐败的真正源头。其次，惩罚主动行贿行为并不足以遏制受贿犯罪。最后，源头行为是否值得科处刑罚以及应当科处何种刑罚，应当独立判断，而不能以预防其他犯罪的必要性为根据来决定。

"并重论"的根据之二是所谓"行贿与受贿同害"。这也是有问题的。

首先，所谓行贿和受贿同害，其实只是意味着行贿和受贿的共同危害，或者说危害主要是由受贿行为造成的。将贿赂行为共同造成的或者主要由受贿行为造成的危害结果归责于行贿行为，明显不符合客观事实。其次，行贿行为不可能直接破坏国家机关的正常活动，换言之，真正破坏国家机关正常活动的是国家工作人员本身的行为。最后，行贿人有故意有目的，并不表明其责任程度重于受贿人的责任程度。

15. 在对应的受贿罪属于基本犯的情况下，对行贿罪的基本犯能判处高于受贿罪基本犯的 3 年有期徒刑吗？

由于行贿罪基本犯的不法与责任不可能重于受贿罪基本犯的，所以，对行贿罪基本犯所科处的责任刑就不得重于对受贿罪基本犯所科处的责任刑。退一步说，即使行贿与受贿同害，对行贿罪设置的基本法定刑也不得高于受贿罪的基本法定刑。既然如此，就应当确立一条量刑规则：在对应的受贿罪属于基本犯的情况下，对行贿罪的基本犯只能科处 3 年以下有期徒刑，而不应在 3 年以上 5 年以下裁量刑罚。

针对行贿罪基本法定刑的适用提出上述规则，并不是偷偷地修改了基本法定刑，而是说，行贿罪的基本犯与受贿罪的基本犯不是完全对应关系，行贿罪的基本犯除了对应受贿罪的基本犯，还可以对应数额巨大与情节严重的受贿罪的部分情形。亦即，应当对《贪贿案件解释》规定的"因行贿谋取不正当利益，情节严重的，或者使国家利益造成重大损失"情形中部分相对较轻的情形，适用行贿罪的第一档法定刑。

此外还要说明的是，以上规则的适用只是针对责任刑，而不适用于预防刑。例如，当对应的受贿人有自首、立功表现，而行贿人是累犯时，对行贿人判处的刑罚也可能重于受贿人。

适用《刑法》第 390 条第二档法定刑的只有两种情形：一是因行贿谋取了重大不正当利益，二是因行贿给国家利益造成重大损失。而且，由于行贿罪的法定刑不当地高于受贿罪的，所以，对第二档法定刑应当设定较高的适用条件，使一部分相对严重的情形纳入第一档法定刑。行贿罪第二档法定刑，则可以对应数额特别巨大与情节特别严重的受贿罪的部分情形，亦即，应当对《贪贿案件解释》中规定的"情节特别严重的，或者给国家利益造成特别重大损失"情形中部分相对较轻的情形，适用行贿罪的第二档法定刑。

由于行贿罪的前两档法定刑不当地高于受贿罪的，第三档法定最低刑又相同，为了使行贿罪与受贿罪之间的处罚相协调，对行贿罪的情节特别严重也应当确立特别高的条件，使一部分情节相对特别严重的情形纳入第二档法定刑。

16.《贪贿案件解释》规定，行贿数额 100 万元以上的属于"情节严重"，行贿数额 500 万元以上的，属于"情节特别严重"，有问题吗？

《刑法》第 390 条第 1 款规定，行贿罪第二档法定刑的适用条件是"因行贿谋取不正当利益，情节严重的，或者使国家利益遭受重大损失"。该适用条件显然只包括两种情形：一是谋取了重大的不正当利益，二是使国家利益遭受重大损失。这两种情形的前提都是"因行贿"，亦即，因为行贿而谋取了重大的不正当利益或者使国家利益遭受重大损失。行贿是原因，谋取了重大的不正当利益或者使国家利益遭受重大损失是结果。所以，"因行贿"并非单纯的条件关系，只有当谋取不正当利益的结果或者使国家利益遭受重大损失的结果，能够归属于行贿行为时，才可能符合第二档法定刑的适用条件。"因行贿谋取不正当利益，情节严重的"与"使国家利益遭受重大损失"是适用第二档法定刑的选择性要件。后者显然是因行贿而造成的结果，所以，将"因行贿谋取不正当利益，情节严重的"解释为因行贿而谋取了严重的或者重大的不正当利益，才能与后一选择性要件相协调。

"因行贿谋取不正当利益，情节严重的"，显然不能被解释为"行贿情节严重的"。道理很简单，法条并没有表述为"因行贿情节严重的"。所以，情节严重不是指行贿行为本身情节严重，而是指结果本身情节严重。换言之，"情节严重的"是修饰或限定"因行贿谋取不正当利益"的，是针对"因行贿谋取不正当利益"所提出的要求，或者说是对"因行贿谋取不正当利益"的评价。

总之，"情节严重"是针对"因行贿谋取不正当利益"而言的，即行贿人因行贿而谋取了重大的不正当利益。

由此，司法解释关于行贿罪情节严重的规定，就值得商榷。第一，总的来说，这一解释完全忽视了情节严重是指因行贿谋取不正当利益情节严重，有偷换概念之嫌。第二，行贿数额与"因行贿谋取不正当利益，情节严重的"，显然不是对应关系。换言之，并不是行贿数额越大，其谋取的不正当利益就越重大。第三，司法解释的规定导致对有些案件难以选择法定刑。例如，甲为谋取不正当利益行贿 1 万元，但造成国家经济损失 400 万元的，如果按照《刑法》第 390 条的规定，应当适用第二档法定刑，但按照司法解释的规定，适用第二档法定刑多少存在重复评价的嫌疑。

对于第390条第三档法定刑的适用，由于第二档法定刑的适用条件中的"情节严重"是指"谋取不正当利益"的情节严重，而不是泛指行贿情节严重，而第三档法定刑是承接第二档法定刑所作的规定，因此，虽然第三档法定刑没有在"情节特别严重"之前写明"因行贿谋取不正当利益"，但前后表述的逻辑关系表明，第三档法定刑的"情节特别严重"也仅限于"因行贿谋取不正当利益，情节特别严重的"情形。换言之，第三档法定刑的适用条件只是第二档法定刑适用条件的加重，而没有内容的变化。如果说第二档法定刑的适用条件是因行贿谋取不正当利益的情节严重，第三档的适用条件是行贿情节特别严重，就会形成明显的不协调、不公平，即行贿行为本身情节严重的，只能适用第一档法定刑，而情节特别严重的要适用第三档法定刑，会形成部分"空档"的不协调现象。

上述《贪贿案件解释》第9条的规定，同样将法定的因行贿谋取不正当利益，情节特别严重的条件，扩大到行贿情节特别严重的情形，因而难言妥当。

17. 如何置贿赂者于囚徒困境？《刑法修正案（九）》收紧了对"行贿人在被追诉前主动交待行贿行为"的从宽处罚规定，这种修改是否属于刑事政策上的重大失误？

博弈论最著名的囚徒困境模型告诉人们：两个罪犯正是由于相互不信任并且不敢相互信任，而都不愿意冒险选择抵赖罪行；如果一方坦白，另一方抵赖，则坦白方被释放，而抵赖方会被判处重刑，结果几乎都选择坦白而被从轻处罚。所谓置贿赂者于囚徒困境，就是采取立法与司法措施，使行贿者、贿赂介绍者选择主动交待贿赂事实，使受贿者选择拒绝贿赂，从而减少贿赂犯罪。

从刑法目的与犯罪本质来考虑，处罚受贿罪与行贿罪没有不当之处。但是，由于贿赂行为总是发生于没有第三者在场的时空，贿赂双方都不是被害人，没有任何一方告发，因而贿赂罪的暗数较高。更为重要的是，由于贿赂双方都是犯罪人，故任何一方都不希望东窗事发，导致双方自然而然地形成了一种互不告发、相互"信任"关系。显然，只要犯罪人之间形成了这种相互"信任"关系，案件就往往石沉大海。这种局面不仅导致贿赂案件难以侦破，而且导致受贿者肆无忌惮，贿赂犯罪愈演愈烈。如果采取某种立法措施，使行贿人与受贿人之间的"信任"关系不复存在，至少有一方主动检举、交待贿赂犯罪事实，就可以收到较好的效果。而要使行贿人与受贿人之间不存在"信任"关系，就需要将行贿人与受贿人置于囚徒困境。

《刑法修正案（九）》之前的《刑法》第 390 条第 2 款，只是规定"可以"减轻或者免除处罚，而非不追究刑事责任，或者说仍然可能追究刑事责任，主动交待者依然会担心自己实际上会受到刑罚处罚，所以，实际上在案发前主动交待行贿事实的并不多见。早在 20 世纪末，司法机关就曾一度将行贿罪作为打击的重点，意在通过遏制行贿来遏制受贿，可事与愿违，因为这种做法更加强化了行贿人与受贿人之间的"信任"关系。如果《刑法》将前述规定中的"可以减轻处罚或者免除处罚"修改为"不以犯罪论处"或者"不追究刑事责任"，那么，行贿人就不会心有余悸，随时可能在被追诉前主动交待贿赂事实。在行贿人不担心自己的主动交待会使自己承担刑事责任后，受贿人就开始担心：索取、收受贿赂后，行贿人是否会主动交待？因为一旦行贿人在被追诉前主动交待，行贿人便可以"逍遥法外"，受贿人却身陷囹圄。于是，行贿人与受贿人之间就会产生相互的不信任。进一步的局面是：国家工作人员不敢受贿，至少贿赂犯罪会大量减少。

概言之，置贿赂者于囚徒困境后，会形成如下局面：受贿人担心行贿人在案发前主动如实交待行贿事实，而不敢受贿；行贿人担心受贿人不接受贿赂而使自己成为犯罪人，因而不敢行贿；行贿人在行贿后也会担心受贿人依法处理贿赂而使自己承担刑事责任，而主动交待行贿事实。双方为了自己的利益而形成了相互不信任的局面。因为不存在"信任"关系，一方面，受贿人不敢受贿、行贿人不敢行贿，于是可以在很大程度上遏制贿赂犯罪；另一方面，对于已经发生的贿赂案件，行贿人勇于主动交待，便使贿赂暗数大大降低。贿赂暗数降低意味着贿赂受刑事追究的概率提高；这一概率的提高，又有利于实现对贿赂犯罪的一般预防。

18. 应否对《刑法》第 390 条第 2 款的适用条件采取宽和态度、进行扩大解释，从而尽可能避免刑事立法失误可能造成的不利后果？

在现有条件下，我们应该对《刑法》第 390 条第 2 款的适用采取宽和态度、进行扩大解释，从而尽可能避免刑事立法失误可能造成的不利后果。具体而言，其一，将《刑法》第 390 条第 2 款中的"被追诉前"解释为检察机关提起公诉前。其二，只要行贿人面对侦查、监察机关的讯问作了如实回答，就应当认定为"主动交待行贿行为"。将《刑法》第 390 条第 2 款前段的规定理解为特殊的坦白制度即可，也就是说，只要行贿人在被提起公诉前如实交待行贿行为，就可以从轻或者减轻处罚；犯罪较轻的，则可以减轻或者免除处罚。其三，《刑法》第 390 条第 2 款"犯罪较轻"的范围，应当宽于普通自首中的"犯罪较轻"的范围。其四，只要责任刑是应当或者可能判处 10 年有期徒刑以上刑罚的，即只要对有责的不法所适用的法定最高刑是 10 年有期徒刑及以上刑罚，就符合"重大案件"的认定标准。至于行为人因为自首、立功等情节而最终没有被判处 10 年有期徒刑以上刑罚的，则不影响"重大案件"的认定。

19.《刑法》第 389 条第 3 款的规定，能否类推适用于对非国家工作人员行贿罪、单位行贿罪、对单位行贿罪等行贿犯罪？

刑法禁止的是不利于被告人的类推解释，而对于有利于被告人的类推解释或者类推适用，不仅不禁止，而且是应当鼓励和提倡的。由于该款的规定是有利于被告人的，所以可以类推适用于其他行贿类犯罪，如对非国家工作人员行贿罪、单位行贿罪、对单位行贿罪。

第六节　巨额财产来源不明罪

第三百九十五条（第 1 款）　**【巨额财产来源不明罪】**国家工作人员的财产、支出明显超过合法收入，差额巨大的，可以责令该国家工作人员说明来源，不能说明来源的，差额部分以非法所得论，处五年以下有期徒刑或者拘役；差额特别巨大的，处五年以上十年以下有期徒刑。财产的差额部分予以追缴。

疑难问题

1. 村民委员会主任及离退休、辞职官员能成为巨额财产来源不明罪的主体吗？

《刑法》第 93 条对"国家工作人员"的界定是："本法所称国家工作人员，是指国家机关中从事公务的人员。""国有公司、企业、事业单位、人民团体中从事公务的人员和国家机关、国有公司、企业、事业单位委派到非国有公司、企业、事业单位、社会团体从事公务的人员，以及其他依照法律从事公务的人员，以国家工作人员论。"据此，理论上与实务中普遍认为，"从事公务"是国家工作人员主体的本质特征。

如本章第一节所述，应对国家工作人员的内涵和范围在各罪中进行相对性把握。巨额财产来源不明罪的主体必须具有行政法上之公务员资格，是纯粹的"国家干部"。由于依法履行职责的各级人民代表大会代表、依法履行审判职责的人民陪审员以及协助乡镇人民政府、街道办事处从事行政管理工作的村民委员会、居民委员会等农村和城市基层组织人员，大多数时候从事的不是公务，所以不能成为巨额财产来源不明罪的主体。如果能够查明其巨额财产来源于其履行公务，如协助人民政府从事行政管理工作时贪污、受贿所得，则直接以贪污罪、受贿罪定罪处罚即可。

张明楷教授认为：国家工作人员退休或者辞职后，检察机关（现在应是监察委）发现其有巨额来源不明的财产，行为人不能说明来源的，由于其不具有国家工作人员身份，不能以本罪论处。反之，行为人以前并非国家工作人员，成为国家工作人员后检察机关发现其拥有巨额财产，要求其说明来源，行为人不能说明来源的，则应以本罪论处。[①]

应该说，张明楷教授的上述观点与其在巨额财产来源不明罪的实行行为问题上主张"不作为说"是一脉相承的。对此，本书不敢苟同。虽然本罪的主体限于国家工作人员，但这只是意味着实施犯罪行为时必须是国家工作人员。正如在位时收受贿赂，即便退休多年，只要没有超过追诉时效也能被追责。还如行为人曾经非法持有枪支，即便后来因枪支被盗而事实上不再非法持有枪支，但只要没有超过追诉时效，也能以非法持有枪支罪对其进行追诉。巨额财产来源不明罪作为一种持有型犯罪，应从国家工作人员结束非法敛财之日起计算追诉期限，只有在不能证明这个时点时，才从结束国家工作人员身份即离退休、辞职之日起开始计算追诉期限。因此本书认为：只要从国家工作人员离退休或辞职之日起开始计算，没有超过巨额财产来源不明罪的追诉时效的，就可以本罪追究国家工作人员刑事责任。张明楷教授主张"当有关机关责令国家工作人员说明来源时，国家工作人员不能说明来源的，便成立巨额财产来源不明罪，追诉时效便从此时开始计算。检察机关在此之后没有立案侦查的，超过追诉时效后，就不能再追究刑事责任"，其实等于取消了本罪的追诉时效，因为不可能出现检察机关责令说明来源后又没有立案侦查的情形。

2. 如何计算来源不明的财产数额？

案1：江西省高院认定胡某清巨额财产来源不明的事实为，检察机关扣押、冻结胡某清现金、房屋等财产共计人民币793.32万元，已查明其收受贿赂544.25万元，其他能说明合法来源的为95.3万元，尚有159.77万元不能说明来源合法。

① 张明楷.刑法学.6版.北京：法律出版社，2021：1577.

本案中，法院仅计算了胡某清的财产，而没有计算支出，存在问题。因为胡某清这么多年不可能不消费。正确的做法应该将财产与支出加起来然后减去能查明来源的部分，才是来源不明的部分。

案2：法院认定娄某平巨额财产来源不明的事实为，被告人娄某平自案发时，其个人财产总额为人民币167.4万元。其中，能说明来源合法的财产为73.7万元，差额93.7万元无法说明来源是合法的。法院认定为来源合法的财产中，包括了银行存款利息9.1万元以及两次卖房获利10.2万元。

本案中，法院计算来源不明的财产存在两点问题：一是没有计算支出，这么多年被告人不可能不消费；二是银行存款利息及卖房获利未必就是合法收入，因为不能排除将赃款存入银行产生利息和收受房屋后卖房获利的可能性。

关于来源不明的巨额财产数额的计算，应当坚持以下几个原则：

第一，"不能说明来源"，是指国家工作人员不能说明明显超过合法收入的差额巨大的财产（包括支出）来源于合法收入，或者来源于赌博、非法经营、盗窃、诈骗、抢劫等非贪污贿赂所得。对于可能来源于贪污贿赂所得，但因证据等因素不能查实，以及贿赂的职务关联性难以证明的，如收受红包、礼品等所谓违纪所得，应当计入来源不明的财产数额，以巨额财产来源不明罪进行评价。

第二，不明财产的计算公式为：差额部分＝（现有财产＋以往支出）－（合法收入＋犯罪所得＋非法收入）。其中，家电、金银首饰、房产等非现金、存款财产，原则上以购入时所支付的价格计算，且不应在财产与支出中重复计算。价格不明的，可以委托物价鉴定机构依据购入时的市场价进行估价。因证据等因素不能查明，但存在来源于赌博、非法经营、盗窃、诈骗、抢劫等非贪污贿赂所得的可能性和合理性的，应计入"非法收入"，从不明财产数额中扣除，不过应予以追缴。

第三，无论是贪污贿赂所得产生的孳息，还是不明财产产生的孳息，对于确已查明的，虽然不应计入不明财产的数额，但应予以追缴。

第四，对于经营酒店、炒股、卖土地、卖房等所谓获利，应将当初的投资数额计入以往支出，而不应作为合法收入从不明财产中扣除。

第五，隐瞒境外存款且又不能说明财产来源的，应以隐瞒境外存款罪与巨额财产来源不明罪数罪并罚，而且所隐瞒的境外存款数额不应从不明财产数额中扣除。

3. 本罪的实行行为是持有、拥有来源不明的巨额财产的作为，还是拒不说明来源的不作为？

案3：国家机关工作人员张三拥有超过合法收入的300万元现金，且这些现金是经商所得。经商行为本身是合法的，但国家机关工作人员经商是非法行为，所以张三的这笔钱属于来源非法的财产，只是司法机关还没有责令张三说明其来源。

对于本案，如果按照持有说（作为说），即使张三还未被司法机关责令说明这笔财产的来源，他拥有来源不明的巨额财产本身就已经具备本罪的不法了。如果按照不作为说，既然司法机关还没有责令张三说明这笔财产的来源，那他就并不具备本罪的不法。

案 4：国家工作人员李四的财产、支出明显超过合法收入，且差额巨大。实际上，李四的财产是情人赠与的，而这不属于非法来源。但李四觉得说出来影响不好，就拒不说明财产的来源。

对于本案，如果按照持有说（作为说），李四的巨额财产不是非法所得，所以不成立本罪。如果按照不作为说，虽然财产来源合法，但李四拒不说明其来源，所以成立本罪。

案 5：无业人员甲通过各种途径赚了很多钱，买了多处房产。后来，甲通过了公务员考试，成为一名公务员。就在他晋升时，有人检举他有巨额财产。在相关部门对甲展开调查时，甲不说明自己的财产来源。现在可以肯定的是，甲的这些巨额财产都是在他还未成为公务员之前取得的。在这种情况下，可否将甲的行为认定为巨额财产来源不明罪？

认定本案的关键就在于，巨额财产来源不明罪的实行行为是什么？如果认为本罪的实行行为是拒不说明来源的话，本罪就是不作为犯罪，甲的行为肯定构成巨额财产来源不明罪。但如果认为本罪的实行行为是担任国家工作人员期间取得了来源不明的巨额财产，那么，本案中甲的行为就不构成巨额财产来源不明罪。

有关本罪的实行行为，主要存在"无行为要件说"、"不作为说"、"复合行为说"、"非法获取说"以及"持有说"的分歧。

张明楷教授认为：其一，由于国家工作人员拥有巨额财产，而该财产一般是由其本人所获取，所以，国家工作人员通常都能够说明巨额财产的来源。其二，在夫妻共同拥有巨额财产时，如果夫妻二人均为国家工作人员，有关机关会同时责令夫妻二人说明财产来源，由于巨额财产要么来源于丈夫，要么来源于妻子，要么同时来源于二人，二人分别或者都能说明巨额财产来源。其三，在夫妻二人共同拥有巨额财产时，如果丈夫是国家工作人员，妻子是非国家工作人员，那么，有关机关责令国家工作人员说明来源时，国家工作人员本人确实不知道来源的，当然应当向妻子询问。在这种情况下，也是能够说明来源的。其四，在上述情况下，如果国家工作人员说明巨额财产不是源于自己的行为，而是源于妻子的某种行为（如炒股、从事经营活动等），但妻子已经死亡的，则不能认为国家工作人员符合"不能说明来源"的要件，因而不能认定为本罪。由此可见，所谓国家工作人员没有能力说明差额巨大财产的真实来源的情况是极为罕见的。即便存在，也不能以犯罪论处。换言之，即使认为"不作为说"存在部分处罚漏洞，与"持有说"不当扩大处罚范围相比，"不作为说"还是更具有优势。①

本书认为，"不作为说"存在诸多缺陷，而不可取。首先，该说的根本理由在于国家工作人员按照法律法规的规定，负有如实申报财产收入、说明财产来源的义务，可这一点并不成立。尽管一直以来理论上与实务中普遍呼吁我国应尽快制定完善财产申报制度，但迄今为止我国并未建立完善的国家工作人员财产申报制度。其次，巨额财产来源不明罪的罪状表述是"可以"责令说明来源，也不符合义务规范的通常表述要求。再次，如果认为国家工作人员具有说明财产来源的义务，则意味着"不履行告知义务"根本就是处罚被告人妨害先前犯罪司法诉追的行为，采用"不作为"解释本罪的结果，已违反刑法法益体系的原始架构。又次，"不作为说"直接导致刑法中的自首、追诉时效、溯及力等制度无法适用。倘若认为如实说明财产来源是其本来应尽的义务，即便其主动说明自己还存在明显超过合法收入的巨额财产，也难以满足成立自首所要求的"如实供述"的条件，因而不能享受自首的待遇。最后，"不作为说"最致命的缺陷在于，刑法理论通说认为任何一种不作为犯的成立，都以保证人具有作为可能性和结果回避可能性为前提，然而，在巨额财产来源不明案件中，由于没有证据证实行为人有能力说明差额巨大财产的真实来源，虽然行为人负有说明差额巨大财产真实来源的义务并且没有履行该说明义务，但仍然没有齐备不作为犯罪客观方面的三个构成要件，因此巨额财产来源不明罪客观方面危害行为的性质不能认定为不作为。

本书赞成"持有说"，认为本罪的实行行为是国家工作人员非法持有或者拥有来源不明的巨额财产。

4. 何谓"不能说明来源"？

案6：国家工作人员甲拥有超过合法收入的 500 万元现金，在检察机关责令其说明来源时，甲说明了这笔钱来源于乙的行贿，且具体说明了受贿的详细时间、地点、原因、经过，以及乙的身份。但是，由于乙移居国外后死亡，司法机关无法查实受贿的事实。如果认为现有证据能证明甲的行为成立受贿罪，那就应

---

① 张明楷. 论巨额财产来源不明罪的实行行为. 人民检察，2016（7）.

当对甲以受贿罪论处。但仅凭甲的口供与其持有的 500 万元现金，就认定其行为构成受贿罪，在证明力上恐怕是存在问题的。

在《刑法修正案（七）》之前，1997 年《刑法》第 395 条第 1 款关于巨额财产来源不明罪的规定是："国家工作人员的财产或者支出明显超过合法收入，差额巨大的，可以责令说明来源。本人不能说明其来源是合法的，差额部分以非法所得论，处五年以下有期徒刑或者拘役，财产的差额部分予以追缴。"据此，上述案 6 中国家工作人员甲详细说明了差额巨大财产来源于受贿，但司法机关不能查明受贿的犯罪事实的，也能认定为巨额财产来源不明罪，因为行为人仅说明巨额财产来源于受贿，属于"不能说明其来源是合法的"。

但是，《刑法修正案（七）》将其中的"不能说明其来源是合法的"修改为"不能说明来源的"，于是产生了以下问题：行为人拥有巨额财产，说明了其非法来源，司法机关不能排除其非法来源的可能性与说明的合理性，经查证后又不能达到犯罪的证明标准的，应当如何处理？

对上述案 6，只要认为现有证据不能证明甲的行为成立受贿罪，那么，根据《刑法修正案（七）》之前的 1997 年《刑法》第 395 条第 1 款的规定，由于甲"不能说明其来源是合法的"，依然可以认定为巨额财产来源不明罪。可是，根据《刑法修正案（七）》之后的《刑法》第 395 条第 1 款的字面含义，反而不能认定甲的行为成立巨额财产来源不明罪，因为甲"能说明其来源"。然而，据此宣告甲的行为无罪，明显不当。例如，倘若丙拥有超过合法收入的 200 万元财产，其本人不能说明来源，则无疑成立巨额财产来源不明罪。甲说明了 500 万元财产来源于受贿，但在不能认定为受贿罪的情况下，反而不成立任何犯罪。比较二者就会发现，对甲应当以巨额财产来源不明罪追究刑事责任。

况且，《刑法修正案（七）》提高了本罪的法定刑，显然是为了更加严厉地惩罚本罪行为人。倘若按字面含义理解"不能说明来源"，对甲的行为不能以本罪论处，就明显违反《刑法修正案（七）》修改本罪的宗旨。同时，倘若为了认定甲的行为成立巨额财产来源不明罪，认为甲的行为依然属于"不能说明来源"，则明显不符合事实（因为甲能够说明来源），并且意味着甲必须以确实、充分的证据证明自己犯受贿罪，这便明显违反了人权保障的基本原理。

由此看来，对于经《刑法修正案（七）》修改后的《刑法》第 395 条第 1 款中的"不能说明来源"，似乎依然应解释为"不能说明合法来源"。但是，这样解释产生了以往存在的问题，即国家工作人员说明其来源是非法的，能否一概认定为巨额财产来源不明罪。

案 7：国家机关工作人员丁拥有超过合法收入的 800 万元现金，在检察机关责令其说明来源时，丁说明了该 800 万元来源于经商（经商行为本身合法，但国家机关工作人员经商是非法行为），而且提供了充分证据。

根据《刑法修正案（七）》之后的《刑法》第 395 条第 1 款的规定，由于丁"能说明其来源"，故不能认定其行为成立巨额财产来源不明罪，这一结论也是妥当的。但是，根据《刑法修正案（七）》之前的 1997 年《刑法》第 395 第 1 款的规定，由于丁"不能说明其来源是合法的"，依然可以认定为巨额财产来源不明罪，但这一结论不合理。

本书认为，"不能说明来源"，是指国家工作人员不能说明明显超过合法收入的差额巨大的财产（包括支出）来源于合法收入或者来源于赌博、非法经营、盗窃、诈骗、抢劫等非贪污贿赂所得，即不能说明非来源于贪污贿赂所得。从实践中看，"不能说明来源"具体包括四种情形：（1）行为人拒不说明财产来源；（2）行为人无法说明财产的具体来源；（3）行为人所说的财产来源经司法机关查证并不属实；（4）行为人所说的财产来源因线索不具体等原因，司法机关无法查实，但能排除存在来源合法或者来源于赌博、非法经营、盗窃、诈骗、抢劫等非贪污贿赂所得的可能性和合理性的。

由此，我们可以得出如下几点结论：（1）不能排除国家工作人员关于财产来源合法的说明存在可能性和合理性的，不能以巨额财产来源不明罪定罪处罚；（2）不能排除国家工作人员关于财产来源于赌博、非法经营、盗窃、诈骗、抢劫等非贪污贿赂所得的可能性和合理性的，亦不能论以巨额财产来源不明罪论处；（3）国家工作人员说明财产来源于贪污贿赂所得，但因证据等因素不能查证属实的，可以巨额财产来源不明罪定罪处罚；（4）国家工作人员说明财产来源于贪污贿赂所得，并经查实的，以贪污罪、受贿罪、挪用公款罪、私分国有资产罪、私分罚没财物罪等贪污贿赂犯罪定罪处罚，排除巨额财产来源不明罪的适用。

5. 夫妻双方均为国家工作人员时，成立本罪的共犯吗？

巨额财产来源不明罪作为一种持有型犯罪，具有自身特点，不管家庭成员是否具有国家工作人员身份，都不宜认定为该罪的共犯；无论是否属于家庭成员，教唆、帮助国家工作人员继续持有来源不明的巨额财产的，或者参与保管、管理、隐匿、使用不明财产的，可能单独成立洗钱罪，掩饰、隐瞒犯罪所得、犯罪所得收益罪，包庇罪，帮助毁灭、伪造证据罪，伪证罪等妨害司法犯罪；家庭成员亦为国家工作人员，对于共有的家庭财产不能说明来源的，可能单独成立巨额财产来源不明罪，而不是成立本罪的共犯；家庭财产可能来源于家庭其他成员非法所得的，根据存疑时有利于被告人的原则，应作出有利于行为人的推定，不应让其对这部分来源不明的财产数额负责。在确定来源不明的财产数额时，对于具有国家工作人员身份的家庭成员，不应适用共同正犯的"部分实行全部责任"归责原则。

6. 本罪的证明责任是举证责任倒置吗？

关于本罪的证明责任，本书认为：第一，讨论是否属于举证责任倒置，并没有实质意义。问题的根本在于，由谁证明，证明什么。第二，本罪当然是一种推定，而且属于立法推定，只不过是可以反驳的推定。第三，国家工作人员对明显超过合法收入的巨额财产来源的说明，不是因为其负有说明财产来源的作为义务，而是因为立法上已经将这种财产推定为非法所得，其不得不努力说明财产的来源以推翻立法上的这种推定。第四，本罪的设立并不违反无罪推定、不被强迫自证其罪、疑罪从无等刑事诉讼原理和原则。

7. 国家工作人员说明来源，因不能查实而被以本罪判决，后来查实的，应否撤销原判决，即应否维持既判力？

案8：国家工作人员甲拥有超过其收入的1 000万元的巨额财产。其交待这1 000万元来源于乙的行贿，并详细说明了行贿的时间、地点、原因，但因为乙出国后杳无音讯，而难以查实。法院以巨额财产来源不明罪判处甲有期徒刑10年。在甲服刑期间，乙突然回国，证明该笔钱是其行贿所送。对于本案，是应撤销原判，仅定受贿罪，还是应维持原判，与受贿罪数罪并罚？

案9：官员丙拥有超过其合法收入的500万元财产。其拒不说明财产来源，被法院以巨额财产来源不明罪定罪。在丙服刑期间被查实该笔钱是丙的情人丁所送，与其职务无关。对于本案，应否撤销原判而宣告无罪？

巨额财产来源不明罪判决生效之后又得以查明财产的真实来源，应否改判，在理论上与实务中争议很大。理论界关于巨额财产来源不明罪的实行行为多主张"不作为说"，因而坚持不管何种情形，查清真实来源的均不改判。而实务工作者多认为本罪的实行行为是持有，因而查明来源后一般应当改判。

张明楷教授指出：经法院认定的巨额财产来源不明罪是基于国家工作人员不能说明来源的不作为，所以，国家工作人员基于贪污、受贿等非法所得的，当然需要另外定罪量刑。同时，即使巨额财产来源于合法行为，不能说明来源的不作为依然成立犯罪。所以，在适用巨额财产来源不明罪的过程中，会出现以下几种情况：（1）行为人拥有巨额财产，但不能说明来源，对此应认定为本罪。（2）行为人拥有巨额财产，说明了其合法来源的，不能认定为犯罪；如果说明了其非法来源，并查证属实的，应按其行为性质认定违法犯罪，不认定为本罪。（3）行为人拥有巨额财产，不能说明其来源的，法院判决成立本罪，行为人在服刑期间或者刑罚执行完毕后说明其财产系合法所得或者系一般违法行为所得的，原判决依然有效，不得改判无罪。（4）行为人拥有巨额财产，不能说明其来源的，法院判决成立本罪，但司法机关后来查清了该巨额财产的来源：如果来源是合法的，原来的判决必须维持，不能更改；如果来源于一般违法行为，也应维持原来的判决；如果来源于犯罪行为，并查证属实的，则按非法来源的性质再次定罪，也不能推翻原来的判决。[①]

本书认为：在我国建立起完善的财产申报制度后，只要不及时进行财产申报或者进行虚假申报的，直接可以拒不申报财产、虚假申报财产犯罪定罪处罚，没有巨额财产来源不明罪适用的余地。在尚未建立起完善的财产申报制度的现阶段，当司法机关责令国家工作人员说明财产来源时，如果行为人积极进行说明，只是因为达不到优势证据的证明程度，不能说服控方而使财产被推定为非法所得，若事后查明行为人关于来源的说明是真实的，而且有证据表明行为人已尽自己所能进行了说明举证的，就应当启动审判监督程序撤销原判，重新作出判决，否则就意味着让被告人承担举证不能的后果。对于案8，由于行为人已经尽了说明义务，所以应当撤销原判，改以受贿罪定罪处罚。对于案9，由于巨额财产来源于情人赠与，来源不违法，不能评价为犯罪，应当撤销原判，宣告无罪。

8. 本罪的追诉时效如何计算？

追诉期限从结束持有来源不明的巨额财产之日（如主动上交、案发后被追缴或者消费完巨额财产）开始计算，实际上就等于取消了本罪的追诉时效，而与贪污罪、受贿罪明显不均衡。事实上，虽然从理论上讲，挪用公款罪的追诉期限应从归还之日起开始计算，但最高司法机关考虑到与贪污罪相均衡，认为挪用公款罪的追诉期限应从挪用行为实施完毕之日起计算，而不是从归还之日起开始计算。因此本书初步认为，从理论上讲，巨额财产来源不明罪的追诉期限应从结束非法敛财之日起计算，但在不能证明这个时点时，通常只能从结束国家工作人员身份，如离退休之日起计算。

---

① 张明楷．论巨额财产来源不明罪的实行行为．人民检察，2016（7）．

9. 本罪有无自首成立的余地？

巨额财产来源不明罪为一种持有型犯罪，行为人只要交待其存在来源不明的巨额财产，就应成立本罪的一般自首或者特殊自首；如果交待财产来源于贪污、受贿等犯罪所得的，交待的部分不成立本罪，当然也无所谓本罪的自首，但能成立相应犯罪的自首。正如行为人主动交待自己非法持有枪支，但拒不交待枪支是自己制造或者购买而来的，不妨碍成立非法持有枪支罪自首一样。同样，行为人因涉嫌贩卖毒品被采取强制措施后，主动交待家中还藏有毒品，但拒绝承认这些毒品来源于制造、走私等犯罪所得，也不影响认定成立非法持有毒品罪的特殊自首。同理，因持有假币而案发，主动交待部分假币来源于自己伪造所得，就交待的部分而言，不成立持有假币罪，但可以成立伪造货币罪的自首。

就巨额财产来源不明罪而言，如实供述存在超过合法收入的巨额财产，就符合了自首成立条件中的"如实供述"。如果进而交待巨额财产来源于贪污受贿所得，则属于贪污罪、受贿罪自首中的"如实供述"。而且，即便只是主动交待存在明显超过合法收入的巨额财产，而不具体说明来源，也节省了国家的司法资源，通过收缴不明财产还能充盈国库。因此，肯定巨额财产来源不明罪也能成立自首，完全符合刑法设立自首制度的宗旨。

第七节　滥用职权罪

第三百九十七条　**【滥用职权罪】【玩忽职守罪】** 国家机关工作人员滥用职权或者玩忽职守，致使公共财产、国家和人民利益遭受重大损失的，处三年以下有期徒刑或者拘役；情节特别严重的，处三年以上七年以下有期徒刑。本法另有规定的，依照规定。

国家机关工作人员徇私舞弊，犯前款罪的，处五年以下有期徒刑或者拘役；情节特别严重的，处五年以上十年以下有期徒刑。本法另有规定的，依照规定。

`疑难问题`

1. 渎职罪所保护的法益是什么？

渎职罪所保护的法益是国家机关公务的合法、公正、有效执行。

2. 村民委员会主任、村支书能成为渎职罪的主体吗？

刑法规定渎职罪，旨在保护国家机关公务的合法、公正、有效执行。渎职罪的主体是国家机关工作人员。而国家机关工作人员的本质就是从事公务。所以，当村民委员会主任、村支书在协助政府从事行政管理工作时，如发放救济补贴款时，从事的就是公务，其就是国家机关工作人员，其滥用职权或者玩忽职守的，构成渎职罪。

3. 能按照通常的标准认定渎职罪的因果关系与结果归属吗？

案1：法院执行庭执行员丁某、书记员陈某在执行某民事判决过程中，将被执行人许某的一辆手扶拖拉机裁定给申请执行人刘某。丁某、陈某在没有查明刘某有无驾驶能力和资格的情况下，让刘某把拖拉机开走。刘某在驾驶拖拉机回家时，被执行人许某的妻子徐某在车前拦截不让走。刘某操作不当，将徐某轧伤，造成徐某T11、12椎体骨折伴截瘫，构成二级伤残。后徐某因褥疮感染死亡。法院认为丁某、陈某的行为构成执行判决、裁定失职罪。

本案中，丁某、陈某将手扶拖拉机裁定执行给刘某，刘某没有能力驾驶却驾驶致人伤残，完全属于刘某自我答责的范围，与丁某、陈某的执行行为没有因果关系。认定丁某、陈某的行为构成执行判决、裁定失职罪存在问题。

案2：某市音响俱乐部业主韩某违规取得"音像制品放映许可证"，在存在诸多安全隐患的情况下长期违法经营。某日俱乐部发生特大火灾，造成70余人死亡。法院认为：陈某作为该市文化市场管理办公室主任，未经审批擅自为该俱乐部发放上述许可证，火灾前几日又为韩某签批年审，构成滥用职权罪。杜某作为该市市场监督管理局副局长，严重不负责任，为韩某办理"营业执照"，构成玩忽职守罪。刘某汉主管消防监督管理工作，检查时发现该俱乐部开业前存在许多安全隐患，但仅口头提出整改意见，而没有采用整改措施消除安全隐患，构成玩忽职守罪。

本案中，只有主管消防监督管理工作的刘某汉的行为才与火灾事故存在刑法意义上的因果关系，陈某、杜某的行为与火灾事故结果之间没有因果关系。认定陈某、杜某的行为构成滥用职权罪和玩忽职守罪存在问题。

案3：被告人朱某系南京某开发区综合治理办公室招聘的辅警，负责协助交警做好道路交通综合治理工作。2007年6月3日上午，朱某驾驶警车带领其他4名辅警执行交通巡逻任务时，发现陆某驾驶一辆无牌照机动三轮车上路，便示意陆某停车，陆某拒不停车并加速逃逸，朱某遂驾驶警车追赶。陆某在逃逸过程中由于车速过快，将行人周某撞伤致其死亡。法院认为，朱某超越职权，违规驾驶警车追缉违章车辆，致使违章车辆发生重大交通事故，其行为已构成滥用职权罪。

本案中，不能认为对于陆某违章逃跑，执法人员不能追赶。交通事故完全是陆某违章驾驶所造成的，与执法人员的追赶没有关系。认定朱某的行为构成滥用职权罪存在问题。

案4：被告人付某在担任辽宁省某某市某某乡司法助理员期间，受理了某某乡谭家村吴某、吴某奎两家土地排水纠纷一案。在调处争议过程中，付某不顾吴某奎之妻慈某的强烈反对，强行拔下其家地的北边篱笆，又将慈某强行拽离，拖拽中致慈某左肌肋部组织出血，左上臂皮下出血。嗣后，付某在吴某奎地的西北角强行挖开一条 1 米余长的水沟，用于吴某家菜地排水。慈某因此回家服毒自杀身亡。法院认为，付某构成滥用职权罪。

本案中，慈某的自杀的结果不能归属于被告人的行为，认定付某的行为构成滥用职权罪存在问题。

案5：被告人向某文、叶某、陈某欣系派出所民警，在报批治安拘留之前，将违法行为人张某文铐在派出所办公室窗户上。在没有任何人看守的情况下，三人外出吃中饭，后派出所起火，张某文被烧死。一审法院认为其行为构成非法拘禁致人死亡。二审法院认为其行为构成玩忽职守罪。

本案中，被告人将被害人铐在派出所办公室的窗户上，致使被害人的人身安全完全依赖于被告人的保护。被告人出去吃饭发生火灾致使被害人被烧死，应将这一结果归属于被告人。二审法院认定构成玩忽职守罪是正确的。

渎职罪的因果关系与结果归属具有自身的特点：首先，就滥用职权罪、玩忽职守罪等渎职罪而言，不能像杀人、伤害等其他犯罪一样采用相当因果关系说，而应采用"没有 A 就没有 B"的条件说。其次，从结果归属的角度来说，由于通常介入了第三者的行为，所以需要考虑介入行为的通常性，以及国家机关工作人员对介入行为的监管职责的内容与范围。只要国家机关工作人员有义务监管第三者的介入行为，原则上就应当将介入行为造成的结果归属于国家机关工作人员的渎职行为。再次，由于渎职行为造成死伤结果时，通常并不是以杀人罪、伤害罪论处，而是以渎职罪论处，因而降低了处罚程度，所以，对渎职罪的结果归属的判断标准也会适当低于一般的杀人罪、伤害罪的结果归属的判断标准，也就是实行缓和的结果归属。最后，如果完全属于被害人自我答责的范围，不应将结果归属于国家机关工作人员。

4. 徇私舞弊是否属于构成要件要素？

《刑法》第 397 条第 2 款明确将徇私舞弊规定为法定刑升格情节，其他条文均将徇私（或徇情）、舞弊（或徇私舞弊）表述为基本罪状的内容。应该说，从司法实践来看，将徇私、舞弊作为部分渎职罪的成立条件，确实存在一些问题，如难以查明行为人是否"徇私"，导致处罚范围不当缩小，放纵渎职犯罪，"舞弊"的规定也显得多余。但是，解释者既不能直接宣布其为多余的要素，也不能直接删除该要素，充其量只能"将多余的解释掉"，即通过解释途径对该要素作缓和的要求，从而得出符合刑法目的的解释结论。

5. 徇私、舞弊是主观要素，还是客观的构成要件要素？

徇私属于犯罪动机，显然属于主观要素。从渎职罪的规定可以看出，凡是规定了徇私要素的渎职罪，其职责内容都是需要国家机关工作人员具有较高的法律素质、政策水平、技术能力的裁量性事务。很明显，《刑法》分则条文要求部分渎职罪出于徇私动机，是为了将因为法律素质、政策水平、技术能力不高而造成差错的情形，排除在渎职罪之外。反过来说，当国家机关工作人员不是因为法律素质、政策水平、技术能力不高造成差错，而是基于徇私的内心起因违背职责时，便以渎职罪论处。

舞弊，实际上是指弄虚作假、玩弄职权的行为，而不是指行为动机。所以应当认为，舞弊属于客观的构成要件要素。当然，其内涵与外延要根据具体条文的罪状表述来确定。

6. 徇单位、集体、本地方之私，是徇私吗？

只要不是出于实现公的利益与保护公的利益的意图，便应评价为"私"。所以，徇私不仅包括徇个人之私，而且包括徇单位、集体、本地方之私。

7. 舞弊是渎职罪的实行行为吗？

舞弊作为一种客观的构成要件要素，在渎职罪中分为两种情形：

一种情形是，《刑法》分则条文规定了渎职行为的具体内容，舞弊只是渎职行为的同位语，并不具有超出具体渎职行为之外的特别含义。换言之，舞弊只是对具体渎职行为的一种归纳与概括（绝大多数条文中的"舞弊"属于这种情形）。例如，就《刑法》第401条而言，"对不符合减刑、假释、暂予监外执行条件的罪犯，予以减刑、假释或者暂予监外执行"，就是舞弊行为；并不是指在上述渎职行为之外，另有舞弊行为。

另一种情形是，《刑法》分则条文没有规定具体的渎职行为，舞弊成为具有特定含义的、具体的渎职行为。属于这种情形的有《刑法》第405条与第418条。根据第405条的规定，舞弊是指不应发售发票而发售发票，不应抵扣税款而予以抵扣税款，不应退税而予以退税等行为；根据第 418 条的规定，舞弊是指明知不合格而招收，或者故意拒绝招收应当招收的合格人员等，而不是其他表述的同位语。

8. 2012 年 12 月 7 日"两高"《关于办理渎职刑事案件适用法律若干问题的解释（一）》认为"国家机关工作人员滥用职权或者玩忽职守，因不具备徇私舞弊等情形，不符合刑法分则第九章第三百九十八条至第四百一十九条的规定，但依法构成第三百九十七条规定的犯罪的，以滥用职权罪或者玩忽职守罪定罪处罚"，这是否违反了《刑法》第 397 条中的"本法另有规定的，依照规定"的规定？

应该说，上述司法解释规定并不违反"本法另有规定的，依照规定"，因为所谓"另有规定"，是指符合犯罪构成要件应当作为犯罪处理的规定。既然不具备徇私舞弊等情形，不符合特殊渎职罪的构成要件，就不能称之为"另有规定"。

9. 同时符合普通渎职罪与特殊渎职罪构成要件的，应否从一重处罚？能否认为法定刑轻于普通渎职罪的特殊渎职罪，属于封闭的特权条款？

应当认为，法定刑轻于普通渎职罪的特殊渎职罪，如招收公务员、学生徇私舞弊罪，是具有减轻根据的封闭的特权条款，正如伪造、变造、买卖身份证件罪相对于伪造、变造、买卖国家机关证件罪而言就是所谓封闭的特权条款。所以，当行为同时符合普通渎职罪与特殊渎职罪构成要件时，只能以特殊渎职罪定罪处罚。

10. 有的特殊渎职罪仅规定了故意或者过失构成的情形，对于过失或者故意为之的，能否以玩忽职守罪或者滥用职权罪定罪处罚？

对于仅规定了过失的特殊渎职罪，故意为之的，可以滥用职权罪论处。对于仅规定了故意的特殊渎职罪，过失为之的，可以玩忽职守罪论处，但不能判处超过故意的特殊渎职罪的刑罚。例如，《刑法》第 419 条仅规定了过失为之的失职造成珍贵文物损毁、流失罪，对于故意为之，如故意不履行职责，造成珍贵文物损毁或者流失，后果严重的，可以滥用职权罪定罪处罚。又如，《刑法》第 418 条仅规定了故意为之的招收公务员、学生徇私舞弊罪，过失为之的，可以玩忽职守罪定罪，但不能判处超出招收公务员、学生徇私舞弊罪的刑罚（3 年以下有期徒刑或者拘役）。

11. 滥用职权罪的追诉期限如何计算？

滥用职权罪的成立条件是"致使公共财产、国家和人民利益遭受重大损失"，所以追诉期限应从公共财产、国家和人民利益遭受重大损失之日起开始计算。

12. 对渎职罪"重大损失"的认定，是应坚持经济的损害的观点还是应坚持法律的损害的观点？

应坚持经济的财产说。即便存在受民法保护的债权，只要债权难以实现，也应认为已经给公共财产、国家和人民利益造成了重大损失。

13. 滥用职权主要有哪些情形？

滥用职权主要表现为以下几种情形：一是超越职权，擅自决定或处理没有具体决定、处理权限的事项；二是玩弄职权，随心所欲地对事项作出决定或者处理；三是故意不履行应当履行的职责，或者说任意放弃职责；四是以权谋私、假公济私，不正确地履行职责。

14. 滥用职权罪与玩忽职守罪的责任形式是什么？

一般认为，滥用职权罪的责任形式是故意，玩忽职守罪的责任形式为过失。不过，对于法定犯而言，严格区分故意与过失意义不大。更何况滥用职权罪与玩忽职守罪的犯罪成立条件和处罚完全一样，严格区分故意与过失更没有必要。只要行为人至少有过失，就能以滥用职权罪或者玩忽职守罪处理。

15. 对于国家机关工作人员一次滥用职权造成经济损失 10 万元、一次玩忽职守造成经济损失 20 万元的，能以玩忽职守罪立案吗？

一般认为滥用职权罪与玩忽职守罪的区别在于责任形式，前者是故意，后者是过失。但不能由此认为二者构成要件之间是对立关系，而应认为二者是包容竞合关系，滥用职权行为都符合玩忽职守罪的构成要件。所以，国家机关工作人员一次滥用职权造成经济损失 10 万元，一次玩忽职守造成经济损失 20 万元的，可以认定为玩忽职守造成 30 万元经济损失，而以玩忽职守罪立案。

16. "重大损失"是否为客观的超过要素？这个要素的功能是什么？

张明楷教授认为，"致使公共财产、国家和人民利益遭受重大损失"的结果，虽然是本罪的构成要件要素，但宜作为客观的超过要素，不要求行为人希望或者放任这种结果发生。[①]

本书认为，由于"重大损失"的结果通常是由他人直接造成的，即便国家机关工作人员对这种结果具有认识并持希望或者放任的态度，以本罪进行评价也能

---

① 张明楷. 刑法学 . 6 版 . 北京：法律出版社，2021：1637.

做到罪刑相适应。例如，警察接到报警后不出警，导致被害妇女被奸杀的，自然是强奸杀人犯对奸杀结果负正犯的责任，国家机关工作人员只是故意不履行责任，对其以滥用职权罪进行评价即可。"重大损失"这一要素的功能，旨在限制处罚范围。

17. 如何处理滥用职权罪与贪污罪、受贿罪、故意伤害罪、故意杀人罪、侵犯财产犯罪等罪之间的关系？能否认为凡是所谓利用职务上的便利实施的行为，都只能构成职务犯罪？

收受贿赂后渎职的，应当以受贿罪与渎职罪数罪并罚。滥用职权罪可能与贪污罪、故意伤害罪、故意杀人罪等犯罪发生竞合。一个原则是，如果只有一个行为，只能是竞合，从一重处罚；如果有两个行为，侵害了两个罪名所保护的法益，一般应该数罪并罚。不能认为凡是所谓利用职务上的便利实施的行为，都只能构成职务犯罪。例如，基层政府工作人员勾结当事人向上级部门谎报申请材料骗取补偿款的，除成立滥用职权罪之外，还构成诈骗罪，想象竞合从一重处罚。又如，贪污犯罪也是利用职务便利实施的，但一般仅认定成立贪污罪（当然也成立滥用职权犯罪）。

18. 警察逮捕正在哺乳期的妇女，导致其家中婴儿饿死的，成立故意杀人罪吗？

警察逮捕正在哺乳期的犯罪嫌疑人，明知其家中有婴儿无人喂养而置之不理，最后导致婴儿饿死的，应按故意杀人罪处罚。

19. 应否将"情节特别严重"，限定为"致使公共财产、国家和人民利益遭受特别重大损失"？

滥用职权罪基本犯的成立条件是"致使公共财产、国家和人民利益遭受重大损失"，加重犯的成立条件是"情节特别严重"，从逻辑关系看，应将"情节特别严重"限定为"致使公共财产、国家和人民利益遭受特别重大损失"。

第八节　徇私枉法罪

第三百九十九条　**【徇私枉法罪】**司法工作人员徇私枉法、徇情枉法，对明知是无罪的人而使他受追诉、对明知是有罪的人而故意包庇不使他受追诉，或者在刑事审判活动中故意违背事实和法律作枉法裁判的，处五年以下有期徒刑或者拘役；情节严重的，处五年以上十年以下有期徒刑；情节特别严重的，处十年以上有期徒刑。

···········

司法工作人员收受贿赂，有前三款行为的，同时又构成本法第三百八十五条规定之罪的，依照处罚较重的规定定罪处罚。

疑难问题

1. 本罪的保护法益是什么？

案1：被告人张某、冯某系成都铁路公安处成都车站派出所警务队警长。二人勾结吕某等盗窃犯，以事后分成为条件，纵容吕某等多次在车站作案，给乘客造成巨大的财产损失。一、二审法院均认定张某、冯某的行为构成徇私枉法罪。

本案中，被告人张某、冯某作为车站派出所工作人员，负有查禁追诉刑事犯罪活动的职责，其徇私情私利，故意不查禁追诉吕某等盗窃犯罪活动，给车站乘客造成重大损失，其行为构成徇私枉法罪。

本罪是渎职罪中的一个罪名，其所保护的法益是刑事追诉活动的正当性以及公民的自由与权利。

2. 过失枉法追诉裁判的，构成玩忽职守罪吗？

张明楷教授认为：过失导致无罪的人受追诉，或者有罪的人未被追诉的，虽然不成立徇私枉法罪，但有可能成立玩忽职守罪。理由是，既然《刑法》规定了执行判决、裁定失职罪，那么，根据当然解释的原理，对于失职导致无罪的人受追诉或者有罪的人未被追诉的，也应以玩忽职守罪论处。但需要注意以下几点：其一，对于因法律适用能力低下导致无罪的人受追诉或者有罪的人未被追诉的，不应认定为玩忽职守罪；其二，对于过失造成的重罪轻判或者轻罪重判，一般也不应当以玩忽职守罪论处；其三，只有当"无罪的人受追诉，或者有罪的人未被追诉"这一结果本身符合玩忽职守罪的结果要件时，才能认定为玩忽职守罪；当事人不服判决而自杀的，一般也不应将自杀身亡结果归属于裁判行为，但符合缓和的结果归属条件的除外。[①]

张明楷教授虽然对过失枉法行为成立玩忽职守罪进行了若干限制，但应认为其过失枉法可能成立玩忽职守罪的立场不能得到赞同。张明楷教授也承认：徇私枉法罪"条文两处规定了'明知'、两处规定了'故意'，旨在明确将过失排除在

[①] 张明楷.刑法学.6版.北京：法律出版社，2021：1650.

外，因此，过失导致追诉无罪的人、包庇有罪的人或者错误判决、裁定的，不成立本罪"；"徇私枉法罪还要求出于徇私、徇情动机，但是，只要排除了因法律水平不高、事实掌握不全而过失造成错判，便可以认定为'徇私枉法、徇情枉法'"；"刑法分则关于渎职罪的规定就可以清楚地看出，凡是规定了徇私要素的渎职罪，其职责内容都是需要国家机关工作人员具有较高的法律素质、政策水平、技术能力的裁量性事务。很明显，刑法分则条文要求部分渎职罪出于徇私动机，是为了将因为法律素质、政策水平、技术能力不高而造成差错的情形，排除在渎职罪之外。反过来说，当国家机关工作人员不是因为法律素质、政策水平、技术能力不高造成差错，而是基于徇私的内心起因违背职责时，便以渎职罪论处"[①]。毫无疑问，有罪、无罪的判断，是最复杂、最具难度、最有技术的裁量性司法活动。可以说，几乎刑法中任何问题，在理论上都可能存在争议。理论上往往存在普遍争议性的问题，难以期待司法工作人员像做算术题一样，作出唯一正确的标准答案。

"既然刑法规定了执行判决、裁定失职罪，那么，根据当然解释的原理，对于失职导致无罪的人受追诉或者有罪的人未被追诉的，也应以玩忽职守罪论处"的主张根本不能成立。因为对"是否需要采取诉讼保护措施"、"如何履行法定执行职责"以及"应否采取强制措施"这类判决、裁定的执行事务，不具有裁量性，所以立法者才没有要求构成执行判决、裁定滥用职权罪与执行判决、裁定失职罪也要具有徇私的动机。况且，若过失枉法也值得科处刑罚，则立法者完全应该像执行判决、裁定滥用职权罪与执行判决、裁定失职罪一样，一并规定"枉法裁判罪"与"枉法失职罪"。

综上，本书认为，为了鼓励司法工作人员出于公心而大胆、自由地进行司法裁量，只要不是出于徇私、徇情的动机而作出错误裁量的，即使客观上导致无罪的人受追诉、有罪的人未被追诉以及枉法裁判，也不值得科处刑罚，不能以玩忽职守罪论处。

3. 监察官能成为徇私枉法罪的主体吗?

徇私枉法罪的犯罪主体是"司法工作人员"。现行《刑法》第 94 条规定，本法所称司法工作人员，是指有侦查、检察、审判、监管职责的工作人员。2018 年 3 月 20 日全国人大通过的《中华人民共和国监察法》第 3 条规定，各级监察委员会是行使国家监察职能的专责机关，依法对所有行使公权力的公职人员进行监

---

① 张明楷.刑法学.6 版.北京：法律出版社，2021：1632，1650.

察，调查职务违法和职务犯罪，开展廉政建设和反腐败工作，维护宪法和法律的尊严。可见，监察机关的工作人员即监察官事实上对职务犯罪案件行使侦查职责，所以属于司法工作人员，其行为能构成渎职罪中以司法工作人员为犯罪主体的犯罪，如徇私枉法罪、私放在押人员罪。

4. 有罪的人请求司法工作人员对其犯罪不进行追诉的，成立徇私枉法罪的共犯吗？

被徇私枉法的对象，可谓对向犯。当对向一方是被害人、缺乏期待可能性或缺乏实质的违法性时，不能成立受处罚一方的共犯。本犯教唆他人帮助毁灭、伪造证据，窝藏自己，之所以不成立帮助毁灭、伪造证据罪，窝藏罪的共犯，是因为其作为正犯实施上述行为不具有期待可能性，作为违法性更轻的共犯实施上述行为更缺乏期待可能性。同样，有罪的人教唆司法工作人员对自己的犯罪不进行追诉，也可以认为缺乏期待可能性，因而不应成立徇私枉法罪的共犯。

5. 对明知是无罪和不应判处死刑的人而判处死刑立即执行的，构成故意杀人罪吗？

对明知是无罪的人或者不应当判处死刑的人，通过枉法侦查、追诉、裁判而判处死刑立即执行的，成立徇私枉法罪与故意杀人罪的想象竞合，应从一重处罚。监察官、警察、检察官通过伪造证据等手段，利用"糊涂法官"错判死刑的，成立故意杀人罪的间接正犯和徇私枉法罪的想象竞合，从一重处罚。

6. 司法工作人员错误羁押、超期羁押的，构成非法拘禁罪吗？

司法工作人员使无罪的人受追诉的行为，即使没有剥夺被害人的人身自由，如仅采取取保候审措施，也应认定为徇私枉法罪。通过伪造证据等方式对无罪的人采取剥夺人身自由的强制措施的，是非法拘禁罪与徇私枉法罪的想象竞合，从一重（徇私枉法罪）处罚。因证据不足而超期羁押的，一般属于非法拘禁罪与滥用职权罪的想象竞合。不是为了追诉而非法剥夺他人人身自由的，应认定为非法拘禁罪；如果行为人滥用职权，则是非法拘禁罪与滥用职权罪的想象竞合。

7.《刑法》第 399 条第 4 款规定，是注意规定还是法律拟制？

由于理论上与实务中普遍认为，受贿渎职的，应当数罪并罚，所以该款属于将数罪拟制为一罪的法律拟制，或者说属于特别、例外规定。但应认为，这种规定是不合理的，因此应严格限制其适用。以徇私枉法为例：只有先收受贿赂再实施枉法行为的，才能从一重；对于先枉法后索取或者收受贿赂的，应当以徇私枉法罪与受贿罪数罪并罚；对于索取贿赂后枉法的，也应以受贿罪与徇私枉法罪数罪并罚。

8. 对于侦查、起诉人员故意使罪重的人受较轻的追诉，或者使罪轻的人受较重的追诉，导致无过错的法官将重罪定为轻罪或者将轻罪定为重罪的，应当如何处理？

可以肯定的是，这种行为构成徇私枉法罪，需要讨论的只是该行为属于徇私枉法罪的哪一种情形的问题。应该说，可以将"明知是有罪的人而故意包庇不使他受追诉"，解释为"明知是有罪的人而故意包庇不使他受应有的追诉"，故侦查人员、起诉人员弄虚作假使法官将重罪定为轻罪的情形，属于这一类。对于侦查人员、起诉人员使法官将轻罪定为重罪的行为，应认定为利用缺乏故意的行为（法官无犯罪故意的审判行为）的间接正犯，即属于"在刑事审判活动中故意违背事实和法律作枉法裁判"的间接正犯。

图书在版编目（CIP）数据

刑法常用百罪精解/陈洪兵著 . -- 北京：中国人
民大学出版社，2023.8
ISBN 978-7-300-31980-3

Ⅰ.①刑… Ⅱ.①陈… Ⅲ.①刑法－罪名－法律解释
－中国 Ⅳ.①D924.305

中国国家版本馆 CIP 数据核字（2023）第 138581 号

刑法常用百罪精解

陈洪兵　著

Xingfa Changyong Baizui Jingjie

出版发行	中国人民大学出版社				
社　　址	北京中关村大街 31 号		**邮政编码**	100080	
电　　话	010 - 62511242（总编室）		010 - 62511770（质管部）		
	010 - 82501766（邮购部）		010 - 62514148（门市部）		
	010 - 62515195（发行公司）		010 - 62515275（盗版举报）		
网　　址	http://www.crup.com.cn				
经　　销	新华书店				
印　　刷	涿州市星河印刷有限公司				
开　　本	787 mm×1092 mm　1/16		**版　　次**	2023 年 8 月第 1 版	
印　　张	42.25 插页 1		**印　　次**	2023 年 8 月第 1 次印刷	
字　　数	756 000		**定　　价**	168.00 元	